경영조직론

ORGANIZATION THEORY

송경수 · 김정원 · 류태모 · 김동철 · 장석인 · 차윤석 저

도서출판
시대가치

머리말

경영현장에서 뛰어난 경영성과를 올리고 있는 여러 기업들의 사례에서 보듯이, 조직들은 경영환경과 전략의 변화에 따라 끊임없이 변화되어 왔다. 최근에는 4차 산업혁명의 도래에 따라 창의적 조직, 유연한 조직, 슬림화 조직, 수평적 조직 및 전략형 조직 등의 다양한 형태의 조직 구축을 통해 규모는 대기업이지만, 조직의 형태와 운영방식은 중소기업형인 현장중시의 자율경영체제 방향으로 변화되어 가는 것을 볼 수 있다. 그러나 진정한 권한위임과 자율경영의 정착은 구성원들의 의식과 태도의 변화를 전제로 조직의 구조와 운영방식 등의 변화가 함께 뒷받침되어 새로운 문화로 정착되었을 때 성과로 나타날 수 있을 것이다. 이러한 변화의 의미는 기존의 이론이나 대처방안으로는 한계가 있다는 것이다.

사회과학의 한 분야로서 '조직이론'도 변화라는 사회적 혹은 조직적 수요에 실효적으로 대응하기 위해서는 상당 부분 수정과 보완이 필요하며, 이는 기업을 포함한 모든 조직의 당면한 현실을 기존의 조직이론의 틀 안에서 어떻게 수용하고 또 필요한 경우에 관련이론을 어떻게 재구성할 것인가로 귀결된다 할 것이다.

본서는 조직, 특히 기업조직에 관련된 제반이론과 현안을 설명하고, 이해시키려는 노력과 접근들의 결과물이다. 최대한 쉬운 글로 기술하려고 노력하였으며, 특히 학부 및 MBA 과정의 경영학전공 학생들과 행정학 등 인접학문을 전공하는 학생들이 쉽게 읽고 이해하여 나름대로의 현실적 대안을 제시할 수 있도록 하자는 집필의도에 충실하려고 노력하였다.

특히 이와 같은 집필의도가 구체적으로 실현되도록 하기 위해 첫째, 각 주제에 대한 개념적 혹은 이론적 설명에 머물지 않고 주제별 조직이론과 관련된 사례들을 각 장의 첫머리에 포함시킴으로써, 독자들로 하여금 조직이론의 일반성과 추상성을 뛰어넘어 본서에 포함된 관련 조직이론이나 지식을 구체적으로 적용하고 응용하는 방법을 고민하면서 학습하도록 유도하는 구조화된 기회를 제공하였다.

둘째, 각 주제의 말미에는 전반적 내용을 요약하고 핵심내용을 과제형태로 정리하여 제시함으로써 각 주제의 핵심을 강조하고 학습효과를 극대화하려고 시도하였다.

본서는 한 학기 총 15주에서 중간고사와 기말고사 주간을 제외한 실제 13주 강의에 맞추어 총 13개 장으로 구성되었다. 이들 13개 장은 조직의 본질, 조직의 성과지표, 경영조직이론의 발전과정 등 기초부분과 조직구조와 조직설계 부분, 의사결정과 의사소통, 조직성장과 쇠퇴 등 과정적 부분, 그리고 조직변화와 개발, 조직문화, 정보기술과 지식경영 등 거시적 부분으로 구분할 수 있다.

본서를 집필하는 데 있어서 Stephen P. Robbins가 저술한 대표적 조직이론서인 "*Organization Theory : The Structure and Design of Organizations*"가 중요한 길잡이가 되었으며, 저자들에게 많은 통찰력을 제공해 주었음을 감사하게 생각한다. 끝으로 본서가 기획되어 출판될 때까지 오랜 시간을 기다려주며 지원을 아끼지 않은 시대가치 김광범 사장님 이하 관계자들에게도 감사의 뜻을 전하는 바이다.

2019년 여름을 보내며

저자 일동 씀

차 례

제 3 부 조직과정 이론

제 **4** 부 거시조직이론

제 1 부

조직의 본질

Chapter 01

조직의 본질

사례연구

무인양품과 미니소는 어떻게 성장했나?

미국에 애플이 있다면 일본에는 무인양품이 있다. 간결하면서 세련된 디자인, 마니아층을 형성할 만큼 충성도를 가진 소비자들, 뚜렷한 기업철학 등 두 회사는 닮은 점이 많다. 다른 점이 있다면 애플은 최근 성장이 주춤하며 위기를 맞았지만, 무인양품은 승승장구하고 있다는 것이다.

미국의 주간지 더 뉴요커(*The New Yorker*)는 2015년 12월 기사에서 "무인양품은 스티브 잡스의 애플과 같이 훌륭한 디자인과 철학을 가진 기업이다. 그러나 미국 땅을 밟은 무인양품은 자신들의 강점을 강조하기보다 강점이 어떻게 기능하는지 보여줬다"고 분석했다. 이어 덕분에 '무지(Muji)'는 휴식(Relax)과 동일한 단어가 되었고, '몸에 휴식을 주세요'를 '무지 유어셀프(Muji yourself)'로 만드는 것에 성공했다고 극찬했다. 실제로 전 세계 무인양품 마니아들을 지칭하는 무지러(Mujirer)라는 단어까지 통용되고 있다.

1980년 일본의 대형 슈퍼마켓 체인인 세이유의 자체 브랜드(PB)로 시작한 무인양품은 특유의 감성과 군더더기 없는 디자인, 실용성을 바탕으로 일본은 물론 전 세계인의 사랑을 받는 브랜드로 성장했다. 브랜드명은 무인양품(無印良品), 즉 '인장(브랜드)'이 없는 좋은 품질의 제품이지만, 아이러니하게도 이제 세계에서 가장 이름난 라이프스타일 브랜드 가운데 하나다. 무인양품 매장은 전 세계에 뻗어 있다. 일본을 비롯해 영국, 프랑스, 독일 등 유럽, 미국, 중국, 동남아, 중동 등에 1,000개가 넘는 매장을 갖고 있다. 특히 중국에만 200개 이상의 매장이 성업 중이다. 한국에는 2004년 진출 이후 꾸준히 매장을 확대하며 올해 1월 말 현재 33개를 운영 중이다. 매출 면에서도 최근 가파른 성장세를 보여주고 있다. 2017년 한국 매출은 1,095억 원으로 2016년(786억 원) 대비 39%로 크게 증가하면서 연매출 1,000억 원대에 접어들었다. 2018년도 매출은 1,600억 원으로 예상되며, 2019년도 매출액은 2,000억 원을 목표로 하고 있다. 2017년 영업이익은 58억 원으로 2016년(27억 원)보다 2배 이상 뛰었다.

'브랜드'는 없지만 '이유'가 있다

1980년 설립 당시 무인양품은 가정용품 9개와 식품 31개, 총 40개 품목을 저렴한 가격으로 판매하는 작은 생활잡화 브랜드에 불과했다. 그러나 1983년 도쿄 아오야마에 직영점을 내고 크리에이터 다나카 이코를 영입하면서 무인양품만의 색깔을 갖기 시작했다. 포장이나 브랜드보다 내용을 중시하는 좋은 제품으로 어필한 것이다. 1988년에는 양품계획이라는 기업명으로 세이유에서 독립해 독자적인 길을 걷기 시작했다. 1991년 영국 런던에 최초의 해외매장을 오픈하는 등 해외시장 진출에도 적극 나섰다. 그 결과 1990년대 일본의 불황 속에서도 440%의 매출성장과 1만 700%라는 놀라운 영업이익 증가율을 기록하며 1999년 매출 1,066억 엔, 영업이익 133억 엔을 달성했다. 2000년대 초반 잠시 적자를 겪기도 했으나 매장 개설 및 관리 작업을 표준화하고, 브랜드는 없지만 좋은 제품이라는 아이덴티티를 더욱 확고히 하며 위기를 탈출해 현재까지 성장을 이어 오고 있다.

무인양품의 성장비결은 철저한 생산과정의 간소화, 소재의 선택, 포장의 간략화라는 3가지 발상을 기본으로 보다 심플하고 합리적인 가격의 상품을 제공한 데 있다. 무인양품은 '이것이 좋다', '이것이 아니면 안 된다'라고 강하게 고객을 유인하는 대신, 고객들이 '이래서 좋다'라고 스스로 느낄 수 있도록 이성적인 만족감을 주는 것을 목표로 한다. 나루카와 타쿠야 무지코리아 대표는 무인양품은 일상생활의 기본이 되는 꼭 필요한 것을 정말 필요한 형태로 만드는 것을 목표로 하고 있다고 말한다. 그리고 이러한 이념을 더욱 발전시켜 고객과 생산자 모두를 배려한 상품과 서비스를 구체화해 기분 좋은 생활을 제안하고 있다고 덧붙인다.

마스다 아키코 일본 지바상과대학 교수는 저서 『무인양품, 보이지 않는 마케팅』에서 무인양품은 브랜드라기보다 하나의 개념에 가깝다라고 말한다. 브랜드명과 회사명에는 대개 창업자의 이름이나 사업내용, 지명, 상징적인 상품명 등이 붙기 마련이지만, 무인양품의 경우에는 콘셉트가 그대로 브랜드명이 되었다는 것이다. 그는 또 브랜드가 없는 브랜드라는 이 무인양품의 콘셉트가 상품개발 등 모든 사업활동의 원칙이 되고 있다고 강조한다. 예를 들어, 세상 어딘가에서 옛날부터 쓰였던 도구나 옷 등에는 그만큼 오래 쓰인 이유가 있다. 무인양품의 개발자는 그 본질적 이유를 찾아서 무인양품의 사상과 결합시킨 후 상품으로 만들어낸다. 즉, 무인양품은 전 인류의 지혜를 모아서 가장 기본적인 본질만을 담은 상품을 개발해 세상에 선보인다. 그 덕분에 아로마 디퓨저, 아크릴 수납용품, 필기구 등 일본에서 히트한 무인양품의 제품들은 대부분 해외에서도 성공한다. 생활용품은 그 나라의 생활습관과 문화에 따라 다르게 소비된다는 점에서 이것은 꽤 이례적인 현상이다. 이러한 상품개발 콘셉트로 탄생한 대표적 제품이 바로 푹신 소파다. 무지의 글로벌 히트 상품 중 하나로 사람을 망치는 소파로 불리는데, 너무 편안해서 한번 앉으면 쉽게 일어날 수 없기 때문에 그렇게 불린다. 비법은 지름 약 0.5mm의 아주 작은 구슬을 충전재로 써서 사람이 앉으면 몸의 굴곡에 맞춰 형태가 변하도록 한 것이다. 인간의 가장 기본적인 욕구인 쾌적함과 편안함을 추구한 것이 바로 글로벌 히트 상품이 된 비결이다.

마스다 교수가 찾은 무인양품의 또 다른 보이지 않는 성공비결은 다양한 문화에 기반을 둔 수많은 브랜드와 달리 '기타(其他)'를 시장으로 삼고 있다는 점이다. 보통의 기업들은 카테고리 킬러로서 경쟁사와 차별화된 상품군을 확보해 시장에서 우위를 차지하려 한다. 소품종 대량생산을 통해 규모의 경제를 실현하는 것이다. 하지만 무인양품은 정반대다. 인간의 생활에 필요한 거의 모든 것을 취급한다고 해도 될 정도로 다양한 상품구색을 갖추고 있다. 의류, 패션잡화, 식품, 주방용품, 욕실용품, 수납용품, 문구, 완구, 사무용품, 가구, 침구류, 가전제품 등 무려 7,000종 이상의 제품을 취급한다. 심지어 중국에는 무지호텔도 있다. 이런 무인양품의 상품군은 저마다 각각의 경쟁사가 있다. 의류는 유니클로, 가구는 이케아, 화장품은 더바디샵, 문구는 로프트가 경쟁대상이다. 또한 대부분의 상품들은 유행에 민감하지 않고 꾸준히 판매되는 스테디셀러다. 마스다 교수는 '기타'라는 포지셔닝 덕분에 무인양품은 문화의 벽뿐 아니라 시대의 벽까지 넘어서게 되었다고 분석한다.

매뉴얼 넘어 가치관이 된 '무지그램'

무인양품의 또 다른 비밀병기는 '무지그램(MUJIGRAM)'이라고 불리는 일종의 매뉴얼이다. 직원들의 업무를 위한 지침서이자 매장을 신규 출점할 때 필요한 기준서인데, 매우 디테일한 내용을 담고 있다. 2001년 무인양품의 본사인 양품계획 회장으로 취임한 마쓰이 타다미쓰는 저서 『무인양품은 90%가 구조다』에서 무인양품의 성장 발판이 담긴 무지그램에 대해 공개하며, 노력을 성과로 직결시키는 구조의 힘에 대해 역설했다.

많은 회사에서 흔히 매뉴얼은 윗사람들이 작성하는 것이라고 생각하지만 무인양품에서는 다르다. 상부에서 결정사항을 만들어 하향식으로 현장에 전달하는 것이 아니라 현장에서 발견한 지혜나 문제점을 반영해 매뉴얼로 정리한다. 물론 무인양품에서도 처음에는 매뉴얼을 본사의 주도로 만들었다. 하지만 자주 사용하고 모든 점포의 업무를 통일하는 매뉴얼을 완성하지는 못했다. 왜냐하면 현장을 모르는 사람이 만들었기 때문이다. 마쓰이 회장은 현장의 문제점을 아는 것은 역시 현장 사람이라고 강조한다. 먼지가 잘 쌓이는 곳이 있다든가 선반 모퉁이가 튀어나와서 작업이 어렵다든가 하는 아주 사소한 문제점은 본사 사람이 이따금 시찰을 나가는 정도로는 좀처럼 알아차릴 수 없다는 것이다. 그는 매뉴얼을 만들 때는 이런 지혜를 끌어 모으는, 즉 상향식 구조를 정비하는 것이 무엇보다 중요하다고 말한다. 즉, 매뉴얼은 그것을 활용할 사람이 만들어야 한다는 얘기다. 또한 더 나아가 얼마나 구체적으로 설명하느냐가 매뉴얼에 피를 통하게 하는 최대의 열쇠가 된다고 강조한다. 예를 들어, 고객에게 정중하게 설명한다라고 하면 어떤 사람은 태도를 정중하게 하는 것이라고 생각할 수 있지만, 다른 사람은 자세히 설명하는 것이라고 받아들일 수 있다. 사람에 따라 이해하는 내용이 달라지면 그것은 기준이 아니다. 좋은 매뉴얼은 신입사원도 이해할 수 있는 것이라야 한다.

이러한 철학이 담긴 무지그램은 기업문화로 승화되고 있다. 무인양품에서는 상품을 진열할 때 버드나무 바구니를 사용하는데, 가끔 나무의 거친 부분에 상품이 손상되는 경우가 생겼다. 이를 알아차린 현장 직원이 바구니 안쪽에 시트를 깔면 좋겠다고 제안했고, 개선사항은 그대로 무지그램에 반영됐다. 그리고 이는 상품을 소중히 다뤄야 한다는 가치로 정립됐다. 나루카와 무지코리아 대표는 무인양품은 상품과 아이디어를 매장에서 소개해 고객에게 행복과 아름다움을 전달하고, 또 이를 통해 사회에 공헌할 수 있다고 생각한다고 말한다. 그의 말처럼 무인양품은 항상 원점을 다시 바라보고 미래를 내다봄으로써 글로벌 기업으로서 갖춰야 할 질적인 향상을 이뤄가고 있다.

미니소는 '미니'하지 않다

미니소는 중국인 사업가 예궈푸와 지금은 수석 디자이너로 활동하고 있는 일본인 디자이너 미야케 준야가 공동으로 설립한 회사다. 다이소의 미투 브랜드로 시작한 미니소가 점차 자신만의 세계를 구축하며 저가 브랜드라는 이미지를 희석시키고 마니아층을 확보하고 있다. '천원숍'이 아닌 '토털 라이프스타일 편집숍'으로서 샤오미에 이어 '대륙의 두 번째 실수'로까지 불린다.

무인양품의 모던하고 아날로그한 감성까지 차용한 미니소의 약진은 두드러진다. 미니소는 2013년 9월 중국 광저우에 1호점을 오픈한 이후 불과 5년 만에 전 세계 70여

개국에서 약 3,000개의 매장을 운영하는 글로벌 기업으로 발돋움했다. 2017년 매출은 120억 위안(약 1조 9,600억 원)이며, 2018년도에는 약 180억 위안(약 3조 원)을 돌파할 것으로 전망된다.

한국에서도 미니소 열풍이라고 할 만큼 매장 수를 급격히 늘려가고 있다. 2016년 8월 서울 신촌에서 론칭한 이후 서울 영등포 타임스퀘어, 부산 센텀시티 등 대형 복합물에도 입점하며, 현재 전국 52개의 매장을 운영 중이다. 무인양품보다 2배 가까이 많은 수치다. 2017년 매출은 220억 원으로 2016년보다 무려 1,471% 늘었다. 이러한 미니소의 성장은 2022년 전까지 '백국천억만점(百國千億萬店)', 즉 '100개 국가 진출, 1,000억 위안 매출, 1만 개 매장'이라는 전략목표에서 확인할 수 있듯이 오프라인 위주의 확장전략이 주효한 결과이다.

오프라인 매장이 침체되고 온라인 쇼핑의 파이가 커지는 것은 우리나라뿐만 아니라 전 세계적인 현상이다. 오프라인 매장들은 침체를 탈피하기 위해 O2O전략을 강화하고 가상현실이나 증강현실 등 첨단기술을 접목한 체험형 매장을 만들어 고객을 유인하고 있지만, 어느덧 소매업계에서는 온라인이 대세임을 부인할 수 없다.

하지만 미니소는 온라인보다 오프라인에 집중하며 전 세계로 뻗어 나가고 있다. 매년 100여 개의 신규 매장을 오픈할 정도다. 폭풍 성장 중인 미니소가 2018년 1월, 창립 5년도 안 돼 IPO를 추진한다고 공시했을 때 중국은 물론 전 세계가 주목했다. 이어 9월에는 중국의 텐센트와 힐하우스캐피털이 미니소와 10억 위안(약 1,632억 원) 규모의 전략적 투자협약을 체결하기도 했다. 중국의 경제평론가이자 작가인 우샤오보는 최근 국내에서 번역 발간된 『미니소의 비밀전략』 추천글에서 미니소는 오프라인 매장은 죄다 망할 것이라는 암울한 예언을 호기롭게 뒤집어 보였다고 평가했다.

미니소가 세포가 분열하는 것과 같은 놀라운 생명력을 가지게 된 것은 창립 초기 직영점을 세우고 플래그십 스토어를 운영하는 데 많은 노력을 기울인 덕분이다. 끊임없이 경영의 기준을 모색한 끝에 뜨거운 시장반응을 이끌어냈다. 그런 다음 현지업체와의 협업으로 현지의 노하우를 적극 활용해 미니소의 경영전략을 대규모로 복제해서 고속성장을 구가한다. 그래서 현지에서 미니소의 이름을 내걸고 소비자에게 서비스를 제공하는 라이선스업체를 미니소는 '제2의 가족'이라고 부른다. 이것이 바로 미니소의 세계화 전략이다. 『미니소의 비밀전략』 저자인 중국의 경제 전문 칼럼니스트 두보치는 오늘날 패션업계에서 획기적인 소비문화를 가져다준 자라(ZARA)처럼 미니소의 등장은 전통적인 소매업 시장에 새로운 가능성을 가져다줄 것이다고 단언한다.

실제로 그는 미니소의 첫 번째 성공비결을 고객의 발길을 확실히 붙잡는 매장의 매력에서 찾았다. 미니소는 매장을 A+, A, B, C의 4개 등급으로 구분해서 관리한다. 상하이의 번화가 난징동루에서도 가장 많은 인파가 몰리는 미니소의 플래그십 스토어 1호점은 A^+에 속하는데, 월 평균 매출액이 300만 위안(약 4억 8,000만 원) 이상이다. 미니소의 전 세계 매장 중에서 월 매출액이 가장 높은 난징동루 1호점 외에도 A^+에 속하는 매장이 중국에만 100여 개 존재한다. 베이징 왕푸징 지점은 면적이 131m^2에 불과하지만, 월 평균 매출은 무려 260만 위안(약 4억 1,600만 원)이다. 1m^2당 2만 위안(약 3,200만 원)씩을 벌어들이는 셈이다.

매장은 최고의 광고판

미니소가 매장으로 고객의 발길을 확실히 붙잡은 비결은 창업자인 예궈푸 회장의 '고객에게 자유를 선사하라'는 일관된 원칙에서 나온다. 그는 전통적인 4P(Product, Price, Place, Promotion) 마케팅 이론을 차용한 4G(Good Product, Good Price, Good Environment, Good Service) 이론을 경쟁력의 원천으로 꼽고 있다. 즉 좋은 제품, 좋은 가격을 기본으로 좋은 환경과 좋은 서비스까지 갖추면 고객은 자연적으로 따라온다는 것이다. 특히 쾌적한 쇼핑을 위한 좋은 환경은 매장의 개성을 드러내는 인테리어와 상품진열이라는 요소로 구성된다. 인테리어가 매장의 이미지를 결정하는 큰 틀이라면 상품진열과 상품구성 등은 매장의 전체 쇼핑 환경을 이루는 디테일에 해당한다.

현재 미니소의 매장 인테리어는 화이트 톤의 확 트인 공간과 수납박스를 특징으로 하는 4세대 디자인을 채택하고 있다. 미니소는 화이트를 매장의 기본색상으로 정하고 내벽, 기둥, 진열대까지 모두 흰색으로 통일했다. 진열대는 루이비통 협력업체로부터 공급받고, 조명은 중국 최대 조명업체인 NVC라이팅과의 공동개발을 통해 상품의 매력을 최적화할 수 있는 색을 찾았다. 상품진열에서도 미니소만의 노하우를 엿볼 수 있다. 미니소 매장은 층고가 3m로 꽤 높은 편이다. 반면 수납대는 1.5m 정도로 높이를 제한해 상부 공간을 개방함으로써 쾌적한 쇼핑 환경은 물론 여유로운 디스플레이를 연출했다. 또 하나 특징적인 것은 벽면 상단의 수납박스다. 흰색 바탕에 검은색 그림이 그려진 수납박스들에 재고를 일부 보관함으로써 창고 확보의 부담을 줄이고 인테리어 효과도 살렸다.

상품진열의 경우 인기품목을 전면에 배치하고 매진되기 전에 물건을 대량으로 채워 넣는 등의 8대 원칙을 추구하고 있다. 특히, 미니소는 본사 제품의 특징과 매장의 특징을 분석해 독특한 기준을 마련했는데, 그 중 하나가 바로 '두 손가락 원칙'이다. 이는 상품과 상품 사이 거리를 손가락 2개가 들어갈 정도로 유지하는 것을 말한다. 미니소는 소형제품 위주로 판매하는 데다 워낙 많은 고객이 물건을 이리저리 고르기 때문에 제품을 보기 좋게 진열하는 게 생각처럼 쉽지 않다. 따라서 손가락 2개만큼의 간격을 유지해 상품을 꺼내기 쉽고 동시에 비어 보이지도 않게 한 것이다.

미니소는 좋은 서비스에 대한 고민도 항상 하고 있다. 이는 고객이 즐겁게 계산하고 떠나는가? 라는 질문을 던짐으로써 시작된다. 오프라인 매장은 계산이 이뤄지는 순간 거래가 끝나는 것이 아니라 다음 거래의 시작이다. 이러한 거래관계를 얼마나 장기적으로 유지할 수 있느냐는 고객의 최초 쇼핑경험에 따라 결정된다.

고객의 만족도를 결정하는 기준에 대해 예궈푸 회장은 '고객의 표정지수'라는 이론을 제시했다. 계산을 마친 고객이 계산대에서 출입문으로 이동하는 몇 걸음 동안 나타나는 표정이 그 쇼핑의 결과를 보여준다는 것이다. 중국 내 모든 미니소 매장 입구에는 고객에게 직접 쇼핑 바구니를 건네주는 직원이 반드시 상주한다. 고객이 매장 안에 발을 들이기 전부터 서비스가 시작되는 것이다. 쇼핑 바구니를 건네주는 것은 하나의 동작일 뿐이지만, 서비스라는 관점에서 보면 단순한 동작 이상의 의미를 담고 있다. 매장 전체 직원이 서비스 의식을 충실히 수행하고 전방위적으로 서비스를 제공할 수 있는 소양과 능력을 기르는 것이 이 정책의 목적이기 때문이다.

제품의 본질과 IT의 보이지 않는 힘

미니소가 중국판 다이소를 넘어 무인양품을 위협하는 라이프스타일 브랜드로 올라선 또 다른 비결은 바로 제품력이다. 미니소에는 다이소에 없는 상대적으로 고가의 PB 가전제품들이 즐비하다. 미니소의 시그니처 아이템인 블루투스 스피커, 누적 판매량 1억 개를 돌파한 아이라이너, SNS에서 필수템으로 꼽히는 마사지 롤러 등은 미니소 마니아들을 생성하는 인기제품들이다. 예궈푸 회장과 미야케 준야 수석 디자이너는 다이소가 아닌 무인양품을 경쟁상대로 지목한다. 중국 소비자에게 무인양품이 비싼 가격 탓에 구매하기 부담스러운 곳이라는 이미지가 강하다는 사실에 착안해 예궈푸 회장은 품질은 무인양품에 결코 뒤지지 않으면서 가격은 1/5, 심지어 그보다 더 낮은 제품을 만들어 판다는 목표를 세웠다.

이를 위해 미니소는 선품질-후가격이라는 상품개발 기준을 마련했다. 제아무리 엄격하게 품질을 관리해도 품질을 100% 보장하기는 어렵다. 그래서 보통은 업계 평균만 되어도 고맙다고 말한다. 하지만 미니소는 저렴하면서도 품질 좋은 제품을 확보하기 위해 구매계약 단계에서 두 가지 조항을 제시한다.

첫째, 일단 제품에서 품질문제가 발견되면 해당 업체는 영구적으로 미니소의 블랙리스트에 올라간다. 미니소는 대금을 결제하지 않고, 법률적 책임을 추궁할 권리를 갖는다. 둘째, 제품의 가격이 다른 협력업체보다 낮아야 한다. 가격이 높을 경우 협력은 중단되며, 발주 역시 모두 취소된다. 대신 미니소의 까다로운 요구를 받아들이고 협력사가 되면 그만한 혜택도 주어진다. 공급업체는 21일 안에 결제대금을 받을 수 있기 때문에 제품이 팔리지 않아도 아무런 영향을 받지 않는다. 재고에 대한 부담이 없기 때문에 품질을 확보하면서 가격까지 낮은 제품을 만드는 일에만 신경 쓸 수 있다. 이런 방식을 통해 실제로 미니소는 무인양품의 공급업체와 계약을 맺고 우산, 목베개 등의 제품을 생산하고 있다. 대규모 구매를 통해 제품원가를 대폭 절감함으로써 무인양품에서 100위안에 파는 슬리퍼를 미니소에서는 20위안에 판매한다.

한편 2억 위안어치가 판매된 미니소의 베스트셀러 상품인 향수는 지보단이라는 세계 최고 공급업체와의 협업에서 탄생했다. 지보단은 글로벌 에센스 오일 시장의 25%를 점유하고 있는데 샤넬, 디올 등이 그들의 고객이다. 물론 처음에 지보단은 중국에서 날아온 신생기업에 그다지 호의적이지 않았다. 저렴한 제품을 주로 파는 업체가 비싼 에센스 오일이나 거액의 생산원가를 감당이나 할 수 있겠느냐는 분위기였다. 하지만 미니소는 포기하지 않았다. 그들에게 지보단은 최고의 공급업체였기 때문이다.

미니소는 저렴한 가격으로 제품을 판매하지만 양으로만 승부하지는 않으며 무엇보다 뛰어난 품질을 중시함을 강조했다. 향수에 들어갈 에센스 오일 하나도 최고가 아니면 쓰지 않을 것임을 적극 어필했다. 미니소의 끈질긴 구애 끝에 지보단은 겔랑의 향수 제작에 참여한 조향사 카린 보앵을 파견했고, 마침내 미니소의 대표 향수 '화양 시리즈'가 세상에 모습을 드러냈다. 제휴 협상부터 제품출시까지 채 1년도 걸리지 않았다. 미니소의 신제품 출시 기한은 불과 7일이다. 시장의 변화를 빠르게 감지하고, 소비자의 니즈를 정확하게 포착하기 위해 매주 신제품을 선보이고 있다. 이를 위해 국제적인 디자이너 그룹을 구축했다. 미야케 준야 외에도 스웨덴 출신의 올라 예츠, 덴마크 출신의 필립 브로, 노르웨이의 가구 및 완구 디자이너팀 등이 포함돼 있다.

또한 상품센터에 근무하는 200여 명의 구매 전담 직원들이 24시간 내내 전 세계시장을 매의 눈으로 감시한다. 유럽, 미국, 일본, 한국 등지에서 최신 유행하는 소비 트렌드와 유행 요소를 파악한 뒤 미니소의 마케팅과 공급능력을 반영한 신제품 개발서를 작성한다. 그들은 또한 상품에 대한 '촉과 판단력'을 높이기 위해 사내 체험단으로서 활동한다. 직무별, 성별, 부서별로 정해진 등급에 따라 다양한 제품을 체험한 뒤 정해진 시간 안에 객관적 평가가 담긴 구체적 보고서를 제출한다. 상품 체험시 발견된 문제에 대한 해결안을 제시하는 것도 그들의 임무다. 예궤푸 회장은 미니소를 설명하는 데 빙산 이론을 즐겨 사용한다. 우리 눈에 보이는 상품과 매장이 물 위에 드러난 빙산의 일각이라면 진정한 힘은 물 아래 감춰진 보이지 않는 곳에서 96%가 만들어진다는 것이다.

미니소의 창고들에는 정보화 시스템이라는 보이지 않는 힘이 작용한다. 대부분의 기업은 기가바이트(GB) 단위를 사용하지만 미니소는 3테라바이트(TB)에 달하는 데이터를 사용한다. 이처럼 막대한 빅테이터는 3,000만 위안(약 48억 원)을 들여 구축한 IT시스템에 의해 분석·관리된다. 점포 주문, 공급업체 등록, 사무자동화(OA) 등 10개의 시스템으로 구성되어 있는데, 미니소는 이러한 정보화 관리를 토대로 업무 프로세스의 규범화를 추진하며 끊임없이 발전하고 있다. <Chief Executive, KMAC, 2019. 2.>

무인양품과 미니소는 창업 초기부터 성장을 위해 왜 일반 기업과 다른 정책, 규정 및 규칙 등이 필요하게 되었을까? 여기에는 몇 가지 이유가 있다. 첫째, 철저한 생산과정의 간소화, 소재의 선택, 포장의 간략화라는 3가지 발상을 기본으로 보다 심플하고 합리적인 가격의 상품을 제공한 데 있다. 둘째, 여러 부서의 활동들이 전체적인 조직목표의 달성을 지향하도록 조정되어야 할 필요를 느끼게 되었다. 이를 위해 무인양품은 '이것이 좋다', '이것이 아니면 안 된다'라고 강하게 고객을 유인하는 대신, 고객들이 '이래서 좋다'라고 스스로 느낄 수 있도록 이성적인 만족감을 주는 것을 목표로 하기 때문이었다. 마지막으로 무인양품의 또 다른 비밀병기는 무지그램(MUJIGRAM)이라고 불리는 일종의 매뉴얼이다. 직원들의 업무를 위한 지침서이자 매장을 신규 출점할 때 필요한 기준서인데, 매우 디테일한 내용을 담고 있다.

미니소는 중국인 사업가 예궈푸와 지금은 수석 디자이너로 활동하고 있는 일본인 디자이너 미야케 준야가 공동으로 설립한 회사다. 다이소의 미투브랜드로 시작한 미니소가 점차 자신만의 세계를 구축하며 저가 브랜드라는 이미지를 희석시키고 마니아층을 확보하고 있다. '천원숍'이 아닌 '토털 라이프스타일 편집숍'으로서 샤오미에 이어 '대륙의 두 번째 실수'로까지 불린다.

그러면 무인양품과 미니소의 의사결정은 어떻게 이루어지고 있는가? 이 회사에서의 의사결정은 관리의 최상층부에 있는 마쓰이 타다미쓰 한 사람에 의해서만 이루어지고 있지는 않았다. 무인양품의 중요한 의사결정은 마쓰이 타다미쓰 자신을 포함하여 크리에이터 다나카 이코 및 현장 간부들에 의해서 이루어지고 있지만, 미니소의 경우는 고객의 발길을 확실히 붙잡은 비결은 창업자인 예궈푸 회장의 고객에게 자유를 선사하라는 일관된 원칙에서 나온다.

요약컨대, 위에서 우리는 마쓰이 타다미쓰, 예궈푸 회장이 성장해 가는 하나의 조직을 어떻게 발전시키는지에 관한 운영방식을 형성해 가는 것을 볼 수 있다. 즉, 매년 급성장하고 있는 무인양품이나 미니소의 경우는 제품의 개발에서 주문, 판매에 이르기까지 전 과정을 일사불란하게 조정할 수 있는 하나의 시스템을 구축하였다. 그리고 모든 활동들은 계획적이고 조정된 노력이 없이는 결코 조직목표의 달성방향이 어렵다는 사실을 직시하고 성장에 중요한 핵심역량을 강화하는 데 조직의 역량을 집중하고 있음을 알 수 있다. 이러한 사실들을 통해 기업의 성장이 조직성장과 어떻게 관련되어야 하는가를 알게 해주고, 조직성장에 필요한 설계나 운영의 방향을 알아볼 수 있는 조직이론이 무엇에 관한 이론인가에 관한 해답을 암시해 줄 수 있다.

1 조직의 의미

1.1 조직의 중요성

현대 사회에서 우리는 개인과 사회의 다양한 문제를 해결하고, 삶의 질을 유지하고 향상시키기 위해서는 개인의 삶과 우리 사회의 일부가 되어 있는 조직(organization)이라는 독특한 개념을 반드시 이해해야 한다. 조직은 현대 사회의 중요한 행위자이며, 정치적, 경제적, 사회적, 그리고 개인적 목적을 달성하기 위한 도구이다. 기업조직 영역에서는 사회구성원의 삶을 유지하고 풍요롭게 할 수 있는 재화와 서비스를 생산·판매함으로써 시장을 존속시키며, 공공조직 영역에서는 교육, 복지, 공공재의 공급, 사회와 시장의 안정성 보장 등을 제공함으로써 사회를 유지·발전시킨다.

이러한 조직의 중요성을 개인과 사회의 관점에서 설명하면 다음과 같다. 첫째, 개인의 관점에서 사람은 사회의 일원으로서 모든 일상적인 생활에 조직의 영향을 받는다. 쉽게 말하면, 오늘날 사회구성원들은 삶의 대부분을 조직의 구성원으로서 조직의 관리를 받거나 조직을 관리하게 된다. 또한 조직의 구성원이 아니더라도 삶을 영위하기 위해서는 많은 조직들에 의해서 영향을 받고, 상호작용을 하게 된다. 예를 들어, 어느 대학생의 일상을 살펴보면 공식적으로는 시민으로서 대한민국이라는 국가조직의 구성원이며, 삶의 대부분을 정부조직의 관리 속에서 살아가게 된다. 또한 자신이 속해 있는 대학, 학과, 학생회 등의 조직에 둘러싸여 있으며, 일상적인 생활 역시 수많은 기업조직들이 제공하는 서비스를 통해서 살아간다.

둘째, 조직은 사회를 구성하는 기본적 요소로서, 다양한 사회적 조직에 대한 효율적 관리는 사회발전의 기초가 된다. 조직은 단지 개인들의 삶에 영향을 주는 존재로서가 아니라 사회를 구성하는 핵심적 요소이며, 우리 사회에서 조직의 상태는 사회의 발전에 직접적 영향을 미친다. 즉, 기업조직과 정부조직 등 사회를 구성하는 모든 조직들이 효과적이고 효율적으로 기능할 때 사회는 발전하게 된다. 그러나 조직들이 비효율적으로 기능하고 본래의 목표달성을 위한 기능을 적절하게 수행하지 못할 때 그 사회는 쇠퇴하게 된다.

이러한 조직의 중요성을 정리하면, 조직은 개인의 생활뿐만 아니라 현대 사회의 각 부문에 영향을 미치고 있으며, 이에 대한 충분한 이해와 효과적 관리는 개인의 행복뿐만 아니라 사회·경제 발전의 가장 중요한 요소라는 점에서 그 중요성이 있다.

1.2 조직의 정의

1) 조직의 정의

조직은 연구의 관점이나 목적에 따라 다양하게 정의되며, 대표적인 조직학자들의 조직에 대한 정의를 살펴보면 다음과 같다. 초기 조직이론의 발전을 주도하고 관료제론을 주장한 M. Weber는 조직을 '특정한 목적을 가지고 그 목적을 달성하기 위해 구성원 간에 상호작용하는 인간들의 협동집단'으로 정의하고, 조직의 계층과 분업화를 강조하였다. 또한 현대적인 조직이론을 발전시킨 C. Barnard는 조직을 보다 개인적인 관점에서 '공동의 목표를 달성하기 위해 노력을 바칠 의욕을 지닌 2인 이상의 인간들이 상호 의사전달하는 집합체'로 정의하였으며, Selznick은 조직의 환경과의 관계를 강조하면서 조직을 '계속적으로 환경에 적응하면서 공동의 목표를 달성하기 위해 공식적/비공식적 관계를 유지하는 사회적 구조'로 정의하였다.

이 밖에도 Etzioni는 '특정한 목표의 추구를 위해 의도적으로 구성되고 다시 재구성되는 사회적 단위'로, Katz와 Kahn은 '공동의 목표를 가지고 내부관리를 위한 규제장치와 외부환경 관리를 위한 적응구조를 발달시키는 인간들의 집단'으로 조직의 정의를 내렸다. 또한 Daft는 조직을 '공동의 목표를 가지고 있으며, 이를 달성하기 위해 의도적으로 정립한 체계화된 구조에 따라 구성원들이 상호작용하며, 경계를 가지고, 외부환경에 적응하는 인간들의 사회적 집단'으로 정의하였다.

이러한 조직이론에서 논의되는 다양한 조직의 정의들의 공통점을 종합하였을 때, 조직이란 "분업 및 권한의 계층을 통하여 공통목적 내지는 일련의 목적을 달성하기 위해 일정한 시간 동안 계속적으로 상호작용하는 두 사람 이상의 집단활동을 위해 계획된 조정체계"로 정의할 수 있다.

2) 조직의 구성

이와 같은 조직의 정의는 단순히 하나의 문장으로 설명될 수는 없으며, 이해를 돕기 위해 보다 구체적인 설명을 하면 다음과 같다. 첫째, 계획된 조정체계란 관리를 의미한다. 조직에서 진행되고 있는 활동이 우연히 나타난 것이 아니라 미리 계획된 활동이란 의미이다. 조직이란 한 사람 이상의 사람들로 구성되어 있기 때문에 중복의 최소화를 위해 각 조직구성원의 활동에 균형과 조화를 이루게 함으로써 과업이 완성될 수 있게 해야 한다. 이러한 점에서 위의 조직에 대한 정의도 관리의 필요성을 명백히 시사하고 있다.

둘째, 조직 내의 구성원들은 계속적으로 그 조직의 구성원으로 남아 있게 된다. 물론 평생 동안 조직의 구성원으로 남아 있어야 한다는 의미는 아니다. 오히려 어떤 조직들은 그들의 성원구성이 계속하여 변화하고 있는 것을 보게 된다. 그리고 조직 내의 구성원들은 개별 조직의 특성에 따라 그들의 조직활동에 참가하는 규칙성의 정도가 다르다. 예를 들어, Sears Roebuck and Company사 판매원의 경우 매일 8시간씩 매주 5일간 조직활동에 참가하여야 하지만, 미국의 National Organization for Women의 경우에는 조직의 구성원들이 계속적으로 구성원 자격을 유지하고 있으면서도 매년 몇 차례의 회의에 참석할 뿐이다.

셋째, 조직 내에는 확인가능한 두 가지의 특성이 있다. 분업과 권한의 계층이 그것이다. 직무는 여러 가지 과업으로 분할되고 분할된 과업은 다시 개별 구성원들에게 할당된다. 그리고 조직 내에는 여러 계층의 공식구조가 있으며, 거기에는 지위계층이 있으며 하위계층은 상위계층의 감독과 통제 아래 있게 된다. 이러한 특성들은 조직의 공식구조에 대한 주요한 결정요인이 된다.

마지막으로 조직은 무엇인가를 달성하기 위하여 존재한다. 달성해야 할 그 무엇은 조직목표를 의미한다. 이들 조직목표는 개인적 노력에 의해서는 달성될 수 없는 것들이며, 집단적 노력에 의해서 더욱 능률적으로 달성될 수 있는 것들이다. 이처럼 조직목표의 달성을 위해 모든 성원이 다함께 목표달성에 가담할 필요는 없다. 그러나 위에서 제시한 조직에 관한 정의는 조직이란 어떤 목표를 달성하기 위한 사명 때문에 존재한다는 사실에 대하여 일반적으로 의견일치가 되고 있다는 것을 보여준다.

위에서 언급된 조직 정의의 각 부분들에 대해 무인양품과 미니소의 조직을 통해 설명해 보자. 무인양품과 미니소는 라이프스타일 편집숍이라는 특성을 극대화하기 위해 자체 상품 개발 및 생산, 그리고 판매를 통한 고객의 만족 극대화라는 측면을 달성하기 위해 다양한 시도를 하고 있다. 이러한 목적을 달성하기 위해 무인양품과 미니소는 자사의 목적 실현에 적합한 사람들을 채용하고 그들에게 세분화된 과업을 수행토록 하였으며, 상위자와 하위자 간의 권한·책임관계가 확정된 지위계층을 만들어 공식적인 기록문서와 직접적인 감독을 통하여 각 지위와 부서를 조정하였다.

1.3 시스템으로서의 조직 속성

조직을 시스템적 시각에서 봄으로써 조직의 작용에 대한 중요한 직관을 얻을 수 있다는 것은 조직이론가들 사이에 일치된 견해이다. 이하에서는 시스템에 관한 몇 가지 내용을 소개하고, 개방시스템 접근법(open systems approach)이 조직활동을 개념화하는 데 어떻게 도움이 되는가를 설명한다.

1) 시스템의 정의

시스템(system)이란 통일된 전체를 구성하고 있는 상호의존적인 부분들의 집합이다. 우리가 살고 있는 사회 역시 이러한 시스템의 하나이며, 자동차, 공장, 사람의 신체도 하나의 시스템이다. 그리고 시스템은 투입물을 받아들이며, 그 투입물을 변환시킴으로써 산출물을 만들어낸다.

시스템적 관점의 유일한 특성은 그 시스템 내의 부분들 간의 상호관련성을 강조하는 데 있다. 이러한 관점은 조직이 부분들, 즉 하위시스템들로 구성되어 있다는 것을 잘 표현해 주며, 조직 그 자체도 상위시스템 내의 하위시스템이란 사실을 설명한다. 예를 들어, 인간의 심장이 인체 생리시스템의 하위시스템인 것과 같이, UCLA의 경영대학원은 UCLA시스템 내의 하위시스템인 것이다. 그리고 시스템으로서 UCLA에 초점을 맞추어 보면 UCLA는 UC캠퍼스(University of California Campuses)라고 하는 상위시스템의 일부분으로 기능하고 있다는 것을 알 수 있다. 따라서 시스템 개념에는 시스템이 있고, 하위시스템과 상위시스템이 있다. 이와 같이 시스템을 세 가지로 분류하는 것은 분석단위에 의한 것이다.

2) 시스템의 유형

시스템은 전형적으로 개방시스템(open system)과 폐쇄시스템(closed system)으로 분류된다. 폐쇄시스템적 사고는 원래 자연과학에서 유래된 것이다. 이는 시스템을 자체 완결적인 것으로 본다. 이러한 생각의 지배적인 특성은 그 시스템을 둘러싸고 있는 환경을 고려하지 않는 데 있다. 이 같은 폐쇄시스템적 사고는 실용보다는 이상 쪽에 기울어져 있으며 조직연구에 거의 적용될 수가 없다.

그러나 개방시스템적 사고는 그 시스템과 환경 사이의 동태적인 상호작용 관계를 인정한다. 개방시스템은 다음 [그림 1.1]과 같이 설명할 수 있다. 조직은 환경으로부터 원자재 및 인적자원을 획득하여 조직에 투입하고, 더 나아가 조직 산출물을 소비하는 환경 내의 고객이나 소비자들에게 의존하게 된다. 예를 들어, 은행은 예금을 받아들여 그것을 융자로 변환시키거나 그 밖의 다른 투자를 하며, 거기에서 얻어지는 이윤은 은행 자체의 유지 및 성장을 위해 사용하고 나머지 이윤은 주식배당이나 세금으로 지출될 것이다. 이러한 은행시스템도 환경과 활발한 상호작용을 하게 되는데, 은행시스템의 환경은 예금주들, 융자를 필요로 하는 사람들, 은행원직을 얻으려는 잠재적인 종업원들, 은행감독기관 등으로 구성되어 있음을 알 수 있다.

그림 1.1 기본적인 개방시스템 모형

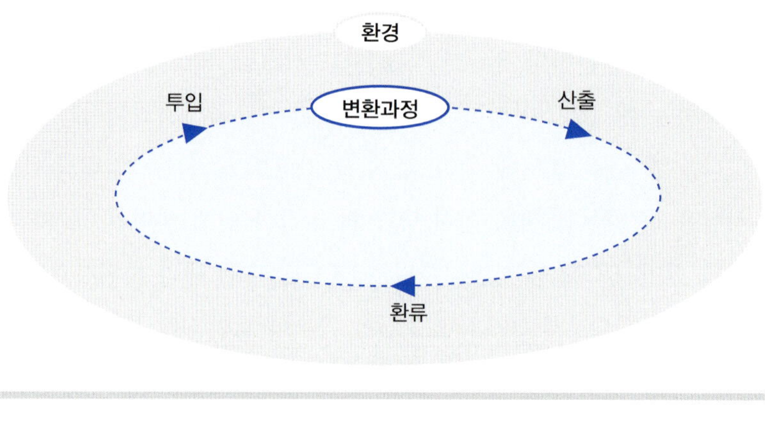

그림 1.2 개방시스템으로서의 산업조직

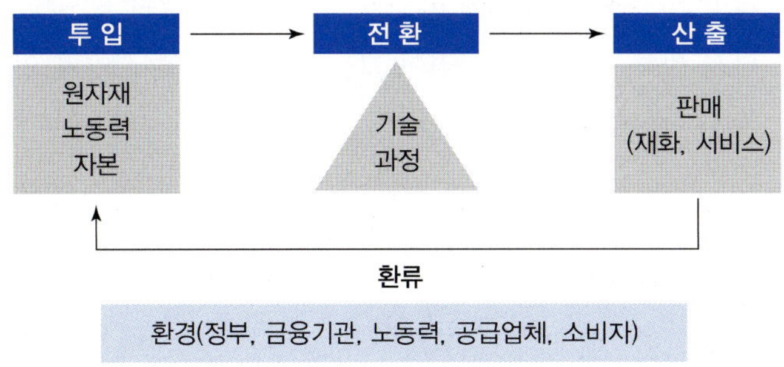

[그림 1.2]는 개방시스템에 관해 보다 복잡한 내용을 그림으로 나타내고 있는데, 이는 산업조직에 그대로 적용될 수가 있다. 투입에는 원자재, 노동력 및 자본 등이 있으며, 가운데는 원자재를 완제품으로 변환시키는 기술적인 과정이 표시되어 있고, 다시 완제품은 소비자에게 판매됨으로써 조직시스템의 산출물이 환경으로 방출되고 있는 것을 보게 된다. 그리고 정부를 비롯해서 금융기관, 노동력, 공급업체 및 소비자들은 모두 환경을 구성하고 있는 요소들이다.

모든 시스템은 그 자체의 유지·존속을 위해 환경과 상호작용관계를 유지해야 한다. 그리고 어떤 시스템을 관찰할 때 이분법적으로 구분하여 폐쇄시스템 아니면 개방시스템이라고 명백히 구별하는 것보단 범위의 개념으로 보는 것이 적절한 방법이다. 이같이 '개방성'과 '폐쇄성'은 전적인 폐쇄성과 전적인 개방성으로 보지 않고 개방성과 폐쇄성의 정도가 어느 정도인가의 개념으로 볼 때, 비로소 우리는 시스템 간에 존재하는 개방성-폐쇄성에 있어서의 차이를 설명할 수 있게 된다. 그리고 어떤 개방시스템이 시간이 경과함에 따라 환경과의 상호작용이 줄어들었다면, 그 개방시스템은 폐쇄시스템의 방향으로 기울고 있는 것이다. 그리고 그 반대의 경우도 마찬가지이다.

예를 들어, 미국의 GM사는 1960년대 초기에 들어서부터 마치 폐쇄시스템과 같은 영업활동을 하였다. 관리자들은 소비자의 기호에 대한 고려도 없이 자신들의 입장만을 고려하여 판매해야 할 제품을 선택·개발 생산하여 소비자들에게 내놓았다. GM사는 생산해낸 제품은 무엇이나 잘 팔릴 것이라고 생각하였고, 수십 년간 GM사의 생각은 그대로 들어맞았다. 정부당국도 일반적으로 관대하였고, 영향력 있는 소비자보호단체도 없었다. 그러므로 GM사는 대부분의 환경요인을 무시해버리게 되었으며, 이는 경영자들의 환경에 대한 인식 때문이었다. 다시 말해서 그들은 환경이 그들 회사의 경영에 거의 영향을 미치지 않는다고 생각하였기 때문이다. 그러나 그후 GM사에 대한 비판자들이 생겨나 GM사가 지나치게 환경과 격리된 상태에서 경영활동을 함으로써 환경을 무시하고 있다는 비난이 있기는 하였지만, 어쨌든 GM사는 확실히 전보다 더 개방적인 면모를 보였다. 소비자단체들과 주주들의 작용, 정부의 규제, 외국기업의 경쟁압력 등이 GM사로 하여금 환경과의 상호작용을 촉진시켰고 환경에 더욱 민감하도록 만들었다. 그래서 GM사는 개방시스템의 모형이라고는 말할 수 없지만 20년 전보다는 오늘의 모습이 훨씬 더 개방성을 갖게 되었다.

3) 개방시스템의 특성

모든 시스템에는 투입물, 변환과정 및 산출물 등이 있다. 즉, 시스템은 원자재, 에너지, 정보, 인적자원 등과 같은 것들을 환경으로부터 취하여 그것들을 재화나 서비스, 이윤, 폐품 등으로 변환시킨다. 그러나 개방시스템은 그밖에도 다음과 같은 몇 가지의 다른 특성을 가지고 있다.

환경의식(environmental awareness)

개방시스템의 가장 두드러진 특성 중의 하나는 시스템과 환경 간의 상호의존성이다. 그 시스템과 환경 사이에는 서로를 구분하는 경계(boundary)가 있으며, 환경 내의 변화가 시스템 내의 속성에 대해 영향을 미치며, 반대로 시스템 내의 어떤 변화가 환경에 영향을 미치기도 한다. 이같이 개방시스템은 환경과의 상호의존관계의 인식 바탕 위에 설정된 개념이므로, 환경과 시스템을 갈라놓는 경계가 없으면 시스템도 있을 수 없다고 생각한다. 그래서 경계의 개념은 시스템(하위시스템)이 어디서 시작되고 어디서 끝나는가를 결정짓는 중요한 개념이 되는 것이다. 그리고 이 같은 경계는 물리적일 수도 있고 심리적일 수도 있다. 물리적인 경우는 건물의 출입문, 담장 또는 지리적 위치 등을 의미하며, 심리적인 경우는 호칭, 제복, 교화의식과 같은 상징적인 것을 통해 경계에 대한 의식을 갖게 하는 경우이다.

지금까지의 설명을 통해 경계의 개념은 시스템을 이해하는 데 필요한 매우 중요한 개념이라는 것을 충분히 알게 되었고, 조직연구에서 경계설정(시스템과 환경 간의)의 문제는 매우 중요한 문제가 된다는 것도 이해되었을 것이다.

시스템과 환경 간의 상호의존관계의 실례는 1981년 Chrysler사가 파산을 면하기 위해 용감하게 노력하였던 경우에서 여실히 드러나고 있다. Chrysler사는 환경에 의해 크게 영향을 받고 있었다. 가장 분명한 환경의 영향으로서는 외국 자동차회사의 경쟁압력, OPEC국가들의 가솔린 값 인상파동, 미국 연방정부가 인플레이션에 대처하기 위해 이자율을 기록적인 고율로 유지하기로 한 결정 등이었다. GM사와 Ford사도 이와 비슷한 난관에 봉착하고 있었으나, 이 두 회사는 상당히 많은 판매고를 올리고 있었기 때문에, 보다 능률적인 소형자동차의 생산을 위해 설비를 재정비하고 생산 착수에 필요한 수십억 달러의 분산투자가 가능한 상태였다. 그리고 GM사와 Ford사는 원래부터 상당히 건실한 재무구조를 보이고 있었다. 그러나 Chrysler사와 환경과의 관계는 쌍방적이었다. 공급업자들, 미시건주, 미국 자동차노조, 미국 연방정부 등이 Chrysler사에서 발생한 일들 때문에 눈에 띌 정도로 영향을 받고 있었다. 물론 Chrysler사처럼 그들의 환경에 영향을 미치는 조직체들은 많지 않지만, 모든 개방시스템들은 어느 정도 그들의 환경에 영향을 미치고 있다는 것은 부인할 수 없는 사실이다.

순환적 특성(cyclical character)

개방시스템은 그 시스템 내에서 일어나는 활동 내지는 사건들이 순환적인 형태를 취하는 특성이 있다. 환경에 배출된 산출물은 그 시스템의 지속적인 활동을 위한 새로운 투입물의 수단이 된다. 이렇게 투입-변환-산출의 과정은 반복된다. [그림 1.2]에서 볼 수 있듯이, 이 같은 순환과정이 영속화되고 조직이 유지·존속되기 위해서는 산업조직의 고객들로부터 받은 수입은 종업원의 임금지불, 원자재 대금지불 및 융자상환 등을 충당하기에 충분해야 한다.

부정적 엔트로피(negative entropy)

엔트로피란 용어는 어떤 형태의 시스템이든지 붕괴되거나 소멸되는 성향을 갖는다는 것을 의미한다. 폐쇄시스템은 환경으로부터 에너지 내지는 새로운 투입물의 유입을 받아들이지 않기 때문에 소멸 또는 붕괴의 길을 걷게 되지만, 반대로 개방시스템은 그의 속성인 시스템이 산출물의 생산에 소비된 에너지보다 더 많은 에너지를 환경으로부터 받아들일 수 있는 능력을 의미하는 부정적 엔트로피를 갖고 있기 때문에, 자체수정이 가능하고 체제를 유지하고 붕괴를 피할 수 있다. 또한 나아가 성장·발전을 이룩할 수 있는 것이다. 요컨대 개방시스템은 부정적 엔트로피라는 속성 때문에 붕괴나 소멸 상태에 이르지 않는다.

항상성(steady state)

엔트로피를 막기 위한 에너지의 투입은 그 시스템의 에너지 교환(산출물의 생산에 소비되는 에너지를 보충하기 위해 새로운 투입물을 유입시키는 에너지 교환)에는 어떤 균형상태가 항상 유지된다. 환경으로부터의 투입이 지속적으로 유입되고, 또 시스템 밖으로 산출물이 지속적으로 유출되어도 결국은 균형을 이루어 시스템의 특성은 변함이 없게 된다. 우리의 인체 시스템의 경우, 사멸한 세포를 모두 새로운 세포로 대치시킨다고 해도 신체의 외모는 거의 달라진 것이 없는 것을 보게 된다. 그래서 비록 개방시스템이 투입을 산출로 변환시키는 활동을 활발하게 전개해 갈지라도, 시스템 그 자체는 여전히 항상성을 유지하게 된다.

성장과 확장의 경향성(movement toward growth and expansion)

위에서 설명한 항상성이란 속성은 주로 초기의 단순한 개방시스템이 갖게 되는 것이다. 그러나 그 시스템이 보다 더 복잡성을 띠게 되고 엔트로피에 대처하기 위한 반작용(부정적 엔트로피)을 거듭해 감에 따라, 개방시스템은 성장과 확장의 방향으로 나아가게 된다. 그렇다고 이것이 항상성과 모순되는 반대의 개념은 아니다.

시스템의 유지·존속을 확실히 하기 위해 규모가 크고 복잡한 개방시스템은 현재의 상태에 만족하지 않고 안전과 여력을 확보하려고 노력한다. 시스템 내의 많은 하위시스템들은 엔트로피에 대처하기 위해 산출물에 소비한 것보다 더 많은 에너지를 유입하는 경향이 있다. 그래서 항상성은 단순한 시스템에 적용될 수 있지만, 그 시스템이 보다 복잡한 상태에 이르게 되면 성장과 확장을 통해서 그 시스템의 특성을 보존해 가게 된다. 예를 들어, 우리는 인체가 지방질을 축적해 가는 사실에서 이 같은 현상을 볼 수 있으며, 또한 대규모 회사들이나 정부기관들이 현재의 상태에 만족하지 않고 활발하게 성장과 확장을 도모함으로써 존속·발전을 위한 여력을 키워가는 경우에서도 이 같은 현상을 보게 된다.

마지막으로 이 같은 속성에 대하여 특기할 만한 것은 확장의 결과로 인하여 그 시스템의 기본적 성격에 직접적인 변화가 생기지 않는다는 것이다. 그리고 가장 일반적인 성장 패턴(growth pattern)은 단지 동일한 유형의 순환과정이나 하위시스템이 증가하는 형태를 취한다는 사실이다. 시스템의 질적인 측면은 그대로이면서 시스템의 양적인 측면만 변한다. 예를 들어, 대부분의 대학이 성장이나 확장되어 갈 때, 새롭고 혁신적인 활동을 추구하기보다는 기존의 활동을 양적인 측면에서 증대시키려고 노력한다.

유지활동과 적응활동의 균형(balance of maintenance and adaptive activities)

개방시스템은 유지활동과 적응활동 간의 조화를 추구한다. 유지활동은 여러 가지 하위시스템들 간에 서로 균형이 유지되도록 하고, 또 전체 시스템이 환경과 조화되도록 하려는 활동이다. 이 같은 활동은 급진적인 변화를 예방하여 그 시스템의 불균형상태를 막아준다. 유지활동과는 대조적으로 적응활동은 그 시스템의 내부적·외부적 요구의 변화에 적응해 가는 데 필요한 활동이다. 따라서 시스템은 기계의 구입, 수선, 검사를 통해서, 종업원의 모집과 훈련을 통해서, 그리고 규칙 절차의 제정 및 시행 등과 같은 메커니즘을 통해서 안정과 현상유지를 추구하며, 다른 한편으로는 계획, 시장조사 및 신제품개발 활동 등을 통해서 변화를 추구한다.

사실 시스템이 존속·발전하려면 유지활동과 적응활동이 모두 필요하다. 잘 유지되고 있는 안정적인 조직이지만 상황의 변화에 적절하게 적응해 가지 못한다면, 조직은 오랫동안 계속 유지되지 못한다. 이와 마찬가지로 적응적이기는 하나 불안정한 조직은 비능률적이 될 뿐만 아니라 오랫동안 존속하지 못한다.

이인동과성(equifinality)

이인동과성이란 목표에 도달하는 데는 여러 가지 수단이 있을 수 있다는 개념이다. 즉, 시스템이 최종목표 상태에 도달한다고 할 때 목표를 향해 출발하는 시초의 상황을 다르게 할 수 있고, 또한 여러 가지 다양한 경로 중의 어느 하나를 통해도 동일한 목표상태에 도달할 수 있다는 개념이다. 이것은 조직시스템이 목표를 달성하는 데는 여러 가지 다양한 투입과 변환과정이 있을 수 있다는 것을 의미한다.

4) 시스템적 시각의 중요성

시스템적 시각은 경영학을 연구하는 학생들이 조직에 관한 것들을 뚜렷하게 개념화하는 데 유용한 프레임을 제공한다. 이 같은 시스템적 관점은 관리자들로 하여금 조직을 상호의존적인 부분들로 구성된 전체, 즉 조직을 여러 개의 하위시스템으로 구성된 하나의 시스템으로 볼 수 있게 한다. 또한 이 같은 시스템적 시각은 하위계층의 관리자들로 하여금 자신들의 직무가 조직의 정태적이고 다른 부서와 격리된 어떤 하나의 요소를 관리하는 것뿐이라는 생각을 하지 못하게 한다. 이는 모든 관리자들로 하여금 그 시스템이 처한 환경에 대한 이해와 인식을 높이도록 촉구한다. 이 같은 시스템적 시각은 관리자들로 하여금 조직을 하나의 활동패턴으로 파악하도록 도와주며, 조직이 변화에 저항하는 이유를 밝히는 데 있어서 관리자들에게 유용한 직관을 제공한다. 마지막으로 시스템적 시각은 관리자들로 하여금 목표달성을 위한 여러 가지 대안적인 투입과 과정을 개발·추구하도록 한다.

그러나 여기서 강조할 점은 시스템적 시각이 전부는 아니라는, 즉 시스템적 시각만 있으면 모든 것이 해결된다는 생각을 해서는 안 된다. 시스템이라는 시각의 틀도 그 나름대로의 제약점 내지는 한계가 있다. 시스템적 시각에 관한 용어들이 추상적인 점이 있기 때문이다. 경영학이 구체적인 행동을 요구하는 실천적인 응용과학이라는 견지에서 볼 때, 무엇이 어느 정도로 달라져야 할 것인가를 관리자에게 구체적으로 제시한다는 것은 매우 중요하다. 그래서 시스템적 시각의 가치는 조직에 관한 문제점들을 해결하는 데 직접적으로 적용되는 응용가치에 있다기보다는 하나의 개념적인 틀로서 그 중요성이 인정된다.

1.4 Scott의 조직관

Scott은 조직을 합리체제(rational system), 자연체제(natural system), 개방체제(open system)로 구분하고 각 관점의 특성, 핵심 요소 및 관련 조직이론들을 소개함으로써 조직연구자들에게 조직을 쉽게 이해할 수 있는 틀을 제공한다. 이러한 Scott의 체제를 바탕으로 한 조직관에 대해 본 장에서는 간략한 내용을 살펴보고, 보다 상세한 이론적 논의는 제3장 경영조직이론의 발전과정에서 하고자 한다.

1) 합리체제 조직관

합리체제 조직관은 조직을 구체적인 목표를 달성하기 위한 도구로 인식한다. 이 관점에서 합리성(rationality)이란 기술적(technical) 또는 기능적(functional) 합리성을 의미하며, 극대화된 효율성으로 설정된 목표를 달성하는 조직화된 일련의 행동이라는 것으로도 의미가 확장된다. 즉, 합리체제 조직관에서 조직목표의 설정보다는 달성이 중시되며, 목표의 구체성과 공식화가 조직구성의 핵심이 된다. 합리체제 조직관에서 중시되고 자주 사용되는 용어는 정보, 효율성, 최적화, 달성, 설계 등이다. 또한 관리적 측면에서 통제, 권력, 규칙, 지시, 권한, 성과, 협력 등이다. 이 조직관의 주요 조직학자들과 조직이론에는 Taylor의 과학적 관리론(scientific management), Fayol의 관리이론(administration theory), Weber의 관료제론(theory of bureaucracy), Simon의 경영행동이론(theory of administration behavior) 등이 있다.

2) 자연체제 조직관

자연체제 조직관은 합리체제 조직관과 달리 조직을 구체적인 목표를 달성하기 위해 만들어진 집합체라고 인식한다. 합리체제 조직관이 일반적인 사회집단과 조직을 구분할 수 있는 조직의 특성에 초점을 두었다면, 자연체제 조직관은 반대로 사회 집단과 조직의 공통성에 오히려 관심을 둔다. 또한 합리체제 조직관은 조직목표의 달성을 위한 규범적 조직구조를 강조하지만, 자연체제

조직관은 조직구성원 자체와 이들이 구성하는 비공식 구조 등의 행동적 조직구조를 중시한다. 즉, 이 조직관은 단지 조직의 목표 달성이 조직의 유일한 존재 이유는 아니라고 설명하며, 목표의 복잡성, 비공식 구조, 기능분석(functional analysis) 등이 조직구성의 핵심이라고 본다. 자연체제 조직관의 주요 조직학자들과 조직이론에는 Mayo의 인간관계론(human relations), Barnard의 협동체계(cooperative system), Selznick의 제도적 접근(institutional approach), Parsons의 사회체제(social system) 등이 있다.

3) 개방체제 조직관

개방체제 조직관은 제2차 세계대전 시기에 자연과학의 논의가 사회과학으로 확대되는 지식의 격동기에 등장하였다. 이 조직관은 일반체제이론을 바탕으로 조직의 환경적 요소를 부정하는 폐쇄체제와는 달리 조직의 내부 구성요소 및 조직환경 사이의 상호의존성의 존재를 인정하고 중시한다. 따라서 조직을 기계적 조직이 아닌 유기적 조직으로 인식하고, 기존 상태의 유지가 아닌 조직의 환경변화에 대한 대응 유연성을 핵심으로 한다. 개방체제 조직관은 사이버네틱스 시스템으로서의 조직, 느슨하게 연결된 조직(loose coupling organization), 계층제로서의 조직 등을 강조한다. 이 조직관의 주요 조직학자들과 조직이론에는 Beer 등의 시스템 설계(system design approach), Lawrence와 Lorsch의 상황적합이론(contingency theory), Weick의 조직화 모형(model of organizing) 등이 있다.

2 조직이론

2.1 조직이론

1) 조직이론

조직이론(organization theory)이란 조직의 구조와 조직의 설계에 관하여 연구하는 학문분야이다. 조직이론은 조직환경, 조직구조, 조직설계 등과 같은 주제들에 대해 이론적 사항들과 실제 특성을 폭넓게 이해를 하는 것을 목표로 하며, 거시적 접근방법을 중시한다. 그리고 조직이론은 하나의 학문영역으로서 기술적인 측면과 규범적인 측면을 동시에 가지고 있으며, 조직들이 실제로 어떻게 구조화되어 있는가를 설명하며, 조직이 그의 효과성을 높이기 위해 어떻게 구조화되어야 하는가에 대한 처방을 제시한다. 이러한 조직이론은 조직구성원 개인에 대한 지각, 개인차, 성격, 동기부여, 리더십 등에 대한 미시적 접근을 하는 조직행동론(organizational behavior)과는 그 연구의 범위와 방법론적 특성이 구분된다.

조직이론은 다음과 같은 역할을 갖는다. 조직이론은 조직에 관한 지식의 단순한 집합이 아니라 조직을 보는 종합적 관점을 제시한다. 조직학자나 조직관리자들이 조직이론을 통해 조직을 보다 체계적으로 살펴보고 이해하도록 하며, 나아가 종합적 분석을 통해 적절한 조직관리를 할 수 있는 대안을 제시하는 것이다. 즉, 조직이론은 조직에 대해 관심을 갖고 연구하는 학생, 연구자, 경영자 및 실무자들에게 조직 차원의 다양한 개념들에 대한 이론과 실제적 특성을 설명하며, 이들 개념들의 관계에 대한 이해를 통해 조직 현상을 이해시키며, 조직의 문제를 진단하고 해결할 수 있는 대안을 제시한다.

2) 조직환경

일반적으로 환경이란 외부에 존재하는 모든 것을 포함한다. 그러나 조직이론에서 논의되는 조직환경(organizational environment)은 조직 경계의 외부에 존재하면서 조직 전체 또는 일부에 영향을 미칠 수 있는 잠재적 요소들을 의미한다.

조직환경은 조직의 의사결정이나 내부 프로세스에 영향을 미치는 정도나 강도에 따라 일반환경과 과업환경으로 구분된다. 일반환경(general environment)이란 사회 내의 모든 조직에 일반적으로 영향을 미치는 요소들로서 경영조직의 일상적인 활동에 간접적인 영향을 미치는 환경영역을 의미한다. 일반환경의 요소에는 다음 <표 1.1>과 같이 경제적 환경, 정치적 환경, 사회문화적 환경, 자원환경 등이 있다.

표 1.1 조직의 일반환경 요소

1. 경제적 환경	국민경제조건(GNP성장률, 산업구조 변화, 물가수준 변화)
2. 정치적 환경	경제정책상의 조건(통화·이자율 정책, 수출입진흥정책), 법령의 제정 및 개폐, 외국의 정치변동
3. 사회문화적 환경	인구동태, 문화구조, 소득수준, 소비구조, 가계지출, 통신, 운수
4. 자원환경	인적자원(노동시장, 대학, 직업훈련), 재무자원(주식시장, 금융시장), 물적자원(부동산), 기술자원(기초연구기술, 응용연구기술, 실용화연구기술)

과업환경(task environment)이란 경영조직의 목표달성에 직접적인 영향을 미치는 요소들로서 조직의 전략수립이나 목표달성을 위한 의사결정과 내부 프로세스에 직접적인 영향력을 행사한다. 과업환경에는 다음 <표 1.2>와 같이 산업 환경, 원재료 환경, 시장 환경, 인적자원 환경, 국제 환경 등이 있다.

표 1.2 조직의 과업환경 요소

1. 산업 환경	경쟁업체, 산업의 규모와 경쟁 강도, 관련 산업
2. 원재료 환경	공급업체, 제조업체, 부동산업체, 서비스업체
3. 시장 환경	제품 및 서비스의 고객, 소비자, 잠재적 사용자
4. 인적자원 환경	노동시장, 고용대행기관, 타기업의 직원, 노동조합
5. 국제 환경	외국기업과의 경쟁 및 합병, 해외시장 진출, 해외 소비자, 규제, 환율

3) 조직구조

조직구조(organizational structure)란 복잡성과 공식화 및 집권화로 구성된 시스템이라고 정의할 수 있다. 복잡성(complexity)이란 조직 내의 분화의 정도를 가리키는 말로서, 여기에는 전문화 또는 분업의 정도, 조직계층의 수 및 조직단위부서의 지리적인 분산의 정도 등과 같은 하위요소가 포함된다. Runner's World사의 과업이 점차로 전문화되어 가고 조직계층상에 보다 더 많은 계층이 추가됨에 따라, 그 조직은 점차로 복잡화되어 가는 것이다. 물론 복잡성이란 개념은 상대적 개념이다. 예를 들어, Runner's World의 경우 GE이나 IBM의 복잡성의 정도에 이르는 데는 상당한 거리가 있는 것이다. 이들 GE이나 IBM 등에는 수백 명의 전문직 사원들이 있으며, 일선 생산작업자들과 최고경영자인 사장 사이에는 열두 계층이 넘는 권한계층이 가로놓여 있기 때문이다.

공식화(formalization)란 조직이 종업원들의 행동을 지휘·통솔하기 위해서 규칙이나 절차에 의존하고 있는 정도를 말한다. 그런데 어떤 조직은 아무런 지침이나 규칙이 없이도 구성원들의 행동을 지휘·통제하고 있는데 반하여, 어떤 조직들은 종업원들이 할 수 있는 것과 할 수 없는 것을 일일이 규정하고 있는 여러 가지의 규정이나 규칙을 가지고 종업원들의 행동을 지휘·통제하기도 한다.

집권화(centralization)란 의사결정 권한의 부분이 어디에 위치하느냐의 문제이다. 어떤 조직에서는 의사결정이 고도로 집권화되어 있기 때문에 모든 문제가 상부로 보고되어 올라가고 최고경영자가 적절한 대안적 조치를 선택·결정하고 있다. 이에 반하여 어떤 조직에서는 Runner's World의 경우처럼 의사결정이 분권화되어 있어서 의사결정권이 조직계층을 따라 하향적으로 분산되고 있음을 볼 수가 있다. 조직의 복잡성 및 공식화의 정도와 더불어 그 조직이 집권화되어 있는가 아니면 분권화되어 있는가의 여부를 확인한다는 것은 매우 중요하다. 그리고 집권화와 분권화는 연속체상의 양 극단을 나타내는 개념이라는 것을 유의해야 한다. 조직은 집권화의 경향성을 나타내고 있다든지 혹은 분권화의 경향성을 보이고 있다고 말할 수 있을 뿐이다. 그러나 그 조직이 집권-분권의 연속체상의 어디에 위치하고 있는가 하는 문제는 조직구조의 유형을 결정짓는 하나의 주요한 요인이다.

4) 조직설계

조직설계(organization design)는 조직이론의 관리적 측면을 강조하고 있는 말이다. 또한 조직설계란 조직목표를 달성하기 위해 조직의 구조를 구성하기도 하고 변경하기도 하는 것과 관련된 활동이다.

이 책을 계속 읽어나가는 과정에서 여러분은 조직목표의 달성을 촉진하기 위해 조직이 어떻게 설계되어야 할 것인가에 대한 처방을 제시하고 있는 것을 계속해서 보게 될 것이다. 그 같은 처방을 제시한다고 해서 그다지 놀랄 것은 못 된다. 왜냐하면 이 책은 경영학도들이나 관리자들을 위하여 쓰여진 것이고, 또 아마 독자 여러분은 조직이 어떻게 기능하고 있는가에 대해 알기보다는 조직을 어떻게 설계할 것인가를 배우는 데 더욱더 많은 흥미를 가지고 있을 것이라고 생각되기 때문이다. 그리고 독자 여러분은 관리적 시각을 가지고 있어야 하며, 조직에 관한 개념을 익히게 되면 그 개념 속에서 실무적으로 적용할 수 있는 가능성을 꾸준히 찾아야 한다. 조직이론을 관리자나 혹은 미래의 관리자의 실무적 필요의 시각에서 연구하게 될 경우, 그 같은 연구는 당연히 조직설계 지향적인 연구가 되게 마련이다.

2.2 조직이론 연구의 이유

조직이론 연구의 이유는 다음과 같다. 우리의 사회생활에 영향을 미치는 기관·단체의 대부분은 거의 모두 조직이란 형태를 취하고 있다. 우리는 병원이란 조직에서 태어나고 죽을 때에는 시체안치소란 조직의 신세를 지게 된다. 우리를 교육하는 학교도 조직이며, 식품을 팔고 있는 상점도 조직이고, 자동차를 생산하는 회사도 조직이다. 세금을 부과하고 거두어 가는 곳도 조직이며, 쓰레기를 수거하는 기관도 조직이다. 그리고 국방을 전담하는 기관이나 신문을 제작하는 기관도 모두 조직인 것이다. 이처럼 현대생활의 모든 측면에 조직이 미치는 영향은 대단한 것이다. 따라서 우리가 우리들의 생활 속에 깊숙이 뿌리박고 있는 이 같은 현상(조직의 현상)을 이해하고 싶어 한다는 것은 당연하고 정당하다고 할 수 있다. 또한 우리가 일상생활 속에서 상호작용하고 있는 조직이 어떻게 구조화되어 있는가에 대한 해답을 추구해 본다는 것은 매우 의미 있는 일이다.

우리는 조직에 대한 직관적인 생각을 과학적·체계적으로 연구하여 도출된 이론으로 대치하게 된다. 우리가 조직에 대한 연구를 공식적으로 하고 있든지 안 하고 있든지 간에 우리는 그 조직의 영업활동에 대한 일련의 생각 내지는 이론을 지니고 생활하게 된다. 예를 들어, 우리는 운전면허증을 갱신하기 위해서 관련 부서를 방문해야 하며, 항공여행을 위해서는 항공사에 가게 되며, 융자 신청을 위해서는 은행에 간다. 이 같은 모든 활동의 배경에는 이들 각 조직의 영업활동에 대한 이론과 이들 조직의 성원들의 행동에 대한 이론이 작용하고 있는 것이다.

우리가 체계적인 연구란 말을 사용할 때, 그것이 의미하는 것은 상관관계의 존재 여부를 찾아본다는 것이고, 인과관계의 존재 여부를 규명해 본다는 의미이며, 결론을 도출할 때 어떤 과학적인 근거에 입각해야 한다는 것을 의미한다. 그리고 체계적 연구의 목적은 우리가 조직에 대하여 가지게 되는 직관, 즉 "조직이 왜 그렇게 설계되었는가?"에 대한 즉흥적인 느낌이나 생각을 과학적인 연구에 기반을 둔 이론으로 대치시키는 데 그 목적이 있다.

마지막으로 본서의 핵심 영역인 경영조직의 관점에서 조직이론의 연구 필요성을 정리하면 다음과 같다. 경영조직에서 조직이론은 ① 조직의 목적 달성을 위한 각종 자원 결합, ② 상품과 서비스의 생산, ③ 혁신의 촉진, ④ 현대적인 제조기술과 정보기술의 활용, ⑤ 환경적응과 환경창출, ⑥ 소유주, 고객, 종업원을 위한 가치 창출, ⑦ 다양성, 윤리성, 종업원 동기부여, 종업원 간 조정 등 지속되는 도전과제의 수용 등에 대한 이해의 틀과 문제해결의 대안을 제시한다.

2.3 조직이론 관련 학문분야

조직이론은 앞에서도 언급한 것과 같이 기술적인 측면과 규범적인 측면을 모두 갖는 종합 학문적인 성격을 지닌다. 따라서 조직이론은 다양한 학문분야들로부터 질문, 방법, 사상, 이론 등을 교류하면서 발전하였다. 이러한 조직이론의 발전에 기여하였거나 관련된 학문분야를 심리학(사회심리학), 인류학, 경제학, 정치학 등을 중심으로 살펴보면 다음과 같다.

우선, 개인의 성격, 인식, 감정, 행동 등을 다루는 심리학을 바탕으로 발전한 조직이론의 논제들에는 동기부여, 태도와 성격, 인식과 학습, 효과적 의사소통 등이 있다. 사회환경과 사람들의 상호작용에 있어 태도, 인식 및 행동을 다루는 사회심리학은 조직이론에 리더십, 조직구성원의 상호작용, 응집력 등의 이론적 발전에 영향을 미쳤다. 인류학은 조직의 역사와 문화적 측면에서 조직이론 발전에 많은 기여를 하였으며, 조직의 문화적 규범은 무엇이며, 어떻게 형성되며 조직의 발전에 영향을 미치는가에 대한 연구주제를 제시하였다. 또한 시장분석과 상품과 서비스가 생산 · 분배 · 소비되는 체제에 관심을 두는 경제학은 조직이론에 의사결정이론과 관련하여 많은 기여를 하였다. 정치학은 공공조직들의 정치적 · 전문적 · 기술적 특성들이 경영조직에 미치는 영향에 대한 연구분야에 많은 이론적 토대를 제시하였다.

요약

현대 사회에서 우리는 개인과 사회 수준에서 다양한 문제를 해결하고, 삶의 질을 유지하고 향상시키기 위해서는 개인의 삶과 우리 사회의 일부가 되어 있는 조직이라는 독특한 개념을 반드시 이해해야 한다. 조직이란 "분업 및 권한의 계층을 통하여 어떤 공통목적 내지는 일련의 목적을 달성하기 위하여 일정한 시간 동안 계속적으로 상호작용하는 두 사람 이상의 집단활동을 위해 계획된 조정체계"로 정의된다.

이러한 조직은 현대 사회의 중요한 행위자이며, 우리가 정치적, 경제적, 사회적, 그리고 개인적 목적 달성을 위한 도구이다. 기업조직 영역에서는 사회구성원의 삶을 유지하고 풍요롭게 할 수 있는 재화와 서비스를 생산 · 판매함으로써 시장을 존속시키며, 공공조직 영역에서는 교육, 복지, 공공재의 공급, 사회와 시장의 안정성 보장 등을 제공함으로써 사회를 유지 · 발전시킨다. 조직은 개방시스템적 시각에서 논의될 때 그 중요성과 특성에 대한 많은 시사점을 얻을 수 있다. 조직은 상호 관련되어 있고 상호의존적인 부분들로 구성되어 있는 통일된 전체로서 환경과의 상호작용하는 시스템이라고 설명될 수 있다. 이 같은 시스템적 관점은 조직연구자와 조직관리자들에게 조직 내의 상호의존적인 부분들(하위시스템)과 조직환경 요소들을 더욱더 잘 이해할 수 있는 하나의 유용한 틀을 제공한다.

조직이론을 연구하는 데는 단일한 목적 내지는 이유가 있을 수 없다. 조직이론의 연구목적이 단지 조직구조를 이해하려는 데 있을 수도 있을 것이며, 또 조직에 관한 체계적 이론을 개발하려는 데 그 목적이 있을 수도 있을 것이다. 그러나 많은 사람들에게 있어서 조직이론 연구의 목적은 조직이 어떻게 설계되어야 하는가, 즉 조직설계의 최적 방법을 선택할 수 있는 능력을 갖추기 위해서이다.

정리 및 토의과제

1. 조직의 정의를 구체적인 기업조직 사례를 들어 설명하시오.
2. 현대 사회에서 조직의 중요성을 무엇인가?
3. 조직이론의 규범적 특성과 기술적 특성을 설명하시오.
4. 시스템적 관점이 조직을 보다 잘 이해하는 데 어떻게 도움이 될 수 있는가?
5. 개방시스템과 폐쇄시스템을 비교설명해 보시오.
6. 조직이론을 연구하는 이유는 무엇인가?
7. 조직이론의 발전에 기여한 관련 학문분야의 특성을 설명하시오.

Chapter 02

조직의 성과지표

사례연구

성공비결 주목받는 이케아 "우리가 주목한건 두 가지다"

스웨덴 가구 공룡 이케아가 광명에 한국 진출 1호점을 오픈한 것은 2014년 12월이다. 하지만 오픈 몇 년 전부터 이케아의 진출 사실 자체는 이미 국내에 알려져 가구업계가 큰 소용돌이에 휘말렸다. 글로벌 대기업이 들어오는 순간 한국의 중소형 가구업체는 물론 대형 가구업체들도 모두 사라질 것이다, DIY(Do It Yourself, 소비자가 원하는 물건을 직접 만들 수 있도록 한 상품) 위주 제품인 이케아는 한국에서 성공할 수 없을 것이다라는 등 우려와 비아냥거림이 쏟아졌다. 국내 가구업계는 이케아가 1호점을 어디에 낼 것인지에 촉각을 곤두세웠고 결국 2011년 12월 이케아가 한국 광명역 근처에 1호점을 낸다는 소식이 알려지면서 한국 가구업계와 거대 공룡 이케아의 싸움은 시작됐다. 그로부터 7년 이상 시간이 지난 2019년 현재, 일단 국내 대형 가구업체와 이케아는 모두 매출성장을 이루며 윈윈(win-win)게임을 이루고 있다. 완성품 위주의 국내 가구업체들과 달리 이케아가 DIY와 깔끔한 북유럽 스타일의 디자인을 바탕으로 새로운 영역을 만들어 전체 가구시장의 파이를 키워 양쪽 모두에 시너지 효과를 가져왔다는 평가가 나온다.

이케아 코리아는 2017년 10월 2호점인 고양점을 오픈했고, 지난해 9월부터는 온라인몰도 공식 오픈했다. 2018회계연도(2017. 9.~2018. 8.) 기준 매출액은 4,716억 원을 기록했고, 매출 기준으로 한국 광명점은 이케아그룹 전체 422개 매장에서 1위를 차지했다. 이케아 코리아 직원은 1,700여 명, 연간 매장 방문객은 870만여 명에 달한다. 과거 글로벌 대형마트였던 월마트, 카르푸가 한국 시장에서 참패하며 철수했듯이, 이케아의 성공 가능성에 대해서는 반신반의하는 이들이 많았다. 하지만 이케아 코리아는 무엇이 달랐기에 그룹 내 글로벌 1등 매장으로 성장하고, 수많은 한국 사람을 고용하는 알짜배기 외국계 기업으로 성장할 수 있었던 것일까.

≪매일경제 비즈타임스≫는 최근 이케아 코리아 대표인 안드레 슈미트갈 대표와 만나 그 성공비결과 향후 이케아 코리아의 방향에 대해 물어봤다. 인터뷰 전 서양인 특유의 딱딱함과 거기에서 풍겨 나오는 매너를 생각했던 것과 달리, 한국을 좋아하며 소박함이 묻어나오는 한 독일인의 모습에서 이미 성공 해법을 알 수 있을 것 같은 느낌이 들었다. 우연히 한 행사장에서 그를 마주쳤을 때도 그는 점퍼 차림에 백팩을 멘 소탈한 모습으로 다가서기도 했다. 한국 시장에서의 성공비법을 묻자 슈미트갈 대표는 한국 고객들에게 감사한다는 말부터 전했다. 그는 "한국에서 성공할 수 있었던 것에 대해 기쁘다. 한국 사람들이 더 좋은 삶을 살아가기 위해 집을 꾸미는 데 새로운 영감을 줄 수 있었던 것에 만족한다"고 말했다. 한국 사람들은 그동안 집 인테리어를 한다고 하면 가구나 가전제품을 바꾸고 벽지와 장판을 새로 하는 등 큰 변화를 줘야만 된다고 생각했지만, 이케아는 적은 비용과 변화만으로도 집 분위기를 바꿀 수 있다는 콘셉트를 전달했다는 것이다. 예를 들어, 화분과 같은 소품 하나, 간단한 서랍장 하나만 색다른 디자인의 제품을 들여놓아도 집 분위기가 달라진다는 것이고, 이 같은 제품들을 이케아 매장에서 많이 제공하다 보니 성공을 거둘 수 있었다는 설명이다. 집을 꾸미는 게(홈퍼니싱) 어렵고 전문가만이 할 수 있는 게 아니라 일반인들도 쉽게, 직접 할 수 있다는 생각을 한국 소비자들에게 심어준 것도 이케아의 공로 중 하나라고 할 수 있다.

슈미트갈 대표는 인터뷰 도중 이케아가 추구하는 기업의 가치를 수차례 강조했다. '많은 사람들을 위한 더 좋은 일상생활을 만든다(To create better everyday life for the many people)'는 이케아의 기업가치는 이케아 코리아 직원들이 매일 귀가 닳도록 듣는 말이다. 말이 몸에 배다 보니 직원들 스스로도 어떻게 하면 고객들이 편안하게 집에서 생활할 수 있을까에 골몰하게 됐다. 그는 "고객이 실제 필요한 게 무엇인지 직원들이 테스트해보면서 하나씩 배우는 등 직원들이 고객 중심적으로 생각하고 일하게 된 점이 큰 성공비결"이라고 설명했다. 결국 기업은 직원들과 명확한 가치를 공유하고, 직원들은 이 가치를 실현하기 위해 일사불란하게 움직이다 보니 고객들에게 꼭 필요한 제품을 만들게 됐고, 이런 작업을 통해 자연스럽게 매출도 늘게 됐다는 뜻이다. 슈미트갈 대표는 직원들에게 고맙다는 말도 여러 차례 전했다. 물론 진출 초기 철저한 시장조사도 큰 힘이 됐다. 이케아의 가치를 담은 공통 제품을 글로벌 전체 매장에서 판매하기도 하지만, 현지인들만을 위한 제품 또한 필수적으로 마련해야 한다. 이 때문에 슈미트갈 대표는 매장을 오픈하기 전부터 직원들의 집부터 시작해 수많은 한국인의 집을 방문하며 한국인들의 주거생활을 연구했다. 그룹 최고경영자(CEO)가 한국을 방문했을 때도 아침 일찍부터 한국인의 집을 방문해 한국인들의 생활을 엿보는 것으로 일정을 시작했다. 슈미트갈 대표는 "서양과 달리 욕실이 습식(바닥이 젖어 있는 것) 문화라는 것을 보고 놀라, 이를 적용한 제품들을 준비하는 데 많은 노력을 기울였다"고 밝혔다. 또 한국에서는 자녀가 생겼을 때 집을 꾸미는 데 많은 변화가 일어난다는 점과 마당 있는 집보다는 고층 아파트가 많은 점 등을 고려했다고 덧붙였다.

이케아 코리아는 2017년 고양점을 오픈할 때도 그 지역민들의 가정을 자주 방문하는 등 새로운 지역에 점포를 하나씩 낼 때마다 철저하게 현지조사를 한다. 이케아는 올해 말 기흥, 2020년 1분기에는 동부산에 점포를 오픈할 예정이며, 이들 지역에 대한 현지조사도 이미 수차례 거쳤다. 그는 "이미 알려진 지역 이외에도 동시다발적으로 전국 다양한 지역에서 점포 오픈이 가능한 곳을 찾아보고 있다. 어느 곳에서 어떤 형식으로 고객들을 만날까를 계속 고민하고 있지만, 아직까지 추가적으로 더 결정된 사항은 없다"고 밝혔다.

직원들과 회사의 가치를 공유하기 위해서는 사람에 대한 투자가 우선이다. 물론 적절한 교육과 임금은 기본이다. 이케아 코리아는 교육과 임금 이외에도 직원들의 육아와 복지 등에 집중해 회사가 직원들과 함께한다는 생각을 심어주기 위해 노력했다. 복지 천국인 북유럽 국가 스웨덴 기업다운 행보다. 일단 직원 자녀들을 위한 어린이집은 아침 7시 30분부터 밤 10시 30분까지 운영된다. 직장 내 어린이집이 없거나, 있어도 저녁 7~8시께 문을 닫아 엄마, 아빠가 발 동동 구르며 뛰어오지 않게 하기 위한 넉넉한 시간이다. 유급 육아휴직도 눈에 띈다. 여성은 180일, 남성은 30일이며, 난임시술 휴가 시는 치료기간의 50%를 유급으로 제공한다. 한국에서 아들을 낳은 안드레 슈미트갈 대표도 30일 유급 육아휴직을 다녀왔다. 그는 "지금까지 이룬 성공도 이런 사람에 대한 투자 때문"이라고 강조한다. 여성을 중요하게 여기고 잠재력이 큰 인력으로 생각하고 이에 대한 배려도 철저하다. 슈미트갈 대표는 관리자급의 구성비도 5 대 5를 유지하고 있다. 반드시 평등문화를 지킨다는 것뿐 아니라 비즈니스에도 좋은 효과를 주는 것 같다고 밝혔다. 그는 이어 비정규직과 정규직의 차별도 거의 없다. 같은 시간을 일했으면 동일 임금을 지급하고, 보너스와 보험 등의 혜택도 모두 같다며 임금뿐 아니라 주어진 책임이나 직무도 같은 기대를 가지고 있다고 말했다. 성장의 기회 또한 비정규직과 정규직에게 똑같이 제공된다는 뜻이다. 연장자에 대한 우대도 한국 기업들보다 앞선다. 정년의 나이를 만 65세로 연장했고, 이들에게 기회를 부여하기 위한 방법을 지속적으로 모색하고 있다.

한국의 게으른(?) 남성들에게 어떻게 DIY용 가구를 판매했을까? 이케아도 진출 초기 이 같은 점에 대한 고민을 많이 했다. 결국 그들이 찾아낸 방법은 고객에게 서비스를 잘게 쪼개 다양하게 제공하는 것이었다. 예를 들어, 제품·배송·조립 등의 서비스를 나눠 제품만 저렴하게 구매하고자 하는 이들에게는 직접 배송과 조립을 하게 하고, 조립만 도움을 원하는 이에게는 조립 서비스를, 조립·배송 서비스를 모두 원하는 이에게는 두 서비스를 모두 제공한 것이다. 소비자 입장에서는 지불한 비용에 따라 서비스 선택의 폭이 넓어지고 기업 입장에서는 제품 이외의 수익도 얻을 수 있는 셈이다. 슈미트갈 대표는 "고객들에게 더 좋은 서비스를 제공한다는 기업가치를 이루기 위해 제품과 가격 서비스를 낮추는 것뿐 아니라 더 간편한 조립을 위한 방안도 계속해서 고민하고 있다"고 설명했다. 최근에는 낮은 가격과 편의성에 대한 수요가 둘 다 있다 보니, 서비스 가격을 낮추는 데 많은 노력을 기울이고 있다. 또 처음 생각과 달리 고객들의 90% 이상이 직접 조립·배송하는 현실에 놀랐다고 덧붙였다. 우려와 달리 한국 소비자들도 자신들이 직접 만들고 꾸미는 데 큰 부담을 느끼지 않고 있다는 것으로 풀이된다. 또한 이케아가 워낙 해외에서부터 DIY로 유명한 기업이다 보니, 이케아를 찾는 소비자들 스스로 직접 조립·배송할 생각을 하고 점포를 찾는다고 볼 수도 있다.

그의 눈에 비친 한국 소비자들은 어떤 모습일까. 슈미트갈 대표는 "호기심이 많고, 적극적으로 질문하는 등 정보를 많이 요구하는 것 같다. 새로운 것을 받아들이는 것에 대해 열린 자세도 가진 것 같다"고 평가했다. 또 특히 아이들 관련 용품에 관심이 많다는 느낌이다. 어느 날 한국인 가정에 방문했을 때 집안 구석구석 아이들 용품이 많아 처음에는 유치원인 줄 알았다가 그 집안에 아이가 1명밖에 없다는 것을 듣고는 깜짝 놀랐다고 한다.

한국에서 사업하거나 생활하기에 어떤가라는 질문에 그는 만족스럽지 않았다면 6년이나 한국에서 근무하기 힘들었을 것이라고 답했다. 장기간 휴가를 떠나면 매운 한국 음식이 그립다고 한다. 한국과 같이 새로운 시장에 진입한다는 것은 늘 어려운 일이지만 한국 직원들의 배우고자 하는 열정과 의지는 인상 깊었다는 평가다. 소셜미디어 등을 통한 소비자들의 수많은 의견에도 고마움을 전했다. 단, 복잡하고, 이해하기 어렵고, 모호한 규제들은 개선할 필요가 있다는 견해다. 한국에서 사업하는 외국인으로서 말하기에 부담스럽기는 하지만 규제가 모호할 경우 이를 준비하는 외국기업 입장에서는 수많은 어려움이 발생한다고 털어놨다.

다른 이케아 법인들과 마찬가지로 이케아 코리아도 다국적기업이다. 러시아, 루마니아, 호주 등 20여 개국의 사람들이 근무하고 있다. 이케아 코리아 본사 격인 광명점 사무실에 가면 외국인 직원들을 쉽게 마주칠 수 있다. 물론 한국인 직원들 중 스웨덴 본사에 간 사람들도 많다. 그만큼 이케아에서 근무하는 것 자체가 글로벌 문화를 체험할 수 있는 기회가 된다는 뜻이다. 다양한 직원들이 있고, 또 일하는 시간대가 다르다 보니 직원들과의 소통이 중요하다. 슈미트갈 대표는 언어와 일하는 시간이 서로 달라 고객의 수요나 제품에 대한 정보 등을 공유하기가 힘들다는 어려움이 있다. 이 때문에 소통을 늘리기 위한 노력을 쉬지 않고 하고 있다고 말했다. 온라인 등을 통한 직원들의 영어 교육은 물론, 본인도 한국어를 배우기 위해 노력하고 있다. 하지만 너무 어렵다. 한국어를 통해 직원들과 대화를 더 하고 싶은데 고민이다고 털어놨다. 그는 이어 직전에 근무했던 스웨덴, 핀란드 등과 달리 서울이 훨씬 다이내믹해서 놀랐다. 한국 문화와 사람들에 대해 배우는 데 많은 시간이 걸렸지만 지금은 자산이 됐다고 덧붙였다.

2018년 9월 오픈한 온라인몰은 자리를 잡기까지 어느 정도 시간이 필요한 것으로 보인다. 매출액 자체는 증가하고 있지만 의미를 부여하기 힘든 숫자라, 서비스 개선에 주력하고 있다. 슈미트갈 대표는 온라인은 오프라인 매장에 오지 못하는 이들을 위해 옵션을 제공하는 것과 같다. 고객들이 주문을 편하게 할 수 있고 배송속도를 높이는 데 노력하고 있다고 말했다. 온라인 가격이 비교적 저렴한 한국 시장의 통상적인 개념과 달리 이케아 코리아는 온라인, 오프라인 제품과 서비스 가격에 차이가 없다. 하지만 많은 사람에게 이케아의 제품과 서비스를 제공하기 위해 온라인은 꼭 필요한 채널이라는 게 그의 생각이다.

한국에 진출해 성공한 경영인으로서, 향후 한국 진출을 염두에 두고 있는 기업들에 대한 충고도 부탁해봤다. 슈미트갈 대표는 웃으며 "내가 충고할 자격이 있는지 모르겠다"는 답부터 했다. 그는 이어 현지 문화와 소비자들에 대해 철저히 공부하고, 어떻게 자신들의 독특한 콘셉트 가치를 잊지 않고 현지에 적용하며 잘 균형을 맞추는가를 고민해야 한다고 말했다. 또 한국에는 인재들이 많으니 사람들을 믿고 이에 대한 투자를 아끼지 말아야 한다고 덧붙였다. 수평적인 조직문화도 포기하지 말라고 조언했다. 그는 한국 진출 초기에 직원 서로 간에 이름을 부르게 하고, 사장이라고 더 중요한 이가 아니라 동등한 지위를 갖고 있다는 점 등을 강조했다. 한국 직원들이 힘들어할 줄 알았는데 생각보다는 잘되고 있다는 반응이다. 슈미트갈 대표는 "한국 시장은 피드백이 빠르고 고마워할 줄 아는 사회다. 보람을 느낄 수 있는 시장이라 장기적인 계획을 세우고 실행해 나가라"고 말했다. 그는 또 직원들이 실수할 때도 배우는 과정인 만큼 '오케이' 하면서 포용해 나갈 것을 당부하기도 했다.

아무리 좋은 기업이라고 해도 외국계 기업이라고 하면 현지 소비자들의 인식은 냉담할 수 있다. 이를 극복하기 위해 이케아 코리아는 다양한 현지 사회공헌활동(CSR)을 통해 지역사회와 하나가 되기 위해 노력했다. 광명점의 경우 광명전통시장 고객쉼터와 새마을전통시장 고객지원센터에 직원들이 방문해 다양한 이케아 제품들을 직접 조립해 기부했다. 보건소와 거리가 멀어 이용에 불편을 겪고 있는 광명시 구도심권 소외계층을 위해 광명시 시민건강진흥센터를 2018년 1월 말 완공해 광명시에 기부하기도 했다. 고양점은 오픈 1주년인 지난해 10월 고양시 인근 어린이들을 위한 '행복의 나눔' 캠페인을 진행하기도 했다. 이케아 고양점에서 고객이 제품을 구매할 때마다 1건당 1,000원의 기부금을 적립하는 방식으로 모금된 기금은 고양・파주지역 다문화가정을 지원하는 고양이민자통합센터의 교육환경 개선을 위해 기부됐다.

이케아그룹 가치 중 하나인 소비자들에게 지속가능한 생활환경을 제공하는 노력도 진행 중이다. 이케아 광명점과 고양점 내 레스토랑・카페에서 사용되던 일회용 플라스틱 빨대 사용을 중단하고, 2019년 8월 말까지 적용대상을 넓혀 매장 내 모든 일회용 플라스틱제품에 대한 사용을 중단할 예정이다. 광명점의 경우 건축할 때부터 60억 원 이상을 투자해 3,000개의 태양광 패널을 지붕에 설치하고, 지열에너지를 활용한 난방시스템 구축, 매장 내 폐기물 90% 재활용, 무료 전기차 충전소 설치 등의 솔루션을 구축했다. 2020년까지 이케아 레스토랑에서 발생하는 음식물 쓰레기를 50%까지 줄이는 것을 목표로 하고 있다. 한국 소비자들을 통해 돈을 버는 만큼, 한국 소비자들과 사회에 뭔가 기여를 해야 한다는 것이다. 해외에 나가려는 한국 기업들이라면 한번쯤 눈여겨볼 대목이다.

안드레 슈미트갈 이케아 코리아 대표

슈미트갈 대표는 1993년 이케아 함부르크 슈넬센 매장 거실 세일즈 매니저로 이케아에 처음 합류했다. 2002년 이케아 독일 라이프치히 권테르스도르프에서 처음 점장을 맡았고, 2005년에는 독일 뮌헨 에힝 점장, 2007년에는 이케아 스웨덴 AB 부대표를 지냈다. 2009년 이케아 핀란드 대표로 부임하며 처음으로 해외법인 대표를 맡았고, 2013년에 이케아 코리아 대표로 부임했다. 다년간의 해외근무를 통해 다양한 국적의 직원들과 근무하며 상대방의 문화를 이해하는 법을 배웠고, 이를 바탕으로 이케아 코리아도 다문화기업으로 이끌어 오고 있다.

<매일경제신문, 2019. 3. 15.>

앞에서 제시된 이케아 코리아의 사례를 보면, 다국적기업이 현지에 진출할 때 어떤 관점을 가지고 진출해야 성공할 수 있는지를 보여주는 대표적인 사례이다. 사장과 직원은 동등하다는 철학을 주지시키고, 이를 직원들이 받아들이게끔 노력하는 이케아 코리아 측의 노력은 조직의 안정화에 도움이 될 수 있을 것이다. 이러한 이케아 코리아의 경영전략과 관행은 모두 직원들이 자신들의 능력을 극대화할 수 있는 풍토를 만들어주기 위해서 진화된 것이다. 그리하여 이케아 코리아는 현지 진출시 성공적인 사업전략

실행을 위해 사전 시장조사는 물론 수많은 직원들의 아이디어로부터 진출국의 소비자 기호를 고려하여 다양한 제품을 개발・생산하고 있으며, 대부분 차별화된 가치를 인정받아 프리미엄 가격에 팔리고 있다.

우리는 이러한 이케아 코리아의 사례를 통해 조직에게 가장 중요한 것이 무엇인가를 생각해 볼 수 있다. 일반적으로 기업조직에게 가장 중요한 것은 효율성과 생산성의 증진을 통한 이윤창출이라고 여겨진다. 그러나 기업조직이 형성되고 발달되기 시작한 근대 산업화 이후부터 현대 사회까지 조직의 환경은 엄청난 변화를 보였으며, 단순히 이윤의 가치를 최우선으로 여기지 않는 많은 기업조직들이 생겨나고 있다. 또한 정보화, 글로벌화의 심화 및 영역 간 컨버전스, 네트워크 연결성 증가 추세로 인해 경영환경의 불확실성이 점점 더 커지고 있다. 이에 따라 가능한 한 여러 가지 가능성에 대비할 수 있도록 기업 내에서 다양성을 배양하는 것이 중요해지고 있다. 이러한 관점에서 독특한 경영으로 기업 내 다양성을 극대화하고 있는 이케아 코리아를 살펴볼 필요가 있다. 즉, 다양성과 창의성의 시대에 이케아 코리아의 독특한 방식에 내재해 있는 원리를 이해함으로써 조직성과에 대한 통찰력을 얻을 수 있다.

1 조직성과와 조직효과성

사전적 의미의 성과란 이루어진 효과, 혹은 결과로서 나타난 것을 의미한다. 이러한 성과의 개념을 조직의 관점으로 확대시킨 조직성과란 보편적 관점에서 보면 조직과정의 결과를 의미한다. 조직성과는 효율성, 효과성, 형평, 배분, 문화, 권력, 가치 등 많은 요소들이 관련되어 있기 때문에 그 개념 정의, 측정과 활용에서 보편성을 확보하기 어렵다.

일반적으로 조직성과는 분석 수준에 따라 개인, 집단 및 조직 전체로 구분되기도 하고, 분석대상에 따라 조직구성원이나 이들로 구성된 조직 자체를 대상으로 하기도 하고, 조직의 개별 사업영역이나 프로젝트를 기준으로 논의되기도 한다. 또한 조직기능의 구분에 따라 조직과업, 조직과정과 구조, 조직환경의 관점에서도 조직성과를 논의한다.

조직과업의 측면에서는 산출물, 목표 달성, 결과, 효율성 등이 포함되며, 조직과정과 구조의 측면에서는 조직설계, 의사결정, 조직구성원의 만족과 몰입, 동기부여, 커뮤니케이션의 질, 갈등 등이 해당된다. 조직환경의 관점에서는 환경변화에 대한 적응이 중시되며, 조직의 유연성, 자원의 획득과 유지, 조직의 경계 등이 주요한 성과요소이다. 또한 조직의 유형에 따라 조직성과의 개념과 측정은 확연히 구분된다. 본서의 논의대상인 기업조직의 경우 생산성, 효율성, 이윤창출 여부 등이 핵심이 된다. 그러나 정부조직, 공기업 등을 포함하는 공공조직의 경우 사회적 형평성, 사회복지 실현 등 다양한 사회문제 해결과 관련된 사회적 가치의 달성 정도가 핵심이 된다.

이러한 조직성과는 조직의 시대적 가치관 변화에 따라서도 그 개념 정의와 측정에 차이가 존재한다. 전통적으로 기업조직의 존재 가치와 핵심 목표는 이윤창출이었다. 따라서 기업조직의 모든 성과는 자산가치, 투자수익(률), 중・단기 순이익 등과 같은 재무성과를 중심으로 개념이 정립되고 측정・관리되었다. 그러나 조직의 가치가 단순히 유형자산을 넘어 무형자산인 인적자원으로 관심이 전환되면서 조직성과의 개념 역시 인적자원의 규모와 질, 개발가능성 등으로 다양화되었다. 특히 인적자원의 만족, 몰입, 소속감, 동기부여 등의 행동도 중요한 조직성과의 하나로 인식되기 시작하였다. 또한 현대 사회 시장의 성장과 분화 속에서 단순히 이윤창출과 훌륭한 인적자원의 확보를 넘어 급변하는 환경변화에 대한 적응이 기업조직의 핵심과업이 되면서 조직의 유연성과 적응성, 지속가능성, 조직전략의 적시성, 조직의 학습능력 등이 중요한 조직성과로 인식되었다. 아울러 점점 다원화·세분화되고 있는 고객에 대한 대응의 관점에서 고객의 만족도와 요구 수용 여부 등도 조직성과의 하나가 되었다.

이러한 조직성과에 대한 논의를 종합하면, 조직성과의 개념은 모든 개별 조직에게 있어 완전하게 다른 요소, 형식, 시기로 나타나기 때문에 그 보편적 개념의 정의와 명확한 측정은 불가능에 가깝다. 이에 조직이론학자들은 이러한 조직성과의 보편화의 한계에 따른 어려움을 극복하고자 조직효과성이란 개념을 중심으로 조직의 성과를 측정·관리할 수 있는 학문적 토대를 형성하였다.

조직성과와 조직효과성에 대한 명확한 개념적 구분이나 차이에 대한 조직이론학자들의 합의는 존재하지 않는다. 조직효과성이 성과보다 보편적인 관점을 제시하는지 또는 구체적인 측정과 관리의 가능성을 부여하는지 결정되지 않았다. 일반적으로 성과가 만족스러울 때 조직은 효과적이라고 이야기되며, 반대로 조직은 효과적일 때 성과가 높다고 판단된다. 실제 조직이론학자들 간에도 효과성의 개념과 성과의 개념을 상호 호환적으로 사용하고 있다. 다만 조직성과의 보편화의 한계점을 극복하기 위한 대안으로 조직효과성이 연구된다는 점을 바탕으로 많은 조직이론의 연구들을 살펴보면 조직성과는 조직효과성보다 넓은 개념이라는 관점이 존재하기도 한다.

본서는 이러한 조직성과와 조직효과성에 대한 논의를 바탕으로 조직성과와 조직효과성을 유사한 개념 수준으로 보고, 이후에서 조직효과성의 정의와 다양한 접근법의 배경과 특성에 대해서 설명하고 조직관리적 시사점을 살펴보고자 한다.

2 조직효과성의 정의

2.1 조직효과성의 특성

1982년도 미국 국방성의 예산은 1,830억 달러이었다. 인플레이션을 감안하더라도 1,830억 달러란 액수는 5년 전인 1977년에 국방성에 할당된 예산보다 20%가 더 많은 액수였다. 그렇다면 미국 국방성은 1977년보다 1982년에 그 효과성이 20% 더욱 높았다고 할 수 있을 것인가?

1980년에 IBM사는 260억 달러의 판매고에 36억 달러의 수익을 올렸으나, 반면에 GM사는 580억 달러의 판매고에 7억 6천만 달러의 손실을 입게 되었다. 이들 두 회사 중에 어느 회사가 더 효과성이 높은가를 판정하기 위해, 그 기준으로서 판매고를 사용할 것인가 아니면 수익률이나 혹은 그 밖의 다른 기준을 사용할 것인가?

어떤 대학교가 더 잘하고 있다, 혹은 조직으로서 그 효과성이 더 높다고 할 때 어떤 기준에 의해 판단할 것인가? 그 대학의 졸업생 모두가 졸업과 동시에 좋은 직장에 취직을 하였다면 그것으로써 그 대학이 더 효과적이라고 말할 수 있을 것인가? 아니면 대학교의 효과성을 판단하는 기준으로서 입학지원자 수의 증가율과 감소율을 사용할 것인가? 아니면 전학년도에 학생들이 도서관에서 대출해간 책의 권수를 사용할 것인가? 아니면 4학년 재학생들을 대상으로 대학 4년간의 경험이 어떤 것인가에 대하여 설문조사를 실시하고, 그것의 분석 결과를 가지고 그 대학의 효과성을 판단할 것인가? 그것도 아니라면 그 대학교의 교수들이 발표한 논문 및 저서의 수, 졸업생들 중 수상자의 비율, 졸업생들의 졸업 20년 후의 평균 급여소득 등을 가지고 그 대학의 효과성을 측정할 것인가?

이 같은 효과성의 기준들을 다양하게 늘어놓은 것은, 조직효과성(organizational effectiveness)을 측정하고 규정하는 데는 그 속에 내재적인 문제점이 있다는 것을 거론하기 위한 것이다. 조직의 효과성이란 용어가 무엇을 의미하는가에 대하여 학자들 간에 의견의 일치를 찾아내는 데 상당한 어려움을 겪어오고 있음은 사실이다. 그러나 이들 모든 학자들은 조직의 효과성이 조직이론의 핵심적인 연구주제라는 사실을 인정한다.

2.2 조직효과성의 정의

조직효과성에 대한 초기의 접근방법은 매우 단순한 것이었다. 효과성이란 조직이 그의 목표를 달성하는 정도라고 하는 단순한 정의를 내리고 있었기 때문이다. 그러나 이 같은 정의 속에는 많은 모호성이 내포되어 있어 연구자들이나 관리실무자들이 효과성의 개념을 파악·적용하는 데 매우 어려움을 겪었다. 예를 들어, 조직의 목표 달성이라고 할 때 그 목표는 누구의 목표를 뜻하는 것인가, 그리고 그 목표가 장기목표인가 단기목표인가, 또 그 목표가 조직이 표방하는 공식적인 목표인가 아니면 실제로 달성된 목표인가 등의 모호성이 내포되어 있다.

연구자들이나 관리실무자들이 공히 조직의 성공을 위한 필요조건이라고 의견을 같이하고 있는 것을 조직목표로 볼 때, 그 같은 모호성은 해소된다. 그렇다면 연구자들이나 관리실무자들이 공히 조직성공의 필요조건이라고 의견을 같이하고 있는 것은 무엇인가? 그것은 존속일 것이다. 어떤 조직체이든지 간에 조직이 추구하는 어떤 기본적인 것이 있다면, 그것은 그 조직의 계속적인 존속이다. 그러나 존속을 조직효과성의 측정기준으로 사용한다는 것은 조직의 사멸을 인지·확인할 수 있는 능력을 전제로 한 개념이다. 사실 존속이란 개념은 살아 있느냐, 혹은 죽어 있느냐에 대한 평가의 문제이다. 그런데 조직은 사람처럼 죽었다, 살았다라고 말하기가 매우 곤란하다. 그렇다면 조직이 죽었다고 말할 수 있으려면 어떤 경우에 할 수 있을 것인가? 아직 존속하고 있으면서도 비효과적인 조직은 없는 것인가? 물론 그러한 조직도 있다. 어떤 조직들의 경우－정부기관이나 대규모 회사 등의 경우－사멸이란 실질적으로 결코 있을 수 없는 일이다. 그래서 거의 모든 사람이 한결같이 중요하다고 생각하는 조직목표일지라도 그 타당성에 대한 세밀한 검토가 있어야 한다.

표 2.1 조직효과성의 다양한 기준 및 측정

기 준	측 정
1. 종합적 효과성 (Overall effectiveness)	가능한 한 많은 규범적 요소들에 대한 일반적 평가로서, 일반적으로 성과 달성 정도, 전체 성과에서 차지하는 비율 또는 조직의 모든 상황을 파악하고 있는 특정한 개인의 판단 등의 종합적 고려에 의해서 측정됨.
2. 생산성(Productivity)	일반적으로 조직이 공급하는 주요 생산품 또는 서비스의 양으로 정의되며, 개인, 집단, 조직 전체의 수준에서 달성 정도 또는 비율(때로는 모두)을 기준으로 측정됨.
3. 효율성(Efficiency)	성과를 내기 위해 투입된 비용 대비 산출된 성과의 비율
4. 이익(Profit)	판매를 통해 발생하는 모든 지불의무를 이행하고 남은 순이익의 양으로서 투자금액 또는 총판매 대비 비율(%)로 정의되기도 함.
5. 품질(Quality)	조직에 의해서 직접 생산되거나 가공되어 공급되느 주요 서비스 또는 생산품의 질
6. 사고(Accidents)	결과적으로 작업시간 손실을 초래하는 업무상 사고의 빈도
7. 성장(Growth)	전체 작업능력, 계획능력, 자산, 판매량, 이익, 시장 영향력 및 혁신의 정도 등의 증가로 표현되며, 조직의 과거 상태와 현재 상태의 비교를 통해 측정됨.
8. 결근(Absenteeism)	일반적으로 사전에 보고되지 않은 결근으로 정의되며, 전체 결근시간 또는 발생빈도를 기준으로 측정됨.
9. 이직(Turnover)	근로자의 자발적인 의지에 따라 직무를 이탈하는 것으로, 주로 발생빈도를 기준으로 측정됨.
10. 직무만족 (Job satisfaction)	다양한 정의들이 존재하나 일반적으로 조직구성원이 다양한 직무를 통해 얻는 산출물에 대한 개인적 만족감으로 정의됨.
11. 동기부여(Motivation)	일반적으로 목표지향적 또는 직무지향적 행동과 관련된 조직구성원의 업무의지의 강도로 정의되며, 직무만족과 관련한 감정적 요소가 아닌 직무목표를 달성하고자 하는 의지와 관련되며, 보통 조직 전체 구성원들의 수준을 대상으로 측정함.
12. 도덕성(Morale)	추가적 노력, 목표 공통성, 몰입 및 소속감 등의 집단 수준에서 나타나는 도덕적 요소에 대한 것으로, 도덕성을 갖고 있는 집단의 구성원은 동기부여와 만족감을 가짐.
13. 통제(Control)	조직 내에서 조직구성원의 행동에 영향을 미치거나 직접적으로 통제력을 발휘하는 관리통제의 정도와 분포를 의미함.
14. 갈등/응집력 (Conflict/Cohesion)	응집력은 조직구성원이 업무에서 원만하게 서로 협력하고 충분하고 개방적으로 의사소통할 때 발생하는 측면을 의미하며, 갈등은 반대로 언어적 · 물리적 충돌, 낮은 협력 수준 및 비효과적 의사소통이 나타날 때를 의미함.

기 준	측 정
15. 유연성/수용성 (Flexibility/Adaptation)	환경변화에 대응하여 조직의 표준 운영절차를 적절하게 변화시킬 수 있는 능력
16. 계획과 목표설정 (Planning and goal Setting)	조직의 미래에 대한 체계적인 계획 설정을 의미하며, 명확한 목표설정 행동과 관련됨.
17. 목표 합의 (Goal consensus)	조직목표에 대한 조직구성원의 실질적 몰입 정도를 의미하며, 조직구성원의 개인적 기대와 조직목표의 일치 정도와 관련이 있음.
18. 조직목표의 내재화 (Internalization of organizational goals)	조직구성원의 조직목표에 대한 수용 정도로서 조직목표가 정당하고 적절하다고 믿는 신념을 포함함.
19. 역할과 규범의 일치 (Role and norm congruence)	조직구성원이 조직이 요구하는 바람직한 근무태도, 성과기대, 도덕성, 역할 등에 대해 합의하는 정도를 의미함.
20. 대인관계관리기술 (Managerial inter-personal skills)	상사, 부하 및 동료 등 조직구성원들이 목표 달성에 대한 열정을 고취시키고 탁월한 성과를 낼 수 있도록 적절한 지지 표현과 상호작용을 하는 관리기술 수준
21. 업무관리기술 (Managerial task skills)	조직의 임무를 결정하고 조직구성원과의 상호작용을 통해 업무를 추진하는 관리자, 의사결정자 또는 최고경영자의 종합적 관리기술 수준
22. 정보관리와 커뮤니케이션 (Information management and communication)	조직효과성에 중요한 영향을 미치는 정보를 충분하고 효율적이며 정확하게 분석하고 공유시키는 것
23. 판단력(Readiness)	조직에게 요구되는 구체적인 업무를 성공적으로 수행하는 능력과 관련된 종합적 결정능력
24. 환경의 활용(Utilization of environment)	효과적인 업무 추진을 위해 조직환경과의 적절한 상호작용을 하고 필요한 가치 있는 자원을 획득하는 것
25. 외부에 의한 평가 (Evaluations by external entities)	조직의 환경에 해당하는 개인 또는 조직들에 의한 조직 전체 또는 집단에 대한 평가를 의미하며, 공급자, 소비자, 이해관계자, 이해관계집단 및 일반 대중 등이 조직에 보이는 충성도와 믿음을 통해 측정됨.
26. 안정성(Stability)	일상적 또는 위기 상황에서 조직의 구조, 기능 및 자원을 유지하는 능력
27. 인적자원 가치(Value of human resources)	조직의 목표를 달성할 수 있는 조직구성원 개인들의 능력과 감각 등과 같은 종합적 가치
28. 참여와 공유의 영향 (Participation and shared influence)	조직구성원 개인이 조직의 의사결정에 직접적으로 영향을 줄 수 있는 참여 정도와 관련됨.

기 준	측 정
29. 훈련과 개발의 강조 (Training and development emphasis)	조직이 인적자원을 개발하려고 노력하는 정도와 관련됨.
30. 핵심 요소의 달성 (Achievement emphasis)	조직의 새로운 핵심적 목표를 달성하고자 하는 조직구성원들의 요구와 노력과 관련됨.

출처 : John P. Campbell, "On the Nature of Organizational Effectiveness," in P. S. Goodman, J. M. Pennings, and Associates, eds., *New Perspectives on Organizational Effectiveness* (San Francisco: Jossey-Bass, 1977), pp.36～41.

1960년대와 1970년대 초반에 걸쳐 조직효과성에 관한 연구가 왕성했었다. 이 같은 왕성한 연구결과들을 검토·개관한 내용이 <표 2.1>에 나타나 있는데, 거기에서 우리는 30개나 되는 기준이 있는 것을 볼 수가 있다. 이들 기준들은 모두 조직효과성의 측정을 시도하고 있다.

이 같은 내용을 살펴볼 때 다중기준을 사용한 연구가 거의 없고 기준들 그 자체도 일반적 성격을 띤 측정기준(제품이나 서비스의 질 및 사기의 수준 등과 같은 일반적인 것)으로부터 구체적인 측정기준(사고율 및 결근율 등과 같은 구체적인 것)에 이르기까지 그 범위가 광범위한 것으로 보아, 조직효과성이란 개념은 사람에 따라 각기 다른 의미를 갖는다고 결론지을 수 있다.

<표 2.1>에서 보는 바와 같이 조직효과성의 측정기준이 장황한 것은 평가의 대상이 되었던 조직들이 다양한 조직들이었기 때문이며, 또한 연구자들의 조직효과성에 대한 각기 다른 관점을 반영하고 있기 때문이다. 본 장의 후반에서 연구·평가자의 가치관이 조직효과성의 측정에 미치는 영향을 보다 구체적으로 논의하겠지만, 조직효과성을 규정하거나 정의하기 위해 선택한 기준은 평가의 대상이 되고 있는 그 조직체에 관한 것이라기보다는 평가를 하고 있는 그 평가자나 연구자의 생각이나 가치관을 더 나타내고 있다. 그리고 이들 30개의 기준들이 모두 각 조직에 적용될 수 있는 적절한 기준이 될 수 없기 때문에, 어떤 기준은 다른 기준에 대하여 상대적으로 더 중요한 기준이 될 수 있다. <표 2.1>을 작성하였던 Campbell은 결론적으로 말하기를 조직은 여러 가지 각기 측정기준에 따라 효과적일 수도 비효과적일 수도 있기 때문에, 조직효과성에 대한 조작적 정의를 내릴 수 없다고 하였다.

이와 같이 조직효과성에 대한 정의를 정확하게 내릴 수 없다는 생각은 널리 수용되고 있는 것이 사실이다. 그러나 조직효과성에 관한 최근의 문헌들을 자세히 검토해 보면, 어떤 의견일치를 향한 뚜렷한 움직임을 볼 수가 있다. 더욱 더 중요한 것은 실무적 입장에서 우리 모두는 조직효과성에 대한 어떤 조작적 정의를 가지고 있으며, 그것을 조직을 평가할 때마다 계속 사용하고 있다. 이하에서 이 같은 문제에 대하여 좀 더 자세히 논의해 보기로 하자.

10년 전까지만 해도 "조직효과성을 정의한다는 것은 마치 젤리를 벽에 못처럼 박아 넣는 일과 같이 무모한 짓이다"라고 하는 말은 맞는 말이었다. 그러나 조직효과성에 관한 문헌을 자세히 살펴보면, 학자들이 오랫동안 조직효과성에 대한 공통점은 간과하고 차이점에만 그 초점을 맞추어왔다는 것을 알게 된다. 오늘날에는 조직효과성에 관한 거의 만장일치에 가까운 의견일치를 보이고 있는데, 의견일치를 보이고 있는 내용을 열거하면 다음과 같다. 조직효과성을 정의하는 데는 다중기준을 필요로 한다. 각기 다른 조직기능은 그 기능에 상응하는 특성을 측정기준으로 하여 평가하여야 한다. 그리고 조직효과성은 수단과 목표를 동시에 고려해야 한다.

만약 그 연구가 단일하고 보편적인 조직효과성의 측정기준을 찾아내는 것이라면, 아마도 그 같은 기준을 찾아낼 수 없는 데서 오는 실망도 감수해야 한다. 조직들은 여러 가지 다양한 일을 하고 있어서 조직의 성공 여부가 많은 분야에 걸친 적절한 업적에 달려 있기 때문에 조직효과성에 대한 정의에는 이 같은 복잡성도 반영하고 있어야 한다. 그래서 조직효과성에 관한 많은 개념들을 충분히 논의하고 난 뒤, 이 장의 말미에서 조직효과성에 대한 공식적인 정의를 제시하고자 한다.

어떤 현상에 대하여 정의를 내리고 그것을 무엇이라고 규정할 수 있느냐의 여부에 상관없이, 그 현상이 현실적으로 존재하고 있으며 계속해서 기능하고 있다는 사실이 때때로 연구자들을 당황케 한다. 만유인력은 뉴톤이 그것을 발견하기 전에도 존재하고 있었던 사실이며, 연구자들이 조직효과성이 정의될 수 있느냐의 여부에 대하여 논란을 거듭하고 있는 동안에도 현실적으로 우리는 조직효과성에 대한 실질적인 정의를 가지고 있으며, 그것을 실제로 활용하고 있음을 보게 된다.

우리들은 모두 일상생활에서 항상 조직효과성에 대한 판단을 하게 된다. 주식투자를 할 때마다, 대학을 선택할 때, 은행이나 자동차수리업소를 선택할 때마다, 헌금을 기탁할 자선기관을 선택할 때, 그 밖의 이와 비슷한 결정을 내릴 때 우리는 조직효과성에 대한 판정을 하게 된다. 관리자들도 역시 조직효과성에 대한 판단을 계속해서 하고 있다. 조직 내의 각 단위를 평가·비교하고, 이들 각 단위부서에 예산을 배정해야 하기 때문이다. 이처럼 조직효과성을 평가하는 것은 널리 시행되고 있는 일이며 계속적으로 시행되고 있는 활동이다.

관리적 시각에서만 보면 조직효과성에 대한 판정은 조직효과성에 대한 공식적인 정의에 대한 의견일치의 여부에 상관이 없이 조직효과성에 대한 판정이 이루어지고 있다는 사실이다. 사실 관리자들은 일상적인 관리 실무에서 일이 잘되어가고 있는지의 여부, 변화를 필요로 하는 부분이 어떤 곳인가에 대한 해답, 자신들의 조직과 타조직을 비교하려는 시도 등을 추구할 때마다 조직효과성에 대한 판정을 하게 된다.

이후에서는 조직효과성의 연구가 취할 수 있는 여러 가지 접근방법을 제시하고, 이들 여러 가지 접근방법들을 포괄하는 통합적인 틀을 만들어보고 각 접근방법들의 명백한 차이점을 다루며, 조직효과성에 대한 명확하지만 좀 복잡한 정의를 제시하고자 한다.

3 조직효과성이론

3.1 목표-달성 접근법

조직이란 하나 혹은 그 이상의 특정한 목표를 달성하기 위해 의도적으로 만들어진 시스템이라고 정의될 수 있기 때문에, 목표의 달성이 조직효과성의 측정기준으로서 가장 널리 사용되고 있다는 사실은 당연한 것처럼 여겨진다.

그래서 목표-달성 접근법(goal-attainment approach)에서는 수단보다는 목표의 달성에 의해 조직의 효과성이 측정·평가되어야 한다고 주장한다. 목표 달성 기준들의 공통분모는 조직이 달성하려고 하는 목표의 달성을 효과성의 측정기준으로 고려하고 있다.

1) 목표-달성 접근법의 가정

목표-달성 접근법이 활용가능하려면 몇 개의 타당성 있는 가정이 설정되어야 한다. 첫째, 조직은 궁극의 목표를 가지고 있어야 한다. 둘째, 이 같은 목표는 잘 이해될 수 있도록 그 내용을 명확히 밝히고 규정하여야 한다. 셋째, 이 같은 목표는 관리가 가능할 수 있을 정도로 적은 수의 목표여야 한다. 넷째, 이 같은 목표는 조직 내의 전반적인 합의와 의견일치의 바탕 위에 설정된 것이어야 한다. 마지막으로 이 같은 목표를 향한 진행과정은 측정이 가능해야 한다.

2) 목표의 조작화

위에서 열거한 가정들이 일단 타당한 것으로 받아들여진다면, 관리자들은 이 같은 목표 달성을 어떻게 조작화할 수 있을 것인가? 목표 달성에 있어서의 주요 의사결정자는 그 목표 달성의 주체인 집단이기 때문에, 그 집단에게 요구하여 그 조직의 구체적인 목표를 진술해 보도록 하여 목표의 내용을 명확히 한다. 이렇게 하여 일단 목표가 확인되고 나면, 다음으로 목표 달성의 정도를 알아보기 위해 그것을 측정할 수 있는 측정방법을 고안하는 일이 필요하게 된다.

예를 들어, 합의된 목표가 이윤극대화라면, 투자수익률이나 판매수익률, 그 밖에 이와 유사한 계산방법을 통하여 그 목표 달성의 정도를 측정할 수 있다.

이 같은 목표-달성 접근법은 MBO(목표관리)에 아주 잘 나타나 있다. MBO는 너무나 잘 알려진 경영이념 내지는 기법으로서 조직의 효과성과 조직구성원의 효과성을 구체적인 목표 달성의 수준에 의해 측정·평가하는 관리기법이다. 물론 목표관리(management by objective)에서의 목표는 상위자와 하위자가 협의하여 공동으로 설정하는 목표이다. 그리고 여기에서는 목표 달성을 위해 뒷받침되어야 할 제반 조건이 구체적으로 명시되며, 목표 달성에 있어서의 만족수준(목표 달성의 정도가 어느 정도에 이르면 만족할 만한 수준인가 하는 것)도 구체적으로 명시된다. 그리고 나서는 실제로 높게 설정한 업적수준을 측정하고 그것을 원래의 목표와 비교하게 된다. 조직은 일단 설정한 목표를 완성할 수도 있고 또는 완성할 수 없는 경우도 있기 때문에, 업적이 목표 달성의 어느 수준에 와 있는가를 측정한다는 것은 조직효과성에 대한 목표-달성 접근에 있어서 기본적 원칙이 된다.

3) 목표-달성 접근법의 문제점

목표-달성 접근법은 그것을 전적으로 사용하기에는 많은 문제점들을 가지고 있다. 그 같은 문제점들은 앞에서 지적한 목표-달성 접근법의 가정들과 직접적으로 관련된 문제들이다.

우리는 일반적으로 '목표'에 관하여 묻고 또 말하고 있으나, '목표-달성' 접근법에 있어서 목표를 조작화할 경우 그 목표가 누구의 목표를 말하고 있는가에 대하여 의문을 제기하여야 한다. 그 목표가 최고경영자들이 말하고 있는 목표라면 그 최고경영자 집단 속에 누가 포함되고 누가 배제되었는가를 알고 있어야 한다. 어떤 대기업조직에서는 최고경영자 집단을 부사장급 이상으로 보고 그들 12명 정도를 대상으로 설문조사를 하는 경우가 있다. 그러나 그 조직에서 목표설정에 영향력을 행사하는 진짜 실력자들이 최고경영층에 포함되지 않을 수도 있다는 것을 알아야 한다. 이는 어떤 특정분야에서 수년간의 경험과 전문성을 가진 사람들이 실질적으로 조직목표의 설정에 중요한 영향을 미치고 있는데도 최고경영 간부층에 소속되지 않는 경우가 있기 때문이다.

그리고 조직이 공식적으로 표방하고 있는 목표가 반드시 그 조직의 실제적인 목표를 반영하고 있다고 할 수는 없다. 사실 공식적인 목표는 사회적 요구에 의해 크게 영향을 받기 때문이다. '저렴한 가격의 질 좋은 제품을 생산한다', '지역사회의 책임 있는 성원으로서의 역할을 다한다', '우리의 생산활동이 환경에 어떠한 훼손도 끼치지 않도록 힘쓴다', '우리의 성실성에 대한 호의적인 평판을 계속 유지한다', '우리 회사는 심신장애자 및 소수민족집단의 성원들의 고용기회를 증진한다' 등과 같은 조직목표들은 몇 개의 기업조직의 광고 책자에서 수집된 것들인데, 일반적으로 많은 조직들이 공식적으로 표방하고 있는 목표들이다. 이 같은 모호하고 훌륭한 기치를 내거는 식의 공식적인 목표들은 매우 그럴듯하게 보이지만, 조직이 실제로 무엇을 달성하려고 하는가에 대한 이해를 하는 데는 거의 아무런 도움이 되지 못한다. 이같이 조직이 공식적으로 표방하는 목표와 실질적인 목표 간에 차이가 있음을 인정한다면, 조직목표의 측정은 지배적인 연합의 진술을 바탕으로 하여야 하고, 또 그 조직의 성원들의 실질적인 행동의 관찰을 통하여 얻어진 자료도 측정을 위한 자료로 삼아야 한다.

그리고 조직의 단기목표는 장기목표와 다르다는 사실이다. 예를 들어, 한 기업의 기본적인 단기목표가 향후 12개월 동안에 운전자금을 2천만 달러 수준으로 끌어올리는 것이었다면, 5년이라는 중장기목표는 제품의 시장점유율을 4%에서 10%로 증대시키는 것이 될 수도 있다. 그래서 목표-달성 접근법을 적용하여 조직효과성을 측정하려고 할 때, 그 목표가 단기목표인지 장기목표인지를 확실히 구분해야 한다.

그리고 또 조직이 다중목표를 가지고 있다는 사실이 목표-달성 접근법을 활용하는 데 곤란을 일으킨다. 여러 목표들 간에 서로 경합이 되고 때로는 양립이 불가능한 경우도 있기 때문이다. 예를 들어, 질 좋은 제품의 생산과 낮은 단위당 원가를 동시에 달성하는 것은 두 목표 간에 직접적으로 상충되는 것이기 때문이다. 목표-달성 접근법은 목표에 대한 의견의 일치 내지는 합일을 가정하고 있다. 그런데 조직 내에 서로 상충되는 목표들이 있고 다양한 이해가 서로 얽히게 될 경우, 의견의 일치 내지는 합일이 어려워지므로 이 같은 합일을 얻기 위해서는 그 같은 목표를 모호하고 애매한 말로 표현함으로써 각각의 집단들이 아전인수식으로 그 목표를 이해·해석할 수 있도록 하여야 한다. 그래서 전통적으로 대규모 조직들의 목표가 대개 구체적이지 못하고 무형의 내용들인 경우가 많은 이유를 바로 이 같은 사실이 잘 설명해주고 있다.

그리고 그 같은 다중목표들이 성원들에게 의미 있게 받아들여지게 하려면 목표들이 그 중요성에 따라 정렬되어야 한다. 그러나 이들 양립이 불가능하고 다양한 이해관계를 나타내고 있는 목표들에 대하여 상대적인 중요성을 어떻게 부여할 것인가? 그리고 이 같은 문제 이외에도 조직 내의 인적구성이 바뀌어 조직 내의 권력관계가 변화함에 따라, 다양한 목표의 각각에 부여된 상대적 중요성이 달라진다는 문제점도 있다. 그래서 우리는 '목표-달성 접근법'의 조작화에서 오는 어려움을 실감하게 된다.

목표-달성 접근법의 문제점에 대한 논의를 끝맺기 전에 마지막으로 또 하나 고려할 수 있는 것은 많은 조직에 있어서 목표가 행동을 이끌어내지는 못한다는 사실이다. 그리고 목표는 실천에 앞서 목표에 대한 합일이 선행되어야 한다는 주장은 유형적인 것이 상정될 수 있을 경우에만 거기에 대한 합일이 이루어질 수 있다는 사실을 간과하고 있다. 그런데 이 같은 유형적인 것이란 과거에 이미 달성한 활동성과가 된다는 것은 당연한 귀결이다. 그리고 어떤 경우에는 공식적인 목표가 미래 활동에 대한 지침이라기보다 과거에 일어난 활동성과를 설명하기 위한 합리화에 지나지 않는 경우가 있다. 만약 이 같은 경우가 사실이라면, 지배적인 연합을 조사하여 조직효과성을 추정한다는 것은 실제적인 업적성과를 대비시킬 수 있는 기준이 될 수 없으며, 그것은 과거의 업적성과에 대한 지배적인 연합의 공식적인 지각에 대한 기술에 지나지 않는다.

그렇다면 이 모든 것은 무엇을 의미하는 것인가? 최고경영자의 공식적인 진술이 그 조직의 목표를 나타내고 있다고 받아들일 사람은 단지 순진한 사람일 뿐이라는 것을 말해주고 있다. 어떤 연구자는 조사연구를 통해 조직들이 그들 조직의 주주들에게 제시하고 있는 목표와 소비자들에게 말하고 있는 목표, 종업원들에게 발표하고 있는 목표, 그리고 공중이나 관리자 자신들에게 공표하고 있는 목표가 각기 다른 내용이라는 것을 발견하고 난 후에, 목표에 대한 공식적인 진술이 조직이 지향하고 있는 목적의 타당하고 신뢰성 있는 표시라기보다는, 어느 특정한 청중에 대하여 그 조직의 존재를 합리화하고 설명하기 위해 만들어진 꾸며낸 이야기로 취급되어야 한다고 주장하고 있다.

4) 관리자를 위한 시사점

위와 같은 목표에 대한 문제점들은 확실히 피할 수 없는 문제점들이기는 하지만, 그렇다고 해서 그것이 목표 자체를 전반적으로 부정하고 있는 것으로 해석해서는 안 된다. 조직은 목표를 달성하기 위해 존재하는 것이며, 문제가 있다면 목표의 정체를 확인하고 그 목표를 측정하는 데서 발생할 수 있다.

그런데 이 같은 목표의 타당성은 다음과 같은 몇 가지의 사항에 유의하면 크게 증진될 수 있다. 즉, ① 목표설정을 위한 투입자료는 공식목표를 형성하는 데 중요한 영향을 미치는 모든 사람들로부터 나와야 한다. ② 목표에는 조직성원의 실제 행동을 관찰하여 파악한 실제적인 목표가 포함되어야 한다. ③ 조직은 단기목표와 장기목표 양쪽을 추구한다는 사실을 알고 있어야 한다. ④ 목표는 단지 사회적 기대를 반영하는 애매모호한 말로 표현될 것이 아니라 유형적이고 확인 및 측정이 가능한 것이어야 한다. ⑤ 목표는 경직 내지는 고정된 것이 아니라 시간의 경과에 따라 변화하는 동태적인 실체로 보아야 한다는 점 등이다.

만약 관리자가 이 같은 목표-달성 접근법에 내재하는 복잡성을 기꺼이 극복하려고 한다면 조직효과성의 측정을 위해 상당히 타당한 정보를 얻을 수 있게 될 것이다. 그러나 조직효과성의 문제는 어떤 구체적인 목표의 확인 및 측정 이상의 문제이다.

3.2 시스템적 접근법

제1장에서 우리는 조직을 시스템적 틀로 설명하였다. 조직은 투입물을 획득하여 변환과정을 거쳐 산출물을 창출해 낸다는 것이다. 그래서 조직효과성을 목표 달성으로 정의하게 되면, 조직효과성의 일부분만을 측정하게 되는 결과를 초래할 뿐이라고 주장하고 있다. 목표는 단지 산출물에 초점을 맞추고 있기 때문이다. 그러나 조직의 효과성에 대한 평가는 투입물 획득의 능력, 변환과정의 능률, 산출물의 유통능력 및 안정과 균형의 유지력 등에 의해 평가되어야 한다. 그래서 조직효과성에 대한 또 하나의 다른 관점은 시스템적 접근이다.

그래서 시스템적 접근법은 목표-달성 접근법의 확대 내지는 연장이라기보다는 목표-달성 접근법과 대비될 수 있는 접근법으로 발전되었다. 시스템적 접근법은 투입물과 자원의 획득 및 변환과정을 강조한다. 즉, 시스템적 접근법은 특정한 목표보다는 그 목표를 달성하는 데 필요한 수단에 더 초점을 맞추고 있다. 시스템적 접근법에 있어서도 시간적 테두리(time frame)가 중요한 조건이 되지 않는다. 시스템적 접근법은 조직의 존속능력을 측정하려고 하고, 조직의 존속에 영향을 미칠 수 있고 영향을 미치는 모든 요인들을 고려에 넣기 때문이다.

1) 시스템적 접근법의 가정

조직효과성에 대한 시스템적 접근법 저변에 깔린 가정들은 앞장에서 시스템에 관해 논의에서 열거하였던 것들과 같은 가정들이다. 보다 중요한 것들에 대하여 상술하면 다음과 같다.

조직효과성에 대한 시스템적 접근법에서는 조직이 상호 관련된 하위부분으로 구성되어 있다는 것을 가정하고 있다. 그래서 이들 하위부분 중 어느 하나의 과업수행이 열등하게 되면 그것이 전체 시스템의 업적에 영향을 미치게 된다.

그리고 조직의 효과성은 환경의 구성요소들에 대한 이해와 환경의 구성요소들과의 성공적인 상호작용을 통하여 얻어질 수 있다. 그래서 관리자는 고객, 공급업체, 정부기관, 노동조합 및 그밖에 조직의 안정적인 경영활동에 파괴적인 영향을 미칠 수 있는 힘을 가지고 있는 환경의 구성요소들과 우호적인 관계를 유지해 갈 수 있어야 한다.

그리고 조직의 존속은 소비된 자원의 지속적인 보충을 필요로 한다. 따라서 원자재를 획득하여야 하고, 사직이나 은퇴에 의해 생긴 공백을 새로운 성원의 채용으로 채워야 하고, 쇠퇴기에 있는 제품의 생산라인은 대체되어야 하며, 경제상태의 변화 및 소비자나 고객의 기호를 예측하여 거기에 대처하여야 한다. 조직이 이같이 지속적인 보충을 하지 못하면 그 조직은 쇠퇴 또는 사멸하게 된다.

2) 시스템의 조작화

그러면 관리자가 이 같은 시스템적 접근법을 어떻게 활용할 수 있을 것인가에 대한 문제로 돌아가 보기로 하자. 먼저 시스템적 접근법의 주창자들이 적절하다고 생각하고 있는 측정기준들의 표본을 살펴보고 나서 관리자들이 이 같은

표 2.2 조직유형에 따른 효과성 측정의 예

시스템 변인	기업조직	병 원	대 학
O/I	투자수익률	치료환자의 총수	교수 연구발표의 수
T/I	재고(inventory turnover)	의료기술에 대한 자본투자	정보시스템의 비용
T/O	총매출액	치료환자의 총수	졸업생 총수
△I/I	운전자본에 있어서의 변화	치료환자 수에 있어서 변화	등록학생 수에 있어서의 변화

출처 : Adapted from William M. Evan, "Organization Theory and Organization Effectiveness: An Exploratory Analysis," in S. Lee Spray, ed., *Organizational Effectiveness: Theory, Research, Utilization* (Kent, Ohio: Kent State University Press, 1976), pp.22~23.

기준들을 측정하는 여러 가지 방법들에 대하여 고찰해 보기로 하자.

시스템적 접근법에서는 투입물의 계속적인 확보와 산출물이 호의적으로 수용되는 것을 확실히 하기 위해 환경과의 관계를 유지하는 것과 관련된 요인들에 주목하게 되며, 환경의 변화에 대한 유연한 반응, 투입물을 산출물로 변형시키는 데 있어서의 능률, 내부적 의사소통의 명확성, 집단 간의 갈등수준, 종업원의 직무만족도 등을 측정한다. 그리고 목표-달성 접근법과는 대조적으로, 시스템적 접근법은 조직의 계속적인 존속을 확보하는 데 필요한 수단에 초점을 맞춘다. 그렇다고 시스템적 접근법이 조직효과성의 결정요인으로서의 특정한 목표의 중요성을 부정하는 것은 아니다. 오히려 효과성을 측정하기 위해 선정한 목표의 타당성 및 목표를 향한 진행과정의 정도를 측정하기 위해 사용되는 측정방법 등에 대하여 의문을 제기한다.

중요한 시스템 간의 상호작용은 조직효과성 변인이 될 수 있다. 이 같은 조직효과성 변인에는 산출/투입(O/I), 변환/투입(T/I), 변환/산출(T/O), 투입에 있어서의 변화/투입(△I/I) 등이 포함된다. <표 2.2>는 기업조직, 병원 및 대학에 있어서 이 같은 변인들에 따른 측정기준들의 예를 제시하고 있다.

시스템적 접근법을 활용하였던 연구의 사례는 미국 미시건대학교의 연구팀에 의해 실시된 75개의 보험회사를 대상으로 한 그들의 업적에 관한 연구였다. 그 연구자들은 10개의 효과성 차원을 알아보기 위해 판매 및 개인별 데이터에 관한 문서기록을 조사·활용하였다. 그들이 설정하였던 10개의 효과성 차원은 다음과 같다.

① 사업실적(business volume) : 영업소의 규모에 따라 판매된 보험증권의 수 및 가치
② 생산비(production cost) : 판매단위당 비용
③ 신입사원의 생산성(new member productivity) : 입사 5년 미만의 보험모집인들의 생산성
④ 구성원의 발랄성(youthfulness of members) : 35세 미만인 성원들의 생산성
⑤ 사업전략의 믹스(business mix) : 개념적으로 관련성이 없는 세 가지 업적 지표의 조합
⑥ 인적자원의 성장(work force growth) : 인적자원수준에 있어서의 상대적, 절대적 변화
⑦ 관리에 대한 전념(devotion to management) : 대리점 관리자가 벌어들인 판매수당의 총액
⑧ 유지비용(maintenance cost) : 일정한 거래수준(모집수준)을 유지하기 위한 비용
⑨ 구성원의 생산성(member productivity) : 매 보험모집인당 평균적인 새로운 사업실적
⑩ 시장침투(market penetration) : 개척 중인 잠재시장의 비율

이 연구에서 핵심적인 성과변인으로서 사업실적, 성원의 생산성, 시장침투 등을 고려하고 있어서 목표-달성 접근법에서처럼 성과변인을 강조하고 있는 것으로 생각될지 모르나, 이 연구는 시스템적 접근법을 채용하고 있다. 실제로 이 연구가 조직이 오랜 기간에 걸쳐 존속하기 위해 충족되지 않으면 안 되는 중요한 수단적인 변인들을 고려하고 있기 때문이다. 예를 들어, 신입사원의 생산성, 구성원의 발랄성 등을 효과성의 차원에 포함시킨 것은 미래의 성공적인 판매가 젊은 성원들을 개발·훈련하는 데 대한 투자에 달려 있다는 것을 말해주고 있다.

조직효과성에 대한 시스템적 접근의 또 하나 다른 사례는 관리감사(management audit)이다. 예를 들어, Jackson Martindell과 미국경영연구소(American Institute of Management)에 의해 개발된 이 관리감사에서는 기업조직이 현재,

과거, 미래에 걸쳐 제 자원으로부터 최대의 활성화를 얻어내기 위해 조직 내의 핵심적인 활동을 분석한다. 10,000점 분석표를 사용하여 Martindell은 10개 분야에 걸쳐 업적을 평가하고 있는데, 10개의 분야란 경제적 기능, 조직구조, 수익의 건전성, 주주에 대한 봉사, 연구개발, 이사회, 재무(재정)정책, 생산능률, 판매의 활력(sales vigor), 최고경영자의 평가 등이다. 이 같은 여러 가지의 많은 기준들이 영리조직에 적합한 것이기는 하지만, 이들 개념들은 비영리조직에도 적용될 수 있도록 변형이 가능하다. 그런데 이 같은 10개의 분야는 분야마다 그 비중이 다르다. 조직의 업적에 기여하는 정도가 다르기 때문이다. Martindell은 조직의 전체적인 업적에 기여하는 정도에 따라 각 변인에 그에 따른 점수를 할당함으로써 각 변인의 상대적 중요성을 표시하고 있다. 이 같은 연구가 또 하나의 시스템적 접근법이라고 할 수 있는 것은 이 연구에서도 하나 이상의 하위시스템의 업무수행이 적절하지 못할 경우 달성가능한 잠재적인 업적을 모두 달성할 수는 없다는 것을 인정하고 있기 때문이다.

3) 시스템적 접근법의 문제점

시스템적 접근법의 문제점으로서 가장 자주 거론되고 있는 두 가지 결점은 ① 측정의 문제와 ② 목표 달성의 수단이 조직효과성의 문제와 관련하여 실제로 그렇게 중요한 문제인가 하는 점이다.

특정한 결과목표를 측정하는 것은 과정변인, 즉 환경변화에 대한 반응의 유연성, 내부적 의사소통의 명확성 등과 같은 과정변인을 측정하는 것보다 더 용이하다. 그리고 이 같은 과정변인의 용어들은 누구나 그 의미를 이해할 수 있는 명백성을 지니고 있는 것같이 보이지만, 문제는 그 변인들의 본질과 강도를 정확하게 파악하기 위한 측정기법을 개발한다는 것이 불가능하다는 점이다. 그래서 어떤 측정도구를 사용하든지 간에 여전히 의문의 여지가 남게 된다.

스포츠에서도 중요한 것은 게임에 이겼느냐 졌느냐의 문제이지 어떻게 싸웠느냐가 아니다라고 흔히 이야기된다. 이는 조직에도 똑같이 적용될 수 있다. 목표가 일단 달성되었다면, 목표 달성을 위한 수단이 뭐 그리 중요한 측정의 대상이 되겠는가? 목적은 승리하는 것이지 얌전하고 품위 있게 지는 것이 아니기 때문이다. 적어도 이 같은 비판과 관련하여 볼 때 시스템적 접근법에 있어서의 문제점은 이것이 조직의 효과성 그 자체보다는 조직효과성을 달성하는 데 필요한 수단에 초점을 맞추고 있다는 점에 있다.

목표-달성 접근법이나 시스템적 접근법이 모두 다 목표지향적이라는 것을 개념적으로 정리해 볼 경우 시스템적 접근법에 대한 이 같은 비판은 더욱더 본질적인 면을 지적하고 있다. 목표-달성 접근법은 결과목표를, 시스템적 접근법은 수단목표를 말하고 있다. 이 같은 견지에서 보아 두 접근법이 다 목표 개념을 도입하고 있기 때문에 보다 의미있는 목표를 측정대상으로 활용하는 것이 당연한 것이며, 또 계량화하기가 쉬운 목표를 활용하는 것이, 즉 '목표-달성 접근법'을 활용하는 것이 당연한 것이라고 말할 수 있다.

4) 관리자를 위한 시사점

조직효과성에 대한 시스템적 접근법을 활용하고 있는 관리자들은 졸속한 성과를 추구하는 경향이 덜하다. 그리고 이 같은 관리자들은 조직의 장기적인 건전성과 존속을 가까운 미래에 그들을 유리한 입장에 놓이게 할 단기적인 성과와 바꾸는 결정을 내리는 경향이 적다. 시스템적 접근법은 조직활동의 상호의존성에 대한 관리자의 인식을 증진시킨다. 예를 들어, 관리자가 필요할 때 사용할 수 있도록 미리 원재료의 확보를 게을리 하였거나 또는 그 같은 원재료의 질이 좋지 못하다면, 그 조직의 성과목표의 달성능력은 제약받게 된다. 마지막으로 시스템적 접근법의 또 하나의 장점은 성과목표가 매우 모호하거나 측정할 수 없을 경우에 적용될 수 있다는 점이다. 공공조직의 관리자들은 흔히 효과성의 측정치로서 '증액된 예산을 얻어내는 능력'을 사용하고 있다. 이는 효과성 측정을 위해 산출기준 대신에 투입기준을 사용하고 있는 예이다.

3.3 전략-환경요소 접근법

조직효과성에 대한 보다 최근의 관점에서는 "효과적인 조직이란 그 조직환경(계속적인 존속을 위해 조직은 환경의 지지를 획득하여야 한다) 내의 구성요소들의 요구를 충족시킬 수 있는 조직이다"라는 주장이 제기되었다. 전략-환경요소 접근법(strategic-constituencies approach)은 시스템적 관점과 비슷한 데가 있으나, 서로 강조점을 달리하고 있다.

두 접근법이 모두 환경과의 상호의존성을 고려하고 있으나 전략-환경요소 접근법은 조직환경의 모든 구성요소를 고려하지 않고 조직의 생존에 위협을 가하는 환경요소만을 유화(宥和)시키는 것을 추구한다.

이 같은 맥락에서 대부분의 국공립대학들은 그들 조직의 효과성으로 신입생 모집을 생각해야 하고, 졸업생들을 고용하게 될 잠재적인 고용주들은 고려할 필요가 없다. 왜 그래야만 하는가? 이 같은 대학들의 생존은 졸업생들의 취직 여부에 의해 영향을 받는 것은 아니기 때문이다. 반면에 사립대학들은 국공립대학들보다는 상당히 많은 수업료를 받고 있어서 졸업생들의 진로지도와 직장알선에 많은 시간과 비용을 들이고 있다. 학부모들이 그들의 자녀가 학사학위를 받는 데 4만 달러 이상을 소비할 때는, 그렇게 함으로써 그들의 자녀들이 좋은 직장에 들어가게 되고 대학원에 진학하는 것도 용이해질 것이라고 기대하기 때문이다. 이 같은 기대에 부응하지 않으면 사립대학은 점차로 신입생 모집이 어려워지게 된다. 그러나 국공립대학의 경우는 대학과 주정부 의회와의 관계가 매우 중요하다. 일반적으로 국공립기관들은 주의회의 의원들에게 호소하여 필요한 예산을 획득하기 위해 많은 노력을 경주하게 되는데, 주의회 의원들의 협조를 얻지 못하면 국공립대학은 예산상으로 불리한 영향을 받기 때문이다. 이와는 대조적으로 사립대학의 효과성은 주정부나 주의회의 핵심인물과의 호의적인 관계의 유지 여부에 의해 거의 영향을 받지 않는다.

1) 전략 - 환경요소 접근법의 가정

전략-환경요소 접근법은 조직이 다양한 이해집단으로부터 빈번하고 경합적인 요구에 직면하게 된다고 가정한다. 그러나 모든 이해집단들이 똑같은 중요성을 갖는 것은 아니다. 조직의 효과성은 조직이 중요하고 결정적인 환경요소를 확인하는 능력과 그 같은 환경요소들이 조직에 대하여 요구하고 있는 내용을 충족시킬 수 있는 능력에 의해 결정된다. 더욱이 이 접근법의 가정은 관리자들이 많은 목표를 추구하고, 선택된 목표는 조직이 생존하는 데 필요한 자원에 대해 통제력을 가지고 있는 이해집단에 대한 대응의 표현이라고 가정한다.

2) 전략 - 환경요소의 조작화

전략-환경요소 접근법을 적용하고 싶은 관리자는 먼저 지배적인 연합의 성원들에게 물어, 조직의 생존에 중요하고 결정적인 영향을 미치는 환경요소가 어떤 것인가를 확인하는 것부터 시작하여야 한다. 이를 통해 얻은 데이터는 종합·정리되어 전략적인 환경요소의 목록의 작성을 유도하게 된다.

하나의 예로서 Goodrich와 같은 대규모 타이어 회사의 전략적 환경요소는 다음과 같은 것들이 될 것이다. 타이어 제조과정에 사용되는 정유제품의 공급업체, 고무공업 노동조합의 간부들, 상당한 액수의 단기자금을 공급받고 있는 은행의 간부들, 타이어의 등급을 매기고 안전장치시설 등을 검사하는 정부규제기관, 타이어나 고무공업을 전문으로 하는 감정평가회사의 증권분석가, 지역별 타이어 공급업체, General Motors, Mack Truck, Caterpillar 등과 같은 자동차 제조업체의 타이어 구매담당관 등이다.

이와 같이 전략적인 환경요소들의 목록을 작성하고 나서 각 환경요소의 상대적인 영향력 내지는 중요성을 결정하기 위해 각 환경요소를 평가하게 된다. 중요성의 평가는 각 환경요소에 대해 조직이 어느 정도로 의존하고 있는가를 기준으로 하여 평가된다. 즉, 환경요소가 우리 조직에 상당한 영향력을 행사하고 있는가? 그 환경요소에 대한 대안은 없는가? 조직경영에 미치는 영향력이란 관점에서 이들 여러 환경요소들을 어떻게 비교해 볼 것인가? 등과 같은 의문을 기준으로 하여 각 환경요소의 상대적 중요성을 평가한다.

전략-환경요소 접근법을 적용하는 세 번째의 단계는 이들 환경요소들이 조직에 대하여 가지고 있는 기대가 무엇인가를 확인하는 일이다. 그들은 조직에 대하여 무엇을 원하고 있는가? 이들 각 환경요소들이 그들 나름의 특별한 이해관계를 가지고 있다면, 조직을 통하여 얻고자 하는 그들의 목표는 무엇인가? 주주들의 목표는 이윤 및 주식가치의 상승 등일 것이며, 노동조합의 목표는 조합원들의 직무안정 및 임금인상이 될 것이다. 그리고 환경보호기관은 기업조직이 공기, 수질, 소음 공해방지의 요구기준을 지키도록 요구할 것이다.

마지막으로 전략-환경요소 접근법의 적용은 이 같은 여러 가지의 기대를 비교하여 공통적인 기대와 양립할 수 없는 기대를 구분하고, 여러 환경요소에 비중을 부여하여 이 같은 여러 가지 목표의 우선순위를 결정한다. 사실 이 같은 우선순위는 여러 가지 전략적인 환경요소들의 상대적인 영향력 내지는 중요성을 나타내준다. 그리고 조직의 효과성은 환경요소들의 기대를 충족시킬 수 있는 능력에 의해 평가된다.

3) 전략 - 환경요소 접근법의 문제점

시스템적 접근법과 마찬가지로 전략-환경요소 접근법도 문제점이 없는 것은 아니다. 광범한 환경으로부터 전략적인 환경요소를 구별해 내는 작업은 말하기는 쉬우나 실제로는 매우 어려운 작업이다. 그리고 환경이 급속하게 변하고 있기 때문에, 어제의 시점에서 조직에 대하여 중요하고 결정적이었던 환경요소가 오늘에는 그렇지 못하는 경우도 있다.

환경 내의 중요한 구성요소들이 확인되어 비교적 안정적이라고 생각하더라도 중요한 전략적인 환경요소와 상당히 중요한 전략적인 환경요소를 어떻게 구별할 수 있을 것인가? 이 같은 두 가지 전략적인 환경요소를 구분하는 데 있어서의 구분점을 어디다 찍을 것인가? 그리고 조직 내의 지배적인 연합의 성원들이 가지는 이해관계가 그 환경요소가 전략적으로 중요한가의 여부에 대한 지각에 강하게 영향을 미치고 있는 것은 아닌가? 회계부서의 경영자는 전반적인 면, 즉 조직전체의 전략적인 환경요소를 보지 못하는 경우가 많으며, 구매부서의 경영자도 이와 마찬가지이다. 마지막으로 문제가 되는 것은 전략적인 환경요소들이 조직에 대하여 가지는 기대를 확인하는 작업인데, 그 같은 정보를 어떻게 하면 정확하게 얻어낼 수 있을 것인가가 문제이다.

4) 관리자를 위한 시사점

이같이 조직의 존속 · 발전이 조직에 있어서 매우 중요한 것이라고는 하지만, 그 조직의 사활을 좌우하는 환경적 요소가 무엇인가는 관리자의 환경요소에 대한 이해 여하에 달려 있다. 관리자가 전략-환경요소를 잘못 조작화함으로써 조직경영에 치명적인 영향을 미칠 수 있는 환경요소를 무시해버리거나 너무 당황케 만들 가능성이 있다는 것을 명심하여야 한다. 조직의 건전성을 유지하기 위해 누구의 후원 및 지원을 받아야 되는가를 관리자가 알고 있다면, 전략적인 환경요소와의 변화하고 있는 세력관계를 배려하여 목표의 우선순위를 변경시켜 갈 수 있다.

3.4 경합-가치 접근법

조직효과성에 대한 마지막 접근법은 조직효과성을 측정하기 위한 통합적인 틀을 제시하고 있는데, 이는 경합-가치 접근법(competing-value approach)이라고 불린다. 조직활동의 성과로서 가치 있다고 생각하는 것은 당사자의 이해관계에 달려 있다. 그러므로 주주, 노동조합, 공급업체, 관리자, 그리고 마케팅, 인사, 생산 및 회계분야의 전문가들이 똑같은 조직의 효과성을 각기 다르게 보고 평가한다는 사실은 그렇게 놀랄 일이 못 된다. 이 같은 사실은 학생들이 어떤 과목 담당교수를 각기 어떻게 평가하고 있는가를 생각해 보면 잘 이해될 수 있다. 30명 이상의 수강학생들의 그 담당교수에 대한 평가가 현저하게 다르다는 것을 알게 될 것이다. 아마 어떤 학생들은 그 교수가 가장 훌륭한 교수 중의 한 사람이라고 평가하는가 하면, 어떤 학생들은 가장 좋지 않은 교수라고 평가하기도 한다. 그 교수의 행동은 일정한 일관성을 유지하고 있지만, 이 같은 상이한 평가를 낳게 하는 것은 다름 아닌 "훌륭한 교수는 어떠해야 한다"는 자신의 평가기준을 적용한 그 학생 자신이다. 그러므로 평가는 그 교수의 효과성에 대한 참된 내용을 말해준다기보다는 평가자 자신의 가치관을 반영하고 있는 것이라고 말할 수 있다.

정치분야의 실례를 들어 설명하면 더욱 실감이 날 것 같다. 미국의 대통령 선거를 위한 정당의 예비선거에 있어서의 효과성은 무엇이라고 규정하기가 쉽다. 예비선거에서 승리하는 자가 가장 효과적이라고 말할 수 있기 때문이다. 그러나 대통령 후보자들은 투표상황을 그렇게 보지는 않는다. 1980년 초 메인주(Maine)의 민주당 대통령 예비선거가 끝난 다음 날 발표된 결과는 현직 대통령 카터(J. Carter) 지지 대의원은 43%, 매사추세츠 상원의원 케네디(Ted Kennedy) 지지 대의원은 40%, 캘리포니아 주지사 브라운(J. Brown) 지지 대의원은 13%였다. 이에 대하여 카터는 자신이 최다득점자이기 때문에 승리자라고 말했고, 케네디는 지난달에 있었던 아이오아주 예비선거에서 2 대 1로 카터에 뒤졌던 것을 고려할 때 "나는 현직 대통령을 거의 따라잡았다"고 말하면서 자기의 승리라고 선언하였다. 마지막으로 브라운은 다른 후보를 능가하지는 못하였으나, "카터는 대다수의 지지표는 얻지 못하였다. 케네디는 자기 집 뒤뜰에서도 승리하지 못하였다. 아무도 나에게는 기대를 걸지 않았는데 나는 13%의 지지표를 획득하였다. 그래서 승리는 내가 한 것이다"라고 말하면서 자기의 승리를 교묘하게 표현하고 있었다. 여기에서 우리는 평가기준이 평가자의 이해관계에 따라 달라지는 것을 주목해 볼 수 있다. 아름다움이나 효과성 모두가 보는 사람의 눈에 달려 있다.

1) 경합-가치 접근법의 가정

경합-가치 접근법을 명백히 하기에 앞서 이 같은 경합-가치 접근법의 밑바탕이 되고 있는 가정이 무엇인가를 확인해 볼 필요가 있다. 조직 내에는 여러 가지 상충되는 목표가 있게 마련인데, 이 같은 상충되는 목표를 낳게 하는 것은 그 배후에 가치의 경합이 있기 때문이라는 가정이다. 그리고 조직에는 유일 단일한 목표는 없다. 그리고 또 역시 목표를 둘러싼 순수한 의견의 합의란 없다는 가정이 경합-가치 접근법의 밑바탕이 되고 있다.

이와 같이 상충되는 서로 다른 목표의 원천은 무엇인가? 그것은 목표를 설정한 사람들의 가치관과 이해관계가 아니겠는가! Xerox사와 같은 기업조직을 예로 들어보자. 재무분석가는 높은 수익성을 조직효과성의 평가기준으로 삼을 것이고, 생산담당 중역은 제조된 기기의 양과 질에 초점을 맞출 것이고, 마케팅 관리담당자나 경쟁업체들은 Xerox사 제품들의 시장점유율을 조직효과성의 평가기준으로 삼는다. 그리고 인사담당 관리자는 조직효과성을 능력 있는 종업원의 채용능력 및 파업의 근절로 볼 것이며, 연구개발부서의 과학자는 최신 발명품이나 새로운 개발품목의 수를 조직효과성의 평가기준으로 보려고 한다. 그리고 Xerox사의 본부가 소재한 코네티컷(Connecticut) 시의회의 Stamford는 조직효과성을 인력의 꾸준한 확대라고 정의하고 있다.

요약컨대 경합-가치 접근법은 조직효과성의 측정을 가치에 근거한 평가활동이라고 본다. 그래서 평가자가 조직성과로서 가치 있다고 생각하는 것이 무엇이냐에 따라 평가자가 평가기준으로서 무엇을 선택할 것인가에 대해 영향을 미치게 된다.

2) 경합-가치의 조작화

이 접근법을 적용·활용하기 위해 이 접근법이 어떻게 생성되었는가에 대해 더 자세하게 살펴보는 것이 필요하다. 경합-가치 접근법은 <표 2.1>에 제시된 30개의 조직효과성 측정기준들 중에서 서로 공통성을 가지고 있는 기준들이 어떤 것인가를 찾는 것에서 시작되었다. 그리하여 서로 공통성을 갖는 측정기준들은 세 가지의 기본적인 측정기준(경합가치)으로 범주화할 수 있게 되었다. 이들 세 가지의 기본적인 측정기준의 범주는 다음과 같다.

그림 2.1 조직효과성의 3차원 모형

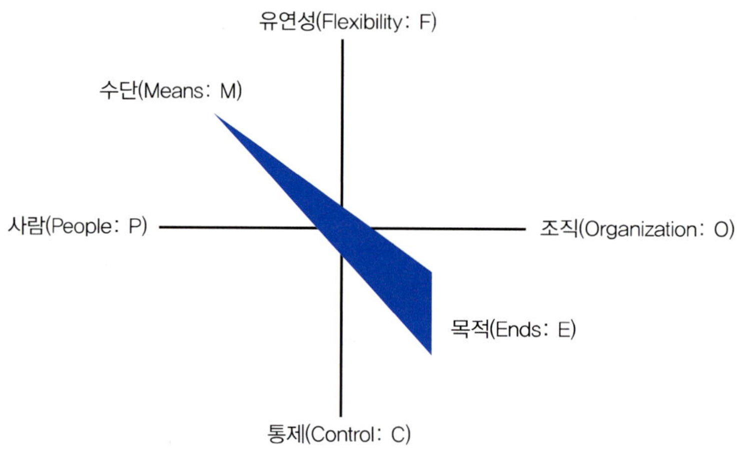

8개의 사상 (the eight Cells)	8개 기준의 정의 (definitions of the eight criteria)
OCE	생산성/효율 : 산출량, 투입과 산출의 비율
OCM	계획과 목표설정 : 계획, 목표설정, 평가과정을 강조하는 정도
OFE	자원획득 : 자원을 획득하고 외부적 자원을 개발하는 능력
OFM	유연성/준비성 : 외부적 조건과 수요변화에 적응하는 능력
PCE	안정성/통제 : 내부 상태의 정상성·계속성·균형성
PCM	정보관리-의사소통 : 정보유통의 충분성, 내부조정의 적절성
PFE	인적자원의 가치-훈련 : 전체 조직구성원의 능력 제고 및 유지
PFM	응집력/사기 : 조직구성원들 간의 공동체성 및 몰입 수준

출처 : Robert E. Quinn and Kim Cameron, "Organizational Life Cycles and the Criteria of Effectiveness," Working paper: SUNY-Albany(1979).

첫 번째 기준의 범주는 조직구조에 관련된 것으로서 융통성 내지는 유연성에 대한 강조로부터 시작하여 통제에 대한 강조에 이르는 '유연성-통제'의 차원을 나타내고 있다. 이와 같은 유연성-통제의 차원은 조직활동의 기본적인 딜레마를 반영하고 있다. 개혁과 적응성에 대한 논쟁, 변화와 권한, 질서, 통제에 대한 논쟁 등이 이와 같은 유연성-통제의 차원에 속하는 문제이기 때문이다. 그리고 이것은 제1장에서 제시한 '적응-유지' 이분법적 개념과 매우 비슷한 개념이다.

두 번째 기준의 범주는 조직의 초점에 관련된 것으로서 조직성원들의 복지 및 발전의 강조에서부터 조직 그 자체의 번영과 발전을 강조하는 데 이르는 성원의 복지-조직의 번영이라는 차원과 관련된 기준들이다. 여기에도 조직활동의 또 하나의 기본적인 딜레마가 내재해 있다. 즉, 성원들의 기분이나 욕구를 중시할 것인가 아니면 과업완성과 생산성을 중시할 것인가에 대한 논쟁이 그것이다.

세 번째 기준의 범주는 조직의 수단-목표의 차원과 관련된 것으로서, 과정에 대한 강조로부터 시작하여 최종 목표 달성에 대한 강조에 이르는 과정-목표 달성의 차원을 나타내고 있는 효과성 평가기준들이다. 조직을 평가할 때 장기적 기준에 의해 평가할 것인가 아니면 단기적 기준에 의해 평가할 것인가에 대한 가치 개념이 이 같은 수단-목표 달성의 차원에 반영되고 있다.

[그림 2.1]은 그 3가지 차원이 결합하여 8가지의 조직효과성 측정기준을 형성하고 있는 것을 보여준다. 그리고 8가지의 측정기준들을 중심으로 하여 4가지의 조직효과성 모형이 형성된다. [그림 2.2]는 이 같은 내용을 도시하여 설명하고 있다. 이렇게 하여 형성된 4가지 모형 내지는 조직효과성의 정의는 어느 것도 단독으로는 모든 조직을 측정하는 데 적합한 것이 되지 못한다. 이들 4가지 모형이란 인간관계모형, 개방체계모형, 합리적 목표모형, 내부적 과정모형 등을 말한다.

- 인간관계모형은 성원과 유연성을 강조하고 [그림 2.2]의 좌상단에 위치한 효과성 측정기준을 활용한다. 즉, 응집력과 사기는 수단으로서, 인적자원개발은 목표로서 강조된다.
- 개방체계모형은 조직과 유연성을 강조하고 [그림 2.2]의 우상단에 위치한 조직효과성 측정기준을 활용한다. 즉, 유연성과 준비성은 수단으로서, 성장, 자원획득, 외부의 지원은 목표로서 강조된다.

그림 2.2 조직효과성 가치

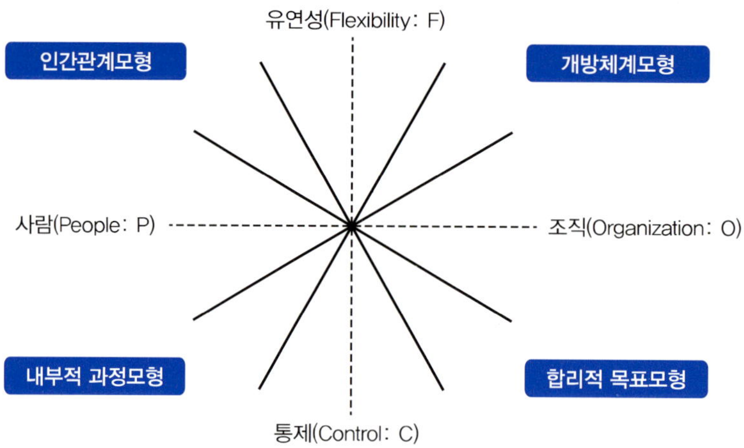

출처 : Robert E. Quinn and Kim Cameron, "Organizational Life Cycles and the Criteria of Effectiveness," Working paper: SUNY-Albany(1979).

- 합리적 목표모형은 조직과 통제를 강조하고 [그림 2.2]의 우하단에 위치한 효과성 측정기준을 활용한다. 즉, 계획, 목표설정 및 평가는 수단으로, 생산성과 능률은 목표로서 강조된다.
- 내부적 과정모형은 [그림 2.2]의 좌하단에 나타나 있다. 이 모형은 성원과 통제를 강조하고 조직효과성을 측정하는 데 있어서 정보관리 및 의사소통을 수단으로, 안전성과 균형유지를 목표로서 강조한다.

이러한 각 모형이 어떤 특정한 가치를 나타내고 있는가? 각 모형이 상반되게 강조하고 있는 측정기준은 무엇인가를 주목해 보기로 하자. 성원과 유연성을 반영하고 있는 조직효과성의 측정기준을 강조하는 인간관계모형은 조직과 통제에 그 가치기반을 두고 있는 합리적 목표모형과 정반대로 대비될 수 있다. 개방체계모형은 조직과 유연성에 가치기반을 두고 있는데, 이는 성원과 통제를 가치기반으로 하여 거기에 초점을 맞추고 있는 내부적 과정모형과 정반대로 대비될 수 있다.

경합-가치 접근법은 보다 널리 연구·적용되고 있다. 이는 조직효과성에 관한 각 모형이 적용될 수 있는 적절한 시기는 어느 때인가에 대한 의문의 해결을 위한 기본적인 틀로서 사용되고 있다. 어떤 경우에 어떤 모형을 적용할 것인가에 대해 제시될 수 있는 잠정적인 해답은 조직은 여러 가지의 성장단계를 거치게 되는데 그 특정한 조직이 현재 그 같은 성장단계의 어느 단계에 와 있는가에 따라 각 모형이 적용되어야 한다고 말할 수 있다.

조직이 일정한 성장단계를 거치는, 즉 하나의 라이프사이클을 따라 성장·발전해 간다고 생각할 때, 그 첫 번째 단계는 탄생, 즉 창업단계이다. 그런데 이 단계는 새로운 혁신, 창의 및 제 자원의 집결 등과 같은 말로 특징지어질 수 있다. 두 번째 단계는 집단공동체 단계이다. 이 단계에서는 비공식 의사소통과 비공식 구조가 지배적이며 구성원들 간에 가족의식과 협동정신을 배양하고 구성원들의 높은 충성심을 계발한다. 그리고 세 번째의 단계는 공식화단계인데, 이 단계는 안정, 활동의 능률성, 규칙, 절차 및 보수적인 경향 등과 같은 말로 특징지어질 수 있다. 그리고 마지막으로 조직은 정교한 구조의 단계에 이르게 된다. 이 단계에 이르면 조직은 외부적인 환경을 조정·적응하여 조직 그 자체의 갱신과 성장을 도모해 간다. 이 같은 각 성장단계는 빠른 속도로 연속적으로 나타나기도 하고 매우 느린 속도로 발전하기도 한다.

이상에서 보는 바와 같이 각 성장단계에서는 각각의 특유한 조직활동이 강조된다. 따라서 조직효과성의 평가도 그 조직이 현재 처해 있는 성장단계에서 요구되는 지배적인 활동의 평가에 기초를 두어야 한다. 조직이 창업단계에 있을 경우에는 조직효과성의 개방체계모형에 강조점을 두어 평가하여야 하고, 마찬가지로 집단공동체 단계의 경우에는 인간관계모형을 적용해야 하며, 공식화단계에서는 내부과정 및 합리적 목적모형이 가장 적합하며, 마지막으로 정교한 구조의 단계에서는 개방체계모형을 적용해야 한다.

그렇다면 관리자가 경합-가치 접근법을 적용하기 위해서는 어떤 구체적인 시도를 할 수 있을 것인가? 먼저 관리자는 그 조직이 라이프사이클의 어느 단계에 와 있는가를 확인할 필요가 있다. 이렇게 하여 단계가 확인되고 나면 지배적인 조직효과성의 기준이 드러날 것이고, 이 같은 기준의 구체적인 것은 <표 2.3>에서 얻어질 수 있다. 물론 조직의 라이프사이클을 고려하여 효과성의 기준을 선택해야 한다는 것은 <표 2.3>에 제시된 기준 이외의 기준이 중요하지 않다는 것은 아니다. 제시되어 있는 기준들은 단지 어떤 특정한 성장단계에서

표 2.3 모형, 가치 및 효과성 기준

모 형	가치(강조점)	효과성 기준	
		수단(means)	목표(ends)
인간관계	사람 및 유연성	응집력과 사기의 유지	인적자원의 가치 및 인적자원의 개발
개방체계	조직 및 유연성	유연성과 준비성의 유지	성장, 자원획득, 외부의 지원
합리적 목적	조직 및 통제	계획, 목표설정 및 평가	생산성, 능률
내부적 과정	사람 및 통제	정보관리, 의사소통	안정, 균형 유지

의 조직효과성을 규명하는 데 있어서 몇 가지의 기준들이 두드러지게 나타난다는 것을 제시할 뿐이다.

3) 경합 - 가치 접근법의 문제점

첫째로 경합-가치 접근법의 주요 문제점은 실증적 연구의 뒷받침을 받지 못하고 있다는 점이다. 그래서 우리는 경합-가치 접근법이 타당성이 있다, 혹은 타당성이 없다 하고 말할 수 없다. 타당성 여부를 결정지을 수 있는 것은 실증적 연구뿐이기 때문이다. ① 실제로 위에서 언급한 것과 같은 네 가지의 명확히 구별될 수 있는 모델이 있을 수 있는가? ② 그리고 그 같은 모델들이 성장단계와 결합될 수 있는 시기는 어느 때인가? ③ 그리고 확인된(제시된) 효과성 측정기준들이 과연 유력한 기준들인가? 등에 대한 문제들을 확실히 하기 위하여 더 많은 실증적 연구가 필요하다.

둘째로 조직의 실무자들에 해당되는 문제로서, 조직 실무자들이 라이프사이클의 각 단계를 측정하는 문제이다. 다시 말해서 관리자가 자기의 조직이 성장단계의 어느 단계에 해당하는가를 정확하게 판정한다는 것은 매우 어려운 문제이다.

4) 관리자를 위한 시사점

경합-가치의 개념은 조직효과성을 규정하고 측정하는 어떠한 노력에도 그 밑에 다양한 기준과 상충되는 이해관계가 작용하고 있다는 것을 보여준다. 더욱이 많은 효과성 측정기준들을 개념적으로 분명한 네 가지의 모형으로 축약시킴으로써, 경합-가치 접근법은 각 단계의 효과성 기준이 각 단계의 조직상황에 적합한가의 여부를 확인하는 데 지침을 제공하고 있다. 특히 조직의 라이프사이클에 따라 달라지는 주된 활동과 특성을 고려하여 거기에 적합한 조직효과성 기준을 적용하는 데 지침을 제공한다.

요약

조직의 효과성을 입증하는 것은 매우 어려운 일이다. 어떤 사람들은 조직효과성의 정의를 내리는 것은 불가능하다고 말하기까지 한다. 그러나 조직이론에 있어서 중심적인 주제로서 조직효과성의 의미와 측정의 문제는 우리의 주요한 관심의 대상이 되지 않을 수 없다. 조직효과성에 대한 논의는 일반적으로 네 가지로 요약된다.

두 가지의 지배적인 입장은 목표-달성 접근법과 시스템적 접근법이다. 전자는 조직효과성은 목표의 달성 정도로 정의하고 있으며, 후자는 목표보다는 수단에 초점을 맞추고 있고, 조직효과성은 투입물을 획득할 수 있는 능력과 그 같은 투입물을 산출물로 변환시킬 수 있는 능력, 그리고 그 같은 산출물을 사회로 유출시키는 능력, 그리고 시스템의 안정과 균형을 유지하는 능력 등으로 정의하고 있다.

보다 최근에 제시되고 있는 접근법으로서 전략-환경요소 접근법이 있다. 이 접근법은 조직효과성을 환경의 구성요소들의 요구를 충족시키는 것으로 정의하고 있으며, 조직이 지속적으로 존속・발전하기 위해서는 이들 환경의 구성요소들의 지지를 받지 않으면 안 된다고 보고 있다. 그래서 조직의 성공은 그 조직이 지속적인 경영활동을 하는 데 의존적이지 않으면 안 되는 개인, 집단 및 기관들을 유화시킬 수 있는 능력에 있다고 생각한다.

마지막 관점은 경합하고 있는 가치들에 기초를 두고 있는 접근법이다. 이 접근법은 다수의 조직효과성 기준을 네 가지 모형으로 종합하고 있으며, 이들 네 가지 모형의 각각은 특정한 일련의 가치들에 기초를 두고 있고 더 나아가서 그 조직이 라이프사이클의 어느 단계에 와 있는가에 따라 거기에 적합한 모형이 적용된다.

조직의 효과성을 단순하게 정의하고 싶은 사람들에게는 본 장이 좀 실망스럽게 생각될지 모른다. 그러나 조직효과성은 개념적으로 복잡한 성질의 것이기 때문에 좀 복잡하게 정의되지 않을 수 없다. 그래서 다음과 같이 정의될 수 있다. 즉, 조직효과성이란 단기-장기목표의 달성 정도로서, 목표를 설정하는 데는 전략적인 환경요소가 반영되어야 하며, 평가자의 이해관계와 그 조직의 라이프사이클 단계의 특성이 반영된다.

정리 및 토의과제

1. 조직효과성의 정의에 나타난 모든 요인 가운데서 당신이 동의할 수 있는 요인은 어떤 요인인가?
2. 다음과 같은 네 가지 접근법의 주된 논점을 간략하게 설명해 보라.
   (a) 목표–달성 접근법
   (b) 시스템적 접근법
   (c) 전략–환경요소 접근법
   (d) 경합–가치 접근법
3. "조직효과성의 최종 시금석은 조직의 존속에 있다"란 말을 지지하기 위한 주장을 세워보라. 그리고 이 말을 반박하기 위한 주장도 구상해 보라.
4. "기업조직의 기본적 목적은 이윤추구에 있다. 그러므로 이윤 이외의 다른 측정기준(효과성의 측정기준)은 생각할 필요가 없다." 이 같은 말을 지지하기 위한 주장을 세워보라. 그리고 이 말을 반박하기 위한 주장도 구상해 보라.
5. MBO를 하나의 목표–달성 접근법이라고 하였다. 그렇다면 MBO는 시스템적 접근법의 일부가 될 수는 없는가?
6. 본 장에서 제시된 네 가지의 OE 접근법의 가치를 대비시켜 설명해 보라.
7. 당신이 잘 알고 있는 서너 개의 조직을 선정하여 그 조직들의 효과성을 역사적으로(성장단계별로) 평가해 보라. 그리고 그 조직들의 효과성을 목표–달성 접근법, 시스템적 접근법, 전략–환경요소 접근법 등을 사용하여 평가해 보라.
8. 다음과 같은 말을 토론해 보라. "콩코드 SST기는 보잉 747, DC–10, L–1011기와 비교하여 더 소음이 많고, 연료의 효율도 떨어지고, 승객의 좌석수도 적으며, 안락성도 덜하며, 매입원가와 운영비가 높지만 빠르기에 있어서 다른 기종보다 3배나 빠르기 때문에 효과성이 더 높다."
9. "목표 달성은 OE의 측정을 위한 생생한 측정기준이다." 이 같은 말을 지지하기 위한 주장을 세워보라. 그리고 이 같은 말을 반박하기 위한 주장도 구상해 보라.
10. 공공기관의 관리자가 OE의 측정기준으로서 '증액된 예산을 얻어낼 수 있는 능력'을 사용하는 이유는 무엇인가? 그러한 측정기준을 사용함으로써 생기게 되는 역기능은 무엇이겠는가?

Chapter 03

경영조직이론의 발전과정

사례연구

라이프스타일 비즈니스에 주목하라

라이프스타일 비즈니스가 뜨고 있다. 최근 유통업계에서 가장 잘나가는 분야는 패션도 뷰티도 아닌 바로 라이프스타일 산업이다. 기존의 리빙산업에 '스타일'이라는 단어가 추가되면서 단순한 삶의 도구가 아닌 삶의 방식을 판매하는 비즈니스로 확대되고 있다. 라이프스타일은 본래 사회학 용어로 과거에는 성별, 연령, 소득 등으로 분류했다. 하지만 최근에는 다양화된 가치관과 소비 양상에 따라 가치 중심으로 라이프스타일을 구분하게 되면서 마케팅과 소비자행동 연구분야에서도 관심의 대상이 되고 있다. 소비자의 심리적 측면이 기업의 제품, 서비스의 성공에 지대한 영향을 끼치기 때문이다.

이제 소비자들은 더 이상 기업의 일반적 마케팅에 휘둘리지 않으며 자신의 가치 기준에 따라 생활자로서 소비를 영위한다. 유명 브랜드나 고가의 명품이 아니라도 나에게 어울리고 나를 이해하는 브랜드라면 구매로 연결하는 것이다. 이에 주목한 기업들이 찾은 새로운 비즈니스 모델이 바로 라이프스타일을 판매하는 것이다. 즉, 고객의 가치, 소비욕구를 충족시킬 만한 제품을 만들거나 찾아내 라이프스타일로서 제안하고 있다.

쑥쑥 크는 라이프스타일 시장

통계청과 삼성패션연구소의 분석에 따르면 국내 라이프스타일(홈퍼니싱) 시장규모는 2008년 7조 원에서 2015년 12조 5,000억 원으로 7년 사이 2배 가까이 성장했다. 2017년에는 약 13조 7,000억 원으로 추정되며 오는 2023년에는 18조 원으로 확대될 것으로 내다보고 있다. 이 같은 전망 속에 라이프스타일 비즈니스의 주도권을 잡기 위한 업계의 경쟁은 갈수록 치열해지고 있다. 국내 굴지의 패션 브랜드들은 라이프스타일 브랜드나 플래그십 스토어를 잇달아 론칭하며 시장을 리딩하기 위한 행보를 서두르는 중이다.

삼성물산 패션부문은 지난해 10월 서울 신사동 가로수길에 패션을 넘어 하나의 문화 콘텐츠로 주목받고 있는 프랑스 디자이너 브랜드 '메종 키츠네'의 플래그십 스토어를 오픈했다. 4개 층 330m² 규모로 제품매장뿐 아니라 음악 레이블, 카페 등을 품고 있다. 삼성물산은 이에 앞서 가로수길에 북유럽 라이프스타일 브랜드 '그라니트'의 플래그십 스토어도 오픈한 바 있다.

롯데하이마트는 가전업계 최초로 모바일 '차세대 라이프스타일관'을 오픈했다. 자사의 모바일앱을 통해 소비자 라이프사이클별로 스토리를 만들고 이에 걸맞는 라이프스타일을 제안한다.

LF 역시 패션업을 넘어 글로벌 생활문화 기업으로 도약 중이다. 온라인 LF몰에 리빙관을 새로 론칭하고 영국 주방용품 브랜드 '조셉조셉'을 입점시켜 해외 직구족들로부터 환영을 받았다. 현대홈쇼핑도 온라인 쇼핑몰 현대H몰에서 토탈 리빙 자체 브랜드(PB) 'ㄱㅊㄴ(괜찮네)'를 론칭했다.

빅3 백화점들 역시 라이프스타일 비즈니스 강화에 나섰다. 롯데백화점은 리빙 PB 편집매장 '살림샵'에 이어 세계 3대 산업 디자이너인 카림 라시드의 리빙 브랜드 '크리에이트 바이 카림'을 론칭했다. 올해 하반기에는 영국 인테리어 브랜드 프리미엄 리빙 편집숍 '더콘란샵'을 약 2,314m²의 초대형 규모로 오픈할 예정이다. 현대백화점은 미국 최대 홈퍼니싱 기업 윌리엄스 소노마와 국내 독점계약을 맺었다. 리빙·다이닝 PB 브랜드 '언커먼테이블'도 론칭했다. 또 신세계백화점은 서울 강남점과 부산 센텀점에 수천 평 규모의 대규모 생활 전문관을 꾸몄고, 가구 브랜드 까사미아를 인수했다.

미니멀한 가치 소비를 추구하는 소비자들

라이프스타일 시장의 성장에 대해 패션기업 시선인터내셔널의 송지원 이사는 "주머니는 얇지만 머그컵 하나라도 감각적인 것을 쓰고 싶어 하는 고객들의 욕구는 존재한다"고 말한다. 기존의 성공법칙에서 벗어나 작은 사치와 사는 즐거움이 녹아 있는 문화를 구축해야 한다는 얘기다. 트렌드 전략 컨설팅그룹 트렌드랩506의 이정민 대표는 "많이 소비하고 소유하는 삶과는 결별하고 다른 방식으로 표현하는 시대에서 쇼핑은 '일상 탈출을 위한 환상'과 '생활 유지를 위한 의무' 두 가지로 뚜렷하게 나뉜다. 라이프스타일 산업은 이러한 소비행태 분석과 마켓 세그멘테이션을 토대로 진입해야 하는 소비군이다"라고 말한다.

몇 년 전부터 '미니멀 라이프'라는 말이 유행하고 있는 것은 이처럼 소비의 가치가 완전히 다른 양상으로 변화하고 있음을 보여준다. 미니멀 라이프는 자발적으로 불필요한 것들을 줄여 물건을 적게 소유하고 생활을 단순하게 만듦으로써 마음의 풍요를 얻는 삶의 방식을 말한다.

그러나 미니멀 라이프를 추구한다는 것이 단순히 '비움'을 통한 여백의 확장을 의미하지는 않는다. 물건이 비워진 자리에는 대신 '취향'이라는 것이 자리 잡는다. 미니멀 라이프를 살아가는 미니멀리스트들은 소비나 사용을 줄여 남는 시간에 다른 관심사들을 추구한다. 불필요한 시간을 버리고 불필요한 관계를 버림으로써 자신만의 라이프스타일을 더욱 확장시키는 것이다.

웹사이트 더미니멀리스트의 운영자인 조슈아 필즈 밀번과 라이언 니커디머스는 저서 『두 남자의 미니멀 라이프』에서 "미니멀리즘은 더욱 충만한 삶을 살 수 있게 해주는 수단이며, 또한 모든 사람이 바라 마지않는 행복을 이루기 위한 수단이다"라고 단언한다. 그들은 실제로 "좋은 차, 큰 집, 넘쳐나는 물건을 가졌지만 주 70~80시간을 일하고 더 많은 물건을 사들이는 일로는 공허함을 채울 수 없다"며, 잘나가던 회사를 그만두고 더 목적이 분명한 삶을 살기 시작했다. 그렇게 그들이 개설한 웹사이트는 1년 만에 방문자수 월 10만 명을 넘겼고 뉴욕타임즈, 월스트리트저널, 포브스, ABC 방송 등 수많은 언론에 소개되었다.

비즈니스 컨설턴트인 최태원 더 라이프 파트너스 대표는 저서 『라이프스타일 비즈니스가 온다』에서 "미니멀리즘은 물질주의와 소비 지상주의에 대한 회의에서 시작되었다. 사치와 낭비를 줄이고 본질에 충실한 것, 비움에서 풍요를 찾는 것이 목표다"고 설명한다. 미니멀리즘은 소비에 신중하지만 여전히 문명의 이기를 이용해 자신의 행복을 추구한다는 점에서 금욕주의나 '무소유'와는 다른 개념이다. 최태원 대표는 "미래의 불확실성이라는 걱정에서 해방되어 지금의 행복에 집중한다. 미래를 계획하지 않고 현재를 충실히 산다. 이런 점은 최근 유행하는 욜로(YOLO)의 가치관과 동일하다고 볼 수 있다"고 부연한다. 이처럼 더 적게 소유하면서도 더 풍요로운 역설적인 삶을 추구하는 미니멀리즘이 많은 현대인들에게 공감을 받으며 새로운 라이프스타일로 주목받게 된 것은 경제적 요인과 무관하지 않다. 글로벌 금융위기 이후 이어진 장기불황으로 명품소비 등 유물론적 사회에 대한 비판적 시각이 늘어나고, 동시에 삶의 질이나 경험을 중시하는 경향이 확대되었기 때문이다.

1인 가구가 증가하면서 간소하고 실속 있는 제품에 대한 니즈가 커진 것도 있다. 여기에 공유경제의 활성화로 소유보다 사용과 경험에 초점을 맞추는 소비 양상이 두드러지고 있고 SNS는 이러한 라이프스타일을 더욱 부추긴다.

온라인보다 오프라인에 강한 라이프스타일 시장

라이프스타일 비즈니스의 성장에서 한 가지 주목할 점은 온라인보다 오프라인 매장들이 더 인기를 끌고 있다는 사실이다. 라이프스타일 브랜드 빅3로 통하는 무인양품(MUJI), 모던하우스, 자주(JAJU)와 더불어 자라(ZARA) 홈, H&M 홈 등 SPA 브랜드들까지 모두 오프라인 매장을 중심으로 움직인다. 여기에 매출 1조 원의 중견기업으로 도약한 다이소, 샤오미에 이어 '대륙의 두 번째 실수'로 불리며 라이프스타일 비즈니스의 신흥 강자로 등장한 미니소 등 저가 생활용품 매장들도 가성비를 앞세워 고객들의 발길을 모은다.

특히 무인양품은 단순히 매장 수만 확대하는 데 치중하지 않고 라이프스타일 공간을 만들고 있다. 지난해 서울 신촌에 다목적 홀 등을 갖춘 1,652m²(약 500평) 규모의 플래그십 스토어를 출점한 것을 시작으로 여의도, 종로, 판교 등에 초대형 매장을 열었다. 이와 관련 나루카와 타쿠야 무지코리아 대표는 "고객들이 편하게 오래 머물며 우리 고유의 가치를 느낄 수 있도록 하는 데 중점을 뒀다"고 밝혔는데 단순히 물건을 사러 오는 게 아니라 쉬러 오고 놀러 오는 공간으로 만들겠다는 포부다. 일본의 '무지카페'처럼 식음료(F&B) 서비스도 준비하고 있다.

삼성패션연구소는 라이프스타일 시장이 성장한 이유로 ▲주 52시간 근무제 등으로 '저녁이 있는 삶' 확산 ▲가구와 유통, 패션 등 다방면에서 라이프스타일 비즈니스 강화 ▲주거공간의 주방 이동 ▲집밥과 홈쿡 등의 SNS 인증 유행 등을 꼽았다.

결국 많이 일하고 많이 버는 대신 '워라밸(work-life balance)'을 통해 적당하고 균형 잡힌 삶을 영위하고, 소소하지만 확실한 행복 '소확행'을 누리며, 가격 대비 성능의 우수성을 따지는 가성비를 넘어서 성능은 물론 마음까지 만족시키는 '가심비' 소비를 하는 것, 바로 이러한 가치 중심의 생활방식이 오늘날 라이프스타일의 한 전형이 되고 있다.

<Chief Executive, KMAC, 2019. 2.>

라이프스타일의 변화는 기본적으로 경영자의 의식과 경영의 관리방식의 변화를 가져올 수 있다. 왜냐하면, 라이프스타일은 본래 사회학 용어로 과거에는 성별, 연령, 소득 등으로 분류했다. 하지만 최근에는 다양화된 가치관과 소비양상에 따라 가치 중심으로 라이프스타일을 구분하게 되면서 마케팅과 소비자행동 연구분야에서도 관심의 대상이 되고 있다. 소비자의 심리적 측면이 기업의 제품, 서비스의 성공에 지대한 영향을 끼치기 때문이다. 이처럼 경영전반에 변화를 유도하는 라이프스타일의 변화는 근본적으로 경영전략의 변화뿐만 아니라 전략의 효과적인 실행을 위한 경영조직 전반에 대한 변화도 동시에 요구하게 된다. 인간의 생활패턴이 어떻게 변화하느냐에 따라 기업

의 소비자에 대한 마케팅 전략도 변화하게 되고, 아울러 조직의 지원시스템도 변화를 하게 된다. 이러한 이유로 수많은 경영학자들과 사상가들을 중심으로 시대의 변화에 따라 다양한 경영조직이론이 등장과 쇠퇴를 거듭하면서 발전해 오고 있다. 대표적으로 F. Taylor, M. P. Parker, C. Barnard, E. Mayo, R. McNamara, H. Simon 등과 같은 많은 경영사상가들의 일화와 경영사상을 통해 경영조직이론이 어떻게 발전해 왔는가를 보여주고 있다.

본 장에서는 경영조직이론의 발전과정을 살펴보고, 그 과정이 주는 의미를 살펴보고자 한다. 이를 통해 우리는 각 시대를 지배했던 경영조직이론의 특성과 필요성을 인식하고, 미래 경영환경에 적합한 이론을 예견할 수 있다.

1 경영조직이론의 분류

1.1 경영조직이론의 일반적 분류

경영조직이론은 일반적으로 연구목적과 분석수준에 따라 구분된다. 경영조직이론은 연구목적에 따라 규범적 이론과 서술적 이론으로 분류된다. 규범적(normative) 조직이론은 조직의 미래 상태를 처방적으로 설정하려는 조직이론으로, 조직이 현재 갖고 있는 문제를 규명하고 이를 어떻게 관리하고 해결해야 하는가의 문제를 다루는 것이다. 이는 특히 조직의 효과성 또는 성과를 높이기 위한 구조적 문제, 환경에 대한 대응 등과 같은 처방적 연구를 핵심으로 한다. 서술적(descriptive) 조직이론은 조직의 상태를 정확히 파악하고 기술하는 것으로 규범적 조직이론과는 달리 현재 조직의 상태는 어떠한가에 대한 문제를 다룬다. 연구목적을 기준으로 볼 때 본서에서 논의되는 경영조직이론은 규범적 조직이론과 서술적 조직이론 모두를 포함한다.

또한 분석수준에 따라 경영조직이론은 미시조직이론(micro organizational theory)과 거시조직이론(macro organizational theory)으로 구분된다. 미시조직이론은 주로 조직 내의 구성원 개인이나 소집단 수준의 문제를 연구대상으로 하는 조직행동론의 범위에 해당되며, 조직구성원들의 지각, 성격, 태도, 욕구 및 동기, 리더십, 갈등, 권력, 의사전달 등의 주제를 대상으로 한 연구가 주를 이룬다. 반면 거시조직이론은 조직의 내부적 요소와 외부적 환경에 대한 문제를 연구대상으로 하며, 조직의 목표, 조직구조, 조직환경, 조직효과성, 조직문화, 조직변화, 조직개발 등을 주요 연구주제로 한다. 본서에서 논의되는 경영조직이론은 대부분 실질적으로 거시조직이론에 해당된다.

1.2 Scott의 경영조직이론 분류

앞에서 논의한 경영조직이론의 일반적 분류는 단지 관련 이론들의 포괄적 특성이나 연구대상을 중심으로 이루어지는 것으로서, 분류 이상의 의미를 부여하는 것은 한계가 있다. 경영조직이론에 대한 분류는 역사적 관점에서 각 시대별로 주를 이루던 관련 사상, 이론, 경영학자들의 주장에 대한 원리를 이해하고 이를 실제 조직관리에 적용하려는 노력이 요구된다.

이러한 관점에서 많은 학자들이 경영조직이론을 역사적 전개과정을 중심으로 분류하려는 시도들을 하였다. 많은 학자들의 연구들 속에서 Scott의 경영조직이론에 대한 분류연구는 가장 체계적 분류로 인정된다. Scott의 연구는 단순히 역사적 순서를 중심으로 조직이론들을 분류했던 다른 연구와는 달리 조직이 갖고 있는 근본적 특성, 조직이론의 연구대상인 인간의 특성 및 조직이론의 발전에 따른 시대적 구분 등 종합적 논의를 포함한다는 점에서 그 의미가 있다. 따라서 본서는 경영조직이론의 발전과정을 Scott의 분류에 따라서 설명하고자 하며, 구체적인 내용은 다음과 같다.

Scott은 경영조직이론을 조직(체제)과 조직을 구성하는 인간에 대한 관점을 기준으로 분류하였다. 그가 구분한 조직에 대한 관점은 폐쇄체제(closed system)인가, 개방체제(open system)인가이다. 이러한 조직의 체제에 대한 분류는 조직의 환경 개념이 이론에서 논의되고 있는가를 기준으로 하였다. 또한 조직을 구성하고 있는 인간에 대한 관점은 경제적 보상에 의해 동기부여가 되는 합리적(rational) 인간관과 인간의 비합리적 행동과 사회적·심리적 욕구를 강조하는 자연적(natural) 인간관으로 구분하였다.

아울러 Scott은 사회심리학적(social psychological) 관점, 구조적(structural) 관점, 생태학적(ecological) 관점 등과 같은 분석수준에 따라서도 조직이론의 분류를 시도하였으나, 실용적인 분류의 의미를 제시하는 데는 한계가 있었다.

조직과 인간에 대한 가정에 근거한 Scott의 연구는 분명히 경영조직이론 분류에 대한 명확한 인식틀을 제공한다. 그러나 Scott의 틀을 기준으로 분류할 수 없는 많은 경영조직이론들이 존재해 왔으며, 이에 Rainey 등과 같은 많은 조직학자들은 경영조직이론들을 시간적 순서와 특성에 따라 분류하는 시도를 하였다. 이러한 시간적 순서에 따른 경영조직이론의 분류는 고전적 조직이론, 신고전적 조직이론 또는 인간관계론, 근대 조직이론, 현대 조직이론 등과 같이 네 단계의 분류와 고전적 조직이론, 신고전적 조직이론 또는 인간관계론, 현대 조직이론 등과 같이 세 단계로 분류하는 경우가 있다.

일반적으로 고전적 조직이론은 1900년대부터 1940년대까지의 과학적 관리론 중심의 조직이론들을 의미하며, 신고전적 조직이론은 조직의 비인간적 요소를 비판하면서 등장한 1940년대의 인간관계론 등의 조직이론을 뜻한다. 현대 조직이론은 1950년대 이후 등장한 조직이론들로서 독립된 학문으로서 조직학의 고유한 영역과 관련 이론들이 본격적으로 발전하기 시작한 시점부터 현재까지를 의미한다.

1.3 분류 유형별 가정과 관련 이론

Scott은 조직체제와 인간에 대한 관점의 분류기준을 중심으로 다음 [그림 3.1]과 같이 I 유형 : 폐쇄-합리적 조직이론, II 유형 : 폐쇄-자연적 조직이론, III 유형 : 개방-합리적 조직이론, IV 유형 : 개방-자연적 조직이론 등 4개의 유형으로 경영조직이론을 분류하였으며, 각 유형별 이론적 가정과 관련 이론들을 살펴보면 다음과 같다.

1) I 유형 : 폐쇄 - 합리적 조직이론

I 유형인 폐쇄-합리적 조직이론은 시기적으로 1900년대부터 1930년대까지의 경영조직이론의 흐름을 설명하는 것으로 조직을 외부환경과 단절된 폐쇄체제로 인식하며, 조직구성원들인 인간을 합리적으로 행동하는 존재로 보는 이론들이다. 폐쇄-합리적 조직이론은 폐쇄체제와 합리체제라는 특성을 갖는다. 폐쇄체제란 환경과의 관련성 속에서 제기되는 위협과 기회를 무시하거나 최소화하여 환경에 대한 조직의 개방적 속성을 고려하지 않는 조직관을 의미한다. 합리체제란 강력한 통제와 명령, 직무 중심의 업무 수행 등 기계적 관리법을 통해 조직구성원들에게 합리성과 능률성을 강조한다.

이러한 폐쇄-합리적 조직이론의 발전은 산업혁명 이후 산업조직의 양적 성장, 자유경쟁과 능률성을 추구하는 경제적 자유주의의 확산, 자연과학과 기술 발전을 중시하는 과학적 가치관 보편화 등과 같은 시대적 배경과 관련이 있다. 이 유형의 조직이론들은 조직이론의 과학화를 추구하였다는 점에서 고전적 조직이론으로도 분류된다. 폐쇄-합리적 조직이론의 주요 연구들에는 Taylor의 과

그림 3.1 Scott의 경영조직이론 분류

인간 \ 체제	폐쇄체제	개방체제
합리적	**I 폐쇄–합리적 조직이론** • 과학적 관리론(Taylor) • 관료제론(Weber) • 관리이론(Fayol)	**III 개방–합리적 조직이론** • 구조적 상황이론(Lawrence & Lorsch) • 조직경제이론(Williamson) – 대리인이론 – 거래비용이론
자연적	**II 폐쇄–자연적 조직이론** • 인간관계론(Mayo) • 환경유관론(Selznick) • ×Y이론(McGregor)	**Ⅳ 개방–자연적 조직이론** • 조직군 생태론(Hannan & Freeman) • 자원의존론(Pfeffer & Salancik) • 조직화이론(Weick) • 학습조직이론(Senge)

출처 : W. R. Scott(1992, 2003) 수정 인용.

학적 관리론, Weber의 관료제론, Fayol의 관리이론 등이 해당된다.

2) II 유형 : 폐쇄 - 자연적 조직이론

II 유형인 폐쇄-자연적 조직이론은 시기적으로 1930년대부터 1960대까지의 경영조직이론들을 설명하는 것으로, 조직을 외부환경과 단절된 폐쇄체제로 인식한다. 그러나 I 유형과 달리 조직구성원인 인간을 합리적 존재가 아닌 자연적 존재로 인식하며, 인간중심의 문제와 이론들을 중시한다. 즉, 조직구성원을 경제적 욕구 이외에도 다양한 욕구를 갖고 있는 인간으로 인식하고, 그들의 사회적 욕구에 대한 연구를 통해 조직의 생산성과 효율성을 향상시킬 수 있는 방법을 찾고자 한다. 이를 위해 행동적 측면에서는 조직구성원 간의 인간관계, 직무태도, 노조, 커뮤니케이션 등에 관심을 두었으며, 조직구조적 측면에서는 비공식적 조직구조에 대한 연구를 하였다.

이러한 폐쇄-자연적 조직이론은 I 유형인 폐쇄-합리적 조직이론에서 강조되었던 과학적 관리론과 같은 기계적 조직관이 인간의 가치를 경시하였던 문제점에 대한 비판적 시각으로서 다른 대안을 제시하기 위해 등장하였다. 즉, II 유형의 조직이론들은 기계적 관점의 조직에서 벗어나 인간관계를 중시하기 시작하였다는 점에서 인간관계론 또는 신고전이론으로 불리기도 한다. 주요한 폐쇄-자연적 조직이론에는 Mayo의 인간관계론, Selznick의 환경유관론, McGregor의 XY이론 등이 있다.

3) Ⅲ유형 : 개방 - 합리적 조직이론

Ⅲ유형인 개방-합리적 조직이론은 1960년대와 1970년대의 경영조직이론의 흐름을 설명하는 것으로, 조직을 환경과 단절된 폐쇄체제로 인식하던 관점에서 벗어나 환경과 상호작용하는 개방체제로 인식하기 시작하였다. 또한 조직구성원인 인간은 합리성을 추구하는 존재로 바라보았다. 개방-합리적 조직이론은 이전의 폐쇄체제 관점에 근거한 조직이론의 틀을 깨고, 처음으로 조직환경의 중요성을 강조하였다. 특히 개방-합리적 조직이론에서는 체제적 접근법(system approach)을 토대로 많은 이론들이 발전하였다.

이러한 개방-합리적 조직이론은 경영조직을 둘러싼 정치, 경제, 사회, 문화, 기술, 조직 간 요소 등 조직의 환경적 요인에 대한 논의를 본격적으로 시작하였다. 반면, 인간에 대한 관점은 다시 합리적 관점으로 돌아가는 모습을 보였다. 주요한 개방-합리적 조직이론에는 Lawrence과 Lorsch 등의 상황적합이론, 대리인이론과 거래비용이론 등의 조직경제이론이 있으며, 이들 이론들은 본격적인 근대 조직이론으로 분류된다.

4) Ⅳ유형 : 개방 - 자연적 조직이론

Ⅳ유형인 개방-자연적 조직이론은 1970년대 이후부터 현재까지의 조직이론들을 의미하며, 조직을 개방체제로 인식하며 인간을 합리적 행동보다는 감정이나 비합리적 동기의 측면에서 행위하는 자연적 존재로 바라보았다. 또한 이는 개방-합리적 조직이론과 동일하게 조직환경의 중요성을 강조하지만, 조직의 합리적 목적 수행보다는 조직의 생존을 강조하며 비공식성과 비합리성에 대한 초점을 통해 합리적 측면으로 설명하기 어려운 비합리적 행동을 설명하고자 한다. 특히 조직의 생존에 대한 관심은 1980년대 이후 급속한 기술발전, 고객욕구의 다양화, 세계경제의 급변과 불안정성 증대 등 환경변화 속도와 불확실성

의 증가에 따른 시대적 필요를 반영하였다.

이 유형은 현재 경영조직이론에서 주요하게 논의되고 있는 현대 조직이론들을 의미하며, 주요한 개방-자연적 조직이론에는 Hannan과 Freeman을 중심으로 한 조직군 생태론, Pfeffer와 Salancik의 자원의존론, Weick의 조직화이론, Senge의 학습조직이론 등이 해당된다.

2 경영조직이론의 발전과정

2.1 폐쇄-합리적 조직이론

1) 과학적 관리론

과학적 관리론의 등장

과학적 관리론(scientific management)은 20세기 초반 산업조직에서 능률성과 생산성을 높이기 위한 노력으로 시작되었다. 이 이론의 가장 대표적인 학자는 Taylor로서 그는 1911년 저서인 『과학적 관리의 원칙(*The Principle of Scientific Management*)』을 통해서 주먹구구식의 전통적 관리기법에서 벗어나 시간(time) 및 동작(motion) 연구를 통한 직무분석 등을 강조하는 과학적 경영관리가 필요하다고 주장하였다. 과학적 관리론은 과학적 분석에 의해 최고의 작업방법과 생산성 향상을 추구할 수 있으며, 조직구성원인 인간은 경제적 유인에 의해 동기가 유발되는 합리적 존재이며, 과업목표는 명확하게 설정되어야 한다는 점 등을 기본 전제로 삼았다.

과학적 관리론의 기본 원리

Taylor가 주장한 과학적 관리론의 기본 원리는 다음과 같다. 첫째, 시간연구와 동작연구 등과 같은 과학적 분석에 근거하여 근로자들의 표준 과업량(생산량)을 설정하여야 한다. 이를 통해 과업수행에 관한 최고의 작업방법을 규정함으로써 과업내용 설계 및 과업수행방법 결정의 과학화를 추구해야 한다. 특히 관리자들은 생산활동을 계획하고 통제하는 역할을 수행할 때 권위적 명령이 아닌 경험적 연구를 토대로 만들어진 법칙과 규칙을 기초로 관리해야 한다.

둘째, 과학적으로 설계된 작업방법에 적합한 근로자들을 선발하고 훈련해야 하며, 이들을 과학적 근거에 따라 정신적 · 육체적으로 가장 적절한 과업에 배치해야 한다.

셋째, 할당된 과업달성 정도에 따라 차별성과급을 지급하는 제도를 도입해야 한다. 할당된 과업을 초과 달성하는 자에게는 성과급을 지급하고, 달성하지 못한 자에게는 임금을 삭감해야 한다. 이를 통해 노동자들의 고의적 태업을 막을 수 있다.

넷째, 기존의 군대식 조직에서 철저한 기능조직으로 전환하여 근로자와 관리자가 과업과 책임을 철저하게 분업하고, 과업의 과학적 수행을 위해 서로 협력해야 한다. 노사협력을 통해 생산성을 극대화하고 이를 통해 산출된 이익을 공평하게 분배해야 한다.

과학적 관리론에 대한 평가

Taylor를 중심으로 발전한 과학적 관리론은 산업생산조직이 전통적인 관리방법에서 벗어나 직무를 전문화하고 대량생산을 가능하게 하여 생산성과 능률성을 높이는 데 큰 영향을 미쳤다는 점에서 긍정적 평가를 받는다. 특히 과학적 관리론은 현대적 성과급제도, 직무연구, 선발 및 훈련 등 인적자원관리의 토대를 제공했다는 점에서 의미를 찾을 수 있다.

그러나 과학적 관리론은 다음과 같은 문제점도 존재한다. 첫째, 과학적 관리법에 근거한 조직의 합리성만을 강조하여 조직을 조직목표를 달성하기 위한 도구로 인식함으로써 조직의 기계화와 비인간화를 조장하였다. 또한 근로자를 경제적 유인에 의해 동기가 유발되는 합리적 존재로 인식함으로써 이들이 주어진 과업만을 수행하고, 이를 통해 임금을 받는 수동적이고 기계적 존재라고 간주하고 근로자의 사회적 · 심리적 측면을 무시하였다. 둘째, 과학적 관리론은 시간이 지나면서 기업과 관리자들은 생산성과 능률성을 점점 강조하기 시작하였으며, 반대로 근로자들은 자신들을 기계 부품처럼 취급하고 능률성 개선을 통해 발생하는 이익이 기업주에게 돌아간다는 점 때문에 근로자들의 반대에 부딪쳤다. 셋째, 개별 조직이 처한 상황이 다르다는 사실을 간과하였으며, 관련 연구대상이 대량생산을 하는 기업조직에 국한되었다는 점에서 연구결과를 일반화하는 데 한계점이 존재하였다.

2) 관료제론

관료제론

관료제론(bureaucracy)은 사회학자인 Weber에 의해 거대한 조직을 합리적이고 능률적으로 운영하기 위한 조직관리 원리로서 등장하였다. Weber가 주장한 관료제론은 근본적으로 권한구조에 관한 이론이다. 그는 권한의 형태를 전통적 권한, 합리적·법적 권한, 카리스마적 권한으로 분류하고, 조직의 규범적 규칙에 의해서 부여되고 이에 대한 복종이 정당화되는 합리적·법적 권한에 기초한 관료제 모형이 근대 대규모 조직관리에 가장 적합한 조직모형이라고 주장하였다.

관료제론의 기본 원리

Weber가 주장한 관료제의 기본 원리를 정리하면 다음과 같다. 첫째, 규칙과 절차의 공식화이다. 관료제는 관리자의 주관적 판단에 의해 이루어지는 의사결정으로 인해 발생하는 조직의 문제를 최소화하기 위해 업무수행에 관한 규칙과 절차를 철저하게 공식화한다.

둘째, 과업의 분업화이다. 조직의 모든 과업을 분업화하여 맡김으로써 조직구성원은 자기가 맡은 분야에 대한 우수한 기술과 전문성을 가진 전문인으로 양성되며, 능률성은 극대화된다.

셋째, 권한과 관할 범위의 규정과 계층화이다. 모든 직위의 권한과 관할 범위는 조직의 규칙이나 법규에 의해 규정되며, 권한은 개인이 아닌 직위에 부여된다. 즉, 직위와 소유를 분리하여, 조직의 계층에 따라 책임과 권한의 부여를 구체적으로 규정함으로써 권한남용과 임의성에 따른 문제를 최소화한다.

넷째, 문서화의 원리이다. 의사소통에 따른 책임 소재를 명확히 하고 의사결정을 공식화하기 위해서 문서화를 강조하며, 모든 직위의 권한과 임무는 문서화된 법규에 따라 규정된다.

다섯째, 조직관리의 비개인화이다. 관리자들은 지배자가 아닌 조직 규범에 따른 직위의 담당자로서 조직구성원들을 개인적 종복으로 대하는 것이 아닌 공식적인 과업수행에 국한하여 관계를 형성한다. 또한 업무수행에서 관리자들의 개인적 능력, 특성이나 기호 등이 영향을 미치지 못하도록 함으로써 조직의 지속적 안정성을 확보한다.

여섯째, 전문화와 전임화이다. 조직구성원의 채용기준은 과업수행에 필요한 전문성 또는 기술적 자격이 되어야 하며, 이들에 대한 인사관리는 객관적인 업적에 따라 이루어져야 한다.

관료제론에 대한 평가

관료제론은 표준화에 의해 조직구성원들의 행동이 통제되고 예측이 가능하므로 조직의 능률을 높이고, 규정과 규칙을 통해 공정성과 통일성을 확보할 수 있으며, 수직적 권한 계층을 통해 책임 수행이 용이하다는 점에서 대규모 조직의 운영과 관리에 효과적 원리를 제공하였다는 순기능적 평가를 받는다.

그러나 관료제론은 다음과 같은 문제점을 갖고 있다. 첫째, 목표와 수단의 전치 문제(goal and means displacement)가 존재한다. 관료들은 조직의 목표 그 자체보다 목표를 달성하는 수단인 규정이나 절차를 더 중시하게 된다. 둘째, 변화에 대한 저항이다. 관료들은 지나치게 규정이나 절차에 얽매임으로써 조직의 변화에 저항하거나 대응능력이 떨어지게 된다. 셋째, 지나친 표준화로 인해 조직구성원들은 스스로를 기계 부품으로 인식하게 되어 인간성의 상실을 초래하며, 선례를 중시하고 상사의 명령에 무조건 복종하며 책임을 전가하는 무사안일주의가 형성된다. 넷째, 이론적 측면에서 조직의 공식적 요소에 대한 논의만이 존재하며, 조직의 비공식적이고 인간적인 요소를 도외시하였다.

3) 관리이론

관리이론의 등장

관리이론(general principles of management)은 Fayol을 중심으로 관리학파의 학자들에 의해서 형성된 이론이다. Fayol은 관리적 활동과 관리의 일반원칙론을 제시하며, 모든 경영활동은 기술, 상업, 재무, 보호, 회계, 관리 활동 등으로 구분된다고 주장하였다. 특히 그는 이들 경영활동 중 관리활동에 대한 중요성을 강조하고, 조직에서의 계획, 조직화, 명령, 조정, 통제를 의미하는 관리 5요소를 제시하였다. 관리이론은 조직의 관리에서 보편적이고 절대적인 규칙이 아닌 상황에 따른 탄력성과 적응성을 지닌 관리원칙을 제시하고자 하였다.

관리이론의 기본 원리

관리이론의 기본 원리를 Fayol이 제시한 14가지 관리의 일반원칙을 중심으로 살펴보면 다음과 같다.

① **분업의 원칙**(division of work) : 과업을 세분함으로써 전문적인 지식과 기술을 연마하게 하고 그것을 통하여 모든 유형의 작업을 수행할 수 있게 한다.

② **권한과 책임의 원칙**(authority and responsibility) : 직무를 효과적으로 수행하기 위해서는 책임과 권한이 서로 상응하여야 한다.

③ **규율의 원칙**(discipline) : 규칙을 준수하고 규칙에 따라 일을 처리해야 한다.

④ **명령통일의 원칙**(unity of command) : 하급자는 한 사람의 상사로부터 명령과 지시를 받아야 한다.

⑤ **지휘일원화의 원칙**(unity of direction) : 동일한 목적을 위한 집단의 활동은 단일 상사에 의해서 계획되고 협의되어야 한다.

⑥ **전체 이익에 대한 개인 이익 종속의 원칙**(subordination of individual interest to the general interest) : 조직의 이익이 개인의 이익에 앞서야 한다.

⑦ **종업원 보상의 원칙**(remuneration of personal) : 급여와 그 지급방법은 공정해야 한다.

⑧ **집권화의 원칙**(centralization) : 조직의 각 부문을 총괄할 수 있는 중심점이 있어야 한다.

⑨ **계층조직의 원칙**(scalar chain/line of authority) : 조직계층의 모든 사람들을 연결하는 명확하고 단절 없는 계층의 연결이 유지되어야 한다.

⑩ **질서의 원칙**(order) : 조직 내의 물적자원과 인적자원이 적재적소에 있어야 한다.

⑪ **공정성의 원칙**(equity) : 상사가 하급자를 관리할 때는 사랑과 정의를 적

절히 조화함으로써 조직구성원의 충성심과 조직에 대한 헌신을 이끌어 내야 한다.

⑫ 고용안정의 원칙(stability of tenure of personnel) : 능률성은 신분 안정성에 의해서 증대될 수 있다.

⑬ 창의력 개발의 원칙(initiative) : 계획을 고안해내고 그것을 실천하는 데에는 창의력 발휘가 요구된다.

⑭ 단결의 원칙(esprit de corps) : 인력은 분산되어서는 안 되며 협조적인 노력의 모습으로 단합되어야 한다.

관리이론에 대한 평가

Taylor의 과학적 관리론이 주로 기술적이고 생산관리적인 측면의 관리원칙을 제시한 미시적 접근인 것에 비해, 관리이론은 조직의 전체에 대한 관리 문제를 다루는 거시적 접근으로 평가받는다. 특히 관리이론은 과학적 관리론, 관료제론과 함께 조직학의 초기 발전에 크게 기여하였으며, 제시된 관리의 원칙은 현재에도 조직설계와 관리에서 실질적인 의미와 시사점을 제공한다.

그러나 관리이론은 조직의 관리를 정태적이고 비인간적 과정으로 인식하여, 조직의 환경적 요소, 비공식 조직, 조직 내 갈등 등에 대한 설명력이 부족하다는 점에서 문제점이 지적된다. 특히 조직구성원을 합리적 존재로서 생산기계의 부품처럼 인식하였다는 점에서 강한 비판을 받는다.

4) 폐쇄-합리적 조직이론에 대한 평가

환경과 단절된 폐쇄체제와 경제적 합리성을 추구하는 인간관으로 요약되는 폐쇄-합리적 조직이론은 1900년대부터 1930년대까지의 과학적 관리론, 관료제론, 관리이론 등이 대표적이다. 이들 조직이론들은 능률성의 강조, 공식적 구조와 과정의 중시, 폐쇄체제모형, 합리적-경제적 인간관, 과학성의 추구, 보편적 조직이론의 정립 추구 등을 공통적 특성으로 한다. 이러한 폐쇄-합리적 조직이론은 미국과 서구 유럽을 중심으로 산업혁명 이후 등장한 대량생산을 하던 대기업들을 중심으로 발전한 이론이며, 이론적 기초가 없었던 조직학을 발전시켰다는 점에서 그 의의를 부여할 수 있다.

그러나 폐쇄-합리적 조직이론은 다음과 같은 점에서 비판을 받고 있다. 첫째, 가치문제의 경시이다. 조직의 생산성과 능률에만 집착함으로써 조직이 추구하거나 추구해야 하는 다른 다양한 가치들을 간과하였다. 둘째, 비공식적 요인의 간과이다. 조직의 공식적 요소에 대한 연구에만 초점을 둠으로써 조직의 다양한 비공식적 요소들을 다루지 못하였다는 한계점이 존재한다. 셋째, 폐쇄체제의 한계이다. 조직의 환경적 요소를 인정하지 않는 폐쇄체제의 한계로 인해 조직이 갖는 환경과의 상호작용 및 사회적 요소를 무시하였다. 넷째, 기계적 인간관이다. 인간을 경제적 유인에 동기부여되는 합리적 존재로 인식함으로써 기계부품과 같은 존재로 규정하였으며, 인간으로서 조직구성원들이 갖는 특성을 논의하지 못하고 경시하였다.

2.2 폐쇄-자연적 조직이론

1) 인간관계론

인간관계론의 등장

인간관계론은 Mayo 교수와 그의 동료들이 1927년부터 1932년까지 미국 서부전기회사(Western Electric Co.) 공장에서 조명과 생산성 간의 관계에 대한 실험인 호손연구(Hawthorne Experiment)의 결과로 등장하였다. 호손연구의 결과는 처음의 예상과 달리 작업장의 조명의 밝기를 낮추어도 생산성에는 변함이 없었다는 점을 발견하였으며, 그 이유는 직원들이 실험집단으로서 관찰받고 있다는 사실을 알고 작업장의 조명 정도에 상관없이 평소와 같이 작업량을 유지하였기 때문이다.

Mayo는 이러한 호손연구의 결과를 통해 조직구성원들이 느끼는 감정과 그들의 작업에 대한 관심, 의사소통, 비공식집단 등에 대해 관심을 갖게 되었으며, 조직학 연구에서 사회적·심리적 요인들에 대한 중요성을 발견하였다. 즉, Mayo는 인간은 단순히 경제적 보상만을 위해서 일하는 합리적 인간이 아닌 다른 인간과의 관계에 대한 욕구를 가진 사회적 인간이라는 점을 발견하였다. 이를 통해 조직구성원의 사회적·심리적 욕구의 충족을 통해 동기부여와 조직성과를 달성할 수 있다는 결론을 얻었다. 또한 그는 호손실험의 대상이었던 작업장은 단순히 생산품을 만들어내는 공장이 아닌 노동자들이 관계를 형성해 나가는 사회적 공간이었다는 점을 찾아냄으로써 비공식집단(조직)이 갖는 중요성을 강조하였다.

인간관계론의 기본 원리

Mayo가 주장하는 인간관계론의 기본 원리를 정리하면 다음과 같다. 첫째, 조직은 목표를 달성하는 수단적 도구일 뿐만 아니라 인간으로 구성된 사회적 체제이다. 따라서 조직의 효율성과 생산성을 높이기 위해서는 공식조직뿐만 아니라 조직구성원의 행동에 영향을 주는 비공식집단이 매우 중요하며, 관리자들의 행동이 권위적이기보다는 민주적이어야 하며, 조직구성원들의 조직에 대한 만족감을 충족시켜주는 것이 필요하다.

둘째, 인간은 사회적 욕구를 지닌 자연적 존재로서 인간의 행동은 경제적 보상뿐만 아니라 사회적·심리적 유인에 의해서도 영향을 받는다. 즉, 생산성은 단순히 근로자들의 물리적 환경이나 임금보다 사회적 규범과 비경제적 보상이나 제재가 더 큰 영향을 미친다.

셋째, 조직구성원인 개인은 단순히 목표 달성에 필요한 도구로서 개인적으로 행동하는 것이 아닌 집단의 구성원으로서 행동하기 때문에 이들은 집단의 규범이나 리더로부터 강한 영향을 받는다. 따라서 조직구성원에 대한 배려와 관심을 갖는 관리자의 역할이 중요하며, 관리자는 의사결정과정에서 조직구성원들의 적극적인 참여 유도를 통해 그들의 사회적 욕구를 충족시켜야 한다.

인간관계론에 대한 평가

인간관계론은 조직과 조직구성원을 목표 달성의 도구로 인식하던 기계적 조직관에서 벗어나 인간에 대한 가치를 강조하였다. 또한 과학적 관리론과 달리 경제적 보상뿐만 아니라 조직구성원들의 사회적·심리적 욕구의 충족이 생산성에 영향을 미친다는 점을 발견하였고, 비공식집단의 중요성을 강조함에 따라 조직행동론 및 조직인본주의(organizational humanism) 등과 같은 현대적 조직이론의 발전에 영향을 미쳤다는 점에서 그 의의를 찾을 수 있다.

그러나 인간관계론은 이러한 학문적 기여에도 불구하고 다음과 같은 비판을 받는다. 첫째, 사회적·심리적 욕구를 가진 인간에 대한 이해를 통해 조직의 효율성을 개선할 수 있다고 믿었던 인간관계론은 역설적으로 오히려 교묘하게 조직구성원들을 착취하는 도구로 사용될 수 있다는 비판을 받았다. 즉, 만족한 젖소가 더 많은 우유를 생산하듯이, 인간관계론은 단순히 만족도가 높은 조직구성원이 보다 많은 성과를 낸다는 논리로 인해 젖소 사회학(cow sociology)이라는 비난을 받기도 한다. 둘째, 사회적·심리적 욕구에 대해 매우 편협한 생각을 가짐으로 인해 조직구성원의 동기부여 정도, 전문적 기술과 능력, 숙련도, 물리적 직무환경 등과 같은 다른 중요한 요소를 간과하였다는 비판을 받는다. 셋째, 폐쇄-합리적 조직이론에 비해 인간에 대한 관점의 변화가 있었으나 여전히 조직을 환경과 단절된 폐쇄체제로 인식함으로써 경제적 환경, 노동시장의 특성 등 다양한 조직의 환경적 요소에 대한 논의와 그 대응에 한계가 있다.

2) 환경유관론

환경유관론의 등장

환경유관론이란 조직을 조직환경에 적응하는 유기체로 간주하기 시작한 이론으로, Selznick의 연구를 통해 형성되었다. Selznick은 조직은 목표를 달성하는 도구이기는 하지만 외부환경으로부터의 영향, 조직구성원들의 이질적인 고유특성 및 조직에 대한 그들의 서로 다른 반응 등으로 형성된 하나의 적응적인 유기체라고 주장하였다. 그는 유기체로서 조직은 생존하기 위해서 제도화(institutionalization)가 필요하며, 제도화란 조직의 영속성을 부여하는 것이라고 주장하였다. 즉, 조직을 목표 달성의 수단으로서만 인식하는 경우 보다 효율적인 다른 조직의 등장으로 인해 그 조직은 소멸될 수 있으나, 조직을 하나의 제도로 생각하면 영속성이 부여되어 환경변화 속에서 스스로 소멸하는 것을 방지할 수 있다고 설명하였다.

환경유관론의 기본 원리

Selznick이 주장한 환경유관론의 기본 원리를 정리하면 다음과 같다. 첫째, 조직을 둘러싼 제도적 외부환경에 대한 적응을 위해 '호선(co-optation)'이라는 개념을 도입해야 한다. 호선이란 조직이 생존하기 위해서는 조직의 안정 또는 생존을 위협하는 대상이나 요소를 조직의 정책결정 구조 속에 흡수시키고, 이를 관행화하여 공식적 · 비공식적으로 제도화시킴으로써 조직의 안정과 생존을 확보하는 것이다.

둘째, 조직구성원들의 이질적이고 비합리적인 일탈행동을 현실적으로 수용해야 한다. 조직구성원들의 일탈행동 원인은 조직의 목표와 조직구성원 개인의 목표 간의 차이에서 발생할 수 있으며, Selznick은 이러한 문제를 규칙이나 규범 및 제도를 통해 해결할 수 있다고 하였다. 즉, 제도적 관점에서 조직 전체의 안정, 권한과 의사소통채널의 안정, 조직 내 비공식적 관계의 안정을 강조하였다.

환경유관론에 대한 평가

환경유관론은 조직은 환경과 상호작용을 하기 때문에 조직 내부의 합리적 계획은 조직구성원의 특성이나 외부적 환경에 의해 제약을 받거나 의도한 것과 전혀 다른 결과를 초래하며, 따라서 조직을 독립적일 수 없는 존재로 인식하고 조직이 통제하기 어려운 조직외부 변수들에 대한 관심을 높였다는 점에서 폐쇄-자연적 조직이론의 한계를 극복하려고 시도하였으며, 개방체제이론의 토대를 마련하였다는 의의가 있다.

그러나 Selznick이 주장한 환경유관론은 표면적으로는 외부환경적 요소에 대한 주장을 하였으나, 실제 연구는 여전히 조직 내부의 문제에 연구의 초점이 한정되어 있다는 점에서 현대 조직이론에서 논의하는 개방체제모형이라기보다는 전통적인 폐쇄체제 조직관에 가깝다는 비판을 받는다.

3) XY이론

XY이론의 등장

XY이론은 Maslow의 욕구단계이론을 바탕으로 McGregor가 개인과 조직의 통합에 초점을 두고 발전시킨 조직이론이다. McGregor는 인간관을 기존 조직학의 인간관을 반영한 X이론과 인간의 자율적 측면을 강조하여 새롭게 제시하는 Y이론으로 구분하였다.

X이론은 인간을 수동적 존재로 인식하고 강제, 통제, 명령, 처벌을 중시하

표 3.1 XY이론의 주요 내용

구 분	주요 내용	관리전략
X이론	ⓐ 대부분의 사람들에게 일은 싫은 것이다. ⓑ 대부분의 사람들은 야망이 없고 책임감도 거의 없으며 지시받기를 좋아한다. ⓒ 대부분의 사람들은 조직의 문제를 해결하는 데 창의력을 발휘할 만한 능력을 갖고 있지 못하다. ⓓ 동기부여는 생리 및 안전욕구의 수준에서만 가능하다. ⓔ 대부분의 사람들은 엄격히 통제되어야 하고 조직목표를 달성하기 위해서는 강제되어야 한다.	• 하위욕구 충족 • 통제지향
Y이론	ⓐ 조건만 맞다면 일은 노는 것처럼 자유스러운 것이다. ⓑ 대부분의 사람들은 책임을 느끼는 목표를 달성하기 위해 자기지시와 자기통제를 한다. ⓒ 조직의 문제를 해결하는 데 필요한 창조적 능력은 누구에게나 있다. ⓓ 동기부여는 생리적 및 안전의 욕구에서도 가능하다. ⓔ 사람들은 동기가 부여되면, 자율적이고 창의적으로 일을 한다.	• 상위욕구 충족 • 자율지향

며, Y이론은 인간을 능동적이고 자율적인 존재로 인식하고 자율에 의한 통제를 중시하는 관리전략이다. McGregor는 이러한 두 관점에 대해 X이론의 관점을 비판하고, Y이론 관점 중심의 인간관을 강조하였다. 즉, 그는 과학적 관리론과 같이 조직구성원에 대한 관리가 지시와 통제가 중심이 되어서는 안 되며, 조직구성원 개인의 잠재력과 능동성에 근거한 자율적 관리가 필요하다고 주장하였다. XY이론은 Maslow의 욕구단계이론과 비교하면 X이론은 하위욕구와, Y이론은 상위욕구와 관련이 있다.

XY이론의 기본 원리

McGregor가 제시한 XY이론의 주요 내용을 정리하면 다음 <표 3.1>과 같다. 첫째, X이론은 대부분의 사람은 일과 책임을 싫어하며, 자신이 행동해야 하는 것을 다른 사람이 제시해 주기를 바라며, 생리적 욕구나 안전의 욕구에 해당하는 경제적 보상이나 처벌의 위협에 동기부여된다고 본다. X이론의 관리전략은 하위욕구의 충족과 외적 통제의 강화이다.

둘째, Y이론은 대부분의 사람은 게으르거나 일을 싫어하는 존재가 아니며, 근본적으로 자아만족, 자기실현 등의 상위욕구를 중시하는 자기통제가 가능한 존재라고 주장하며, X이론이 가정하는 인간관을 비판한다. Y이론의 관리전략은 조직구성원 스스로의 노력을 조직의 성공에 지향시킴으로써 그들 자신의 목적을 가장 잘 달성할 수 있는 조건을 형성하는 것이다. 이를 통해 개인과 조직이 원하는 바를 통합시키는 것이다.

XY이론에 대한 평가

XY이론은 기존의 기계적 조직관과 기타 폐쇄-자연적 조직이론의 이론들과 달리 보다 구체적인 인간관에 대한 가정과 이를 통해 현대적인 동기부여 이론 발전에 기여하였다는 점에서 의미를 부여할 수 있다. 또한 조직 목표와 조직구성원 목표의 통합을 강조하였다는 점에서 폐쇄적 조직관이 갖고 있는 한계를 극복하고자 노력하였다.

그러나 XY이론은 모든 사람이 성숙할 수 있는 잠재력이나 자발적으로 성숙화될 수 있는 잠재력을 갖고 있다는 Y이론의 측면만을 강조함으로써, 조직구성원, 과업 및 조직의 상황적 요인의 특성에 따른 X이론의 선택가능성을 배제하였다는 점에서 비판이 존재한다.

4) 폐쇄 - 자연적 조직이론에 대한 평가

환경과 단절된 폐쇄체제와 사회적 존재로서의 인간을 가정하는 자연적 인간관으로 요약되는 폐쇄-자연적 조직이론은 1930년대부터 1960년대까지의 인간관계론, 환경유관론, XY이론 등이 대표적이다. 이들 조직이론들은 도구로서의 인간관에서 탈피하여 사회적 · 심리적 욕구를 가진 조직구성원의 특성과 조직의 비공식적 요소에 대한 연구를 중시하였고, 미비하지만 환경유관론과 같이 조직의 환경에 대한 논의를 통해 I 유형인 폐쇄-합리적 조직이론의 한계를 극복하고자 하였다는 점에서 그 의의를 부여할 수 있다.

그러나 폐쇄-자연적 조직이론은 다음과 같은 점에서 비판받는다. 첫째, 폐쇄-자연적 조직이론은 환경유관론과 같이 일부 이론에서 조직환경에 대한 논의를 시도하였으나, 조직의 공식적 요인과 비공식적 요인에 대한 통합적 관점을 구축하지 못하였다는 점에서 개방체제모형으로 간주되기 힘들어 여전히 폐쇄체제모형에 머물고 있다.

둘째, 조직의 공식적 요소와 통제지향적 관리를 강조하는 I 유형 폐쇄-합리적 조직이론의 한계를 극복하기 위해 조직구성원의 사회적 · 심리적 측면의 인간적 요소만을 강조함으로써, 오히려 통합적 조직관의 구축에 한계점이 존재한다.

셋째, 연구의 대상이 폐쇄-합리적 조직이론과 같이 여전히 산업생산조직에 국한되어 있다는 비판을 받는다.

2.3 개방-합리적 조직이론

1) 구조적 상황이론

구조적 상황이론의 등장

구조적 상황이론(structure contingency theory)은 조직 간의 차이점을 강조하며 조직구조 및 조직효과성에 영향을 미치는 상황요인을 규명하고자 1960년대부터 활성화된 조직이론이다. 즉, 조직과 환경의 상호관계, 하위체제의 상호관계, 변수의 형태 또는 유형의 정의를 통해 구체적 상황에 적합한 조직설계와 관리방법을 제시하는 조직이론이다.

구조적 상황이론은 많은 학자들에 의해서 연구가 이루어졌으며, 대표적인 학자들에는 환경의 불확실성에 따라 적합한 조직구조가 다르다는 주장을 한 Lawrence와 Lorsch의 연구, 조직의 기술이나 조직이 처한 환경의 특성에 따라서 조직구조, 관리과정, 조직의 환경대응전략이 달라져야 한다는 Thompson의 연구, 조직환경의 안정 정도에 따라 기계적 구조와 유기적 구조의 적합성을 연구한 Burns와 Stalker의 연구 등이 있다.

구조적 상황이론의 기본 원리

구조적 상황이론의 기본 원리를 정리하면 다음과 같다. 첫째, 구조적 상황이론은 상황변수(환경, 기술, 규모 등), 조직특성변수(조직구조, 관리체계, 관리과정 등), 조직효과성의 세 변수 간의 관계에서 상황과 조직 특성의 적합성이 조직의 효과성을 결정한다고 주장한다. 즉, 조직성과와 조직효과성은 상황에 따른 조직설계의 결과에 따라 결정되기 때문에 조직구조는 조직의 상황변수에 따라 적합하게 설계되어야 한다.

둘째, 최선의 조직설계 방법 또는 조직구조는 존재하지 않는다. 즉, 보편적 조직원리란 존재하지 않으며, 모든 조직은 그 조직이 처해 있는 상황에 적합하게 조직을 설계하고 관리하는 것이 최선의 방법이다. 이러한 관점에서 구조적 상황이론은 관리자는 단순히 관련 직무에 대한 전문성을 확보하기보다는 조직의 상황적 요인을 파악하고, 이를 조직설계와 조직관리에 적합하게 적용할 수 있는 능력의 배양이 필요하다고 주장한다.

구조적 상황이론에 대한 평가

구조적 상황이론은 조직의 내적 · 외적 환경에서 중요한 변수들을 규명하고, 각 변수들 간의 상호작용과 그 결과를 분석하는 조직이론의 토대를 정립하였다는 점에서 그 의의가 있다. 즉, 현대 조직학 연구에서 가장 많이 활용되고 있는 이론으로서 구조적 상황이론은 매우 긍정적 평가를 받고 있다.

그러나 구조적 상황이론은 개별 조직의 상황에 적합한 최선의 조직구조 설계와 조직관리 기법이 존재한다는 전제에 따라 조직에 대한 실증적 분석에 지나치게 치우쳐, 오히려 보편적 이론을 제시하지 못했다는 점에서 비판받는다. 또한 조직이 환경적 요인에 의해 결정된다는 환경결정론의 관점을 택하고 있어 반대로 조직관리자가 수행하는 전략적 선택의 중요성을 간과한다는 점에서도 문제점이 제기된다.

2) 조직경제이론

조직경제이론의 등장

조직경제이론은 대리인이론을 조직이론에 적용한 것으로서 조직 내외의 소유자와 관리자, 관리자와 부하, 공급자와 생산자 등을 분석한 Williamson의 연구를 토대로 발전한 거래비용이론을 의미한다. 조직경제이론에서는 거래비용의 최소화가 조직구조 효율성의 핵심이며, 거래비용이란 통제비용, 거래관계유지비용, 정보비용, 대체비용 등 경제적 교환과 관련된 모든 비용을 의미한다.

조직경제이론은 '조직의 경계가 어디인가'라는 질문을 던진다. 이는 어떤 조직은 조직의 경계 바깥에 존재하는 다른 조직으로부터 투입물을 구매하지만,

어떤 조직은 스스로 그 투입물을 생산하는가에 대한 논의를 의미한다. 이에 Williamson은 조직구조의 효율성이 거대조직의 출현을 설명하는 중요한 요인으로서 기업조직들이 수직적 결합이나 합병을 통해 조직의 대규모화를 추구하는 것이 일반적 경향으로 인식되는 것은 바로 거래비용을 최소화하기 위해서라고 설명한다.

조직경제이론의 기본 원리

Williamson의 연구에서 나타난 조직경제이론의 기본 원리를 정리하면 다음과 같다. 첫째, 시장과 조직은 일련의 거래행위를 완결하는 상호 대체적인 수단이다. 또한 어떤 거래관계가 시장에 의해 이루어질 것인가, 아니면 조직 안에서 이루어질 것인가는 상대적 효율성의 문제이다.

둘째, 시장을 통해 복잡한 계약을 형성하고 집행하는 데 소요되는 비용은 관련 의사결정자의 특성과 그 시장의 객관적 속성에 따라 변화한다. 또한 시장을 통한 기업 간의 교환관계를 해치는 환경적 요인과 인간적 요인은 조직 내부에서 다르게 표출되지만, 이러한 요인들은 시장이나 조직에서 중시된다.

셋째, 조직경제이론은 M형(multi-divisionalized form) 구조가 U형(unitary form) 구조보다 효율적이라고 설명한다. Williamson은 U형 구조는 전통적인 기능조직으로서 조직의 규모가 확대되고 사업영역이 다양화됨에 따라 각 부문 간의 조정이 어려워지고 개별 부서가 각자의 목표만을 추구하는 경향이 있는 반면, M형 구조는 사업부제 조직구조로서 각 부문이 자체의 사업영역 내에서 이익을 극대화하기 위해 합리적으로 행동하기 때문에 대규모 조직에서 발생하기 쉬운 불합리한 요소들을 제거하고 조정하기 용이하기 때문에 효율적이라고 설명한다.

조직경제이론에 대한 평가

Williamson을 중심으로 발전한 조직경제이론은 거래비용이라는 구체적인 논의를 통해 1970년대 대규모로 성장한 기업조직들에게 많은 시사점을 주었다는 점에서 그 의의를 평가받는다. 또한 조직의 일반적 법칙으로서가 아닌 행태적·구조적 조직분석에 대한 경제적 분석의 통합적 관점을 제공하였다는 점에서도 많은 공헌을 하였다. 그러나 조직경제이론은 수직적 통합이나 합병을 통한 조직규모의 거대화가 단지 효율성을 위한 것뿐만 아니라 과점적 통제를 은폐하기 위한 전략으로 활용된다는 점에서 비판받는다.

3) 개방 - 합리적 조직이론에 대한 평가

조직환경과의 상호작용을 중시하는 개방체제로서의 조직관과 합리적 인간관으로 요약되는 개방-합리적 조직이론은 1960년대부터 1970년대에 발달한 구조적 상황이론, 조직경제이론 등의 조직이론을 의미한다. 이들 조직이론들은 폐쇄체제로서의 전통적 조직관에서 벗어나 조직환경 요소에 대한 연구를 시작했다는 점에서 가장 큰 의의가 있다. 특히 조직의 환경 또는 상황적 요소에 따라 조직구조를 합리적으로 설계하려고 하였다는 점은 매우 중요하다. 또한 관련 이론들이 기존의 이론들에 비해 방법론적 측면에서 보다 과학적 연구의 수준을 높였다는 점도 긍정적 평가를 받는다.

그러나 개방-합리적 조직이론은 다음과 같은 점에서 비판을 받는다. 첫째, 조직환경을 고려하는 개방체제를 등장시켰으나, 반면에 인간을 합리적 인간으로 가정하였다는 점에서 이론적 퇴보를 보였다. 둘째, 조직의 전략적 선택의 중요성을 경시하였다. 구조적 상황조직이론이 주장하는 것에 따르면 조직은 환경을 포함한 상황적 요소에 따라 모든 것이 결정된다. 그러나 반대로 조직관리자 또는 조직의 적극적인 전략의 선택 또한 조직효과성을 높일 수 있는 방법이다. 셋째, 조직환경이 조직관리자의 지각을 통해서 이루어진다는 점을 고려하였을 때 동일한 조직환경도 다르게 인지될 수 있고, 그 결과 상이한 조직설계의 결과가 나타날 수 있다는 점에서 문제가 제기된다.

조직과 환경에 관한 조직이론 분류

경영조직이론 발전과정에 대한 논의에서 Ⅲ유형 개방-합리적 조직이론과 Ⅳ유형 개방-자연적 조직이론에 해당되는 이론들은 조직을 둘러싼 환경과의 상호작용을 하는 개방체제로서 인식하고 있다. 따라서 Ⅲ유형과 Ⅳ유형에 해당되는 개별 조직이론들에 대한 보다 정확한 이론적 특성에 대한 이해를 위해 조직환경의 관점에서 어떤 위치에 있는지에 대한 개략적인 설명이 필요하다고 판

그림 3.2 조직과 환경에 관한 조직이론 분류

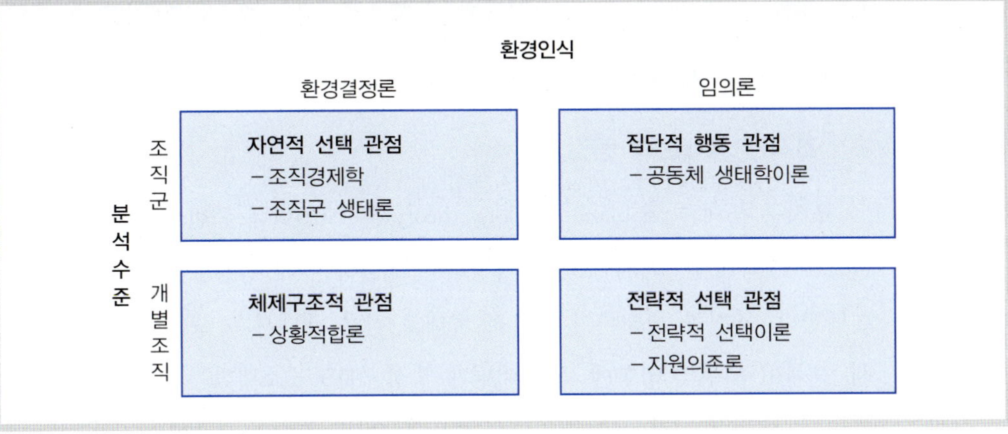

출처 : W. R. Astley and A. Van de Ven, "Central Perspectives and Debates in Organization Theory," *Administrative Science Quarterly*(1983), Vol. 28: pp.245~273 수정 인용.

단된다. 이에 여기에서는 조직환경과 분석수준에 따른 조직이론 분류의 인식틀을 간략하게 소개함으로써 조직이론 분류에 대한 이해를 돕고자 하며, 조직환경에 대한 보다 구체적인 논의는 제6장에서 하고자 한다.

조직과 환경에 관한 조직이론 분류는 간결성과 명확성에서 우수한 평가를 받는 Astley와 Vand de Ven의 연구를 중심으로 설명한다. 이들은 조직이론에 대한 분류는 환경에 대한 인식으로 환경결정론과 임의론을 구분하며, 조직 분석수준에 따라 조직군과 개별 조직을 구분하는 이차원적 분류모형을 제시하였다. 여기서 환경결정론이란 조직이 환경에 의해 결정된다는 관점을 의미하며, 임의론은 조직이 환경을 변화시키거나 또는 조직이 환경에 적극적으로 대응할 수 있다는 관점을 의미한다.

이러한 Astley와 Vand de Ven의 분류를 보면, 환경결정론의 관점에서 조직군을 대상으로 하는 자연적 선택 관점과 개별 조직을 대상으로 하는 체제구조적 관점이 있으며, 임의론적 관점에서 조직군을 대상으로 하는 집단적 행동 관점과 개별 조직을 대상으로 하는 전략적 선택 관점이 있다. 각 관점별 주요 조직이론의 분류는 [그림 3.2]와 같다.

2.4 개방－자연적 조직이론

1) 조직군 생태론

조직군 생태론의 등장

조직군 생태론(population ecology theory)은 1970년대 중반에 등장한 조직이론으로 조직개체군에서 조직이 생성되고 소멸하는 데 영향을 미치는 요소들을 설명한다. 조직군 생태론이 이론적 토대로 삼은 생태론은 생물학의 한 분야로서, 생물이 외부의 영향에 의해 어떻게 생성·분포·소멸하는가를 연구하는 학문이다. 조직군 생태론은 조직환경 변화에 대한 적응을 강조하는 다른 조직이론들과 달리 생물학의 적자생존(자연도태)의 개념을 바탕으로 조직내부의 구조적 요인과 외부환경 요인에 의해 환경적응의 제약을 받으며, 조직군에게 변화는 환경의 선택과정에 의해서 발생한다고 가정한다. 즉, 조직군 생태론의 관점에서 조직의 성장과 쇠퇴는 환경에 가장 큰 영향을 받으며, 개별 조직이나 조직군은 자원의 확보와 생존을 위해 투쟁하게 된다. 이 이론은 조직환경의 절대성을 강조하며, 분석수준을 특정 환경 속에서 생존을 유지하는 동종의 조직들의 집합을 의미하는 조직군으로 확대하였다.

조직군 생태론의 기본 원리

Hannan과 Freeman의 연구를 중심으로 조직군 생태론의 기본 원리를 정리하면 다음과 같다. 첫째, 조직형태와 환경적소 간의 일 대 일의 관계가 존재한다는 동일성의 원칙에 근거하여 조직구조는 환경적소로 편입되거나 도태된다. 조직형태란 조직이 사용하는 기술, 구조, 목표 등의 전체를 의미하며, 환경에 의해 선택되거나 도태된다. 환경적소란 특정한 환경자원 및 필요가 존재하는 영역을 의미하며, 조직은 적절한 환경적소를 발견하지 못하는 경우 쇠퇴하거나 소멸한다.

둘째, 조직군에서 일어나는 변화의 과정은 [그림 3.3]과 같이 변이－선택－보존의 3단계로 이루어진다. 변이(variation)란 새로운 조직형태가 조직군 안에서 출현하는 것을 의미하며, 새로운 조직형태는 외부환경이 느끼는 필요를 충

그림 3.3 조직군 생태론 모델

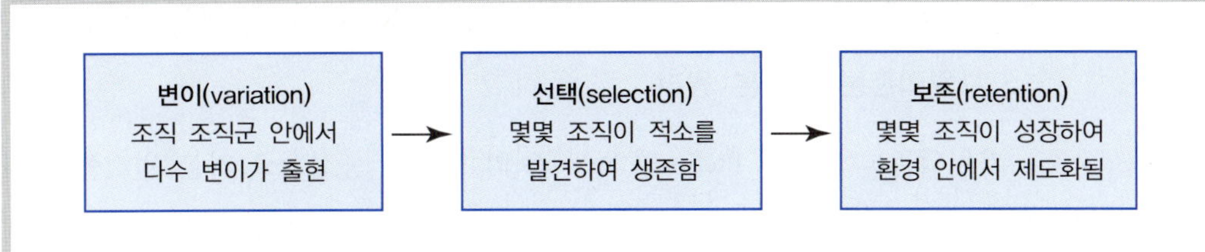

출처 : Richard. L. Daft, *Understanding the Theory and Design of Organizations*, 10th Edition(Cengage Learning, 2010).

족시키기 위해서 고안된다. 선택(selection)이란 새로운 조직형태가 환경에 적합한 것으로 판명되어 생존하는 것을 의미한다. 보존(retention)이란 환경의 선택을 받은 조직형태가 제도화되고 유지됨으로써 영속성을 갖는 것을 의미한다.

조직군 생태론에 대한 평가

조직군 생태론은 거시적 분석이론으로서 개별 조직을 넘어 조직군을 분석단위로 종단적 조직변화에 대한 연구를 추구하였다는 점과 조직환경에 대한 균형에 대한 이론적 토대를 제공했다는 점에서 의의를 부여할 수 있다. 그러나 조직관리자의 적극적인 전략적 선택을 경시한 채 환경결정론에 지나치게 치우쳤으며, 조직군 내의 조직들 간 또는 조직군 간의 성과 차이를 설명하지 못한다는 점에서 비판받는다.

2) 자원의존론

자원의존론의 등장

자원의존론(resource dependence theory)은 조직이 생존하고 성장하기 위해서는 환경으로부터 필요한 자원을 획득하고 적절하게 유지해야 한다는 이론이다. 이 이론을 발전시킨 Pfeffer와 Salancik은 조직의 목표는 환경으로부터 희소한 자원을 공급받음에 있어 다른 조직에 대한 의존성을 최소화하고, 필요한 자원을 확보하기 위해 다른 조직에 영향을 미치는 방법을 찾는다고 설명한다. 따라서 모든 조직은 자원을 획득하기 위해 다른 조직에 영향력을 행사해야 하며, 조직환경에서 다른 조직의 수요와 요구에 대응해야 한다. 이러한 자원의존론은 조직의 성장과 쇠퇴에 대한 유용한 관점을 제시한다.

자원의존론의 기본 원리

자원의존론에 대한 Pfeffer와 Salancik의 연구를 중심으로 기본 원리를 정리하면 다음과 같다. 첫째, 조직은 핵심 자원을 통제하는 다른 조직이나 집단의 요구에 적절히 반응해야 한다. 그러므로 상호의존적인 조직 간 권력의 문제가 발생하며, 조직 간의 권력이 조직의 행동에 영향을 미친다.

둘째, 경영자들은 조직의 생존과 환경의 제약으로부터 더 많은 자율성과 재량권을 확보하기 위해서 외부적 의존관계를 관리하려 한다. 즉, 조직은 환경적 요소에 반응할 뿐만 아니라 제약요건들에 대한 일정 수준의 전략적 조정을 통해 그 영향을 완화시킬 수 있다. 이를 위해 조직변화전략, 자원의존이나 통제를 회피하기 위한 전략을 적극적으로 추진한다.

자원의존론에 대한 평가

자원의존론은 환경에 대한 적극적인 대응과 전략적 선택 가능성을 논의한다는 점에서 환경결정론을 강조하는 구조적 상황이론의 관점의 한계에 대한 대안을 제시하였다. 또한 조직의 생존과 성장에 필요한 자원 동원 및 이와 관련한 조직 간의 관계에 대한 폭넓은 관점의 토대를 형성하였다는 점에서 그 의의를 평가받는다. 그러나 이 이론은 조직 내 부서 간의 권력 차이를 중시한 나머지 조직 내의 계층 간 권력 차이를 무시한다는 점에서 비판받는다. 실제 조직에서 계층에 따른 권력의 차이는 자원배분의 최종 결과를 바꾸거나 권력투쟁의 결과를 무효화할 수 있다는 점에서 매우 중요하다.

3) 조직화이론

조직화이론의 등장

Weick의 연구를 통해 발전한 조직화이론은 환경과의 상호작용을 중시하는 개방체제 관점의 많은 조직이론들이 생태적 관점에서 환경 문제를 접근하는 것과 달리 사회심리학적 관점에서 환경 문제를 접근한다. 즉, 개방체제에 대한 논의를 단순히 투입-전환-산출의 모형에서 벗어나 좀 더 복잡한 모형으로 인식

그림 3.4 조직화 과정

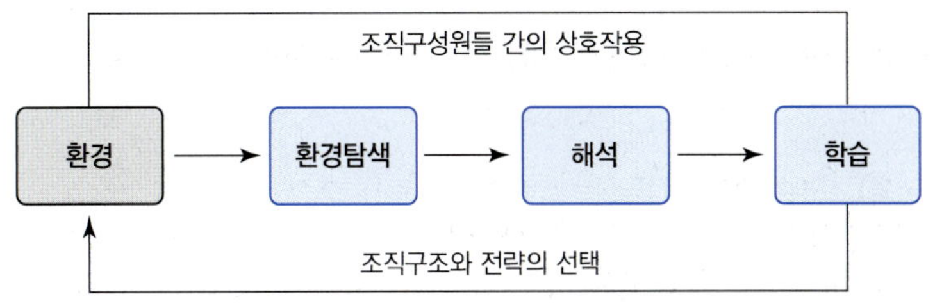

출처 : Karl. E. Weick, *The Social Psychology of Organizing*, 2nd Edition(MA: Addison-Wesley, 1979) 수정 인용.

하고자 하였다. 또한 조직화이론은 조직의 관리자들이 왜 환경의 특정 측면에만 관심을 갖는지, 그리고 현실에 대한 정보를 어떻게 획득하고 처리하는지에 관한 문제를 조직화라는 틀로서 설명하였다. 또한 Weick는 조직화를 조직의 투입과 정보의 불확실성을 일정 수준 줄이는 조직활동으로 인식하였다.

조직화이론의 기본 원리

Weick가 설명하는 조직화이론의 내용을 정리하면 다음과 같다. 첫째, 조직구조나 조직설계는 조직환경, 조직기술, 조직규모 등의 요소에 관계없이 관련 문제나 기회를 해석하는 조직관리자의 결정에 따라 결정된다.

둘째, 조직은 [그림 3.4]와 같이 환경탐색, 해석, 학습으로 연결된 일련의 과정인 조직화를 통해 환경에 대한 대응방식을 결정한다. 즉, Weick는 조직환경은 주어지는 것이 아니라 조직에 참여하는 인간들 사이의 상호작용에 의해 재구성되는 것이며, 조직구조나 전략 역시 이러한 조직화의 단계인 탐색과 해석에서부터 시작된다고 보았다.

조직화이론에 대한 평가

조직화이론은 기존의 투입-전환-산출 모형의 개방체제에 대한 접근에서 벗어나 조직환경에 대한 사회심리학적 접근이라는 이론적 토대를 형성했다는 점에서 그 의의가 있다. 그러나 조직의 환경에 대한 대응이 조직관리자의 인식과정의 결과에 따라서 결정된다는 점에서 비판적 시각이 존재한다. 즉, 동일한 조직환경에 대해 조직관리자의 환경탐색과 해석에 따라 그 복잡성이나 불확실성의 정도가 다르게 지각될 수 있으며, 따라서 인지되지 않거나 잘못 인지된 환경 문제에 대한 조직의 대응에 한계가 있다.

4) 학습조직이론

학습조직이론의 등장

학습조직이론은 1990년대 Senge에 의해 제기된 조직이론이다. 그는 학습조직을 조직구성원들이 진실로 원하는 성과를 달성할 수 있도록 지속적으로 역량을 확장하고, 새롭고 포괄적인 사고능력을 함양하며, 집단적인 열망을 표출하고 학습방법을 서로 공유하면서 지속적으로 배우는 조직이라고 정의한다. 학습조직은 시스템적 사고를 통해 조직의 내·외부적인 환경변화를 총체적인 프로세스로 인식하고 이에 대응할 수 있는 방안을 제시하여 지속적인 경쟁우위를 점하고 성장해가는 조직이론이다.

학습조직이론의 기본 원리

Senge는 학습조직을 구성하는 핵심적 요인들로 시스템 사고, 팀학습, 개인적 숙련, 사고 모형, 공유비전 등 5가지를 제시하였으며, 관련 내용을 정리하면 다음 [그림 3.5]와 같다. 첫째, 시스템 사고란 현상을 단선적이고 평면적으로 이해하는 것이 아닌 전체를 보고 전체에 포함된 부분들 사이의 순환적·동태적 인간관계를 이해하는 문제해결 수단이다.

둘째, 팀학습(team learning)이란 개인 학습의 결과로 얻은 조직구성원의 경험, 새로운 사실의 발견, 그리고 그 결과에 대한 해석활동을 대화와 토론을 통해 의도적이고 체계적으로 지속하는 학습행위를 의미하며, 조직구성원들이 구체적인 목표와 결과를 향하여 개인적인 전문성을 갖고 이를 조화시키는 활동을 의미한다. 결국, 일상적으로 비형식적인 학습이 발생하기 위해서 반드시 필요한 것이 바로 토론과 대화로 서로의 생각을 공유하는 팀학습인 것이다.

셋째, 개인적 숙련이란 개인적 비전을 지속적으로 명료화하고 심화하는 과정에서 비전과 현실 사이의 간격을 좁히기 위해 지속적으로 진리탐구에 몰입해 삶의 전반에 걸쳐 전문가적 수준으로 성장하는 것을 의미한다.

그림 3.5 Senge의 학습조직 모형

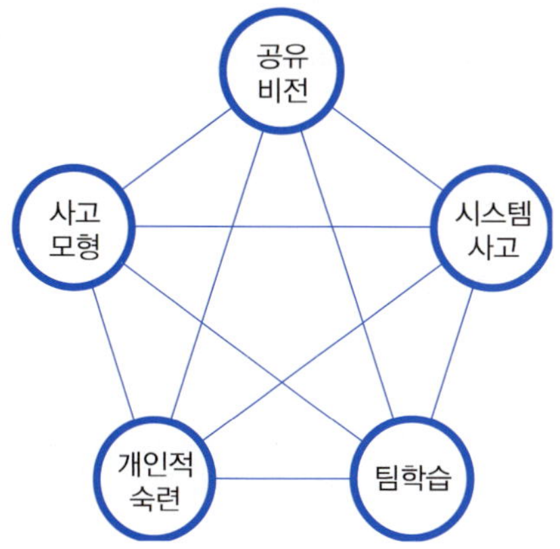

출처 : Senge(1990); 김인수(2007) 인용.

넷째, 사고 모형(mental model)이란 사물을 보는 세계관 또는 개인과 조직의 사고체계와 행동양식을 결정하는 인간 내면에 놓여 있는 준거의 틀인 마인드세트라고 이해할 수 있으며, 학습조직을 위한 철학적 기반이 된다.

다섯째, 공유비전이란 개인의 비전들이 중첩되고 펼쳐지면서 전체 비전으로 넓히는 것으로 모든 조직원들이 조직이 추구하는 방향과 비전의 중요성에 대해 공감대를 형성할 때 조직성공은 이루어진다.

학습조직이론에 대한 평가

학습조직이론은 인간, 조직, 기술을 유기적으로 통합하여 기업의 생산성을 극대화하며, 지식의 경제적 가치를 효과적으로 관리하는 데 유용한 시사점을 제공한다. 그러나 학습조직이론은 그 정의에서 실제로 제시하는 정의와 개념이 모호하여 구체적인 조직관리 실천방안을 제시하지 못한다는 비판을 받는다.

5) 개방 - 자연적 조직이론에 대한 평가

조직환경을 중시하는 개방체제와 자연적 인간관으로 요약되는 개방-자연적 조직이론은 1970년대 이후 등장한 현대 조직이론들이다. 개방-자연적 조직이론은 조직이 목표 달성보다 생존을 중시하고 조직 속에 존재하는 비공식성 · 비합리성에 초점에 맞춰 합리적 규칙만으로 설명하기 힘든 조직의 비합리적인 동기적 측면을 중점적으로 다루었다는 점에서 의의가 있다. 또한 학습조직과 같이 능동적이고 민주적인 인간관에 대한 새로운 논의를 이끌어냈다는 점에서 긍정적 평가를 받는다. 그러나 개방-자연적 조직이론은 이러한 조직의 비합리성 문제를 극복하기 위한 실질적인 해결방안 또는 조직관리 방안의 제시가 부족하였다는 점에서 한계점이 존재한다.

2.5 경영조직이론 분류 종합

지금까지 Scott의 연구를 중심으로 분류한 경영조직이론에 대한 논의를 종합하면 다음 <표 3.2>와 같다.

표 3.2 경영조직이론 분류 종합

구분	Ⅰ유형	Ⅱ유형	Ⅲ유형	Ⅳ유형
이론적 가정	폐쇄체제 합리적 인간	폐쇄체제 자연적 인간	개방체제 합리적 인간	개방체제 자연적 인간
강점	• 정확성, 안정성, 책임성 강조 • 조직의 효율성 강조	• 조직을 유기체로 간주 • 개인과 조직의 욕구에 관심	• 조직을 유기체로 간주 • 환경에 대한 효율적 적응 강조	• 조직의 비합리적인 동기적 측면 강조 • 자기조직화 및 학습에 관심 • 효과적인 생존 강조
약점	• 환경의 중요성 간과 • 인간적 가치의 중요성 배제 • 조직의 비공식적 요인 고찰 미흡	• 조직의 논리를 외면하고 심리적·사회적 인간 문제에 극단으로 치우침 • 조직의 비공식적 측면에 대한 지나친 강조	• 조직과 환경을 지나치게 실물적으로 봄 • 시스템의 상이한 요소들의 독립적인 생존능력 부정 • 조직의 전략적 선택의 중요성 간과	• 조직문제에 대한 처방적 측면 부족
공헌 분야	산업공학, 인간공학을 중심으로 한 경영과학 분야	사회학, 심리학을 중심으로 한 행동과학, 인적자원관리론 분야	생물학에서 도출된 시스템이론을 중심으로 상황이론, 전략론, 조직설계 및 조직개발 분야	자기조직화, 조직학습, 학습조직, 조직문화 분야

출처 : 김인수(2007), p.70 수정 인용.

요약

경영조직이론은 다양한 기준에 따라 분류할 수 있다. 일반적으로 경영조직이론은 연구목적에 따라 규범적 조직이론과 서술적 조직이론으로 분류되며, 분석수준에 따라서는 미시조직이론과 거시조직이론으로 구분된다. 또한 조직이론의 시대적 등장 순서에 따라 고전이론(1900~1940년대), 신고전이론(1940년대), 현대 조직이론(1950년대 이후)으로 분류되기도 한다.

이러한 경영조직이론 분류에서 조직의 체제와 인간관을 기준으로 한 Scott의 연구는 명확한 인식틀을 제공한다. 그는 경영조직이론을 Ⅰ유형 : 폐쇄-합리적 조직이론, Ⅱ유형 : 폐쇄-자연적 조직이론, Ⅲ유형 : 개방-합리적 조직이론, Ⅳ유형 : 개방-자연적 조직이론으로 구분하였다.

폐쇄-합리적 조직이론은 1900년대부터 1930년대까지의 경영조직이론의 흐름으로 조직을 외부환경과 단절된 폐쇄체제로 인식하며, 조직구성원들인 인간을 합리적으로 행동하는 존재로 보았다. 폐쇄-합리적 조직이론의 주요 연구들에는 Taylor의 과학적 관리론, Weber의 관료제론, Fayol의 관리이론 등이 있다. 이들 조직이론은 조직과 인간을 목표 달성을 위한 기계와 같은 존재로 인식하고, 명령과 통제를 중심으로 한 관리가 가장 효율적이라고 주장하였다.

폐쇄-자연적 조직이론은 1930년대부터 1960년대까지의 경영조직이론으로, 조직을 외부환경과 단절된 폐쇄체제로 인식한다. 주요 이론에는 Mayo의 인간관계론, Selznick의 환경유관론, McGregor의 XY이론 등이 있다. 이들 이론들은 조직구성원을 경제적 욕구 이외에도 다양한 욕구를 갖고 있는 인간으로 인식하고, 그들의 사회적 욕구에 대한 연구를 통해 조직의 생산성과 효율성을 향상시킬 수 있는 방법을 찾고자 하였다. 이를 위해 행동적 측면에서는 조직구성원 간의 인간관계, 직무태도, 노조, 커뮤니케이션 등에 관심을 두었으며, 조직구조적 측면에서는 비공식적 조직구조에 대한 연구를 하였다.

개방-합리적 조직이론은 1960년대와 1970년대의 경영조직이론의 흐름으로, 조직을 환경과 단절된 폐쇄체제로 인식하던 관점에서 벗어나 환경과 상호작용하는 개방체제로 인식하였다. 주요한 개방-합리적 조직이론에는 Lawrence와 Lorsch 등의 상황적합이론, 대리인이론과 거래비용이론 등의 조직경제이론이 있다. 이들 이론들은 이전의 폐쇄체제 관점에 근거한 조직이론의 틀을 깨고, 처음으로 조직환경의 중요성을 강조하였다. 특히 개방-합리적 조직이론에서는 체계적 접근법(system approach)을 토대로 많은 이론들이 발전하였으며, 경영조직을 둘러싼 정치, 경제, 사회, 문화, 기술, 조직 간 요소 등 조직의 환경적 요인에 대한 논의를 본격적으로 시작하였다.

개방-자연적 조직이론은 1970년대 이후부터 현재까지의 조직이론들을 의미하며, 조직을 개방체제로 인식하여 인간을 합리적 행동보다는 감정이나 비합리적 동기의 측면에서 행위하는 자연적 존재로 바라보았다. 이 유형은 현재 경영조직이론에서 주요하게 논의되고 있는 현대 조직이론을 의미하며, 주요한 개방-자연적 조직이론에는 Hannan과 Freeman을 중심으로 한 조직군 생태론, Pfeffer의 자원의존론, Weick의 조직화이론, Senge의 학습조직이론 등이 주요 이론에 해당한다. 이들 이론들은 1980년대 이후 급속한 기술발전, 고객욕구의 다양화, 세계경제의 급변과 불안정성 증대 등 환경변화 속도와 불확실성의 증가에 따른 시대적 필요에 따라 조직의 생존에 대해 높은 관심을 보였다.

정리 및 토의과제

1. 경영조직이론 분류의 필요성은 무엇인가?
2. 규범적 조직이론과 서술적 조직이론의 차이를 설명하시오.
3. 분석수준에 따라 조직이론을 분류하시오.
4. 폐쇄체제와 개방체제의 개념을 설명하시오.
5. 합리적 인간관과 자연적 인간관에 해당하는 조직이론을 제시하시오.
6. Taylor의 과학적 관리론의 기본 원리는 무엇인가?
7. Fayol의 관리이론이 현대 기업조직관리에 미친 영향은 무엇인가?
8. 호손실험이 주는 조직이론적 의미를 설명하시오.
9. X이론과 Y이론을 구체적인 사례를 들어 설명하시오.
10. 구조적 상황이론에서 논의되는 상황변수들에는 무엇이 있는가?
11. 환경결정론과 임의론의 환경관에 따라 조직이론을 분류하시오.
12. 개방체제와 Weick의 조직화 과정의 차이는 무엇인가?
13. 학습조직의 구체적인 사례와 시사점은 무엇인가?

제 2 부

조직구조의 설계이론

Chapter 04

조직구조의 기본변수

사례연구

세계 최대 공유오피스 업체 위워크(wework) 변신은 '현재진행형'…we ~ ing

공유오피스로 시작해 올해 안에 정식으로 셰어하우스(코리빙) 서비스 위리브(WeLive), 초등교육 및 코딩 교육 서비스 위그로(WeGrow)까지 제공하겠다고 선언한 세계 최대 공유오피스(코워킹 스페이스) 기업 위워크(wework)의 이야기이다. 전 세계 27개국, 100개 도시에서 425개 이상 지점을 개설했고, 지난해 말 기준 40만 명이 넘는 회원과 4만 5,000개 이상 입주기업을 확보하며 매년 빠르게 성장하고 있다. 위워크는 사무실을 빌려주는 서비스를 넘어 살 집, 아이를 교육할 학교, 여가를 즐길 커뮤니티, 소상공인이 장사할 수 있는 공간 등을 전부 제공하려 한다. 가장 먼저 올해 1월부터 기존 브랜드 '위워크'를 우리 회사를 의미하는 '위 컴퍼니(The We Company)'로 바꿨다. 모든 사람들을 우리 세상인 위월드(We World)에 살게 하는 게 궁극적인 목표다.

2010년 위워크를 공동 창업한 애덤 노이만 위워크 최고경영자(CEO)와 미겔 매켈비 위워크 최고문화경영자(CCO)는 회사 설립을 준비하던 2009년 당시부터 이미 호텔(WeSleep), 해양레저(WeSail), 금융(WeBank) 분야에 걸친 야심찬 사업구상을 메모로 남겼다. 지난 1월 노이만 CEO는 패스트컴퍼니와 인터뷰하면서 "회사는 이제 재무적으로나 물류로 보나 야망을 실행할 수 있는 위치에 올랐다"고 밝혔다. 가장 최근 확장에 나선 사업영역인 '위워크 푸드 랩스(WeWork Food Labs)'는 미래 건강한 먹거리를 위한 스타트업들이 함께할 수 있는 공간이다. 2017년 소프트뱅크가 45억 달러(약 5조 1,000억 원)를 투자한 이래 위워크는 기업가치만 470억 달러(약 53조 400억 원)에 달하는 세계적인 유니콘(기업가치 10억 달러 이상 스타트업)으로 등극했다. 문제는 매년 적자가 발생해 수익성에 의구심이 늘고 있다는 점이다.

2019년 3월 25일 위워크가 발표한 실적에 따르면 작년 매출액은 2017년 8억 8,600만 달러에서 18억 달러로 급증했지만, 적자폭 역시 2017년 9억 3,300만 달러에서 19억 달러로 뛰어올랐다. 이에 따라 위워크 사업모델이 소프트뱅크 등 일부 투자자들의 자금에 상당히 의존하고 있다는 지적이 나온다. 지난해 실적 발표 때 드러난 위워크 보유 현금은 66억 달러로 알려졌다. 특히 지난 1월 소프트뱅크가 비전펀드와 함께 당초 예상 금액인 160억 달러를 투자해 위워크를 인수하는 대신, 60억 달러 추가 투자에 그치면서 위워크가 예정대로 사업을 확장하려면 20억 달러 이상의 자금이 추가로 필요할 것이라는 전망도 나왔다. 위워크를 평가하는 시장의 기준은 현재 주 수입원인 사무실 임대수익인 '코워킹 스페이스 회원 수익' 흐름과 미래 성장동력이 될 '각종 We 서비스 및 관련 사업' 두 가지로 정리된다. 우선, 전체 매출의 93%를 차지하는 코워킹 스페이스 멤버십은 지난해 16억 달러 매출을 올렸다. 유료회원 수도 2017년 18만 6,000명에서 작년에 40만 1,000명으로 늘면서 신규 매출증가분 중 88%를 기록했다. 특히 3~5년으로 비교적 길게 임대하는 기업회원이 전체 회원에서 차지하는 비중이 2017년 23%에서 32%까지 늘어난 점은 희소식이다. 다만 월스트리트저널(WSJ)에 따르면 코워킹 스페이스 사업수익성 지표인 오피스 입주율이 작년 3분기 84%에서 작년 말 기준 80%까지 하락했고, 회원 1인당 평균매출도 2016년보다 13.5% 내려간 6,360 달러로 드러났다. 이 때문에 위워크는 부동산 재임대 사업모델을 넘어 다른 고수익 서비스에 대한 투자를 이어가고 있다. 비중은 아직 작지만 서비스로 발생하는 매출액은 2017년 4,430만 달러에서 지난해 8,400만 달러로 늘었다. 관련 부대사업에서 나온 매출도 2017년 1,960만 달러에서 지난해 1억 2,800만 달러로 급증했다.

≪매일경제 비즈타임스≫는 최근 방한한 매켈비 위워크 공동창업자와 매슈 샴파인 위워크코리아 대표를 각각 만나 인터뷰하며, 상업용 부동산임대 거래를 넘어 새로운 비즈니스 영역을 개척하고 있는 위워크의 미래 전망을 물었다. 이하는 그들과의 일문일답.

Q **최근 공유오피스 스타트업들의 전반적인 수익성에 관심이 집중되고 있다. 비교적 낮은 진입장벽과 높은 고정비용, 매출 변동 리스크 등을 위워크는 어떻게 극복할 수 있는가?**

▸▸ **매켈비** = 세계적으로 공유오피스 회사가 많이 생기는 건 사실이다. 그러나 위워크는 단순한 공유오피스가 아닌 전 세계 40만 명 이상 회원들이 모인 글로벌 플랫폼이다. 위워크 회원 32% 이상이 대기업 고객군으로 포천 선정 500대 기업 30% 이상이 위워크 회원사다. MS, GE, HSBC, 세일즈포스부터 삼성, 스포티파이, 페이스북

등을 포괄한다. 위워크 플랫폼과 커뮤니티가 일과 도시의 미래라고 믿는다. 앞으로도 계속 확장할 계획이다. 단순히 확장 자체에 집중하는 대신, 한 지점을 낼 때마다 해당 지역의 더 많은 사람들이 위워크 커뮤니티 일원으로 혜택을 받고, 궁극적으로 일의 미래에 대한 개념이 변할 수 있도록 집중할 생각이다. 위워크 비즈니스는 장기적 관점에서 봐야 한다.

Q 애덤 노이만 위워크 CEO는 과거 인터뷰에서 "앞으로 4~5년간 추가 투자유치와 무관하게 성장을 지속할 것"이라 말했다. 추가 투자유치가 성장에 필수적이지 않은가?

▸▸ **매켈비** = 난 투자유치에 대한 구체적인 내용을 말할 입장은 아니다. 그러나 보다 중요한 질문은 '위워크 비즈니스가 과연 세상에 필요한가'란 질문이다. 점점 더 많은 기업들이 위워크가 그들을 도울 수 있다는 점을 깨닫고 있다. 모든 시장에서 말이다. 그래서 난 위워크가 비즈니스를 위해 추가 자금유치에 집중하기보다 위워크 고객들이 계속해서 서비스를 사용할지, 고객들이 행복해하는지 등에 대해 스스로 물어야 한다고 생각한다. 그게 바로 중요한 질문이자 위워크 비즈니스의 근간이다. 투자자금은 언제나 비즈니스의 일부에 불과했다. 자금사정이 위워크에 문제됐던 적은 지금껏 없었고 앞으로도 결코 없을 것이다.

Q 추가 투자유치가 불필요하다면 기업공개(IPO) 형태로도 충분히 자금유치를 할 수 있다고 보는 건가?

▸▸ **매켈비** = 사람들은 위워크가 주식시장에 상장할 것이라고 지난 몇 년간 말해왔지만 우리가 할 수 있는 대답은 '적절한 시기가 오면 상장할 것이다'라는 것뿐이다. 그 어느 회사라도 우리 같은 성장단계에 있다면 비슷하게 대답할 것이다.

Q 위워크는 어떻게 글로벌 사업확장에 나서는 동시에 건전한 재무구조를 갖출 수 있는가?

▸▸ **매켈비** = 이에 대한 답변은 최고재무책임자(CFO)가 더 정확히 답할 수 있다. 거듭 말하면 현재 위워크가 성장을 위한 동력에서 겪는 어려움은 없다. CFO 발표 등을 보면 다양한 경제적 지표가 좋게 나타나고 있다. 매년 적자를 보고 자금조달이 어렵다는 지적이 나오는데, 이는 우리가 매년 전 세계적으로 규모를 2배씩 키우고 있기 때문이다. 위워크는 성장에 투자하고 있고 다양한 수단으로 평가할 때 '신용도'도 긍정적으로 인정받고 있다. 그래서 우린 계속 투자하고 확장할 것이다.

Q 최근 위워크와 비교해 전통적인 사무실 임대 부동산 회사인 'IWG'를 살펴보는 경우가 많다. 일부 조사결과에서 위워크 사무실 입주율은 80%로 IWG의 75%보다 높다. 위워크가 IWG와 차별화해서 가진 강점은 무엇이라 보는가?

▶▶ **매켈비** = IWG에 관해서 내가 구체적인 정보를 알고 있지는 않다. 우리는 우리가 하는 일에 집중하고, 위워크 회원들에게 최고의 가치를 제공하기 위해 노력한다. 다른 회사가 무엇을 하고 있는지는 관심사항이 아니다. 우리는 결코 비즈니스상 의사결정을 타사를 참고해서 정하지 않을 것이다. 우리가 할 일은 회원들에게 위워크가 약속한 걸 잘 제공하는 것이다. IWG 등 타사도 실용적인 솔루션을 제공하겠지만, 위워크는 이를 넘어 더욱 가치 있는 관계들을 추구한다. 다른 회사는 이 부분을 제대로 다루지 못한다.

Q 결국 전통적인 부동산임대 외에 위워크의 다른 관리기법을 결합해 수익성을 개선할 수 있는 건가?

▶▶ **매켈비** = 우린 다양한 비즈니스 구성을 갖고 있다. 그러나 재무 차원 대신 고객들의 경험에 집중하고 있다. 위워크는 계속해서 다양한 파트너와 전 세계를 무대로 다양한 혁신을 시도하려 한다.

Q 위워크는 재무 리스크를 줄이고 새로운 서비스 혁신을 위해 기업회원 대상 사업을 우선 강화할 필요가 있어 보인다. 당신의 의견은 어떠한가?

▶▶ **매켈비** = 지난해 처음 론칭한 '파워드 바이 위(Powered by We)'는 위워크 직원들이 대기업 공간으로 들어가 직원들에게 최적화된 업무환경을 제공하도록 구축된 서비스다. 여기에 위워크만의 운영전략, 부동산 및 기술 노하우가 담겼다. '파워드 바이 위'는 단순한 공간변화를 넘어 위워크 내 전문적인 통합팀을 기반으로 위워크 지점이나 기업회원 사옥에 해당 기업을 위한 업무공간을 디자인·건축·운영해준다. 이때 데이터를 기반으로 한 맞춤형 접근법을 통해 기업고객과 협업해 요구사항을 분석하고, 디자인 전략을 개발하며, 직원들의 업무 집중도·생산성·만족도를 향상시킬 수 있다. 이는 새로운 업무문화를 창출하는 데 기여한다. 뉴저지 소재 UBS자산운용 미국본부와 아시아 최초로 스탠더드차타드 홍콩과 이미 성공적인 '파워드 바이 위' 프로젝트를 진행했다.

Q '파워드 바이 위' 서비스에 인공지능(AI)이나 기계학습(머신러닝) 기술 등도 적용하고 있는가?

▶▶ 매켈비 = 위워크 내 전문 디자인 팀은 위워크 노하우를 반영한 공간을 디자인한다. 이후 프로덕트 리서치 팀(Product Research team)은 사람・공간・기술 간 상호작용을 연구해 어떤 공간이 업무효율성과 네트워킹, 커뮤니티 전반에 긍정적인 영향을 미치는지 파악한다. 예를 들어, 프로덕트 리서치 팀은 머신러닝을 통해 회의실이 얼마나 자주 사용되는지 데이터를 분석한다. 전 세계 425개 지점 내 수백 개 회의실 데이터를 수집하다 보면, 어떤 구조의 회의실이 자주 쓰이는지 데이터를 수집할 수 있다. 데이터 수집결과를 통해 회원들이 왜 특정 회의실을 선호하는지 알 수 있다. 이런 데이터를 계속 쌓아가면서 새로 여는 지점의 회의실 등이 얼마나 많이 사용될지 예측 가능하다. 이는 디자인 팀에서 초기에 예측한 결과보다 40% 이상 더 정확하다.

Q '파워드 바이 위'로 대기업의 조직문화를 바꿀 수 있는가?

▶▶ 매켈비 = 위워크가 기업문화를 곧바로 바꿀 순 없다. 그 기업이 진정 변화를 원한다면 우리가 도울 수 있다. 많은 기업이 이제 밀레니얼 세대(1980~2000년대 초반 출생자)가 진입하면서 기존 기업문화가 바뀔 필요성을 잘 알고 있다. 또한 앞으로 최고 인재를 얻기 위해서라도 기업문화가 바뀌어야 한다. 우리는 여러 요소를 도울 수 있지만 특히 중요한 건 공간이다. 많은 컨설팅이 기업변화를 조언하면, 기업들은 위에서부터 바꾸자고 외치지만, 실제로 바뀌는 건 별로 없다. 이는 제대로 사람들을 돕는 방법이 아니다. 사람들의 행동을 바꾸는 건 어렵지만 기존과 모든 게 다른 공간으로 들어가면 행동마저 반드시 바뀔 수밖에 없다. 위워크는 그 같은 공간전환을 도와 커뮤니티를 구축하고, 팀원 간 관계를 발전시키고, 가장 중요하게는 직원들을 회사 비전과 목적에 강하게 연결시켜 준다. 우리는 기업문화마다 존재하는 여러 차원을 분석해 기업마다 무엇이 필요하거나, 무엇을 해야 하는지 알려주는 프레임 워크를 제공한다. 물론 이렇게 해도 단기간에 바뀌지는 않을 것이다. 아직 위워크도 정답을 알아가는 과정이다. 여러 기업의 공간을 바꿔주면서 어떤 일이 벌어지는지 관찰하고 있기 때문이다. 우리는 공간을 잘 알고, 공간은 매우 중요하고 근본적인 요소다. 모든 게 공간 그 다음에 온다.

Q 기업문화에 있어 리더의 역할이 매우 중요하다고 여겨진다. 공간의 역할이 리더의 역할에 비해서도 더욱 중요한가?

▶▶ 매켈비 = 리더의 행동은 물론 중요하다. 큰 영향을 미친다. 정확히 말하자면 회사의 비전과 목적이 실제로 그 회사 리더가 시간과 에너지를 투자하는 방향이 합치돼야 한다. 주주들도 이윤추구 일변도로 가기보다는 다른 식으로 행동해야 한다. 그래서

우리는 리더의 행동까지도 관여한다. 예를 들어, 아무리 좋은 공용공간에서 자유롭게 업무를 할 수 있다고 해도 리더가 단 한 번도 공용공간에서 일하는 모습을 보이지 않는다면 그 공간은 아무도 쓰지 않을 것이다. 위워크는 새로운 공간뿐 아니라 새로운 공간에서 어떻게 리더와 직원들이 행동해야 하는지도 관여한다. 회사정책을 언제나 이메일과 문서로 통보할 수는 있지만 결국 리더의 행동이 가장 먼저 바뀌어야 한다.

Q 위워크 이후 다른 사업부문은 언제 한국에 출시할 계획인가?

▸▸ **샴파인** = 최우선 과제는 견고한 국내 위워크 커뮤니티를 만드는 일이다. 우리는 이미 스타트업 액셀러레이터 '위워크 랩스'를 한국에 소개했고 '파워드 바이 위' 역시도 한국 고객사를 늘리며 확장하고 있다. 공유주거 서비스 '위리브'나 초등교육 서비스 '위그로' 등은 가까운 미래에 확대할 예정이다.

Q 한국에서 그동안 위워크 지점을 빠르게 늘려 왔다. 앞으로 지점 확대 계획은 어떻게 되는가?

▸▸ **샴파인** = 서울에서 확장세를 이어 왔고 이제 부산으로도 넓히고 있다. 계속해서 주요 국내 도시별로 확장에 집중할 것이다. 스타트업과 대기업이 함께 일할 수 있는 공간을 제공하고, 경쟁에서 앞서 나갈 수 있도록 할 것이다. 또한 글로벌 커뮤니티와 연결되도록 돕겠다. 위워크 랩스는 한국 출시 1주년을 앞두고 있다. 커뮤니티 접근성을 개선하고 더 좋은 인재들이 글로벌 차원의 혁신을 성공시켜 글로벌기업들과 협력할 수 있도록 연결시켜 주려고 한다. 물리적 공간을 넘어 스타트업 멘토를 붙여 참석 가능한 각종 이벤트에 접근시켜 주고 글로벌 차원에서 자원을 확보하도록 도울 것이다. 글로벌기업도 미래의 '게임체인저'를 한국에서 찾는 데 유용할 것이다. 한국시장의 단점은 작은 내수시장과 적은 인수·합병(M&A) 사례다. 투자나 파트너십 등을 위워크 랩스로 바꿀 기회라고 생각한다.

Q 한국 대기업들도 몇 년 새 공유오피스 시장에 많이 진출했다. 대기업 진출에 대한 위워크코리아의 대응전략은 무엇인가?

▸▸ **샴파인** = 지속적으로 LG, 롯데, 한화 등 신규 진입업체가 생기고 있지만 어떻게 사람들이 일해야 하는지 개념을 바꾸고, 성공이 무엇인지 보여준 초기 리더가 위워크다. 이 점에서 차별화된다. 위워크 회원들의 비즈니스 네트워크 확장과 고객경험 개선, 직원 행복 제고 등에 집중하고 있다. 신규 진입장벽이 낮다는 건 분명해 보이지

만 비교하기 나름이다. 가구를 사서 멋지게 인테리어하는 건 쉽지만 확장성과 운영 노하우는 다른 문제다. 전 세계 수백 개 지점에서 고품질 서비스를 표준화된 형태로 제공하는 건 어려운 일이다.

미겔 매켈비 위워크 공동창업자 겸 최고문화책임자(CCO)

미겔 매켈비는 위워크 공동창업자로 애덤 노이만과 함께 2010년 뉴욕에서 회사를 설립했다. 현재 최고문화책임자(CCO: Cheif Culture Officer)로서 위워크 건축·디자인·건설 관리를 총괄하고 있다. 이 밖에도 다양한 이니셔티브를 총괄하며 위워크 핵심 가치가 문화, 서비스, 운영 전반에 걸쳐 일관성을 유지하도록 돕고 있다. 그는 미국 오리건대에서 건축학 학사 학위를 마친 뒤 아메리칸 어패럴에서 글로벌 신규매장 오픈업무를 담당했다. 'English, Baby!'란 외국어 학습 플랫폼 및 소셜미디어 서비스를 공동창업하며 스타트업 세계에 처음 뛰어들었다. 위워크 설립 전에는 노이만과 함께 브루클린에서 친환경 업무공간 솔루션 '그린 데스크'를 설립한 바 있다.

매슈 샴파인 위워크코리아 제너럴매니저

샴파인 제너럴매니저는 위워크 한국 내 사업활동과 커뮤니티 및 영업을 총괄하고 있다. 국내 사업확장 외에도 파트너십 및 사업성장기회 개발 등을 책임지고 있다. 위워크 초기 스타트업 인큐베이팅 사업인 '위워크 랩스'를 공동 설립했다. 한국 사업을 총괄하기 전 그는 아시아지역 마케팅 및 사업개발 총괄로 한국, 중국, 홍콩, 호주 등 신규시장 진출과정에서 마케팅과 영업을 총괄했다. 아시아지역 담당 전에는 비즈니스개발 부사장으로서 위워크 서비스 및 파트너십 플랫폼 확대를 맡았다. 그는 2010년 위워크 첫 지점에 초기 멤버로 합류하기 전에 미국 메르세데스벤츠에서 선임 웹 개발자로 근무했다. 미국 뉴저지대에서 컴퓨터 공학학사를 취득했으며, 필라델피아 소재 드렉설대에서 대학원 과정을 이수했다.

<매일경제신문, 2019. 4. 5.>

조직구조를 결정하는 기본변수에는 여러 가지가 있는데, 이러한 변수들은 모든 관리자들이 크게 관심을 갖지 않고 일상적인 것으로 생각하는 경향이 많다. 복잡성(complexity), 집권화(centralization), 공식화(formalization) 등이 조직구조를 결정함에 필요한 이유나 존재조차도 제대로 인식하지 않고 조직을 관리하는 측면도 많다. 물론 이들 세 가지의 기본변수가 조직구조를 형성하는 핵심적인 차원이라는 사실에 대해서는 다소 논란의 여지가 있지만, 오늘날 대체적으로 인정되고 있는 실정이다. 조직구조를 결정하는 변수들뿐만 아니라 상황변수도 있지만, 대부분의 조직관리자들은 이러한 핵심적인 요소를 크게 중시하지 않고 현상만을 중심으로 조직을 관리하고 있다. 조직을 이해하기 위해서는 기본적으로 조직구성의 요소를 살펴보고, 이러한 요소들에 대한 의미를 확인해 보는 것이 필요하다.

따라서 본 장에서는 조직구조를 형성하고 있는 세 가지 기본변수인 복잡성, 공식화, 집권화를 확인·설명하고자 한다. 조직구조를 형성하고 있는 세 가지 변수 중에서 복잡성과 집권화는 조직형성의 일반적 프로그램 차원에서 요구되는 변수로서, 복잡성은 분화와 통합의 원리가 요구되고, 집권화는 권한과 책임의 원리가 요구된다. 반면에 공식화는 행동적 프로그램 차원에서 요구되는 변수로서 성문화와 불문화의 원리가 요구된다.

이러한 조직의 기본변수는 조직의 구성요소(components)이고, 규모, 환경, 기술, 전략, 조직정치와 권력작용 등 조직 상황변수는 결정요소(determinants)라 할 수 있는데, 이 장에서는 기본변수를 다루고 상황변수는 나머지 장에서 개별적으로 다루고자 한다.

앞의 사례는 최근 기업들의 사무실에 대한 개념적 변화를 보여주는 대표적인 사례로서, 과거에는 자체 건물을 보유하고 여기에 최적화된 조직구조를 설계하고, 나아가 근무에 적합한 사무공간을 확보하여 조직 본래의 목적을 실현하고자 노력하는 추세였다. 하지만 자체 공간의 보유보다는 임대하여 공유하는 형태로 공간에 대한 개념이 바뀌면서, 이러한 변화를 반영하여 기업의 조직구조가 어떻게 변화해야 하는지를 고려해야 하는 요소가 되고 있고, 이를 반영하여 전통적인 조직구조나 공간의 틀을 벗어나 새로운 조직구조나 공간을 형성하게 하는 새로운 방향들을 제시하고 있다. 따라서 탈조직화를 시도하는 현대 조직의 특성을 고려해 본다고 하더라도 조직구조의 기본변수에 대한 이해는 필요할 것으로 생각된다.

1 복잡성

1.1 복잡성의 정의

조직의 구조를 형성하고 있는 핵심적 차원 중의 하나가 복잡성인데, 복잡성(complexity)이란 조직 내에 존재하는 분화의 정도(degree of differentiation)를 가리키는 말이다. 이러한 분화의 형태에는 수평적 분화, 수직적 분화, 그리고 장소적 분산 등이 있다.

수평적 분화(horizontal differentiation)는 단위부서 간의 수평적 분할 정도를 의미하며, 수직적 분화(vertical differentiation)는 조직 내 계층의 깊이를 의미한다. 장소적 분산(spatial dispersion)은 조직의 시설 및 인력이 지역적으로 분산되어 있는 정도를 의미한다. 이러한 세 가지 요소 중에서 어느 한 가지 요소만 증가되어도 조직의 복잡성은 증가하게 되는데, 이를 구체적으로 살펴보면 다음과 같다.

1) 수평적 분화

수평적 분화는 조직 내 단위부서들이 조직구성원의 수, 과업속성과 과업량, 그리고 조직구성원의 교육 및 훈련의 정도에 따라 분화되고 있는 정도를 의미한다. 조직 내에 전문적인 지식이나 기술을 필요로 하는 상이한 직무의 수가 많으면 많을수록 수평적 분화가 많이 일어나게 되어 조직의 복잡성은 더욱더 증대된다. 왜냐하면 조직구성원들은 개인차에 따라 생각이나 행동들이 다양하게 표현되거나 형성되기 때문에 직무의 내용이나 활동들이 상이하게 되어 조직구성원들 간에 의사소통은 점점 어렵게 되고, 이로 인해 관리자들이 조직구성원들의 활동을 조정하기가 더욱 어려워지기 때문이다.

조직 내에 전문영역별로 집단이 형성되고 단위부서의 수가 증가되면 그로 인해 집단 간에 서로 분화가 생겨 집단들 간에 상호작용을 더욱 어렵게 만든다. 조직이 유사한 기술이나 교육 및 훈련의 정도를 가진 사람들로 충원되면 대부분의 사건이나 사물을 동일한 관점에서 보게 될 것이고, 반대로 다양한 전문성을 가진 구성원들로 충원된 조직은 각자의 목표에 대한 강조점이나 시간에 대한 지향성이 다를 뿐만 아니라 심지어 작업에 사용하는 용어조차도 다르게 사용할 것이다.

이처럼 조직 내에서 가장 뚜렷하게 수평적 분화를 유발하는 대표적인 현상은 직무전문화(job specialization)와 부문화(departmentation)인데, 이들 두 가지 현상은 상호관련성을 가지고 있다. 직무전문화와 부문화에 대해서 구체적으로 설명하면 다음과 같다.

직무전문화(job specialization)

모든 조건이 동일하다면 조직 내에서 직무가 전문화되면 될수록 수평적 분화가 증대되어 조직의 복잡성은 증가하게 될 것이다. 전문화의 증대가 복잡성을 증대시키는 이유는 전문화가 증대됨에 따라 보다 더 정교하고 비용이 많이 드는 통제 및 조정방법이 요구되기 때문이다. 이처럼 전문화로 인해 복잡성이 증대됨에도 불구하고 조직이 전문화를 추구하는 것은 분업의 효율성 때문이다. 이러한 분업의 효율성을 구체적으로 살펴보면 다음과 같다.

첫째, 분업은 인간이 가지고 있는 신체적 한계를 극복하는 데 도움을 준다. 고도로 복잡하고 정교한 작업에서는 인간이 가진 신체적 한계 때문에 모든 일을 한 사람의 작업자가 수행할 수 없다. 만약 자동차를 한 사람의 손으로 만들어야 한다면 수백 가지의 필요한 기술을 연마하는 데 몇 개월씩이나 걸리게 되므로 작업의 완성도가 낮아질 것이다.

둘째, 분업은 인간이 지닌 지식의 한계를 극복하게 해준다. 작업에 따라서 작업자에게 고도로 발달된 기술을 요구할 수도 있고, 그렇지 않을 수도 있다. 고도의 기술과 훈련을 요구하는 작업의 경우에 이러한 작업을 모두 잘 수행할 수 있는 사람을 찾기란 불가능하기 때문이다.

셋째, 분업이 선호되는 또 다른 이유는 효율성 때문이다. 작업의 숙련도는 반복작업을 통해서 향상되므로 분업화된 작업에 대한 훈련은 조직의 효율성을 높일 수 있다. 분업은 작업과정의 이전단계에서 새로운 작업단계로 기계와 장비를 이동하는 데서 오는 시간적인 낭비를 줄이고, 어렵고 복잡한 작업을 모두

수행할 수 있는 종업원을 훈련시키기보다 구체적이고 반복적인 작업을 수행하는 사람을 훈련시키기는 것이 쉽고 비용도 적게 든다.

마지막으로, 분업은 특수한 발명품이나 기계를 개발해 냄으로써 효율성과 생산성을 증대시킨다.

이와 같이 분업의 정점이 계속 유지되기 위해서는 첫째, 양적인 면에서 분업을 할 수 있도록 업무량이 충분해야 하며, 둘째, 질적인 면에서 여러 개의 직무로 세분화시킬 수 있어야 하며, 마지막으로 분업과 관련된 요소, 즉 업무량·원료 공급량과 질·업무 및 제품의 표준·기술 등이 안정되어 있어야 한다. 업무량의 심한 변동, 원자재공급의 불안정, 업무나 제품생산의 비표준화, 기술의 잦은 변동으로 인한 생산시설이나 기술자의 빈번한 대체 등은 분업의 지속을 어렵게 한다.

그러나 분업이 항상 효율적인 것으로 볼 수는 없다. 전문화가 지나치게 극단적으로 진행되면 작업이 너무 단순화되어 작업자가 불만족·좌절감·소외감·권태감을 갖게 되어 인간의 기계화 및 비인간화를 초래할 수 있고, 분업이 고도화될수록 각 기능의 고유성이 없어져 특정 기능자의 결근이나 퇴직 시 대체기능자를 구하기 힘들어지게 되는 문제점을 낳게 된다.

부문화(departmentation)

부문화란 분화된 여러 활동들을 수평적으로 조정하는 방법을 말한다. 이는 분업으로 여러 전문가집단이 생겨나고, 이 전문가집단들은 유사한 직무에 따라 집단화되며, 이러한 전문가집단을 만드는 것이 부문화이다. 부문화는 분업으로 세분화된 활동들을 직무와 대응시키고, 이를 다시 조직전체 수준에서 집단별로 결합시키는 과정이다. 특히 공식조직은 조직목표의 신속한 달성을 위해 과업이나 조직구성원들을 관리할 수 있는 단위로 집단화하여 분류하고 배정할 필요가 있다. 그러나 조직 내에 집단화해야 할 전문적인 지식이나 기술을 필요로 하는 직무의 수가 많으면 많을수록 부문화는 많아지고 조직의 복잡성은 증대된다는 것을 고려해야 한다.

이처럼 부문화는 일정한 기준에 의해 작업자 및 작업활동을 결합시켜 일정한 관리자의 관리·통제 밑에 둠으로써 관리 단위화하는 것을 말하는데, 이 부문화의 방법에는 여러 가지 선택이 가능하다. 일반적으로 널리 선택되고 있는 부문화의 방법으로는 종업원의 수, 기능별 부문화, 사업부별 부문화, 매트릭스 부문화 등이 있고, 사업부별 부문화는 다시 제품 및 서비스별, 고객별, 지역별, 공정별, 프로젝트별, 그리고 혼합형 부문화로 세분화된다. 대부분의 기업들은 이들 방법 중에서 단지 하나의 방법만을 사용하는 것이 아니라 몇 가지를 병행 사용하여 부문화를 행한다.

이 네 가지 부문화의 방법은 각각 장점과 단점이 있으며, 상황에 따라 어느 방법이 적절할 수도 있고 그렇지 못할 수도 있다. 어떤 부문화의 방법이 상황과 잘 적합될 경우 그 같은 부문화는 다음과 같은 기능을 통해 조직성과에 공헌하게 된다.

① 누가 무엇을 하고 누가 누구에게 보고하며 누가 책임지는가를 구체화함으로써 권한관계를 명백히 한다.
② 비슷하거나 상호 관련된 직무상의 책임을 맡고 있는 사람들끼리 한데 묶어 단위화함으로써 의사소통과 통제를 촉진한다.
③ 적절한 정보와 의사결정능력이 있는 곳에서 의사결정을 하도록 함으로써 의사결정의 질을 높인다.

각 방법의 사용에 의한 부문화를 살펴보면 다음과 같다.

① 종업원 수에 의한 부문화

종업원 수에 의한 부문화는 조직 내에서 가장 부문화하기 쉬운 방법으로, 단순히 종업원 수에 기초하여 구성원을 배치하는 것이다. 예를 들어, 3명의 관리자와 45명의 작업자가 있다면 45명을 3등분하여 15명의 작업집단을 만들고, 거기에 1명의 관리자를 배치하는 방식이다. 이 방법은 쉽고 간단해서 외적인 균형을 이루게 하는 장점이 있지만, 종업원 수를 기준으로 일률적으로 부문화되어 자칫 잘못하면 조직의 목적 달성과 관계없는 상태에서 부문화가 진행되기 때문에 정교하지 못한 단점이 있다. 따라서 작은 조직이나 복잡한 조직의 하위 계층에서는 종업원 수에 의한 부문화가 정당화될 수 있다.

그림 4.1 기능별 부문화

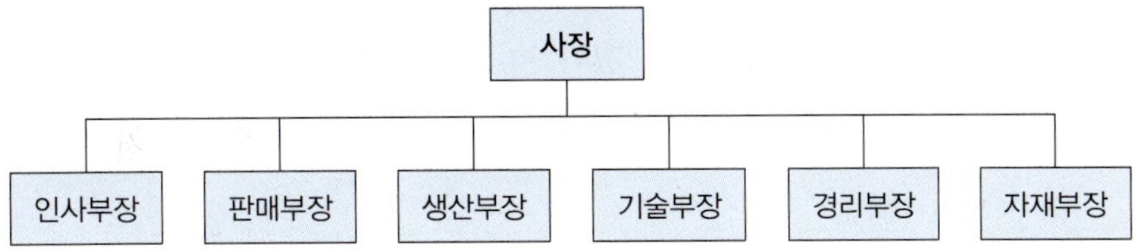

② 기능별 부문화

[그림 4.1]과 같이 기능별 부문화는 동일하거나 상호 밀접하게 관련된 활동 및 기능을 수행하는 구성원 및 작업단위 등을 별개의 부서로 관리 단위화하는 것을 말한다. 예를 들면, 기업의 경우 인사부, 판매부, 생산부, 구매부, 그리고 그 밖의 여러 기능에 의해 부문화될 수 있으며, 프로축구조직의 경우 선수단, 티켓판매, 여행 및 편의제공 등의 기능별로 나누어져 있다. 이와 같이 기능별 부문화는 고도로 전문화된 기술자들을 통합해야 하는 조직에 유리하며, 기능별 부문화는 오늘날 기업조직에서 흔히 볼 수 있는 것으로, 기능별 부문화의 장·단점을 살펴보면 다음과 같다.

기능별 부문화의 장점은 다음과 같다. 첫째, 각 부문별로 전문화되어 있어 직무분업과 구조설계에 일관성이 있고 매우 합리적이다. 둘째, 부문별로 전문화를 촉진하여 능률을 향상시킬 수 있다. 셋째, 직업전문화 원칙에 따라 인적자원을 효율적으로 활용할 수 있다. 넷째, 각 부문의 관리자가 그 분야의 전문가이므로 개별 부서 내에서의 감독 및 조정이 용이하다.

반면에 단점으로는 첫째, 각 부문의 독자적인 적정화 추구로 조정·통제·의사결정에 관련된 모든 문제가 최고경영자에게 맡겨져 있어 최고경영자에게 과다한 업무부담을 줄 수 있다. 둘째, 구매·생산·판매 등 조직의 실물흐름을 지나치게 일상화함으로써 조직의 경직성을 초래한다. 셋째, 모든 의사결정권이 최고경영층에 주어지는 중앙집권적 성향을 보임으로써 부문관리자는 부분적인 전문인 역할밖에 하지 못하고, 전반적인 관리자로서의 행동과 조직 전체에 대한 책임의식을 갖지 못해 조직 전체에서 전반적인 관리를 담당할 인재를 양성하는 데 문제가 있다. 넷째, 각 부문의 전문적 기능이 강조되어 부문 간의 정보

교환 및 의사소통이 원활하지 못하다. 다섯째, 각 부문이 각각 자기 부문의 목표를 강조함에 따라 조직 전체를 위한 의사결정이 지연되거나 조직 전체의 목표수행에 손실을 초래할 수 있다. 마지막으로 기능별로 전문화된 조직구조의 경직성으로 인해 환경변화에 신속하게 적응하고 대처하는 전략적 생존능력이 부족할 수 있다.

③ 사업부별 부문화

i) 제품 및 서비스별 부문화

제품 및 서비스별 부문화는 주로 다양한 시장요구에 대응하여 여러 가지 제품을 생산하는 대규모 조직에 적합한 부문화 방식으로, 제품 및 서비스를 사업단위로 하여 독자적인 생산·판매기능을 갖추게 하는 사업부제 조직모형을 말한다. 예를 들어, ㈜이랜드는 이랜드사업부, 헌트사업부, 브렌따노사업부, 언더우드사업부, 리틀브렌따노사업부, 제롤라모사업부 등을 두고 각 사업부별로 영업과, 총무·경리, 생산관리, 디자인실의 기능을 두고 있다. 이러한 제품별 부문화는 제품라인에 대한 관리책임을 명확히 하고, 비용, 이익, 문제점 및 사업성공의 원인과 책임이 그 제품의 사업부에 속한다. 제품별 부문화는 제품 및 서비스 라인이 다양하고 변화가 많은 경우에 효과적이다. 제품별 부문화의 장·단점을 요약하면 다음과 같다.

먼저 장점을 살펴보면 첫째, 각 사업부가 자체 이익에 대해 책임을 갖는 자율적·자립적 특성을 갖게 되어 일반관리자 양성에 도움을 줄 수 있다. 둘째, 각 사업부가 자체적으로 전문적인 기술지식·기계설비·생산판매 등을 효율적으로 활용할 수 있다. 셋째, 제품 및 서비스의 책임에 대한 일반적인 책임을 사업부 관리자에게 부여함으로써 분권화를 실시할 수 있다. 넷째, 이러한 분권화의 과정을 통해 본사의 최고경영층이 일상적인 업무에서 벗어나 조직 전체의 전략적 결정 및 장기적 관리문제에 몰두할 수 있는 시스템을 만들 수 있다. 다섯째, 최고경영자는 각 사업부가 전체 이익에 기여하는 정도를 쉽게 파악할 수 있다. 마지막으로 사업부 운영이 자율적으로 이루어지기 때문에 한 사업부의 성과부진이 다른 사업부에 거의 영향을 주지 않는다.

제품 및 서비스별 부문화의 단점으로는 첫째, 전반적인 관리능력을 가진 사

그림 4.2 사업부별(제품별, 지역별, 고객별, 시간별, 프로젝트별) 부문화의 예시

유형	초점	실 례
제품별	생산된 제품 및 서비스	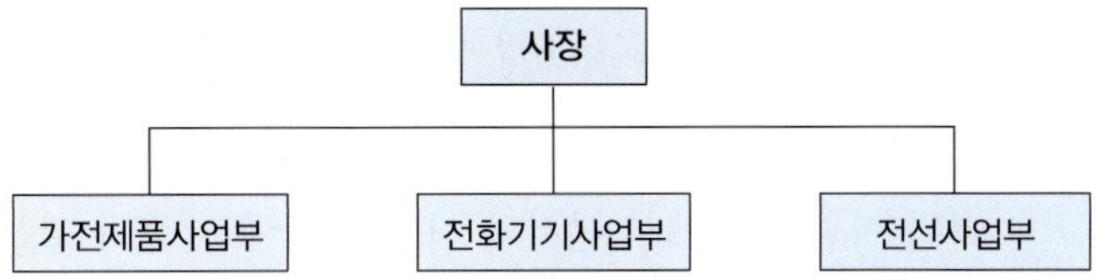
지역별	사업활동 지역	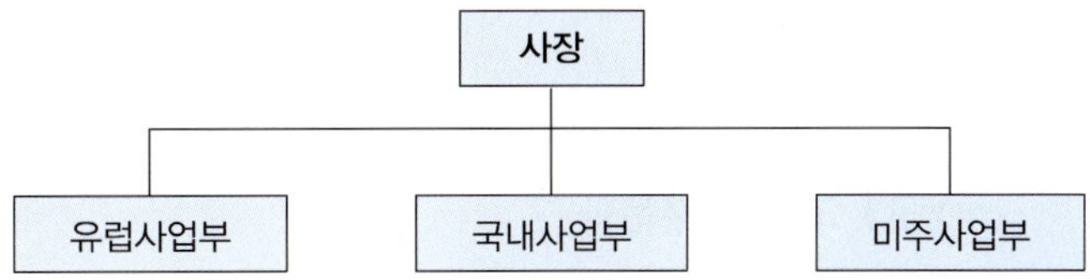
고객별	고객 및 소비자	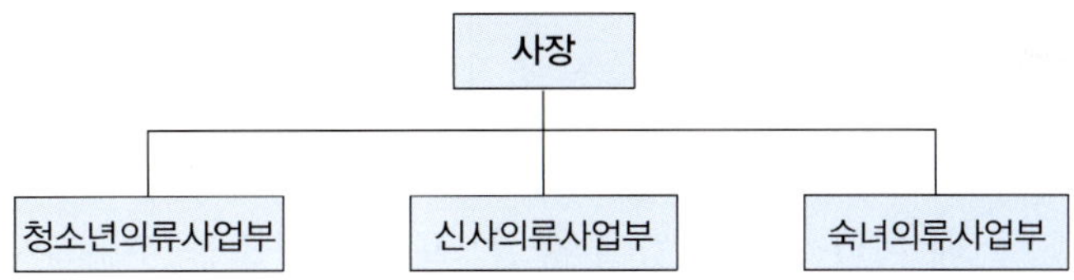
시간별	교대근무조	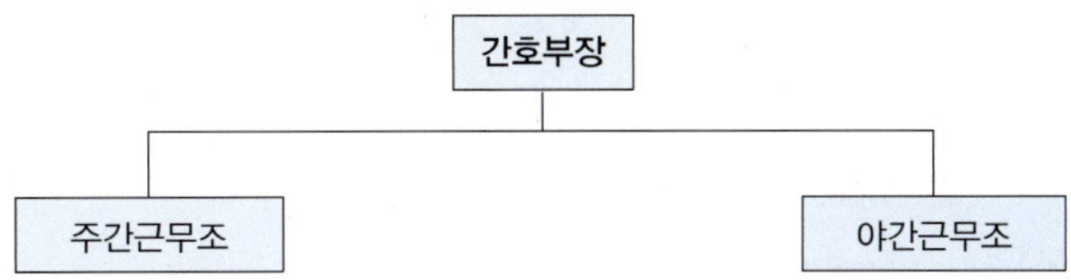
프로젝트별	기술혁신 및 환경변화에 대응하기 위한 특별사업	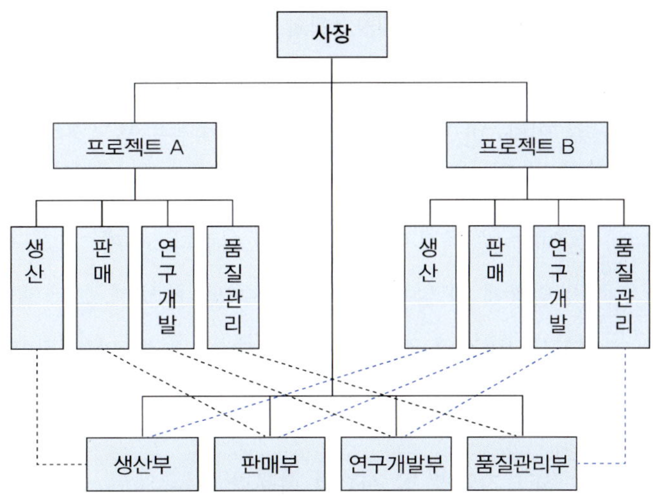 * ------은 프로젝트 팀 성원들과 원래 소속한 기능부서와의 관계를 나타낸다.

출처 : 김남현(2001).

람들을 많이 요구하여 인건비의 부담이 증가된다. 둘째, 제품 및 서비스를 사업단위로 하여 각 사업부마다 독자적인 인사 · 재무 · 생산 · 판매 · 디자인 등의 모든 기능을 갖추고 있으므로 조직기구의 중복과 자원의 낭비가 발생하기 쉽다. 셋째, 사업부의 자율성이 실제로는 제한된 범위 안에서 행해지므로 사업부 관리자의 불만이 발생할 가능성이 높다. 넷째, 사업부 간의 협조 및 조정이 어려워 지원 문제에서 본사와 사업부 간에 갈등이 발생하기 쉽다. 마지막으로, 최고경영자의 통제 문제, 즉 조직 전체수준에서 사업부 간의 이해를 조정하기 쉽지 않다.

ii) 고객별 부문화

고객별 부문화는 조직이 표적으로 하고 있는 고객 중 유사한 성격을 지닌 집단을 묶어서 이들을 조직의 목적에 맞게 부문화하는 것을 의미한다. 조직은 고객을 위해 존재한다고 볼 수 있으므로 고객의 욕구를 제대로 충족시키기 위해 여러 고객 계층을 중심으로 조직구조를 부문화시킬 수 있다. 예를 들면, 판매조직을 소매상, 도매상, 유통업자 등으로 부문화할 수 있다. 또한 산업제품을 생산하는 조직은 민간기업, 공공기관, 교육기관, 일반소비자 등 여러 고객을 가질 수 있으며, 이들의 성격에 따라 여러 가지 정책과 방침 등이 달라진다.

고객별 부문화의 장점으로는 첫째, 다양한 고객의 욕구를 효율적으로 충족시킬 수 있다. 둘째, 고객과 조직과의 유대관계를 돈독히 할 수 있다. 셋째, 고객유형에 따른 독특한 특징을 잘 파악하여 그에 맞는 전문기술을 개발시켜나갈 수 있다. 반면 단점으로는 첫째, 기능별 부문화에 비하여 조직기구상의 전문성과 경제성이 미약하다. 둘째, 고객집단의 수요가 항상 일정하기 않기 때문에 고용인원 및 물적자원의 조절이 어렵다. 셋째, 고객담당자들이 조직보다는 고객의 입장에 더 많은 비중을 둘 수 있다. 넷째, 고객 문제를 다루기 위해서는 독특하고 심리적인 전문지식 및 기술이 요구된다는 점이다. 다섯째, 고객에 대한 정의를 분명히 하기가 애매한 점이 많다.

iii) 지역별 및 시간별 부문화

조직의 관리범위가 지역적으로 확대되면, 지역중심으로 조직을 구성하고 업무를 배분할 수 있다. 시장중심의 전통적 판매조직은 지역별로 구조가 형성되는데, 판매조직은 물론 대부분의 관리기능이 지역중심으로 부문화됨으로써 지역의 특성에 따라 보다 효율적으로 조직구조를 설계할 수 있다. 지역별 부문화는 특정 지역에서 발생하는 일체의 활동을 일정 관리자에게 위탁하므로, 업무가 확대된 대규모 조직에서는 집중적인 조정이 어렵기 때문에 지역별 조직구조를 택하게 된다.

지역별 부문화의 장점으로는 첫째, 지역의 요구와 문제에 특별한 관심을 가지고 지역사정에 정통한 관리자를 선발하여 그 지역사정에 적합한 관리활동을 할 수 있다. 둘째, 의사결정의 폭을 확대하고 그에 상응하는 책임을 부여함으로써 분권화에 입각한 관리활동 기회를 확대하여 일반 관리자의 양성에 도움을 줄 수 있다. 반면 지역별 부문화의 단점으로는 첫째, 본사의 최고경영자가 여러 지역에 흩어져 있는 각 부문의 활동을 일사불란하게 통제하는 것이 쉽지 않다. 둘째, 각 지역에 관리능력이 뛰어난 관리자를 파견해야 하는데, 이러한 인재의 파견 및 충원이 어렵다.

시간별 부문화(time departmentation)는 교대근무조에서 수행되는 여러 가지 작업활동을 결합하여 별개의 관리단위로 편성하는 것을 말하는데, 이 시간별 부문화는 하루 24시간 가동하는 공장이나 병원에서 세 번의 근무교대가 실시될 경우에 나타나는 현상이다. 예를 들면, 병원에서는 24시간 의료활동이 계속되기 때문에 의사나 간호사를 비롯한 그 밖의 직원들이 주간근무, 저녁근무, 심야근무 등의 각 교대근무조로 조직화되고, 각 근무조별로 관리·통제시스템이 편성된다. 이외에도 호텔, 식당, 항공사 등의 서비스업체에서도 시간별 부문화가 많이 활용되고 있다.

iv) 공정별 및 프로젝트별 부문화

공정별 부문화는 전문화된 기계나 설비로 인해 제품이 일련의 생산과정을 거쳐야 하는 경우에 발생하는데, 원자재에서부터 최종제품이 생산되기까지 주요업무를 기준으로 부서를 형성하는 것이 공정별 부문화의 좋은 예이다. 제조업의 경우 사용하는 기계와 설비가 특수한 기술을 요구하거나 아니면 특정 지역에 집중되어 있어야 경제적·기술적 측면에서 높은 효율성을 가져올 수 있기 때문에 작업활동을 공정 또는 설비 중심으로 부문화하는 경우가 많다. 공정별 부문화는 기본적으로 기능별 부문화와 유사하지만, 어떤 구체적인 공정을 중심으로 부문화하므로 다른 부문화 방법과는 달리 전체 조직의 부문적인 구조설계에 사용된다.

프로젝트별 부문화는 기술업무, 신규사업, 관련회사 간의 업무조정 및 건설·토목·감리 등 다양한 문제에 대하여 프로젝트팀을 구성하여 문제를 해결하는 것을 말하는데, 프로젝트팀을 구성하는 팀원들은 프로젝트가 완료되면 본래 업무로 복귀한다.

v) 혼합형 부문화

혼합형 부문화는 매트릭스 구조와 동일한 의미로 사용되는데, 기능별 부문화와 제품별 부문화가 혼합된 형태로서 프로젝트별 부문화처럼 어떤 특정한 목적을 달성하기 위하여 조직구조를 형성할 때 사용되는 부문화의 방법이다. 혼

그림 4.3 혼합구조(대규모 시중은행이 기능별 부문화와 사업부별 부문화의 구조를 활용하고 있는 경우)

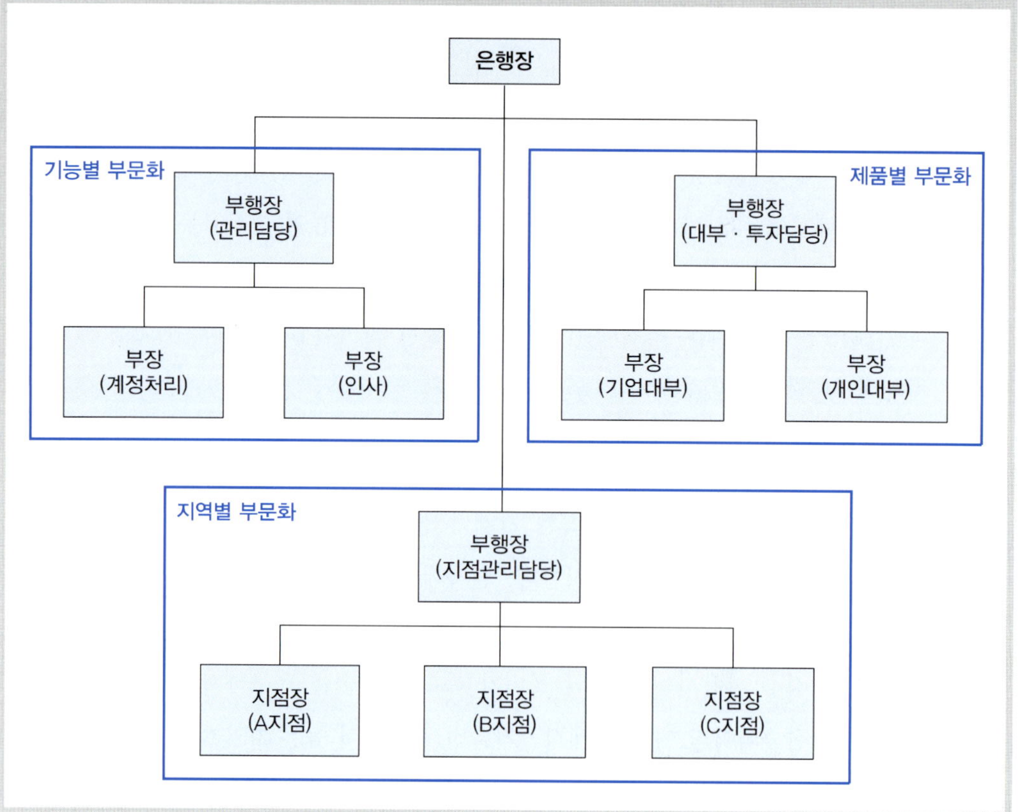

출처 : 김남현(2001).

그림 4.4 매트릭스 조직구조

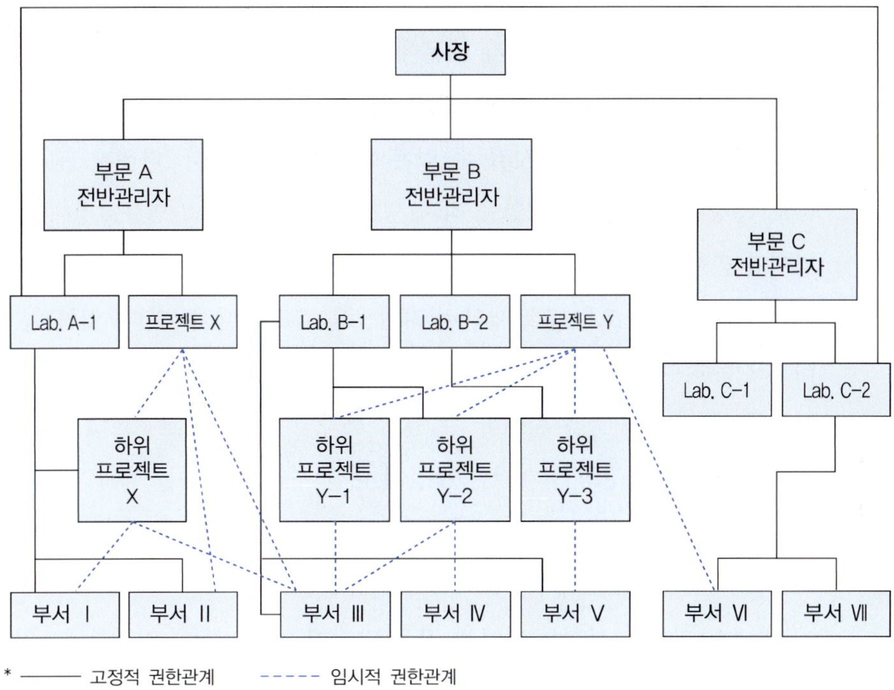

합형 부문화는 부문화가 가진 단점을 극복하고 조직의 규모가 커지고 복잡해짐에 대한 대응방법이 요구되자 프로젝트 조직, 그리드 조직(grid organization), 매트릭스 조직(matrix organization)이라는 명칭으로 사용되기 시작했다. 건설공사, 신제품 개발, 우주항공산업 등 조직의 목표가 분명하고 이를 효과적으로 수행하기 위해서는 이에 필요한 고급 기술인력과 장비 및 시설이 효과적으로 활용되어야 하며, 나아가 최적의 제품을 효율적으로 개발하는 데 필요한 조직구조가 요구된다. 따라서 제품 완성과정을 관리하는 프로젝트관리와 제품에 필요한 모든 기술을 관리하는 기능관리가 혼합되어 혼합형 부문화를 형성하게 된다.

이러한 혼합형 부문화의 장점은 다음과 같다. 첫째, 전문인력이나 설비를 효율적으로 이용할 수 있다. 전문인력들이 하나의 기능부서나 프로젝트에 전속되어 있으면 그들의 재능이 특정 부서에서 제한적으로 사용되지만 혼합형 부문화는 조직에 최선의 자원을 확보하고 이를 능률적으로 활용하도록 인적・물적자원의 효율적 활용을 도모할 수 있다. 둘째, 전문인력들 사이의 직접적이고 빈번한 접촉으로 기술·지식·정보에 대한 의사전달이 원활하고 조직이 유연성을 가질 수 있게 된다. 셋째, 프로젝트의 성공적 수행을 위한 모든 권한과 책임을 깊게 인식하고 업무에 임하기 때문에 어느 부서보다 헌신적으로 자기 부서를 이끌어나갈 수 있게 된다. 넷째, 조직구성원들로 하여금 장래를 대비해 그들 자신의 지식과 재능을 개발시킬 수 있는 기회를 갖게 한다. 다섯째, 전문성을 토대로 특정 과업에 대한 책임을 각자 담당하게 되면 주요 의사결정에 참여하는 기회가 많아지므로 고도의 동기유발과 책임이행이 촉진된다. 여섯째, 매트릭스의 이중적 권한구조는 관료제의 병리현상을 감소시킬 수 있다. 일곱째, 최고관리층으로 하여금 통상적인 의사결정을 이양하게 함으로써 최고관리층이 장기계획에 더 많은 시간을 할애할 수 있게 한다. 여덟째, 프로젝트의 적시 완성을 원하는 고객의 요구와 경제적 능률성에 대한 조직의 요구를 효과적으로 균형화시킬 수 있다. 마지막으로, 과학자 및 전문직 종업원들이 선호하는 민주적 규범과 일치되는 환경을 제공함으로써 동기유발을 증진시킬 수 있다.

반면 혼합형 부문화는 다음과 같은 단점이 있다. 첫째, 역할갈등·역할모호성·과업조정의 어려움 등이 발생하기 쉽다. 즉, 기능관리자와 프로젝트 관리자가 부하에게 다른 요구를 하게 될 때 부하들의 입장에서 역할갈등 및 모호성이 증가하고 누가 누구에게 보고하고 누구에게 책임이 있는가 등의 문제가 발생하게 된다. 둘째, 기능부서의 관리자와 프로젝트 부서 관리자 간에 권력투쟁을 초래할 수 있다. 관료제의 경우 행위규칙이 명확히 규정되어 있어 권력투쟁의 가능성이 낮지만, 혼합형 부문화의 경우 조금만 노력하면 권력을 장악할 수 있기 때문에 권력투쟁과 갈등이 조장되는 경향이 있다. 셋째, 조직구성원 개인에게 미치는 스트레스의 문제로서, 안정과 모호성이 없는 상태를 원하는 조직구성원들에게 혼합형 부문화가 초래하는 불확실한 환경은 스트레스를 유발할 수 있다.

부문화 방법은 조직마다 그 적용이 다르지만, 일반적으로 부문화 방법은 다음과 같은 몇 가지의 상황적 요인에 따라서 그 적용이 결정된다.

첫째, 조직의 규모에 따라 부문화의 사용이 달라지는데, 조직의 규모가 작은 경우 주로 기능별 전문화가 가장 적합하다. 하지만 조직의 규모가 커짐에 따라서 제품, 고객, 지역 등의 목적별 부문화를 사용하여 명확한 사업단위를 기준으로 조직구조를 형성하게 된다.

둘째, 조직구조 설계 면에서 조직이 운영비용의 절약을 강조하고 기능과 업무활동을 통합시킴으로써 기능별 부문화 방법을 사용하게 된다. 따라서 조직구조가 기능화되고 기능별 통제가 강화된다.

셋째, 부문화는 관리자가 부하들로부터 발생하는 지나친 업무부담을 갖지 않으려는 데서 발생하므로 통제의 폭이 영향을 줄 수 있다.

넷째, 각 부문화 방식마다 조정의 강도가 다르지만 부문화는 대체로 조정의 문제를 최소화시키는 방향으로 이루어진다.

다섯째, 제품 · 고객 · 기술 등의 환경변화가 심할수록 조직의 목적 · 전략 · 기구에도 심한 변화를 추구하므로, 환경변화가 심한 경우는 정형화된 조직구조보다 환경변화에 적응적인 혼합형 부문화를 선호하게 된다.

마지막으로, 조직에서 필요로 하는 기술이 다양하고 기술수준이 높을수록 부족한 고급 기술인력을 충분히 활용할 수 있는 혼합형 부문화가 필요하다. 기술이 고도화되고 다양화되는 현상은 주로 대규모 조직에서 나타나며, 대규모 조직은 제품이나 고객 및 지역 등 사업 중심의 조직구조를 갖추게 될 가능성이 높다. 이러한 상황하에서는 부족한 고급 기술인력을 활용하는 것이 가장 중요한 과제이므로, 혼합형 부문화의 개념을 활용하는 것이 필연적인 현상으로 나타난다.

2) 수직적 분화

수직적 분화는 조직구조의 깊이, 즉 권한계층의 최상층으로부터 최하층에까지 이르는 조직의 계층 수를 의미한다. 조직은 업무상 여러 계층으로 수직적으로 분화하게 되는데, 군대조직의 경우 장교계급은 소위에서부터 대장에 이르는 많은 수직적 계층으로 분화되어 있지만 직위, 지위, 역할 간에 분명한 차이가 있다. 이처럼 아주 공식성이 높은 수직적 분화를 이루고 있는 조직이 있는가 하면, 군대조직과 달리 역할과 기능면에서 명백하게 계층적 분화가 이루어지지 않을 수도 있다. 그러나 대부분의 조직에서는 상하관계가 분명한 계층을 형성하고 있고, 각 계층마다 지위, 직위, 역할 간에 뚜렷한 차이를 보이고 있다. 공식조직에서 권한과 역할을 규정하는 명령계통이 피라미드 체제를 이루고 있는 것은 이 때문이다. 공식조직에서 각 계층은 기본적으로 의사소통 통로가 되고, 지휘명령 계통이라는 권한구조가 된다. 공식조직에서 계층 간의 직위는 지위와 기능에서 명백한 차이가 있도록 규정되어 있고, 상위계층으로 진급할수록 권한, 영향력, 특권, 지위, 보상의 범위가 확대될 것이다.

수직적 분화는 수평적 분화와 분리되어 일어나는 것이 아니라 수평적 분화가 커짐에 따라 자연스럽게 나타난 결과를 수직적 분화라 할 수 있다. 그래서 수평적 분화의 정도가 높을수록 수직적 분화의 정도가 증가하여 복잡해지게 된다.

조직구성원들의 수가 같다고 조직이 항상 같은 수의 계층구조를 갖는 것은 아니다. 통제의 범위(span of control)에 따라 평면구조(flat structure) 또는 고층구조(tall structure)가 된다. 여기서는 통제의 범위와 그에 따른 평면구조 및 고층구조에 관해 살펴보도록 한다.

통제의 범위

통제의 범위란 감독범위 적정화란 의미로서, 한 사람의 관리자가 효과적으로 직접 통제할 수 있는 부하의 수를 뜻하는 것으로, 관리의 한계, 관리책임의 한계, 감독의 범위, 통제의 범위라고도 한다. 통제의 범위가 넓은 것은 한 사람의 관리자가 통제해야 할 부하의 수가 많다는 것을 의미하고, 그 범위가 좁다는 것은 부하의 수가 적다는 것을 의미한다. 모든 조건이 동일할 경우 통제의 범위가 좁을수록 높은 수직적 분화가 발생하여 고층구조가 형성되고, 그 범위가 넓을수록 평면구조가 이루어진다.

통제의 범위에 관한 문제는 근본적으로 관리자가 부하를 감독하는 능력은 한계가 있다는 전제하에 이상적인 관리의 수준, 즉 부하의 수를 찾는 데 많은 노력을 기울였다. 특히 통제의 범위에 관심을 갖고 연구한 결과 한 사람의 관리자가 가장 적정하게 통제할 수 있는 범위는 5~6명의 부하를 관리할 수 있다는 결론을 내렸고, 그 이외의 학자들은 상위계층은 3~8명까지, 하위계층에서는 20~30명까지도 가능하다고 주장하였다.

이후에도 적정한 통제의 범위에 관한 연구는 많이 수행되었지만 아직까지 가장 적절한 통제의 범위에 대해서는 뚜렷한 결론을 내리지 못하고 있다. 최근의 지배적인 견해는 광범위하게 적용될 수 있는 통제범위의 한계를 설정하기보

그림 4.5 통제의 범위

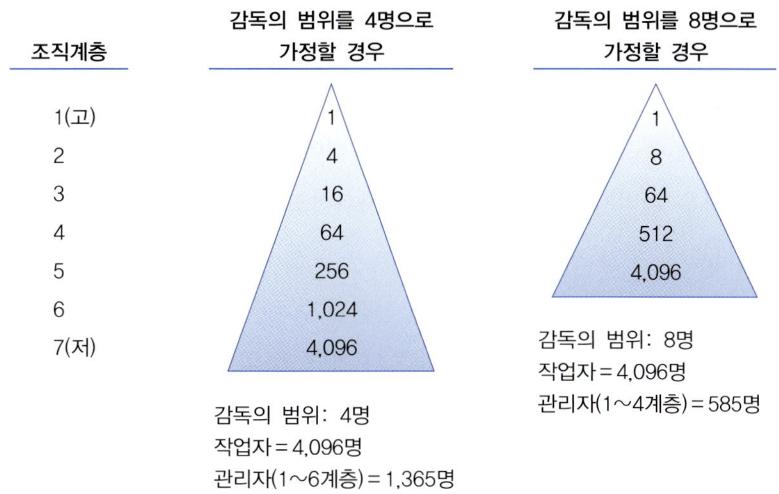

출처 : S. P. Robbins, 김남현 역(1988), p.88.

다는 각 개별적 상황에서 한계의 원인을 규명해야 한다는 데 있다. 통제범위의 결정요인, 곧 적정관리의 범위를 결정할 때 고려해야 할 여러 가지 상황적 요인에 관심이 집중되는 것은 이러한 이유 때문이다.

통제의 범위를 결정하는 데 중요하게 영향을 미치는 요인들을 살펴보면 다음과 같다.

첫째, 부하들의 과업이 구조적 · 일상적 · 비전문적일수록 통제의 범위가 넓어지고, 과업이 비구조적 · 비일상적 · 전문적일수록 통제의 범위가 좁아진다. 즉, 전자는 관리자가 부하들을 직접 접촉해야 할 필요성이 적기 때문이고, 후자는 상사와 부하 사이에 긴밀한 접촉이 필요하기 때문에 통제의 범위를 좁게 설정할 수밖에 없다.

둘째, 부하들이 잘 훈련되고, 능력이 있으며, 경험이 풍부하면 권한위양이 쉬워 관리자로부터 많은 지시나 감독이 요구되지 않으므로 통제의 범위가 넓어진다. 하지만 부하들의 제한된 경험과 훈련은 엄격한 감독이 필요하므로 통제의 범위가 좁아지게 된다.

셋째, 모든 지시 · 명령 · 계획을 구두로 전달하는 관리자의 경우 과중한 시간부담을 갖게 되어 통제의 범위가 좁아진다. 하지만 서면으로 주요 내용을 요약하여 보고하게 되면 신속하게 의사결정을 내릴 수 있어 통제의 범위가 넓어질 수 있다.

넷째, 조직목표가 명확하게 설정되어 있고, 권한위양이 잘되어 부하들이 무엇을 해야 하는지를 분명하게 이해하고 있을 경우, 관리자는 신속하게 의사결정을 할 수 있으므로 통제의 범위가 넓어질 수 있다. 하지만 그렇지 못한 조직의 경우 관리자가 부하의 행동을 지휘하고 감독하는 데 많은 시간을 소비해야 하므로 통제의 범위가 좁아진다.

다섯째, 목표설정, 예산편성, 실적평가, 관련부서와의 업무조정 등 관리자의 조직관리기능이 많고 복잡할수록 통제의 범위가 좁아진다.

여섯째, 관리자는 스태프들로부터 업무상의 조언과 지원을 많이 받을수록 일상적인 업무에서 벗어날 수 있으므로 통제의 범위가 넓어진다. 즉, 관련부서를 통해 기획 · 통제 · 행정 · 사무적 지원 등을 많이 받을수록 통제의 범위가 넓어진다.

마지막으로 환경의 안정성이다. 경제적인 변화, 고객선호도의 변화, 정부정책의 변화 등은 조직내부의 여러 과정에서 긴밀한 조정을 필요로 하므로, 통제의 범위를 좁아지게 한다. 하지만 조직환경이 안정적일수록 관리방침이 지속될 수 있어 통제의 범위는 자연스럽게 넓어지게 된다.

평면구조와 고층구조

통제의 범위에 따라 조직계층의 수가 영향을 받게 되므로 통제의 범위는 조직구조와 밀접한 관계를 가지고 있다고 할 수 있다. 예를 들어, 통제의 범위를 확대하면 조직형태가 옆으로 퍼진 모양의 평면구조를 이루게 되고, 통제의 범위를 좁히게 되면 계층의 수가 많아져 조직구조가 상하로 늘어나는 고층구조를 이룬다. 통제의 범위에 관한 고전적 원리는 한 사람의 상사가 효과적으로 관리할 수 있는 부하의 수에 관심을 두는 데 비해, 평면과 고층구조에 관한 신고전적 개념은 조직 전체의 수직적 구조배열에 더욱 관심을 가진다.

평면구조(flat structure)의 조직은 계층의 수가 작고 통제의 범위가 넓어 상 · 하향적 의사소통이 신속하고 단순화되며, 계층의 수가 많을 때 발생하는 부정확하고 왜곡된 의사소통을 감소시키고 나아가 관료적이고 복잡한 절차 등의 조직역기능을 감소시킨다. 하지만 평면구조에서는 동등한 지위가 많아 의사전달에 문제를 일으킬 수 있다. 즉, 지위와 권한의 차이가 구조적으로 계층화되지 않으면 수평적 의사소통의 양이 증가되어 조정이 곤란하게 되는 역기능이 발생할 수 있다.

반면 고층구조(tall structure)는 통제의 범위가 좁으므로 철저하고 엄격한 통제를 가능하게 한다. 하지만 고층구조는 통제의 범위가 좁다 보니 의사소통의 통로가 길어져 정보가 부정확하고 왜곡될 가능성이 크다. 분명한 위계질서의 구분과 철저한 통제, 그리고 엄격한 규율에 바탕을 두고 있는 고층구조는 군대나 정부조직에서 흔히 찾아볼 수 있다. 그러나 통제의 범위가 좁으면 관리해야 할 부하들의 수가 적으므로 상사와 부하 간에 접촉기회가 많아져 개인적인 친밀관계가 유지되는 긍정적인 측면도 있다. 이러한 측면이 조직목표 달성에 효과적일 수도 있으나 행동주의적 관점에서는 개인 간의 빈번한 접촉이 오히려 갈등을 유발할 수도 있다고 주장하고 있다.

3) 장소적 분산

수평적 분화 및 수직적 분화와 더불어 여러 지역에 조직이 분산되어 있는 경우에도 복잡성은 증대된다. 복잡성의 세 번째 요소로는 사무실, 공장, 구성원 등이 흩어져 있는 정도를 나타내는 장소적 분산(spatial dispersion)을 들 수 있다.

장소적 분산은 수평적 · 수직적 분화가 확대된 차원으로 볼 수 있는데, 이는 과업과 권력의 중심을 장소적으로 분리할 수 있기 때문이다. 이러한 분리는 구성원이나 거리에 의한 분산을 포함하는데, 다음의 예가 이를 명확하게 설명해준다.

일반적으로 제조업체를 수평적으로 분화시키면 제조기능과 마케팅기능으로 나눌 수 있다. 이 제조업체의 경우 부산에 있는 공장에서 생산활동이 이루어지고, 마케팅활동은 각 지역판매망인 서울, 인천, 대구, 광주 등지에서 이루어지고 있다면 장소적으로 분산되어 있다고 볼 수 있다.

이 장소적 분산은 수직적 분화에도 적용되는데, 고층구조가 평면구조보다 더 복잡하듯이 장소적으로 분산된 고층구조가 장소적으로 집중된 고층구조보다 더 복잡하다. 또한 수평적 분화 및 수직적 분화가 같고, 분산되어 있는 공장 또는 사무실의 수가 같다고 하더라도 공장과 사무실 간의 거리가 먼 경우 복잡성의 정도가 증가한다.

4) 수평적 분화, 수직적 분화 및 장소적 분산의 결합관계

여기서는 수평적 분화, 수직적 분화 및 장소적 분산이 어떤 결합관계를 갖는가에 대하여 살펴보기로 한다. 조직의 규모가 클수록 이들 세 가지의 상관관계는 매우 높게 나타난다. 예를 들어, 다양화된 산업 및 정부조직에서는 이들 세 가지 요소의 결합 정도가 매우 높지만, 소규모 조직의 경우에는 이들 세 가지 요소의 결합 정도가 매우 낮게 나타난다. 하지만 위와 같이 극단적인 조직규모가 아닌 대부분의 조직에서는 이들 세 가지 요소의 정도가 각각 상이하게 복합적으로 나타난다.

예를 들면, 대학교의 경우 수직적 분화는 매우 낮고 장소적 분산도 거의 없는 데 반하여, 수평적 분화는 매우 높다. 반면에 군대조직의 경우 수평적 분화는 낮은 반면에 수직적 분화는 매우 높다. 또한 수평적 분화의 정도도 조직 내의 계층에 따라 달라진다. 작업계층은 수평적 분화가 높게 나타나지만 관리계층에서는 수평적 분화가 낮게 나타난다.

일반적으로 조직 내에서 한 가지 요소가 높다고 다른 요소가 반드시 높아지는 것은 아니며, 또한 한 가지 요소가 낮다고 반드시 다른 요소가 낮아지는 것도 아니다. 그러므로 이들 세 가지 요소는 천편일률적인 관계에 있는 것이 아니며, 조직의 특성이나 상황에 적합하게 결합되어야만 조직의 유효성이 높아진다.

1.2 복잡성의 중요성

복잡성의 정도가 경영자에게 어떠한 의미를 주는가를 살펴보면, 효율적으로 목표를 달성하기 위해서 조직은 의사소통과 조정 및 통제 메커니즘을 가져야 하는데, 복잡성 정도가 증대될수록 이들에 대한 요구는 더욱 커지게 된다. 복잡성 정도가 증대함에 따라 분화되어 있는 활동들은 조직목표라는 하나의 공동목표를 위해 유연하게 결합하게 하는 관리의 필요성이 대두된다. 복잡성이 낮은 조직은 의사소통, 조정, 통제의 필요성이 적기 때문에 위원회나 컴퓨터화된 정보시스템 및 공식적인 정책지침서 등이 필요 없다. 하지만 종업원들이나 공장 혹은 관리계층이 많이 분화되어 복잡성이 높은 조직은 의사소통 기구나 조정기구가 필수적이다.

복잡성 정도가 높을수록 의사소통, 조정 및 통제에 더 많은 주의를 기울여야 한다. 그럼에도 불구하고 경영자는 효율성을 높이기 위하여 분화를 증대시키려 할 것이며, 분화의 증대는 경영자로 하여금 조정과 통제에 더 많은 시간을 투입하도록 유도할 뿐만 아니라 경영자의 수를 증가시키는 관계를 유발시킨다. 따라서 복잡성이 창출해 내는 효율성은 조직을 조정하고 통합해야 한다는 부담의 증가에 의해 상쇄될 수도 있다. 따라서 복잡성의 중요내용인 분화와 조정은 상충관계(trade-off relationship)에 있다.

1.3 복잡성의 측정

복잡성을 측정하는 방법을 개발하는 것은 조직이론을 연구하는 학자들에게 있어 아주 중요한 문제이다. 복잡성을 측정하는 문제는 실무를 담당하는 경영자들에게 중요한 의미를 부여하며, 이때 경영자들의 관심은 복잡성의 요소에 대한 측정 자체보다는 오히려 조직의 복잡성 정도를 어떻게 결정할 것인가에 있다. 그래서 여기서는 복잡성의 척도를 확인하여 복잡성의 정도를 측정하는 문제에 관하여 살펴보기로 한다.

1) 수평적 분화의 척도

여러 가지 척도가 수평적 분화의 정도를 결정하는 데 유용하게 사용되는데, 이러한 척도에는 부문의 수, 상이한 직무의 수, 교육훈련의 수준, 전문적 활동의 정도, 소지학위 수, 전문화된 과업의 수, 전문활동의 양 등이 포함된다. 이 중에서도 가장 중요하게 고려되는 요소는 전문화된 과업 수와 교육훈련의 수준으로 전문화된 과업의 수가 많고, 요구되는 훈련의 기간이 길수록 복잡성의 정도가 증대된다. 전문화된 과업의 수는 상이한 직무 명칭으로 측정할 수 있으나, 직무가 너무 많아 복잡하다면 조직 내의 상이한 부문의 수로 대체하여 측정할 수 있다. 교육훈련의 수준은 각 전문화된 과업에서 요구되는 훈련기간을 평균적으로 산출함으로써 계산할 수 있다.

2) 수직적 분화의 척도

수직적 분화의 측정은 수평적 분화의 측정에 비해 매우 간단하다. 수직적 분화의 정도, 즉 조직구조의 깊이를 알려면 최고경영자로부터 작업장의 최하위 종업원까지의 계층수를 계산하면 된다. 그러나 유의해야 할 점은 수직적 분화는 동일한 조직 내의 여러 부서 간에도 상이할 수 있으므로 가장 수직적 분화가 높은 부서의 계층 수와 조직 전체 부서의 평균 계층 수를 모두 고려해야 한다.

3) 장소적 분산의 척도

장소적 분산은 지역적으로 분산된 지점의 수, 지점 간의 거리, 그리고 분산된 지점에 배치된 인적자원의 수 등으로 측정되므로, 측정은 조직 내에서 지역적으로 분산된 지점의 수를 계산하는 것과 본부로부터 분산된 지점 간의 평균 거리와 본부의 인원수에 비례한 분산된 지점에서의 인원수를 측정해야만 한다. 이러한 측정은 본부로부터 떨어진 지점의 거리와 지점의 인원비율에 따라 복잡성이 증대한다는 점을 말하는 것이다.

4) 복잡성 정도 측정의 예

복잡성의 정도를 측정하는 방법으로는 설문지를 이용하는 방법이 있는데, <표 4.1>은 7개의 문항과 그에 따른 해답을 제시하여 복잡성 정도를 측정하기 위한 설문지인데, 설문지의 해답에 대한 점수가 높을수록 복잡성의 정도가 높다. 이 설문지를 사용함에 있어서 주의해야 할 두 가지가 있다. 첫째, 측정결과는 추정치이고, 이 측정은 정확한 측정도구에 의한 것이 아니므로 그 결과는 단지 복잡성을 형성하는 세 가지 요소에 대한 대략적인 수치를 나타내는 것에 불과하다. 둘째, 측정결과는 절대수치가 아닌 상대수치로서, 소규모의 회사는 조그마한 세탁소보다는 복잡하지만 대규모의 주식회사에 비해서는 복잡성이 낮을 것이라는 것과 같은 의미이다.

표 4.1 복잡성 측정 설문지

다음 질문 중 당신의 조직에 해당하는 것에 ○표 하시오.
1. 상이한 직무의 정도는? a. 거의 없다. b. 조금 있다. c. 보통이다. d. 많다. e. 매우 많다.
2. 학위를 취득했거나 전문적 교육훈련을 수년간 받은 종업원의 비율은? a. 0~10% b. 11~20% c. 21~50% d. 51~75% e. 76~100%
3. 수직적 깊이가 가장 깊은 부서의 경우 최고경영층에서 최하위 종업원층까지의 계층 수는? a. 1 또는 2 b. 3 내지 5 c. 6 내지 8 d. 9 내지 12 e. 12개 이상
4. 조직 전체로 볼 때, 평균 계층의 수는? a. 1 또는 2 b. 3 내지 5 c. 6 내지 8 d. 9 내지 12 e. 12개 이상
5. 장소적(지역적)으로 분산된 경우 분산된 조직의 수는? a. 1 또는 2 b. 3~5 c. 6~15 d. 16~30 e. 30 이상
6. 조직의 본부와 분산된 조직단위 간의 평균 거리는? a. 40km 이하 b. 41~100km c. 101~200km d. 201~400km e. 400km 이상
7. 전체 종업원 중 분산된 조직단위(예 : 지점)에 배치된 비율은? a. 10% 이하 b. 11~25% c. 26~60% d. 61~90% e. 90% 이상
※ 점수 : a=1, b=2, c=3, d=4, e=5. 7개 문항의 점수를 모두 합산한다. 그 합이 복잡성 정도를 나타낸다. (합은 35를 초과할 수 없다)

출처 : S. P. Robbins, op. cit., p.57.

2 공식화

2.1 공식화의 정의

조직에서 공식화(formalization)라는 말은 비공식화에 대칭되는 의미로, 공식화와 비공식화는 동일한 연속선상에 함께 표기될 수 있는 상대적 개념이다. 따라서 공식화와 비공식화를 양극화하려는 논리나 그 중 어느 한쪽을 최선 또는 최악이라고 획일적으로 규정하는 논리는 모두 잘못된 것이다. 어느 정도의 공식화 수준이 적정한 것인가 하는 문제는 상황적합적으로 해결해야 한다. 즉, 규모, 기술, 환경, 전략 및 권력작용 등 여러 가지 상황요인과 공식화의 수준이 최적의 배합을 이룰 때 조직의 유효성은 제고될 수 있다.

공식화란 조직이 어떤 일을 누가, 언제, 어떻게 수행해야 한다는 것을 어느 정도 공식적으로 규정하느냐에 관한 개념으로, 조직의 특성에 따라서 공식적 규정이 세밀하고 엄격하게 되어 있는 경우도 있고 느슨하게 되어 있는 경우도 있다. 공식화의 수준은 조직에 따라 천차만별인데, 공식화는 구성원의 행동에 대한 공식적 규정의 수준을 가리키는 것에 불과하므로 구성원들의 실제 행동이 공식적 규범에 반드시 부합되느냐 하는 문제와는 구별되어야 한다. 조직의 특성에 따라 구성원의 행동이 공식적 규범으로부터 크게 이탈되는 경우도 있고 적게 이탈되는 경우도 있다.

이러한 공식화의 개념과 관련하여 두 가지 논의가 있는데, 하나는 공식화의 규칙과 절차가 문서화되어야 하느냐 하는 것과, 다른 하나는 전통이나 불문율에 의한 행동의 표준화도 공식화의 개념에 포함시켜야 하느냐에 대한 논쟁이 바로 그것이다.

첫째, 공식화를 "규칙이나 절차, 지시와 커뮤니케이션이 문서화된 정도"로 정의하고 있는 경우가 있다. 이 정의에 따르면 공식화 정도는 정책과 절차에 관한 지침서의 유무, 규칙의 수, 직무기술서, 또는 다른 공식적인 서류를 살펴봄으로써 측정할 수 있다.

둘째, 다른 접근법은 공식화는 성문화된 규칙과 비성문화된 규칙 모두에 적용된다고 주장하는 경우로서, 조직구성원의 지각을 실제로 받아들이는 데 초점을 두고 공식화는 조직의 공식적인 서류뿐만 아니라 공식화 정도에 대한 조직구성원의 태도에 의해서도 측정된다고 본다.

위의 두 주장이 모두 동일한 개념을 측정하는 방법에 불과한 것 같지만, 실증적 연구결과에 의하면 두 가지 방법에 의한 측정은 상이한 결과를 가져왔다. 따라서 공식화 개념을 문서화된 것만을 포함해야 하느냐 또는 구성원의 태도도 포함해야 할 것인가는 중요한 개념상의 문제이다.

결국 공식화는 조직 내의 직무가 표준화된 정도를 말한다. 직무의 공식화 정도가 높아지면 직무 담당자들이 무엇을, 언제, 어떻게 행할 것인가에 대한 자율권이 줄어들게 된다. 공식화가 이루어지면 조직구성원은 동일한 방식으로 투입을 처리하기 때문에 일관성 있고 일정하게 산출하게 된다. 공식화 정도가 큰 조직에서는 분명한 직무기술서, 여러 가지 조직 내 규칙, 명확히 규정된 작업절차들을 가지고 있어 표준화의 정도라고 말한다. 표준화의 정도가 크면 자기직무에 대한 자율권이 줄어들 뿐만 아니라 조직구성원이 다른 행동을 못하게 하고, 다른 대안을 고려하지 못하게 한다. 따라서 공식화를 주장하는 학자들이 공식화를 정당화하기 위해서 제시하는 기본적인 가정은 다음과 같다.

첫째, 조직구성원들이 철저한 규범설정과 계획 없이는 그들 직위 간의 관계를 해결할 수 없다.

둘째, 분명한 경계가 설정되지 않으면 서로 다른 사람의 영역을 침범하기도 하고, 공격적이 되기도 한다.

셋째, 구성원들에게 분명한 과업이 할당되지 않으면 책임지기를 꺼려한다.

넷째, 구성원들은 일반적으로 모호한 과업보다는 분명한 과업을 선호한다.

다섯째, 책임소재를 분명히 하는 것은 보다 정확한 평가의 기초를 제공한다.

여섯째, 공식화는 미래에 요구되는 책임을 사전에 예측가능하게 한다.

일곱째, 구성원들은 갈등을 느끼는 경향이 있으며, 이러한 갈등이 발생하면 개인적 노력과 생산성에 손실을 가져다준다.

이러한 가정이 어느 정도 타당성을 갖고는 있지만, 모든 개인과 업무에 대해 항상 옳은 것은 아니다. 더구나 공식화는 사람보다는 조직의 질서적 구조만을 강조하기 때문에 기계적이란 비판을 받고 있다. 또한 정교한 조직구조를 지나치게 강조함으로써 비공식적 의사소통을 방해하고, 공식적 의사소통에 과중한 부담을 초래하기도 한다.

2.2 공식화의 중요성

조직에서 공식화가 중요한 이유를 살펴보면 다음과 같다.

첫째, 조직구성원의 행동을 표준화함으로써 통제를 더욱 용이하게 하는 것이 가능하다. 행동을 표준화하면 표준화되지 못한 행동은 줄어들게 된다는 것이다.

둘째, 공식화의 정도가 높으면 조직 내에서의 행동과 결과를 예측하기 쉬워진다.

셋째, 조직 내의 활동을 고도로 공식화하면 어떤 상황에서 무슨 행동을 해야 하는가를 알게 되므로 혼란을 막을 수 있다. 공식화는 언제, 누가, 무엇을 해야 하는가를 알려주기 때문에 분쟁이 많이 줄어들 수 있다.

마지막으로, 공식화의 정도가 높을수록 업무는 표준화되고 자유재량권은 적어진다. 일반적으로 자유재량권이 많아지면 직무수행 시 더 많은 판단력이 요구되므로 이러한 사람에 대한 인건비가 상승하지만, 고도로 공식화된 직무를 수행할 경우 문서화된 절차에 따라 업무를 수행하기 때문에 자유재량권에 따른 비용이 감소된다.

공식화는 직무행동을 표준화하고 업무의 효율적 수행을 가능하게 한다는 점에서 매우 유익하지만, 공식화가 조직목적의 효율적 수행보다는 규칙에 집착할 경우 조직구성원의 자율성과 창조성을 억압하는 요인으로 작용함으로써 부정적인 결과를 초래할 수 있다. 여기에 관련된 문제점을 살펴보면 다음과 같다.

첫째, 공식화가 높아지면 조직구성원들의 자율성이 줄어든다. 공식화의 정도가 높을수록 상사는 부하들이 스스로 결정을 내릴 수 없고, 자기통제력이 없으며, 책임을 맡길 수 없다고 판단하여 그들에 대한 행동지침을 제공하기 위하여 규칙과 규정을 강화하게 되며, 그 결과 공식화의 정도는 더욱 높아지게 된다는 것이다. 우리나라 공무원들은 문서작성 및 문서발송에 많은 시간을 보내고 있는 것으로 나타났고, 민원인들의 가장 큰 불만사항 중의 하나가 구비서류가 많고 서로 중복되는 것이라는 점에서 우리나라 행정조직의 공식화 정도에 문제가 있음을 알 수 있다.

둘째, 관료제의 병리현상이 만연될 수 있다는 것이다. 즉, 공식화는 규칙 준수를 제도적으로 강요함으로써 조직구성원을 기계화시키고, 소외감을 증대시키며 변화를 기피하게 만들 수 있다. 이것은 관료제의 역기능적 현상이 공식화에 그대로 적용될 수 있음을 의미한다. 따라서 공식화는 조직을 합리화시키는 데 매우 중요한 위치를 차지하면서도 인간을 비인간화시킬 수 있다는 비판을 받고 있다.

2.3 공식화의 도입방법

공식화는 직무현장과 외부 노동시장을 통해서 이루어질 수 있다. 직무현장에서의 공식화 방법과 외부 노동시장을 활용한 공식화 방법을 소개하면 다음과 같다.

첫째, 직무현장에서의 공식화 과정은 외부화된 행동이라고 한다. 즉, 이는 구성원의 직무를 통제하는 규칙, 절차, 규정이 명확하게 정의되고 직접적인 관리감독을 통하여 실행되어 공식화가 구성원의 외부에 자리 잡기 때문이다. 이것은 미숙련 구성원의 공식화과정의 특징이고, 또한 이것이 전형적인 의미의 공식화라 할 수 있다.

둘째, 외부 노동시장을 통한 공식화 과정은 전문화(professionalization)에 의한 공식화 방법인데, 이것은 내부화된 행동이라고도 한다. 즉, 전문직업인들은 조직에 들어오기 전에 이미 사회화 과정을 밟는다.

그래서 공식화는 조직 내에서도 일어날 수 있는 반면, 이미 확립된 규칙으로 사전에 프로그램화된 외부인을 고용함으로써 공식화를 달성할 수도 있다. 따라서 공식화를 조직에 도입할 때는 조직이 원하는 행위를 만들거나 구입할 수도 있다.

여기에서 사회화란 구성원이 조직의 가치, 규범, 기대되는 행동유형을 사전에 습득하는 적응과정이다. 대부분의 조직구성원은 정도의 차이는 있으나 직무 전에 이미 상당한 정도로 사회화 과정이 이루어진 경우가 많다. 즉, 전문직업인들은 수년간의 교육과 훈련기간을 거친 후에 실무에 들어가는데, 이러한 교육과정에서 전문직업인으로서의 행동유형과 사고방식을 형성하게 된다.

따라서 경영층은 공식화의 도입방법에 관해 다음과 같은 두 가지의 결정에 직면하게 된다. 첫째, 어느 정도의 행동 표준화가 바람직한가? 둘째, 표준화를 조직 내에서 행할 것인가, 아니면 외부에서 도입할 것인가?

일반적으로 미숙련 구성원은 조직 내 공식화과정에 의존하며, 특정 조직의 분위기에 적응하려면 구성원들이 이러한 과정을 거치는 것이 바람직하다. 대부분의 경우 미숙련직은 수평적 · 수직적으로 분화되어 있으므로, 이들의 행동을 통합하고 통제하기 위해서는 공식화와 훈련이 사용된다. 반면에 조직에서 전문직의 경우에는 직무절차와 내용을 이미 내부화한 개인을 고용하게 된다.

이러한 공식화의 정도는 조직 사이에서뿐만 아니라 조직 내에서도 차이가 있는데, 동일한 조직 내에서도 특정 직무는 그 일의 성격상 공식화의 정도가 낮고 또 어떤 직무는 공식화의 정도가 높게 된다. 간단하고 반복적인 미숙련직은 공식화의 정도가 높아야 하고, 전문화된 직책은 공식화 정도가 낮은 경향이 있다. 또한 조직 내의 계층상의 위치나 기능별 부문에 따라서도 공식화의 정도가 다르다. 일반적으로 계층상의 위치가 높아질수록 공식화의 정도가 낮아지고, 안정적 · 반복적 활동을 하는 생산부문보다 유동적인 소비자욕구에 반응해야 하는 판매부문이 공식화의 정도가 낮다.

2.4 공식화 측정 설문지

<표 4.2>는 공식화를 측정하기 위한 설문지로서, 설문지에 대한 해답은 조직에서의 공식화 정도를 어느 정도 합리적으로 평가할 수 있게 해준다. 이것은 공식화에 있어서의 주요한 요소를 언급하고 있다. 이러한 요소는 직무기술서와 규정들이 세분화된 정도, 감독의 정도, 종업원과 경영자들에게 주어진 자유재량권의 정도, 작업표준화의 정도, 규정이 존재하고 강요되는 정도 등이다.

표 4.2 공식화 측정 설문지

다음 항목 중 당신이 속한 조직에 가장 적합하다고 생각되는 것 하나에 ○표 하여 주십시오.
1. 문서화된 직무기술서가 다음 어느 계층에서 이용되고 있습니까? a. 작업층 종업원에게만 이용되고 있다. b. 작업층 종업원과 일선감독자에게만 이용되고 있다. c. 작업층 종업원과 일선감독자와 중간관리층 및 중상관리층에 이용되고 있다. d. 모든 구성원(상위관리자 포함)에게 이용되고 있다.
2. 문서화된 직무기술서가 있는 경우, 직무기술서에 정해진 표준에 순응시키기 위하여 종업원을 어느 정도로 감독하고 있습니까? a. 매우 느슨하게 b. 느슨하게 c. 보통 정도로 주의 깊게 d. 주의 깊게 e. 매우 주의 깊게
3. 종업원이 표준에서 벗어나는 것을 어느 정도 허용해줍니까? a. 매우 많게 b. 많이 c. 보통 d. 조금 e. 전혀 허용해주지 않음
4. 비관리직 종업원 중 몇 퍼센트에게 그들의 직무에 대한 문서화된 작업지시서나 절차서 등을 제공합니까? a. 0~20% b. 21~40% c. 41~60% d. 61~80% e. 81~100%
5. 문서화된 작업지시서나 절차 등이 주어진 비관리직 종업원들은 어느 정도 지시서나 절차 등을 따릅니까? a. 전혀 따르지 않음 b. 거의 따르지 않음 c. 약간 따름 d. 많이 따름 e. 매우 많이 따름
6. 감독자와 중간관리자가 의사결정 시, 그들은 어느 정도 규칙, 절차, 정책 등으로부터 벗어날 수 있습니까? a. 매우 많이 b. 많이 c. 약간 d. 거의 못 벗어남 e. 전혀 못 벗어남
7. 조직 내에 있는 모든 규칙과 절차 중 몇 %가 문서화되어 있습니까? a. 1~20% b. 21~40% c. 41~60% d. 61~80% e. 81~100%
※ 점수 : 모든 항목에 대해 a=1, b=2, c=3, d=4, e=5의 가중치 부여. 7가지 항목에 대한 점수를 합산하면 이 점수의 합이 공식화의 정도이다. (최고 가능점수는 35점)

출처 : S. P. Robbins, op. cit., p.73.

2.5 공식화와 복잡성

공식화와 복잡성의 관계는 그리 간단하지는 않다. 어떤 관점에서 보면 공식화와 복잡성은 모두 통제의 증가를 가져오는데, 전문화, 규칙, 규정들을 통한 표준화 및 전문화는 종업원의 행동을 예측할 수 있는 경영자의 능력을 향상시켜 준다. 그래서 복잡성의 정도가 증가하면 공식화의 정도는 낮아지게 된다. 예를 들어, 고도로 훈련된 전문가에게는 많은 양의 규칙과 규정이 필요하지 않지만, 종업원들이 과업에 의해서 수평적으로 전문화되어 있을 경우 그들의 작업순서는 표준화되고, 증가된 많은 수의 규칙과 규정들이 그들의 행동을 통제할 것이다.

이상의 내용은 공식화와 복잡성의 관계를 설명하는 데 있어서 중요한 변수가 복잡성의 원인이라는 점에 유의해야 할 필요가 있다. 즉, 동일한 복잡성이라 하더라도 수직적 분화에 의해서 발생한 것과 수평적 분화에 의해서 발생한 복잡성은 공식화와 상이한 관계를 갖는다. 이러한 관계를 구체적으로 설명하면 다음과 같다.

첫째, 높은 수직적 분화는 그 조직에서 증가된 계층 수만큼의 경영자, 기술적 전문가, 그리고 전문직업인을 가질 것이라는 것을 의미한다. 종업원들에 비하여 이러한 사람들은 비일상적 직무를 수행하며, 이들이 조직에 들어오기 전에 경험한 사회화는 통제에 대해 내부적으로 표준화시켰을 것이므로, 조직상 부여되는 공식화의 정도는 낮을 것이다.

둘째, 높은 수평적 분화는 일상적이고 반복적인 직무를 수행하기 위해서 미숙련 노동자를 고용함으로써 이뤄진다. 이러한 노동의 분화는 조정과 통제를 효율화하기 위한 높은 수준의 공식화를 가져온다.

3 집권화

3.1 집권화의 정의

조직구조를 결정하는 세 가지 기본변수 중 가장 논란의 여지가 많은 요소가 집권화이다. 집권화(centralization)란 조직의 어느 단일위치에 의사결정이 집중되는 정도를 나타내므로, 고도의 집중 정도는 고도의 집권화를 뜻하고, 낮은 집중 정도는 낮은 집권화, 즉 분권화를 나타낸다.

이러한 집권화는 지역적인 집중과는 다른 개념으로, 집권화는 지역적인 집중이 아닌 조직 내에서의 의사결정 권한의 집중을 뜻한다. 이러한 집권화의 개념과 관련해서 논의되어야 할 몇 가지를 제시하면 다음과 같다.

첫째, 권한의 집중도와 분산도에 따라서 집권화의 정도가 결정되는데, 이때 고려되는 권한이 공식적인 권한에만 한정되는가 하는 문제이다. 여기에서는 공식적으로 의사결정 권한을 부여받은 개인은 당연히 고려대상이 되겠지만, 의사결정의 공식적 권한을 갖지 못하면서도 실질적으로 의사결정에 비공식적인 영향을 미치는 사람을 어떻게 할 것인가가 논의의 대상이 된다.

둘째, 정책이 분권화를 무효화할 수 있는가 하는 문제인데, 조직은 의사결정을 하위계층에 위임하지만 의사결정자들은 정책에 의해 제한을 받는 경우가 많다. 다시 말해서 하위계층으로 하여금 최고경영층이 직접 행했을 때의 의사결정과 동일하게 의사결정을 하도록 정책이 강요한다면, 분권화가 이루어진 것으로 보는가 하는 문제가 논의되어야 한다. 비록 조직의 하위계층에서 많은 의사결정을 한다고 해도 이러한 결정들이 조직정책에 의해 정형화되어 있다면 고도의 집권화가 존재한다고 할 수 있다.

셋째, 단일위치로의 집권화가 뜻하는 바가 무엇인가 하는 문제이다. 집권화란 의사결정권이 단일위치로 집중된다는 사실을 나타낸다고 하지만 이 말이 정확히 무엇을 뜻하는가는 분명하지 않다. 단일점이 개인을 뜻하는가, 단위 혹은 조직계층을 의미하는가도 분명하지 않다. 집권화는 의사결정이 조직의 상위층에서 이루어지는 것이므로 집권화가 단일위치로의 집중이라고 했을 때, 만약 그 단일위치가 조직의 하위계층이라면 이것을 집권화라고 말할 수 있을까가 의문시된다.

넷째, 분권화된 결정을 엄격하게 관리하는 정보처리시스템은 집권화된 통제를 유지하는 것인가 하는 문제이다. 컴퓨터를 통한 발전된 정보기술은 분권화를 용이하게 한다. 그러나 이 기술은 최고경영자에게 어떤 결정경로인가를 신속하게 알게 해주고, 이 결정이 최고경영층이 바라는 바가 아니라면 언제든지 수정하도록 해준다. 이 경우에 자유재량권이 분명히 하위층으로 위임되었다고 하더라도 이것을 진정한 분권화라고 볼 수는 없다. 조직에 있어서 통제권의 진정한 분담이란 존재하지 않는다. 따라서 이상의 경우는 분권화의 겉모습만 있고, 최고경영층은 효율적인 집권화된 통제를 유지하고 있다고 할 수 있다.

다섯째, 하위계층의 구성원에 의한 정보의 통제는 집권화된 것 같지만 실제적으로는 분권화된 것으로 간주할 수 있다. 경영자들은 의사결정에 이용되는 정보를 하위자들에게 의존한다. 이때 정보는 상위계층으로 전달되면서 여과되는데, 정보가 여과되지 않으면 최고경영층은 정보처리에 상당한 부담을 느낄 것이다. 이 여과작용은 하위자로 하여금 어떠한 정보가 전달되어야 하는가를 판단하고 해석하도록 한다. 따라서 여과과정에서 하위자들은 자신들이 원하는 의사결정을 얻을 수 있도록 정보를 구조화할 수 있다. 이처럼 의사결정이 최고경영층에 집중되어 있는 것 같지만 의사결정 투입요소 및 궁극적인 의사결정까지도 하위계층에 의해 통제되기 때문에 실제로 집권화가 아닌 분권화되어 있는 것이다.

이러한 질문들은 집권화의 개념을 혼란시키기 위한 것이 아니라 집권화가 이해하기 어려운 개념이라는 것을 나타내고 있다. 하지만 집권화에 대한 실질적인 접근을 위해서는 이러한 문제를 해결할 수 있는 정의를 개발할 필요가 있다. 따라서 이러한 문제를 해결하기 위해 집권화의 개념을 정의하면, 집권화는 자율적 선택을 위해 공식적인 권한이 특정 개인이나 조직단위, 또는 조직계층에 집중되는 정도를 의미한다. 이러한 정의는 이전의 질문에 다음과 같은 해답을 제공해 준다.

첫째, 집권화란 비공식 조직이 아닌 공식적 조직에만 관심을 갖는다. 다시 말하면 집권화는 단지 공식적인 권한에만 적용된다.

둘째, 집권화는 의사결정의 자율성에 초점을 둔다. 의사결정이 하위계층으로 위임되어 있으나 하위계층 구성원의 자율적인 선택을 억누르는 정책이 존재할 때에는 집권화가 증대된다. 따라서 정책은 분권화를 무효화할 수 있다.

셋째, 단일위치로의 집권화란 특정 개인, 조직단위, 또는 조직계층을 지칭할 수 있으나 집권화에서 단일점이란 상위계층으로의 집중을 의미한다.

넷째, 정보처리는 최고경영층의 통제를 증대시킬 수 있으나 의사결정의 선택은 여전히 하위계층의 구성원에게 있다. 따라서 분권화된 결정을 엄격하게 관리하는 정보처리시스템은 집권화된 통제를 유지하지는 않는다.

다섯째, 모든 정보의 이전은 해석을 필요로 한다. 정보가 수직적 계층을 통해 움직일 때 여과현상이 일어나는 것은 당연한 사실이다. 최고경영층에 의사결정이 집중되어 있다면 의사결정은 집권화되어 있다고 볼 수 있다. 하지만 의사결정에의 투입이 다른 사람들에 의해 여과되면 될수록 의사결정의 집중과 통제는 약화된다.

3.2 권한과 명령계통

집권화의 개념은 권한이나 명령계통과 관련지어 생각할 수 있다. 권한은 집권화되거나 아니면 분권화될 수 있지만, 명령계통은 분권화가 이루어지는 경로를 나타낸다. 그래서 두 가지 개념은 매우 중요하므로 이들 개념이 의미하는 바를 분명히 이해해야 할 필요가 있다.

권한이란 조직목표를 달성하기 위하여 구성원들에게 행동하도록 명령할 수 있는 권리를 뜻하는데, 이 정의에서 가장 중요한 용어는 권리란 용어이다. 조직 내에서 구성원들의 행동이 올바른 행동인가를 확인시켜 주는 것이 권리라는 단어이다. 따라서 권한은 조직 내에서 특정 구성원이 맡고 있는 직위와 관계되는데, 구성원들은 직급이나 직위로부터 부여되는 일종의 고유권한을 가지게 된다. 이것이 직접적으로 사람과는 관련이 없지만 권리는 그 직무가 가진 고유권한이므로 하나의 직위를 얻을 때마다 그 직위에 맞는 고유권한을 갖게 되며, 그 직위를 떠나게 되면 고유권한은 상실된다.

권한에는 라인권한과 스태프권한이라는 두 가지 유형이 있는데, 라인권한은

그림 4.6 제조업체의 조직도(명령계통)

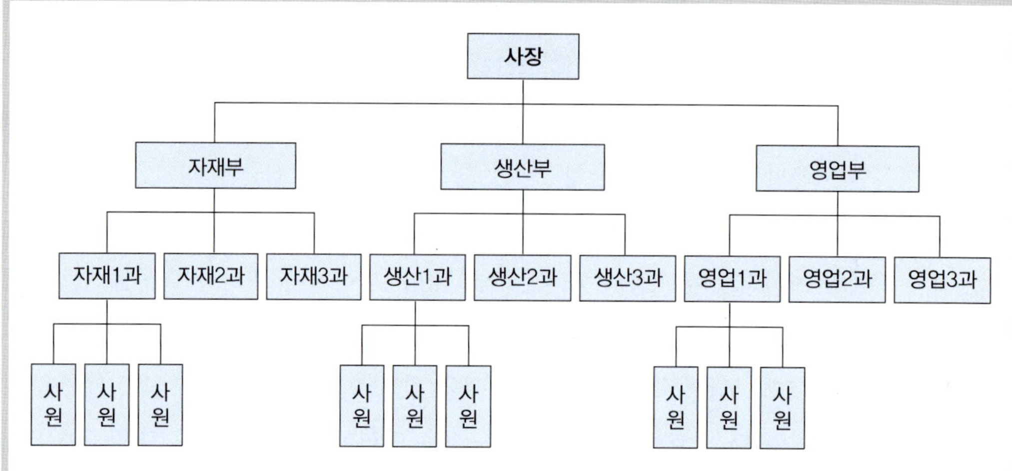

하급자들의 모든 활동에 대해 통제와 지시가 이루어지는 상급자의 권한을 뜻한다. 반면에 스태프권한은 라인에게 조언과 조력을 제공할 수는 있으나, 구성원들을 행동하게 할 권한은 없다. 따라서 모든 상급자와 하급자와의 관계는 라인권한에 의해 결정되어진다. 하지만 법률전문가가 라인에 조언하고 비서가 보고서를 분석하여 사장에게 도움을 줄 때는 스태프권한을 통하여 행동하는 것이다.

명령계통은 상급자와 하급자와의 의사전달관계이며, 이는 최고경영층에서 출발하여 조직의 하위계층으로 내려옴에 따라 계층 수가 증가하게 된다. [그림 4.6]은 소규모 제조회사의 조직도인데, 모든 조직도와 마찬가지로 이는 권한관계, 즉 명령계통을 나타내 주고 있다. [그림 4.6]에서 명령계통을 살펴보면 '사장 → 자재부장 → 자재1과장 → 자재사원'과 같다.

의사결정 권한이 분권화될 때는 권한이 명령계통을 따라 아래로 위임되며, 명령계통은 의사결정이 분권화될 때 권한이 배분되는 경로를 나타낸다. 모든 공식적인 의사소통은 이 계통 혹은 권한의 라인을 통해서 일어나게 된다.

3.3 집권화의 중요성

집권화는 다음과 같은 중요성을 가지는데, 먼저 집권화는 통일성을 촉진시킨다. 계획, 방침, 결정 등의 모든 관리기능과 활동들이 통일되어 표준화되면, 절차나 보고서 등이 통일되어 업무수행이 쉬워지고 부문 간의 성과를 비교하기 쉽다.

둘째, 집권화는 전문화를 높일 수 있다. 모든 권력과 권한이 주어진 최고경영층은 정책 및 관리의 전문화를 위해 전문가들의 능력을 충분히 활용함으로써 전체적으로 전문기술의 활용 가능성을 높일 수 있다.

셋째, 신속한 업무처리로 비용이 절약되고 위기에 신속하게 대처할 수 있다.

마지막으로, 집권화는 통합·조정역할을 효과적으로 수행함으로써 행정기능의 중복과 혼란을 피할 수 있고, 분열을 억제할 수 있다. 그래서 집권화는 통합·조정·전문화를 희망하는 조직에서 선호되고 있다.

3.4 집권화와 의사결정

조직에서 모든 관리자들은 반드시 의사결정을 해야 한다. 관리자들은 목표설정, 예산배분, 인사, 작업수행방법 및 조직유효성을 향상시키기 위한 방법을 선택해야 한다. 집권화를 이해하는 데 권한과 명령계통에 대한 지식이 중요하듯이 의사결정과정을 이해하는 것도 매우 중요하다.

의사결정이란 최소한 두 가지 이상의 대안을 평가한 후에 보다 나은 대안을 선택하는 과정으로, 개별적 의사결정 관점에서 보면 이것이 적절한 표현이지만 조직의 관점에서 보면 선택을 하는 것은 보다 큰 과정 중의 한 단계에 불과하다. [그림 4.7]은 이러한 보다 큰 과정을 나타내고 있다.

그림 4.7 조직의 의사결정과정

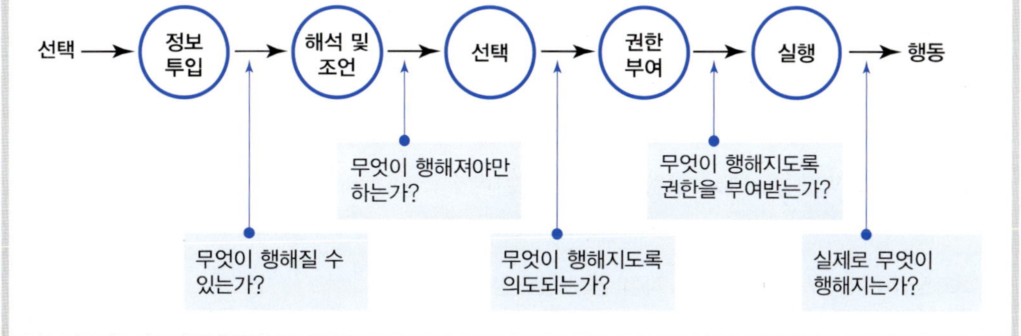

출처 : T. T. Paterson, *Management Theory* (London: Business Publications, 1969), p.150.

이 의사결정과정을 설명하면 먼저 정보가 수집되고, 수집된 정보는 실행되어질 수 있고, 실행되어져야만 하는 것을 통제하기 위하여 긴 경로를 거친다. 최고경영층의 관리자가 하위층의 정보에 의존한다는 것은 하위층에게 그들이 원하는 정보를 전달할 수 있는 기회를 준다는 것이다. 일단 정보가 수집되면 수집된 정보가 해석되어져야 하는데, 이러한 해석은 무엇이 이루어져야 하는가에 대해 의사결정자에게 조언으로서 전달된다. 세번째 단계는 선택을 하기 위하여 조언에 따라 행동하는 것이다.

[그림 4.7]에서 의사결정자가 모든 단계를 전부 통제할 때 가장 집권화되었다고 말할 수 있다. 의사결정자가 자신의 정보를 직접 수집하고, 분석하며, 선택을 하고, 권한을 위양하지 않고, 스스로 집행할 때 집권화가 가장 높다라고 표현한다. 반면 다른 사람들이 이러한 각 단계를 통제하면 분권화된 것으로 본다.

3.5 집권화의 측정

조직에서 집권화 정도를 측정하기 위한 설문지를 예시하면 <표 4.3>과 같다. 이 설문지는 최고경영자가 의사결정과정의 주요 부문에 대해 갖는 영향력의 정도와 일선감독자가 그의 직무에 있어 중요한 요소들에 대해 갖는 자유재량권의 양을 측정하려는 것이다. 각 항목 점수를 합산한 점수들을 범주화해서 40점 이상은 고도의 집권화, 21점에서 39점까지는 보통수준, 20점 이하는 낮은 수준의 집권화(즉, 분권화)라고 할 수 있다.

표 4.3 집권화 측정 설문지

각 항목을 읽고 해당되는 기호에 ○표 하시오.
1. 최고경영층이 의사결정에 필요한 정보수집에 대해 직접적으로 참여하는 정도는? a. 없다 b. 거의 없다 c. 조금 d. 많이 e. 아주 많이
2. 최고경영층이 투입정보의 해석에 참여하는 정도는? a. 0~20% b. 21~40% c. 41~60% d. 61~80% e. 81~100%
3. 최고경영층이 의사결정 실행을 직접 통제하는 정도는? a. 0~20% b. 21~40% c. 41~60% d. 61~80% e. 81~100%

질문 4에서 10까지는 다음 응답을 이용하시오.
a. 매우 크다　b. 크다　c. 보통　d. 거의 없다　e. 없다

4~10. 일선관리자(감독자)는 다음에 대해 어느 정도의 자유재량권을 갖고 있습니다.

4. 자기 조직단위의 예산설정에 대해
5. 자기 조직단위의 성과평가의 결정에 대해
6. 해고와 고용에 대해
7. 보상(임금인상 및 승진 등)에 대해
8. 장비 및 설비 구입에 대해
9. 새로운 프로젝트나 프로그램 설정에 대해
10. 예외적 업무를 다루는 것에 대해

※ 점수 : a=1, b=2, c=3, d=4, e=5.
모든 항목에 대한 합계는 집권화의 정도를 나타낸다.

3.6 복잡성, 집권화 및 공식화 간의 관계

1) 집권화와 복잡성

복잡성과 집권화 간에는 역의 관계가 성립됨을 증명하는 많은 연구들이 있다. 즉, 낮은 집권화(분권화)와 높은 복잡성 간에는 정의 상관관계가 있다. 예를 들어, 전문 과업 수가 증가하면 의사결정에 필요한 전문성과 능력이 증가되는데, 구성원들이 전문훈련을 많이 받을수록 의사결정에 참가하는 경향이 증가하게 된다. 따라서 복잡성이 증대되면 의사결정은 분권화된다.

반대로 집권화가 높을수록 구성원들은 전문훈련을 덜 받았을 가능성이 크므로, 집권화가 높을수록 복잡성은 낮아진다. 복잡성과 집권화 간의 관계는 [그림 4.8]과 같다.

2) 집권화와 공식화

집권화와 복잡성의 관계가 명확한 데 반해, 집권화와 공식화의 관계는 명확하지가 않고 기존의 연구들도 상반된 견해를 보이고 있다. 대부분의 연구결과

그림 4.8 복잡성과 분권화의 관계

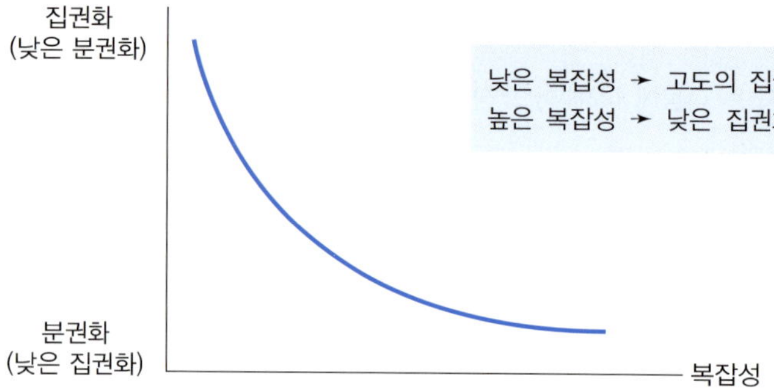

가 일관성이 없어 혼란스러운 결과를 가져왔으나 최근 연구에서는 고공식화-저집권화(공식화)의 가설을 지지하고 있다. 그래서 집권화와 공식화 간의 관계가 조직구조 형성에 주는 시사점을 제시하고자 한다. 집권화와 공식화 간의 상관관계는 명백히 규정할 수 없어 정(+) 또는 부(−)의 상관관계 등의 일반론을 제시할 수 없다. 그래서 아래에서는 특정 상황에 따라 이에 적합한 집권화와 공식화 간의 관계를 설명하고자 한다.

첫째, 비숙련 단순작업계층의 경우, 경영자들이 종업원을 바라보는 관점은 McGregor의 X이론을 따른다. 이때 경영자들은 의사결정 권한을 집중적으로 보유하며(즉, 집권화 경향), 종업원들의 업무를 통제하기 위하여 많은 규칙을 제정하며, 업무상의 절차를 공식화시킨다. 따라서 이러한 단순직 종업원을 고용하고 있는 경영조직에 있어서는 고공식화-고집권화의 관계가 유리하다.

둘째, 전문직 종업원을 고용하고 있는 경영조직은 낮은 수준의 공식화와 분권화를 생각할 수 있지만, 이것도 의사결정 유형에 따라 변화될 수 있다. 예를 들어, 전문가들은 자신의 일에 직접적으로 영향을 미치는 의사결정에 대해서는 분권화를 바라지만, 인사관리 문제들(예 : 임금과 인사고과 절차 등)이나 전략적 의사결정에 대해서는 분권화를 원하지 않는다. 이상을 요약하면 <표 4.4>와 같다.

표 4.4 집권화와 공식화의 관계

공식화 \ 집권화		집권화의 정도: 저(공식화)	집권화의 정도: 고(집권화)
공식화의 정도	저	전문가 조직 (업무와 관련한 기술적인 문제)	전문가 조직 (전략적 의사결정과 관련하여)
	고	일반 조직(사업부제 조직) 전문가 조직(인사관리 문제와 관계)	단순작업직 조직

요약

본 장에서는 조직구조를 형성하고 있는 세 가지 기본 변수인 복잡성, 공식화, 집권화를 확인 · 설명하고자 한다. 이들 세 가지의 기본변수가 조직구조를 형성하는 핵심적인 차원이라는 사실에 대해서는 다소 논란의 여지가 있지만 오늘날 대체적으로 인정되고 있는 실정이다. 조직구조를 형성하고 있는 세 가지 변수 중에서 복잡성과 집권화는 조직형성의 일반적 프로그램 차원에서 요구되는 변수로서, 복잡성은 분화와 통합의 원리가 요구되고 집권화는 권한과 책임의 원리가 요구된다. 반면에 공식화는 행동적 프로그램 차원에서 요구되는 변수로서 성문화와 불문화의 원리가 요구된다.

복잡성이란 조직 내에 존재하는 분화의 정도(degree of differentiation)를 가리키는 말이다. 이러한 분화의 형태에는 수평적 분화, 수직적 분화, 그리고 장소적 분산이 있다. 수평적 분화(horizontal differentiation)는 단위부서 간의 수평적 분할 정도를 의미하며, 수직적 분화(vertical differentiation)는 조직 내 계층의 깊이를 의미한다. 장소적 분산(spatial dispersion)은 조직의 시설 및 인력이 지역적으로 분산되어 있는 정도를 의미한다. 이러한 세 가지 요소 중에서 어느 한 가지 요소만 증가되어도 조직의 복잡성은 증가하게 된다.

공식화란 조직이 어떤 일을 누가, 언제, 어떻게 수행해야 한다는 것을 어느 정도 공식적으로 규정하느냐에 관한 개념으로, 조직의 특성에 따라서 공식적 규정이 세밀하고 엄격하게 되어 있는 경우도 있고 느슨하게 되어 있는 경우도 있다. 공식화의 수준은 조직에 따라 천차만별인데, 공식화는 구성원의 행동에 대한 공식적 규정의 수준을 가리키는 것에 불과하므로 구성원의 실제 행동이 공식적 규범에 반드시 부합되느냐 하는 문제와는 구별되어야 한다. 조직의 특성에 따라 구성원의 행동이 공식적 규범으로부터 크게 이탈되는 경우도 있고 적게 이탈되는 경우도 있다.

이러한 공식화의 개념과 관련하여 두 가지의 논의가 있는데, 하나는 공식화의 규칙과 절차가 문서화되어야 하느냐 하는 것과 다른 하나는 전통이나 불문율에 의한 행동의 표준화도 공식화의 개념에 포함시켜야 하느냐에 대한 논쟁이 바로 그것이다.

조직구조를 결정하는 세 가지 기본변수 중 가장 논란의 여지가 많은 요소가 집권화이다. 집권화란 조직의 어느 단일위치에 의사결정이 집중되는 정도를 나타내므로, 고도의 집중 정도는 고도의 집권화를 뜻하고, 낮은 집중 정도는 낮은 집권화, 즉 분권화를 나타낸다. 이러한 집권화는 지역적인 집중과는 다른 개념으로, 집권화는 지역적인 집중이 아닌 조직 내에서의 의사결정 권한의 집중을 뜻한다.

이러한 세 가지 변수들 간의 관계는 조직구조를 결정하는 데 매우 중요한 만큼 조직을 설계할 때 이들 간의 관계를 적절히 고려하여야 한다.

정리 및 토의과제

1. 조직구조를 결정하는 기본변수는 어떤 것이 있는가?
2. 복잡성이란 무엇을 의미하는가?
3. 수평적 분화란 무엇인가?
4. 직무전문화란 무엇인가?
5. 부문화와 부문화의 종류에 대해서 알아보자.
6. 수직적 분화란 무엇인가?
7. 통제의 범위에 대해 설명해 보자.
8. 장소적 분산의 의미는 무엇인가?
9. 수평적 분화, 수직적 분화 및 장소적 분산의 결합관계에 대해 알아보자.
10. 복잡성의 중요성에 대해 알아보자.
11. 복잡성의 측정에 대해 알아보자.
12. 공식화란 무엇을 의미하는가?
13. 공식화를 정당화하기 위한 기본 가정은 어떤 것들이 있는가?

14. 공식화의 중요성과 도입방법에 대해 알아보자.

15. 공식화의 측정방법에 대해 알아보자.

16. 공식화와 복잡성의 관계를 알아보자.

17. 집권화란 무엇을 의미하는가?

18. 집권화의 중요성과 측정방법에 대해 알아보자.

19. 집권화와 의사결정의 관계를 알아보자.

20. 복잡성, 공식화 및 집권화의 관계를 알아보자.

21. 정부조직과 기업조직의 공식화 정도 차이를 조사해 보자.

22. 공기업과 사기업의 조직구조적 차이에 대해 알아보자.

Chapter 05

조직구조의 상황변수(1) : 규모와 기술

사례연구

세상을 바꾸는 '빅 프라핏(Big Profit)' 기업의 조건

탐스 슈즈, 시멕스, 타니타, 카처, 와비파커……. 이들 기업의 공통점은 무엇일까? 이들은 신발(탐스 슈즈)과 시멘트(시멕스)를 팔고, 식당(타니타)을 운영하며, 청소기(카처)를 만들고, 인터넷으로 안경(와비파커)을 판매하는 지극히 평범한 회사들이다. 겉으로 봐선 공통점을 찾기 힘든 이 기업들에는 한 가지 관통하는 사실이 있다. 바로 사회문제에서 수익창출의 기회를 찾아내 시장을 선도하는 기업이란 것이다. 삼성경제연구소 사회공헌연구실장, 수석연구원을 지낸 신현암 팩토리8 대표는 오랜 기간 동안 다양한 기업경영전략과 사례를 연구해 오며 '돈 버는 것' 그 이상의 일을 하고 있는 기업들이 있다는 사실을 깨달았다. 새로운 시대가 요구하는 가치관에 부합하는 '**빅 프라핏**(Big Profit)' 기업이 바로 그들이다. 최근 착한 기업, 사랑받는 기업이 산업계의 이슈가 되고 있는 만큼 신현암 대표를 찾아가 어떻게 사회문제에서 돈 버는 기업이 될 수 있는지, 목적이 있는 기업으로 거듭날 수 있는지 들어보았다.

Q 최근 일본출장을 다녀오셨는데 보통 도쿄를 자주 방문하신다고 들었습니다. 특별한 이유가 있나요.

▸▸ 1년에 100일 정도는 일본에 있는 것 같아요. 소비자 정보와 트렌드 정보를 가장 먼저 들여다볼 수 있는 곳이 바로 일본이 아닐까 싶거든요. 특히 도쿄에 가면 새 책을 빨리 구해보고 다양한 아이디어를 얻을 있습니다. 물론 자비로 가기 때문에 1년에 수백만 원이 들지만, 제 자신에 대한 투자인만큼 시간이 있을 때마다 자주 가고 있

어요. 이번에 도쿄에 4일, 오사카에 12일 정도 있었는데, 앞으로는 도쿄뿐 아니라 오사카나 교토 등 다른 도시로도 많이 가보려고 해요. 교토만 해도 1,000년의 수도인만큼 하다못해 떡 가게도 1,000년이나 된 곳이 있어요. 대단한 거죠. 오랫동안 사랑받는 일본의 노포를 보면서, 또 새롭게 생긴 작은 가게들을 보면서 다양한 비즈니스 인사이트를 얻고 있습니다.

Q 삼성경제연구소에서 오랜 기간 연구원으로 계시다가 팩토리8을 설립하셨는데요, 어떤 회사인지 소개 부탁드립니다.

▶▶ 팩토리8이란 브랜드에는 '팩트에 기반한 스토리'를 '무한대(8)'로 만드는 공장을 만들고자 하는 의미가 담겨 있습니다. 삼성경제연구소에서 나와 세컨드 라이프를 어떻게 살아갈까 고민하다 그동안 제가 해온 일이 글 쓰고 강의하는 일이니 아무 말 대잔치로 늘어놓기보다는 팩트에 기반한 이야기를 전달해야겠다고 생각했어요. 아직은 1인 기업이지만 앞으로 브랜드, CSR, 글로벌 시장에 대한 트렌드와 전략을 책과 강연 등 다양한 매개체를 통해 확장시켜 나갈 예정입니다.

Q 관점을 바꿔 승자가 된 혁신기업의 경영전략을 '빅 프라핏'이라는 개념으로 산업계에 소개해 주셨는데요.

▶▶ 1955년에 포춘은 '포춘 500대 기업'을 발표했어요. 당시 선정기준은 매출액과 같은 외형이었는데, GM이 맨 위에 이름을 올렸죠. 이후 40년이 지난 1997년부터는 '가장 존경받는 기업' 순위를 발표하기 시작했습니다. 외형이 전부가 아니라는 사회적 인식을 반영한 거죠. 이어 2015년부터 '세상을 바꾼 기업'의 순위를 발표하고 있어요. 지난 반세기 동안 일어난 기업 순위 책정기준의 변화를 보면 위대한 기업에 대한 평가가 양에서 질로, 질에서 격으로 진화하고 있다는 걸 알 수 있습니다. 즉, 이윤극대화를 지향하는 것으로 충분했던 수준에서 소비자들의 마음을 움직이는 것으로, 여기서 한 단계 나아가 사회에 긍정적인 변화를 불러일으키는 기업으로 이상적 기업관이 변하고 있는 겁니다. 이렇게 새로운 시대가 요구하는 가치관에 부합하는 기업을 '빅 프라핏' 기업이라고 명명했습니다. 한마디로 목적 있는 성과를 추구하는 기업이에요. 이윤창출과 지속경영을 기본으로 삼되 이윤창출의 궁극적 목적을 사회문제 해결에 두는 기업이죠.

Q 사실 사회공헌은 이탈리아 메디치 가문이나 일본 삼보요시의 경우처럼 과거에도 존재하던 개념인데요, 최근에 더 주목받는 이유가 무엇일까요?

▸▸ 사회공헌은 이미 글로벌 트렌드가 됐습니다. 과거에는 저임금노동으로 제품을 만들어 열심히 팔면 되는 시대였지만, 지금은 글로벌 시장에 들어가려면 CSR은 기본적으로 장착하고 진입해야 합니다. 특히 선진시장은 이미 마켓 사이즈가 커질 만큼 커졌어요. 기업들은 자연스럽게 신흥시장에 눈을 돌리고 있습니다. 현재 마켓 사이즈보다 앞으로의 성장가능성이 더 중요해진 거죠. 필립 코틀러가 "전 세계 70억 인구가 있는데 돈 없는 50억 인구도 마케팅 대상"이라고 말한 것도 같은 맥락이에요. 단순히 착한 일을 하자고 CSR 개념이 나온 게 아닙니다. 현재는 가난한 사람들이지만 언젠가 중산층으로 올라갈 수 있는 그 시장을 무시하면 안 된다는 거예요. 앞으로 우리 기업들도 글로벌 시장에서 당당하게 싸우려면 사회공헌에 더 관심을 가져야 합니다.

Q 국내 경영자들이 특별히 주목해야 할 빅 프라핏 기업이 있다면 소개 부탁드립니다.

▸▸ 영국에는 2년마다 온 국민이 나서서 장난감을 이용한 기부활동을 벌이는 '빨간 코의 날'이 있어요. 영국의 자선단체인 코믹릴리프가 재미있는 기부를 유도하기 위해 1파운드짜리 빨간 코라는 장난감을 활용했는데, 하루 동안 모인 기부금이 약 1,700억 원이나 됐습니다. 기부금은 아프리카 에티오피아에 기부돼요. 기부는 무겁고 진지하다고 생각해 부담스러워 하는 사람들의 인식을 바꿔 재미있는 활동으로 마치 축제처럼 전환한 좋은 사례입니다. 또 신기술 없이 혁신을 이룬 기업도 있습니다. 미국의 스프록실이라는 회사는 전 세계 위조약 시장이 연간 약 2,000억 달러에 달하고 위조약 폐해 때문에 연간 최대 100만 명까지 사망한다는 사실에 관심을 가졌어요. '위조지폐 감식기가 있다면 위조약 감식기도 가능하지 않을까'라는 의문을 시작으로 휴대폰을 통해 약품의 진위를 간단하게 구별할 수 있는 솔루션을 개발했습니다. 약에 부착된 은박지를 긁어서 일련번호를 휴대폰 문자 메시지로 전송하면 진위 여부를 실시간으로 알려주는 방식이죠. 특별한 기술도 없이 소비자에게는 안전한 의약품을 제공하고 제약회사에게는 위조약 유통이 줄어 매출액이 증대되는 성과를 가져다준 비즈니스 모델입니다. 큰 자본이나 새로운 기술 없이도 사회에서 필요로 하는 니즈를 잘 간파하면 사회적으로 큰 도움이 될 수 있어요.

Q 대기업이 발상의 전환을 통해 사회공헌을 하는 사례는 많은데, 작은 가게 같은 곳에서도 착한 이익을 만들어 내는 게 가능할까요?

▸▸ 보통 착한 이익을 만들기 위해서 많은 투자가 필요하다고 생각하시는데 꼭 그런 건 아닙니다. 일본 도쿄 진보초에 있는 미래식당은 좌석이 12개에 불과한 조그마한 식당입니다. 종업원도 없고 가게 주인 혼자서 다 해요. 그런데도 점심에 최고 3회전을

하고 월 매출 110만 엔으로 늘 흑자에요. 비결이 무엇이었을까요. 미래식당에는 아르바이트생이 있는데, 50분을 일하면 그 대가로 한 끼 식사를 할 수 있는 권리를 받습니다. 그리고 그 권리는 배고파하는 누군가에게 양도할 수 있어요. 따뜻한 마음과 함께 말이죠. 내가 쓸 수 있고 남이 쓸 수도 있는 권리를 준다는 점이 흥미로우면서도 한편으론 사회공헌활동 중 도움을 주는 사람과 도움을 받는 사람이 가장 어색한 순간, 즉 마주하는 순간을 만들지 않는다는 점에서 배려를 통해 진정성을 높인 사례라고 생각합니다.

Q 최근에는 어떤 분야에 관심을 가지고 계신가요?

▸▸ 브랜드 어드미레이션(Brand Admiration)에 대해 계속 관심을 갖고 있어요. 할리데이비슨의 할리오너스그룹이나 스티브 잡스의 철학인 '다른 것을 생각하라(Think Different)'에 공감하는 애플의 추종자들은 결국 브랜드에 대한 신뢰, 사랑, 존경의 마음을 가지고 있습니다. 이들 기업은 기능적으로 상향평준화된 사회에서 소비자와 관계를 계속 유지하기 위해 '설렘'을 지속적으로 제공하고 있어요. 결국 존경받는 기업이 되기 위한 첫걸음은 사업이 아닌 회사의 존재 이유에서 소비자를 설레게 할 수 있는 인사이트를 찾아 사회적으로 의미 있는 새로운 비즈니스 모델을 구축하는 것이라고 생각합니다.

Q 대표님의 강연을 듣거나 저서를 읽어보면 방대한 사례분석과 인사이트에 놀랄 때가 많습니다. 주로 어떻게 정보를 습득하고 큐레이션 하시는지 궁금합니다.

▸▸ 전 세계적으로 유명한 광고제나 저명한 저널에서 발표하는 기업순위 등을 자세히 살펴봅니다. 수상 기업순위나 광고의 흐름을 보면 트렌드를 함께 엿볼 수 있거든요. 최근 3~4년 전부터 공익적으로 의미 있는 광고나 기업이 많이 수상하는 것만 봐도 사회공헌에 대한 인식이 확대되고 있다는 걸 알 수 있어요. 또 관련기사를 자세히 읽다 보면 문장 한 줄에서 기업사례를 발굴하기도 하고, 과거에 어떤 일이 있었는지 조사를 하며 중간에 인용이 잘못된 건 덜어내면서 자료를 정리합니다. 삼성경제연구소에서 근무할 당시 일주일에 한 토픽씩 글을 쓰는 업무가 있었는데, 그때의 훈련이 큰 도움이 되는 것 같아요.

Q 앞으로 한국 기업들이 지속가능한 기업, 나아가 사랑받는 기업으로 가기 위해서는 어떻게 해야 한다고 보십니까?

▸▸ 최근 오뚜기 사례는 다른 기업의 경영자분들도 눈여겨 볼 필요가 있는 것 같아요.

소셜네트워크 서비스에서 식품 대기업 오뚜기에 대한 신뢰와 칭찬을 담은 글들이 끊이지 않고 있는데 비정규직을 거의 고용하지 않고 수천억 원대 상속세를 내는 등 미담이 계속 나오고 있어요. 오뚜기의 진정성 있는 윤리경영에 감동한 소비자들은 급기야 '갓뚜기(God+오뚜기)'라는 별명을 붙여줬고요. 여기서 저변에 깔려 있는 숨겨진 특성을 잘 파악해야 합니다. 기본적으로 오뚜기는 맛이 좋잖아요. 갓뚜기 열풍이 촉매제 역할을 한 건 맞지만, 제품의 퀄리티가 꽝인데 갓뚜기가 될 순 없어요. 즉, 기본적으로 경쟁력 있는 제품을 잘 만들면서 동시에 사회적 공헌을 해나갈 때 소비자들의 감성적 공감을 이끌어내는 진정성을 전달할 수 있습니다.

Q **사회공헌활동이 성공하기 위해서는 결국 경영자의 의지가 가장 중요하지 않을까 싶습니다.**

▸▸ 그동안 국내외 사회공헌활동 기업들의 사례들을 분석한 연구 결과, 기업 캠페인은 최소 7년 이상 해야 소비자들에게 진정성 있게 다가갈 수 있다고 합니다. 우리나라 기업 특성상 경영자분들은 오너와 전문경영인으로 나눠지고 일반 기업의 CEO 교체주기는 3년 정도인데, 3년 안에 결과를 만들기란 쉽지 않아요. 따라서 전임자의 유산일지라도 기업에 필요한 CSR이라면 긴 호흡으로 가져가는 것이 좋을 것 같습니다. 이스라엘에 가면 갈릴리호수와 사해가 있어요. 갈릴리호수는 헤르몬산에서 발원한 물을 받아 요단강으로 흘려보내는 반면, 사해는 요단강의 물을 받기만 하고 어느 곳으로도 보내지 않습니다. 그래서 어떤 생물도 살지 못하는 죽은 바다가 됐어요. 고이면 썩는 게 어디 물 뿐이겠어요. 기업이 벌어들인 이익도 마찬가지예요. 기존 기업이든 스타트업이든 경영을 하는 누구나가 사회에 이익이 되는 일을 하면서 돈을 벌 수 있는 방법이 무궁무진하다는 점을 깨달으셨으면 좋겠습니다.

<Chief Executive, KMAC, 2019. 3.>

신발(탐스 슈즈)과 시멘트(시멕스)를 팔고, 식당(타니타)을 운영하며, 청소기(카처)를 만들고, 인터넷으로 안경(와비파커)을 판매하는 지극히 평범한 회사들이다. 겉으로 봐선 공통점을 찾기 힘든 이 기업들에는 한 가지 관통하는 사실이 있다. 바로 사회문제에서 수익창출의 기회를 찾아내 시장을 선도하는 기업이란 것이다. 새로운 시대가 요구하는 가치관에 부합하는 '빅 프라핏(Big Profit)' 기업이 바로 그들이다. 최근 착한 기업, 사랑받는 기업이 산업계의 이슈가 되고 있는 만큼 어떻게 사회문제에서 돈 버는 기업이 될 수 있는지, 목적이 있는 기업으로 거듭날 수 있는지에 대해서 기업들의 관심은 증가하고 있다.

이 사례에서 보듯이 빅 프라핏 기업들은 소규모 기업에서 시작하여 소비자와 사회문제를 함께 해결하는 과정에서 규모가 급격하게 증대되었다. 기업이 성장하는 과정 속에는 사회문제뿐만 아니라 기술, 품질, 규모의 경제 등과 대내외적으로 신뢰라는 자본이 바탕이 되어 조직규모의 확대를 가져오게 되는데, 이 사례를 통해 한 분야에서 독보적인 기술이나 사회적 가치를 바탕으로 조직규모의 성장을 실현하는 빅 프라핏 기업의 조직구조를 살펴봄으로써 기술과 규모가 차지하는 중요성을 인식하게 될 것이다.

본 장에서는 기술과 규모가 조직구조를 결정함에 있어서 기술이 무엇이며, 규모가 조직구조를 결정함에 어떠한 영향을 미치는지 등을 살펴볼 예정이다. 실제 기술과 조직구조의 관계와 관련된 실제 연구들과 규모와 조직구조와의 관계를 연구한 결과들을 중심으로 이들 간의 관계를 살펴보고자 한다. 그리고 이러한 연구들에 반하는 일부 연구들도 소개하여 실제 상황변수들이 조직설계에서 고려되어야 할 방향들에 대해서 알아보고자 한다.

1 규 모

1.1 규모의 정의

사람들은 일상적인 조직생활을 통해 조직규모와 조직구조와의 사이에 어떤 영향관계가 있음을 알 수 있다. 조직은 구성원이 증가함에 따라 보다 효율적으로 목표를 달성하기 위해 분업을 통한 전문화를 실시함으로써 거기서 오는 경제적 효익(economic benefit)을 얻으려고 다양한 시도를 하게 된다.

이러한 시도의 결과로 나타난 것이 수평적 분화(horizontal differentiation)인데, 수평적 분화의 과정에서 기능별로 작업과정을 결합시키면 기능부서의 내부적 능률은 촉진되지만 기능부서들 간의 관계를 조정해야 하는 문제가 발생한다. 그래서 수평적으로 분화된 기능부서들 간의 관계를 조정하기 위해 수직적 분화(vertical differentiation)의 필요성이 증가된다. 수직적 분화의 증가는 관리자가 구성원들의 증대되고 다양해진 활동을 조정하기 위해 새로운 단위부서를 조직계층상에 추가하게 된다. 이러한 조직 내의 복잡성 증대는 조직 내의 모든 활동을 직접 감독해야 하는 관리자의 감독능력에 제약을 가해주므로 직접적인 감독방법은 공식적인 규칙이나 규정을 통한 감독방법으로 대체된다. 이렇게 되면 최고경영자는 하위경영자와 사이가 멀어지게 되어 충분한 정보가 뒷받침되는 신속하고 유익한 의사결정을 하기 어려워진다. 이처럼 조직의 규모에 변화가 나타나면 구조의 변화가 수반되어진다는 사실을 알 수 있다.

조직의 규모는 조직구조에 영향을 미치는 중요한 상황변수 중의 하나로, 전통적으로 규모가 조직구조에 큰 영향을 미치는 것으로 인식되어 왔다. 조직구조를 결정하는 상황변수인 조직규모를 나타내는 지표로서는 종업원의 총수, 매출액, 총투자자본금, 조직의 소유자산 총액, 병원의 환자용 침대 수, 대학교의 강의실 수 등을 들 수 있지만, 조직규모를 연구변수로 사용한 연구들의 80% 이상이 종업원의 총수로 규모를 정의하고 있다. 규모를 나타내는 다양한 지표들 중에서 종업원의 총수를 선택한 것은 다른 지표들과 서로 밀접한 정(正)의 상관관계를 가질 뿐만 아니라 종업원 총수의 증가는 조직구조에 직접적인 영향을 주기 때문이다.

그러나 종업원의 총수가 규모를 정의하는 지표라는 사실에 대해 상당한 의견일치를 보이고는 있지만, 정확성에 있어서는 논란의 여지가 있다. 예를 들어, 종업원의 총수가 시간제 근무자가 아닌 전임근무자만으로 구성된 규모를 측정한 것인지에 대한 논란이다.

최근 조직의 특성상 시간제 근무자의 고용비율이 증가되고 있는 추세를 감안한다면 이러한 논란은 충분히 검토되어야 할 내용이다. 또한 지식집약형 산업이나 기술집약형 산업에서 종업원 총수가 조직의 규모를 결정하는 데 중요한 변수인지도 고려해야 할 내용이다.

조직규모의 측정치로서 종업원 총수를 사용하는 것은 규모와 능률을 혼합하고 있는 데서 출발한 것으로, 한 조직에서 10명의 종업원이 수행하고 있는 일을 다른 조직에서 20명이 필요하다면 20명을 거느리고 있는 조직이 10명을 거느리고 있는 조직보다 규모가 2배나 크고 능률은 절반밖에 되지 않는다고 단정지을 수는 없다는 점도 고려하여야 한다. 그렇지만 종업원의 총수를 기준으로 조직규모를 측정하는 기준은 다른 측정치들과 고도의 상관관계를 나타내고 있으므로 규모를 측정하는 가장 일반화된 기준으로 제시되고 있다.

조직의 규모가 커짐에 따라 조직은 증가하는 전문화에 의해 이익을 얻게 되고 따라서 점차 분화된다. 하위단위의 수가 증가하고 이들 하위단위들은 기능적 전문성에 따라 집단화된다. 하위단위들 간의 차이가 증가할수록 이들을 조정하는 것이 어렵게 된다. 보다 나은 조정과 통제를 위해 구조의 변화에 의해 통합을 이루려는 시도가 생기게 된다. 이에 따라 보다 공식화되고 표준화된 규칙과 절차가 공식화를 촉진시킨다. 권한은 하부로 위양되고, 분권화와 공식화는 상호보완적인 역할을 하게 된다. 즉, 공식화에 의해 분권화가 가능해지지만 분권화를 위해서는 공식화가 필요하다. 다양한 하위단위들을 조정하기 위해 많은 계층들이 만들어지고 이를 위해 관리직 · 전문직 · 사무직의 수가 늘어나게 된다. 따라서 조직의 규모가 커질수록 구조화가 심화되게 된다.

1.2 규모 관련 여러 연구들

조직의 규모가 구조에 영향을 준다는 사실을 밝히기 위한 많은 연구가 실시되어 왔고, 그 결과 규모는 급여·만족도·동기와 같은 변수뿐만 아니라 분화·공식화·분권화 및 관리적 요소 등과도 관련이 있음이 밝혀졌다. 규모가 구조를 형성하는 데 영향을 미친다는 주장에서부터, 영향을 미치기는 하지만 그렇게 크지 않다는 주장, 또 전혀 영향을 미치지 않는다는 주장까지 여러 연구 결과들이 보고되고 있다. 규모와 관련된 여러 연구들을 살펴보면 먼저 Aston Group의 연구를 비롯하여 Child와 Blau 등의 연구, 그리고 Meyer 등의 연구와 이를 비판하는 연구들이 있다.

1) Aston Group의 연구

Pugh 등을 중심으로 한 Aston Group은 영국의 Birmingham 지역에 있는 종업원 250명 이상을 고용하고 있는 56개의 제조업과 서비스조직을 대상으로 연구를 하였다. Aston Group은 기술이 조직구조에 어떠한 영향을 미치는가를 연구하면서 기술을 세 가지로 구분하였다.

첫째, 업무기술(operations technology)은 작업흐름의 활동을 장치하고 순서화하는 것을 말하고, 둘째, 자재기술(materials technology)은 원자재의 균일성이나 안정성 등과 같은 작업의 흐름에서 사용되는 자재의 특성을 말하고, 셋째, 지식기술(knowledge technology)은 작업의 흐름에서 사용되는 지식의 특성을 말한다.

Pugh 등은 이 세 가지 기술 중에서 업무기술을 작업흐름의 통합도(work flow integration)라는 척도를 사용하여 구조와의 관련성을 조사한 후 기술이 활동의 구조화(structuring of activities), 권한의 집중(concentration of authority), 작업흐름에 대한 라인통제(line control of the work flow), 지원요소와 같은 구조적 특성과 관련이 있음을 규명하였다. 즉, 기술이 통합될수록 조직활동은 더욱 공식적으로 구조화되며, 통합이 덜된 경우에 최고경영자에게 권한이 집중되고 라인경영자를 통해서 직접적으로 통제를 받게 된다. 이러한 관계를 분석해 볼 때 기술은 단지 업무적 수준의 구조에만 영향을 미치고 조직 전체로 볼 때에는 규모가 더 큰 영향을 미친다는 사실을 알 수 있다. Aston Group은 기술이 구조에 결정적인 영향을 미친다는 Woodward의 연구결과를 조정하는 관점에서 업무기술의 변수들은 단지 작업흐름에 관련된 변수들과만 관련되어 있다고 주장한다. 조직의 규모가 작아질수록 구조에 대한 기술의 영향력은 커지고 조직이 커질수록 그 영향은 특정변수에만 한정하게 된다. 이러한 Aston Group의 연구결과에 대해서 Child와 Mansfield, Khandwalla 등이 지지하고 있다. 즉, 기술이 조직구조에 영향을 미치는 것도 사실이지만 그 정도는 규모에 미치지 못한다는 결과를 보고하고 있다. 한편 Blau는 기술과 조직구조 간에는 선형이 아닌 곡선형적인 관계가 있음을 밝히고 있어 Aston Group의 연구와는 상충된 견해를 밝히고 있다.

2) Child의 연구

규모가 조직구조에 영향을 미친다는 연구는 Child에 의해서도 이루어졌다. 그는 기술, 규모, 그리고 작업장의 수가 조직구조에 어떤 영향을 미치는가를 연구하였다. 그 결과를 보면 규모가 기술보다는 조직구조에 더 큰 영향을 미치며 제조업의 경우 더욱 규모가 구조에 영향을 미치고 있다고 결론을 맺고 있다. 조직은 규모가 확대될수록 업무의 전문화와 분화가 가능하게 되며, 계층의 분화도 증가되어 의사결정도 분권화된다. 또한 규모와 구조는 규모가 커질수록 전문화, 공식화, 계층 등도 증가하지만 그 비율은 감소한다는 것이다. 이런 결과는 규모가 구조에 영향을 미치기는 하지만 그것이 유일한 요인은 아니고 다른 요인들도 구조에 영향을 미치게 된다는 것을 Child는 주장하고 있다.

3) Blau의 연구

규모가 조직구조를 결정하는 중요한 변수라고 가장 강력하게 주장한 사람이 Blau와 Schoenherr인데, 이들은 정부기관, 대학교, 백화점 등을 대상으로 한 기초연구에서 조직규모가 조직구조에 영향을 미치는 가장 중요한 변수라고 결론을 내리고 있다. Blau는 이러한 기초연구를 토대로 53개 주립 및 지방정부의 고용안정기관을 대상으로 350개의 본부조직과 1,200개의 출장소를 분석대상으로 선정하여 연구한 결과, 규모의 증가는 구조상의 분화를 촉진하고 아울러 지역출장소의 증가를 동반한다는 결론을 내리고 있다. 그 결과 이들 기관들은 지역적으로 분산되는 결과를 초래하고 공식적으로 직무상 직위가 증가하여 분업을 촉구하게 되며, 이는 권한계층상 수직적 계층의 수를 증가시켜 본부와 기능별 부서의 수를 증가시키게 된다.

4) Meyer의 연구

Meyer는 194개 시 · 군과 미국 재무성을 대상으로 규모와 조직구조 간에는 인과관계가 아니라는 것을 인정하고 인과관계가 타당성 있게 추론될 수 있도록 종단적 연구를 실시하였다. 그는 1966년에 비교분석하고, 1971년에 다시 비교분석을 실시한 결과 시간의 경과에 따른 조직 비교를 통해서만 시간의 경과에 따른 변수들의 상태를 규명할 수 있다고 주장했다. 다시 말해서, 어떤 시점의 어떤 조직상황에서 규모와 구조 간에 어떤 관계가 있다는 사실이 발견되더라도 종단적 분석을 실시하여야만 구조가 규모의 원인이라는 사실을 확인할 수 있다. Meyer는 규모의 영향은 조직 구석구석에 나타나며, 규모와 조직구조의 여러 차원들과의 관계는 일방적이며, 규모를 통제하게 되면 조직구조에 영향을 미치는 것으로 알려진 다른 변수들의 영향은 사라지게 된다고 결론을 내리고 있다.

1.3 규모 관련 여러 연구들에 대한 비판

규모가 구조를 결정한다는 주장에 대해 많은 연구들이 규모가 조직구조에 미치는 영향이란 아주 미미한 것이고, 전혀 영향을 미치지 않는다는 연구결과도 제시하고 있다. Argyris는 Blau의 연구결과에 대해 의문을 제기하고 있다. Argyris는 Blau의 연구 데이터를 분석하고, 연구대상과 측정방법에 의문을 제기하였다. 연구대상인 시민공익기관은 예산의 제약, 명확한 지역경계, 사전에 정해진 규모 등을 특성으로 하고 있기 때문에 미리 정해진 규정에 의해 영향을 받게 된다. 그리고 관리자의 자유재량권도 인정하여야 한다. 관청의 관리자들은 과업의 전문화, 명령의 일원화, 통제의 범위 등과 같은 전통적 관리론을 추종하고 있어 종업원 수의 증가는 분권화의 증가를 동반한다는 데 동의하고 있다. 그래서 규모가 조직구조와 관계는 있으나, 규모가 조직구조의 원인변수라고 결론 내릴 수는 없다고 주장한다.

Mayhew 등은 각 규모별로 분화의 정도를 측정할 수 있는 컴퓨터 프로그램을 이용한 연구에서 규모와 복잡성 간의 관계에 대한 Blau의 연구는 수학적으로 동등한 확률이 모든 구조상의 결합을 충족시킬 경우에만 얻을 수 있는 결과이며, 그렇기 때문에 현실적으로 이러한 확률을 얻기가 거의 불가능하므로 Blau의 주장이 잘못된 것이라고 비판하고 있다. 또한 Aldrich는 Aston Group의 연구 데이터를 재분석한 결과 설득력 있는 대안을 제시하고 있다. 즉, 규모는 결과이지 원인이 아니라는 설명이다. 기술이 조직구조를 결정하고 다시 조직구조가 규모를 결정한다는 논리이다. Aldrich에 따르면 복잡성과 공식화의 정도가 높은 기업조직은 덜 구조화된 기업조직보다 많은 인력의 고용을 필요로 한다고 주장하고 있다. 이외에도 Aston Group의 연구에 참여했던 몇몇 연구자들이 축소된 재연구를 통해서 종래의 주장에 대해 의문을 제기하고 있다. 원래 연구와 재연구 사이에는 상당한 시간의 경과가 있었고, 시간의 경과에 따라 규모는 감소하고 있지만 조직구조 차원의 측정치는 증가하고 있음을 발견하였는데, 이는 종래의 연구결과와 반대되는 것이었다.

1.4 규모와 구조변수와의 관계

1) 규모와 복잡성

조직의 규모가 커짐에 따라 조직구조는 복잡해지는데, 규모가 커질수록 복잡성이 증가하여 구조의 분화가 높아진다. 이에 따른 구성원의 증가는 규모의 증가를 가져오므로 조직의 질서유지를 위해서는 분업화, 통합화, 권한의 위양 등이 필요할 뿐만 아니라 부서의 수와 규모도 상당히 증가하여 조직을 복잡하게 만들게 된다. 조직구성원의 수가 증가함에 따라 새로운 단위부서들이 형성되고, 그것을 관리하는 관리자가 따로 필요하며, 또한 관리자를 관리하는 또 다른 관리자가 등장하게 됨으로써 위계가 형성된다. 또한 조직규모의 증가는 지역적 분산과 장소적 분산을 가져오며, 이에 따른 복잡성의 증가는 최고경영자의 관리능력을 제한하게 되어 최고경영자의 통제권이 조직의 공식적인 규칙과 절차로 대체되기도 한다. 이처럼 규모는 조직설계에 영향을 미치는 중요한 상황변수가 된다.

2) 규모와 공식화

조직규모가 증대되면 공식화에 영향을 주게 되는데, 규모가 커질수록 구성원들의 행동은 공식화된다. 규모가 커질수록 과업은 분업화되고 그로 인해 구성원들의 행동은 반복적이 된다. 그 결과 조직관리자들은 구성원들의 행동을 예측하기 위해 가능한 행동을 공식화하려 한다. 이러한 이유 이외에도 규모가 커지게 되면 내부의 혼란이 증가되고 구성원들 간의 비인간적 관계를 초래하여 전반적인 사기의 저하를 가져올 수도 있다. 이러한 이유 때문에 관리자들은 규칙, 절차, 직무기술서 등과 같이 인간의 행동을 공식화하는 장치를 개발하게 된다. 조직의 규모가 커지면 관리자의 직접감독비용이 증가하기 때문에 조직은 직접감독보다는 공식화된 규제조치를 사용함으로써 경제적 합리성을 확보할 수 있다.

3) 규모와 집권화

조직규모와 집권화의 정도는 역의 관계가 있다. 조직규모가 커지면 한 사람이 모든 부서를 통제할 수 없게 된다. 대규모 조직에서는 개인이나 소수가 이해하는 범위를 훨씬 초과하는 일들이 많이 일어나고, 이에 따라 권한의 위양이 불가피하게 되어 조직구조의 분권화로 이어진다. 분권화는 공식화의 증가와 함께 일어나는데, 이는 규칙이나 규정이 최고경영자로 하여금 권한을 위양함과 동시에 위양된 권한이 최고경영자의 의도대로 움직여주도록 보장해 주기 때문이다.

2 기 술

2.1 기술의 정의

조직이 탄생하여 성장하거나 해체되기까지 조직에 영향을 미치는 중요한 요인은 기술적 환경이다. 조직은 구성원들이 조직목표를 달성하는 데 필요로 하는 기술과 과업체계에 적응하는 정도, 그리고 작업조건에 적절하게 대처할 수 있는 조직구조와 관리체계를 어떻게 적절하게 유지하고 조화시키느냐에 따라 조직의 성패가 결정된다. 따라서 조직이 선택하고 있는 구조는 기술의 특성에 따라 달라진다는 것이 일반적인 견해인데, 한편에서는 조직구조와 기술 간에는 전혀 상관관계가 없다고 주장하는 학자들도 있다.

기계장치나 설비를 가지고 제품을 생산하는 기술을 사용하는 제조업, 환자들을 치료하기 위해 기술을 의료장비에 결합하는 병원조직, 다양한 전공지식을 강의하고 연구하는 대학 등에 적용되는 기술은 서로 다른 특성을 가지고 있다. 예를 들어, 병원의 원무과, 사회사업과, 간호과, 진료과 등에서 활용하는 기술은 서로 다르지만 상호 의존적인 측면이 있다. 기술이 다르다는 것은 투입, 변환과정, 산출과정이 다르다는 것을 의미한다. 따라서 기술(technology)이란 투입물을 변화시키는 데 사용되는 지식, 능력, 기법, 도구, 그리고 활동을 의미하는데, 여기에는 사람들이 가치 있는 제품으로 변환시키거나 변화시키기 위해 사용하는 시설이나 장비들을 포함한다. 모든 조직은 투입물, 인적자원, 그리고 물적자원을 변환과정을 거쳐 제품이나 서비스로 변화시키는 기술을 가지고 있다. 이 기술은 투입물을 어떻게 산출물로 변환시키는가에 관심을 집중시키고 있다.

조직기술은 개인수준, 부서수준, 그리고 조직수준의 세 가지로 분류된다. 개인수준에서의 기술은 개인이 소유하고 있는 개인적 기술과 지식이고, 부서수준에서의 기술은 집단이 작업하는 기법이나 절차들로 구성된다. 병원에서 외과수술을 담당하는 팀원들의 상호작용이나 과학자들의 공동연구, 그리고 조립라인에서 개발된 기술들은 부서수준의 기술들이다. 조직이 투입물을 산출물로 변환시키는 방식은 조직수준에서의 기술이다. 조직수준에서의 기술은 대량생산을

그림 5.1 제조업의 기술

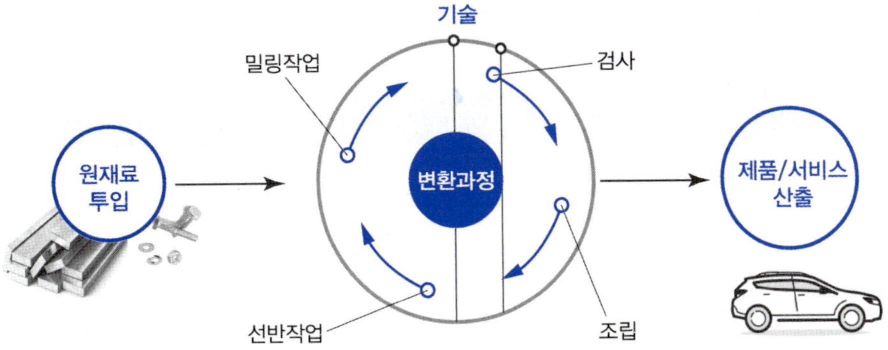

출처 : 홍용기(2000).

목표로 하며, 이를 위해서는 컨베이어벨트와 표준화된 작업공정을 사용한다.

[그림 5.1]에서 보듯이 조직은 환경으로부터 투입물을 얻고 변환과정을 통해 산출물로 변환시킴으로써 가치를 창조하는데, 기술은 변환과정에서만 필요한 것이 아니라 입력·변환·산출 과정 모두에서 필요하다. 투입과정에서의 기술은 각각 기능부서별로 외부와의 관계를 다루어 나간다. 예를 들어, 인사부서에서는 신입사원을 모집·선발·채용하며, 적성검사나 심리검사를 하는 기술을 가진다. 변환과정에서 기술은 투입물을 산출물로 변환시키는 것으로서, 조직이 최소의 비용으로 투입물에 최고의 가치를 부여하는 과정이다. 따라서 조직은 가능한 변환과정을 통해 더 많은 효율성을 창출하도록 노력해야 한다. 산출과정에서의 기술은 조직이 완제품이나 서비스를 효과적으로 처리하는 데 필요

그림 5.2 입력, 변환, 산출과정

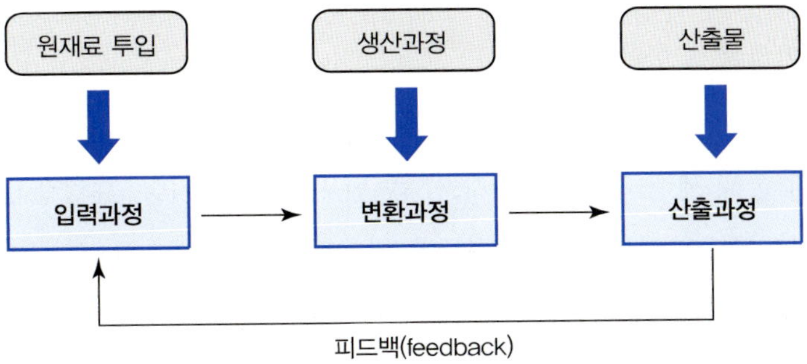

한 기술을 말한다. 이를 위해서 조직은 완제품의 품질을 검사하는 기술이나 마케팅 기술 등을 소유해야 한다.

2.2 기술 관련 여러 연구들

기술은 조직환경의 외부적인 관점이나 조직의 하위시스템을 이루는 내부의 기술로 볼 수도 있는데, 내부기술이라 할지라도 그 기술이 가지는 의미나 분류방법은 연구관점에 따라 다를 수 있다. 일률적으로 기술을 정의하기가 어려우며, 연구관점이나 상황에 따라 정의를 내려 보는 것이 중요하다. 여기에 초점을 맞추어 기술과 조직구조와의 관련성을 연구한 몇몇 실증연구들을 살펴보기로 한다.

1) Woodward의 연구

조직구조의 결정요인으로서 기술에 최초로 관심을 가진 사람은 1960년대 중반 Woodward인데, Woodward는 조직구조를 생산기술적 관점에서 연구를 실시하였다. Woodward는 영국 남부에 위치한 종업원 250명 미만에서부터 1,000명 이상의 종업원을 가진 100여 개의 기업을 대상으로 연구를 실시하였다. 그녀는 권한계층의 수, 통제범위, 공식화의 정도, 관리상의 지원부서 등 조직구조의 계산을 가능케 할 측정치를 수집하였다. 그리고 조직효과성을 평균 이하, 평균, 평균 이상으로 분류하기 위해 수익성, 매출액, 시장점유율 등의 재무적 데이터를 수집하였다. 이 연구를 통하여 조직구조와 조직효과성을 결합시키려는 노력은 실패로 끝났지만, 기업들이 채택하고 있는 생산기술의 형태에 따라 분류하고 나서야 조직구조와 조직효과성 간의 관계가 분명하게 나타나고 있음을 발견하게 되었다.

Woodward는 생산과정에서 사용되는 기술적 복잡성을 측정하여 조사대상 기업들을 세 가지 유형의 기술, 즉 단위소량생산기술, 대량생산기술, 연속공정생산기술 중 어느 하나가 되도록 범주화하였다. Woodward는 생산기술의 복잡성으로 기술을 분류하여 변환과정이 사전에 구조화되고 전체적으로 자동화되어 있을수록 생산기술의 복잡성이 높다고 보았다. 자동화의 정도에 따라 작업

그림 5.3 생산기술의 복잡성과 기술유형

단위소량생산기술	대량생산기술	연속공정생산기술
1. 고객주문에 의한 단일제품생산 2. 기술적으로 복잡한 단위생산 3. 큰 규모의 장치조립생산 4. 소규모 batch에 의한 생산	5. 대규모 batch에 의한 부품생산 6. 대규모 batch에 의한 생산 7. 대량생산	8. 대규모 batch나 대량생산을 위한 연속공정생산 9. 화학제품의 연속공정생산 10. 기름이나 가스와 같은 연속생산

낮다 ← 기술복잡성의 정도 → 높다

행동과 그 결과물은 표준화되고 정확하게 예측될 수 있다. 하지만 변환과정이 기계가 아닌 사람, 기법, 그리고 지식에 의존할 때는 생산기술의 복잡성이 낮다고 하는데, 기계에 의존하지 않는 사람들의 작업행동을 사전에 정형화하기란 쉽지 않다. 왜냐하면 이러한 생산활동의 결과는 관련된 사람들의 기능에 의존하기 때문이다. 또한 서비스 생산기술의 경우는 장비나 기계에 의존하기보다 최종 산출물을 생산하기 위해 고객과 가장 밀접하게 상호작용하는 종업원의 지식이나 경험에 주로 의존한다. 서비스 생산기술의 노동집약적 속성은 작업행동을 표준화하고 정형화하며 작업과정을 통제하기 용이하게 한다. 따라서 작업과정이 주로 사람들의 성과에 의존할 때 생산기술의 복잡성은 낮아지고 생산 일관성 및 고품질 유지의 어려움은 커진다.

Woodward는 [그림 5.3]에서와 같이 생산기술 10가지의 복잡성을 크게 세 가지 유형으로 분류하였다. 그 세 가지는 단위소량생산기술, 대량생산기술, 연속공정생산기술이다.

먼저, 단위소량생산기술은 한 종류의 주문제품 또는 소량의 제품을 만드는데, 그러한 기술을 사용하는 조직의 예로는 소수 사람들의 취향에 맞게 디자인된 가구를 생산하는 가구제조회사나 개별 환자의 요구에 따라 주문된 다양한 서비스를 공급하는 전문병원이나 의원 등을 들 수 있다. 단위소량생산기술은 변환과정 동안 사용된 기술이 사람들의 기술과 지식보다 중요성이 낮기 때문에 복잡성의 수준이 가장 낮다. 단위소량생산기술을 사용하면 작업자 스스로가 작업기술을 선택하기 때문에 변환과정이 매우 유연하다. 단위소량생산기술의 유연성은 조직에게 개별 고객의 욕구를 만족시킬 수 있는 다양한 종류의 제품을 생산할 수 있는 능력을 준다. 예를 들어, 화장품을 만드는 제조업자나 패션 디자이너, 주문형 자동차 제조업자들은 단위소량생산기술을 사용한다. 단위소량생산기술은 다른 기술에 비해 상대적으로 운영비용이 많이 든다. 왜냐하면 작업과정의 예측이 어렵고, 주문생산은 미리 구조화된 작업행동을 어렵게 하기 때문이다.

대량생산기술은 작업과정을 통제하고 예측력을 높이기 위해서 기계나 장비의 사용을 증가시킨다. 대량생산기술을 사용하는 조직은 표준화된 제품의 대량생산이 가능하다. 이러한 조직의 예로는 현대자동차, 삼성전자, 롯데칠성음료, 질레트 코리아 등을 들 수 있다. 이들 대량생산기술의 사용은 사전에 과업을 구조화함으로써 가능하다. 따라서 작업은 표준화되고 생산과정은 보다 쉽게 통제할 수 있게 된다.

대량생산기술에 의한 통제는 생산원가를 절감시키고 가격을 낮출 수 있게 한다. 예를 들어, 포드자동차를 설립한 Ford는 단위소량생산기술을 포기하고 대량생산기술을 통하여 자신의 경영이념인 기업의 사회적 봉사이념을 구현하게 되었다. 그는 컨베이어벨트의 사용과 표준화되고 상호교환 가능한 정형화된 부품, 그리고 일부 특정과업들을 효율적이고 생산적인 형태로 변환시켰다. 대량생산기술은 일반적으로 자동차나 전자제품의 조립과 생산을 위한 자동화된 장비의 사용과 관련되어 있는데, 조립라인을 이용하여 생산하면 노동비용을 현저하게 낮출 수 있다.

석유정제공장이나 정밀화학공장처럼 연속공정생산기술을 사용하게 되면 다른 기술들에 비해 생산기술의 복잡성이 매우 높게 된다. 연속공정생산기술은 거의 완벽하게 자동화되고 기계화되어 있다. 종업원들은 생산의 전 공정에 직접적으로 관여하지 않으며, 대신에 제품생산에서 종업원들의 역할은 공장과 기계들을 감시하거나 점검하고, 효율적으로 작동하는 데에 관심을 집중시킨다. 따라서 연속공정생산기술에서 종업원들의 과업은 기계의 고장이나 비정상적으로 작동하는 장비와 같은 작업공정의 외부에서 발생하는 문제를 관리하는 데 있다.

연속공정생산기술의 핵심은 운영의 유연성을 확보하는 데 있다. 산출물이나 제품은 연속공정을 통해 거의 멈추지 않고 산출되어진다. 예를 들어, 정유공장에서 원유가 탱크에서 계속 정제되어 파이프를 통해 분해타워에 이르게 되고, 이들은 다시 개별적으로 화학물질들이 추출되고 나서 다른 정제공정으로 보내지게 된다. 가솔린, 등유, 경유, 벤젠, 타르, 피치 등과 같은 생산물은 각각의 공정별로 생산된다. 정밀화학공장의 작업자들은 직접 제품을 생산하지 않으며, 모든 제품은 파이프라인과 기계를 통해 생산되어지며, 종업원들은 중앙통제실에서 모니터와 계기판을 통해 전체 공정을 통제하여 생산공정이 안전하고 효율적으로 작동하도록 관리하면 된다.

연속공정생산기술은 대량생산기술보다 기술적으로 더 효율적이다. 왜냐하면 기계화와 자동화의 정도가 매우 높아 예측이 용이하며 통제하기가 쉽기 때문이다. 또한 연속공정생산기술은 단위소량생산기술이나 대량생산기술보다 비용 부문에 있어서도 훨씬 효율적이다. 왜냐하면 노동비용이 전체 비용에서 차지하는 비중이 적기 때문이다.

Woodward는 조직이 비용의 절감을 위해 기계의 사용을 증대시키며, 단위소량생산기술에서 대량생산기술, 그리고 연속공정생산기술로 이동된다고 보았다. 하지만 모든 생산기술이 이러한 추세로 이동하는 것은 아니다. 어떤 조직에서는 이러한 기술의 이동이 가능할 수 있지만, 다른 조직에서는 가능하지 않거나 비실용적이기 때문이다. 예를 들어, 시제품의 개발이나 신약개발, 컴퓨터의 기초연구, 병원이나 학교운영 등은 예측이 불가능하므로 자동화된 기계를 사용할 수 없다. 왜냐하면 이러한 것들은 시행착오를 겪거나 연구자의 지식이나 숙련도에 의존하기 때문이다. 더구나 많은 고객들은 개인의 입맛에 맞는 주문제품에 대해서는 기꺼이 높은 가격을 지불하고 싶어 한다. 예를 들면, 주문제작한 옷이나 보석, 고급전원주택 등이 그러하며, 이러한 부류의 제품은 생산비용이 높은 단위소량생산기술을 통해서 만들어진다.

Woodward의 연구목적 중 하나는 생산기술을 복잡성에 따라 분류하고, 그것이 조직구조의 설계에 어떤 영향을 미치는가를 밝히고자 하는 것이었다. Woodward는 세 가지 형태의 기술이 추구하는 구조적 특징을 비교하여 본 결과, 기술과 구조 간의 관련성에 체계적 차이가 있음을 밝혀냈다. 즉, 단위소량생산기술에서 연속공정생산기술로 복잡성이 증감함에 따라 관리계층의 수가 증가하고, 전체 구성원 중 관리자가 차지하는 비율이 높아지며, 통제범위, 공식절차, 집권화 정도 등에서도 차이를 보인다.

Woodward는 생산기술에 따라 서로 다른 통제와 조정문제가 발생하므로, 서로 다른 구조와 관련된다고 주장했다. 단위소량생산기술과 관련된 문제 중 하나는 변환과정을 조정하기가 어렵다는 데 있는데, 이는 생산기술 자체가 작업자의 숙련과 경험에 의존하기 때문이다. 단위소량생산기술을 사용하는 조직은 작업자에게 의사결정의 자유를 주고, 고객의 욕구를 충족시켜 줄 수 있는 제품을 생산하기 위해 고객욕구에 신속하게 반응하고 유연하게 대처할 수 있어야 한다. 이러한 이유 때문에 조직은 상대적으로 수평적인 조직구조를 가지게 되며, 의사결정은 팀에게 위양되며, 일선감독자의 통제범위는 상대적으로 좁아진다. 따라서 단위소량생산기술에서는 감독자나 작업집단이 투입-변환-산출과정의 각 단계에서 발생되는 의사결정 사항을 어떻게 관리할 것인가에 대해 스스로 결정해야 한다. 이러한 형태의 의사결정은 공동작업자나 고객과의 의사소통을 통해 상호 조정되어야 한다. 따라서 조직구조의 형태는 유기적 조직이 바람직하다.

대량생산기술을 사용하는 조직에서는 규정이나 절차, 그리고 과업이 표준화되어 있어서 과업활동이 예측가능하다. 의사결정은 집권화되어 있으며, 권한계층의 수는 증가되어 경영자들은 수직적 의사소통에 의존하여 작업과정을 통제한다. 따라서 대량생산기술을 사용하기에 적합한 조직은 기계적 조직이다.

연속공정생산기술을 사용하는 조직의 과업은 고도화된 기술에 의해 통제가능하다. 하지만 주요 장치나 시스템이 고장날 가능성은 항상 존재하므로, 통제는 우발적인 사건으로 인해 재난이 발생할 수 있다. 예를 들면, 석유정제공장이나 정밀화학공장에서 파이프라인에 결함이 생기면 큰 재난이 발생할 수도 있고, 또한 핵발전소의 우발적인 사고는 엄청난 재앙을 불러올 수 있다. 그러므로 연속공정이 순조롭게 운용되도록 주요 장치나 시스템을 끊임없이 모니터링해야 하며, 각 작업자는 철저하게 운용지침에 따라 작업을 수행해야 한다. 이러한 관점에서 보면 연속공정생산기술은 권한의 계층 수가 많을 수밖에 없다. 각 계층의 관리자는 낮은 수준의 종업원들을 감독해야 하고, 또한 정교한 주요 장비나 시스템을 통제하고 감시하여야 한다. 따라서 연속공정생산기술에서는 유기적인 조직구조 형태가 사용되는데, 이는 언제 발생할지 모르는 우발적인 사고들에 신속하고 유연하게 대응할 수 있는 능력을 요구하기 때문이다.

2) Perrow의 연구

Woodward의 연구는 조직수준에서 기술이 조직구조에 미치는 영향에 대해서 연구한 반면, Perrow는 조직수준보다는 단위부서 수준의 기술과 이에 따른 조직구조의 형태에 관심을 기울였다. Perrow는 단위부서 수준의 기술이 조직구조에 미치는 영향에 대해서 두 가지 차원, 즉 투입물의 예외빈도를 나타내는 과업의 다양성 차원과 과업상의 예외에 적절하게 대응하기 위한 문제의 분석가능성 차원으로 기술을 분류하였으며, 이에 따라 조직구조 및 조직목표가 달라진다고 보았다.

특정 기술이 다른 기술에 비해 복잡한 이유를 이해하기 위해서는 특정 기술과 관련된 과업이 다른 기술과 관련된 과업보다 더 복잡한가를 이해하는 것이 필요하다. 예를 들어, 롯데리아에서 햄버거 주문을 받는 일이 컴퓨터 프로그래밍이나 병원에서 의사들이 수술하는 것보다 더 일상적이라고 생각하는 것은 햄버거를 주문받는 일이 컴퓨터 프로그래밍이나 병원에서 수술하는 것보다 훨씬 예측하고 통제하기 쉽기 때문이다. Perrow는 과업다양성과 과업분석가능성의 두 차원으로 나누어 기술을 분류하고, 이에 따라 조직구조와 조직목표가 달라진다고 보았다.

과업다양성(task variability)은 업무수행과정에서 예외적인 사건이 발생하는 정도로서 측정되는데, 환언하면 과업을 수행하는 동안 작업자가 직면하게 되는 예외의 수이다. 예외적인 사건은 투입, 변환, 산출의 전 과정에서 발생하며, 과업다양성은 사람들이 과업을 수행할 때 새로운 상황이나 문제가 발생된다고 예상될 때 높아지게 된다. 예를 들면, 병원에서 수술하는 동안 예상하지 못한 문제들이 발생할 수 있는데, 환자의 상태가 의사들이 생각하는 것보다 훨씬 심각한 경우와 의사가 수술 중에 실수를 하는 경우가 그렇다. 어떤 일이 발생하더라도 의사와 수술팀은 환자에게서 발생하는 새로운 상황을 신속하게 조정할 수 있어야 한다.

과업다양성은 과업이 아주 높게 표준화되어 있거나 작업자가 시간이 지나도 계속 동일한 상황에 직면하게 되면 낮아진다. 패스트푸드점에서 발생할 예외의 수는 한정되어 있다. 고객들은 자기에게 맞는 주문을 하기는 하지만, 한정된 메뉴에서 선택하기 때문에 예외가 발생하기 어렵다. 패스트푸드점에서는 과업다양성이 매우 낮게 설계되어 있고, 비용을 줄이며 효율성을 높이도록 설계되어 있다. 그래서 종업원들은 예상하지 못했던 상황에 거의 노출되지 않는다.

과업의 분석가능성(task analyzability)은 과업의 변이성에 적절하게 대처하기 위한 성공적인 방법을 찾는 탐색과정의 난이도를 말한다. 분석가능성이 높다는 것은 발생하는 문제가 잘 구조화되어 있어서 해결책을 찾기 위해 논리적 분석이나 분석적 추론을 이용하는 경우이고, 분석가능성이 낮다는 것은 문제가 잘 정의되지 않아 문제해결을 위해 과거의 경험이나 판단, 직관을 이용해 시행착오를 거듭하는 경우를 말한다. 예를 들어, 여러 명의 고객이 롯데리아㈜와 같은 패스트푸드점에서 여러 개의 음식을 선택하여 주문하더라도 주문을 받는 사람의 입장에서는 그 일이 매우 간단하다. 고객이 가져갈 봉투에 주문한 음식을 넣는 일은 쉽다. 주문받은 사람은 먼저 냅킨, 스트로우, 케첩, 그리고 음료수를 봉투에 집어넣고, 나중에 프렌치프라이와 햄버거 등을 봉투에 넣어 주문한 사람에게 전해주면 되는 것이다.

하지만 과업이 구조화되어 있지 않을 때는 분석하기 어렵다. 예를 들어, 사람들이 예외적인 문제에 직면하게 되면 이를 해결할 목적으로 먼저 절차를 찾게 된다. 과학자들이 부작용이 없는 새로운 암 치료약을 개발하려고 시도하는 것이나 컴퓨터 프로그래머가 시간과 노력을 감소시키기 위해 컴퓨터를 음성인식으로 작동하도록 구조화시킨다는 것 자체가 아직은 특별한 해결방안이 없는 관계로 어려울 것이다.

과업의 다양성과 분석가능성은 몇몇 과업이 다른 과업들보다 왜 일상적인가를 설명해주는 데 도움을 준다. 작업과정에서 작업자가 당면하는 수많은 예외적인 문제들과 이러한 문제들의 해결책을 찾는 데 요구되는 탐색적인 행동들이 많으면 많을수록 과업은 더욱 복잡해지고 비일상적이 된다. Perrow는 일상적 과업이란 작업수행방법에 있어 불확실성이 적고, 수행되는 과업의 변화나 다양성이 적은 경우라고 정의하고 있다.

Perrow는 [그림 5.4]에서처럼 과업의 다양성과 분석가능성의 두 가지 차원에

그림 5.4 Perrow의 기술분류

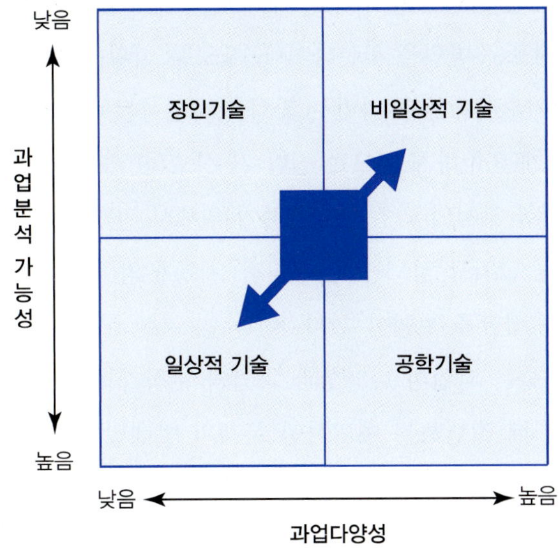

따라 기술을 네 가지 형태로 분류하였다. 즉, 일상적 기술(routine technology), 장인기술(craft technology), 공학기술(engineering technology), 비일상적 기술(non-routine technology)이다. Woodward가 조직수준에서 기술을 분류한 것이라면 Perrow는 조직의 부서수준에 따라 기술을 분류한 것이다.

일상적 기술이란 과업의 다양성이 낮지만 과업의 분석가능성이 높은 기술을 말한다. 작업과정에서 약간의 예외가 인정되며, 예외적인 문제가 발생되었을 때 문제를 해결하기 위해 소수의 탐색행동이 필요하다. 대량생산기술이 일상적 기술의 대표적 기술이다. 대량생산기술에서 과업은 예외적인 문제의 발생가능성을 최소화시키려고 하며, 표준화된 절차를 따르게 되어 있다. 대량생산기술의 비용우위는 과업다양성이 낮고, 과업분석가능성이 높은 것에 의해 유지되는 것이다. 일상적인 기술을 사용하고 있는 부서에서는 수행하는 과업의 내용이 분명하고, 발생하는 문제는 대부분 분석가능하기 때문에 집권화된 의사결정이 이루어진다. 또한 과업이 거의 변화하지 않음으로 인해 일상성과 공식화 정도가 높다. 따라서 관리의 효율을 높이기 위해서는 표준화된 통제와 규정, 그리고 절차를 사용한다.

장인기술은 과업의 다양성과 과업의 분석가능성이 모두 낮은 기술로서, 이

기술은 발생하는 문제가 일상적이지 못해서 문제를 해결하기가 매우 어렵다. 장인기술은 종업원들이 보다 효과적으로 조직 내에 현존하는 문제들을 조정할 수 있는 새로운 방법을 찾는다거나, 새로운 상황에서 기존의 절차를 수용할 필요가 있을 때 사용한다. 따라서 과업을 해결하는 데 지식과 경험이 풍부한 사람들에게 크게 의존하게 되므로 집단 간 상호의존도는 낮고 분권화된 의사결정을 한다. 이러한 부서의 과업을 수행하기 위해서 관리자는 자신이 가진 지식, 직관, 경험, 지혜, 그리고 정보 등의 무형적 요소에 의존해야 하므로 다양하고 광범위한 훈련과 경험을 쌓아야 한다.

공학기술은 과업의 다양성과 과업의 분석가능성이 모두 높은 경우로, 과업을 수행할 때 직면하는 예외적인 문제의 발생빈도가 높기는 하지만 예외적인 문제를 해결하는 데 필요한 표준화된 절차 때문에 상대적으로 해결방법을 찾는 것은 쉬운 편이다. 이러한 절차들은 종종 작업지시서, 시방서, 매뉴얼 등에 의해 문서화되기 때문에 발생되는 예외적인 문제는 적당한 방법을 채택하여 적용시킴으로써 쉽게 해결되어진다. 이러한 기술을 사용하는 사람들은 발생되는 문제를 효과적으로 해결하기 위해 상당한 지식을 소유해야 하고, 집권화된 의사결정을 하며, 낮은 공식화와 조직의 유연성을 가지고 있어야 한다.

비일상적 기술은 과업의 다양성이 높고 과업의 분석가능성이 낮은 특징을 가지고 있고, 네 가지의 기술 중 가장 많은 복잡성과 적은 일상성을 가진다. 비일상적인 기술을 사용하는 부서의 구성원들은 정기적인 회의나 수평적인 의사전달 등의 조정체계를 통하여 의사결정 활동에 참여한다. 예를 들어, 신기술개발활동은 비일상적 기술의 전형적인 예로서, 기술적 지식은 풍부하나 문제해결을 위해 사전에 준비된 해결책은 가지고 있지 않다. 또한 조직에서 최고경영자들도 비일상적 기술을 사용하는 전형적인 예로서, 최고경영자들의 직무는 조직의 미래방향을 정하고 그것을 성공적으로 달성하기 위한 자원획득과 관련된 의사결정을 한다. 최고경영자들이 환경의 불확실성하에서 의사결정을 하기는 하지만, 성공의 가능성에 대해서는 절반의 가능성을 가지고 의사결정을 하게 된다. 최고경영자의 계획과 예측, 그리고 다른 비일상적 조직활동들은 기술적으로 관리가 어렵기 때문에 매우 위험하며 불확실하다.

Woodward나 Perrow가 조직수준에서든 부서수준에서든 간에 기술의 유형을 분류하여 나름대로 기술에 적합한 조직이 있다고 주장한 것은 큰 의미를 지닌다. Perrow와 다른 연구자들은 과업이 복잡해지고 비일상적일수록 기계적 조직에서 유기적 조직으로 바뀌어야 한다고 주장하고 있다. 기술이 일상적이면 작업과정이 구조화되고 표준화되어 있어 작업자들은 공식화된 규정과 절차에 의해 명백하게 정의된 과업들을 수행한다. 즉, 작업과정이 일상적 기술에 의해 표준화되어 있기 때문에 작업자들은 단지 과업을 효과적으로 수행할 수 있는 절차를 배우기만 하면 된다. 예를 들어, 대다수의 패스트푸드점들은 신입사원을 훈련시키기 위해 문서화된 규정과 절차를 사용하기 때문에 종업원들의 행동은 일관성이 있어 어느 정도 예측가능하다. 신입사원들은 고객을 맞이하는 올바른 방법을 배우고, 또한 고객의 욕구를 충족시키기 위한 적당한 방법을 배우게 된다.

구성원들의 과업이 일상적 기술에 의해 표준화될 수 있기 때문에 조직의 위계는 상대적으로 높아지고, 의사결정은 집권화된다. 관리자의 역할은 종업원들의 감독과 생산라인의 중단(stop)과 같은 몇몇 예외적인 것만 관리하면 된다. 또한 과업이 일상적이어서 중요한 의사결정은 상위계층에서 이루어지고, 명령계통을 통해 중간관리자와 종업원에게 전달되어진다. 대량생산기술과 같이 일상적 기술을 사용하는 조직에서는 반숙련 과업을 필요로 하는데, 복잡한 과업은 기계가 수행하고 작업과정의 설계는 작업자의 독창성이나 판단을 최소로 한다.

비일상적인 기술을 사용하는 조직들은 조직설계 시에 다른 요인들의 영향을 함께 고려해야 한다. 조직은 과업이 비일상적이고 복잡해짐에 따라 많은 예외적인 문제가 발생하므로 신속하게 대응할 수 있는 구조와 문제를 조절할 수 있는 새로운 절차를 개발해야 한다. 급속한 변화를 수용할 수 있는 조직은 유기적 조직인데, 유기적 조직은 주로 종업원들과의 직접대면을 통해 상호조정하고 문제의 해결책을 찾는 경우가 흔하다.

다른 기술을 사용하는 부서들의 조직설계는 달라져야 한다. [그림 5.5]에서 보듯이 일반적으로 비일상적 과업을 수행하는 부서는 유기적 조직을 가지는 경향이 있고, 일상적 과업을 수행하는 부서는 기계적 조직을 가지는 경향이 있다. 예를 들어, 연구개발(R&D)부서는 전형적인 유기적 조직으로 의사결정은 분권화되어 있다. 하지만 생산이나 판매부서는 기계적 조직으로 의사결정은 집권화

그림 5.5 기능과 조직구조 설계

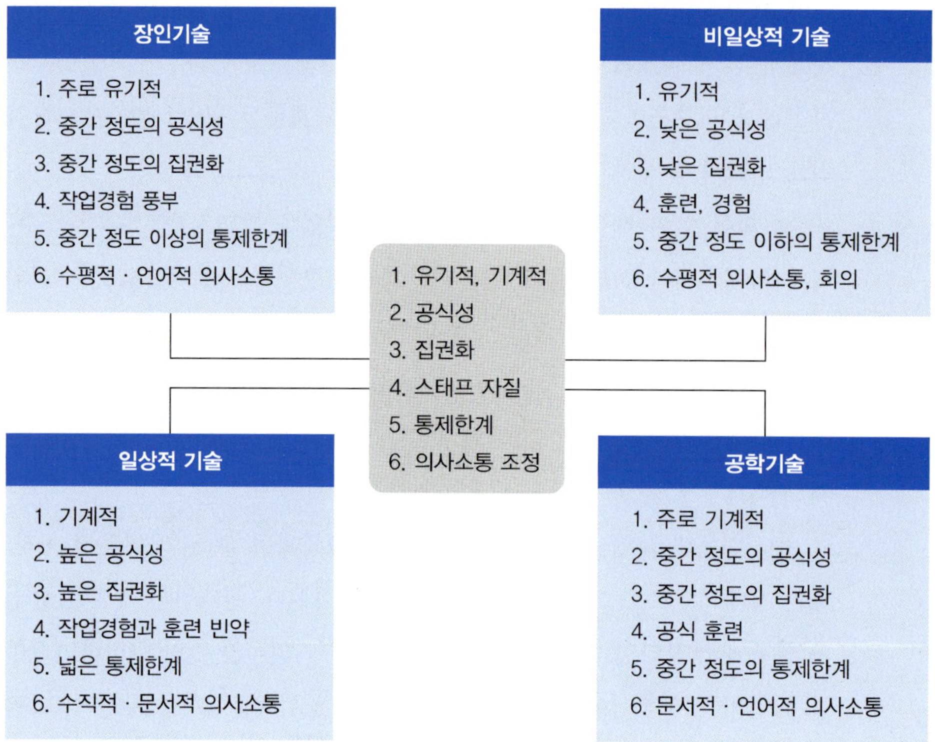

되어 있다. 따라서 부서수준에서 사용되어지는 기술의 종류가 조직구조를 결정짓게 된다.

3) Thompson의 연구

Woodward는 기술이 조직선택에 어떻게 영향을 미치는가에, 그리고 Perrow는 과업의 다양성과 분석가능성이 조직구조에 어떻게 영향을 미치는지에 초점을 두었다. 그러나 Thompson은 과업의 상호의존성(task interdependence)에 따라 조직구조가 어떻게 달라지는가에 초점을 두었다. 과업의 상호의존성이란 조직구성원 개인이나 부서에서 과업을 수행하기 위해 다른 부서와 어느 정도 의존적인 관계를 유지하는가를 나타내는 개념이다. 어느 부서의 상호의존성이 낮다는 것은 그 부서가 담당하고 있는 과업을 수행하는 데 다른 부서의 도움이나 자원의 교환이 별로 없이 독자적으로 과업을 수행한다는 말이다. 반면 어느 부서에서 상호의존성이 높다는 것은 담당부서가 과업을 수행하는 데 필요한 자원이나 정보를 지속적으로 교환해야 함을 의미한다. 그래서 과업의 상호의존성이 낮을 때는 구성원들이 개별적으로 일을 하고 독자적으로 조직의 목표를 달성하려고 한다. 과업의 상호의존성이 높을 때는 투입과 자원의 공급에 상호의존하고, 나아가 과업의 성취를 필요로 한다.

Woodward의 기술분류는 생산기술 그 자체의 차이점을 기준으로 하여 분류하였는 데 반하여, Thompson은 기술 자체의 차이에 근거를 둔 것이 아니라 사용되는 기술에 관계되는 인과관계 및 특징적인 관계의 유형에 근거하여 기술을 분류하였다. 즉, Thompson은 기술의 상호의존성의 차원에 따라 기술을 중개형 기술(mediating technology), 연속형 기술(long-linked technology), 집약형 기술(intensive technology)의 세 가지 형태로 구분하였다.

중개형 기술은 투입, 변환, 그리고 산출과정들이 상호 간에 독립적으로 형성되는 것으로, 중개형 기술은 사람, 팀 또는 부서와 같은 조직의 각 부문들이 전체 조직형성에 독자적으로 공헌하는 것을 의미하는 집합적(pooled) 상호의존성에 기초하고 있다. 이 형태에서 단위부서들 사이의 과업은 관련성이 거의 없으며, 각 부서는 조직의 공동목표 달성에 독립적으로 공헌하게 된다. 예를 들면, 보험, 은행, 그리고 공인중개사들은 상품을 파는 사람과 사는 사람을 연결시켜주지만 영업활동은 독자적으로 수행되어진다. 집합적 상호의존성과 관련된 조직관리는 매우 단순한데, 관리자들은 각 부서 간 업무의 표준화를 위하여 규정과 절차를 사용하지만 이러한 규정과 절차를 통해서 부서 간의 상호조정활동은 거의 필요로 하지 않는다.

부서 또는 조직의 목표를 달성하기 위해 중개형 기술을 사용하는 것은 개인의 성과를 감시하고, 통제하고, 평가하는 것을 용이하게 해주기 때문이다. 즉, 중개형 기술은 개인의 산출물을 평가하기 좋고, 동일한 기준으로 종업원 개개인에 대하여 쉽게 평가할 수 있기 때문이다.

과거 몇십 년간 중개형 기술의 사용은 관리비용이 적게 들어 계속해서 증가해 왔다. 관리비용은 조직의 행동을 표준화하게 되면 통제가 쉬워져서 비용이 낮아지게 된다. 각 부서 간 업무의 표준화를 위해서 규정과 절차를 사용하고 동일한 규정과 절차에 의해 업무가 수행되므로, 표준화와 통제를 통한 조정노력만 있으면 부서 간의 상호조정활동은 거의 발생하지 않는다.

연속형 기술은 투입, 변환, 그리고 산출과정이 연속적으로 이루어지는 작업과정에 근간을 두고 연속적(sequential) 상호의존성에 기초하고 있다. 연속적 상호의존성은 한 사람 또는 한 부서의 활동이 다른 사람 또는 다른 부서의 활동에 직접적으로 영향을 미치게 되어 과업의존성이 매우 높은 상태를 말하는데, 대량생산기술이 연속적 상호의존성에 기초하고 있다.

생산라인에서 초기 종업원의 성공적인 작업행동은 다른 종업원의 작업행동에 많은 영향을 주게 된다. 연속적 상호의존성은 과업순서가 다른 과업과 연계되어 있고, 연속형 기술은 중개형 기술보다 더 많은 통합을 요구한다. 하지만 연속적 상호의존성이 가진 한 가지 결점은 생산과정의 초기에 발생한 문제점들이 다음 단계로 확대된다는 점이다.

연속적 상호의존성은 관리자들이 가능한 과업을 단순화시키려고 하므로 개별 근로자들의 과업다양성은 감소하고, 대신에 과업의 분석가능성은 증가하게 된다. 연속적 상호의존성은 연속형 기술을 사용하는 조직에 존재하는데, 포드자동차를 창업했던 Ford와 같은 사람이 대표적인 연속형 기술의 혁신가였다. 그래서 노동의 특화와 분화를 통해 얻은 이윤을 통해 연속형 기술을 도입하게 되면, 비용을 대폭 절감할 수 있다.

조직수준에서 연속적 상호의존성은 한 부서의 산출물이 다른 부문의 투입물이 될 수 있어 한 부서의 성과에 따라 다른 부서의 성과가 결정되기도 한다. 생산부서의 성과는 적절한 시기에 높은 품질의 투입물을 적절하게 유지하는 자재관리부서의 능력에 의존하게 된다. 완제품을 판매하는 판매부서의 능력은 생산부서에서 나오는 제품의 품질에 의존한다. 이처럼 한 부서에서의 성과수준은 다음 단계에서의 성과수준에 심각하게 영향을 주는데, 오늘날 세계시장에서 조직 간 또는 부서 간의 경쟁압력은 조직 또는 부서 활동이나 통합욕구 간 상호의존성의 필요성을 증대시킨다. 그러므로 연속적 상호의존성을 가진 조직의 조정노력은 부서 간 의사소통을 활성화시키거나 작업스케줄을 제시하는 등의 조치가 필요하다.

집약형 기술은 고객에게 다양한 제품과 서비스를 제공할 때 모든 업무담당자가 협력하여 동시에 제공하는 것을 말한다. 이 집약형의 기술은 투입, 변환,

그리고 산출과정이 분리가능하며, 호혜적(reciprocal) 상호의존성에 기초를 둔다. 호혜적 상호의존성이란 모든 사람들과 부서의 행동들이 서로 완벽하게 의존적이어서 상호의존성이 가장 높은 수준이다. 이는 하나의 과업을 수행하기 위해서 여러 부서의 활동이 동시에 상호 관련되어 있음을 의미한다.

병원은 집약적 기술을 사용하는 대표적인 조직으로, 병원이 환자에게 다양한 제품이나 서비스를 제공할 경우 관련되는 의료진이나 담당자가 협력하여 동시에 서비스를 제공해야 한다. 이처럼 병원은 다양한 의료문제 해결을 위하여 지식이나 의료장비, 전문가 부서 등의 서비스를 제공해야 한다. 예를 들어, 응급실에 실려온 환자의 상태를 진단하기 위해서는 응급실, 의료장비, 수술실, 숙련된 간호사, 전문의, 수련의, 원무과 등의 스태프들의 협력하에 병원서비스가 제공되어진다. 이런 경우 호혜적 상호의존성에 바탕을 둔 집약형 기술이 필요하게 된다.

중개형 기술이나 연속형 기술보다 집약형 기술이 조정활동을 하는 데 많은 상호조정 노력이 필요하므로 더 많은 비용이 소모된다. 따라서 팀제 조직과 매트릭스 조직들은 통합을 제공하고 문제를 해결하기 위해 통합하려는 부서들의 통제를 분산시키기 때문에 집약형 기술에 적합하다.

Aston Group의 연구자들은 기술이 조직구조에 어느 정도는 영향을 미친다는 데 동의한다. 조직의 기술이 더 기계화되고 자동화될수록 더 집권화되고 표준화되는 기계적 조직구조를 가진다는 점에서는 Woodward의 주장과 일치한다. 그러나 Aston Group의 학자들은 조직의 기술보다는 규모가 조직구조의 선택에 더 영향을 미친다고 결론을 내렸다. Aston Group의 연구자들은 비록 기술이 소규모의 조직구조에는 강력한 영향을 미치지만, 대규모의 조직에서는 조직성장이나 규모와 같은 다른 요인에 의해 조직구조가 영향을 받는다고 주장하고 있다.

요약

조직의 규모는 조직구조에 영향을 미치는 중요한 상황변수 중의 하나로, 전통적으로 규모가 조직구조에 큰 영향을 미치는 것으로 인식되어 왔다. 조직구조를 결정하는 상황변수인 조직규모를 나타내는 지표로서는 종업원의 총수, 매출액, 총투자자본금, 조직의 소유자산 총액, 병원의 환자용 침대 수, 대학교의 강의실 수 등을 들 수 있지만, 조직규모를 연구변수로 사용한 연구자들의 80% 이상이 종업원 총수로 규모를 정의하고 있다. 규모를 나타내는 다양한 지표들 중에서 종업원의 총수를 선택한 것은 다른 지표들과 서로 밀접한 정(正)의 상관관계를 가질 뿐만 아니라 종업원 총수의 증가는 조직구조에 직접적인 영향을 주기 때문이다.

조직의 규모가 구조에 영향을 준다는 사실을 밝히기 위한 많은 연구가 실시되어 왔고, 그 결과 규모는 급여 · 만족도 · 동기와 같은 변수뿐만 아니라 분화 · 공식화 · 분권화 및 관리적 요소 등과 관련이 있음이 밝혀졌다. 규모가 구조를 형성하는 데 영향을 미친다는 주장에서부터 영향을 미치기는 하지만 그렇게 크지 않다는 주장, 또 전혀 영향을 미치지 않는다는 주장까지 여러 연구결과들이 보고되고 있다. 규모와 관련된 여러 연구들을 살펴보면 먼저 Aston Group의 연구를 비롯하여 Child와 Blau 등의 연구, 그리고 Meyer 등의 연구와 이를 비판하는 연구들이 있다.

기술이란 투입물을 변화시키는 데 사용되는 지식, 능력, 기법, 도구, 그리고 활동을 의미하는데, 여기에는 사람들이 가치 있는 제품으로 변환시키거나 변화시키기 위해 사용하는 시설이나 장비들을 포함한다. 모든 조직은 투입물, 인적자원, 그리고 물적자원을 변환과정을 거쳐 제품이나 서비스로 변화시키는 기술을 가지고 있다. 이 기술은 투입물을 어떻게 산출물로 변환시키는가에 관심을 집중시키고 있다.

조직기술은 개인수준, 부서수준, 그리고 조직수준의 세 가지로 분류된다. 개인수준에서의 기술은 개인이 소유하고 있는 개인적 기술과 지식이고, 부서수준에서의 기술은 집단이 작업하는 기법이나 절차들로 구성된다. 병원에서 외과수술을 담당하는 팀원들의 상호작용이나 과학자들의 공동연구, 그리고 조립라인에서 개발된 기술들은 부서수준의 기술들이다. 조직이 투입물을 산출물로 변환시키는 방식은 조직수준에서의 기술이다. 조직수준에서의 기술은 대량생산을 목표로 하며, 이를 위해서는 컨베이어 벨트와 표준화된 작업공정을 사용한다.

기술은 조직환경의 외부적인 관점이나 조직의 하위시스템을 이루는 내부의 기술로 볼 수도 있는데, 내부기술이라 할지라도 그 기술이 가지는 의미나 분류방법은 연구관점에 따라 다를 수가 있다. 일률적으로 기술을 정의하기가 어려우며, 연구관점이나 상황에 따라 정의를 내려 보는 것이 중요하다. 여기에 초점을 맞추어 기술과 조직구조의 관련성을 연구한 몇몇 실증연구들을 살펴보았다.

조직구조의 결정요인으로서 기술에 최초로 관심을 가진 사람은 1960년대 중반 Woodward인데, 그는 조직구조를 생산기술적 관점에서 연구를 실시하였다. Woodward는 영국 남부에 위치한 250명 미만에서부터 1,000명 이상의 종업원을 가진 100여 개 기업을 대상으로 연구를 실시하였다. 그녀는 권한계층의 수, 통제범위, 공식화의 정도, 관리상의 지원부서 등 조직구조의 계산을 가능케 할 측정치를 수집하였다. 그리고 조직효과성을 평균 이하, 평균, 평균 이상으로 분류하기 위해 수익성, 매출액, 시장점유율 등의 재무적 데이터를 수집하였다. 이 연구를 통하여 조직구조와 조직효과성을 결합시키는 노력은 실패로 끝났지만, 기업들이 채택하고 있는 생산기술의 형태에 따라 분류하고 나서야 조직구조와 조직효과성 간의 관계가 분명하게 나타나고 있음을 발견하게 되었다.

Woodward의 연구는 조직수준에서 기술이 조직구조에 미치는 영향에 대해서 연구한 반면, Perrow는 조직수준보다는 단위부서 수준의 기술과 이에 따른 조직구조의 형태에 관심을 기울였다. 그는 단위부서 수준의 기술이 조직구조에 미치는 영향에 대해서 두 가지 차원, 즉 투입물의 예외빈도를 나타내는 과업의 다양성 차원과 과업상의 예외에 적절하게 대응하기 위한 문제의 분석가능성 차원으로 기술을 분류하였으며, 이에 따라 조직구조 및 조직목표가 달라진다고 보았다.

Woodward는 기술이 조직선택에 영향을 미치는가에, 그리고 Perrow는 과업의 다양성과 분석가능성이 조직구조에 어떻게 영향을 미치는지에 초점을 두었다. 그러나 Thompson은 과업의 상호의존성에 따라 조직구조가 달라지는가에 초점을 두었다. 과업의 상호의존성이란 조직구성원 개인이나 부서에서 과업을 수행하기 위해 다른 부서와 어느 정도 의존적인 관계를 유지하는가를 나타내는 개념이다.

정리 및 토의과제

1. 규모란 무엇을 의미하는가?
2. Aston Group의 연구내용에 대해 알아보자.
3. Child의 연구에 대해 알아보자.

4. Blau의 연구에 대해서 알아보자.

5. Meyer의 연구에 대해서 알아보자.

6. 규모와 구조변수와의 관계에 대해 알아보자.

7. 규모와 관련된 여러 연구들과 비판에 대해서 알아보자.

8. 기술이란 무엇을 의미하는가?

9. Woodward의 연구에 대해서 알아보자.

10. Perrow의 연구에 대해서 알아보자.

11. Thompson의 연구에 대해서 알아보자.

12. 기술과 구조의 관계에 대해서 알아보자.

13. 우리나라 대표기업들의 규모 및 기술이 조직구조에 미친 영향들을 조사해 보자.
    1) 현대자동차
    2) 삼성전자
    3) 포스코
    4) LG 디스플레이
    5) SK Telecom
    6) 두산중공업
    7) 신세계백화점
    8) 현대중공업
    9) 신한은행

Chapter 06

조직구조의 상황변수(2) : 환경과 전략

사례연구

초연결, 경험산업 시대의 도래

2019년 기업의 경기는 2018년보다 더 어려울지도 모른다는 예측이 나오고 있다. 최저임금 인상 이슈와 함께 여기저기서 어렵다는 목소리가 많다. 하지만 그러한 하소연과는 다른 양상들도 나타나고 있다. 인천국제공항은 제2청사를 신설했음에도 불구하고 해외여행을 떠나는 사람들로 가득하고, 저렴하지 않은 가격에도 스타벅스 등 커피 프랜차이즈는 꾸준히 수요가 늘고 있다. 배달이나 가정식 대체식품(HMR)시장도 성장 중이다.

산업뿐 아니라 디지털 생태계에서 태어나 디지털을 당연시하는 디지털 네이티브(Digital Native) 세대도 살펴봐야 한다. 흔히 개인적이고 자기중심적이며, 사람들과 어울리는 것을 싫어한다고 분류되지만 실제로는 SNS를 통해 삼삼오오 모여 엄청난 움직임을 만들고 있다. 이처럼 기존의 관점인 경제, 사회 논리와 5G, 챗봇 등의 기술 트렌드로도 이해할 수 없는 현상들이 나타나고 있다. 왜냐하면 세상이 변하면서 누가, 언제, 어디에서, 누구와, 무엇을, 어떻게 하는지 인식하는 기술이 연계해 발전한 것인데, 마치 기술이 발전해 세상이 변한 것처럼 현상을 이해하고 있기 때문이다. 사실 변화는 기술이 아닌 다른 무언가가 기술을 이끌어 만든다.

변화를 이끄는 3가지 축

그렇다면 구체적으로 어떤 것이 변화를 이끌어 갈까? 크게 3가지 축이 있는데, 먼저 '나'다. 자신만의 욕구, 자신만의 선택으로 자신만이 몰입할 수 있는 것을 인간은 선택하고 따른다. 인간이 가장 극복하기 어려운 욕구는 인정 욕구라는 말이 있듯이 '나' 중심의 욕구들이 인간을 변화시킨다.

두 번째로 인간의 행동을 유발하는 요소이자 인간이 절대 무시할 수 없는 새로움, 문제해결지점, 움직임, 쾌감, 손실지각, 경쟁 등 8가지 근본적인 욕구다. '절대로 답을 떠올리지 마십시오.' '틀린 그림을 절대 찾지 마십시오.'라는 말을 들었을 때 문제와 그림을 보지 않았다면 모를까, 보았다면 인간은 문제해결 욕구를 느껴 본능적으로 답을 찾게 되어 있다. 아는 것을 가르치는 것이 아니라, 스스로 차이를 발견하게 하거나 채우게 할 때 인간은 근본적인 욕구를 무시할 수 없다. 열정과 창의성을 키우는 당위성이 아니라, 인간이 가지고 있는 스스로의 욕구를 볼 수 있어야 하는 이유다. 이러한 8가지 욕구를 경험할 때 인간은 감정의 이동을 경험한다. 이때 물의 위상 차이에서 발생하는 에너지처럼 우리의 감정도 이동하면서 에너지를 생성한다. 바로 작은 것을 주목하게 만드는 '미시감 에너지'다. 이는 글자가 없을 때부터 만들어진 인간의 본능으로 경이로움, 놀람, 경악 등과 같은 감정을 촉발하고 그 사이에 이야기나 이미지, 정보를 입력해 기억하고 선택하는 데 사용한다. 오늘날 미시감 에너지가 강조되는 이유는 기술의 발전으로 사람들이 언제 어디서든 대화가 가능해지면서 과잉선택의 시대에 접어들었기 때문이다. 남들보다 더 주목받을 수 있게 하기 위해서는 감정, 추임새 등 미시감 에너지를 통해 대화를 나누어 더 오래 기억하게 해야 하며 이것이 곧 선택과 행동으로 이어진다.

마지막으로 '흐름'이다. 자동차가 연료를 압축시킨 후 폭발하는 에너지를 이용해 움직이는 방식이었던 것처럼 정보화 시대에서 중요한 것은 축적이었다. 누가 더 많은 정보를 축적하느냐가 경쟁력이다.

하지만 이제는 연결의 시대로 바뀌었다. 디지털이든 현실세계든 연결되고, 그 연결된 움직임에서 변화가 일어나고 있다. 개인의 관점에서 분석한 매슬로우의 5대 욕구 중 가장 기본인 생존의 욕구보다 더 기반의 욕구가 있다는 말도 나온다. 바로 와이파이와 배터리 욕구다. 우스갯소리 같지만, 실제 LG전자가 북미 스마트폰 사용자 2,000명을 대상으로 조사한 바에 의하면 90%의 사람들이 '배터리 바닥 증후군'을 앓고 있다. 배터리 잔량이 20% 남는 순간부터 등이 당기고 침이 마르기 시작하는 육체적 고통을 느끼고, 10% 남으면 간헐적인 치매 증상이 발견된다. 이처럼 '나' 그리고 '인간의 근본적인 욕구', '연결'을 통해 변화는 촉진된다. 하지만 이런 변화의 축을 아는 것과 변화를 느끼는 것은 별개의 문제다. 왜냐하면 인간은 무지한 것에 대해서는 무지할 수밖에 없기 때문이다.

경험이 없든 많든 새로움 앞에서는 동등한 위치이지만 문제는 새로움 중의 일부를 알고 있을 때다. 본능적으로 아는 것으로 모르는 것을 채우려고 하기 때문이다. 이른바 '미지(Not Knowing)' 효과다. 어느 종이에 단어들이 가득한데 상단과 하단에는 변화와 혁신을 나타내는 단어들이 놓여 있다. 이때 'in'으로 시작하는데 종이가 훼손되어 중간 글자를 알 수 없고 'nt'로 끝나는 단어가 있다고 하면 이 단어는 무엇일까? 보통은 '유능한'을 뜻하는 인텔리전트(Intelligent)를 떠올릴 것이다. 하지만 과연 맞을까? 누구도 정답을 알 수 없다. 새로움도 마찬가지다. 모르는 것은 새로운 관점으로 바라봐야 하는데 기존의 관점으로 바라보다 보니 잘못된 경과로 향할 수 있다.

대표적인 예가 트위터다. 원래 소셜 뉴스 서비스인 트위터는 전문가들에게 마이크로 블로그로 소개되면서 기존과 다른 서비스임에도 불구하고 잘못된 인식으로 인해 본질을 잃어버렸다. 그렇다면 미지의 것을 미지의 것으로 바라보지 못하는 이유는 무엇일까? 물건을 보는 방식 때문이다. 빅데이터를 포함한 경영에 필요한 수많은 데이터를 확보해 현재 사람의 관심사를 기반으로 판단하기 때문이다. 실제 아직 발생하지는 않았지만 장차 사람들의 욕구로 발현될 가능성이 큰 현상은 현재의 데이터로 나타나지 않음에도 말이다. 정형화되지 않는 데이터를 바라보고자 하는 방식의 변화가 필요한 이유다.

대표적인 예가 노키아와 스마트폰이다. 아이폰이 나왔을 때 노키아의 수석연구원들이 중국에서 빈민가의 아이들도 아이폰을 사는 것을 꿈이라고 하는 것을 보면서 스마트폰이 새로운 자극으로 욕구를 불러일으키고 있으니 준비해야 한다고 판단했다. 하지만 경영진에서는 데이터가 없다는 이유로 반대했다.

혁명이 진행 도중에는 혁명이라고 불리지 않는 것처럼 도래하는 것을 인지하지 못하기에 오류가 나타날 수밖에 없다. 이를 줄이기 위해서는 혁명, 즉 행동을 일으키는 사람들이 내면에 가지고 있는 욕구들을 볼 수 있어야 한다. 바로 다른 흐름과의 교차점을 파악하는 연결이다. 남이 무엇을 하는지 몰랐던 지식혁명, 지식경제에서는 생존이 중요했다. 생존하기 위해서는 세상을 파악할 수 있는 많은 지식과 정보가 중요했다. 따라서 정보를 검색하고 발견할 수 있는 미디어들이 선택받았다.

점점 세상을 알게 되고 나서는 주변보다 자신을 의식하기 시작했다. 나에게 의미가 없으면 선택하지 않기 시작한 것이다. 이기적이라고 볼 수도 있지만 인류 역사상 처음으로 어디로 향할지 집단에서 스스로 목적의식을 걸어 나온 시기다.

연결을 통한 경험이 아우르는 변화

이처럼 목적의식을 갖고 나를 기준으로 저마다 관심에 따라 무엇을 할지 이합집산하는 새로운 연결구조가 바로 오늘날 '관심연결경제'이다. 과거 지식경제가 하나의 공간에 서로 알지 못하는 100명의 사람들이 정보를 얻기 위해 모인 구조라면 관심연결경제는 서로를 잘 아는 사람들 서너 명씩이 여럿이 모인 100명의 집합체라고 할 수 있다. 관심에 따라 이합집산하다 보니 상대적으로 싫어하는 요소들은 자동적으로 배제해 양극화, 다극화 현상이 강해질 수 있다는 우려도 존재한다. 하지만 참여자들이 많으면 많아질수록 연결을 통해 새로운 것을 접할 수 있는 기회가 기하급수적으로 늘어나기 때문에, 시간이 지나면 해결될 수 있는 문제다.

결국 디지털이 아날로그처럼 발전한 것이 아니라 전 인류가 대화를 통해 자신들의 관심 위주로 함께 무엇을 할 수 있도록 하는 것이 바로 4차 산업혁명이다. 소비자가 아닌 사용자로서의 관점, 공간에 있거나 공간으로 향하는 것이 아닌 참여하면서 과정을 즐기는 것, 트렌드에서 문화로, 기록에서 기억으로 전환되는 변화가 일어나고 있다. 정보가 아닌 일상이 공유되는 연결을 통한 경험이 변화를 아우르고 있는 것이다.

전 세계 최고의 숙박업체로 성장한 에어비앤비는 현지에서만 경험할 수 있는 독특한 경험을 파는 회사가 되겠다며 여행회사로의 전환을 선언했다. 또 세계적인 테마파크 유니버셜스튜디오는 자신들만의 스토리 존을 기반으로 경험산업에 앞장서고 있다. '해리포터 존'의 지팡이가 대표적인 예다. 지팡이를 구매한 후 지정된 장소에서 안내된 모양대로 움직이고 문구를 말하면 영화와 동일한 경험을 할 수 있다. 놀이기구, 퍼레이드 등을 기다리는 시간 동안 사라져버린 기회들을 소비자 스스로 경험을 통해 이동하게 만들면서 새로운 매출로 이어질 수 있도록 유도한 것이다.

스타벅스가 사이렌 오더를 통해 대기하는 줄을 없앤 이유도 마찬가지다. 대기인원을 스타벅스와 고객 모두에게 손해라고 생각했다. 사이렌 오더를 통해 고객은 기다리지 않아도 자신의 일을 하면서 커피를 받을 수 있고, 스타벅스는 언제든지 매출을 확보할 수 있게 되었다. 미디어도 매스미디어도 소셜미디어로, 나아가 온라인과 오프라인 자체의 경계를 연결하는 트랜스미디어로 발전하고 있다. 넷플릭스의 드라마 '블랙 미러: 밴더스내치(Black Mirror: Banders nabch)'가 대표적인 예다. 선택에 의해서 스토리가 달라지는 인터랙티브 드라마로, 시청자 스스로 드라마의 결말을 결정하게 해 바이럴을 유도함으로써 콘텐츠 소비를 활성화시킬 수 있는 흐름을 만든다. 마블, DC코믹스 등 콘텐츠업체들이 세계관을 가지는 이야기에 집중하는 이유도 단순히 하나의 상품에서 그치는 것이 아니라 인물들을 연결시켜 드라마, 영화, 만화 등 다양한 형태로 콘텐츠를 경험하게 하는 흐름을 만들 수 있기 때문이다.

증강현실이 주목을 끄는 이유도 마찬가지다. 디지털 기술이 오프라인을 위한 온라인 기술로 변하면서 중심이 현실로 이동하고 있다. 텍스트나 이미지를 전송하던 3G 시대에서 비디오나 스트리밍을 연결하는 4G, 이제는 현실 공간에서 연결되고 경험할 수 있도록 하는 5G로 기술이 발전하고 있다. 가상현실처럼 특별한 기기를 착용해 스스로 단절된 상태를 만드는 것이 아니다. 최근 인기리에 종영된 드라마 '알함브라 궁전의 추억'처럼 자연스럽게 대화하고 이동하는 실제 공간에서 증강현실을 경험할 수 있어 미시감에너지를 통해 더 몰입할 수 있다.

'디지로그'에서 '다이얼로그'의 시대로

혁명은 기술이 등장했을 때가 아니라 기술을 선택하는 사람들이 많아지면서 일어나는 변화다. 서로 상관관계가 없는 개별적인 요인들이 한꺼번에 만났을 때 일어나는 높이 100m짜리 파도를 '퍼펙트 스톰'이라고 한다. 기술 분야에서는 10년마다 오는 기술 혁명을 의미하기도 한다. 이어령 전 문화부장관이 디지털과 아날로그를 더 이상 분리할 수 없다는 '디지로그(Digilog)' 선언을 한 10년 후 새로운 다이얼로그(Dialog)의 시대가 도래했다.

아날로그로 가득했던 세계에서 디지털이 처음 등장했을 때 '디지털 이민' 세대라고 부르며 사람들이 새로운 상태계로 이동했던 것처럼 이제는 디지털이 당연한 세계에서 '디지털 내러티브'라고 불리는 세대가 아날로그로 이동하면서 퍼펙트 스톰을 불러일으키고 있다. 사람들이 디지털 기술 위에서 대화하고 경험을 통해 미시감을 만들어내는 행위가 많아지는 것이 결국 4차 산업혁명으로 이어지는 것이다. 이런 관점에서 볼 때 올해는 아직 혁명은 오지 않았지만, 혁명으로 이어지는 전초전이라고 할 수 있다.

<Chief Executive, KMAC, 2019. 2.>

환경변화가 가지는 민감성과 중요성에 대한 인식은 조직을 관리하는 사람들이라면 누구나 공감하는 내용이다. 특히, 4차 산업혁명의 진행이 가져다주는 패러다임의 변화는 환경과 전략의 적절한 결합이 선행되지 않으면 조직의 성장 및 존립 자체를 보증해 줄 수 없다. 위의 사례에서 나타난 초연결, 경험산업 시대의 도래는 이러한 환경과 전략의 적절한 조합을 통해 산업의 변화와 경쟁력을 제고하는 중요한 수단으로 작용할 수 있다. 기업의 CEO라면 누구나 환경의 변화를 예측하고 적응할 수 있는 능력과 이를 전략과 연계시켜 지속가능한 경영을 할 수 있도록 하는 능력을 갖추어야 한다.

4차 산업혁명시대에 변화를 이끈 3가지 축은 크게 3가지 축이 있는데, 먼저 '나'다. 자신만의 욕구, 자신만의 선택으로 자신만이 몰입할 수 있는 것을 인간은 선택하고 따른다. 인간이 가장 극복하기 어려운 욕구는 인정 욕구라는 말이 있듯이 '나' 중심의 욕구들이 인간을 변화시킨다. 두 번째로 인간의 행동을 유발하는 요소이자 인간이 절대 무시할 수 없는 새로움, 문제해결지점, 움직임, 쾌감, 손실지각, 경쟁 등 8가지 근본적인 욕구다. 마지막으로 '흐름'이다. 자동차가 연료를 압축시킨 후 폭발하는 에너지를 이용해 움직이는 방식이었던 것처럼 정보화 시대에서 중요한 것은 축적이었다. 누가 더 많은 정보를 축적하느냐가 경쟁력이다. 하지만 이제는 연결의 시대로 바뀌었다. 디지털이든 현실세계든 연결되고, 그 연결된 움직임에서 변화가 일어나고 있다. 개인의 관점에서 분석한 매슬로우의 5대 욕구 중 가장 기본인 생존의 욕구보다 더 기반의 욕구가 있다는 말도 나온다.

조직은 조직의 생존에 필요한 자원을 획득하기 위해 조직을 둘러싼 자신의 환경을 적절하게 관리하고 이용할 줄 알아야 한다. 조직은 자신이 생산하거나 제공하는 제품과 서비스를 이용하는 이해관계자를 선택하여야 한다. 그리고 조직은 생존에 필요한 자원을 확보하는 능력을 극대화하기 위해 자신을 둘러싼 환경의 영향을 관리하는 방법을 결정함으로써 조직의 환경영역을 설정하게 된다.

전략은 내부관리의 효율성보다 전략적 의사결정의 합리성 여부에 따라 결정되어지고, 조직은 전략을 통해 환경과의 관계 속에서 부족하고 희소한 자원을 증대시킬 수 있는 비교경쟁우위를 얻기 위한 시도를 하여야 한다. 조직이 경쟁적 비교우위를 가지고 있으면 그렇지 못한 조직들보다 더 높은 성과를 달성할 수 있게 된다. 조직은 필요자원을 획득하기 위해 전략을 통해 경쟁기업보다 높은 성과를 기대할 수 있는 핵심역량을 개발하고 사업영역을 관리할 수 있어야 한다.

본 장에서는 이러한 환경이라는 상황변수가 조직구조의 형성에 어떤 영향을 주었는지와 관계되는 연구들을 통해 환경변수의 중요성을 인식하고, 나아가 전략이 구조에 미치는 영향관계를 살펴보고자 한다.

1 환 경

1.1 조직환경의 의의

환경(environment)은 조직이 생존을 위해 필요로 하는 자본, 인적·물적자원, 기술적 정보, 시장 등을 제공하는 중요한 영향요인으로 조직의 생성이나 존속 및 성장에 크게 영향을 미친다. 조직환경(organizational environment)이란 조직의 경계 밖에 존재하면서 조직의 생존에 영향을 미치는 내·외부의 모든 영향요소를 의미한다. 여기에는 조직의 생존에 필요한 제반기술을 향상시키고, 생존전략을 결정하는 데 중요하게 고려되는 정보, 제품 및 서비스를 구입하는 고객 등의 이해관계자들을 지원하는 것, 조직을 유지하는 데 필요한 자본을 공급하는 금융기관, 부족한 자원들을 확보하려고 경쟁하는 집단들, 급속한 기술의 변화, 그리고 주요 투입물의 가격상승 등도 조직환경의 범주에 포함된다.

조직은 생존에 필요한 자원을 획득하기 위해 조직을 둘러싼 환경을 적절하게 관리하고 이용할 줄 알아야 한다. 조직은 자신이 생산하거나 제공하는 제품과 서비스를 이용하는 이해관계자들을 선택하여야 한다. 그리고 조직은 생존에 필요한 자원을 확보하는 능력을 극대화하기 위해 자신을 둘러싼 환경의 영향력을 관리하는 방법을 결정함으로써 조직의 환경영역을 설정하게 된다. 조직은 소비자나 종업원, 주주, 그리고 이해관계자들의 가치창출능력을 향상시키면서 조직의 환경영역을 확대하려고 노력한다. 그리고 조직환경과의 효과적인 상호작용 관계를 형성하기 위해 지속적으로 노력한다. 조직환경의 유형은 학자에 따라 다르게 구분되지만, 일반적으로 과업환경과 일반환경의 두 가지로 구분된다. [그림 6.1]에서 조직은 조직영역을 확장시키고 생존에 필요한 자원을 얻기 위해서 과업환경이나 일반환경 영향력들과의 교환관계를 지속적으로 가져야만 하는데, 이를 구체적으로 살펴보면 다음과 같다.

먼저, 과업환경(task environment)이란 조직의 생존에 필요한 자원을 확보하려는 조직능력에 직접적으로 영향을 미치는 환경으로, 주로 이해관계자 집단으로부터 많은 영향을 받는다. 과업환경은 특수환경(special environment)이라고도

그림 6.1 조직환경

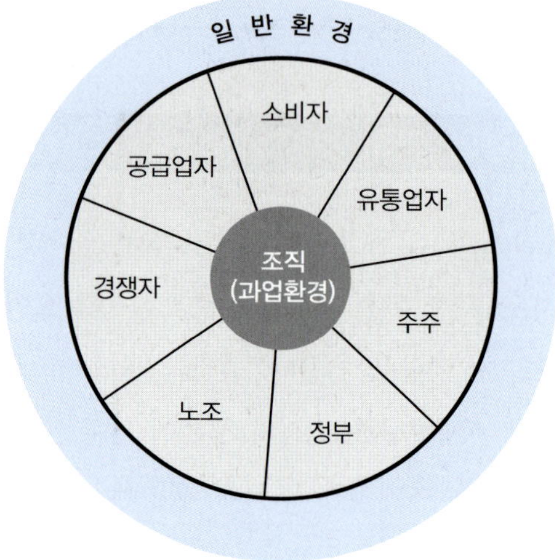

하며, 과업환경의 이해관계자인 소비자, 유통업자, 노동조합, 경쟁자, 공급자, 사회 및 소비자단체, 그리고 정부 등은 다양한 방법으로 조직에 영향력을 행사한다.

필요자원의 확보를 위한 경쟁이 치열해질수록 조직은 자원을 획득하기가 더 어려워지게 되고, 치열한 자원획득 경쟁은 수요와 공급의 원리에 의해 자원의 부족과 품귀현상을 만들어낼 수 있다. 조직에 직·간접적으로 관계되는 고객의 욕구와 고객유형, 고객 수 등의 이해관계자 변화는 조직에 많은 영향을 미친다. 그러므로 조직은 고객 등의 이해관계자와 우호적인 관계를 유지할 수 있는 전략을 가져야 하며, 조직의 전략은 고객욕구의 변화 등과 같이 이해관계자의 욕구변화에 따라 변화되어야만 한다.

반면, 일반환경(general environment)이란 필요자원을 얻기 위해서 특수환경 내에 존재하면서 모든 조직능력에 영향을 미치고 특정 환경을 구체화하는 영향력으로 구성된다. 일반환경을 구체적으로 세분하면 7가지로 나눌 수 있다.

첫째는 기술적 환경으로, 기술적 환경이란 사회 전체의 변화를 가져오는 정보기술, 관리기술, 행정기술 등의 기술변화이다. 조직의 생존에 필요한 기술변화의 추세를 이해하고, 기술적 환경의 변화를 적절하게 활용하지 못하면 결국 조직의 성장이 멈추거나 해체된다. 현대경영은 기술의 개발과 신상품의 선도적 지위에 따라 기업의 핵심경쟁력이 결정되는 중요한 환경적 특성을 가지고 있는 만큼, 기술환경의 변화를 인식하는 정도의 차이에 따라 조직의 생존전략은 달라질 것이다.

둘째는 법적 환경으로, 법적 환경이란 민법, 세법, 상법, 수표법, 어음법, 소비자보호법, 공정거래법 등과 같이 조직활동과 관련된 일체의 법률, 조례, 그리고 관례들을 의미한다. 세계무역기구(WTO)의 출범으로 세계시장이 단일시장으로 등장하여 자유경쟁을 지향하는 현 상황에서는 무역이 기업경영활동의 핵심이므로 범세계적 법률체계인 외환관계법, 해상보험법, 국제무역거래법, 전자상거래진흥법 등에 많은 변화가 예상된다.

셋째는 정치적 환경으로, 정치적 환경이란 기업이익에 영향을 주는 정치적 영향력을 의미한다. 정치적 안정이나 정치시스템의 변화 등이 조직활동에 직접적으로 영향을 주므로, 정치적 환경은 기업들이 자사의 이익을 위해 항상 유리한 방향으로 환경을 이용하려고 한다. 금융실명제나 공직자의 재산공개 등은 기업의 경영활동을 투명하게 해주는 제도적 장치의 하나이다.

넷째는 경제적 환경으로, 경제적 환경이란 기업조직을 둘러싼 경제여건의 변화를 말한다. 반덤핑관세부과, 경기변동, 환율변동, 국제원유가격 및 원자재가격의 변화, GDP, 자국의 신용등급 등을 비롯한 각종 경제정책들이 경제적 환경에 속한다.

다섯째는 인구통계적 환경으로, 인구통계적 환경이란 인구의 증가, 이동 등 인구동향이나 개인신분에 관한 상황을 뜻한다. 인구, 연령, 성별 등의 변화가 인구통계적 환경에 속하는데, 인구통계적 환경은 기업조직의 시장정책 수립이나 조직의 운영방침을 설정하는 데 중요한 자료로 활용된다. 최근에는 인구통계적 환경은 청소년을 비롯한 젊은 층의 소비시장 규모가 급격히 확대됨에 따른 마케팅전략의 수립, 노령인구의 증가에 따른 실버산업의 급격한 성장에 따른 노인복지정책의 수립, 그리고 여성들을 대상으로 한 각종 정책수립에 큰 영향을 주고 있다.

여섯째는 생태학적 환경으로, 생태학적 환경이란 조직의 생존에 필요한 자연생태계를 중심으로 한 환경변화를 말한다. 특히 교통문제, 공해문제, 그리고

그림 6.2 환경 불확실성의 3요소

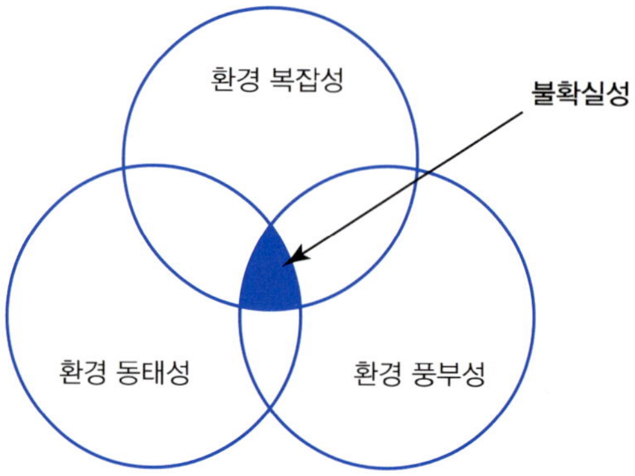

노사문제 등과 같은 것이 생태학적 환경의 대표적인 사례로 언급되고 있다.

마지막으로 문화적 환경으로, 문화적 환경이란 조직구성원들의 신념, 가치관, 태도, 생활양식, 규범 등의 요소와 관련된 환경을 말한다. 문화적 환경은 영화, 음악, 패션, 소프트웨어, 이벤트 산업 등의 성숙을 가져오는 중요한 환경이므로 건강한 문화적 환경의 구축은 미래산업의 핵심적 역할을 할 것이다.

한편, 조직은 자신의 생존에 필요한 자원을 획득하기 위해서 다양한 노력을 시도한다. 조직에 직·간접적으로 관련되는 이해관계자와 조직의 영역들을 보다 쉽게 관리하기 위해서 지속적이고 풍부한 자원의 공급을 필요로 한다. 하지만 모든 조직은 조직관리자들이 필요자원의 흐름을 예측하고 통제하는 것이 불가능할 정도로 환경의 불확실성에 직면하게 된다. [그림 6.2]에서 보듯이 조직을 둘러싼 환경 불확실성을 증가시키는 요인은 환경 동태성, 복잡성, 풍부성 등의 세 가지가 있는데, 환경이 복잡하고 불안정성이 높아짐에 따라 환경 불확실성의 수준은 증가하게 된다.

먼저 환경 동태성(environmental dynamism)은 과업환경이나 일반환경이 얼마나 빠르게, 그리고 많이 변화하는가를 나타내는 정도를 의미하는데, 만약 환경이 예측가능한 범위 안에서 필요자원의 제공에 영향을 미친다면 환경은 안정적이게 될 것이다. 안정적 환경이란 동질적 환경으로서 시간의 경과에도 불구하고 조직에 큰 변화가 없는 환경을 말한다. 반면에 조직이 과업환경이나 일반환경의 변화를 예측하지 못하고, 환경변화가 매우 빈번해진다면 환경은 그만큼 불안정하고 동태적이 되는 것이다. 예를 들어, 컴퓨터 산업 등의 정보기술(IT)이나 생명공학(BT) 분야와 같이 급속하게 기술이 변화하는 환경은 동태성이 매우 높은 환경이다. 환경의 동태성이 클수록 환경의 불확실성은 그만큼 증가하게 된다.

환경 복잡성(environmental complexity)은 조직에 영향을 주는 특수하면서 일반적인 영향력의 강도, 수, 상호결합성의 강도를 나타내는 정도를 의미하는데, 환경의 복잡성은 조직 내의 과업환경과 일반환경들이 상호작용하고 조직에 미치는 영향을 제대로 예측하지 못할 때 복잡성이 급격하게 증가하게 된다. 조직에서 과업환경이나 일반환경들 간에 상호작용관계가 높아질수록 조직이 당면하게 되는 환경의 불확실성은 더욱 높아지게 된다. 이처럼 조직을 둘러싸고 있는 경영환경이 복잡할수록 환경의 불확실성은 더욱 높아지게 될 것이다. 동질적 환경은 이질적 환경에 비해 복잡성의 정도가 낮아지는데, 이는 의사결정의 수가 적고 표준화된 관리방식의 적용이 가능하기 때문이다.

환경 풍부성(environmental richness)이란 조직의 생존에 필요한 자원의 양이 어느 정도 확보되어 있는가를 나타내는 것인데, 자원이 풍부한 환경에서는 조직들이 필요자원을 확보하기 위해 치열한 경쟁을 하지 않기 때문에 환경의 불확실성이 낮다. 하지만 환경의 풍부성은 두 가지 이유 때문에 낮아질 수 있다. 첫째는 조직이 저개발국가나 개발도상국가, 또는 국가 내의 빈곤지역에 위치했을 때이고, 둘째는 기업들이 필요자원을 확보하기 위해 치열한 경쟁을 하고 있을 때이다. 자원이 풍부하지 못한 환경 내의 조직은 신기술이나 최적의 산출물을 획득하거나 고객들을 확보하기 위해서 노력해야만 한다. 자원이 부족한 환경 하에서는 조직의 생존이 어려워지게 되는데, 부족하고 불안정하며 복잡한 환경 아래서 필요자원을 얻는다는 것은 매우 어렵기 때문에 조직들은 심각한 환경의 불확실성에 직면하게 된다. 하지만 안정적이고 동질적이며 단순하고 풍부한 환경 아래에서는 필요자원을 쉽게 얻을 수 있으며, 환경의 불확실성은 낮아지게 된다.

1.2 환경 관련 여러 연구들

조직이론에서 환경과 조직구조와의 관계를 연구한 이론들이 몇 가지 있는데, 그 중 하나가 상황적합이론(contingency theory)이다. 조직이론에서 조직이 환경을 보다 효과적으로 관리하기 위한 방법으로 주장하고 있는 공통적인 가정은 환경이 상황적합적이라는 것이다. 상황적합이론에 따르면 조직은 환경을 보다 효과적으로 관리하기 위해서는 변화하는 환경에 유연하게 적응할 수 있는 상황적합적인 조직을 설계해야 한다. 다시 말하면 조직은 외부환경을 적절히 통제하기 위해 환경에 적합한 조직의 내부구조를 설계해야 한다. 환경과 조직 간에는 상황적합성의 정도가 낮을수록 실패할 가능성이 높아지고, 상황적합성의 정도가 높을수록 성공할 가능성이 높아지게 된다.

상황적합이론은 일반적으로 환경과 조직 간의 관계를 연구한 Lawrence와 Lorsch의 연구와 Burns와 Stalker의 연구에서 시작되었다. 또한 이러한 상황적합이론이 가진 이론적 한계를 보완한 이론들이 자원의존이론(resource dependence theory)과 거래비용이론(transaction cost theory)이다.

1) Lawrence와 Lorsch의 연구

Lawrence와 Lorsch는 플라스틱산업, 식료품산업, 컨테이너산업에 종사하고 있는 10개의 기업을 대상으로 각각의 산업 안에서 활동 중인 각 기업들의 특성에 적합한 조직구조를 통합하고 차별화하는 단계들을 조사하였다. 이들은 각각의 산업 안에서 각 기업들의 부문별 판매량과 연구개발 제품의 차별화 단계를 측정하였고, 이를 통해 이들은 각각의 조직들이 조직활동을 조정하기 위해서는 서로 다른 절차와 규칙들이 적용된다는 데에 관심을 두었다. 이러한 연구결과 각각의 산업은 서로 다른 환경의 불확실성을 가지고 있음을 발견하였다.

플라스틱산업은 기술의 변화속도가 무척 빠르고, 경쟁업자들과의 경쟁이 매우 치열했다. 기업들은 기술변화의 속도에 따른 신제품개발이나 새로운 공정의 개발을 통해 시장진입을 시도하다 보니 제품의 수명주기가 매우 짧았다. 이러한 산업특성으로 볼 때 환경은 매우 동태적이면서 불확실성이 매우 높았다. 하지만 컨테이너산업은 20년 동안이나 규격화된 제품특성으로 인해 특별한 기술

표 6.1 Lawrence와 Lorsch의 연구

구분	불확실성의 정도		
	높다	중간	낮다
환경 불확실성	플라스틱산업	식료품산업	컨테이너산업
부서 차별화	플라스틱산업	식료품산업	컨테이너산업
통 합	플라스틱산업	식료품산업	컨테이너산업

의 변화가 수반되지 않아 특기할 만한 제품개발이 거의 없는 관계로 환경이 매우 안정적이고 불확실성이 낮은 특성을 보였다. 그런데 식료품산업은 환경 불확실성 정도가 플라스틱산업과 컨테이너산업의 중간 정도에 해당되었다. 식료품산업은 급격한 기술혁신이 별로 없으며, 신제품의 출현 및 판매고의 성장이 플라스틱산업보다는 낮고, 컨테이너산업보다는 높은 특성을 가지고 있었다. <표 6.1>에서처럼 환경 불확실성이 가장 높은 산업은 플라스틱산업이며, 식료품산업, 컨테이너산업 순으로 나타났다.

이러한 산업들 사이에 차별화는 안정적 환경에 있는 기업들보다는 불확실한 환경하의 기업들에게 보다 중요하게 되었다. 즉, 환경의 불확실성이 높을수록 차별화가 많이 되어 있다. 하지만 이들의 연구에서 차별화와 함께 중요한 개념이 통합이라는 것인데, 조직 전체의 목적을 달성하기 위해서는 부서 간의 차별화를 조정해 줄 통합이 필요하다. 조직통합은 차별화된 부서 간의 활동이 전체 조직목표와 일치하는 방향으로 움직여 가도록 하는 공동의 노력을 의미한다. 환경의 불확실성이 높은 산업에 포함되는 조직일수록 차별화의 정도가 높기 때문에, 이를 조정하기 위한 통합의 정도도 높아지게 된다. Lawrence와 Lorsch의 연구가 주는 시사점은 효과적인 조직운영을 위해서는 조직이 환경에 적응할 수 있도록 조직구조를 설계해야 한다는 점이다.

2) Burns와 Stalker의 연구

Burns와 Stalker는 영국의 20개 기업을 조사하여 기업의 외부환경과 조직구조가 서로 관련되어 있음을 발견하였다. 조직은 주변 환경특성에 따라 그 활동에 필요한 다양한 종류의 조직구조를 요구한다는 것이다. 즉, 기계적 조직구조

표 6.2 Burns와 Stalker의 연구

낮다 ← 환경 불확실성 → 높다	
기계적 조직구조	유기적 조직구조
• 단순한 구조 • 낮은 차별화 • 낮은 통합의 정도 • 집권화 • 표준화	• 복잡한 구조 • 높은 차별화 • 높은 통합의 정도 • 분권화 • 상호조정

보다는 유기적 조직구조를 가지는 기업들이 불안정하고 변화하는 환경에서 보다 효과적이라는 사실을 발견하였다. 반면에 안정적 환경 하에서는 유기적 조직구조보다는 집권화, 공식화, 표준화를 특징으로 하는 기계적 조직구조가 더 효율적이었다.

<표 6.2>에서 보듯이 동태적이고 이질적인 환경에 직면한 조직은 안정적이고 동질적인 환경에서 활동하고 있는 조직과는 근본적으로 차이가 있다. 동태적이고 이질적인 환경에서는 유기적 조직구조가 적합하다. 즉, 분권화된 의사결정과 문서화된 규칙이나 절차가 거의 없고, 갈등해소를 위해 구성원들이 참여하는 토론이나 회의를 자주 사용하며, 수평적 의사소통 경로가 존재한다. 하지만 안정적이고 동질적인 환경의 조직은 기계적 조직구조가 적합하다. 즉, 집권화된 의사결정 권한과 문서에 의한 수직적 의사소통 경로가 존재하며, 구성원들의 제한적인 정보공유와 구성원들 간의 갈등도 상사의 중재노력이나 일방적 결정에 의해 해결되는 관료제적 특징을 많이 가지고 있다.

따라서 Burns와 Stalker는 조직을 둘러싸고 있는 환경의 불확실성과 동태성에 보다 신속하게 적응할 수 있는 조직구조를 설계할 수 있어야 한다고 생각한 것이다. 그렇지만 그들은 기계적 조직이 나쁘고 유기적 조직이 좋다는 것은 아니며, 단지 가장 효과적인 조직이란 조직을 둘러싸고 있는 환경에 적응할 수 있는 구조를 가져야 된다는 것이다.

하지만 Lawrence와 Lorsch, Burns와 Stalker 등의 상황적합이론은 조직구조를 결정하는 요인으로 지나치게 조직환경을 강조하여 비판을 받았다. Child는 환경의 영향력보다는 경영자들이 어떻게 환경을 인식하느냐가 중요하므로 상황적합이론이 틀렸다고 주장하고 있다. 상황적합이론은 경영자들이 임의적으로 선택할 수 있는 가능성을 무시한다는 점에서 비판을 받고 있다. 그래서 등장한 것이 바로 전략적 선택이론(strategic choice theory)인데, 이 이론은 경영자들의 환경에 대한 지각은 주관적 관점에 따라 다르므로 환경의 선택은 조직환경에 직접적으로 영향을 줄 수 있는 경영자들에 의해서 전략적으로 선택되어져야 한다고 주장하고 있다. 예를 들면, 어떤 경영자는 1997년 10월의 IMF 외환위기 상황을 정확하게 예측하였지만, 어떤 경영자는 전혀 그렇지 못하고 상황을 낙관적으로 예측하였다. 이는 경영자가 주관적으로 미래의 환경을 선택하는 관점에 따라 달라진 결과이다.

마찬가지로 규정된 환경(enacted environment)이라는 개념을 처음으로 제시했던 Weick은 경영자들이 반응하는 환경이란 경영자 자신의 지각으로부터 창조된다고 보고 있다. 즉, 경영자가 환경을 어떻게 인식하느냐에 따라 달라지게 된다. 경영자들이 환경에 대해 가지는 과거경험은 안정적 환경이든 불안정한 환경이든 관계없이 경영자에게는 모두 중요한 환경의 결정요인이 된다는 것이다. 따라서 경영자가 가지고 있는 과거경험이 환경을 직접적으로 변화시키는 데 영향을 미칠 수 있다. 따라서 상황적합이론을 비판하는 연구자들은 조직이 환경을 관리하고 통제할 수 있는 능력을 가지고 있으며, 수동적으로 반응하는 존재가 아님을 분명히 하고 있다.

3) 자원의존이론

앞에서 살펴본 상황적합이론은 기술적 환경에 대한 내부적응에 초점을 맞추거나 환경에 대한 적극적인 조작가능성을 간과하고 있어 이에 대한 비판으로 등장한 것이 전략적 선택의 관점에서 살펴볼 수 있는 자원의존이론(resource dependence theory)이다. 조직이 생존하고 성장하는 데 필요한 자원들은 조직을 둘러싼 환경특성에 따라 달라지는데, 조직은 생존에 필요한 자원들에 보다 용이하게 접근할 수 있도록 환경과 좋은 거래관계를 유지하도록 노력해야 한다.

자원의존이론에 의하면 조직의 생존에 핵심적인 요인은 자원을 획득하고 유지할 수 있는 능력이며, 이러한 자원은 외부환경으로부터 획득되므로 환경에 의존해야 하고 환경과의 거래가 필요하다고 본다. 상황적합이론을 자원의존이론으로 발전시킨 Pfeffer와 Salancik에 의하면 조직은 단지 상황요인에 반응하는 것이 아니라 상황적 제약조건들을 어느 정도 전략적으로 조정하여 완화시킬 수 있다고 주장하고 있는데, 조직이 생존하는 데는 환경과의 거래가 필수적이므로 조직과 거래하는 많은 환경요인들은 상호의존적인 관계를 맺어야만 한다. 그래서 경영자들은 조직의 생존을 위해서 외부와의 상호의존관계를 관리하려 하며, 경영자들은 조직이 생존하는 데 필요한 각종 조직변화 전략과 자원의존회피 전략을 수립하게 된다. 따라서 조직은 보다 이상적인 환경과의 상호의존적 관계를 설정하기 위해 두 가지 측면을 동시에 관리해야 한다. 첫째, 자원을 획득하기 위해 다른 조직에게 영향력을 행사해야 하고, 둘째, 동일한 환경 내에서 다른 조직의 요구와 필요사항에 반드시 반응해야 한다.

자원의존관계를 관리하기 위한 조직 간 전략을 구체적으로 살펴보면, 기업들 간의 거래관계를 통한 자원의 이동은 불확실성이 높아 종종 문제가 발생되기 때문에, 이러한 환경 불확실성을 감소시키기 위해서 조직은 특수하거나 아니면 일반적인 상황 하에서 자원의 상호의존성을 관리하기 위해 반드시 조직들 간의 전략을 필요로 한다. 이러한 자원의 상호의존성 관리는 조직이 자신의 영역을 확대시키거나 보호하는 것을 가능하게 한다. 즉, 특수한 상황에서 기업은 공급자, 노동조합, 소비자 관련 집단 등과 같은 권력주체들과의 상호관계를 관리하는 것이 필요하지만, 특수한 상황에서는 두 가지의 기본적인 상호의존성이 불확실성을 증가시킨다. 상호의존성은 하나의 조직산출물이 다른 조직에서 투입물이 될 때 공생적 상호의존성이 된다. 이러한 공생적 상호의존성은 주로 조직, 공급자와 유통업자들 간에 존재한다. Intel은 삼성전자㈜와 LG전자㈜와 같은 컴퓨터 제조회사들과 공생적 상호의존성을 가진다. 반면 경쟁적 상호의존성은 부족한 투입물과 산출물을 확보하기 위해 경쟁하는 기업들 간에 존재하는데, 삼성전자㈜와 AMD㈜는 Intel의 마이크로칩 분야에 있어서 경쟁관계에 놓여 있다.

공생적 상호의존성에서 파생되는 환경의 불확실성을 감소시키기 위해서는 조직이 보다 적극적으로 외부환경을 변화시키거나 통제하려고 노력해야 한다. 이러한 환경의 불확실성을 감소시키기 위한 전략은 크게 공생적 상호의존성을 관리하거나 경쟁적 상호의존성을 관리하는 두 가지의 전략으로 구분된다. 먼저 공생적 상호의존성에서 파생되는 환경의 불확실성을 감소시키기 위한 전략을 살펴보면 다음과 같다.

첫째, 소비자와 경쟁업자 간의 상호의존성을 관리하는 가장 비공식적이며 간접적인 방식은 명성을 개발하는 것이다. 공정하고 정직한 사업수행을 통해 기업이 다른 기업들에 의해서 신뢰를 받고 높은 인지도가 유지되는 우호적 명성을 가지게 된다면 환경 불확실성은 그만큼 감소하게 된다. 예를 들어, 양질의 상품이나 서비스를 제공하는 것은 공급자나 소비자 모두에게 신뢰나 좋은 명성을 이끌어낸다. 명성이나 신뢰는 아마도 공생적 상호의존성을 관리하기 위한 가장 기본적인 연결 메커니즘일 것이다.

둘째, 중요인물의 영입으로서, 이는 조직의 활동에 특별한 영향을 미치는 외부인물을 조직의 일원으로 영입하여 공생적 상호의존성을 관리하는 전략이다. 즉, 상대편을 우리 편으로 끌어들이는 것이다. 중요인물을 영입한다는 것은 중요한 정치적 수단이다. 조직에 중요한 영향을 주는 소비자, 공급자 또는 중요한 외부의 이해당사자들을 영입하거나 위촉하는 것이다.

셋째, 전략적 제휴로서, 이는 공생적 상호의존성뿐만 아니라 경쟁적 상호의존성을 관리하는 데 기본적인 메커니즘이다. 전략적 제휴는 새로운 사업기회를 발전시키기 위해 두 개 또는 그 이상의 기업들이 자원공유를 목적으로 제휴하는 것이다. 전략적 제휴에는 장기계약, 네트워크 형성, 최소 소유지분 유지, 그리고 합작투자 등의 형태가 있다.

넷째, 인수합병으로서, 소유지분을 보다 강화하기 위해서 취하는 것이 합병이다. 이는 하나의 조직이 다른 조직을 완전히 소유해버리는 것을 의미한다. 공급자 혹은 유통업자들 환경이 매우 불확실할 경우 그러한 환경에 대한 의존성이 매우 높아지기 때문에 이를 제거하기 위하여 공식적인 전략의 일환으로 소유지분을 합병 또는 인수하는 것이다. 다른 회사들을 인수한 조직은 막대한 자금을 부담하게 되며, 새로운 사업을 관리하는 문제들에 직면하게 된다. 따라서 조직은 상호의존성을 관리하거나 매우 중요한 자원을 통제하려 할 때 인수를 고려하는 것이 좋다.

한편, 경쟁적 상호의존성에서 파생되는 환경의 불확실성을 감소시키는 전략으로, 조직은 가능한 경쟁을 회피하려 한다. 경쟁이 존재하면 부족한 자원의 안정적 공급을 위협하게 되므로 환경의 불확실성을 증가시킨다. 경쟁이 치열하게 되면 시장에서 자사제품의 가격이 하락하여 조직의 생존에 위협이 되므로 조직환경은 더욱 악화된다. 경쟁이 치열할수록 도산하는 기업의 수는 증가하게 되고, 결국 조직환경은 자원획득을 위해 상호 경쟁하는 몇몇 소수의 생존자들로 구성되어진다. 경쟁적 상호의존성에서 파생되는 환경의 불확실성을 감소시키기 위한 전략을 살펴보면 다음과 같다.

첫째, 결탁(collusion)과 카르텔(cartel, kartel) 형성인데, 결탁은 불법적인 목적을 위한 정보를 공유하기 위해 경쟁자들 간에 이루어지는 비밀스러운 동의로서 비합법적인 행동이다. 조직은 자신이 경험한 경쟁적 환경의 불확실성을 감소시키기 위해 서로 간에 결탁을 하게 된다. 카르텔은 기업연합이라고도 하며 협약관계에 의한 기업집중형태로서, 각 기업은 법률적 · 경제적으로 독립성을 유지하면서 협약에 의해 결합하는 것을 말한다. 결탁과 카르텔은 조직환경의 안정성을 증가시켜 경쟁자들 간의 관계에 대한 불확실성 혹은 복잡성을 감소시킨다.

둘째, 제3자와의 연결 메커니즘(third-party linkage mechanism)을 사용하는 방식은 경쟁조직을 조정하는 방식에 있어 매우 공식적이기는 하지만 간접적인 방식을 의미한다. 제3자는 경쟁을 규제하거나 관련정보를 공유하도록 만들어주는 규제기관인데, 한국과 일본의 무역업자들에 의해 만들어진 한일무역협회가 전형적인 제3자이다. 제3자 연결 메커니즘은 조직이 산업경쟁을 안정화시키는 기준과 규칙을 제공하며 그에 따라서 환경의 풍요로움을 증대시킨다. 이 메커니즘은 조직의 상호작용을 통제하기 때문에 환경의 복잡성이 감소하며, 정보의 흐름을 증가시키기 때문에 기업들이 환경변화에 보다 용이하게 반응하게 한다. 그러므로 제3자 연결 메커니즘은 환경의 불확실성을 감소시킨다. 제3자 연결 메커니즘의 대표적인 예로는 증권거래소, 교수협의회, 금융감독위원회 등의 기관들이 있다.

셋째, 전략적 제휴는 공생적 환경 불확실성을 감소시킬 뿐만 아니라 경쟁적 환경 불확실성을 줄이는 데에도 사용되어질 수 있다.

넷째, 인수 · 합병은 공생적 상호의존성에서 파생되는 환경의 불확실성을 감소시키는 전략이면서 동시에 경쟁적 상호의존성에서 파생되는 환경의 불확실성을 감소시키는 전략이다. 이러한 상호의존성을 보다 효과적으로 관리하기 위해 경쟁조직을 인수하거나 합병하게 된다. 인수·합병은 기업이 보다 많은 고객들에게 양질의 서비스를 제공하기 위해 보다 제품을 생산할 수 있는 능력을 증가시키거나 기업의 영역을 확장시키고 강화시켜 기업의 경쟁적 위치를 향상시킬 수 있다.

4) 거래비용이론

급변하는 조직환경 속에서 살아남기 위해 기업들은 다양한 변화노력들을 시도한다. 기업들은 동태적인 조직환경 속에서 환경의 불확실성을 감소시키기 위해 다양한 전략들을 수행한다. 환경의 불확실성을 감소시키는 다양한 전략들 중에는 환경의 변화와 함께 할 수 있는 동반자를 만들거나 아니면 특수한 환경과 일반적 환경하에서 조직의 통제를 증가시키는 능력을 배양하는 데 있다. 대부분의 조직들은 다양한 전략들 중에서 환경의 불확실성을 감소시키는 데 적합하다고 생각되는 특정 전략을 선택하여 사용하고, 또한 변화하는 환경에 보다 신속하게 적응하기 위해 전략을 변화시키기도 한다. 거래비용이론(transaction cost theory)에 의하면 조직의 출현을 설명하는 가장 중요한 요인은 조직의 효율성이라고 판단하며, 거래비용을 최소화하는 것이 조직의 효율성을 측정하는 척도라고 생각한다.

거래비용이란 통제비용, 거래관계의 유지비용, 정보비용 및 대체비용 등 교환관계에서 파생되는 일체의 비용을 의미한다. 조직 내에서 많은 구성원들이 함께 일을 하게 되면 조직은 어쩔 수 없이 구성원들의 활동을 통제하게 되고, 이로 인해 많은 파생비용이 발생하게 되는데, 이것이 바로 거래비용이다. 거래비용은 조직이 필요한 정보나 자원을 획득하기 위해서 다른 기업들과 상호작용하거나 아니면 공생적이고 경쟁적인 환경의 불확실성을 감소시키기 위해 사용되는 비용이다. 따라서 조직들은 이러한 거래비용을 최소화하기 위해 노력해야 하는데, 거래비용이 증가하면 조직의 효율성이 떨어져서 새로운 조직의 출현을 억제하게 된다.

거래비용은 인적 요인과 환경요인 간의 결합으로부터 생기는 결과로서, 환경의 불확실성이 높고 제한된 합리성이 많아지면 조직들 간의 거래를 관리하기가 어려워지게 되어 거래비용이 증가하게 된다. 또한 정직하고 정의롭게 생활하는 구성원들 사이에서 기회주의적으로 행동하거나 소수의 파트너에 의존하여 교환관계를 유지하게 되면 거래비용이 증가하게 된다. 따라서 이러한 거래비용이 발생하기 쉬운 특성들을 감안하여 거래비용을 감소시킬 수 있는 방안을 마련하여야 한다. 거래비용은 다음과 같은 조건들이 존재할 때 감소하게 된다.

- 조직들이 불특정 상품이나 서비스를 교환한다.
- 환경 불확실성이 낮다.
- 가능한 한 많은 교환 파트너들이 존재한다.

반면 거래비용은 다음과 같은 조건들이 존재할 때 증가하게 된다.

- 조직들이 보다 특수한 상품과 서비스의 교환을 시작한다.
- 환경 불확실성이 증가한다.
- 가능한 교환 파트너 수가 감소한다.

2 전 략

2.1 전략의 의의

기업을 둘러싸고 있는 외부환경과 내부환경이 안정되어 있는 시대에는 기업의 경쟁력이나 수익성을 결정하는 중요한 요인이 조직 내부의 관리효율성이었다. 그러나 현대와 같이 기업을 둘러싸고 있는 법률, 경제, 기술, 사회, 문화 환경의 변화가 심한 시대에는 경영자의 전략적 의사결정이 기업의 성장성과 수익성에 결정적인 영향을 미치게 된다. 그래서 기업의 미래는 경영전략에 의해 결정되어진다고 주장하는 사람들이 증가하고 있다.

전략(strategy)이란 기업이 기본적인 장기목표 및 조직의 목표를 설정하고 행동의 방침 내지는 방향을 채택하여 목표를 달성하는 데 필요한 자원을 배분하는 것이다. 쉽게 말하면, 전략이란 기업이 어떤 사업을 수행하기 위해 설정한 목표와 목적, 정책과 계획의 형태를 뜻한다. 즉, 조직 전체를 포괄적으로 통합

그림 6.3 가치창출주기

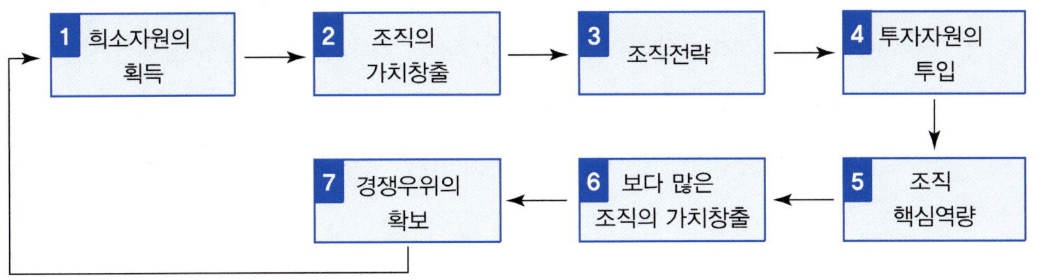

하는 주요한 힘이라 할 수 있다.

전략은 내부관리의 효율성보다 전략적 의사결정의 합리성 여부에 따라 결정되어지고, 조직은 전략을 통해 환경과의 관계 속에서 부족하고 희소한 자원을 증대시킬 수 있는 비교경쟁우위를 얻기 위한 시도를 하여야 한다. 조직은 경쟁적 비교우위를 가지고 있으면 그렇지 못한 조직들보다 높은 성과를 달성할 수 있게 된다. 조직은 필요자원을 획득하기 위해 전략을 통해 경쟁기업보다 높은 성과를 기대할 수 있는 핵심역량을 개발하고 사업영역을 관리할 수 있어야 한다. 조직이 내부와 외부의 환경으로부터 획득할 수 있는 필요자원이 증가할수록 미래지향적인 장기목표를 수립할 수 있으므로 목표 달성을 위한 투자를 지속시켜 나갈 수 있다. 즉, 핵심역량을 통해 조직은 경쟁우위를 확보하고, 고객창조와 높은 수준의 종업원, 새로운 재무적 자원 등을 획득할 수 있게 된다. [그림 6.3]에서처럼 조직전략은 자원의 증대를 통해 핵심역량을 키우고, 이 핵심역량은 조직에게 경쟁우위를 가져다주며, 이러한 경쟁우위를 통해 지속적으로 자원의 획득을 촉진시킨다.

2.2 핵심역량의 원천

조직이 가치를 창출하고 경쟁자보다 높은 성과를 올릴 수 있는 전략을 개발할 수 있는 능력이 바로 조직의 핵심역량이다. 이러한 핵심역량은 전문화된 자원(specialized resource)과 그 조직만이 소유하고 있는 조정능력(coordination abilities)에 의해 좌우된다.

조직의 경쟁우위를 확보해 주는 전문화된 자원에는 두 가지 형태가 있는데, 하나는 기능자원(functional resources)이고, 다른 하나는 조직자원(organizational resources)이다. 기능자원이란 조직의 각 기능부서에 속한 구성원들이 소유하고 있는 기술을 말한다. 마이크로소프트사의 프로그램 설계기술은 마이크로소프트사의 가장 중요한 기능자원이다. 그러나 고품질의 기능자원 그 자체만 가지고는 조직의 경쟁우위를 달성할 수 없다. 이러한 기능자원이 기업의 경쟁우위가 되기 위해서 독특하거나 모방하기 힘든 것이어야 한다. IBM은 경쟁사인 마이크로소프트사의 최고 기술인력을 스카우트하였고, Dupont사는 3M사의 핵심 연구원들을 스카우트하였다. 이러한 현상이 빈번하게 발생하게 되면 특정 기업만이 소유했던 독특성은 사라지게 된다. 따라서 지속적인 경쟁우위를 확보하기 위해 조직은 특유의 기능자원을 보호해야 할 필요가 있다.

조직자원은 조직의 경쟁우위를 가져다주는 속성으로 최고경영진의 경영기술을 포함하여 창업자나 최고경영자가 가지고 있는 비전, 토지, 자본금, 그리고 공장설비 등과 같은 유형자원과 기업의 브랜드명과 명성 같은 무형자산이 모두 포함된다. 이러한 조직자원도 기능자원처럼 독특하거나 모방하기 힘든 것이어야 한다. 코카콜라, 3M, SONY, MS사와 같은 명성은 독특하고 모방하기 힘든 조직자원이다. 이러한 자원을 얻기 위해서는 경영자 한 사람을 고용하는 것만으로는 충분치 않고, 기업 전체에 내재되어 있는 지식체계를 살펴보아야 할 것이다.

조정능력이란 조직가치를 극대화시키기 위해 기능자원과 조직자원을 조정하는 능력을 의미한다. 자원의 조정은 조직구조와 문화에 의한 통제를 통해 달성될 수 있고, 이러한 조정능력이 경쟁우위를 창출한다. 따라서 기능자원과 조직자원을 조정하는 능력이 조직 전체의 경쟁우위를 결정하는 핵심역량이 된다. 예를 들어, 우리나라에서 어떤 기업이 맥도날드와 유사한 패스트푸드 생산기술을 가지고 사업을 한다고 할지라도 맥도날드처럼 효율적인 생산운영상의 규범이나 표준화된 작업과정, 그리고 규칙 등을 똑같이 모방할 수는 없다.

2.3 전략의 유형

조직이 기능자원과 조직자원을 통해 가치를 창출하기 위해서는 적절하게 전략과 구조를 배치시켜야 한다. 그렇다면 기능자원과 조직자원에 대한 조직전략은 어디에서, 누가 창출하는가? 전략은 조직에서 채택한 유형에 따라 가치창출의 방향이 달라진다. 전략은 일반적으로 [그림 6.4]와 같이 기업전략, 사업전략, 그리고 기능전략으로 나누어진다.

기업전략은 복수의 제품시장을 목표로 한 기업 전체의 전략을 말하는데, 여기에는 기존의 조직활동 영역을 방어하고 확대시키는 것뿐만 아니라 새로운 조직영역으로 확장하는 데 필요한 전략이다. 기업전략의 관리는 최고경영층에 의해 이루어지는데, 여기에는 기업의 전체 목표를 설정하고, 무슨 사업에 참여하며, 어떻게 사업부들 간에 자원을 배분할 것인가를 결정하는 것이 포함된다. 따라서 기업전략 관리는 새로운 사업영역의 선택, 기존 사업의 포기, 사업의 우선순위 결정, 장기적 자본조달, 배당정책 등과 관련된 문제를 다룬다. 예를 들어, 코카콜라사의 경우는 마케팅부문에서는 세계적인 경쟁우위를 가지고 있기 때문에, 이러한 경쟁우위 요소를 전 세계의 식음료산업에 적용시키고 있다.

사업전략은 기업이 경쟁우위를 가질 수 있는 위치를 확보하기 위하여 기능별 핵심역량을 결합하는 것이다. 사업전략이란 기업이 특정 사업이나 산업에서

그림 6.4 전략의 수준

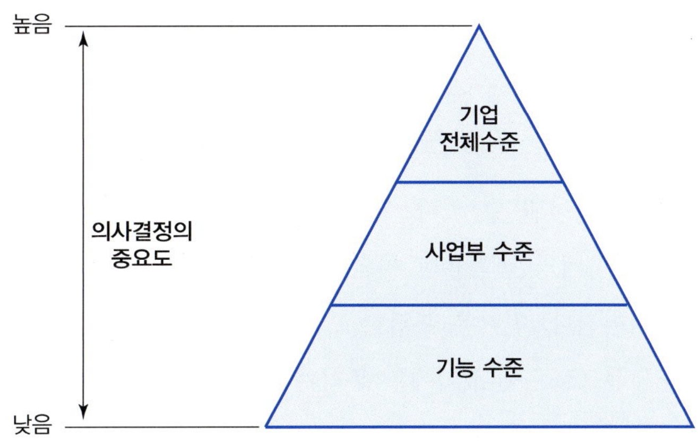

어떻게 경쟁할 것인가 하는 문제를 다룬다. 기업은 경쟁우위와 수익성을 극대화하기 위해 여러 가지 전략적 방안들을 강구한다. 성공적 전략방안이란 기업이 시장에서 효과적으로 경쟁할 수 있게 하는 것을 말한다. 이러한 사업전략에 대한 성공 여부는 환경으로부터의 기회와 위협을 기업의 강점과 약점에 얼마나 잘 조화시키는가에 달려 있다. 사업전략은 사업본부장의 책임하에 있다. 예를 들어, KBS, MBC, 그리고 SBS 등의 방송국은 사업의 효율성을 확보하기 위해서 방송국의 조직을 사업본부체제로 운영하고 있다. 이는 자사의 시청률을 높이기 위해 독립된 사업본부체제를 통해 경쟁우위를 확보하기 위하여 치열하게 경쟁한다.

기능전략은 핵심역량을 창출하기 위하여 조정능력뿐만 아니라 조직의 기능자원 및 조직자원을 강화시키기 위한 행동계획을 말한다. 기능전략은 경영기능별 책임자들이 담당한다. 이것은 생산, 마케팅, 재무, 인사, 연구개발 등 각 경영기능에서 단기적 목표와 전략방안들을 강구하는 것을 주내용으로 한다. 기능부서의 의사결정은 사업부에서 결정된 전략을 실천하는 것과 직접적인 관련성이 있다. 따라서 기능전략들은 앞에 나오는 사업전략들과 일관성을 가져야 한다.

기능전략은 기업전략 또는 사업전략에 비해 단기적이며 보다 구체적이다. 즉, 전략적 의사결정은 주로 생산시스템의 효율성 제고, 적정 재고수준의 결정, 고객 서비스의 질적 향상, 연구개발의 방법 결정 등과 같은 실천적 문제를 다룬다. 기술·인적자원을 강화시키기 위해 기능부문의 관리자는 경쟁자를 앞서는 기술을 확보하기 위해 부하들을 훈련시키고 개발한다. 예를 들어, 연구개발부서의 책임자는 자신들이 경쟁하고 있는 회사의 제품과 기술을 이해할 필요가 있다. 경쟁관계에 있는 자동차회사의 연구개발 담당자는 생산에 응용할 기술과 설계를 연구하기 위해 반복적으로 경쟁회사의 자동차를 분해하여 부품을 연구한다. 이러한 정보를 이용하여 그들은 경쟁자의 제품보다 한발 앞설 수 있는 자동차를 만들어낼 수 있다.

이러한 형태의 전략유형 이외에도 연구자들에 따라 전략의 유형은 다양하게 구분되어진다. 전략은 복잡하고 다양해서 위에서 살펴본 것처럼 단순히 몇 가지의 유형으로 구분짓기에는 무리가 있다. 그러나 전략과 조직구조와의 관계를 규명함에 있어서 전략유형 구분의 적절한 개념적 정리 없이는 충분한 이해

표 6.3 전략유형 분류

연도	연구자	전략유형
1972	H. Mintzberg	기업가형(entrepreneurial mode) 적응형(adaptive mode) 계획형(planning mode)
1974	W. Glueck	축소전략(retrenchment strategy) 안정전략(stability strategy) 성장전략(growth strategy) 복합전략(combination strategy)
1978	H. I. Ansoff	안정형(stable mode) 반응형(reactive mode) 예측형(anticipatory mode) 창조형(initiative mode)
1978	C. C. Snow & R. E. Miles	방어형(defender) 공격형(prospector) 분석형(analyzer) 반응형(reactor)

와 예측이 어려울 것이다. 전략의 유형을 연구자들의 관점에 따라 구분하여 정리하면 <표 6.3>과 같다.

2.4 전략 관련 여러 연구들

전체 조직을 목표, 구조, 기능으로 구분하였을 경우에, 이들 간에는 상호 적합관계가 유지되어야만 한다. 마찬가지로 목표 달성을 가능하게 하는 조직구조와 경영전략 간에도 상호 적합관계가 유지되어야만 조직유효성이 높아질 것이다. 전략과 구조 간의 관계는 "경영자의 전략적 선택이 조직구조를 결정한다"라는 주장과 "기존의 조직구조가 전략에 제약을 가한다"라는 주장이 대립되고 있다. 경영전략과 조직구조 간의 관계를 연구한 대표적인 것이 Chandler와 Child의 연구이다.

1) Chandler의 연구

Chandler는 『전략과 구조(*Strategy and Structure*)』라는 책에서 미국의 100대 산업조직을 대상으로 실증연구를 통해 기업이 채택한 전략과 그 전략을 수행하는 조직구조 사이에는 밀접한 상관관계가 있음을 발견하고 "구조는 전략에 따른다"라는 Chandler의 가설을 제시하였다. 그의 연구는 Dupont, GM, Standard Oil, Sears & Roebuck 등과 같은 기업들의 광범위한 역사적 사례를 중심으로 1909년부터 1959년에 걸쳐 이들 조직들의 발전패턴을 추적한 연구였다. 이 연구에서 Chandler는 기업전략의 변화가 선행하고 뒤이어 조직구조의 변화가 이어진다는 결론을 내리고 있다.

Chandler는 기업들이 초기에는 한정된 제품을 공급하기 때문에 집권화된 조직구조로 출발한다는 사실을 발견하였다. 하지만 제품에 대한 수요가 증가함에 따라 기업은 확장되었다. 따라서 기업들이 제품계열을 증가시키고 그들의 전략 변화에 대응해 가기 위해 이전과는 전혀 다른 조직구조를 개발하지 않으면 안 되었다.

이처럼 Chandler의 연구는 몇 가지 가설을 형성했는데, 첫째는 조직구조는 성장전략을 뒤따른다는 것이고, 둘째는 미국기업의 경우 연속적인 발전과정을 거쳐 왔고, 셋째는 조직은 비능률로 인하여 그 필요성이 인정되지 않는 한 그 구조를 변경시키지 않는다는 것이다. 이러한 Chandler의 가설에 따라 많은 학자들이 전략과 조직구조 간의 상호관계에 대한 합리적인 모델을 개발하기 위하여 많은 노력을 기울였다.

2) Child의 연구

Child는 기업의 조직구조는 전략에 따른다는 Chandler의 가설에 영향을 받아 1972년 '전략적 선택(strategic choice)'이라는 용어를 사용하면서 전략과 구조의 관계를 연구하였다. Child에 따르면 조직의 특성은 환경에서 자동적으로 결정되는 것이 아니고, 조직 내의 정치적 과정을 통해서 형성되는 전략적 선택에 의존한다고 주장하면서 조직 내 권력관계의 중요성과 상황요소를 조정하는 경영자의 역할을 강조하고 있다. 즉, 경영자들이 목표를 설정하고 인력을 선발하며 통제기법을 선택하는 것과 마찬가지로 조직구조의 형태를 선택・결정한다고 주장하고 있다. 경쟁업체, 노동조합, 정부기관 등과 같은 외부적인 제약요인들이 있긴 하지만, 이들이 조직구조의 형성에 직접적으로 영향을 주기보다는 이들 요인들은 경영자의 선택에 의해 조정된다고 주장하고 있다.

Child의 연구는 세 가지로 요약될 수 있는데 첫째, 의사결정자들은 환경과 조직과의 제반문제에 있어서 환경결정론자들이 주장하는 것보다 더 많은 자율성을 가지고 있다. 따라서 그 적응행동의 대체안 선택이 환경에 의하여 자동적으로 결정되기보다는 오히려 조직은 몇 가지 대체안을 가지고 있기 때문에 스스로 그 전략적 결정을 한다. 둘째, 조직은 가끔 자신의 환경을 조직에 유리하도록 조종하거나 통제할 수 있는 영향력을 가지고 있다. 이는 조직이 환경의 일방적인 지시에 의해서만 내부구조에 적응되는 것이 아니고 오히려 조직이 환경을 움직여서 환경을 스스로 창조하는 것을 뜻한다. 셋째, 환경 내의 사건에 대한 지각과 평가는 환경과 조직활동 간에 중요한 조정적인 연결작용을 한다는 점이다. 환경의 객관적인 특성과 환경의 객관적인 특성에 대한 조직구성원들의 지각과 평가 간에는 차이가 존재한다. 즉, 조직은 종종 환경을 다르게 지각하기 때문에 객관적인 환경특성과 주관적인 환경평가와의 관계가 일치하지 않는다. 조직에서 환경이라는 변수는 오히려 심리적이고 인지적인 현상에 지나지 않는다. 그래서 경영자의 전략적 선택은 환경의 실질적인 특성과는 관계없이 조직구조의 설계에 중요한 영향을 미치게 된다.

3) 연구의 한계

Chandler와 Child는 전략이 구조를 결정한다는 주장에 대해 긍정적인 반응을 보이고 있다. 전략이 구조를 결정한다는 데 대해서는 논란의 여지가 있기는 하지만, 전략이 구조를 결정한다는 데 대해서 그렇지 않다고 강하게 부인할 수 있는 것도 아니다. 하지만 경영자의 전략적 선택이 자유재량범위(degree of discretionary)를 넘어서는지에 대해서는 논란이 있을 수 있다. 예를 들면, 전략의 영향이 초기 조직에 더 크게 미친다는 것은 논리적으로 타당하다. 왜냐하면 조직이 처음 형성될 때는 경영자의 자유재량에 의해 변경이 가능하지만 일단 조직이 정비가 되고 나면 자유재량범위가 좁아져서 경영자가 마음대로 조직을 변화시키기 어렵게 된다. 또한 자본과 노동의 비율(capital-to-labor ratio)에 따라서 전략이 조직구조에 미치는 영향력은 달라지게 된다. 예를 들면, 노동집약적인 조직의 경우는 경영자 자신의 자유재량권에 의해서 조직구조를 변화시키기가 쉽지만, 자본집약적인 조직의 경우는 경영자의 자유재량권만으로는 조직구조를 쉽게 변경시킬 수 없다.

Chandler와 Child의 연구가 가지고 있는 또 다른 한계는 환경 내에서 새로운 활동영역을 최적선택해야 하는 경영자의 능력에 제약이 따른다는 점이다. 여기서 제약요인은 새로운 시장에 진입하는 것을 방해하는 장애요인들을 말하는데, 이 장애요인들은 잠재적으로 신규 진입자들로 하여금 기존 조직들이 시장에서 지위를 확보하는 데 방해가 된다. 장애요인에는 기존 조직들이 시장점유율과 규모의 경제성에서 유리한 위치에 있다는 점, 신규 진입자들이 시장에 침투하는 절대비용이 과다하다는 점, 브랜드 네임 등 기존 업체에 유리한 시장차별화 등이 있다.

하지만 이러한 제약들은 전략적 선택이론을 반박하기 위한 것으로, 경영자들은 의사결정과정에서 약간의 자율성을 가질 수는 있지만 새로운 환경을 선택한다든지 환경을 조종하고 통제하는 조직상의 변화를 가져오는 데는 경영자들도 한계를 가질 수밖에 없다.

2.5 전략과 구조의 관계

전략과 구조와의 관계를 설명할 때 가장 많이 인용되는 것이 Snow와 Miles의 전략유형과 구조와의 관계이다.

일반적으로 전략이 방어형(defender)의 전략유형을 나타낼수록 조직들은 좁은 제품시장을 지키기 위해 안정적이고 폐쇄적인 조직을 선호하기 때문에 집권화의 경향이 높아지게 되고, 또한 조직의 효율성을 높이기 위해 정형화된 작업절차에서 이탈을 최소화하기 위해 공식화가 높아지게 된다.

공격형(prospector)의 전략유형은 환경변화에 신속하게 적응하고 다수의 이질적인 업무를 촉진하기 위하여 개방적이고 신축적인 조직이 요구되기 때문에 사업부제 조직이나 프로젝트 조직과 같은 복잡하고 분권화된 조직을 채택하므로 복잡성과 분권화가 높아진다.

분석형(analyzer)의 전략유형은 위험을 최소화하고 이윤의 기회를 극대화하기 위하여 방어형과 공격형의 두 가지 유형의 장점을 취하는 형태이다. 그래서 분석형은 유연성과 안정성을 동시에 추구하는 조직구조를 취하고 있기는 하지만, 두 가지 유형이 가진 장점을 동시에 수용할 수 있는 조직구조를 만드는 데 비용문제가 발생할 수 있고, 또한 급속한 환경의 변화에 따라 어느 한쪽의 조직구조를 선택해야 하는 경우에도 한계가 있을 수 있다.

반응형(reactor)의 전략유형은 위의 세 가지 전략 중의 하나를 잘못 선택하였을 경우에 발생하는 비일관적이고 비안정적인 반응유형을 나타내는 전략이다. 그래서 조직은 환경에 부적절하게 반응하므로 업적수준이 낮아지게 된다.

이처럼 전략과 구조와의 관계를 다루는 문제는 실증적인 연구보다는 이론적인 연구들이 훨씬 많은 실정이다. Chandler의 연구는 실증적으로 뒷받침이 되고 있기는 하지만 대규모의 강력한 조직에만 적용가능하다고 주장하고 있다. 한편 Child의 연구도 흥미는 있지만 실증적으로 자신의 주장을 증명하지 못했다. 전략과 구조 간에 어느 것이 원인변수이고 결과변수인지가 진짜 문제점으로 등장하고 있다(Pfeffer, 1978). 포춘(*Fortune*)지의 500대 기업 중 상위 250개 기업을 대상으로 한 연구에서 전략이 구조에 영향을 미친다기보다는 조직구조가 전략에 영향을 미치고 제약을 가한다는 사실이 밝혀지고 있다. 이러한 결론이 더 많은 연구결과에 의해 밝혀진다면 조직구조의 결정요인으로서 전략을 주장하는 근거는 사라지게 될 것이다.

요약

조직환경이란 조직의 경계 밖에 존재하면서 조직의 생존에 영향을 미치는 내·외부의 모든 영향요소를 의미한다. 여기에는 조직의 생존에 필요한 제반기술을 향상시키고, 생존전략을 결정하는 데 중요하게 고려되는 정보, 제품 및 서비스를 구입하는 고객 등의 이해관계자들을 지원하는 것, 조직을 유지하는 데 필요한 자본을 공급하는 금융기관, 부족한 자원을 확보하려고 경쟁하는 집단들, 급속한 기술의 변화, 그리고 주요 투입물의 가격상승 등도 조직환경의 범주에 포함된다.

조직환경의 유형은 학자에 따라 다르게 구분하지만, 일반적으로 과업환경과 일반환경의 두 가지로 구분한다. 조직은 조직영역을 확장시키고 생존에 필요한 자원을 얻기 위해서 과업환경이나 일반환경 영향력들과의 교환관계를 지속적으로 가져야만 한다. 과업환경이란 조직의 생존에 필요한 자원을 확보하려는 조직능력에 직접적으로 영향을 미치는 환경으로, 주로 이해관계자 집단으로부터 많은 영향을 받는다. 과업환경은 특수환경이라고도 하며, 과업환경의 이해관계자인 소비자, 유통업자, 노동조합, 경쟁자, 공급자, 사회 및 소비자단체, 그리고 정부 등은 다양한 방법으로 조직에 영향력을 행사한다.

일반환경이란 필요자원을 얻기 위해서 특수환경 내에 존재하면서 모든 조직능력에 영향을 미치고 특정 환경을 구체화하는 영향력으로 구성된다. 일반환경을 구체적으로 세분하면 기술적, 법적, 정치적, 경제적, 인구통계적, 생태적, 그리고 문화적 환경 등의 7가지로 나눌 수 있다.

조직이론에서 환경과 조직구조와의 관계를 연구한 이론들이 몇 가지 있는데, 그 중 하나가 상황적합이론이다. 조직이론에서 조직이 환경을 보다 효과적으로 관리하기 위한 방법으로 주장하고 있는 공통적인 가정은 환경이 상황적합적이라는 것이다. 상황적합이론에 따르면 조직이 환경을 보다 효과적으로 관리하기 위해서는 변화하는 환경에 유연하게 적응할 수 있는 상황적합적인 조직을 설계해야 한다고 주장하고 있다. 다시 말하면, 조직은 외부환경을 적절히 통제하기 위해 환경에 적합한 조직의 내부구조를 설계해야 한다. 환경과 조직 간에는 상황적합성의 정도가 높을수록 성공할 가능성이 높아지게 된다. 상황적합이론은 일반적으로 환경과 조직 간의 관계를 연구한 Lawrence와 Lorsch의 연구와 Burns와 Stalker의 연구에서 시작되었다. 또한 이러한 상황적합이론이 가진 이론적 한계를 보완한 이론들이 자원의존이론(resource dependence theory)과 거래비용이론(transaction cost theory)이다.

전략이란 기업이 어떤 사업을 수행하기 위해 설정한 목표와 목적, 정책과 계획의 형태를 뜻한다. 즉, 조직 전체를 포괄적으로 통합하는 주요한 힘이라 할 수 있다. 전략은 내부관리의 효율성보다 전략적 의사결정의 합리성 여부에 따라 결정되어지고, 조직은 전략을 통해 환경과의 관계 속에서 부족하고 희소한 자원을 증대시킬 수 있는 비교경쟁우위를 얻기 위한 시도를 하여야 한다. 조직이 비교경쟁우위를 갖고 있으면 그렇지 못한 조직들보다 높은 성과를 달성할 수 있게 된다. 조직은 필요자원을 획득하기 위해 전략을 통해 경쟁기업보다 높은 성과를 기대할 수 있는 핵심역량을 개발하고 사업영역을 관리할 수 있어야 한다.

조직이 가치를 창출하고 경쟁자보다 높은 성과를 올릴 수 있는 전략을 개발할 수 있는 능력이 바로 조직의 핵심역량이다. 이러한 핵심역량은 전문화된 자원과 그 조직만이 소유하고 있는 조정능력에 의해 좌우된다.

전체 조직을 목표, 구조, 기능으로 구분하였을 경우에, 이들 간에는 상호 적합관계가 유지되어야만 한다. 마찬가지로 목표 달성을 가능하게 하는 조직구조와 경영전략 간에도 상호 적합관계가 유지되어야만 조직유효성이 높아질 것이다. 전략과 구조 간의 관계는 "경영자의 전략적 선택이 조직구조를 결정한다"라는 주장과 "기존의 조직구조가 전략에 제약을 가한다"라는 주장이 대립되고 있다. 경영전략과 조직구조 간의 관계를 연구한 대표적인 것이 Chandler와 Child의 연구이다.

정리 및 토의과제

1. 환경이란 무엇을 의미하는가?
2. 과업환경이란 무엇을 의미하는가?
3. 일반환경을 구체적으로 살펴보자.
4. 환경 동태성이란 무엇을 의미하는가?
5. 환경 복잡성과 환경 풍부성에 대해 알아보자.
6. Lawrence와 Lorsch의 연구내용에 대해 알아보자.
7. Burns와 Stalker의 연구에 대해 알아보자.
8. 자원의존이론에 대해 알아보자.
9. 거래비용이론에 대해 알아보자.

10. 전략이란 무엇을 의미하는가?

11. 핵심역량의 원천에 대해 알아보자.

12. 전략의 유형에 대해 알아보자.

13. Chandler의 연구에 대해 알아보자.

14. Child의 연구에 대해 알아보자.

15. 2008년 서브프라임 모기지 사태로 촉발된 국제금융위기를 극복하는 과정에서 환경과 전략들이 국내 금융기관들에 어떠한 변화를 가져왔는지에 대해 조사해 보자.

16. 환경의 변화가 자신의 생활을 바꾸게 만든 계기가 있는지를 알아보자.

Chapter 07

조직구조의 상황변수(3) : 권력통제와 조직정치

사례연구

〉〉〉 직장인들의 놀이터, 구글 오피스

구글을 다니는 직원들에게 구글문화를 한마디로 설명하면 무엇이냐고 물어보면, 하나같이 "구글다운(Googley) 거?"라고 이야기한다. '구글답다'는 것은 무엇을 의미할까? 사전에 등록된 단어는 아니지만, 구글에 다니는 사람들의 특징과 구글이 원하는 인재상을 잘 보여주는 단어이다. 구글답다는 것은 '남들과 다르고 남들이 생각하지 못하는 독창적인(Out of box) 생각을 하며, 혁신적이고 도전을 두려워하지 않는 것, 열정적인 것, 문제가 생겼을 때 문제를 문제로 받아들이지 않고 무엇을 배울 수 있는 기회라고 생각하는 것, 다양한 문화를 받아들이며, 오픈 마인드를 가지고 남들과 함께하고 서로 도와주는 것, 유머 감각을 가지는 것'으로 정의할 수 있다. 즉, 창의적인 생각을 하고 서로 도와주고 협력하는 것을 중요하게 여기는 회사 문화를 잘 보여준다. 이러한 구글다운 문화를 구글은 회사 공간에도 잘 반영했다.

협력을 중요시하는 구글다운 공간

구글의 모든 오피스 공간은 창의력과 사회적 교류를 증진시킬 수 있게 디자인되어 있다. 미국 마운틴뷰에 위치한 구글 본사는 구글의 협력문화와 어울리게 오피스 공간이 오픈되어 있다. 같은 팀끼리는 한 공간에 배치되어 있고, 팀과 팀끼리의 구분은 낮은 파티션으로만 이루어져 있다. 옆 사람이나 같은 공간 사람들과 이야기를 나누고 질문을 하기 편한 분위기를 가지고 있는 것이다. 혼자 일하는 것을 좋아하는 사람들은 좀 더 조용한 라운지나 로비에서 일을 한다.

수평적인 문화를 지향하고 직원들 간의 투명성을 강조하는 구글은 회의실과 개별 오피스가 유리로 되어 있어서 다른 사람들이 무엇을 하는지 쉽게 알 수 있다. 또한 서로의 구글 캘린더를 직급 상관없이 확인할 수 있어서 서로 무슨 일을 하는지 알 수 있다. 물리적인 공간뿐 아니라 가상의 공간에서도 서로 가까이 위치해 있는 것이다. 구글의 사무실은 오픈된 환경 속에서 개개인의 니즈에 의해 커스터마이즈된 책상과 누구나 옆 사람과 소통하고 도울 수 있는 환경을 가지고 있다.

우연한 만남 속 혁신이 싹튼다

협력을 증진하기 위해 구글이 만든 공간은 사무실뿐이 아니다. 사무실 외에 다른 공용장소 또한 협력을 할 수 있게 디자인했다. 창의적인 생각과 마인드를 좋아하는 구글은 사람들끼리의 우연한 만남과 대화 속에서 창의력과 좋은 아이디어가 나올 수 있다고 생각한다. 구글 부동산 근무환경 서비스 부서에서 일하는 데이비드 라드클리프는 구글 오피스 공간을 디자인하면서 이렇게 이야기했다. "혁신은 계획한다고 할 수 있는 것이 아니다. 우리는 사람들이 아이디어가 떠올랐을 때 옆에 있는 사람에게 '너 이 아이디어 어떻게 생각해'라고 물어볼 수 있는 환경을 만들고 싶다." 그래서 구글이 한 것은 최대한 직원들끼리 우연히 만날 수 있는 기회를 많이 만들 수 있게 공간을 디자인한 것이었다. 실제로 어느 공간에 가도 3분 내에 다른 직원들을 만날 수 있다. 각 층마다 작은 부엌을 만들어서 언제든지 커피나 음료수 그리고 간식을 먹으러 가서 다른 직원들과 이야기를 나눌 수 있게 했고, 오피스 한가운데 소셜 엔지니어링이라고 불리는 놀이 및 휴식 공간을 만들었다.

사무실을 벗어나 회사 1층으로 가면 누구나 공짜로 즐길 수 있는 식당과 카페가 있다. 구글은 어떻게 하면 서로 다른 부서의 직원들이 자연스럽게 만나서 교류할 수 있을까를 고민하다가 다들 점심 때 식당에 모인다는 것을 발견했다. 그래서 너무 길지도 짧지도 않게 3~5분 정도 식당 줄에서 기다리며 다른 사람들과 소통할 수 있도록 식당 공간을 디자인했다. 좀 더 편하고 자유로운 분위기에서 일하고 싶은 직원들은 카페나 1층 로비에 와서 일을 할 수도 있다. 로비 디자인의 경우 딱딱한 네모 책상과 의자 대신 유연한 사고력과 아이디어를 위해서 동글동글한 형태의 의자들과 다양한 색상의 가구들로 구성되어 있다. 컬러풀한 색상이 주는 생동감과 자유로운 형태가 주는 즐거움이 연속적인 업무에서 벗어나 마음의 여유와 창의력을 향상하는 데 도움을 준다.

놀이터 같은 회사, 재미있어야 생산성과 행복감 높다

회사에 재미있는 요소들이 많이 있으면 과연 생산성이 높아질까? 브라이트HR 연구에 따르면 회사에서 재미를 찾으면 동기부여 강의보다 직원들에게 더 큰 자극을 준다. 병가나 결근 수가 줄고 스트레스 지수가 내려가며 생산성이 높아진다. 특히 밀레니엄 세대들의 79%는 "일에서 재미를 찾는 게 중요하다"고 했다. 회사에 재미있게 놀 수 있는 것들이 많으면 더 일을 안 하고 생산성이 떨어질 것 같지만 반대로 일에서의 재미를 중요하게 여기는 젊은 세대들은 회사에서 재미를 느끼면서 더 열심히 일을 해서 효율적이고 생산적으로 일을 한다. 비교적 젊은 회사인 구글 역시 회사 내 재미를 통해 직원들에게 일의 만족감과 행복감을 더해주고 있다.

구글 본사를 돌아다니면서 발견한 재미있는 공간들은 다양한 용도의 야외공간과 놀이공간이었다. 회사 내에 위치한 오락실에는 게임기, 음악공간에는 피아노가 설치되어 있다. 야외에는 회의를 할 수 있게 칠판과 의자를 배치해 놓았다. 수영을 즐기는 직원들을 위해 야외 1인 수영장이 있고 회사 건물 바로 앞에 해변처럼 모래사장을 만들어 놓고 배구 경기장을 설치해 놓았다. 언제든지 일을 하다가 즐길 수 있는 시설을 마련해 놓은 것이다.

워라밸을 위한 건강한 오피스

구글에서의 삶은 일이 전부가 아니다. 일과 삶의 조화가 잘 이루어져야 직원들이 행복하다고 믿고 어떻게 하면 직원들의 라이프스타일 밸런스를 맞출 수 있는지에 대해 많은 노력을 한다. 대표적으로 실행한 것은 직원들이 건강하게 회사를 다니게 하기 위해서 건강한 근무환경을 만든 것이다.

기존의 딱딱하고 획일화된 근무환경은 우울증을 증가하게 했다. 또 몸에 유해한 화학물질로 만들어진 건물 자재가 가구 재료에 의해 알레르기를 호소하고 심장병과 당뇨에 노출되는 경우도 많다. 그래서 건강한 근무환경을 위해 구글이 한 것은 오피스에 사용되는 모든 재료들을 건강한 재료로 사용한 것이다. 예를 들어, 오피스 바닥 카페트는 재활용해서 쓸 수 있는 염소 털과 휘발성 유기 화학물이 없는 재료를 사용했다. 건축자재들은 이처럼 어디에서 오는지 확인하고 책임을 질 수 있는 안전한 재료를 사용한다. 환경과 건강을 생각하고 투명한 경영을 하고자 하는 것이다.

또한 바이오필릭(Biophilic) 디자인을 시도했다. 바이오필릭 디자인은 사람과 자연 간의 관계를 더욱 강화시키고 자연의 형태를 건물에 들여 놓는 것이다. 이 개념은 사람들이 본능적으로 자연 그리고 생물체와 어떻게든 관계를 맺고 싶어 한다는 것을 바탕으로 시작되었다. 자연에서 온 돌, 다양한 종류의 나무들, 살아있는 식물, 흐르는 물과 같은 연못을 실내 환경에 적용하는 것이다. 구글에서는 실내에 있으면서도 자연을 느낄 수 있게 식물들을 사무실로 들여왔다. 나사(NASA)에서 지정한 공기정화 식물들을 배치하고 회사 근처에 오피스 농장을 만들었다. 직원들이 초록 식물과 농장을 보면서 자연에서 오는 편안함과 친근감을 느끼고 자연과 함께하고 있다고 생각하면서 일할 수 있게 했다. 자연과 가까워지기 위한 또 다른 시도는 최대한 창문 근처에 직원들의 책상을 배치한 것이다. 직원들은 탁한 공기와 컴퓨터 스크린 열기에서 벗어나 창밖을 보면서 마음을 재충전하고 다시 일에 집중한다.

외부를 볼 수 있는 환경에 있는 직원들은 훨씬 적은 스트레스와 피로감을 느낀다고 한다. 자연광을 받는 구글러들은 더 행복하고 건강한 환경에서 일의 즐거움을 느낀다. 직원들이 행복해야 회사가 더 성장한다고 믿는 구글의 가치관은 많은 직장인들이 가장 일하고 싶은 회사가 된 가장 큰 이유이다. <Chief Executive, KMAC, 2019. 2.>

앞의 사례에서는 구글의 근무형태와 사무실의 분위기를 통해 우리나라 기업의 성장과정에서 도출된 조직 내 의사결정에 따른 권력형태의 변화를 찾아보고자 하는 의도로 사례를 제시하고 있다. 구글의 모든 오피스 공간은 창의력과 사회적 교류를 증진시킬 수 있게 디자인되어 있다. 미국 마운틴뷰에 위치한 구글 본사는 구글의 협력문화와 어울리게 오피스 공간이 오픈되어 있다. 같은 팀끼리는 한 공간에 배치되어 있고, 팀과 팀끼리의 구분은 낮은 파티션으로만 이루어져 있다. 옆 사람이나 같은 공간 사람들과 이야기를 나누고 질문을 하기 편한 분위기를 가지고 있는 것이다. 혼자 일하는 것을 좋아하는 사람들은 좀 더 조용한 라운지나 로비에서 일을 한다.

수평적인 문화를 지향하고 직원들 간의 투명성을 강조하는 구글은 회의실과 개별 오피스가 유리로 되어 있어서 다른 사람들이 무엇을 하는지 쉽게 알 수 있다. 또한 서로의 구글 캘린더를 직급 상관없이 확인할 수 있어서 서로 무슨 일을 하는지 알 수 있다. 물리적인 공간뿐 아니라 가상의 공간에서도 서로 가까이 위치해 있는 것이다. 구글의 사무실은 오픈된 환경 속에서 개개인의 니즈에 의해 커스터마이즈된 책상과 누구나 옆 사람과 소통하고 도울 수 있는 환경을 가지고 있다. 이러한 구글의 진화한 소통 및 권력형태의 변화는 조직의 성장과정에서 필연적으로 나타나는 현상이지만, 우리나라 기업의 경우는 여전히 중앙집권적 권력의 형태를 유지하고 있는 편이다. 하지만 1987년 IMF 사태를 경험하면서 한국 기업의 경영방식은 전통형이 점차 줄어들고 서구형 경영방식이 강조되는 변화의 과정 속에서 조직 내의 권력형태나 의사결정의 구조변화가 동시에 수반되었다. 조직이 최상의 균형감을 유지하면서 조직성과를 극대화시키는 이상적인 권력의 형태가 어떤 것이냐에 대해서는 연구자들 사이에 수많은 논란을 불러일으키고 있지만 아직 명확한 답은 없는 실정이다. 하지만 경영환경의 변화에 따른 한국기업들의 권력형태는 변화를 감당할 수 있는 형태로 체제를 변경시키고 있으며, 이는 경영자의 의지보다는 시대적 흐름을 거부할 수 없어 변화시키는 수동적 의미의 권력형태 변화라고 볼 수 있다.

권력은 그 원천의 다양성, 동태성, 다수의 인간관계, 다차원성, 그리고 정량화의 곤란성 등의 특성을 지닌 복합체 개념이다. 따라서 개념의 애매성뿐만 아니라 그 정의 또한 다양한데, 에너지가 물리학의 근본개념인 것과 동일한 의미에서 권력이 사회과학의 근본개념이라고 생각하고 이를 증명하려는 데 관심을 가진 학자들이 있었지만, 이러한 관심과 중요성에도 불구하고 권력이라는 개념이 사회과학의 중심적 위치를 차지하는 데 실패하였다. 그 이유는 권력이라는 개념이 가지고 있는 이론적 명확성의 결핍과 실증적 연구의 부족 때문이다.

따라서 본 장에서는 이러한 권력형태의 변화와 권력작용과 조직구조의 관계 및 조직정치에 대해서 살펴보고자 한다.

1 권 력

1.1 권력의 개념

일반적으로 조직의 상황변수는 규모, 기술, 환경, 전략의 네 가지를 들 수 있는데, 이들 변수는 조직설계에 각각 독립적으로도 영향을 미치지만, 또 서로 연관성을 가지고 상호작용하여 영향을 미치기도 한다. 하지만 현실적으로 이들 변수는 조직구조의 변화를 절반 정도밖에 설명할 수 없다고 한다. 그러면 나머지 절반 정도를 설명하는 상황변수로서 기존의 합리적이고 규범적인 네 가지 변수 이외의 것을 찾아야 하는데, 이와 관련하여 등장하는 것이 바로 파워(power), 즉 권력작용인 것이다. 그러므로 조직구조를 결정하는 마지막 상황변수로 언급되는 것이 조직 내의 구성원들 간에 존재하는 권력의 상호작용을 들 수 있다. 조직에서 구성원들이 유형화된 상호작용을 하기 위해서는 기본적인 전제로서 지배구조가 형성되어야 한다. 즉, 조직구성원들 간에는 바람직하고 정당한 행동이라는 규정된 질서가 있는데, 그 질서에 따라 어떤 성원은 권력이나 권한을 가지고 다른 구성원을 통제하거나 지배하게 된다. 이러한 지배구조는 공식조직의 근간을 이루는 데 기본적이고 필수적인 요인이다.

권력이라는 주제는 많은 사회학자나 철학자, 그리고 행정 및 정치학을 연구하는 사람들 사이에 커다란 관심을 불러일으켰다. 사람들은 오랜 집단 또는 조직생활을 통해 항상 타인보다는 더 많은 권력을 소유하려고 노력해 온 것은 명확한 사실로서, 이 때문에 고대로부터 인간이 존재하는 곳에서는 항상 권력의 개념이 존재해 왔다. 그래서 권력을 연구하는 많은 학자들은 사회과학의 중심적 위치를 차지하는 개념으로 권력을 언급하고 있다.

권력은 그 원천의 다양성, 동태성, 다수의 인간관계, 다차원성, 그리고 정량화(quantitative)의 곤란성 등의 특성을 지닌 복합적 개념이다. 따라서 개념의 애매성뿐만 아니라 그 정의 또한 다양한데, 에너지가 물리학의 근본개념인 것과 동일한 의미에서 권력이 사회과학의 근본개념이라고 생각하고 이를 증명하려는 데 관심을 가진 학자들이 있었지만, 이러한 관심과 중요성에도 불구하고 권력이라는 개념이 사회과학의 중심적 위치를 차지하는 데 실패하였다. 그 이유는 권력이라는 개념이 가지고 있는 이론적 명확성의 결핍과 실증적 연구의 부족 때문이다.

권력이란 어떤 일을 할 수 있는 능력으로, 甲이라는 사람이 시키지 않았으면 하지 않았을 일을 乙이라는 사람에게 甲이라는 사람이 시킴으로써 그 일을 행할 때 甲이라는 사람은 乙이라는 사람에게 권력을 가졌다고 표현한다. 따라서 권력은 상호작용적인 것이어서 독립적으로는 성립될 수 없다.

이러한 권력은 상호작용적인 특성을 가지고 있어 다음과 같은 요인에 의해 관계가 형성된다. 먼저 권력행사에는 자원이 필요한데, 여기서 자원이란 호감, 두뇌, 경험, 지식, 정보, 기술 등의 개인이 소유한 특성으로서 이 자원은 형태가 어떠하든 그와 상호작용하는 사람들의 보상이나 비용을 결정하게 된다. 둘째로 권력관계는 의존성의 관계인데, 권력을 행사하는 사람이 가지는 자원의 가치는 소유하는 것만으로 결정되는 것이 아니고, 다른 사람들이 그 자원에 어느 정도 의존성을 가지느냐에 따라 결정되어진다. 즉, 권력이란 승진을 시켜줄 수 있는 능력을 가진 사람은 승진을 희망하는 사람에게는 강력한 권력의 행사가 가능하나, 승진에 뜻이 없는 사람에게는 권력이 무의미한 것이다. 셋째로 권력이란 대체안의 가능성을 탐색하는데, 한 개인이 가지고 있는 자원을 다른 곳에서도 쉽게 구할 수 있다면 권력은 감소된다.

하지만 Weber가 주장하고 있는 권력의 속성을 살펴보면 다음과 같다.

첫째, 권력은 개인적 속성이 아니고 사회적 관계에서만 존재한다. 즉, 다른 사람의 존재와 관계를 떠나서는 권력을 생각할 수가 없다.

둘째, 권력은 상대편의 저항을 극복하고 권력을 행사하는 사람의 의지를 관철하는 데 그 핵심이 있다. 만약 한 사람이 다른 사람에게 어떤 제안을 했을 때 제안을 받은 사람이 스스로 그 제안을 받아들이고 그에 따라 행동을 한다면, 이것은 제안을 한 사람이 권력을 행사한 결과라고는 말할 수 없다. 왜냐하면 이는 제안을 받은 사람이 제안한 사람의 기대를 만족시켜 주기 위해서가 아니라, 제안 자체가 마음에 들어서 그 제안을 받아들였기 때문이다.

셋째, 권력은 특정 상황적이다. 甲이 乙에 대해서 권력을 가지고 있다는 것은 甲이 乙의 모든 활동을 조정할 수 있다는 것이 아니라, 어떤 특정한 영역에서만 甲이 乙의 행동을 통제한다는 의미이다. 마찬가지로 甲이 권력을 가지고 있다는 것은 乙, 丙, 丁 등과 같은 특정한 개인이나 집단에 대해서만 권력을 가지고 있다는 뜻이며 모든 사람들에게 권력을 가지고 있다는 말은 아니다.

넷째, 적어도 일정한 기간을 통해서 살펴보면, 권력의 효용은 가능성의 문제이지 절대적인 문제는 아니다. 甲이 乙보다 힘이 더 강하다는 것은 甲과 乙이 대립할 때 甲이 항상 乙을 제압한다는 것을 뜻하지는 않는다. 예를 들어, 甲과 乙의 두 야구팀 중에서 甲이 강한 팀이라고 가정할 때, 일정기간 동안 치르는 경기에서 甲팀이 더 많이 이겼다는 것이지 乙팀이 이긴 적이 한 번도 없다는 의미는 아니다. 이처럼 일상적으로 쓰이는 힘과 권력은 유사하기는 하지만 상이한 의미로 사용되고 있다.

사실 합리적인 상황변수에 입각하여 조직구조의 변화를 결정해 놓고도 그 실행단계에서 바람직한 변화를 이룩하지 못하는 경우를 종종 볼 수 있다. 규모, 기술, 환경 및 전략적인 차원에서 미루어볼 때 조직구조가 정해진 방향과 형태로 변화하여야 함에도 불구하고, 실제로는 의도한 정도로 이루어지지 않거나 경우에 따라서는 의도한 것과는 전혀 다른 각도로 이루어지는 경우도 종종 있다. 합리적인 차원의 상황변수에 따라서 조직구조의 변화가 일어나지 않는 것은 조직구성원들의 상호 이해관계에 얽힌 권력요소가 중요한 작용을 하고 있기 때문이다. 어떤 조직에서 아무리 합리적이고 바람직한 구조의 모형이 있다 할지라도, 선택하는 사람의 이해관계에 따라 다른 모형이 선택되어질 수 있다. 이처럼 조직은 구성원들의 개별적인 이해관계에 따라 움직이는 권력투쟁적 정치집단이라 할 수도 있다. 조직이 보다 능동적이고 효율적인 구조를 개발하기 위해서는 반드시 의사결정자의 욕구를 고려해야 하는데, 조직구조는 특정 행위자와 이해관계자 집단들 간에 의도적인 정치적 결정에 따라 이루어지기 때문이다. 따라서 조직을 설계할 때 주요 상황변수의 하나로서 권력작용을 반드시 고려하여야 한다.

권력을 조직구조 형성의 주요 상황변수로 삼는 사람들은 조직의 최종목표라고 생각하는 조직유효성의 추구를 최종목표로 보지 않고 일정한 범위 내에서의 추구로 생각하며, 그 범위 내에서 권력을 가진 사람은 자신이 만족할 수 있는 구조를 선택하게 된다. 바꿔 말하면 규모, 기술, 환경은 조직유효성을 높이기 위

그림 7.1 상황변수의 구분

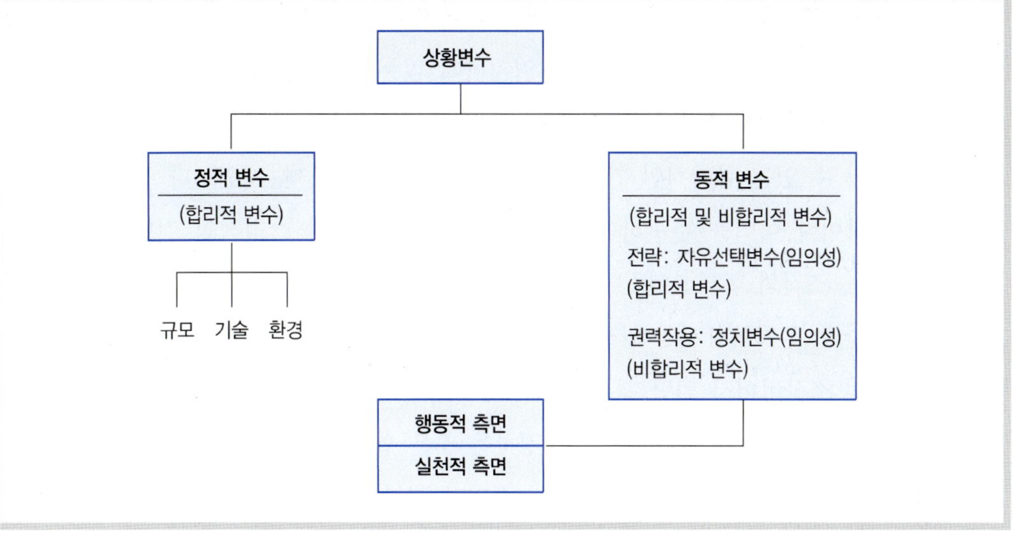

한 구조형성에서 조직의 구조적 상태를 파악하는 일반적 척도로 볼 수 있고, 또한 이들 변수는 자유재량의 폭이 넓은 제약변수여서 변화에 대처하는 대안도 여러 가지가 제시될 수 있어 의사결정자의 선택여지가 많다. 이처럼 선택의 여지가 많은 의사결정자는 구조선택에 자기 이익과 선호를 충분히 반영시켜 자기의 권력을 적극 행사하게 된다. 오늘날 많은 경영조직에서도 그 구조형성에 있어서 권력이라는 변수가 실질적으로 크게 작용하는 사례를 종종 볼 수 있다.

조직의 합리성(organizational rationality)을 전제로 하는 전통적인 조직이론은 조직설계에 있어서 비합리적 측면인 권력작용을 고려하지 않았기 때문에, 실천적이고 행동적인 조직구조를 설계하지 못하는 반쪽의 조직이론으로 전락하고 말았다. 이에 반해 근대적 조직이론에서는 [그림 7.1]에서 보듯이 권력주창자들의 견해를 받아들여 조직구조의 상황변수로서 권력작용 변수들을 포함시킴으로써 행동적이면서 동태적인 조직구조의 이론을 형성하는 데 성공하게 되었다.

조직의 합리성 추구를 강조하는 전통적인 조직설계론자들에게 강력한 비판을 가하고 있는 권력주창자들은 다음과 같은 이유 때문에 조직의 합리성에 한계가 있다고 주장하고 있다. 첫째, 조직은 복수의 사람들로 구성되며, 이러한 사람들이 항상 합리적으로 행동하는 존재는 아니다. 따라서 조직에서 발생하는 다양한 현상들도 합리적인 측면 이외에 비합리적인 측면도 존재하고 있다. 둘째, 조직구성원들 간에는 개인차가 존재하므로 서로 다른 사고방식을 가지고 있고, 이들 간에 이해관계가 일치하지 않는다. 셋째, 조직목표나 목표 달성을 위한 방법들 때문에 항상 조직 내에는 서로 다른 의견이 생겨나고, 이것을 해결할 수 있는 합리적인 기준이 있는 것이 아니다. 넷째, 개인이나 집단은 자기 주장이나 이익을 추구하기 위해서 동원하는 방법이 합리적인 것만은 아니다.

조직의 합리성이란 일정한 목적과 수단의 관계가 전제될 때만 논의가 가능한데, 권력주창자의 입장에서 보면 조직목표 자체가 권력작용 내지는 정치과정의 소산이어서 일단 목표가 주어졌다고 하더라도 목표 달성을 위해서 항상 효율적인 방법을 객관적으로 결정하는 것은 쉽지는 않다. 즉, 합리성이라는 것 자체가 어떤 측면에서는 조직 내 관리자 집단의 주장을 정당화하고 이들의 지위를 유지하기 위한 방편으로 볼 수 있다. 하지만 권력론적인 관점에서 보면 조직은 서로 다른 사고방식과 이해관계를 가지고 있는 개인들과 집단들에 의해서 형성된 다차원적인 협동체제로서 조직의 관리과정은 다차원적 협동체제들 간에 발생하는 대립, 분쟁, 갈등, 협상, 조정 등이 중심이 된다.

조직의 합리성은 조직 내의 개인이나 서로 다른 이해관계를 가진 집단들이 사용하는 하나의 수단으로서, 조직의 목적은 조직을 통제하고 있는 집단들이 다른 세력들을 얼마나 효과적으로 견제하는가에 따라 달라진다. 또한 권력주창자는 권력작용이나 비합리성이 관료제조직에서 주장하는 업무의 표준화, 권한과 책임의 명확화, 능력에 따른 보수 등과 같은 통제 메커니즘에 의해서 배제될 수는 없다고 본다. 이러한 관점에서 조직구조를 형성하는 권력주창자들은 의사결정과정과 목표추구과정에서 권력작용의 현상이라는 두 가지의 주요 조직활동을 고려하지 않을 수 없다.

1) 의사결정과정과 권력작용

경영에서 관리자들이 행하는 조직활동에서의 중요한 요인 중에 하나는 의사결정이다. 의사결정이란 여러 가지 선택가능한 대체안들 중에서 가장 만족스러운 결과를 가져다줄 것이라고 생각되는 대체안을 선택하는 과정이므로, 의사형성과 실행의 과정을 잘 설명할 수 있어야 한다. 의사결정자들이 취하는 의사결정과정은 보통 여섯 단계로 구분할 수 있다. 즉, 목표설정, 대체안의 탐색, 대체안의 비교검토, 선택, 실행, 그리고 사후검토 및 통제의 6단계로 구분된다. 따라서 의사결정은 목표설정에서 출발하여 각 단계를 거쳐 마지막으로 사후검토 및 통제의 과정이 연속적으로 이루어진다. 하지만 이러한 의사결정은 인간적 · 조직적 한계성 때문에 의사결정자의 자기 이익에 따라 최종적으로 선택되는 경향이 있다. 그래서 의사결정자들이 선택하는 대안은 조직유효성에 적합한 최적의 선택이 현실적으로 어렵기 때문에, 만족스러운 대안을 선택하는 만족스러운 선택이 된다. 이처럼 의사결정은 최적의 대체안에서부터 최악의 대체안까지 모두 탐색하여 그 중에서 가장 적합한 대체안을 선택하는 것이 아니라, 최소한 수용할 수 있는 대체안만 나오게 되면 거기서 탐색을 중단하고 그 대체안을 선택하게 된다. 그러므로 의사결정자는 자기의 이익에 관계되는 결정을 할 경우에는 자신의 영향력과 권력을 최대한 확대하고 행사하려는 정치적 행동을 하게 된다.

일반적으로 의사결정자들은 자기의 이익에 따라 행동하므로 그들의 선택은 단지 자신의 이익과 부합되는 기대 및 선호에 따라 달라질 것이다. 그래서 의사결정자는 자기의 이익과 조직의 이익을 조화시키기가 어렵게 되고, 조직의 이익 때문에 자신의 이익을 희생하지 않으려는 경향을 가진다. 또 기준을 만족시키는 일련의 대체안들에 직면하게 되면 의사결정자는 자기에게 가장 이익이 되는 대체안을 선택하게 될 것이다.

현실적으로 조직에서 특정 부서를 없애는 것이 조직에게 이익이 되고 의사결정자 자신에게도 이익이 되는 경우는 드물기 때문에 자기 부서의 인원이나 규모를 축소하는 일에 대해서 부서관리자는 대단히 소극적이다. 반면에 특정 부서를 확대하는 것은 자신의 영향력을 확대시켜 보수와 지위면에서 보다 유리한 기회를 가질 수 있기 때문에, 부서를 확대하는 일에 대해서 부서관리자는 조직유효성에 상관없이 대단히 적극적이 된다. 이때 대다수의 관리자들은 자신의 결정이 조직의 유효성을 증진시킬 것이라고 주장한다. 이처럼 관리자는 의사결정과정에서 실질적으로 자신의 이해관계를 추구하기 때문에 권력을 행사하거나 추구한다.

2) 목표추구과정과 권력작용

조직은 다양한 목표를 가지고 있고, 다양한 목표를 가지고 있다는 것은 바로 조직의 형성에 있어서 권력작용의 위치를 설명해 준다. 규모, 기술, 환경, 그리고 전략을 조직구조의 상황변수로 주장하는 사람들의 기본적인 가정은 합리성의 추구를 전제로 하고 있다. 합리성의 추구는 목표지향적인 행동으로 규정할 수 있으나, 조직은 항상 서로 다른 다양한 목표를 가지고 있기 때문에 합리성의 추구에는 한계가 있다. 왜냐하면 합리성의 추구는 결과를 선호하는 관점에서 정의되기 때문에 결과를 선호하는 공통점이 없는 경우에는 합리성의 추구가 어렵다. 조직은 단일목표나 모든 구성원들이 동의하는 목표를 가지고 있지 않기 때문에, 조직구조가 기술의 복잡성이나 환경의 불확실성 등과 같은 요소들에 대한 합리적인 반응의 결과라는 주장에 대해서는 논쟁의 여지가 많다.

조직이 서로 다른 다양한 목표의 존재를 인정하게 되면 의사결정자들은 자신의 이익을 위해서 비합리적인 의사결정을 하게 되는 권력작용적 측면을 인정하게 되고, 또 조직구조를 특정 개인이나 이해집단 간의 권력투쟁의 결과로서 생각하지는 않는다. 그래서 의사결정자는 조직의 이익보다는 자신의 이익을 추구하는 데 적합한 조직구조를 형성하기 위해 노력하며, 조직유효성을 위해서라는 전제 아래 자신의 선호기준과 주장을 합리화시키려고 노력한다. 따라서 어떤 형태의 조직구조가 나타날 것인가 하는 문제는 어떤 사람이 의사결정에 영

그림 7.2 권력작용 모델

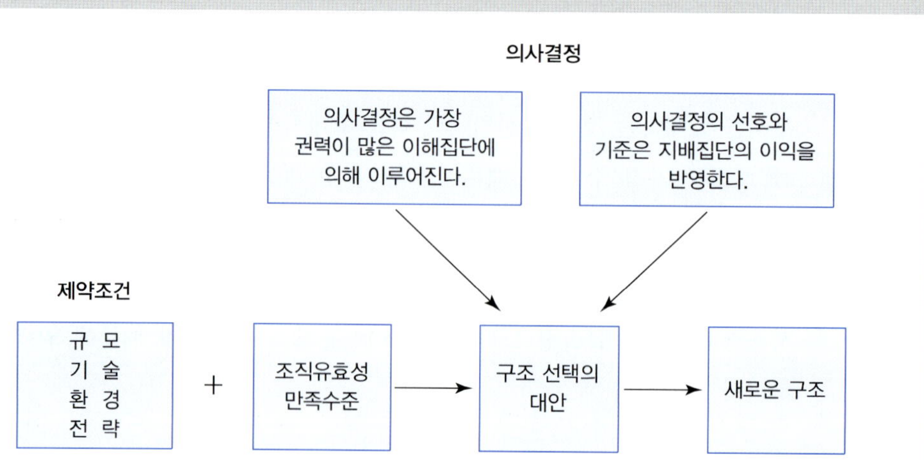

향을 주는 권력을 가지고 있는지에 따라 좌우된다.

3) 권력을 위한 집단 간의 투쟁

조직은 개인과 이해관계자 집단의 연합체인데, 이러한 이해관계자 집단들은 대체로 조직의 목표, 유효성, 합리성 등의 개념들이 모호하기 때문에 생겨나게 된다. 일반적으로 조직에서 구성원들의 목표가 서로 일치하여 조정이나 협상이 필요 없는 경우는 거의 없다. 대부분의 조직들은 어느 한쪽은 합리적인 것을 추구하고, 다른 한쪽에서는 비합리적인 것을 추구하게 된다. 그래서 조직이란 정치적 시스템이면서 이해관계자 집단의 연합체라고 볼 수 있다.

조직구성원들은 자신들의 기득권을 보호하고 향상시키기 위해 이해관계자 집단을 형성한다. 예를 들면, 마케팅부서의 종업원들은 자신들의 특정 이익을 갖고 있으며, 그들은 조직의 자원과 보상 중에서 자신들도 정당한 몫을 분배받아야 된다고 생각하고 있다. 그들뿐만 아니라 인사, 생산, 회계, 재무, 구매를 비롯한 다른 모든 부서들도 이해관계자 집단을 형성하여 자신들의 이익획득을 위해 투쟁을 벌인다. 이러한 이해관계자 집단은 수평적 분화과정뿐만 아니라 수직적 분화과정에서도 발생하는데, 하위관리자, 중간관리자, 최고경영자 등도 각 계층별로 자신들의 이해관계자 집단을 형성하게 된다. 이러한 이해관계자 집단들은 의사결정과정에서 선호기준과 상황의 정의 등에 관하여 서로 의견을 달리하기 때문에 조직에서 기득권을 유지하고 보다 나은 이익을 얻기 위해 서로 권력투쟁을 하게 된다. 만약 이러한 의견차이가 없다면 타협이나 협상 등의 정치적인 교섭이나 조정이 일어나지 않을 것이다.

따라서 이러한 정치적 작용들이 조직구조 형성에도 영향을 미치게 된다. 즉, 각 이해관계자 집단 간의 의견차이와 자기 이익 추구는 조직설계의 과정에서 영향을 미치게 된다. 조직구조를 설계할 경우에 각 이해관계자 집단들은 중립적인 태도를 견지하지 않고, 계획이나 평가기준의 선택, 보상의 배분, 정보의 통제, 그리고 고위간부와의 접촉 등에 관한 결정에서 자기 집단에 유리하게 권력을 작용시키려고 할 것이다. 더구나 보다 강력한 이해관계자 집단은 자신들의 집단내부 권력을 조정하기 위하여 복잡성, 공식화, 집권화 등을 어느 정도로 할 것인가를 결정할 수 있을 것이다.

규모, 기술, 환경, 전략 등의 상황변수들은 조직구조를 설계할 때 일반적으로 제약조건으로 작용하는데, 이러한 제약조건들을 조직설계에 반영한다 해도 협상과 타협을 해야 할 여지가 많이 남아 있다. 또한 조직구조의 선택에도 최대화의 기준보다는 만족화의 기준이 적용되므로, 조직의 유효성을 증대시키기 위해서 조직이 어떻게 설계되어야 하는가보다는 누구의 이익과 선호를 조직에 반영해야 하는가가 중요한 문제로 대두된다.

여기서 조직구조설계에 있어서 일반적인 상황변수 이외에도 권력작용의 변수를 반드시 고려해야 한다. 즉, 조직구조의 선택은 규모, 기술, 환경, 전략 및 조직유효성의 필요 최저수준에 의해 제약을 받는데, 이러한 요인들이 나중에 결합되어 조직구조를 결정하는 선택대안의 집합을 이루게 된다. 이때 선택가능한 여러 대안 중 어느 대안을 선택하느냐 하는 결정은 그 조직에서 가장 영향력이 큰 이해관계자 집단에 의해 좌우될 것이다.

1.2 권력의 종류와 유사용어

1) 권력의 종류

권력의 종류는 연구자에 따라서 여러 가지로 구분할 수 있으나, 여기서는 권력의 원천을 중심으로 권력의 종류를 알아보고자 한다.

첫째, 보상적 권력(reward power)은 권력을 행사하는 사람의 능력에서 나오는 것으로, 권력을 수용하는 사람들에게 보상이 의미를 가질 때만 효과가 있다.

둘째, 강압적 권력(coercive power)은 권력을 행사하는 사람이 권력을 수용하는 사람에게 해고, 징계, 작업시간의 단축 등과 같은 처벌을 할 수 있다는 인식에 기초를 두고 있다. 강압적 권력은 보상적 권력과 상호 관련성이 있는데, 작업자가 상급자의 처벌이 두려워 그 지시에 따랐다면 이는 강압적 권력이고, 미래의 적당한 보상을 기대하고 지시를 따랐다면 이는 보상적 권력이 되는 것이다.

셋째, 준거적 권력(referent power)은 어떤 사람이 특별한 자질을 가지고 있어서 다른 사람들이 그를 닮으려고 할 때 생기는 권력이다. 이 권력은 포괄적인 개념이어서 권력행사자가 권력을 느끼지 못할 때도 영향력을 미치게 된다.

넷째, 전문적 권력(expert power)은 다른 사람들이 볼 때 권력행사자가 특정

분야에 대해서 높은 지식이나 정보를 가지고 있다고 인식할 때 발생한다.

다섯째, 합법적 권력(legitimate power)이란 권력을 수용하는 사람이 권력을 행사하는 사람의 정당한 영향력 행사를 인정하고 그에 따라 추종해야 할 의무가 있다고 생각할 때 발생하는 권력이다.

이들 다섯 가지 권력은 서로 관련되어 있는데, 사람들은 자기에게 보상을 해주는 사람을 좋아하므로 보상적 권력을 사용하게 되면 준거적 권력을 증가시킬 수 있다. 반면에 사람들은 처벌을 두려워하므로 강압적 권력을 사용하게 되면 준거적 권력이 감소하게 된다. 합법적 권력은 지위를 나타내므로 준거적 권력을 증가시켜 주고, 지위는 전문적 지식과 연관되므로 합법적 권력이 있으면 전문적 권력도 증가하게 된다. 오늘날과 같이 지식경영이 지배하는 사회에서는 전문적 지식을 높이 평가받는 사람일수록 전문적 권력이 합법적 권력을 강화시킬 수 있다.

2) 유사용어

권력과 유사하게 사용되어지는 대표적인 용어가 권한(authority)이다. 권한과 권력은 흔히 혼동하여 사용되는데, 이러한 혼동은 전략선택과 권력작용을 비교하는 경우에 가장 심하게 나타난다. 권한은 조직목표의 달성을 위해 자신이 활동하거나 타인에게 명령을 내릴 수 있는 권리라고 정의하고 있는데, 이러한 권한의 특징은 그 권한을 지닌 사람이 조직 내에서 위치하는 합법적 지위로부터 권리가 발생한다. 그러므로 권한은 조직 내의 직위와 연결되기 때문에 직위를 떠나게 되면 그에 따른 권한도 상실하게 된다.

이에 반해 권력은 의사결정에 영향을 미치는 개인의 능력을 말하는데, 권력이란 의사결정에 영향을 미칠 수 있는 공식적, 비공식적인 힘을 말한다. 이러한 점에서 권력은 권한보다 포괄적인 개념이며, 권한은 권력의 한 부분으로서 이해될 수 있다. 즉, 합법적인 지위에서 나오는 권한이 의사결정에 영향을 미칠 수도 있지만 그와 같은 영향력을 행사하기 위해서 반드시 권한이 필요한 것은 아니다.

예를 들어, 실제로 막강한 권력을 가지고 있기는 하지만 권한이 거의 없는 고위층의 비서들을 생각해 보자. 기업 내에서 비서들은 막강한 권력을 가진 최고경영자의 일정관리를 하기 때문에 면담약속을 하는 데 있어 큰 결정권을 가지고 있다. 또한 최고경영자는 대부분의 정보를 비서들로부터 전달받기 때문에 최고경영자가 듣게 될 정보의 선택권도 비서들이 가지고 있다. 높은 권한을 가진 중간관리자들이 낮은 권한을 가진 비서들의 비위를 상하지 않게 하려고 조심하는 것은 이 비서들이 권력을 갖고 있기 때문이다. 비서들은 계층구조상 권한은 작지만 권력핵심에 가까이 있고, 또 비서가 아니더라도 고위층과 친척, 친구 혹은 서로 잘 아는 사이인 하위 작업자들도 권력핵심에 접근할 수 있다. 또한 비록 생산성은 낮지만 회사에서 수십 년간 근무하여 오래된 기계의 내부구조와 조작방법을 혼자만이 알고 있는 기술자의 경우, 그 기계가 고장나면 이 기술자 이외에 어느 누구도 그 기계를 고칠 수 없기 때문에 그 사람의 실제적인 영향력은 계층구조상에서 평가된 영향력보다 훨씬 클 수 있다.

따라서 권한과 권력을 구별하는 것은 권력작용과 전략선택을 이해하는 데 매우 중요하다. 즉, 공식적인 권한을 가진 사람도 권력을 갖게 되지만 그 외에 다른 사람도 의사결정에 더 큰 영향력을 행사할 수 있는 막강한 권력을 가질 수 있다는 사실이다. 그뿐 아니라 의사결정에 영향력을 미칠 수 있는 능력을 가진 사람은 자신의 이해관계에 따라 의사결정의 기준과 선호를 내세우려고 하기 때문에, 그들이 선택한 전략은 전략선택의 조건을 따져서 선택한 전략과 상당한 차이는 날 수 있다. 다시 말하면, 현실적으로 조직구조설계에 대한 권력지배층의 의사결정은 조직의 목표가 아닌 다른 목표를 향해 내려질 수 있고, 또한 공식적인 권한을 지닌 유능한 경영자가 아닌 다른 집단에 의해 내려질 수도 있는 것이다.

권력과 유사한 용어로 사용되고 있는 또 다른 용어가 영향력(influence)이다. 권력이 리더십과정의 중심이라는 점에도 불구하고, Bass는 리더십을 연구하는 사람들이 권력과 영향력의 두 개념을 묵시적으로나마 동의어로 취급하였기에 오늘날 혼란을 초래한다고 주장한다. 영향력의 행사과정은 대상인물의 특정한 복종행위를 획득하기 위한 행위자의 행동으로 정의된다. 따라서 과정으로서의 영향력은 관찰가능한 행위의 전개를 포함하는 반면, 권력은 추론이나 귀인에 연결된다. 비록 권력과 영향력이 이론적 기반에서 상호 밀접하게 연관되어 있지만, Yukl은 조직상황 내에서 행사되어지는 리더의 권력이 부하들의 지각에 대해 어느 정도 영향력을 발휘하는지에 관한 리더의 영향력 추구행위의 효과에 대해서는 거의 알려진 사실이 없다는 것을 규명하였다.

1.3 전략선택과 권력작용

조직구조를 형성하는 데 있어서 권력작용과 전략선택 사이에는 둘 다 목표추구와 관리적 재량권을 전제로 해서 전개된다는 점에서는 동일하지만, 전략선택은 조직목표의 합리적 추구를 전제로 최고경영자의 선택에 의하여 이루어진다. 반면에 권력작용은 최고경영자에 의한 조직목표의 합리적 추구를 전제로 하지 않고, 조직의 이해관계자 집단에 의한 조직목표의 자기이해적 추구를 전제로 하기 때문에, 이 경우 조직에 대한 의사결정은 최고경영자에 의하여 이루어지는 것이 아니라 그 조직의 지배적 이해관계자 집단에 의해서 이루어진다고 볼 수 있다.

이처럼 조직에서의 의사결정은 반드시 공식적 조직구조상의 권한소유자에 의해서 수행되는 것은 아니라는 점을 알 수 있고, 또한 권한을 많이 가진 사람이 반드시 조직구조설계에 대하여 많은 선택권을 갖는다고는 볼 수 없다. 즉, 권한과 권력은 동일하지 않으며, 조직구조설계에 대한 사실상의 선택권은 공식조직상의 권한보다는 지배적 이해관계자 집단의 권력에 의해 행사된다고도 할 수 있다.

이러한 권력을 가진 지배적 이해관계자 집단은 어떻게 형성되는가? 규모가 작은 기업에서는 권력을 가진 집단과 소유주가 대부분 일치한다. 그러나 규모가 큰 조직에서는 보통 최고경영자가 지배력을 가지기는 하지만 항상 그런 것만은 아니다. 왜냐하면 조직이 필요로 하는 자원을 지배하는 집단이 바로 조직 내의 지배집단이 되기 때문이다. 예를 들면, 귀중한 정보를 가진 집단이나 전문가 집단 또는 기타 조직에 필수적인 자원을 가진 집단은 의사결정에 영향력을 행사할 수 있어 지배집단이 될 수 있다.

1.4 권력자원의 원천

권력은 어떻게 얻어지며, 권력형성의 근거는 무엇인가에 대해서도 논란의 여지가 있다. 전통적인 공식권한 결정론자들은 권력형성의 근거를 합법성에 두었지만, 근대적인 전략적 상황결정론자들은 권력형성의 근거를 자원통제와 불확실성의 감소에 두고 권력형성의 기초로서 소위 자원결정론과 불확실성 결정론을 제시하고 있다. 그러므로 권력을 얻는 방법은 여러 가지가 있을 수 있으나, 기업과 같은 경영조직에서 권력을 획득하는 근거로서 가장 대표적인 것은 자원의 통제와 불확실성의 감소라는 두 가지 범주로 요약될 수 있다.

또한 조직에서 권력은 권력의 분배에 의해 영향을 받는데, 권력의 분배는 불확실성에 대처하는 능력에 따라 달라진다. 어느 한 개인의 역할이 명확히 규정되어 있지 않고 불확실성이 높을수록 그 개인이 속한 집단이나 조직의 권력이 증가하게 되고, 어느 개인이나 부서의 기능이 조직의 중심에 가까울수록 권력이 강해지고 아울러 개인의 대체안이 어려울수록 권력이 강해지게 된다. 그러면서 권력은 자기지속적인 면을 가지고 있기 때문에 기존 권력의 분포양상은 쉽게 변화되지 않는다. 하지만 권력은 최고경영진이 바뀔 때마다 권력구조에 상당한 변화를 경험하게 되며, 조직 내의 자원배분, 즉 예산편성권이나 인사권의 분포도 권력관계에 영향을 미치게 된다.

2 권력작용과 조직구조

우리나라 기업들도 국제기업으로서 무한경쟁을 예상해야 하며, 이러한 무한경쟁에 대처하기 위해서는 일상적이고 정형적인 행동에서 탈피하여 혁신적이고 비정형적인 행동을 대상으로 한 비구조화된 의사결정을 하는 동태적인 경영조직에 대한 연구가 선행되어야 한다. 특히 우리나라 기업은 소규모로 소유자의 원맨쇼적인 경영스타일과 전통적인 가부장적 이미지가 기업경영에 겹쳐져서 대부분의 기업은 최고경영자의 정치적 의사결정에 따라 기업행동이 이루어져 왔다. 따라서 조직은 이러한 행동에서 야기되는 장점을 최대한 살리고 단점을 최대한 줄이는 의미에서 정치적 의사결정의 경영 스타일을 살릴 수 있는 권력작용의 연구가 필요하다. 예를 들어, 개방시스템으로서 기업은 외부환경에서 도출되는 권력과 이에 관련된 내부환경의 권력이 가지는 생리를 파악해야만 경쟁에서 살아남을 수 있다.

외부환경은 행정부서, 금융기관, 노동조합, 주주, 그리고 소비자 간에 발생하는 갈등을 생각할 수 있고, 내부환경은 종업원과 경영자, 기존 직원과 신참직원, 기능직과 기술직, 그리고 현장의 생산직과 사무실의 관리직 사이에 일어나는 갈등을 생각할 수 있다.

따라서 기업은 단순한 사회적, 기술적 시스템 이외에 정치적 시스템으로 인식되어야 한다. 다른 조직과 마찬가지로 기업의 권력자원은 항상 유한하며, 일정한 한계를 지니고 있다. 그러므로 이러한 한정된 권력자원을 어떻게 효율적으로 사용하여야만 경영 목표 달성에 최대의 위력을 발휘하느냐 하는 것이 경영에 있어서 중요한 과제인 것이다.

조직에 참여하는 사람들은 조직 내의 권력관계를 잘 파악하고 거기에 순응하려는 경향을 보이는 것이 일반적이지만, 권력에 대해 반항적 행동을 보일 가능성도 언제나 존재한다. 그리고 원칙적으로 조직구성원들이 권력에 복종하는 경향이 있다고 하지만 항상 강한 권력을 가진 사람이 승리하는 상황을 만들어 약자를 지배해 나가는 유형의 권력은 조직의 원활한 운영에 도움을 주지 못한다. 권력의 행사가 행동적인 측면에서나 태도적인 측면에서 무리 없이 상대방의 복종을 유도할 수 있으려면 최소한 다음과 같은 네 가지 조건이 구비되어야 한다.

첫째, 조직구성원들은 권력행사자가 요구하는 명령이나 지시의 내용을 이해할 수 있어야 한다.

둘째, 권력행사의 내용이 구성원의 조직목적에 대한 본질적 이해와 상충되지 않도록 조직의 목적과 모순이 없어야 한다.

셋째, 권력행사자가 요구하는 것이 구성원 개인의 이익이나 가치체계와 상충되지 않고, 개인의 이익과 전체이익이 일치된다고 인식되어야 한다.

넷째, 구성원이 권력행사에 요구되는 지시나 명령의 내용을 실천할 수 있는 육체적 및 정신적 능력을 갖추고 있어야 한다.

이상에서 둘째 및 셋째 조건이 충족되지 않더라도 행동상의 복종은 통제할 수 있지만, 그것은 상대방의 승복을 얻지 못하는 권력행사로서 여러 가지 태도상의 반발을 불러일으킬 것이다. 이상의 내용들이 실현될 수 있기 위해서는 적어도 다음 네 가지 조건들이 조직구조 형성에 반드시 반영되어야 한다.

첫째, 환경에 대한 정확하고 신속하게 정보를 수집하여 처리할 수 있는 사이버네틱(cybernetic)의 능력이 있어야 한다. 경영자의 가치실현을 위해선 핵심멤버, 위성멤버 및 지원멤버들의 이해관계에 대한 정확한 파악에 따른 제반 정보를 처리할 수 있는 기능이 있어야 한다.

둘째, 반발을 극복하면서 목적 달성을 할 수 있는 추진능력이 있어야 한다. 정치시스템은 항상 갈등 내지 반발을 전제로 하기 때문에 이에 적극 대처할 수 있는 능력을 강구해야 한다. 권력은 한정되어 있기 때문에 권력자원을 효과적으로 사용할 수 있는 능력이 있어야 한다.

셋째, 이상의 권력행사는 권력자원을 현실적인 권력으로 이전하는 과정으로 볼 수 있다. 그래서 권력자원을 안전하게 보호해 주고 지원해 주는 기능이 필요하다. 정치시스템은 이러한 권력자원을 보호하고 지원해 주는 기능을 확보하지 않으면 안 된다.

넷째, 정치시스템은 이해관계자들의 반발이 심하면 심할수록 권력자원을 많이 확보해야 한다. 하지만 권력자원에는 한계가 있고, 이의 유용성을 확보하기 위해선 이해관계자들의 동의를 구하는 기능과 능력이 필요하다.

따라서 지금까지 경영관리에서는 사이버네틱의 능력과 화합의 능력만을 지나치게 강조해 왔다. 즉, 완전한 사이버네틱 기능에 의한 정보시스템의 구축이 경영관리의 모든 문제를 해결해 만능방법으로 생각하여 경영정보시스템(MIS)을 지나치게 강조하는 면이 있었다. 다른 한편에서 이해관계자의 참가적인 화합을 통해 갈등과 반발을 해소시키고 최고경영자의 개인적인 가치를 관철시킬 수 있다는 행동과학 중심의 상호작용 이론을 지나치게 강조하는 면이 있었다. 그러나 실행과정에서 이러한 양면 모두 효력의 한계를 면치 못한다는 것이 입증되었다.

이상과 같은 권력자원을 중심으로 한 정치시스템의 개념은 전통적인 경영조직에서는 거의 찾아볼 수 없는 것이다. 경영조직 전개에 전략적 의사결정을 중심으로 한 정치시스템의 개념을 도입하는 것은 경영학을 규범적 차원에서 발전시키는 또 하나의 중요한 계기가 될 수도 있다.

한편, 기술론자들과 환경론자들은 조직구조를 기술이나 환경의 요구에 따라 적응하고 반응하는 실체(entity)로 본다. 반면 권력론자들은 이상의 기술론자 및 환경론자들의 견해는 고전적 경제이론에서 조직을 오로지 하나의 합리적이고 경쟁적인 협동체로 보는 잘못된 견해와 동일하다고 주장하고 있다. 즉, 권력론자들은 조직구조를 기술과 환경의 변화여건에 따라 합리적으로 변화하는 실체로 보지 않고, 권력을 잡고 있는 사람들의 지배권을 유지하고 확장시켜 주는 메커니즘으로 보고 있다. 권력론자들은 지배집단이 기술적인 면에서는 일상적인 기술의 도입과 환경적인 면에서는 불확실성의 감소를 시도함으로써 권력을 유지할 수 있는 조직구조를 선택해 나간다고 보고 있다.

그러므로 기술은 구조를 낳지 못하고 오히려 선택된다고 보고 있는 것이다. 물론 사업영역에 따라 조직기술이 결정되는 경향은 있지만, 그 영역 자체가 권력자들에 의해서 선택될 뿐만 아니라 또 선택된 사업영역 내에서도 구체적으로 어떠한 기술을 택할 것인가 하는 범위가 항상 존재하게 된다. 현실적으로 기업 내에서 어떤 형태의 기술을 선택할 것인가는 최고경영자들이 가능한 한 자기의 권력을 실현시키기 쉬운 입장에서 결정하기 때문에 보통 가장 일상적이고 기계화 내지 자동화된 기술을 선택하게 되는데, 일상적인 기술은 개별 구성원을 쉽게 대체할 수 있고, 또한 권력의 중앙집권화를 가능하게 해주기 때문이다.

권력론자들은 환경도 불확실성을 잘 관리하면 확실한 환경적 조건으로 유도할 수 있다고 주장하는데, 그들은 환경의 불확실성을 감소시키기 위하여 잠재적 위험을 가진 환경 내의 여러 요소와 긴밀한 상호작용을 하거나 또는 약간의 활동영역 변화를 통해 환경을 유리하게 변화시킬 수 있다고 주장하기 때문에 조직구조 변화에는 권력작용이 중요한 역할을 한다고 보고 있다.

그러면 이러한 권력작용 변수가 조직구조 설계에 구체적으로 어떻게 작용하는가를 설명하면, 조직의 지배집단은 그들의 권력을 유지하고 확립하기 위하여 가능한 한 현재의 조직구조를 변화시키지 않으려고 한다. 안정적이고 확실한 상황에서는 기계적인 조직구조를 만들려고 한다. 권력자들은 기술의 일상화와 환경의 불확실성 관리를 통해서 구조적인 변화를 최소화하려고 노력하는 경향을 보이게 된다.

요컨대 조직구조에 대한 권력작용은 상대적으로 안정적이고 기계적인 구조를 택하는 경향이 있는데, 기계적인 조직구조는 안정성, 일상화, 그리고 중앙집권적 통제를 행하는 데 가장 적합한 형태이기 때문이다. 즉, 권력을 가진 사람은 자기의 권력행사를 용이하게 하는 기술과 환경을 선택하려고 하기 때문에 정형화된 기술과 불확실성이 낮은 환경을 선택하려고 시도한다. 그러므로 권력을 가진 사람은 통제를 보다 강화하기 위해서 복잡성은 낮지만, 공식화와 집권화가 높은 구조를 선택하려 할 것이다.

결론적으로 권력자들은 자신들의 통제를 유지하는 데 도움이 되는 조직구조를 선택하게 되고, 그 구조는 복잡성을 최소화하면서 공식화와 집권화는 최대화시키려는 형태가 될 것이다. 이에 대한 상세한 내용을 각 기본변수별로 살펴보면 다음과 같다.

2.1 복잡성

수평적, 수직적, 그리고 장소적인 조직의 분화는 조정과 통제상의 어려움을 가져오므로 지배계층인 경영자는 가능한 모든 상황이 동일하다면 낮은 복잡성의 구조를 선호하게 된다. 그러나 규모가 크고 기술이 복잡하며 환경이 불확실하여 높은 복잡성이 요구되는 상황에서는 경영자가 원하는 주관적인 단순성의 요구와 조직의 객관적인 복잡성의 요구 간에 조화가 요구된다. 이때 경영자는 조직유효성 기준을 충족시키는 범위 내에서 통제를 극대화하도록 낮은 정도의 복잡성을 선택하게 된다.

하지만 오늘날 컴퓨터를 이용한 정보처리기술이 보다 정교해지면서 복잡한 조직구조의 발달을 가능하게 하고 있다. 컴퓨터 기술을 이용하는 정교한 정보시스템으로 인하여 상위의 조직계층들은 신속한 의사소통을 가능하게 해준다. 즉, 경영자는 해외에서 일어나는 많은 경영활동들과 조직계층의 움직임에 대해 강한 통제력을 발휘할 수 있게 된다.

2.2 공식화

조직구성원들이 준수해야 하는 법칙과 규정들이 공식화되면 될수록 권력층의 통제는 용이하게 되므로 권력자들은 가능한 한 높은 공식화를 추구하게 된다. 그러므로 권력을 가진 경영자는 가능한 한 과업을 정형화하고 불확실성을 감소시키기 위해 포괄적인 노력을 하게 된다. 만약 급격한 환경변화 때문에 과업을 통제할 수 없거나 표준화할 수 없을 경우와 높은 공식화를 취할 수 없을 경우에는 규칙과 규정을 대체할 수 있는 통제수단으로서 정교화된 정보기술을 선택하려고 노력할 것이다.

2.3 집권화

조직의 집권화는 안정적이고 확실한 환경에서 의사결정을 해야 하는 경우와 외부의 위협이 상존하는 경우에 주로 발생한다. 또한 권력을 가진 사람이 자기 임의대로 의사결정을 하고자 할 경우에도 집권화가 발생하므로 현실적으로 분권화는 좀처럼 발생하지 않는다. 비록 형식적으로는 분권화가 이루어진 조직이라 할지라도 실질적으로 분권화가 이루어진 경우는 거의 찾아볼 수가 없다. 즉, 대부분의 조직에서 행해지는 분권화는 형식적으로만 행해지는 소위 의제적 분권화(pseudo-centralization)이다. 그래서 최고경영자는 의사결정 권한을 하위계층에 위임하더라도 피드백을 위해 항상 정보기술을 사용한다. 이 피드백에 의해 상위 권력계층은 하위수준에서의 의사결정을 상세히 파악할 수 있을 뿐만 아니라, 언제든지 권력계층이 좋아하지 않는 결정들을 저지시키거나 수정시킬 수 있다. 비록 구성원들의 자유재량권이 허용되고 의사결정의 기회가 주어진다고 하더라도, 구성원들의 성과가 신속하고 정확하게 평가되기 때문에 그 조직에서는 진실한 통제나 영향력, 그리고 권력의 공유는 찾아보기 어렵다. 이는 오늘날 정보기술의 도입으로 조직의 활동에 대해 효과적인 중앙집권적 통제를 유지하면서 분권화의 형태를 이루는 것이 가능해졌다는 것을 시사해 준다.

3 조직정치

조직을 정치적 실체로 고려하는 것은 최근의 현상이 아니다. March는 조직을 의사결정을 하고 협상과정을 통해 목표를 수립하는 정치적 연합체로 인식하고 있고, 다른 많은 연구자들도 조직을 정치적 관점에서 접근하고 있다. 조직 내의 구성원들의 활동은 정치적이라 판단되는 것들도 있고, 또 정치적이라 판단되지 않는 것들도 있을 수 있다. 조직에서 정치적 과정의 본질을 이해하기 위해서는 정치적 행위에 대한 합의가 이루어져야만 한다.

정치적 행위는 모든 조직에서 발생하며 조직에 참여하는 사람들은 이러한 조직정치(organizational politics)의 중요성을 알고 있고, 또 이에 대한 전반적인 이해를 돕기 위해서는 조직정치의 필수적 특성들을 특징화시키는 정의들을 먼저 이해하여야 한다. 조직정치를 설명하는 데 관련된 많은 변수들은 다른 조직행동의 개념을 쉽게 설명할 수 있고, 이 변수들의 집합은 현재의 패러다임에 의해 적당하게 설명될 수 없는 독특한 과정을 형성하는데, 이를 조직정치로 보고 있다. 조직정치를 정의하려는 초기 시도는 자원할당시스템에 대한 요구, 정책선호에 대한 갈등, 조직 내 통제와 영향력의 관계, 자기중심적 행동, 현장연구 등에서 나타나며, 자원할당시스템은 희소자원의 분배과정에서 나타나는 갈등 등이 협상이나 전략적 제휴 등의 정치적 과정에 의해서 해결되어진다고 생각한다. 임금인상에 대한 종업원의 요구는 정치적 행위는 아니지만, 임금인상을 달성하기 위해서 조합화하려는 위협의 사용은 정치적 행위로 간주될 수 있다.

조직정치의 의미는 조직기능에서 중요한 개념으로 인식되고 있음에도 불구하고 여전히 많은 연구가 진행되지 않은 채로 남아 있다. 개인이나 집단을 정치적으로 행동하게 하는 개인의 속성이나 조직의 조건이 정치적 행위의 결과나 정치적 성격에 미치는 영향에 대한 결과는 알려져 있지 않다. 조직정치의 정의는 다양하나 일반적인 정의들은 의사결정과정에 영향을 주는 집합적 권력의 사용에 초점을 두거나 자기보호적이고 조직의 제재를 받지 않는 행위에 관심을 두어왔다.

Tushman은 정치적인 것으로 차별화되는 의사결정의 유형으로 조직정치를 단위부서와의 협상 개념으로 보았고, Pfeffer는 조직설계를 제한하는 주요한 과정으로 조직정치를 정의하고 있다. Burns는 조직정치란 다른 사람을 더 많이 통제하여 궁극적으로는 자신에게는 좀 더 안전하고 만족스러운 조직을 얻기 위한 자원의 확대라고 여기고 있다. 그래서 조직정치는 조직설계나 비공식적 규범을 기준으로 수단과 목표 간의 영향관계에 관련되어 있고, 객관적이고 주관적이며 실제 의사결정과정과 갈등을 통합하는 데 도움을 주므로 조직설계 시에 고려되어야 할 중요한 변수이다. 따라서 권력이 조직구조에 미치는 영향력의 범주 내에서 동일하게 고려되어야 할 변수이다.

4 상황변수들과 구조와의 관계 요약

4.1 규모와 구조와의 관계

조직의 규모가 커짐에 따라 조직구조는 복잡해지는데, 규모가 커질수록 복잡성이 증가하여 구조의 분화가 높아진다. 이에 따른 구성원의 증가는 규모의 증가를 가져오므로 조직의 질서유지를 위해서는 분업화, 통합화, 권한의 위양 등이 필요할 뿐만 아니라 부서의 수와 규모도 상당히 증가하여 조직을 복잡하게 만들게 된다. 조직구성원의 수가 증가함에 따라 새로운 단위부서들이 형성되고, 그것을 관리하는 관리자가 따로 필요하며, 또한 관리자를 관리하는 또 다른 관리자가 등장하게 됨으로써 위계가 형성된다. 또한 조직규모의 증가는 지역적 분산과 장소적 분산을 가져오며, 이에 따른 복잡성의 증가는 최고경영자의 관리능력을 제한하게 되어 최고경영자의 통제권이 조직의 공식적인 규칙과 절차로 대체되기도 한다. 이처럼 규모는 조직설계에 영향을 미치는 중요한 상황변수가 된다.

조직규모가 증대되면 공식화에 영향을 주게 되는데, 규모가 커질수록 구성원들의 행동은 공식화된다. 규모가 커질수록 과업은 분업화되고 그로 인해 구성원들의 행동은 반복적이 된다. 그 결과 조직관리자들은 구성원들의 행동을 예측하기 위해 가능한 행동을 공식화하려 한다. 이러한 이유 외에도 규모가 커지게 되면 내부의 혼란이 증가되고 구성원들 간의 비인간적 관계를 초래하여 전반적인 사기의 저하를 가져올 수도 있다. 이러한 이유 때문에 관리자들은 규칙, 절차, 직무기술서 등과 같이 인간의 행동을 공식화하는 장치를 개발하게 된다. 조직의 규모가 커지면 관리자의 직접감독비용이 증가하기 때문에 조직은 직접감독보다는 공식화된 규제조치를 사용함으로써 경제적 합리성을 확보할 수 있다.

조직규모와 집권화의 정도는 역의 관계가 있다. 조직규모가 커지면 한 사람이 모든 부서를 통제할 수 없게 된다. 대규모 조직에서는 개인이나 소수가 이해하는 범위를 훨씬 초과하는 일들이 많이 일어나고, 이에 따라 권한의 위양이 불가피하게 되어 조직구조의 분권화로 이어진다. 분권화는 공식화의 증가와 함께 일어나는데, 이는 규칙이나 규정이 최고경영자로 하여금 권한을 위양함과 동시에 위양된 권한이 최고경영자의 의도대로 움직여주도록 보장해 주기 때문이다.

4.2 기술과 구조와의 관계

Aston Group의 연구자들은 기술이 조직구조에 어느 정도는 영향을 미친다는 데 동의한다. 조직의 기술이 더 기계화되고 자동화될수록 더 집권화되고 표준화되는 기계적 조직구조를 가진다는 점에서는 Woodward의 주장과 일치한다. 그러나 Aston Group의 학자들은 조직의 기술보다는 규모가 조직구조의 선택에 더 영향을 미친다고 결론을 내렸다. Aston Group의 연구자들은 비록 기술이 소규모의 조직구조에는 강력한 영향을 미치지만, 대규모의 조직에서는 조직성장이나 규모와 같은 다른 요인에 의해 조직구조가 영향을 받는다고 주장하고 있다.

4.3 환경과 구조와의 관계

Burns와 Stalker는 영국의 20개 기업을 조사하여 기업의 외부환경과 조직구조가 서로 관련되어 있음을 발견하였다. 조직은 주변환경 특성에 따라 그 활동에 필요한 다양한 종류의 조직구조를 요구한다는 점이다. 즉, 기계적 조직구조보다는 유기적 조직구조를 가지는 기업들이 불안정하고 변화하는 환경에서 보다 효과적이라는 사실을 발견하였다. 반면에 안정적 환경하에서는 유기적 조직구조보다는 집권화, 공식화, 표준화를 특징으로 하는 기계적 조직구조가 더 효율적이었다.

4.4 전략과 구조와의 관계

전략과 구조와의 관계를 설명할 때 가장 많이 인용되는 것이 Snow와 Miles의 전략유형과 구조와의 관계이다. 일반적으로 전략이 방어형의 전략유형을 나타낼수록 조직들은 좁은 제품시장을 지키기 위해 안정적이고 폐쇄적인 조직을 선호하기 때문에 집권화의 경향이 높아지게 되고, 또한 조직의 효율성을 높이기 위해 정형화된 작업절차에서의 이탈을 최소화하기 위해 공식화가 높아지게 된다. 공격형의 전략유형은 환경변화에 신속하게 적응하고 다수의 이질적인 업무를 촉진하기 위하여 개방적이고 신축적인 조직이 요구되기 때문에 사업부제 조직이나 프로젝트 조직과 같은 복잡하고 분권화된 조직을 채택하므로 복잡성과 분권화가 높아진다. 분석형의 전략유형은 위험을 최소화하고 이윤의 기회를 극대화하기 위하여 방어형과 공격형의 두 가지 유형의 장점을 취하는 형태이다. 그래서 분석형은 유연성과 안정성을 동시에 추구하는 조직구조를 취하고 있기는 하지만 두 가지 유형이 가진 장점을 동시에 수용할 수 있는 조직구조를 만드는 데 비용문제가 발생할 수 있고 또한 급속한 환경의 변화에 따라 어느 한쪽의 조직구조를 선택해야 할 경우에도 한계가 있을 수 있다. 반응형의 전략유형은 위의 세 가지 전략 중의 하나를 잘못 선택하였을 경우에 발생하는 비일관적이고 비안정적인 반응유형을 나타내는 전략이다. 그래서 조직은 환경에 부적절하게 반응하므로 업적수준이 낮아지게 된다.

이처럼 전략과 구조와의 관계를 다루는 문제는 실증적인 연구보다는 이론적인 연구들이 훨씬 많은 실정이다. Chandler의 연구는 실증적으로 뒷받침이 되고 있기는 하지만 대규모의 강력한 조직에만 적용 가능하다고 주장하고 있다. 한편 Child의 연구도 흥미는 있지만 실증적으로 자신의 주장을 증명하지 못했다. 전략과 구조 간에 어느 것이 원인변수이고 결과변수인지가 진짜 문제점으로 등장하고 있다. 포춘(*Fortune*)지의 500대 기업 중 상위 250개 기업을 대상으로 한 연구에서 전략이 구조에 영향을 미친다기보다는 조직구조가 전략에 영향을 미치고 제약을 가한다는 사실이 밝혀지고 있다. 이러한 결론이 더 많은 연구결과에 의해 밝혀진다면 조직구조의 결정요인으로서 전략을 주장하는 근거는 사라지게 될 것이다.

4.5 권력과 구조와의 관계

권력작용 변수가 조직구조 설계에 구체적으로 어떻게 작용하는가를 설명하면, 조직의 지배집단은 그들의 권력을 유지하고 확립하기 위하여 가능한 한 현재의 조직구조를 변화시키지 않으려고 한다. 안정적이고 확실한 상황하에서는 기계적인 조직구조를 만들려고 한다. 권력자들은 기술의 일상화와 환경의 불확실성 관리를 통해서 구조적인 변화를 최소화하려고 노력하는 경향을 보이게 된다.

요컨대 조직구조에 대한 권력작용은 상대적으로 안정적이고 기계적인 구조를 택하는 경향이 있는데, 기계적인 조직구조는 안정성, 일상화, 그리고 중앙집권적 통제를 행하는 데 가장 적합한 형태이기 때문이다. 즉, 권력을 가진 사람은 자기의 권력행사를 용이하게 하는 기술과 환경을 선택하려고 하기 때문에 정형화된 기술과 불확실성이 낮은 환경을 선택하려고 시도한다. 그러므로 권력을 가진 사람은 통제를 보다 강화하기 위해서 복잡성은 낮지만, 공식화와 집권화가 높은 구조를 선택하려 할 것이다. 결론적으로 권력자들은 자신들의 통제를 유지하는 데 도움이 되는 조직구조를 선택하게 되고, 그 구조는 복잡성을 최소화하면서 공식화와 집권화는 최대화시키려는 형태가 될 것이다.

요약

권력이라는 주제는 많은 사회학자나 철학자, 그리고 행정 및 정치학을 연구하는 사람들 사이에 커다란 관심을 불러일으켰다. 사람들은 오랜 집단 또는 조직생활을 통해 항상 타인보다는 더 많은 권력을 소유하려고 노력해 온 것은 명확한 사실로서, 이 때문에 고대로부터 인간이 존재하는 곳에서는 항상 권력의 개념이 존재해 왔다.

권력이란 어떤 일을 할 수 있는 능력으로, 甲이라는 사람이 시키지 않으면 하지 않았을 일을 乙이라는 사람에게 甲이라는 사람이 시킴으로써 그 일을 행할 때 甲이라는 사람은 乙이라는 사람에게 권력을 가졌다고 표현한다. 따라서 권력은 상호작용인 것이어서 독립적으로는 성립될 수 없다.

이러한 권력은 상호작용적인 특성을 가지고 있어 다음과 같은 요인에 의해 관계가 형성된다. 먼저 권력행사에는 자원이 필요한데, 여기서 자원이란 호감, 두뇌, 경험, 지식, 정보, 기술 등의 개인이 소유한 특성으로서 이 자원은 형태가 어떠하든 그와 상호작용하는 사람들의 보상이나 비용을 결정하게 된다. 둘째로 권력관계는 의존성의 관계인데, 권력을 행사하는 사람이 가지는 자원의 가치는 소유하는 것만으로 결정되는 것이 아니고, 다른 사람들이 그 자원에 어느 정도 의존성을 가지느냐에 따라 결정된다.

권력을 조직구조 형성의 주요 상황변수로 삼는 사람들은 조직의 최종목표라고 생각하는 조직유효성의 추구를 최종목표로 보지 않고 일정한 범위 내에서의 추구로 생각하며, 그 범위 내에서 권력을 가진 사람은 자신이 만족할 수 있는 구조를 선택하게 된다. 환언하면 규모, 기술, 환경은 조직유효성을 높이기 위한 구조형성에 있어서 조직의 구조적 상태를 파악하는 일반적 척도로 볼 수 있고, 또한 이들 변수는 자유재량의 폭이 넓은 제약변수여서 변화에 대처하는 대안도 여러 가지가 제시될 수가 있어 의사결정자의 선택여지가 많다. 이처럼 선택의 여지가 많은 의사결정자는 구조선택에 자기 이익과 선호를 충분히 반영시켜 자기의 권력을 적극 행사하게 된다. 오늘날 많은 경영조직에서도 그 구조형성에 있어서 권력이라는 변수가 실질적으로 크게 작용하는 사례를 종종 볼 수 있다.

권력작용 변수가 조직구조 설계에 구체적으로 어떻게 작용하는가를 설명하면, 조직의 지배집단은 그들의 권력을 유지하고 확립하기 위하여 가능한 한 현재의 조직구조를 변화시키지 않으려고 한다. 안정적이고 확실한 상황하에서는 기계적인 조직구조를 만들려고 한다. 권력자들은 기술의 일상화와 환경의 불확실성 관리를 통해서 구조적인 변화를 최소화하려고 노력하는 경향을 보이게 된다.

권력의 행사가 행동적인 측면에서나 태도적인 측면에서 무리 없이 상대방의 복종을 유도할 수 있으려면 최소한 다음과 같은 네 가지 조건이 구비되어야 한다.

첫째, 조직구성원들은 권력행사자가 요구하는 명령이나 지시의 내용을 이해할 수 있어야 한다.

둘째, 권력행사의 내용이 구성원의 조직목적에 대한 본질적 이해와 상충되지 않도록 조직의 목적과 모순이 없어야 한다.

셋째, 권력행사자가 요구하는 것이 구성원 개인의 이익이나 가치체계와 상충되지 않고, 개인의 이익과 전체이익이 일치된다고 인식되어야 한다.

넷째, 구성원이 권력행사에 요구되는 지시나 명령의 내용을 실천할 수 있는 육체적 및 정신적 능력을 갖추고 있어야 한다.

조직정치를 설명하는 데 관련된 많은 변수들은 다른 조직행동의 개념을 쉽게 설명할 수 있고, 이 변수들의 집합은 현재의 패러다임에 의해 적당하게 설명될 수 없는 독특한 과정을 형성하는데, 이 독특한 과정을 조직정치로 보고 있다. 조직정치를 정의하려는 초기 시도는 자원할당시스템에 대한 요구, 정책선호에 대한 갈등, 조직 내 통제와 명령의 관계, 자기중심적 행동, 현장연구 등에서 나타나며, 자원할당시스템은 희소자원의 분배과정에서 나타나는 갈등 등이 협상이나 전략적 제휴 등의 정치적 과정에 의해서 해결되어진다고 생각한다. 임금인상에 대한 종업원의 요구는 정치적 행위는 아니지만, 임금인상을 달성하기 위해서 조합화하려는 위협의 사용은 정치적 행위로 간주될 수 있다.

정리 및 토의과제

1. 권력은 무엇을 의미하는가?
2. M. Weber의 권력의 속성에 대해 알아보자.
3. 의사결정과정과 권력작용과의 관계에 대해 알아보자.
4. 목표추구과정과 권력작용과의 관계에 대해 알아보자.
5. 권력을 위한 집단 간의 투쟁에 대해 알아보자.
6. 권력의 종류에 대해 알아보자.
7. 권력과 유사하게 사용되는 용어들을 알아보자.

8. 전략선택과 권력작용과의 관계를 알아보자.

9. 권력작용과 조직구조에 대해 알아보자.

10. 조직정치란 무엇을 의미하는가?

11. 상황변수들과 조직구조와의 관계를 정리해 보자.

12. 자신의 삶 속에서 권력의 힘에 의해 지배되어 본 적이 있는지를 알아보자.

Chapter 08

조직설계의 기초

사례연구

애자일(agile), 방법론에서 문화로의 전환이 핵심

애자일(agile)은 사전적 의미로 '민첩한, 경쾌한, 활기찬'이란 뜻을 지니고 있다. 지난해 기업들에게 회자된 최고 키워드가 '디지털'이었다면 올해의 최고 키워드는 아마도 '애자일'이 되지 않을까. 이 단어는 2001년 미국의 소프트웨어 프로그래머들이 결성한 애자일 연합(Agile Alliance)에서 애자일 선언문(Agile Manifesto)을 발표하면서 소프트웨어 프로그램을 제작하는 하나의 기법 혹은 방법론으로 알려지기 시작했다.

사람, 협력, 실행, 변화를 중시하는 애자일 방법론

애자일 선언문에서 더 높은 가치를 두는 요소는 개인과 상호작용, 작동하는 소프트웨어, 고객과의 협력, 변화에 대응하기 등 4가지다. 개인과 상호작용은 업무수행에 있어서 아무리 좋은 프로세스 혹은 도구가 있더라도 이를 수행하는 사람이 더 중요하며, 업무를 수행하는 사람 간의 상호작용이 없으면 성공적으로 완수할 수 없음을 의미한다. 작동하는 소프트웨어는 업무 수행 중 발생하는 중간 산출물을 문서화하는 작업이 필요하긴 하지만 그 자체에 중점을 두어서는 안 되며, 최종 산출물인 소프트웨어가 작동해야 한다는 것이다.

고객과의 협력은 경영환경의 변화에 따라 고객의 요구사항이 변경될 경우 주어진 조건에서 서로 협력해 최적의 결과를 도출해야 한다는 것을 의미하며, 변화에 대응하기는 구성원 스스로가 경영환경 변화를 지속적으로 모니터링하면서 프로젝트 초기에 설정한 제반 조건들을 그러한 변화에 맞추어 조정할 수 있는 태도와 역량이 필요함을 의미한다.

애자일 방법론은 일반적으로 정해진 계획만 따르기보다는 개발 주기 또는 환경에 따라 유연하게 대처하는 방식으로 정의된다. 기존 방법론의 제약과 한계를 극복하고자 하는 노력의 일환이며, 기존 방법론을 통상 워터폴(Waterfall) 방식으로 부른다. 워터폴 방식은 폭포수가 위에서 아래로 떨어지는 것처럼 소프트웨어 발주자의 주문 → 수행 계획 수립 → 과업세분화 → 개발 → 납품으로 이어지는 일련의 과정을 따라 순차적으로 진행되기 때문에 붙여진 이름이다. 이 방식은 처음 수립된 계획에 따라 일괄적으로 운영되기 때문에 최종 완성제품이 고객이나 시장의 니즈와 차이가 발생할 경우 인력, 시간, 자원의 낭비로 이어질 수 있다.

과거 경영환경이 안정적이고 시장이 성장기였을 때는 효율적인 방식이었으나, 지금처럼 불확실한 경영환경과 불안정하고 저성장의 시장 상황에서는 적합하지 않다. 그래서 미국의 비디오 스트리밍 서비스 기업인 넷플릭스는 불확실한 환경하에서 연간 계획은 의미가 없다고 판단해 수립하지 않는 대신 분기별 계획을 수립하나 이 또한 지속적으로 수정한다. 또한 워터폴 방식은 철저한 계획과 그 계획을 구체적으로 명시한 문서화 작업을 바탕으로 단계적으로 실행하고 그 결과를 정기적으로 상부에 보고하는 명령체계를 특징으로 한다. 위계적이고 수직적 조직체계와 문화에 적합한 방식이다.

반면 애자일 방법론은 변화 대응을 최우선으로 하며, 전문가 중심의 소규모 팀을 주축으로 프로젝트 기간을 단축하면서 빠른 성과를 도출한다. 역할을 중심으로 한 권한이양과 권한에 대한 강한 책임 그리고 자율적 운영을 특징으로 한다. 여기서의 소규모 팀을 자기조직화된 팀 혹은 자기완결형 조직이라 부르며 독립적인 의사결정권을 보유한 기능 혼합형 조직이다.

구글은 애자일 조직으로 3~6명 정도의 개발자로 구성된 팀을 다수 운영한다. 팀의 진행성과는 2~3주 간격으로 평가하고 3개월마다 전체 성과에 따라 인력과 자원을 재조정한다. 이러한 팀들의 대부분은 매일 아침에 프로젝트 관련 사항을 공유하고 상호협력 및 지원 부분에 대해 논의하는 회의를 개최한다. 회의는 보통 10분을 넘지 않으며 시간이 길어지는 것을 방지하기 위해 스탠딩 미팅을 기본으로 한다.

애자일 소프트웨어 개발을 위한 선언문

우리는 소프트웨어를 개발하고 또 다른 사람의 개발을 도와주면서 소프트웨어 개발의 더 나은 방법들을 찾아가고 있다. 이 작업을 통해 우리는 다음을 가치있게 여기게 됐다.

* 공정과 도구보다 **개인과 상호작용을**
* 포괄적인 문서보다 **작동하는 소프트웨어를**

* 계약 협상보다 고객과의 협력을
* 계획을 따르기보다 변화에 대응하기를.

이 말은 왼쪽에 있는 것들도 가치가 있지만, 우리는 오른쪽에 있는 것들에 더 높은 가치를 둔다는 것이다. 〈출처 : 애자일 연합〉

애자일 방식은 다양한 산업으로 확산 중

스웨덴의 음악 스트리밍 서비스 기업인 스포티파이는 애자일 조직(개발팀)으로 스쿼드(Squad)를 운영한다. 스쿼드의 목적은 팀을 최대한 독립적으로 운영해서 병목현상을 막는 것이다. 스포티파이의 직원들은 각자 하나의 스쿼드에 소속되어 있다. 기획자, 개발자, 배포 담당자 등 총 8명을 넘지 않는 선에서 같은 사무공간에서 업무를 수행한다. 프로젝트에 문제가 생기면 스쿼드의 모든 구성원은 '실패의 벽'이라고 불리는 화이트보드 앞에서 피드백을 교환한다. 개인의 잘잘못을 따지는 것이 아니라, 실수가 무엇인지, 배울 점은 무엇인지, 개선점은 무엇인지에 대해 토론하고 공유한다.

스쿼드는 각각 오디오 품질, 검색 등으로 역할이 나뉘며, 각 스쿼드는 기획부터 개발, 테스트, 배포의 전 과정을 자율적으로 수행한다. 자율성이 무책임으로 변질되지 않기 위한 조치로 스쿼드 멤버로 제품 오너와 애자일 코치를 둔다. 제품 오너는 스쿼드 전체 작업의 우선순위를 정하고, 다른 스쿼드와 협업할 때 중개자 역할을 수행하며 애자일 코치는 구성원들의 멘토로서 프로젝트의 진행 사항을 관리한다.

GE는 2012년 패스트 웍스(fast works)를 도입해 운영하고 있다. 이는 불확실한 환경을 효과적으로 극복하고 경영과 제품 개발속도를 높여 고객과의 거리를 좁히려는 경영도구임과 동시에 구성원들이 기업가정신을 가지고 민첩하게 움직이도록 만든 행동방식의 집합체이다. 독자적으로 개발했다고는 하지만, 애자일 방법론에 기반하고 있다.

국내에서는 SK그룹이 애자일 조직을 실험적으로 운영하고 있다. SK이노베이션과 SK브로드밴드는 지난해부터 프로젝트별 소규모 팀을 구성하는 '애자일 시스템'을 도입했다. 이 시스템하에서는 누구나 프로젝트 리더가 될 수 있으며 자신의 전문분야에 국한되지 않고 다양한 업무를 주도적으로 처리할 수 있다.

조직문화로의 전환을 위한 노력 필요

이처럼 애자일 방식을 도입하고자 하는 노력은 전 산업에서 진행 중이다. 애자일 방식이 확산되고 있는 것은 고무적인 사실이지만, 애자일의 가치와 원칙을 전사 조직에 성공적으로 적용한다는 것은 매우 어려운 일이다.

버전원이라는 기업의 보고서(State of Agile 2018)에 따르면, 애자일 방식의 적용과 확대가 어려운 이유는 조직문화와 애자일 가치와의 불일치(53%), 변화에 따르는 조직 내 저항(46%), 경영진의 지원 부족(42%) 등의 순이었다.

애자일 방식이 전사에 성공적으로 안착하기 위해서는 다양한 노력들이 필요하다. 우선 일하는 방식이 바뀌어야 한다. 위계 중심에서 역할 중심으로 바뀌어야 한다. 수직적 관리에서 수평적 관리로, 경쟁 중심에서 협력 중심으로, 프로세스 중심에서 사람 중심으로 바뀌어야 한다. 이를 위해서는 선행적으로 조직구조도 수평적으로 바뀌어야 한다. 애자일 방식의 특징 중 하나가 구성원 간 활발한 상호작용이다. 발생 이슈에 대한 격의 없는 토론과 피드백이 이루어지기 위해서는 계층구조가 평평해져야 한다. 또한 내부 업무 완결성도 중요하지만, 외부 이해관계자(특히 고객)와의 소통에 더욱 힘써야 한다. 이와 함께 공유가치도 바뀌어야 한다. 일사불란, 획일성과 순혈주의 위주에서 느림의 미학과 다양성 관리를 추구할 필요가 있다. 저성장이라는 뉴노멀 시대가 도래함에 따라 경쟁이라는 가치는 협력이라는 가치로 대체되었다. 통제와 권한이라는 가치를 중시하는 문화에서 협력과 배양의 가치를 중시하는 문화로의 전환이 필요한 시점이다.

당연히 리더십도 바뀌어야 한다. 꼰대가 존재하는 한 위계구조와 문화는 바뀔 수 없다. 사람은 잘 변하지 않는다. 그런 측면에서는 어느 정도의 강제적 방법도 효과적일 수 있다. 리더의 행동을 변화시킬 수 있는 방법 중 하나가 다면평가이다. 기존의 일방적인 상사의 평가 대신 직원도 상사를 동등한 입장에서 평가할 수 있어야 한다. 다면평가 결과를 참고사항으로만 활용하고 있다면 최종 평가 점수에 일정 비중으로 포함하는 방안도 고려해 볼 필요가 있다.

마지막으로 성과관리제도가 바뀌어야 한다. 애자일 방법론의 핵심 개념은 긴밀한 협력과 빠른 피드백이다. 즉, 구성원 간 협력을 평가하는 방식을 정교화해야 한다. 기존의 다면평가와는 별개로 팀 구성원의 기여도를 평가할 필요가 있다. 함께 수행한 프로젝트의 성과를 창출하는 데 있어 자신을 포함한 다른 구성원들의 기여도(전문성, 협력수준, 창의성 등)를 평가하는 것이다. 여기서 팀 구성원에는 팀원만이 아닌 팀 리더도 포함된다. 삼성 SDS의 경우에는 동료 평가와 매니저 평가의 비중을 5 대 5로 동일하게 고려하고 있다.

또한 개인별 업무성과에 대한 피드백의 주기와 방법을 정교화할 필요가 있다. 현재 많은 기업들이 연 1~2회 정기평가에서 수시평가로, 보상 중심의 평가에서 육성 중심의 피드백 제공으로 바꾸는 추세에 있다. GE도 패스트 웍스 도입 이후 빠른 피드백에 대한 니즈가 증가함에 따라 PD@GE라는 앱을 자체 제작해 수시 피드백을 위한 도구로 사용한다.

획일적인 애자일 강요는 오히려 독 될 수도

이러한 모든 노력들은 애자일 방식이 구성원과 조직 전체로 체화되는 데 반드시 필요한 조치들이다. 하지만 기존의 워터폴 방식을 무조건 애자일 방식으로 바꾸고자 하는 것 또한 관리 획일주의의 한 일면이다. 애자일 방식에 접합하지 않은 업무도 조직 내 분명히 존재한다. 기존 업무방식을 유지하는 조직의 구성원들에게 애자일 철학과 가치에 대해 공유하고 일하는 방식으로 바꾸고자 하는 것 또한 관리 획일주의의 한 일면이다.

기존 업무 방식을 유지하는 조직의 구성원들에게 애자일 철학과 가치에 대해 공유하고 일하는 방식을 개선하고자 하는 노력은 필요하다. 그러나 애자일 방식에 맞지 않는 업무와 조직에까지 획일적으로 적용해야 한다는 생각은 버려야 한다. 이는 애자일한 사고방식이 아니다.

따라서 기존 조직과 애자일 조직을 공존시킬 필요가 있다. 이러한 형태의 조직을 양손잡이형 조직(ambidextrous organization)이라고 한다. 이는 원래 기존의 일상적인 업무 프로세스를 운영하는 조직과 신 시장을 개척하는 조직을 따로 두는 운영방식을 의미한다. 독일의 정밀기계 제조기업인 보쉬(Bosch)의 경우 신규 사업조직은 애자일 방식으로 운영하는 반면 전통적 기능식 조직은 기존 방식으로 운영하고 있다. 두 가지 운영방식의 조직을 공존시키는 것만이 능사는 아니다. 기존 방식의 조직과 애자일 방식의 조직이 독립적으로 운영될 수는 있어도 하나의 조직이라는 테두리 안에서 상호 조직 간 소통과 협업이 없을 수는 없다. 양 조직 간 효율적인 소통과 협업에 대한 방법도 함께 고민해야 한다.

애자일 방식이 각광받는 이유는 현재의 경영상황을 타파할 수 있는 최적의 대안이기 때문이다. 한 단계 더 들어가서 생각해 보면, 애자일 방식은 하나의 규정, 제도가 아닌 일하는 방식이자 조직문화 그 자체로서 기업이 체화할 수 있는 가장 근본적인 방법이기 때문일 것이다. 이런 의미에서 기업은 다양한 애자일 방법론을 막연히 자사에 적용하려는 시도에서 벗어나 애자일 철학을 자사의 입장에서 해석하고 그에 맞는 방법을 찾거나 스스로 만들어야 한다. 많은 기업들이 이 같은 노력을 한다면 애자일 방식은 하나의 유행으로 끝나지는 않을 것이다. <Chief Executive, KMAC, 2019. 3.>

조직을 설계한다는 것은 새로 설립되는 조직을 구조화하거나 비효과적인 기존의 조직을 좀 더 효과적인 새로운 형태의 조직으로 바꾸는 것이다. 조직을 설계하는 데는 여러 가지를 고려해야 하지만 무엇보다도 조직을 둘러싼 환경의 변화에 적응할 수 있는 유연한 조직구조를 설계하여야 한다. 기업의 조직형태는 시대적 상황에 따라 변화하고, 이러한 변화는 항상 효율성을 전제로 한다. 위의 사례에서 보듯이 넷플릭스와 구글, GE, 스포티파이, 보쉬(Bosch), SK그룹 등과의 조직규모는 비교할 수 없을 정도로 차이가 나지만, 기업의 효율성 측면에서는 규모의 차이를 무색하게 할 정도로 다르게 나타나고 있다. 이는 경영자들이 조직을 설계할 때 단순히 기업의 규모적 측면만을 고려해야 하는 것이 아니라 기업경영에 수반되는 다양한 요소를 고려해야 함을 보여주는 사례라고 볼 수 있다. 특히 1인 창조기업의 활성화가 이루어지는 현재의 추세를 고려하더라도 조직설계시 과거의 이론적 토대만을 가지고 설계하기에는 여러 가지 문제를 노출시킬 수 있을 것이므로 환경변화에 적응할 수 있는 대안을 마련해야 할 것이다.

현재 기업 조직에는 여전히 과거 시스템에 익숙한 세대들이 다수이며, 의사결정 권한도 과거 세대에 집중되어 있다. 이처럼 완전히 다른 특성을 지닌 두 부류의 사람들이 동일한 조직, 동일한 시스템 안에서 함께 일하다 보면 문화적 충돌이 발생할 수밖에 없다. 더욱이 과거 세대가 새로운 세대를 위한 제품, 서비스에 대한 의사결정에 막대한 영향력을 갖고 있다는 것도 많은 조직의 문제일 것이다. 이는 조직 내부의 효율성과 조직문화에 있어 새로운 이슈를 야기할 것이다. 앞으로의 기업들에게 연결 세대의 특성에 맞는 새로운 평가보상 방식, 조직구조 및 의사결정 체계 등을 마련하는 일이 새로운 고민거리로 떠오를 전망이다.

따라서 조직을 설계하는 사람들은 위의 사례에서 보듯이 변화하는 조직환경에 유연하게 적응할 수 있고, 시대적 트렌드를 따라갈 수 있는 적응가능한 조직을 설계할 수 있는 대안을 강구하여야 할 것이다.

1 조직설계의 개념

조직설계(organizational design)는 조직이론의 관리적 측면을 강조하는 용어로, 조직설계는 조직의 목표 달성을 위해서 조직의 구조를 구축하고 변화시키는 과정이다. 세상에는 다양한 형태의 조직이 존재하고 있고, 이러한 조직을 이해하기 위해서는 먼저 조직과 조직구조의 개념을 이해하는 것과 더불어 조직설계의 의미가 무엇이며, 조직구조와는 어떤 관계가 있으며, 조직이 운영될 때 조직구조가 반드시 있어야만 하는가, 또 그 역할은 무엇인가와 같은 기본 지식을 먼저 검토한 다음에 조직설계의 도구와 방법에 대해 공부하는 것이 훨씬 더 의미가 있을 것이다.

조직설계는 어떤 면에서 조직구조와 동일한 의미를 갖는데, 조직구조는 조직을 관리하고자 하는 사람이 조직목적을 달성하는 데 효율적이라 생각하는 방향대로 구조를 생각하면서 설계하고, 자신이 설계한 대로 구조가 형성되기 때문이다. 그런데 이렇게 설계된 조직구조가 조직에서 하는 역할은 무엇이며, 구조가 반드시 존재해야 하는가와 구조가 형성되지 않는다면 조직이 아닌 것인지에 대한 의문이 제기되기도 한다. 이러한 측면에서 조직설계에 대한 전반적인 개념들을 살펴볼 필요가 있다.

1.1 조직설계와 조직구조의 의미

조직설계는 조직이 조직목표를 달성하는 데 필요한 활동을 통제할 수 있도록 조직구조를 선택하고 관리하는 과정으로 정의되는데, 조직 내에는 조직목적 달성에 필요한 다양한 과업들이 존재하고 있고 이러한 과업들은 조직 내에서 고유의 기능에 따라 다양하게 분화되고, 분화된 과업들은 다시 상호 연결되며, 또 이러한 과업의 집단들이 모여서 부서를 이루고, 다시 부서들끼리 연결된 상태를 조직구조라고 한다. 조직구조의 형태는 조직이 처한 상황이나 환경조건에 알맞을 때 조직의 목표를 효율적으로 달성할 수 있다. 조직은 과업을 수행하고 있는 여러 개인들 혹은 집단들로 구성되어 있는데, 이들은 상호 연결되어 협력적 관계를 유지하여야 제구실을 할 수 있다. 이러한 부서들을 상호 연결하기 위해서는 우선 목적 달성에 효율적이라 생각되는 조직도를 그려놓고 각 역할을 배정하고 제대로 기능하도록 절차와 일의 순서를 정해놓으면 조직구조가 된다.

조직구조는 인간의 신체구조를 생각하면 쉽게 이해할 수 있는데, 신체의 각 기관들이 서로 나뉘어 자기 역할을 다하면서 이들이 적절하게 연결되어 상호작용하는 덕분에 우리 몸이 건강하게 활동하고 있는 것처럼 조직도 구조가 제대로 구축되어 있어야 존속할 수 있고 활성화될 수 있다. 따라서 조직을 관리하고 조직 속에서 살아가야 하는 구성원들의 입장에서는 조직구조와 그것을 설계하는 방식과 원리를 이해하여야 한다. 조직을 설계한다는 말은 여러 작업과 담당자, 그리고 담당부문들을 전문화시켜 잘 나누고, 잘 나누어진 과업들이 서로 연결되도록 잘 통합시키는 것이다. 어느 조직이나 관리자는 조직을 설계할 때 구성원이 보람을 갖고 열심히 자기 역할을 수행하며 타인 업무와 효율적으로 협동할 수 있도록 설계할 것이다. 조직설계는 조직의 구조를 설계하는 단위를 과업설계와 부서단위 설계로 나누어 생각할 수 있는데, 과업의 설계는 조직구성원 담당자별로 과업을 어떻게 분화하고, 할당하며, 상호 연결할 것인가를 정하는 과정이다. 즉, 과업을 수행하는 방법과 절차에 관한 문제와 관련된다. 부서단위의 설계는 과업단위를 분류하고 묶어 지위・관리체계를 정하는 보다 상위 조직구조의 설계를 말한다. 이는 조직부문 혹은 계층을 조직화하는 문제와 관련된다.

따라서 조직설계는 조직이 처한 상황이나 현재 활용하고 있는 기술의 상황을 고려하여 조직의 형태를 선택하여야 한다. 이와 같이 상황에 적합한 조직의 형태를 선택하는 활동이 바로 조직설계과정인데, [그림 8.1]과 같이 조직구조의 역할을 고려한 조직설계를 이해하기 위해서는 거시조직이론에서 바라보는 상호 관련성이 있는 세 가지의 중요한 주제를 살펴보아야 한다.

첫 번째 주제는 합리적 조직(rational organization)이 갖고 있는 목표와 사회적 조직(social organization)이 당면하고 있는 현실 간의 갈등문제이다. 조직설계에 있어서 합리적 조직이 이상을 실현하려는 접근 자세는 조직을 안정되고 예측가능한 폐쇄시스템(closed system)으로 가정하고, 이를 가장 능률적으로 체계

그림 8.1 조직구조의 역할

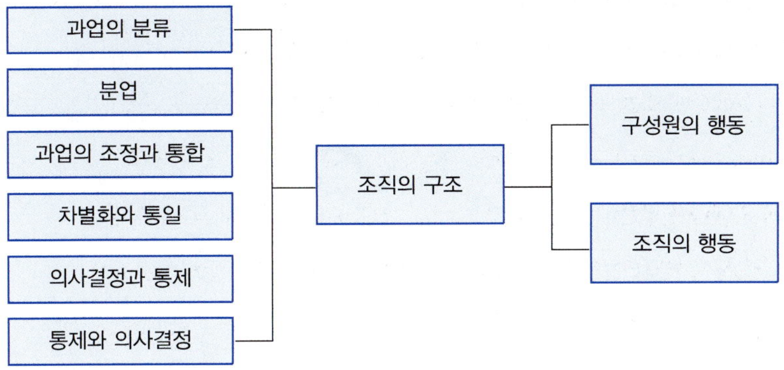

출처 : 임창희(2010), p.137.

화하여 마치 기계와 같이 질서정연하게 운영함으로써 내부능률을 극대화하려고 한다. 그래서 조직의 의사결정은 주로 손익분석과 경제적 논리에 근거를 두고 행해진다. 이에 반하여 사회적 조직의 현실을 반영하는 접근 자세는 조직을 개방시스템(open system)으로 보고 시장경쟁과 기술발전 등의 환경변화와 이로 인한 불확실성을 수용해야 하기 때문에 조직이 완전한 질서를 유지하는 것은 현실적으로 불가능하다고 본다. 또한 인간의 제한된 합리성으로 말미암아 조직은 혼란스럽고, 비합리적이며 무질서할 수밖에 없다고 보고 있다.

일반적으로 조직의 의사결정은 권력과 이해관계자 당사자 간의 정치적 과정을 통하여 이루어진다. [그림 8.2]에서 보는 것처럼 경영자의 역할은 조직이 추구하는 두 가지 요인, 즉 내적 능률과 외적 적응 간의 균형을 적절히 유지하여 효과적으로 관리해 나가는 것이다. 조직이 지나치게 합리적으로 설계되면 내적 능률은 높일 수 있을지 모르지만 외적 환경의 변화에 적절히 적응하지 못할 것이며, 그 반대로 조직이 환경의 변화와 불확실성을 수용하기 위하여 지나치게 무질서하게 설계되면 혼란으로 인한 낭비로 말미암아 조직이 몰락하고 말 것이다. 이처럼 조직구조를 결정하는 데는 내적 능률 향상과 외적 환경변화와의 적응이라는 두 가지 문제를 동시에 고려하여야만 조직의 몰락을 막을 수 있다.

두 번째의 주제는 조직설계에 있어서의 중요한 세 가지 변수인 통제(control), 자율(autonomy) 및 협조(corporation) 간의 관계이다. 이 세 변수 중에서 어

그림 8.2 내적 능률과 외적 적응 간의 갈등

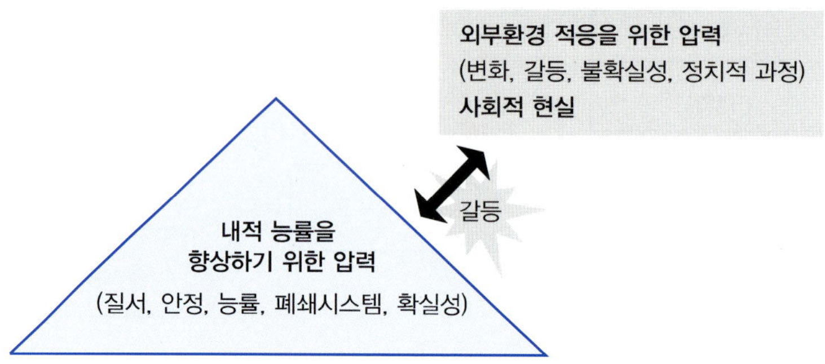

느 한 변수만을 가지고 조직을 설계할 수는 없다. 어느 정도의 자율과 협조 없이 상급자의 철저한 통제만을 가지고 조직을 설계하면 조직은 효과적으로 움직이지 않을 것이다. 마찬가지로 통제와 자율 없이는 효과적인 협조를 기대하기가 어렵다. 또한 통제와 협조가 없는 자율은 방종과 무책임을 초래하기 때문에 자율 하나만을 가지고 조직을 설계할 수도 없을 것이다. 그렇다고 이 세 변수가 동일한 관계를 형성하면서 조직이 유지되도록 설계할 수도 없다. 왜냐하면 [그림 8.3]에서 보듯이 한 변수를 유지한다는 것은 곧 다른 변수를 포기하는 것을 의미하는 상호 대체적 관계에 있기 때문에 세 변수 사이를 동일하게 상호관계를 형성할 수 없다. 이들 변수들을 구체적으로 살펴보면 다음과 같다.

통제를 택할 것인가 아니면 협조를 택할 것인가 하는 것은 곧 조직에 있어서 일관성을 중요하게 여길 것인가 아니면 신축성을 중요하게 여길 것인가의 문제이다. 예를 들어, 현대자동차에서 생산하는 아반테 자동차의 경우를 보면 울산공장에서 생산된 제품이나 북경공장에서 생산된 제품이 조금도 다를 것이 없다. 이는 철저한 조직화와 사전계획에 의하여 원자재와 생산공정이 철저히 통제되고, 이를 통하여 일관성 있는 품질과 가격의 자동차를 만들고 있기 때문이다. 이는 통제를 중요하게 여기고 있는 조직의 예이다. 반면에 소프트웨어를 전문적으로 개발하는 ㈜TGS의 소프트웨어 개발팀은 체계도 없고 사전계획도 없이 개발과정에서 일어나는 상황에 따라 팀 구성원 간의 끊임없는 상호협조와 유기적인 조정에 의하여 새로운 프로그램을 개발하고 있다. 이는 ㈜TGS가 협조를 중요하게 여기고 있는 조직이라는 것을 의미한다. 이처럼 조직의 특성에 따라 통

그림 8.3 조직설계의 세 변수

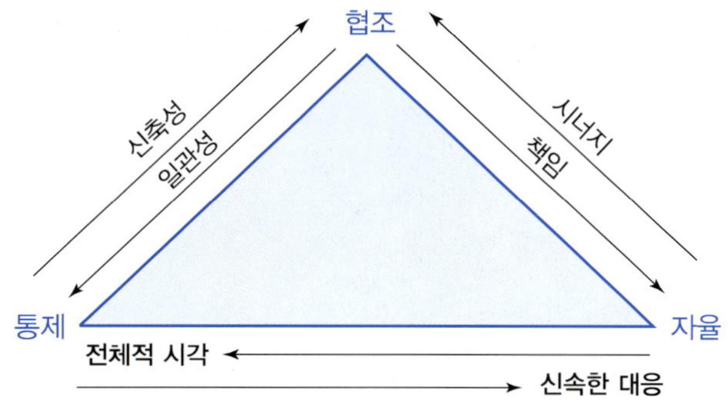

제와 협조가 적절하게 이루어지는 조직이 성장과 발전을 지속할 수 있다.

자율을 택할 것인가 협조를 택할 것인가 하는 것은 조직설계에 있어서 책임을 중요하게 여길 것인가 아니면 시너지(synergy)를 중요하게 여길 것인가의 문제이다. 조직이 개인이나 부서의 책임을 철저하게 추궁하도록 조직을 설계하면 개인 간이나 부서 간의 경쟁으로 말미암아 이들 간의 협조를 얻기가 어려워진다. 마찬가지로 개인이나 부서 간의 시너지를 생각하여 협조만을 강조하게 되면 개인이나 부서의 책임을 묻기가 어려워진다.

자율을 택할 것인가 통제를 택할 것인가 하는 것은 조직설계에 있어서 현장에서의 신속한 대응을 더 중요하게 여길 것인가 혹은 전체적 시각을 더 중요하게 여길 것인가 하는 문제이다. 시장이나 기술환경의 변화에 신속하게 대처하도록 현장에 자율권을 주는 것이 필요한 경우도 있고, 현장의 사정보다는 전체적인 안목에서 관리하기 위하여 중앙통제를 더 중요하게 생각해야 하는 경우도 있을 것이다.

세 번째, 통제를 선택하는 경우에도 철저하게 통제하도록 설계할 것인가 아니면 느슨하게 통제하도록 설계할 것인가 하는 것도 중요한 선택이다. 조직은 스스로 관리되는 것이 아니기 때문에 경영자의 의지에 따라 운영되는 통제시스템이 필요하며, 그 설계는 그 조직이 처한 상황에 따라 달라져야 한다.

불확실한 환경에서 비일상적 기술을 사용하는 조직은 하부조직의 관리자에게 상당히 자율권을 부여하는 느슨한 통제가 적절할 것이며, 이와 반대로 확실한 환경에서 일상적 기술을 사용하는 조직은 좀 더 철저한 통제가 적절할 수

표 8.1 철저한 통제와 느슨한 통제

조직변수	철저한 통제	느슨한 통제
지배적인 내부과정	기계적	유기적
환 경	확실	불확실
기 술	일상적	비일상적
규 모	대규모	소규모
목 표	능률	효과
구 조	기능적, 집권화	매트릭스, 분권적
통제방법	관료적 통제	문화적 통제
커뮤니케이션	공식적 시스템	일대일 대면
혁 신	별로 없음	빈번함
부서 간의 관계	협조적	갈등적
의사결정	합리적 분석	시행착오

있다. 이 두 가지 통제방법과 관련된 조직변수들을 정리하면 <표 8.1>과 같다. 이 도표에 제시된 조직변수들은 거시조직이론의 중요한 개념들이며 이미 조직구조의 결정변수에서 설명되어진 부분이다.

1.2 조직설계의 필요성

대부분의 최고경영자들은 조직의 실체를 조직도나 직무분석을 위한 도구 정도로 취급하는 경향이 있었으며, 심지어는 관료주의적 활동으로 인식하기도 하였다. 그러나 최근에 기업경쟁력의 토대가 변화되면서 조직이나 조직화의 문제는 최고경영자의 핵심 이슈로 떠오르는 추세이다. 최고경영자들은 어떻게 하면 경쟁사보다 효율적이고 성과지향적인 조직을 구축할 것인가에 대한 필요도구나 원칙이 무엇인지에 대해 관심을 갖기 시작하였다.

최고경영자들이 어떤 조직을 설계할 것인가에 대한 문제에 깊이 관여하게 된 이유는 조직설계에 관한 의사결정이 어렵고 우선순위가 높은 이슈이며, 의사결정의 파급효과가 크고 경쟁우위의 원천으로 인식되기 때문이다. 나아가 조직설계를 어떻게 하느냐에 따라 업무수행자의 생각과 태도와 행동이 달라짐으로써 업무의 성과가 달라지고 궁극적으로는 조직의 유효성이 달라지기 때문이다. 조직설계란 누가 어떤 분야를 담당하며, 어떤 절차와 방법으로 일을 하고,

의사결정 권한을 누가 갖게 되는지를 결정하는 것이다. 조직설계를 통하여 리더들은 직접적인 의사결정자이기보다는 의사결정의 흐름을 유도하는 의사결정 형성자로서의 역할을 수행하게 된다.

비즈니스 세계는 끊임없는 변화와 성장 및 쇠퇴가 반복되고 있고, 경영자들의 관점에서는 조직의 효율성을 극대화시키기 위한 대안으로 여러 가지 경영이슈에 대한 해결책을 모색하고 있는데, 그 대안으로 검토되고 있는 것에는 수평조직(horizontal organization), 가상조직(virtual organization) 및 모듈조직(modular organization) 등 조직설계 관련 내용들이 많지만, 조직문제에 대한 많은 아이디어들은 과장되거나 남용되는 결과를 초래하기도 한다. 예를 들면, 팀워크 개발이나 리엔지니어링 등은 일종의 조직개발 기법인데도 불구하고 조직에서 발생하는 대부분의 문제를 해결해 주는 보편적인 해결책인 것처럼 과대포장되어 있다. 어떤 종류의 조직을 선택하는가는 일종의 이슈에 해당되는데, 조직설계 이론에서 보았듯이 수많은 대안들은 각각의 장점과 단점이 있으므로 보다 균형 잡힌 관점을 가지는 것이 중요하다. 조직 또한 긍정적인 측면과 부정적인 측면을 가지고 있다. 경영자는 조직설계에서 상충하는 원칙과 기준들 중에서 궁극적으로 조직이 추구하려는 사업전략에 적합한 선택과 결정을 해야 한다.

2 조직설계의 구조변수

설계를 한다는 것은 존재하지 않는 것을 새로 만들거나 혹은 지금 있는 그 어떤 것을 다른 것으로 바꾸기 위한 설계자의 의지적 행위를 말한다. 마찬가지로 조직을 설계한다는 것은 새로 설립되는 조직을 바람직한 모습으로 체계화하거나 또는 비효과적인 기존의 조직을 좀 더 효과적인 새로운 조직으로 바꾸는 것을 포함하는 개념이다.

이와 같은 조직설계를 위해 설계자는 기본도구가 되는 요소들(조직구성원 간의 분업, 의사결정 권한의 배분, 통합을 위한 조정메커니즘)을 주어진 상황

표 8.2 조직설계 구조변수의 요약

설계의 차원	구조변수	관련 개념
개별 과업의 설계	과업의 분업화 행동의 표준화 절차의 공식화 훈련과 교육	기본 분업 작업절차의 표준화 작업기술의 표준화
조직활동의 통합	계획/통제시스템 교호적 통합장치	산출물의 표준화 상호 조정
권한배분의 설계	수직적 분권화 수평적 분권화	관리적 분업 공식 권한시스템 관리적 분업 비공식 의사소통시스템

(조직이 처한 환경, 사용하는 기술, 조직의 규모 등)에 가장 적절하게 맞도록 전문적인 지식을 가지고 설계한다. 여기에서는 조직설계에 있어서 기본재료가 되는 구조변수에는 어떤 것이 있는지 살펴보기로 한다. <표 8.2>는 구조변수의 요약표이다.

조직설계에서 고려해야 하는 첫 번째의 차원은 개별 구성원의 과업수행 방식에 대한 설계방법이다. 개별 구성원의 과업을 설계하는 데에는 과업의 분업화와 행동의 표준화 등 두 가지 구조변수의 방법을 사용할 수 있다.

두 번째의 차원은 분업화한 과업과 배분된 권한을 전체 조직의 목표 달성을 위해 어떻게 통합할 것인가 하는 것이다. 조직활동의 통합에는 계획/통제시스템과 교호적 통합 방법 등의 원칙을 사용할 수 있다.

세 번째 고려해야 하는 차원은 의사결정 권한을 어느 수준에서 하위층에 위임할 것인가 하는 것이다. 의사결정 권한의 위임에는 수직적 분권화와 수평적 분권화의 원칙이 있다. 과업의 분업화(specialization)란 조직의 구성원들이 책임을 지고 수행해야 할 과업의 범위와 깊이를 의미한다. 즉, 조직이 수행해야 할 전체 과업을 그 구성원들에게 어떻게 분업화시키느냐 하는 것을 의미한다. 과업의 분업화에는 수평적 분업화와 수직적 분업화가 있다.

수평적 분업화란 조직구성원이 책임을 지고 수행해야 할 과업의 범위, 즉 몇 가지의 다른 일을 수행하느냐의 문제이다. 전자조립공장에서 한 사람이 모

그림 8.4 수평적 분업화와 수직적 분업화의 관계

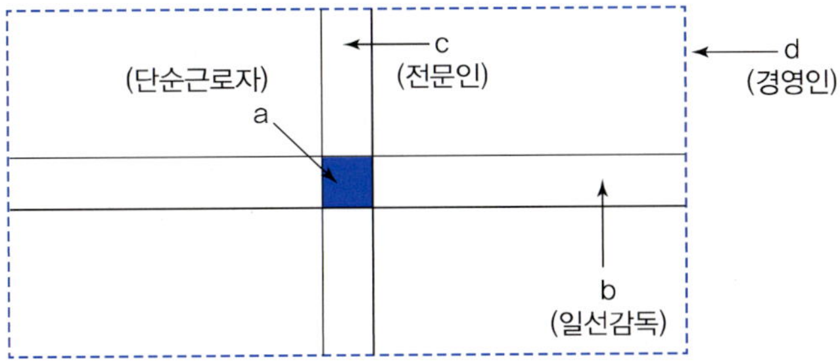

든 부분품을 가져다가 혼자서 완성품을 조립하는 경우가 있다면 수평적 분업화의 정도가 낮다고 표현한다. 즉, 과업이 수평적으로 분업화가 되어 있지 않다는 의미이다. 그러나 조립생산라인에서 한 생산사원은 하루 종일 첫 번째의 부품만 제품의 본체에 삽입하는 작업을 반복하고 있고, 그 다음 생산사원은 하루 종일 두 번째 부품만을 제품의 본체에 삽입하는 작업을 하고 있는 경우라면 우리는 수평적 분업화의 정도가 대단히 높다고 표현한다. 다시 말하면 조직이 생산과업을 대단히 분업화하고 있다는 말이다.

과업을 수평적으로 분업화하는 이유는 과업의 생산성을 올리기 위함이다. 수평적으로 분업화를 높이면 한 개인이 수행해야 할 과업의 수가 적어지므로 작업공정을 표준화하기가 쉬우며, 또한 같은 작업의 반복을 통하여 짧은 시간 내에 숙련될 수 있기 때문에 생산성을 높일 수 있다. 한 개인이 수행해야 할 과업의 수가 많은 경우에는 숙련의 속도가 느리게 되며 또한 아무리 표준화하여도 인간의 인지능력의 한계로 말미암아 그것을 완벽히 숙지할 수 없기 때문에 임의성이 발생하여 생산성이 저하된다고 보는 것이다.

수직적 분업화란 특정 과업의 수행에서 과업 수행방법의 결정이나 후속조치에 대하여 어느 정도나 재량권과 책임을 가지고 있느냐 하는 개념이다. 수직적 분업화의 정도가 높다는 것은 과업 수행방법의 결정이나 후속조치에 대해 아무런 재량권이나 책임이 없이 타인에 의하여 결정된 수행방법에 의해 과업만을 반복하는 경우를 말한다. 위에서 예를 들었던 자동차산업의 조립생산라인에서 표준화된 작업방법에 따라 오직 조립작업만을 수행하는 경우가 여기에 해당된다.

이에 비해 수직적 분업화의 정도가 낮다는 것은 과업의 수행방법, 실제적인 수행, 수행 후의 조치 등을 분업화하지 않고 한 사람이 포괄적으로 책임지고 수행하는 경우를 말한다. 예를 들면, 대학교수들의 경우는 먼저 학기 중에 강의할 과목이 정해지면 스스로 주교재와 교수목표, 교과 진행과정, 그리고 강의방법을 결정하고 나서 강의를 진행한다. 또한 학생의 학습수행 정도를 평가하는 방법을 결정하고 그 결과를 학점으로 학교 당국에 제출하는 등 그 과목에 관한 한 모든 것에 대한 재량권을 가진다.

다음은 행동의 표준화로, 분업화한 과정을 효과적으로 수행하게 하기 위해서는 과업수행에 관련된 행동을 표준화할 필요가 있다. 과업수행 행동이 표준화되어 있지 않은 경우에는 담당자의 임의성에 의해 과업수행 경과에 상당한 차질이 발생할 수 있으며, 그 결과가 조직에 불확실성을 초래하는 원인이 될 수 있다. 전자회사에서 생산사원들에게 임의로 텔레비전을 조립하게 둔다면 부품을 정확하게 조립하지 않음으로써 불량품을 생산하게 되고, 그 결과로 회사의 명성과 수익성에 심각한 문제를 초래하게 될 것이다.

행동의 표준화에는 작업절차를 공식화하는 방법과 훈련 및 교육을 통하여 작업기술을 표준화하는 방법이 있다. 먼저 작업절차의 공식화는 조직에서 수행해야 하는 과업 중 비교적 단순하고 반복적인 작업의 경우에, 작업에 관계되는 동작을 구체적으로 표준화하는 것이 가능하며 또한 표준화하여 이를 공식화(문서화)함으로써 작업의 정확도를 높이고 생산성을 높일 수 있다. 생산공정에서 사용되는 방법으로는 과학적 관리법에서 시작된 시간과 동작연구에 의한 표준작업절차(standard operation procedure) 등이 여기에 해당된다. 기타 분야에서는 업무수행지침, 직무기술서, 규칙 등의 사규가 행동표준화에 사용되는 도구이다. 하지만 작업절차의 공식화가 지나치게 되면 작업자의 인간적인 면을 완전하게 배제하게 됨으로써 인간소외 현상이 발생하게 되며 여러 가지 정신질환을 유발하기도 한다.

반면에 복잡하고 비일상적인 작업의 경우 작업에 관계되는 동작을 예측할 수 없기 때문에 구체적으로 표준화하는 것이 불가능하므로, 과업을 수행하는 데 필요한 기술을 표준화하는 방법을 택할 수밖에 없다. 작업기술을 표준화하는 첫 번째 방법은 훈련이다. 이런 경우 장기간의 훈련을 통하여 높은 수준의 작업수행기술을 습득시킨다. 예를 들면, 의사가 환자를 진단하고 치료하는 데 필요한 동작을 구체적으로 표준화할 수 없기 때문에 의과대학 6년과 수련의 과정 5년을 통하여 철저하게 훈련시켜 구체화할 수 없는 작업을 수행할 수 있는 능력을 습득하게 한다. 마찬가지로 대학교수들도 박사학위 과정에 이르는 장기간의 교육과 연구업적을 통하여 대학에서 강의와 연구를 수행하게 되는 능력을 습득하게 된다. 이처럼 의사나 교수들은 업무수행 절차가 없어도 장기간의 집중적인 훈련을 통하여 충분한 전문기술을 습득하였기 때문에 바람직한 과업수행에 가까운 행동을 기대할 수 있게 되는 것이다.

두 번째 중요한 방법은 교육이다. 위와 같은 전문직의 경우 훈련 못지않게 교육을 통한 바람직한 규범의 내재화가 중요한 것은 전문적 서비스의 수혜자는 자기가 받는 서비스의 질을 판단할 능력이 없으므로 서비스 전달자의 직업윤리의식에 전적으로 의존하지 않을 수 없기 때문이다.

2.1 조직활동의 통합수단

개인의 과업을 분업화하고 그 과업들을 연결하여 하나의 단위부서로 묶는 부서화가 진행될수록 조직은 상호의존성을 가진 조직 내의 다른 과업들과의 관계를 조정할 필요성을 갖게 된다. 조직 내에서의 개인의 과업이 충실히 수행되었다 할지라도 그것은 조직 전체 과업의 일부에 불과하기 때문에 그 자체로서 큰 의미를 갖지 못한다.

다른 과업들과의 적절한 조정을 통하여 조직 전체의 과업 수행에 기여하게 될 때 개인의 과업은 제대로 의미를 갖게 되는 것이다. 그렇기 때문에 조직은 각각의 개인 과업을 적절히 상호 조정하기 위해 이들을 통합하는 수단이 필요하게 된다. 이러한 통합수단에는 계획/통제시스템과 교호적 통합방법 등 두 가지가 있다.

계획/통제시스템에서 계획이란 바람직한 산출, 즉 목표를 설정하는 것이며, 통제란 그 목표가 달성되었는가를 평가하는 것이다. 그렇기 때문에 계획과 통제는 항상 공존해야 한다. 사전계획 없이는 통제기능이란 무용지물이 되며 사전계획이 있다 할지라도 계획의 달성 여부를 평가하는 통제기능이 없다면 계획은 별 소용이 없게 된다.

계획에는 산출물의 물량목표, 품질목표, 비용목표 및 납기목표 등이 있다. 예를 들면, 예산은 비용을 통제하기 위한 계획이며, 생산일정계획은 생산품의 납기를 맞추기 위한 시간계획이다. 통제는 이러한 진행절차와 그 결과에 대한 평가와 그에 따른 수정을 말하는 것이다. 이러한 계획/통제시스템에는 성과통제와 행동계획의 두 가지가 있다. 성과통제란 한 조직에 대해 총체적인 목표를 제시하고 그 결과를 통제하는 것을 목적으로 한다. 예를 들자면 어느 사업부에 대해 내년도 이익목표를 설정한 후 그 목표의 달성 여부를 결과를 가지고 통제하는 경우이다. 이때 그 사업부는 자율권이 주어지기 때문에 독자적으로 영업활동을 전개할 수 있다. 이에 비하여 행동계획이란 조직의 여러 활동－의사결정, 과업수행－과정을 직접 계획/통제함으로써 목표를 통제하는 경우이다. 예를 들면, 생산부에서 필요로 하는 원료나 부품 등을 구매부서가 적기에 조달하여 공급하도록 양 부서가 상호 조정하여 계획하고 통제하는 경우와 영업부서와 생산부서가 공동으로 계획함으로써 고객의 필요를 충족시키는 경우가 여기에 해당된다.

교호적 통합장치란 계획/통제의 방법을 통해서는 과업이나 부서 간의 상호의존성을 조정하기가 어려운 경우, 과업을 수행하는 구성원이나 부서들이 과업수행 과정에서 상호의존성을 조정하는 데 사용될 수 있는 여러 가지 방법이다. 교호적 통합에 사용될 수 있는 방법으로는 연락 역할, 태스크포스 및 위원회, 전임통합자, 매트릭스조직 등이 있다.

연락 역할이란 두 부서 간의 상호의존성을 횡적으로 조정하기 위하여 한 부서에 속한 부서원을 상호의존성을 가진 다른 부서에 파견근무케 하여 그 부서에서 발생하는 상호의존적 문제를 즉시 해결해 주는 역할을 수행하는 사람이다. 태스크포스와 위원회는 상호의존성이 있는 부서 간의 문제를 해결하기 위해 그 부서의 관련자가 모인 소집단을 말한다. 전임통합자란 종적인 조직을 횡적으로 조정하는 역할을 전담하는 개인을 말한다. 마지막으로 매트릭스조직은 종적 조직과 횡적 조직을 동등하게 엮어놓은 조직설계로서 상호의존관계가 가장 높은 부서들을 조정하는 방법이다.

2.2 의사결정 권한의 배분

<표 8.2>에서 보듯이 조직설계에 사용될 수 있는 세 번째의 중요한 구조변수는 의사결정 권한의 배분이다. 여기에는 수직적 분권화와 수평적 분권화가 있다. 수직적 분권화란 조직의 상하계층 중 어느 계층에 어느 정도의 의사결정 권한을 위양할 것인가 하는 것을 결정하는 것이다. 한 조직의 모든 의사결정 권한이 특정 개인에게 주어져 있는 경우를 집권적이라고 칭하고, 여러 구성원들에게 분산되어 있는 경우를 분권적이라고 칭한다. 수평적 분권화란 일반적으로 의사결정 권한이 없는 것으로 간주되는 스태프진들이 여러 이유로 인해 의사결정 권한을 가지는 것을 뜻한다.

1) 수직적 분권화

집권적인 조직에서는 한 개인이 모든 의사결정을 행함에 따라 여러 다양한 활동들이 한 사람의 머리에서 일관성 있게 조정될 수 있다는 장점이 있다. 그러나 조직의 성장에 따라 의사결정 사항이 급격히 증가하게 되면 한 개인이 의사결정을 할 수 있는 능력의 범주를 넘어서게 된다. 그 결과로 인해 의사결정이 지연되거나 정확한 상황 파악 없이 의사결정을 하지 않으면 안 되는 지경에까지 이른다.

이 경우 수직적 분권화를 통하여 의사결정 권한의 일부를 하부에 위양하면 이러한 문제를 해결할 수 있을 뿐만 아니라 상황 변화에 신속히 대처할 수 있다는 장점과 의사결정과정에 대한 참여를 통해 구성원의 동기유발에도 도움을 줄 수 있다는 장점이 있다.

2) 수평적 분권화

위에서 언급한 수직적 분권화는 공식적으로 의사결정 권한의 일부를 하부계층의 관리자(스태프가 아닌)에게 위양하는 것을 뜻한다. 그러나 공식적으로는 단지 관리자나 경영자를 보좌하기 위해 존재하는 스태프들도 실질적으로는 상당한 의사결정 권한을 비공식적으로 행사하고 있다. 두 가지 좋은 예가 있다.

첫째, 과업표준화를 위해 작업절차 등을 설계하는 전문 스태프의 경우 표준화 절차의 제도화를 통하여 다른 조직구성원의 의사결정 방식에 영향을 끼침으로써 비공식적이기는 하나 실질적으로는 의사결정을 하고 있는 것이다.

둘째, 조직의 의사결정 중에는 전문지식을 상당히 요하는 경우가 있다. 이런 경우 조직은 필요한 전문지식을 가진 구성원을 공식적 또는 비공식적으로 의사결정과정에 참여시키는 것이 불가피하다. 이러한 과정을 통하여 전문가는 그가 가진 지식을 통하여 의사결정과정에 적극 참여하여 수평적 분권화를 이루게 된다.

3 상황요인

3.1 상황요인과 조직설계

위에서는 조직설계의 기초자료로 사용될 수 있는 구조변수들을 소개하였다. 여기에서는 위의 구조변수들을 사용하여 조직을 설계하는 데 결정적 영향을 미치는 상황요인들을 소개하려 한다. 앞에서 예를 들었듯이 집을 건축할 때 사용되는 기본 원자재는 어느 지방에서나 비슷하다. 그러나 지방의 사정에 따라 집을 건축하는 모습은 상당히 다르다. 예를 들어, 우리나라의 전통가옥의 경우 제주도에서는 집을 설계하여 건축할 때에 우리나라의 다른 지방에 비하여 날씨가 비교적 온난하기 때문에 벽이나 창문처리에는 별로 신경을 쓰지 않았지만, 바람이 심하게 불기 때문에 지붕에 무거운 것을 얹어두기도 하며 단단히 줄로 묶어두도록 설계하였다. 이에 비하여 평안도나 함경도와 같이 겨울 날씨가 대단히 추운 지방에서는 흙으로 벽을 두껍게 쌓고 지붕을 볏짚으로 두텁게 덮어서 보온과 방한효과가 최대화되도록 건축하였다. 이와 마찬가지로 조직의 설계에 있어서도 기본변수를 어떻게 사용하느냐 하는 것은 상황요인에 의하여 결정되는 것이다.

상황요인에는 조직의 내 · 외부환경, 조직이 목적을 달성하기 위하여 사용하는 조직기술, 조직의 복잡성을 의미하는 규모, 조직의 경험과 전통을 나타내 주는 조직의 연령, 조직이 달성하려는 목표, 조직의 목표 달성에 필요한 전략, 조직문화, 권력과 조직정치 등도 고려하여야 한다.

3.2 조직환경

조직환경이란 조직의 경계 밖에 존재하면서 조직의 생존에 영향을 미치는 내·외부의 모든 영향요소를 의미한다. 여기에는 조직의 생존에 필요한 제반기술을 향상시키고, 생존전략을 결정하는 데 중요하게 고려되는 정보, 제품 및 서비스를 구입하는 고객 등의 이해관계자들을 지원하는 것, 조직을 유지하는 데 필요한 자본을 공급하는 금융기관, 부족한 자원들을 확보하려고 경쟁하는 집단들, 급속한 기술의 변화, 그리고 주요 투입물의 가격상승 등도 조직환경의 범주에 포함된다.

조직은 조직의 생존에 필요한 자원을 획득하기 위해 조직을 둘러싼 자신의 환경을 적절하게 관리하고 이용할 줄 알아야 한다. 조직은 자신이 생산하거나 제공하는 제품과 서비스를 이용하는 이해관계자들을 선택하여야 한다. 그리고 조직은 생존에 필요한 자원을 확보하는 능력을 극대화하기 위해 자신을 둘러싼 환경의 영향력을 관리하는 방법을 결정함으로써 조직의 환경영역을 설정하게 된다. 조직은 소비자나 종업원, 주주, 그리고 이해관계자들의 가치창출능력을 향상시키면서 조직의 환경영역을 확대하려고 노력한다. 그리고 조직환경과의 효과적인 상호작용관계를 형성하기 위해 지속적으로 노력한다. 조직환경의 유형은 학자에 따라 다르게 구분되지만, 일반적으로 과업환경과 일반환경의 두 가지로 구분된다. 과업환경은 조직이 자체적으로 어느 정도 통제가능하지만, 일반환경인 외부환경은 조직이 필요로 하는 원자재, 자금, 인력, 기술 등을 공급해 줄 뿐만 아니라 조직이 생산하는 제품이나 서비스를 소비한다. 외부환경 중 정부는 조직의 활동을 규제함으로써 조직의 목표 설정과 달성에 심각하게 영향을 줄 수 있다. 경쟁자는 조직의 존립 자체를 흔들어놓을 수도 있다. 외부환경을 구체적으로 세분하면 7가지로 나눌 수 있다.

첫째는 기술적 환경으로, 기술적 환경이란 사회 전체의 변화를 가져오는 정보기술, 관리기술, 행정기술 등의 기술변화이다. 조직의 생존에 필요한 기술변화의 추세를 이해하고, 기술적 환경의 변화를 적절하게 활용하지 못하면 결국 조직의 성장이 멈추거나 해체되는 특성을 갖게 된다. 현대 경영은 기술의 개발과 신상품의 선도적 지위에 따라 기업의 핵심경쟁력이 결정되는 중요한 환경적 특성을 가지고 있는 만큼, 기술환경의 변화를 인식하는 정도의 차이에 따라 조직의 생존전략이 달라질 것이다.

둘째는 법적 환경으로, 법적 환경이란 민법, 세법, 상법, 수표법, 어음법, 소비자보호법, 공정거래법 등과 같이 조직활동과 관련된 일체의 법률, 조례, 그리고 관례들을 의미한다. 세계무역기구(WTO)의 출범으로 세계시장이 단일시장으로 등장하여 자유경쟁을 지향하는 현 상황에서는 무역이 기업경영 활동의 핵심이므로 범세계적 법률체계인 외환관계법, 해상보험법, 국제무역거래법, 전자상거래진흥법 등에 많은 변화가 예상된다.

셋째는 정치적 환경으로, 정치적 환경이란 기업이익에 영향을 주는 정치적 영향력을 의미한다. 정치적 안정이나 정치시스템의 변화 등이 조직활동에 직접적으로 영향을 주므로 정치적 환경은 기업들이 자사의 이익을 위해 항상 유리한 방향으로 환경을 이용하려고 한다. 금융실명제나 공직자의 재산공개 등은 기업의 경영활동을 투명하게 해주는 제도적 장치의 하나이다.

넷째는 경제적 환경으로, 경제적 환경이란 기업조직을 둘러싼 경제여건의 변화를 말한다. 반덤핑관세부과, 경기변동, 환율변동, 국제원유가격 및 원자재가격의 변화, GDP, 자국의 신용등급 등을 비롯한 각종 경제정책들이 경제적 환경에 속한다.

다섯째는 인구통계적 환경으로, 인구통계적 환경이란 인구의 증가, 이동 등 인구동향이나 개인적 신분에 관한 상황을 뜻한다. 인구, 연령, 성별 등의 변화가 인구통계적 환경에 속하는데, 인구통계적 환경은 기업조직의 시장정책 수립이나 조직의 운영방침을 설정하는 데 중요한 자료로 활용된다. 최근의 인구통계적 환경은 청소년을 비롯한 젊은 층의 소비시장 규모가 급격히 확대됨에 따른 마케팅전략의 수립, 노령인구의 증가에 따른 실버산업의 급격한 성장에 따른 노인복지정책의 수립, 그리고 여성들을 대상으로 한 각종 정책수립에 큰 영향을 주고 있다.

여섯째는 생태학적 환경으로, 생태학적 환경이란 조직의 생존에 필요한 자연생태계를 중심으로 한 환경변화를 말한다. 특히 교통문제, 공해문제, 그리고 노사문제 등과 같은 것이 생태학적 환경의 대표적인 사례로 언급되고 있다.

마지막으로 문화적 환경으로, 문화적 환경이란 조직구성원들의 신념, 가치관, 태도, 생활양식, 규범 등의 요소와 관련된 환경을 말한다. 문화적 환경은 영화, 음악, 패션, 소프트웨어, 이벤트산업 등의 성숙을 가져오는 중요한 환경이므로 건강한 문화적 환경의 구축은 미래 산업의 핵심적 역할을 할 것이다.

이러한 외부환경의 변화에서 오는 불확실성은 조직에게 가장 심각한 요소가 되기 때문에 외부환경은 조직설계에 있어서 가장 중요한 상황요인이 된다. 즉, 조직은 외부환경의 불확실성을 최소화하고 불확실성이 조직에 가져다줄 충격을 최소화할 수 있도록 설계되어야 하는 것이다.

3.3 기 술

그 다음으로 중요한 상황요인은 조직기술이다. 조직기술이란 조직이 그 과업을 수행하기 위해 투입물을 산출물로 변환시키는 데 사용되는 지식, 도구 등을 의미한다. 따라서 투입물의 규칙성, 변환의 난이도 등에 따라 사용되는 조직기술이 달라진다.

조직이 탄생하여 성장하거나 해체되기까지 조직에 영향을 미치는 중요한 요건은 기술적 환경이다. 조직은 구성원들이 조직목표를 달성하는 데 필요로 하는 기술과 과업체계에 적응하는 정도, 그리고 작업조건에 적절하게 대처할 수 있는 조직구조와 관리체계를 어떻게 적절하게 유지하고 조화시키느냐에 따라 조직의 성패가 결정된다. 따라서 조직이 선택하고 있는 구조는 기술의 특성에 따라 달라진다는 것이 일반적인 견해인데, 한편에서는 조직구조와 기술 간에는 전혀 상관관계가 없다고 주장하는 학자들도 있다.

기계장치나 설비를 가지고 제품을 생산하는 기술을 사용하는 제조업, 환자들을 치료하기 위해 기술을 의료장비에 결합하는 병원조직, 다양한 전공지식을 강의하고 연구하는 대학 등에 적용되는 기술은 서로 다른 특성을 가지고 있다. 예를 들어, 병원의 원무과, 사회사업과, 간호과, 진료과 등에서 활용하는 기술은 서로 다르지만 상호 의존적인 측면이 있다. 기술이 다르다는 것은 투입, 변환과정, 산출과정이 다르다는 것을 의미한다. 따라서 기술(technology)이란 투입물을 변화시키는 데 사용되는 지식, 능력, 기법, 도구, 그리고 활동을 의미하는데, 여기에는 사람들이 가치 있는 제품으로 변환시키거나 변화시키기 위해 사용하는 시설이나 장비들을 포함한다. 모든 조직은 투입물, 인적자원, 그리고 물적자원을 변환과정을 거쳐 제품이나 서비스로 변화시키는 기술을 가지고 있다. 이 기술은 투입물을 어떻게 산출물로 변환시키는가에 관심을 집중시키고 있다.

조직기술은 개인수준, 부서수준, 그리고 조직수준의 세 가지로 분류된다. 개인수준에서의 기술은 개인이 소유하고 있는 개인적 기술과 지식이고, 부서수준에서의 기술은 집단이 작업하는 기법이나 절차들로 구성된다. 병원에서 외과수술을 담당하는 팀원들의 상호작용이나 과학자들의 공동연구, 그리고 조립라인에서 개발된 기술들은 부서수준의 기술들이다. 조직이 투입물을 산출물로 변환시키는 방식은 조직수준에서의 기술이다. 조직수준에서의 기술은 대량생산을 목표로 하며, 이를 위해서는 컨베이어 벨트와 표준화된 작업공정을 사용한다.

이처럼 조직에서 투입물의 규칙성은 조직이 채택하고 있는 기술의 특성에 따라 달라지는데, 이러한 기술적 특성들은 조직환경에서 기인하기 때문에 조직기술은 환경과 함수관계에 있다. 조직의 과업에 따라 조직기술이 달라지고, 채택한 조직기술에 따라 개인이나 부서 간 과업의 상호의존성의 정도가 달라진다. 따라서 조직은 상호의존성을 효과적으로 관리할 수 있도록 설계되어야 하는 것이다.

3.4 조직규모

사람들은 일상적인 조직생활을 통해 조직규모와 조직구조와의 사이에 어떤 영향관계가 있음을 알 수 있다. 조직은 구성원이 증가함에 따라 보다 효율적으로 목표를 달성하기 위해 분업을 통한 전문화를 실시함으로써 거기서 오는 경제적 이익을 얻으려고 다양한 시도를 하게 된다. 이러한 시도의 결과로 나타난 것이 수평적 분화(horizontal differentiation)인데, 이 수평적 분화의 과정에서 기능별로 작업과정을 결합시키면 기능부서의 내부적 능률은 촉진되지만 기능부서들 간의 관계를 조정해야 하는 문제가 발생한다. 그래서 수평적으로 분화된 기능부서들 간의 관계를 조정하기 위해 수직적 분화(vertical differentiation)를 증가시킬 필요성이 나타난다. 수직적 분화의 증가는 관리자가 구성원들의 확대되고 다양해진 활동을 조정하기 위해 새로운 단위부서를 조직계층상에 추가하게 된다. 이러한 조직 내의 복잡성 증대는 조직 내의 모든 활동을 직접 감독해야 하는 관리자의 감독능력에 제약을 가하므로 직접적인 감독방법은 공식적인 규칙이나 규정을 통한 감독방법으로 대체된다. 이렇게 되면 최고경영자는 하위경영자와의 사이가 멀어지게 되어 충분한 정보가 뒷받침되는 신속하고 유익한 의사결정을 하기가 어려워진다. 이처럼 조직의 규모에 변화가 나타나면 구조의 변화가 수반되어진다는 사실을 알 수 있다.

조직의 규모는 조직구조에 영향을 미치는 중요한 상황변수 중의 하나로, 전통적으로 규모가 조직구조에 큰 영향을 미치는 것으로 인식되어 왔다. 조직구조를 결정하는 상황변수인 조직규모를 나타내는 지표에는 종업원의 총수, 매출액, 총투자자본금, 조직의 소유자산 총액, 병원의 환자용 침대 수, 대학교의 강의실 수 등을 들 수 있지만, 조직규모를 연구변수로 사용한 연구들의 80% 이상이 종업원의 총수로 규모를 정의하고 있다. 규모를 나타내는 다양한 지표들 중에서 종업원의 총수를 선택한 것은 다른 지표들과 서로 밀접한 정(正)의 상관관계를 가질 뿐만 아니라 종업원 수의 증가는 조직구조에 직접적인 영향을 준다.

하지만 종업원의 총수가 규모를 정의하는 지표라는 사실에 대해 상당한 의견일치를 보이고는 있지만, 정확성에 있어서는 논란의 여지를 가지고 있다. 예를 들어, 종업원의 총수가 시간제 근무자가 아닌 전임 근무자만으로 구성된 규모를 측정한 것인지에 대한 논란이다. 최근 조직의 특성상 시간제 근무자의 고용비율이 증가되고 있는 추세를 감안한다면, 이러한 논란은 충분히 검토되어야 할 내용이다. 또한 지식집약형의 산업이나 기술집약형의 산업에서 종업원 총수가 조직의 규모를 결정하는 데 중요한 변수인지도 고려해야 할 내용이다.

조직규모가 커짐에 따라 조직의 구조는 복잡해진다. 예를 들면, 부부가 구멍가게를 운영하는 경우, 두 사람은 분업을 하거나 통합의 방법을 도입할 필요도 없고 의사결정 권한의 위양 같은 것도 문제가 되지 않는다. 조직이 간단하기 때문이다. 이 조직에서 일하는 두 사람 간의 인간관계는 [그림 8.5]에서 볼 수

그림 8.5 종업원의 증가와 인간관계의 수

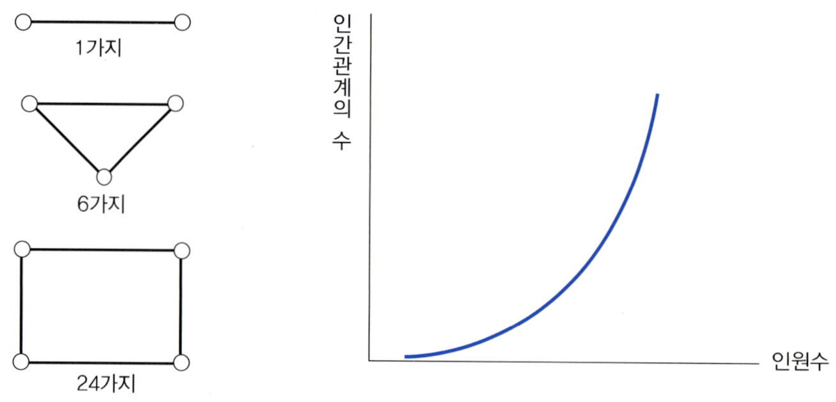

있는 바와 같이 하나밖에 없다. 그러나 구멍가게의 운영이 잘되어 사람을 하나 추가하게 되는 경우 한 사람의 인원이 추가됨으로써 인간관계는 6배로 증가한다. 일 대 일의 관계만 해도 3가지가 되며, 이(2) 대 일(1)의 관계까지 포함하면 6가지가 된다. 또 한 사람이 추가되면 인간관계는 24가지가 된다.

이와 같이 조직의 구성원이 추가됨에 따라 인간관계는 기하급수적으로 증가하기 때문에 조직의 규모가 커지면, 조직의 질서를 유지하기 위하여 앞에서 언급한 분업화, 통합화, 권한의 위양 등이 필요하게 될 뿐만 아니라 부서의 수와 규모도 상당히 증가되어 조직을 복잡하게 만든다. 즉, 다른 것이 다 동일하다는 조건하에서 조직의 규모도 조직설계를 결정짓는 중요한 상황요인이 된다. 어떤 연구는 조직설계에 영향을 미치는 상황요인들 중에는 조직기술보다도 조직규모가 더 중요하다는 결론을 내리고 있다.

조직규모와 조직구조와의 관계에 관한 그동안의 연구결과를 종합해 보면 다음 세 가지로 정리할 수 있다.

첫째, 조직의 규모가 커질수록 조직의 구조는 구체화된다. 즉, 조직의 규모가 커질수록 과업은 보다 분업화되고 부서단위 또한 보다 차별화될 뿐만 아니라 여러 관리 구성요소(기술구조, 지원스태프)들이 나타나기 시작한다. 조직구성원과 조직의 산출물의 양이 늘어나면서부터 조직이 수행해야 할 과업은 분업화되기 시작하며, 이렇게 과업이 분업화되어 감에 따라 각 단위부서들은 분화되어간다. 이러한 과업의 분업화는 단위부서의 과업을 동질화시키지만, 단위부서 간의 과업은 이질화시킨다. 부서 간 과업의 이질화는 부서 간의 분화를 더욱 촉진시킨다. 조직은 이러한 분화를 효과적으로 관리하기 위해 단위부서 간의 조정활동이 증대하게 된다. 즉, 조직의 규모가 커질수록 직접감독으로 조정하기 위해 요구되는 위계, 과업과정의 표준화로 조정하기 위해 요구되는 작업절차의 공식화, 성과 통제를 위해 요구되는 계획 및 통제시스템 혹은 상호의존성을 조정하기 위해 요구되는 횡적 통합장치 등과 같은 조정장치를 필요로 하게 되는 것이다. 이와 같이 구조가 분화되어 감에 따라 조정장치의 증가와 함께 기술전문가집단, 지원부서와 같은 관리 구성요소들이 조직 내에서 자리를 잡아가게 된다. 또한 조직 내부의 구성원들이 늘어날수록 새로운 단위부서들이 형성되고, 그것을 관리하는 상위관리자들이 있게 되며 또 그러한 관리자들을 관리하는 상위관리자들이 등장함으로써 위계가 형성된다. 점점 관리계층이 정교화, 구체화되기 시작하는 것이다.

둘째, 조직의 규모가 커질수록 조직구성원의 행동은 공식화된다. 조직의 규모가 커질수록 과업의 분업화에 따라 구성원의 행동은 보다 반복적이게 된다. 그 결과 조직의 관리자들은 구성원들의 행동을 예측하고자 하며, 따라서 그들의 행동을 가급적 공식화하려 한다. 뿐만 아니라 규모가 커지게 되면 내부 혼란이 증가하게 되고 구성원들 간의 비인간적 관계 때문에 전반적으로 사기문제가 야기되기도 한다. 또 관리자들은 구성원들의 행동을 예측할 수 있도록 하는 공식적 수단을 개발하려 한다. 그래서 그들은 규칙, 절차, 직무기술서 등과 같이 인간의 행동을 공식화하는 장치를 개발하게 된다.

셋째, 조직의 규모가 커질수록 단위부서의 평균규모는 증가한다. 조직의 직위가 보다 전문화되고 단위부서가 분화될수록 관리자들은 보다 쉽게 하위구성원들의 행동을 표준화할 수 있게 된다. 즉, 행동의 공식화 혹은 활동계획이라는 기술적 관리시스템이 관리자의 역할 중 일부분을 대체하게 된다. 기술적 관리시스템에 의해 관리자들은 과업부담을 줄일 수 있게 되며, 보다 많은 구성원들을 감독할 수 있게 된다. 따라서 조직규모의 증가가 보다 많은 분업화를 가능하게 하고, 더 나아가 단위의 부서규모도 증가시킨다.

마지막 두 가지는 규모가 증가하면 공식화도 증가함을 제시하고 있다. 분업화 정도가 커지게 되면 보다 많은 단위부서가 분화되고 동시에 공식적 수단에

그림 8.6 종업원의 증가와 작업관계의 수

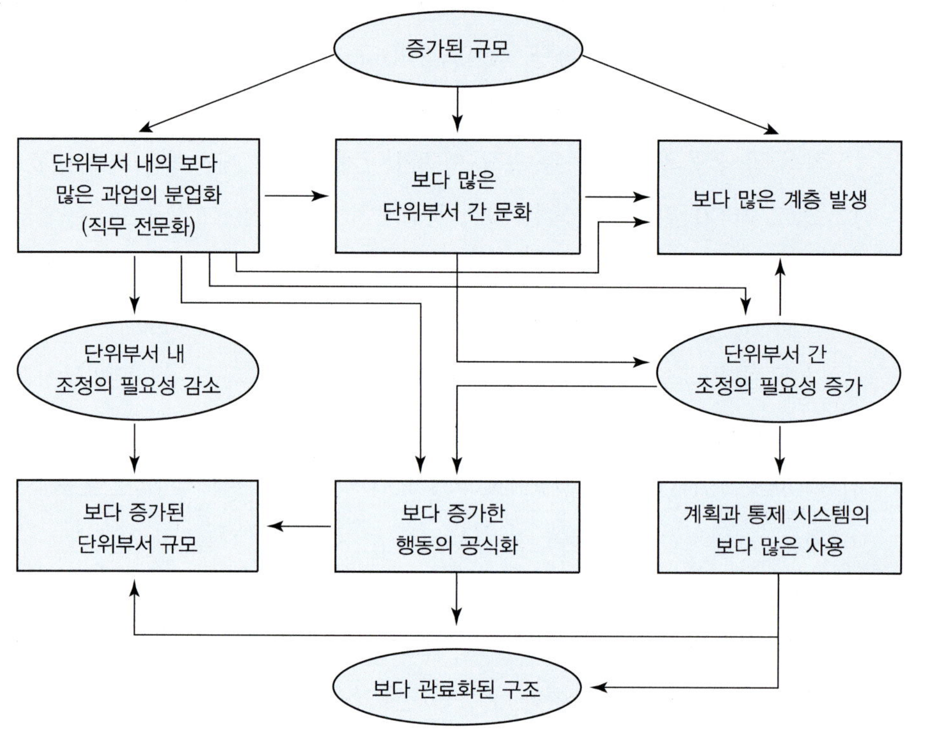

의한 조정의 필요성이 증가하며, 보다 정교한 관리계층이 들어서게 되고, 그리고 핵심작업층과 분석가들, 그리고 관리자들 간의 활동영역이 확연히 구분된다. 조직의 규모가 커지면 조직은 규칙, 절차에 의해서 규제되고 공식적 의사소통 채널을 보다 많이 사용하게 된다. 이상의 내용을 정리하면 [그림 8.6]과 같다.

3.5 전 략

기업을 둘러싸고 있는 외부환경과 내부환경이 안정되어 있는 시대에는 기업의 경쟁력이나 수익성을 결정하는 중요한 요인이 조직내부의 관리 효율성이었다. 그러나 현대와 같이 기업을 둘러싸고 있는 법률, 경제, 기술, 사회, 문화 환경의 변화가 심한 시대에는 경영자의 전략적 의사결정이 기업의 성장성과 수익성에 결정적인 영향을 미치게 된다. 그래서 기업의 미래는 경영전략에 의해

결정되어진다고 주장하는 사람들이 증가하고 있다.

전략(strategy)이란 기업이 기본적인 장기목표 및 조직의 목표를 설정하고 행동의 방침 내지는 방향을 채택하여 목표를 달성하는 데 필요한 제 자원을 배분하는 것이다. 쉽게 말하면 전략이란 기업이 어떤 사업을 수행하기 위해 설정한 목표와 목적, 정책과 계획의 형태를 뜻한다. 즉, 조직 전체를 포괄적으로 통합하는 주요한 힘이라 할 수 있다.

전략은 내부관리의 효율성보다 전략적 의사결정의 합리성 여부에 따라 결정되어지고, 조직은 전략을 통해 환경과의 관계 속에서 부족하고 희소한 자원을 증대시킬 수 있는 비교경쟁우위를 얻기 위한 시도를 하여야 한다. 조직이 경쟁적 비교우위를 가지고 있으면 그렇지 못한 조직들보다 높은 성과를 달성할 수 있게 된다. 조직은 필요자원을 획득하기 위해 전략을 통해 경쟁기업보다 높은 성과를 기대할 수 있는 핵심역량을 개발하고, 사업영역을 관리할 수 있어야 한다. 조직이 내부와 외부의 환경으로부터 획득할 수 있는 필요자원이 증가할수록 미래지향적인 장기목표를 수립할 수 있으므로 목표 달성을 위한 투자를 지속시켜 나갈 수 있다. 즉, 핵심역량을 통해 조직은 경쟁우위를 확보하고, 고객창조와 높은 수준의 종업원, 새로운 재무적 자원 등을 획득할 수 있게 된다.

이러한 전략은 목적 달성의 효과성을 높이기 위해서는 다양한 유형의 전략을 선택해야 하는데, 이에 대한 주장은 연구자들에 따라 다양하게 구분되어진다. 전략은 복잡하고 다양해서 단순히 몇 가지의 유형으로 구분짓기에는 무리가 있다. 그러나 전략과 조직구조와의 관계를 규명함에 있어서 전략유형 구분의 적절한 개념적 정리 없이는 충분한 이해와 예측이 어려울 것이다. 따라서 조직구조는 전략의 유형에 따라 다르게 설계되어져야 한다.

3.6 권 력

조직구조를 결정하는 마지막 상황변수로 언급되는 것이 조직 내의 구성원들 간에 존재하는 권력의 상호작용을 들 수 있다. 조직에서 구성원들이 유형화된 상호작용을 하기 위해서는 기본적인 전제로서 지배구조가 형성되어야 한다. 즉, 조직구성원들 간에는 바람직하고 정당한 행동이라는 규정된 질서가 있는데,

그 질서에 따라 어떤 성원은 권력이나 권한을 가지고 다른 구성원을 통제하거나 지배하게 된다. 이러한 지배구조는 공식조직의 근간을 이루는 데 기본적이고 필수적인 요인이다.

권력이라는 주제는 많은 사회학자나 철학자, 그리고 행정 및 정치학을 연구하는 사람들 사이에 커다란 관심을 불러일으켰다. 사람들은 오랜 집단 또는 조직생활을 통해 항상 타인보다는 더 많은 권력을 소유하려고 노력해온 것은 명확한 사실로서, 이 때문에 고대로부터 인간이 존재하는 곳에서는 항상 권력의 개념이 존재해 왔다. 그래서 권력을 연구하는 많은 학자들은 사회과학의 중심적 위치를 차지하는 개념으로 권력을 언급하고 있다.

권력은 그 원천의 다양성, 동태성, 다수의 인간관계, 다차원성, 그리고 정량화(quantitative)의 곤란성 등의 특성을 지닌 복합적 개념이다. 따라서 개념의 애매성뿐만 아니라 그 정의 또한 다양한데, 에너지가 물리학의 근본개념인 것과 동일한 의미에서 권력이 사회과학의 근본개념이라고 생각하고 이를 증명하려는 데 관심을 가진 학자들이 있었지만, 이러한 관심과 중요성에도 불구하고 권력이라는 개념이 사회과학의 중심적 위치를 차지하는 데 실패하였다. 그 이유는 권력이라는 개념이 가지고 있는 이론적 명확성의 결핍과 실증적 연구의 부족 때문이다.

권력이란 어떤 일을 할 수 있는 능력으로, 甲이라는 사람이 시키지 않았으면 하지 않았을 일을 乙이라는 사람에게 甲이라는 사람을 시킴으로써 그 일을 행할 때 甲이라는 사람은 乙이라는 사람에게 권력을 가졌다고 표현한다. 따라서 권력은 상호작용적인 것이어서 독립적으로는 성립될 수 없다.

이러한 권력은 상호작용적인 특성을 가지고 있어 다음과 같은 요인에 의해 관계가 형성된다. 먼저 권력행사에는 자원이 필요한데, 여기서 자원이란 호감, 두뇌, 경험, 지식, 정보, 기술 등의 개인이 소유한 특성으로서 이 자원은 형태가 어떠하든 그와 상호작용하는 사람들의 보상이나 비용을 결정하게 된다. 둘째로 권력관계는 의존성의 관계인데, 권력을 행사하는 사람이 가지는 자원의 가치는 소유하는 것만으로 결정되는 것이 아니고, 다른 사람들이 그 자원에 어느 정도 의존성을 가지느냐에 따라 결정되어진다. 즉, 권력이란 승진을 시켜줄 수 있는 능력을 가진 사람은 승진을 희망하는 사람에게는 강력한 권력의 행사가 가능하나, 승진에 뜻이 없는 사람에게는 권력이 무의미한 것이다. 셋째로 권력이란 대체안의 가능성을 탐색하는데, 한 개인이 가지고 있는 자원을 다른 곳에서도 쉽게 구할 수 있다면 권력은 감소된다.

3.7 조직연령

조직의 연령이란 조직이 창립된 이후 경과한 연수를 의미한다. 조직의 연령과 조직의 규모와는 상당한 상관관계가 있다. 성공적인 조직은 시간이 지남에 따라 성장하게 되고, 성장함에 따라 규모도 커지게 된다. 그렇기 때문에 조직구조의 변화가 조직의 연령 때문인지 조직의 규모 때문인지를 구분하기 어려운 때가 있다. 그럼에도 불구하고 조직의 연령은 그 자체가 독립적으로 의미 있는 상황변수로서의 역할을 하고 있다.

다른 것들이 다 동일한 경우, 조직은 시간이 지남에 따라 경험이 축적되고, 경험이 축적됨에 따라 그것을 바탕으로 업무를 공식화(공식적으로 규정화)하려는 경향이 강해진다. 조직의 연령이 조직설계에서 고려되어져야 하는 이유는 급격한 환경변화에 처한 조직이라 할지라도 과거 조직의 성장과정에서 채택되었던 기존의 틀을 너무 변화라는 이유만으로 파괴하기에는 너무 많은 부담을 가질 수 있기 때문이다.

3.8 조직목표

조직의 목표는 조직이 실현하고자 하는 바람직한 상태이다. 즉, 현재 조직이 지향하는 방향과 미래의 바람직한 결과의 상태를 말한다. 조직의 목표에는 조직이 공식적으로 표방하는 공식목표가 있고 실제 추구하는 운영목표가 있다. 공식목표는 사회적 필요성에 의해 크게 영향을 받기 때문에 공식목표는 실제 조직이 추구하는 운영목표와는 상당한 거리가 있을 수 있다. 또한 조직이 실현코자 하는 미래 상태의 시기에 따라 장기목표와 단기목표로 나눌 수도 있다.

조직의 목표는 여러 가지 긍정적 역할을 한다. 즉, 조직목표는 조직의 존재 그 자체와 조직활동을 사회 내에서 정당화시키는 정당성의 근거를 제공한다. 조직의 공시된 목표는 종업원들에게 기대되는 바를 알려주고 종업원들에게 동기를 부여하기도 하며, 조직의 묵시적 목표는 종업원들의 행동을 제약하는 요인으로 작용하게 된다. 또한 조직목표는 의사결정의 가이드라인을 제공해 주기도 하고 구성원들에게 조직의 성격과 방향에 대한 불확실성을 감소시켜 주는 역할을 하기도 한다. 더 나아가 조직목표는 조직의 성과를 측정할 때 평가기준이 될 수 있다.

한편, 조직의 새로운 목표설정은 곧 사업의 포트폴리오 구성을 바꿀 수도 있다. 이 경우 조직은 새로운 사업을 결정하고, 새로운 과업환경과 조직기술을 선택하게 됨에 따라 조직설계상 새로운 상황요인을 창출하게 될 뿐만 아니라 새로운 사업에 적절한 조직문화를 창출해야 할 필요가 생긴다. LG전자가 1990년대에 들어와 첨단 전자산업 분야에서 세계적 기업이 되겠다는 새로운 비전을 목표로 설정하고, 이에 따라 적절한 조직체계를 구축하고, 이를 뒷받침할 수 있는 조직문화를 창출하기 위해 여러 가지 혁신운동을 전개한 것도 바로 이러한 이유 때문이다.

3.9 조직문화

조직은 항상 법률적 · 정치적 · 경제적 · 사회적 · 문화적 · 기술적인 환경변화에 적응방법을 강구하여 가고 있는데, 이러한 환경변화에 대처하여 환경에 적응하고 균형상태를 유지하기 위하여 주어진 조직환경에 적합한 경영전략의 일환으로 조직구조, 조직전략, 조직행동 및 조직문화를 형성해 가고 있다. 조직문화는 한 조직이 공유하고 있는 전통적인 가치, 신념, 태도, 행동양식 등을 의미하는데, 인간이 사회생활을 통하여 특유의 개성을 형성해 나가는 것처럼 조직도 조직환경과의 적응과정을 통해 조직의 성격을 형성해 나가게 된다. 이와 같이 형성된 조직특유의 성격을 일반적으로 조직문화(organizational culture)라고 하며, 이 조직문화는 조직풍토(organizational climate) 또는 조직분위기와 유사개념으로 사용되기도 하지만 엄격하게는 구분되어야 한다. 즉, 조직풍토는 조직구성원 개인이 인지한 조직 내의 심리적 환경 모두를 의미하며, 조직문화는 조직의 구성원 간에 공유된 가치체계라고 구분하고 있지만, 일반적으로 혼동해서 사용하기도 한다.

조직문화는 각각의 조직 안에 잠재된 고유의 어떤 것을 표현하는 말로서 그 의미하는 바가 반드시 명확하다고 말할 수는 없고, 또 조직의 특성을 분석하기 위한 도구로서도 충분하지 못하며, 개념으로서도 완전히 성숙해 있지 못하고 있지만, 그동안 많은 연구를 통해 이러한 문제에 대한 비판을 많이 해소하고 있다.

조직문화가 조직구성원의 환경과 규범, 가치, 역할 등에 관한 인지정도가 조직행동에 영향을 주고, 또 조직 고유의 특성이 어느 정도 지속적으로 공유되어 가는 것으로 이해할 수 있으며, 나아가서는 조직문화가 구성원에게 능동적으로 작용하고 그 결과로서 조직에 대한 충성과 일에서의 자기만족을 추구하는 도구적 의미를 갖게 되므로 자연발생적으로 형성된다기보다는 오히려 의도적으로 형성되어지는 경우가 많다.

조직문화는 환경변화에 대해 내부와 외부의 영향력에 적응하기 쉬워야 하며, 조직문화는 조직성장을 위해 효율적인 조직운영과 경제성을 추구해야 한다는 점에는 모두가 공감을 가지고 있다. 조직문화는 구성원의 사기와 생산성에 영향을 주게 되고 공동체관계뿐만 아니라 종업원, 경쟁자, 정부규제자와 관련된 조직문화뿐만 아니라 종업원, 공급자, 소비자행동에까지 영향을 주고 있다. 또 조직문화 자체는 조직이미지에 영향을 주므로 계약자, 경쟁자, 정부규제자와 관련된 조직문화뿐만 아니라 고객의 조직문화, 개인의 조직문화에 의해서 능률적인 조직문화의 이념을 구현하도록 해야 할 것이다.

조직문화가 목표와 임무를 성취하기 위해서는 리더십, 규범과 표준, 규칙과 규제, 태도와 원칙, 윤리와 가치, 정책과 실제, 구조와 기술, 제품과 서비스, 역할과 관련성에 의해서 많은 영향을 받고 있는데, 이러한 활동을 촉진하기 위한 문화적 위임 내지 전통은 특별한 언어도구 및 장치, 작업공간과 기능, 작업시간, 복장규정 등과 관련해서 수립될 수 있다. 따라서 결과적인 문화행위와 활동은 산출, 제품, 서비스, 종업원, 공공정보에서 나타나고 있기 때문에 조직을 설계할 때는 이러한 조직문화적 요소를 고려하지 않을 수 없다.

그림 8.7 조직이론, 조직구조, 조직문화, 조직설계의 관계

조직이론

조직이 그들이 활동하는 환경 속에서 어떠한 기능을 하며, 조직이 사회와 사람들과 어떠한 영향을 주고받는지에 대해서 연구하는 학문

↓ ↓ ↓

조직구조

- 조직목표 달성을 위해서 조직구성원들이 협조하는 방법과 자원의 이용방법을 통제하는 규칙, 과업, 권한 관계의 공식적인 체계
- 조정과 동기부여를 통제, 조직과 구성원들의 행태를 형성한다.
- 환경, 기술, 인적자원 등의 상황변수에 대한 반응의 결과
- 조직이 성장하고 분화됨에 따라 진화한다.
- 조직설계의 과정을 통해서 관리되고 변화될 수 있다.

조직설계

- 조직이 목표를 달성하는데 필요한 활동들을 통제할 수 있도록 경영자들이 조직구조와 조직문화의 다양한 구성요소를 선택하고 관리하는 과정
- 조직이 장기간 생존할 수 있도록 조직 외부와 내부의 압력의 균형을 유지한다.

조직문화

- 조직구성원들을 통제하는 공유된 가치의 집합
- 조정과 동기부여를 통제, 조직과 구성원들의 행태를 형성한다.
- 조직구성원, 조직구조, 조직윤리에 의해서 형성된다.
- 조직이 성장하고 분화됨에 따라 진화한다.
- 조직설계의 과정을 통해서 관리되고 변화될 수 있다.

출처 : 박경원 · 김희선(2002), p.48.

요약

조직설계는 조직이론의 관리적 측면을 강조하는 용어로, 조직의 목표 달성을 위해서 조직의 구조를 구축하고 변화시키는 과정이다. 세상에는 다양한 형태의 조직이 존재하고 있고, 이러한 조직을 이해하기 위해서는 먼저 조직과 조직구조의 개념을 이해하는 것과 더불어 조직설계의 의미가 무엇이며, 조직구조와는 어떤 관계가 있으며, 조직이 운영될 때 조직구조가 반드시 있어야만 하는가, 또 그 역할은 무엇인가와 같은 기본 지식을 먼저 검토한 다음에 조직설계의 도구와 방법에 대해 공부하는 것이 훨씬 더 의미가 있을 것이다.

조직구조의 역할을 고려한 조직설계를 이해하기 위해서는 거시조직이론에서 바라보는 상호 관련성 있는 세 가지의 중요한 주제를 살펴보아야 한다. 첫째는 합리적 조직이 갖고 있는 목표와 사회적 조직이 당면하고 있는 현실 간의 갈등문제이다. 조직설계에 있어서 합리적 조직이 이상을 실현하려는 접근 자세는 조직을 안정되고 예측가능한 폐쇄시스템으로 가정하고, 이를 가장 능률적으로 체계화하여 마치 기계와 같이 질서정연하게 운영함으로써 내부능률을 극대화하려고 한다.

둘째는 조직설계에 있어서의 중요한 세 가지 변수인 통제, 자율 및 협조 간의 관계이다. 이 세 변수 중에서 어느 한 변수만을 가지고 조직을 설계할 수는 없다. 어느 정도의 자율과 협조 없이 상급자의 철저한 통제만을 가지고 조직을 설계하면 조직은 효과적으로 움직이지 않을 것이다.

셋째는 통제를 선택하는 경우에도 철저하게 통제하도록 설계할 것인가 아니면 느슨하게 통제하도록 설계할 것인가 하는 것도 중요한 선택이다. 조직은 스스로 관리되는 것이 아니기 때문에 경영자의 의지에 따라 운영되는 통제시스템이 필요하며, 그 설계는 조직이 처한 상황에 따라 달라져야 한다.

조직설계를 위해 설계자는 기본 도구가 되는 요소들(조직구성원 간의 분업, 의사결정 권한의 배분, 통합을 위한 조정 메커니즘)을 주어진 상황(조직이 처한 환경, 사용하는 기술, 조직의 규모 등)에 가장 적절하게 맞도록 전문적인 지식을 가지고 설계한다.

개인의 과업을 분업화하고 그 과업들을 연결하여 하나의 단위부서로 묶는 부서화가 진행될수록 조직은 상호의존성을 가진 조직 내의 다른 과업들과의 관계를 조정할 필요성을 갖게 된다. 조직 내에서의 개인의 과업이 충실히 수행되었다 할지라도 그것은 조직 전체 과업의 일부에 불과하기 때문에 그 자체로서 큰 의미를 갖지 못한다.

다른 과업들과의 적절한 조정을 통하여 조직 전체의 과업 수행에 기여하게 될 때 개인의 과업은 제대로 의미를 갖게 되는 것이다. 그렇기 때문에 조직은 각각의 개인 과업을 적절히 상호 조정하기 위해 이들을 통합하는 수단이 필요하게 된다. 이러한 통합수단에는 계획/통제시스템과 교호적 통합 방법 등 두 가지가 있다.

조직의 설계에 있어서도 기본변수를 어떻게 사용하느냐 하는 것은 상황요인에 의하여 결정되는 것이다. 상황요인에는 조직의 내·외부환경, 조직이 목적을 달성하기 위하여 사용하는 조직기술, 조직의 복잡성을 의미하는 규모, 조직의 경험과 전통을 나타내 주는 조직의 연령, 조직이 달성하려는 목표, 조직의 목표 달성에 필요한 전략, 조직문화, 권력과 조직정치 등도 고려하여야 한다.

정리 및 토의과제

1. 조직설계란 무엇을 의미하는가?
2. 조직설계의 구조변수에 대해 알아보자.
3. 조직설계의 필요성에 대해 알아보자.
4. 조직구조의 역할을 고려한 조직설계를 이해하기 위해서는 거시조직이론에서 바라보는 상호 관련성이 있는 세 가지의 중요한 주제를 살펴보아야 한다. 그 세 가지 주제에 대해 알아보자.
5. 내적 능률과 외적 적응 간의 갈등에 대해 알아보자.
6. 수직적 분업화와 수평적 분업화에 대해 알아보자.
7. 교호적 통합장치에 대해 알아보자.
8. 상황요인과 조직설계와의 관계에 대해 알아보자.
9. 조직이론 · 조직구조 · 조직문화 · 조직설계의 관계를 알아보자.
10. 자신이 직접 자본금 5억 원 정도의 중소기업을 설립한다고 가정하고 실제 조직을 설계해 보자.
11. 자신이 기업을 설립할 때 가장 중요하게 고려해야 할 조직설계요소가 무엇인지에 대해 알아보자.

제 3 부

조직과정 이론

Chapter 09

의사소통과 의사결정

사례연구

목표관리와 관리자의 편지

피터 드러커(Peter Drucker) 교수는 새로운 목표를 세우고, 그 목표를 달성하기 위해 다양한 활동을 계획해 수행한 후 목표를 달성했는지에 대한 성과를 측정하는 체계적 방법으로 목표관리(Management by Objective: MBO)를 제안한 바 있다. 그는 또 '관리자의 편지'라는 구체적 기법도 소개했다. 피터 드러커 교수가 제안하는 목표관리를 제대로 실행하는 방법에 대해 알아본다.

다양한 조직원들이 다양한 방법으로 조직에서 일을 하고 있지만, 그 모든 일들은 조직의 공통적인 목표를 달성하는 데 기여해야 한다. 조직 전체의 목표를 달성하기 위해서는 조직의 제한된 자원을 효과적으로 배분해 사용해야 하고, 조직구성원들은 각자의 분야에서 조직의 공통 목표를 달성하기 위해 주어진 하위의 목표를 달성하는 데 노력을 기울여야 한다.

여기에서 조직원들이 서로 바라보는 방향이 다르거나, 제한된 자원을 효과적으로 배분하지 못하거나, 하위 목표가 조직의 상위 혹은 공통의 목표를 달성하는 데 기여하지 못한다면, 다양한 비효율이 존재하게 되어 그 조직은 경쟁력을 잃어갈 것이다.

사람들은 기업들을 방문할 때, 최고경영자에게, 중간관리자들에게 그리고 일선의 작업자들에게 "회사의 비전이 무엇인가"라는 질문을 습관적으로 던지곤 한다. 그러면 초우량 기업들에서는 대개 위에서부터 아래까지 거의 동일한 답을 들을 수 있다. 하지만 잘 관리되지 않은 회사라면 각각 다른 대답을 하게 된다. 기업의 최고경영자들은 그것이 중요한 관리대상이기 때문에 대부분 정확히 대답할 수 있다. 중간관리자들로 내려가면 많은 경우 회사 브로슈어를 가져다주면서 여기에 잘 설명되어 있다고 이야기한다. 자신이 설명할 만큼 정확히 알고 있지는 않지만 어디에 있는지 그리고 어떤 내용인지에 대해 대충은 알고 있다.

그러나 일선 작업자들에게 물어보면, "내 개인 비전도 없이 하루하루를 살아가는데 회사의 비전을 어떻게 알겠는가"라며 반문하는 경우까지도 발생한다. 기업가정신 분야에서 최고의 대학이라 불리는 뱁슨칼리지(Babson college)의 경우 학교 교직원들은 물론 재학생, 학부모, 심지어는 교실 청소 일을 하는 사람들까지 모두 학교의 비전을 알고 있다. 비전뿐 아니라, 그 비전을 달성하기 위해서 각자 맡은 분야에서 어떤 일을 해야 하는지 정확히 알고 있다. 예를 들어, 교실 청소를 하는 사람들에게 필자가 그 질문을 던졌을 때 그들은 다음과 같이 대답했다. "내가 하는 일은 미래의 창업자들이 새로운 비즈니스를 습득하기 위한 공간을 최고의 품질로 유지하는 일입니다." 단순히 교실을 깨끗하게 청소하거나 휴지 한 장 없는 교정을 만드는 것이 목표가 아니고 조직의 공통 목표인 미래 기업가들을 교육시키는 것이 자신이 하는 일과 잘 정렬되어 있음을 보여주는 사례였다.

목표에 의한 관리법

세 명의 석공에 대한 이야기가 있다. 첫 번째 석공은 "왜 그렇게 열심히 일하는가?"란 질문에 "우리 가족의 생계를 위해서", 두 번째 석공은 "최고의 석공으로 인정받기 위해서"라고 대답한다. 그리고 세 번째 석공은 "내가 다듬고 있는 돌이 대성당을 짓는 데 이용될 것"이라는 큰 비전을 말한다. 피터 드러커 교수는 여기서 첫 번째 석공에 대해 자신이 해야 하는 일을 잘 알고 있고, 그 일의 대가로 얼마의 보상을 받을지도 잘 알고 있지만, 관리자로서는 자격이 없고 앞으로도 관리자로 성장할 여지가 없다고 설명한다. 또 세 번째 석공에 대해서는 큰 비전을 이해하고 그 비전을 향해 갈 때 자신이 하고 있는 일이 어떤 의미가 있는지를 아는 진정한 관리자로서의 자질을 가진 사람이라고 말한다.

문제는 두 번째 석공이다. 그는 자신에게 주어진 일을 정말 최선을 다해서 하고 있는 사람이지만, 주어진 일과 목표에만 몰두하다 보면, 조직의 목표를 달성하는 것과 다른 방향으로 나아가는 경우가 발생하게 된다. 예를 들면, 돌을 빠른 시간 내에 다듬어서 주어진 수량을 채워야 한다는 부담감에 제대로 된 품질을 생각하지 않고 겉모습만 그럴싸하게 다듬어서 내놓는다든지, 아니면 환경이 바뀌어 새로운 규격의 돌이 필요한데도 불구하고 과거의 규격에 근거한 돌을 만들어 수량을 채우려 하는 경우 등을 생각해 볼 수 있다.

물론 조직에서는 솜씨와 기량을 갖춘 인재들을 많이 확보해야 하지만, 그들이 각자 소속된 기능부서에만 몰두하고 기능들을 통합하고 조율하는 일에는 전혀 신경을 쓰지 않는다면 큰 문제가 발생할 수 있다. 그래서 조직에서의 관리자는 조직의 공통된 목표를 향하고 있어야 하고, 그 성과를 내기 위해서 정확하게 어떤 일을 어떻게 달성해야 하는지에 대한 명확한 이해를 하고 있어야 한다.

대부분의 조직은 몇 개의 계층으로 나누어져 있기 마련이라 하위 조직의 관리자가 상위 목표를 달성하기 위해 상위관리자가 지향하는 방향, 정확한 성과와 요구사항들을 인지하고 작업을 수행하는 것이 쉽지 않다. 목표관리 기법이란 이 과정을 돕고 효과적으로 관리하기 위해 제시된 방법론이다.

목표관리 기법의 함정

목표관리 기법이 소개되고 많은 세계적인 기업들이 조직의 목표를 관리하기 위한 방법으로 활용했다. 하지만 리더들의 욕심으로 엉뚱한 방향으로 사용되는 예가 발생하기 시작했다. 목표를 설정함에 있어서 상・하위 관리자가 서로 활발한 커뮤니케이션을 통해 공감된 목표를 설정해야 하는데 상위관리자가 이것을 무시하고 성과를 향한 과도한 욕심을 부리거나, 혹은 그 반대로 최소한의 성과를 내기 위한 목표를 설정하고 강요하는 경우가 발생한 것이다. 전자의 경우는 과도한 목표 설정으로 인해 하위 조직에서 받는 스트레스 때문에 성과는 달성하지만 품질에 문제가 생길 수 있다. 후자의 경우에는 조직원들의 모티베이션을 빼앗아 갈 수 있기 때문에 더욱 위험하다.

피터 드러커 교수는 이렇게 MBO가 잘못 사용되는 이유를 크게 세 가지로 요약한다.

첫째, 상사의 잘못. 조직의 위계성 때문에 통상 상사들이 던지는 일반적인 말도 하위 관리자들은 마치 상위 조직이 철저하게 분석하고 계획한 것으로 착각하기 쉽다는 것이다. 예를 들어, 상무가 CFO 앞에서 초과근무시간이 너무 많아서 비용이 상승하고 있어 절약해야 한다고 무심코 한 이야기가 부장에겐 반드시 달성해야 하는 목표로 인식될 수 있다. 상무는 그저 CFO의 의구심을 해소해 주기 위해 혹은 그런 분야에도 관심이 있다는 것을 보여주기 위해 던진 말인데도 말이다. 피터 드러커 교수는 이러한 오류를 피하려면 하위관리자가 상사를 바라보고 일하는 것에서 벗어나 상사가 해야 하는 본연의 업무를 이해하고 자신의 업무를 해야 한다고 조언한다. "상무님이 해야 하는 일이 그것이기 때문에 해야 한다."는 식으로 말이다.

둘째, 각각의 관리자들이 다른 위치에서 업무를 진행하고 있기 때문에 각자 접할 수 있는 정보의 양과 질이 다르기 때문이다. 조직에서 서로 다른 위치에 있는 관리자들은 마치 장님 코끼리 만지기처럼 조직 전체의 일부분만을 접하고 있어 전체를 보는 관점이 모두 다를 수 있다. 마치 우리가 논쟁을 하다 보면 같은 이야기를 하고 있는데도 서로 다투는 것처럼 느낄 때가 있듯 말이다. 이것은 조직의 목표나 비전이 명확히 조직원들에게 구체적으로 표현되고 받아들여져야 해소될 수 있는 부분이다.

마지막으로 세 번째는 성과보상시스템의 문제이다. 성과보상시스템이야말로 참 복잡하고 민감한 사안이 아닐 수 없다. 우리가 받는 급여는 사실 우리들의 가치를 여러 형태로 대변해주고 있다. 그렇기 때문에 내가 기여한 만큼 보상을 받는 것도 중요하지만 내 주변의 사람과 비교해 상대적으로 어떻게 보상을 받는지도 매우 중요하다. 과거에는 성과에 근거하기보다는 연차에 근거해 차등을 두는 경우가 대부분이었다. 최근에는 성과 위주의 보상시스템이 자리를 잡고 있지만, 문제는 그 시스템이 조직원들을 잘못된 방향으로 이끌고 갈 수 있다는 것이다.

오래 전이긴 하지만 한 세계적인 석유화학 회사에서 있었던 일이다. 어떤 비즈니스 부서장이 신제품을 개발해야 하는데 계속 의사결정을 미루는 상황이 발생되었다. 조직에 매우 중요한 사안임에도 불구하고 말이다. 이유를 물었더니 "우리 회사의 보상시스템이 어떤지 아느냐"고 되물었다. 그 회사의 보상시스템은 투자금액 대비 회수금액, 즉 ROI(투자자본수익률)에 의해서 결정되고 있었다.

결국 부서장이 의사결정을 망설인 것은 새로운 투자를 해서 신제품을 개발하려면 몇 년이 걸리고 또 시장에서 그 제품을 통한 이익을 만들기 위해서도 몇 년이 더 걸릴 텐데 부서장으로서 부서원들에게 그 오랜 시간을 기다리라고 할 수 없기 때문이었다. 즉, 보상시스템이 관리자의 의사결정을 늦추었고 이로 인해 조직의 미래에 중요한 신제품 개발시기를 놓치고 만 것이다.

상하위 관리자 간 소통의 중요성

결국 상위관리자와 하위관리자 간의 의사소통이 절대적으로 중요하다. 그런데 다른 사람의 목소리를 듣는다는 것은 참 어려운 일이다. 그리고 들었다고 하더라도 목소리를 낸 사람과 동일하게 인식하고 이해했다고 단언하기도 어렵다. 이것을 증명하기 위해 필자가 가끔 수업에서 사용하는 시뮬레이션이 있다. 학생들을 반으로 나누어 필자의 오른쪽은 극장의 고객, 나머지 왼쪽은 극장의 주인으로 분류한 후 각기 다른 가정을 제시하는 것이다.

주인들에게는 미국 극장사업이 사양길에 접어들어 사업은 극장 관리자에게 맡기고 약 6개월간 유럽으로 벤치마킹 여행을 떠나야 한다고 말한다. 그리고 여행 중 극장이 잘 운영되는지 확인하기 위해 관리자에게 가끔 전화를 걸 때 어떤 질문을 할지 세 가지 정도만 생각해 보라고 한다. 반대로 극장 고객들에게는 오늘 저녁 영화를 보려고 하는데, 어떤 기준에 의해서 극장을 선택할 것인지 역시 세 가지 정도 생각해 보라고 한다. 이때 극장 고객들이 통상 이야기하는 내용들은 다음과 같다. 극장의 청결성, 장소의 편의성, 가격의 적절성, 선택가능한 영화의 종류, 주변 편의시설 여부 등이다. 반면 극장의 주인들이 관리자들에게 전화를 걸어 물어보는 질문들은 다음과 같다. 좌석 판매량, 극장 운영비용의 변화, 상영 중인 영화의 수익률, 운영상의 문제 발생 여부, 조직구성원 업무 실태 등이다.

그리고 칠판의 양쪽에 학생들이 이야기하는 내용들을 쭉 적어본다. 그러면 분명히 동일한 장소에 관련된 내용인데도 입장이 다르기 때문에 관심 있는 분야가 다르고 질문이 달라진다는 것을 한눈에 볼 수 있다. 예를 들어, 극장주의 입장에서 보면 스크린에 올린 영화당 수익이 얼마나 나는가가 중요하지만, 고객의 입장에서는 내가 보고 싶은 영화의 선택권이 다양하게 있는가가 중요하다. 또한 극장주는 운영비가 얼마나 들었는지에 관심이 있고, 고객들은 티켓가격이 어떤지에 대해서 더 관심이 있다. 즉, 서비스를 제공하는 공급자의 입장에서는 비용에 대한 관심이 우선이고, 고객들에게는 제품 혹은 서비스의 가격이 우선 관심대상인 것이다.

상사에게 보내는 '관리자의 편지'

이처럼 보는 관점에 따라 동일한 사안도 관심사나 사용하는 단어의 일치를 보기 어렵다. 그래서 피터 드러커 교수는 '관리자의 편지'라는 매우 효과적인 방법을 제시한다. 그는 관리자들이 자신의 부서나 팀에 대한 목표를 세우는 데만 관심을 둘 것이 아니라, 그 상위관리자의 목표를 수립하는 데도 공헌을 해야 한다고 강조한다. 기업이 세운 목표를 제대로 이해하고 또 어떻게 평가될 것인지를 충분히 알고 있어야 하위관리자들이 그에 부응하는 목표를 세우고 실행해 나갈 수 있다는 것이다. 이를 위해서는 상위 목표에 하위관리자들의 의견도 취합되어 반영되어야 한다. 단순히 말로서만이 아니라 체계적인 의사소통의 방법을 통해서 말이다. 하위관리자가 상사에게 보내는 편지는 구체적으로 다음의 내용이 포함된다.

첫째, 내 상사의 목표가 어떤 것이 되어야 하는지 밝힌다. 즉, 상사가 성취해야 한다고 생각하는 목표를 하위관리자가 먼저 제시한다. 둘째, 그에 부응하는 나의 목표를 제시한다. 즉, 처음부터 상위 목표와 하위 목표를 정렬하는 것이다. 셋째, 어떻게 목표 달성 여부를 평가할 것인가를 제시한다. 넷째, 어떻게 그 제시한 목표를 달성할 것인가에 대한 계획을 작성한다. 다섯째, 목표를 달성하는 데 도움이 된다고 생각하는 아이템들과, 마지막으로 목표 달성에 방해가 되는 장애물들을 제시한다.

상위관리자는 하위관리자들로부터 제시된 목표들을 취합해 조정과정을 거쳐 자신의 목표를 세우고, 하위관리자들에게 도움이 되는 사안들을 파악해 지속 지원하며, 또한 장애가 되는 부분들을 파악해 제거해 줌으로써 하위관리자들이 목표를 달성할 수 있도록 지원하는 역할을 한다. 그리고 하위관리자는 상위관리자가 조정과정을 통해 세운 목표를 달성할 수 있도록 최선의 노력을 다해 자신의 목표를 달성한다.

이 상하의 두 목표는 기본적으로 시작부터 정렬이 잘 되어 있기 때문에, 다른 방향으로 흩어질 위험이 훨씬 감소하게 된다. 또한 이러한 체계적인 소통을 통해 서로 같은 이야기를 하지만 다른 단어를 사용한다든지, 다른 시각으로 보면서 오해를 하는 등의 위험이 제거될 수 있다.

2019년 2월 14일은 1년에 한 번씩 시장을 떠들썩하게 하는 발렌타인데이였다. 결혼 24년차가 되다 보니 와이프에게 선물할 아이템을 생각하는 데만도 많은 시간이 걸린다. 이런 저런 고심 끝에 올해는 다른 선물 대신 관리자의 편지를 썼다. 올해 우리 가정의 목표, 내가 세운 목표, 그것의 성공은 어떤 것에 달려 있는지를 설명하고 그 목표를 달성하는 데 도움이 되는 요소들, 그리고 그 목표를 달성하는 데 방해가 되는 요소들을 적었다. 마지막으로 마음은 언제나 그대로라는 결론과 함께 말이다.

<Chief Executive, KMAC, 2019. 3.>

조직 전체의 목표를 달성하기 위해서는 조직의 제한된 자원을 효과적으로 배분해 사용해야 하고, 조직구성원들은 각자의 분야에서 조직의 공통 목표를 달성하기 위해 주어진 하위의 목표를 달성하는 데 노력을 기울여야 한다.

이처럼 조직은 관리자뿐만 아니라 조직구성원 모두가 조직목표를 제대로 인식하고 협조적인 관계를 유지한다면 조직의 목표 달성은 어떠한 조직보다 달성하기가 쉬워질 것이다. 대부분의 조직은 몇 개의 계층으로 나누어져 있기 마련이라 하위 조직의 관리자가 상위 목표를 달성하기 위해 상위관리자가 지향하는 방향, 정확한 성과와 요구사항들을 인지하고 작업을 수행하는 것이 쉽지 않다. 목표관리 기법이란 이 과정을 돕고 효과적으로 관리하기 위해 제시된 방법론이다. 목표를 설정함에 있어서 상 · 하위 관리자가 서로 활발한 커뮤니케이션을 통해 공감된 목표를 설정해야 하는데, 상위관리자가 이것을 무시하고 성과를 향한 과도한 욕심을 부리거나 혹은 그 반대로 최소한의 성과를 내기 위한 목표를 설정하고 강요하는 경우가 발생할 수 있다. 전자의 경우는 과도한 목표 설정으로 인해 하위 조직에서 받는 스트레스 때문에 성과는 달성하지만, 품질에 문제가 생길 수 있다. 후자의 경우에는 조직원들의 모티베이션을 빼앗아 갈 수 있기 때문에 더욱 위험하다. 이처럼 조직목표를 제대로 설정하는 것도 중요하고 이를 공유하는 것도 중요한데, 목표관리는 조직구성원 전체가 목표를 공유하고 조직의 성과 향상을 위해 필요한 중요한 관리기법이다.

1 효과적인 의사소통의 중요성

의사소통(communication)이란 사람들 간에 생각, 의견 또는 느낌을 전달하고 교환하는 과정을 통해 서로의 의견을 일치시키고 수용자 측의 의식이나 태도 또는 변화를 일으키게 하는 일련의 행동이라고 볼 수 있다. 더욱이 집단행동에서 구성원들은 더욱더 많은 상호작용을 하며 상호의존적이다. 정보의 부족 또는 잘못된 정보로 인해 의사소통에 혼선이 생긴다면, 경영활동은 제약을 받게 될 것이다. 경영의 모든 과정에는 직·간접적으로 커뮤니케이션이 개입된다. 계획을 수립하거나, 조직을 구성할 때, 지시를 하거나 통제를 할 때 기본이 되는 것이 의사소통이다.

조직에서의 효과적인 의사소통의 중요성을 다음의 네 가지 측면에서 찾아볼 수 있다.

첫째, 조직 내 의사소통은 원칙적으로 목적과 관련된다. 의사결정은 조직의 공통 이해를 조성하여 공동 목표를 향한 상호 협조를 가능하게 해준다.

둘째, 의사소통은 합리적 의사결정의 수단이 된다. 의사전달의 내용이 정확하고 신속, 적절하며 그 정보의 질이 우수할 경우 의사결정의 질을 높일 수가 있다.

셋째, 효과적인 의사소통은 상호이해 촉진, 조직 불균형을 시정하여 구성원의 근로의욕과 사기를 높이는 등 구성원들의 심리적 욕구를 충족시켜 주는 데 큰 역할을 한다.

넷째, 의사소통은 미래에 대한 대비를 가능하게 해준다.

위와 같이 조직은 효과적인 의사소통 없이는 성공할 수 없다. 기업의 규모가 커지고 경영환경이 더욱 복잡해진 오늘날에 효과적인 의사소통은 아주 중요하다. 실제로 도요타(Toyota)의 경우에서처럼 잘못된 의사소통은 기업에 부정적인 영향을 야기한다. 도요타는 의사소통의 실패로 1억 6,400만 달러를 벌금으로 지불해야 했다. 관리자들은 매일 8시간의 근무시간 중 80% 정도인 6시간 24분을 직접적인 의사소통 방법인 전화통화, 회의, 이메일, 개별면담 등의 방법

그림 9.1 커뮤니케이션 구성요소

으로 직원들과 그 시간들을 쓰고 있다. 기업들은 직원을 채용할 때 가장 중요한 기술로서 듣기, 대화하기 같은 효과적인 의사소통 능력을 일정하게 가지고 있는 사람을 선호한다.

이 장의 나머지 부분에서는 의사소통 과정, 의사소통의 기본유형, 조직 내에서의 의사소통 개선방법에 관해 학습할 것이다. 원활한 의사소통을 위해서는 [그림 9.1]에서 보는 것과 같이 메시지(message), 전달대상(audience), 전달매체(channel), 전달방법(way)이 유기적으로 결합되어야 한다. 모든 의사소통은 발신자, 부호화, 경로, 해석, 수신자, 그리고 피드백의 6가지 요소의 단계적인 과정을 따른다. 각각의 단계를 살펴보면 다음과 같다.

첫 단계에서 발신자는 자신의 생각이나 의견, 정보 등의 메시지를 노출하고 의사소통 경로 또는 매체를 통해 보낸다.

부호화 과정에서는 발신자가 자신의 생각이나 의도한 바를 이해할 수 있는 도구(언어, 상징, 기호)로 변화시키는 것이다.

전달자는 면대면 의사소통과 전화, 이메일(e-mail) 또는 문자를 포함한 많은 다양한 경로들을 통해 특정한 메시지를 전달할 수 있다. 소비자를 위한 판매 메시지는 아마도 라디오와 텔레비전 광고, 빌보드, 잡지, 제품설명, 그리고 Facebook이나 Twitter 같은 소셜미디어(social media) 매체를 통해서 전달될 것이다. 해석할 때 메시지의 수신자들은 그 의미를 판단한다. 수신자의 피드백은 전달자들이 수신자들에게 메시지의 의도된 의미를 정확하게 해석되었는지를 아는 데 도움을 준다.

피드백은 의도된 메시지를 의사소통이 제대로 전달했는지를 밝혀주기 때문에 발신자들은 만약 어떤 요청이 없더라도 수신자들의 피드백에 주의를 기울여야 한다. 피드백은 수신자가 메시지를 받았고, 그것을 정확하게 해독할 수 있었

그림 9.2 의사소통 과정 모델

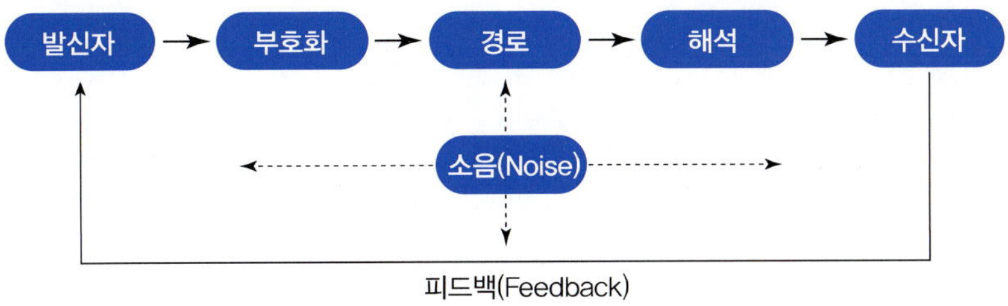

* 발신자 : 자신이 가지고 있는 생각이나 의향, 정보 등을 전달하는 자
* 부호화 : 발신자가 전달하고자 하는 의미를 부호화시키는 과정
* 메시지 : 부호화 과정의 결과로 나타나는 것, 언어적 · 비언어적 메시지
* 경　로 : 메시지를 전달하는 수단(면대면 대화, 전화통화, 서류, 그림, 토의 등)
* 해　석 : 전달된 메시지를 수신자가 어떠한 개념, 생각, 감정 등으로 변환하는 과정
* 수신자 : 메시지를 받는 사람으로 수신자의 특성에 따라 해석이 달라짐
* 피드백 : 수신자가 메시지를 정확히 전달받아 해석했는지 여부를 발신자에게 알림
* 소　음 : 의사소통과정상에서 메시지가 의도하는 바를 왜곡시킬 수 있는 모든 요인

는지를 나타낸다. 그 메시지에 전문어 또는 애매한 단어가 있을 때는 수신자가 이해하려 해도 의사소통에 실패할 것이다.

1.1 의사소통의 기본유형

의사소통은 여러 기준을 중심으로 다음과 같이 구분된다. 첫째, 사용되어지는 매체에 따라 언어적 의사소통과 비언어적 의사소통, 둘째, 공식적 관계를 바탕으로 하는 공식적 의사소통과 비공식적 의사소통, 셋째, 방향을 중심으로 한 일방적 의사소통과 쌍방적 의사소통으로 구분한다.

1) 언어적 의사소통과 비언어적 의사소통

① 구두 의사소통

관리자들은 많은 시간을 사람들과 직접 만나거나 전화상으로 의사소통을 하며 보낸다. 구두 매체가 더 정확하게 메시지를 전달한다고 믿는 사람들은 이러한 방법을 좋아한다. 대면 구두 의사소통은 얼굴표정과 목소리의 톤 같은 단

표 9.1 의사소통의 유형

유형	설 명	예
구두 의사소통	말을 통해서 전달되는 의사소통	개인적인 의사소통, 연설, 회의, 음성메일, 전화대화, 화상회의
문서 의사소통	글을 통해서 전달되는 의사소통	편지, 메모, 형식적인 기록, 보도자료, 이메일, 팩스, 온라인 토론, 인터넷 메시지
비언어 의사소통	단어보다는 몸짓과 행동을 통해 전달되는 의사소통	제스처, 얼굴표정, 자세, 몸짓, 의상, 화장
공식적 의사소통	조직 내 다른 사람들 또는 외부 조직과의 명령사슬로 전달되는 의사소통	내부적－메모, 보고서, 회의, 서면 제안, 구두 프레젠테이션, 회의록 외부적－편지, 서면 제안, 구두 프레젠테이션, 연설, 보도자료, 기자회견
비공식적 의사소통	회사 권한계층과 관련되지 않은 비공식적 매체를 통한 의사소통	그레이프바인, 잡담, 루머 등 비공식적인 경로를 통해 종업원들 사이에서 비공식적으로 퍼짐

서들을 보고 단어들을 연결시킨다. 전화를 통한 구두 의사소통은 시각적인 단서가 부족하지만, 상대방 목소리의 톤을 듣고 질문이나 메시지로 다시 말하는 것에 의해 즉각적인 피드백을 제공한다.

그러나 그것의 직접성 때문에 구두 의사소통은 단점을 가진다. 만약 어떤 회의에서 활발하게 문제에 대해 논의하는 중에 잡음이 들어왔다면 아마도 성질 급한 관리자는 중요한 전달임무를 가진 구성원의 말을 무시할 것이다. 좌절한 그 구성원은 적절한 대응을 하기보다는 무시한 그 상사에게 거친 말대꾸를 하고 일을 그만두고 싶은 충동을 느끼게 될 것이다.

② 문서 의사소통

문서 의사소통의 경로들에는 보고서, 편지, 메모, 화상회의, 그리고 소셜미디어, 이메일, 문자메시지들이 있다. 많은 이러한 경로들은 피드백을 지연되게 하지만 전달된 메시지의 기록을 남긴다. 따라서 서면 커뮤니케이션의 발신자는 메시지를 신중하게 만들고 오해를 피하기 위해 발신 전 검토를 하는 것이 아주 중요하다. 효과적인 서면 커뮤니케이션은 그 메시지를 받는 청중들, 메시지가 이동하는 경로, 그리고 적절한 형식의 정도를 반영한다.

복잡한 마케팅 조사보고서와 같은 공식적인 비즈니스 문서를 작성할 때, 관리자들은 미리 계획하고 신중하게 구성하여야 한다. 공식적인 문서 작성은 계획, 조사, 준비, 작성, 설계, 그리고 수정의 과정을 포함한다. 이메일을 통한 문서 의사소통의 작성은 비형식적인 스타일을 요한다.

이메일은 특히 간단한 메시지와 정보를 전달하는 데 매우 효과적인 의사소통 경로이다. 그러나 이메일의 효과성은 너무나 많은 이메일을 이용한다는 커다란 문제점을 초래하기도 한다. 많은 사원들은 그들의 가치 있는 시간의 대부분을 이메일을 쓰는 데 써버린다. 이 짐을 덜어내고 더 많은 시간을 일의 가장 중요한 부분을 수행하는 데 쓰기 위해서 몇몇 회사들은 이메일을 쓰고 읽는 데 보내는 종업원들의 시간을 줄이기 위한 방법을 찾고 있다. 이러한 필요를 충족시키기 위해 요즘에는 이메일 관리 서비스를 제공하는 회사들도 있다. Dakota Pro.biz와 같은 기업은 종업원들이 받는 이메일의 양과 그 시간을 사내 서버에서 작업할 수 있게 고심하는 회사들을 위한 맞춤형 이메일 해결책을 제공한다.

다른 이메일 사안들은 보안과 유지이다. 왜냐하면 이메일 메시지들은 종종 비형식적이고 발신자들은 대개 자신들이 만든 작성코드를 잊어버리기 때문이다. 수령자가 이메일 메시지를 지우더라도 회사 서버에는 다른 복제본들이 남아 있게 된다. 회사 서버의 이메일들은 법적인 경우 또는 징계처분의 증거로서 사용되어질 수 있다.

③ 비언어적 의사소통

조직 내 구성원들은 전화, 이메일, 직원회의, 또는 복도에서 수다떨기 등 수많은 다양한 방법들로 의사소통을 한다. 또한 제스처, 자세, 눈 맞춤, 목소리의 톤과 성량, 그리고 의상선택까지도 모두 의사소통의 신호가 될 수 있는 비언어적 행동이다. 이러한 세밀한 의사소통들은 메시지의 응답에 커다란 영향을 끼친다. 비언어적 의사소통은 의식적·무의식적으로 표현되는 모든 행동으로서 상대방에게 알게 모르게 인식시키는 의사전달방식을 말한다. 비언어적 신호들은 많은 사람들이 알고 있는 것보다 커뮤니케이션을 하는 데 훨씬 크게 영향을 끼친다. 실제로, 대인 간 의사소통의 70%는 비언어적 신호들을 통해 전달된다고 추정된다. 특히 판매원들은 이러한 단서들을 알아내고 사용하는 데 능숙하다. 예를 들어, 그들은 동의를 표하기 위해 고객들의 제스처와 몸짓을 알아내는 "거울" 연습을 한다.

개인 공간(의사소통하는 동안의 두 사람 간의 신체적인 거리)조차도 메시지들을 강하게 전달할 수 있다. 비언어적 단서를 해석하는 것은 특히 다른 문화적 배경을 가진 사람들에게 도전적이 될 수 있다. 적당한 개인 공간의 개념은 세상 대부분 사람들마다 매우 다르다. 라틴아메리카인들은 대부분의 미국인들과 북유럽인들이 불편을 느낄 수도 있을 만큼 가까운 위치에서 비즈니스 토론을 수행한다. 미국에서 대부분의 비즈니스 대화들은 대략 4~12발 떨어진 사회적인 구역 안에서 발생한다. 사람들은 그들이 그러한 행동을 의식적으로 피하려 할 때 비언어적 메시지를 보낸다. 때로는 비언어적 단서는 말한 의미와 다를 수 있는 사람의 진실한 태도나 생각을 전달한다. 일반적으로, 언어와 비언어적 단서 중 의사소통의 청중들은 대개 비언어적 반응 내용을 믿는 경향이 있다. 회사들은 좋은 태도의 사람들을 고용하려고 애쓰고 채용 인터뷰에서 집단면접을 통해 지원자들의 태도를 면밀하게 관찰한다.

지원자들은 같은 일에 지원한 다른 지원자들과 함께 집단면접에 참여한다. 만약 그룹 인터뷰에서 경쟁상대에 있는 다른 한 지원자가 좋은 대답을 할 때 어떤 지원자가 찡그리거나 낙담한 모습을 보인다면, 그 비언어적 행동은 이 사람은 팀에게 맞지 않을 수 있다고 암시된다.

2) 공식적 의사소통과 비공식적 의사소통

공식적인 커뮤니케이션의 경로는 조직 내 규정된 명령체계의 사슬 안에서 흐르는 메시지를 전달한다. 상위자와 하위자 간에 행해지는 구두에 의한 지시, 서면보고서 및 컴퓨터정보시스템 등과 같은 계층적 경로와 과정을 거쳐 공식적으로 행해지는 의사전달을 말한다. 공식적 의사소통은 체계적이고 계획적이다. 따라서 의사전달이 확실히 편리하며 상관의 권한을 유지하고 그에 대한 책임소재가 명확하다. 그러나 의사전달의 신축성이 없고 형식화되기 쉬우며, 시간이 오래 걸리며 기밀유지가 어렵다는 단점이 있다.

① 공식적 의사소통

공식적 의사소통은 정보흐름의 방향에 따라 하향적 의사소통, 상향적 의사소통, 수평적 의사소통으로 나눌 수 있다.

i) 하향적 의사소통

메시지나 정보가 조직의 상부에서 하부로 전달되는 것으로 주로 지시 · 훈령 · 고시 · 규정 · 발령 · 회람 등의 문서명령과 구두명령, 편람 · 수첩 · 게시판 · 구내방송 · 뉴스레터 등으로 조직운영의 전반에 관한 정보를 모든 직원에게 알리는 의사소통 유형이다. 구두에 의한 의사소통은 내용의 전달이 명료하고 즉각적이기 때문에 지극히 간단한 지시를 내릴 때, 일상적인 명령을 내릴 때, 시간제약이 있는 경우, 그리고 피명령자가 이미 그 내용을 알고 있을 때, 객관성과 신뢰성이 강조될 때 유리하다. 하지만 그 전달대상이 한정되며 복잡한 내용의 정보는 전달을 하고자 할 때 여러 단계를 거치는 과정에서 왜곡현상이 나타날 수 있다.

ii) 상향적 의사소통

상향적 의사소통은 조직의 하부에서 상부로 메시지나 정보가 흐르는 것으로 소위 명령체계의 역순으로 진행된다. 많은 회사들은 상향식 커뮤니케이션을 위한 공식적인 경로들을 명백히 한다. 이러한 경로들은 종업원에서부터 관리자와 수뇌부까지 의사소통을 원활하게 한다. 상향식 의사소통은 종업원 설문조사, 제안함, 그리고 신상품에 대한 아이디어들을 제안하고, 불만을 표시할 수 있게 하는 시스템들이다.

상향식 커뮤니케이션은 하향식 커뮤니케이션의 효과를 평가하는 관리자들에게도 필요하다. 상향적 의사소통은 하향적 의사소통의 오류를 시정하는 데 도움이 되며, 상 · 하급자 간에 쌍방적 의사소통을 가능하게 할 수 있다는 장점이 있다. 그러나 의사소통이 진행되는 계층 간의 간격이 크며 의사결정의 내용이 복잡한 경우에는 효과가 낮다.

iii) 수평적 의사소통

수평적 의사소통은 같은 수준의 지위에 있는 동료 구성원이나 부서 사이에서 일어나는 메시지의 교환을 말한다. 수평적 의사소통의 방법으로는 사전심사, 회람, 위원회 제도 등이 있으며, 과업조정 · 문제해결 · 정보공유 · 분쟁해결, 그리고 동료지원이 요구될 때 사용되기도 한다. 대규모 조직에서 분업화가 되면 될수록 하위조직 간 추구하는 목표가 달라 갈등이 생기는 경우가 많다. 수평적 의사소통은 조직 간 이질적인 목표를 조정하는 데 매우 중요한 역할을 한다.

② 비공식적 의사소통

비공식적 의사소통은 조직 계층 내의 공식적으로 권한을 부여받은 경로 밖에서 이루어지는 메시지 전달을 의미한다. 비공식적 경로의 친숙한 예로는 그레이프바인(grapevine, 비공식적인 원천으로부터 정보를 전달하는 내부 경로)이다. 크든 작든, 모든 조직에는 그레이프바인이 있다. 그레이프바인은 빠르고 경제적으로 정보를 전달하고, 놀랍게도 믿을 만하다. 제대로 만들어진 그레이프바인은 관리자들이 의욕을 가지게 하고 일터에 대한 불안을 이해하게 하고 공식적인 의사소통의 효과를 평가하게 한다. 관리자들은 그들이 알고 있는 것을 공유함으로써 그레이프바인을 통해 유포되는 정보의 질을 향상시킬 수 있다. 그것이 예비적이고 부분적인 정보라 할지라도 선택된 몇몇 사람들과 정보를 나눔으로써 현명한 리더들은 그레이프바인의 힘을 이용할 수 있다.

대개 그레이프바인을 따라 돌아다니는 험담은 이 의사소통 경로의 가장 큰 문제점이다. 만성적인 험담꾼들은 종종 잘못된 정보를 퍼뜨리고 다른 사람들의 사기를 저하시킨다. 관리자는 험담꾼을 즉시 관리해야 하고 상황의 심각성에 따라 적절한 행동을 취해야 한다. 관리자는 그레이프바인과 회사에 대한 정확한 정보를 퍼뜨리는 다른 의사소통 경로들을 사용할 수 있어야 한다.

조직은 더욱 분권화되고 세계화되기 때문에 비공식적 의사소통은 이메일과 문자, 소셜미디어를 통해 정보의 중요한 원천을 제공한다.

3) 일방적 의사소통과 쌍방적 의사소통

의사소통 과정에서 알 수 있듯이 의사소통은 발신자와 수신자의 의견교환 행동이므로, 그것은 당연히 쌍방적 관계이다. 그러나 피드백의 유무에 따라 의사소통은 일방적 의사소통과 쌍방적 의사소통으로 나누어질 수 있다. 일방적 의사소통은 발신자가 자신의 메시지를 수신자에게 일방적으로 전달하는 방법으로 대부분은 대다수의 청중을 상대로 행하는 강연 · 강의 · 보고 · 발표 등을 말한다. 일반적으로 쌍방적 의사소통은 인사 · 소개 · 응대 · 면접 등이 있다. 쌍방적 의사소통에서 상호 간 대화의 책임은 양쪽 당사자에 있다.

4) 자유로운 의사소통의 특징

공식적인 의사소통에서 가장 중요한 요소는 마음을 열고 솔직하게 듣는 것이다. 자유로운 의사소통을 특징으로 하는 작업환경에서, 구성원들은 자신들의 의견을 자유롭게 표출하며, 제안들을 제공하고, 심지어 불만을 드러낼 수 있어야 한다. 연구에 의하면 자유로운 의사소통은 다음의 7가지의 특성을 가진다고 한다.

① 구성원들은 가치 있다. 구성원들은 그들이 소중하거나 자신들의 의견들이 반영이 된다고 느낄 때 더 행복해 하고 의욕을 가진다.

② 높은 수준의 신뢰가 존재한다. 진실을 말하는 것은 높은 수준의 신뢰를 유지한다. 즉, 이것은 자유로운 의사소통과 구성원들의 동기와 유지에 바탕을 두고 형성된다.

③ 충돌은 생기기 마련이고 그것은 긍정적으로 해결되어진다. 충돌이 없는 것은 혁명과 창조를 막는 것이다.

④ 창조적인 반대의견은 환영된다. 독특한 아이디어를 표현함으로써, 구성원들은 자신들이 회사에 공헌하고 있으며, 성과를 향상시킨다고 느낀다.

⑤ 구성원의 조언을 얻으려고 한다. 어떤 조직이든지 성공의 열쇠는 구성들로부터 참여의 의미를 확립하고 협력관계를 개선시키는 조언이다.

⑥ 구성원들에게 잘 알려져야 한다. 구성원들에게 조직 내에서 일어나는 일들에 대해서 알려야 한다.

⑦ 피드백은 현재 진행 중이다. 긍정적이고 부정적인 피드백은 진행 중이어야 하며 남의 탓으로 돌리는 것보다 관계를 개선시키는 방법으로 제공되어야 한다.

1.2 의사소통 네트워크

조직구성원 간의 의사소통 경로를 분석해 보면 여러 가지 형태를 띠고 있다. 이것은 집단 효율성이나 구성원의 사기에 중요한 영향을 미치고 있다. 이러한 조직 의사소통 경로의 구조를 의사소통 네트워크라고 한다. 일반적으로 의사소통의 네트워크는 5가지의 유형으로 분류한다.

그림 9.3 의사소통 네트워크 유형

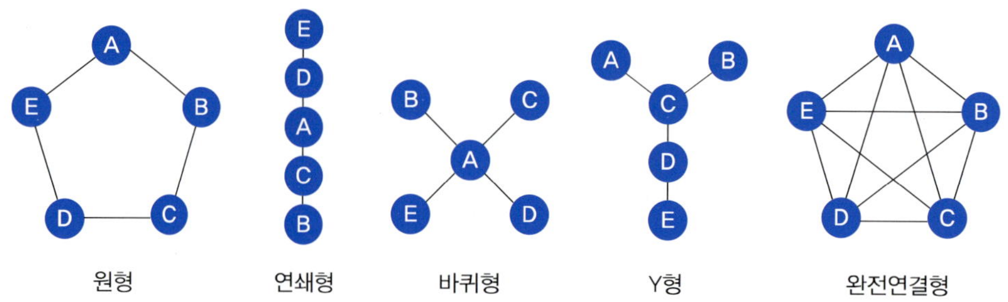

① **원형** : 가장 자주 나타나는 의사소통의 형태로, 원형 의사소통은 의사소통이 분산되는 형태로, 중심인물이 없는 상태에서 의사소통의 목적과 방향이 없이 구성원 사이에 정보가 전달된다. 원형 의사소통은 조직 내 상위자들과 하위자들 간에 교차적 의사소통이 이루어지고 집단구성원들 간에 동등한 입장에서 의사소통을 하는 경우에 형성되는 형태이다. 공식적인 리더가 있지만 자유로운 분위기 속에서 개인이 능동적으로 참여하므로 사기가 높아지고 문제해결의 참여기회가 넓으며, 구성원 상호 간 협력도 잘 이루어진다.

② **연쇄형** : 의사소통이 명령권한계층에 따라 위에서 아래로 흐르는 조직 형태이다. 이러한 의사소통 형태의 조직에서는 공식적인 명령 및 권한체계가 명확히 정해져 있다.

③ **바퀴형** : 한 개인이 중심적인 위치에 있어서 리더를 중심으로 의사소통이 이루어지는 형태이다. 수레바퀴형 의사소통 네트워크 형태에서는 신속한 의사결정에는 유효하며, 리더는 여러 정보를 공유하고 독립적인 위치에 있는 유력한 존재이다. 평상시에는 리더를 중심으로 한 의사소통이 능률적이고 생산적이지만, 위기상황 시 구성원들은 오로지 리더에게만 의존하기 때문에 구성원들의 능동적이며 적극적인 참여의식을 갖지 못하는 단점이 있다.

④ **Y형** : 연쇄형과 비슷한 형태로 두 개의 권한계층이 놓여 있다.

⑤ **완전연결형** : 원형의 확장된 형태로 자유롭게 모든 구성원들과 의사소통이 가능한 분권적 형태이다. 비공식적인 의사소통 네트워크이며 리더가 없고 누구든지 의사소통을 주도할 수 있는 형태이다.

표 9.2 의사소통 네트워크의 효과

기 준	의사소통 네트워크 유형				
	연쇄형	바퀴형	원형	Y형	완전연결형
의사소통의 속도	중간	단순과업 : 빠름 복잡과업 : 늦음	빠름	빠름	빠름
의사소통의 정확도	문서 : 높음 구두 : 낮음	단순과업 : 높음 복잡과업 : 낮음	중간	높음	중간
리더의 권한집중	높음	높음	낮음	낮음	극히 낮음
구성원 만족도	낮음	낮음	높음	중간	높음
의사결정 속도	빠름	중간	느림	중간	빠름
의사결정 수용도	낮음	중간	높음	중간	높음
조직구조의 형태	수직적	수평적	수직적	수직적	수평적

의사소통 네트워크는 집단이 맡은 일, 조직환경, 구성원들의 성격, 집단의 규모와 응집력 등에 의해 네트워크 형태가 결정된다. 여러 가지 의사소통 네트워크는 의사소통의 속도, 정확성, 구성원의 사기, 리더십, 조직의 안정성, 융통성의 변인에 대한 잠재적 효과 때문에 매우 중요시되고 있다.

1.3 의사소통의 방해요인

의사소통을 방해하는 요인으로는 대개 개인적 특성에 따른 지각의 차이, 가치관, 해석상의 오류, 감정상태, 소음, 충분하지 못한 시간, 정보의 과중 등 다양한 요인들이 존재한다.

우선 의사소통의 장애요인을 극복하기 위해서 그 요인들의 본질에 대해 파악해 보아야 할 것이다.

1) 전달자와 수신자 사이에 기인하는 요인

① **가치관, 사고방식의 차이** : 의사소통을 하는 당사자들의 가치관, 교육 정도, 사고방식이 다른 경우 의사전달은 제약을 받게 된다.

② **의도적인 제한** : 전달자가 의도적으로 비밀을 유지하고자 하거나 제한적인 전달을 하는 경우 의사전달이 제약받게 된다.

③ **지위상의 차이** : 전달자와 수신자의 심한 계층적 지위상의 차이는 의사전달을 왜곡시키기 쉽다.

④ **전달자의 자기방어** : 전달자가 자기에게 불리한 사실은 감추고 유리하고 상대방에게 듣기 좋은 것만 선택하여 전달하는 경우 의사전달이 제약받게 된다.

⑤ **수신자에 대한 불신** : 수신자가 전달자를 불신하는 경우, 수신자는 전달내용을 임의로 판단하거나 수정하는 오류를 범하기 쉽다.

2) 의사전달 과정 및 수단에 기인하는 요인

① **어의상의 문제** : 많은 사람에게 있어서 같은 말이 서로 상이하게 해석될 수가 있다.

② **정보의 과중** : 수신자가 자기능력 이상의 정보를 받게 될 때 의사소통의 효율성은 크게 떨어진다.

③ **시간의 압박** : 시간이 부족한 것도 의사소통의 장애요인 중 하나이다.

④ **언어적 의사소통과 비언어적 의사소통의 불일치** : 제스처, 얼굴표정, 몸짓 등의 비언어적 의사소통과 언어적 의사소통 간에 모순이 생긴다면 그 의사소통은 유효성이 감소한다.

⑤ **문화적 맥락** : 모든 의사소통은 몇몇 가지의 상황적 또는 문화적 맥락에서 발생한다. 그 맥락은 어떻게 그 과정이 잘 전달될 것인가에 강력한 영향을 미친다. 예를 들어, 한 조용한 회사 내에서 두 사람 간의 대화는 같은 내용의 의사소통이 원활히 이루어지는 시끄러운 회사와는 매우 다른 문화적 환경이 될 것이다. 영국 선술집에서 얇은 감자튀김을 주문한 미국인은 길쭉하고 얇은 감자튀김을 받는 것과 같은 맥락이 될 것이다.

인류학자들은 문화를 저 맥락(low context)과 고 맥락(high context)으로 구분한다. 저 맥락의 문화에서 의사소통은 명확히 문서로써 쓰여진 것과 구두 메시지에 의존하는 경향이 있다. 스위스, 오스트리아, 독일, 그리고 미국이 그 예들이다. 이와는 대조적으로 일본, 라틴아메리카, 그리고 인도와 같은 고 맥락의 문화들에서 메시지는 그 자체뿐만이 아니라 무언의 지시, 과거와 현재의 경험들, 그리고 그 조직들 간의 사적인 관계를 포함한 그 주변 정황들에 의존한다. 서구인들은 조심스레 고 맥락의 동료나 고객들의 생각에 그들의 저 맥락 성향을 완화시켜 표현해야 한다. 미국사람들은 사업 관련자들과 만남 후 바로 또는 저녁식사 직후 직접적인 상호작용을 선호하고 바로 일에 착수하기를 원하는 경향이 있지만, 멕시코나 아시아인들은 세부사항을 논의하기에 앞서 서로 친숙해지려 한다. 이러한 나라들에서 일을 할 때, 현명한 방문자들은 일과 관련된 주제는 미뤄두고 편안하게 식사를 할 시간을 먼저 갖는다.

3) 의사소통 방해 요소-소음

의사소통과정에서의 소음은 메시지와 피드백의 전달과정에 있어서 영향을 주는 몇 종류의 간섭 중 하나이다. 소음은 핸드폰 메시지를 제대로 받지 못했거나, 잘 들리지 않는 라디오의 광고와 같은 단순한 물리적인 요소에 의해 생긴다. 그것은 또한 사람들의 태도와 관점 속에서 더 복잡한 차이로 만들어진다. 그 결과 사람들이 같은 의사소통에 노출되었을 때도, 그들은 의사소통의 소음 때문에 매우 다른 관점을 가지게 된다. 의사소통과정에서 소음은 어떤 상황에서든지 나타날 수 있다. 이렇기 때문에 관리자들은 조직구성원들과 의사소통을 할 때 소음을 없애는 방법을 배워야만 한다.

4) 효과적인 의사소통을 위한 관리방안

효과적인 의사소통에 많은 장애요인이 있다면 경영자들은 그것을 극복하는 관리방안을 모색해야 한다.

① 의사소통의 왜곡에서 오는 오해와 부정확성을 줄이기 위하여 발신자는 사후검토와 피드백을 활용하여 메시지의 내용이 실제로 어떻게 해석되

고 있는가를 조사할 수 있다.

② 감정적으로 혼란한 상태에 있을 때 메시지는 왜곡되기 쉽기 때문에 감정의 억제가 필요하다.

③ 전달하려는 내용이 복잡할 때는 중요한 요점을 다양한 의사소통 매체를 통해 전달하면 큰 효과를 거둘 수 있다.

④ 조직에서는 권위적인 의사소통의 행태를 개선하고 원활한 소통이 이루어질 수 있어야 한다.

⑤ 적극적인 경청은 수신자가 발신자의 감정을 이입할 때 더욱 증진된다.

1.4 경청의 유형

경청이란 메시지를 받고 정확하게 그 사실을 알며 전달된 내용을 깨닫는 것을 통해 그것의 진짜 의미를 해석하는 것이다. 경청의 유형들은 조직과 개인의 의사소통에서 흔히 일어난다.

① **냉소적이거나 방어적인 경청** : 이러한 경청의 유형은 메시지 수신자가 전달자와의 커뮤니케이션 과정에서 전달자가 메시지를 통해 어떤 이득을 얻으려 하는 것을 느낄 때 발생한다.

② **공격적인 경청** : 이러한 유형에서는 수신자가 화자의 실수나 모순을 알아내려 한다.

③ **무의지 경청** : 이러한 경우 수신자는 듣지 않으며 화자가 말하는 중간에 끼어들기를 잘하고 자신이 대화를 주도하기를 원하고 결국 결론도 자신이 내린다.

④ **소극적 경청** : 수신자들은 의사소통에 주의를 기울이기보다는 얌전하게 듣는다. 무의지 청취자들은 대개 주의를 기울이지 않고 화자가 말을 마쳤을 때 자신들이 원하는 말을 하기 위해 시간만 보낸다. 이러한 경우에 수신자는 주변 환경에 의해 산만하고 오해나 실수를 불러일으키기 쉽다.

⑤ **적극적인 경청** : 이런 형태의 경청은 정보에 대한 몰입과 화자의 상황에 대한 공감을 요한다. 조직과 개인의 삶에서, 적극적인 경청은 효과적인 의사소통의 기본요소이다.

적극적인 경청자가 되는 법을 배우는 것은 경영자들에게는 특히 중요한 목표가 된다. 효과적인 의사소통은 그들의 필수적인 역할이기 때문이다. 경청은 어려운 일이나 그것은 향상된 학습, 더 넓은 인간관계와 더 많은 영향력을 가져다주기 때문에 관리자들과 사원들은 그들이 더 나은 청자가 될 수 있는 기술을 향상시켜야 한다.

1) 경청 방법

경청은 가장 중요한 의사소통의 기술이지만 대부분은 충분히 사용되지 못한다. 미국에서 20여 년 동안 '라이브 쇼'를 진행하며 3만 5천여 명을 인터뷰한 토크쇼의 거성 래리 킹(Larry King)의 비결은 유창한 화법이나 해박한 지식이 아니라 상대방의 말에 경청하는 자세였다. 또한 미국 전역의 수백 개 회사를 조사한 결과 조직원이 갖추어야 할 가장 중요한 기술이 경청인 것으로 나타났다.

경청이란 메시지의 내용과 전달자의 감정까지 정확히 이해하고 전달자가 충분히 말할 수 있도록 돕는 것이다. 말을 잘하는 것과 영업사원의 실적과는 관계가 없으나 듣지 않는 것과 실적과는 상관관계가 있다. 듣는 사람은 별 노력이 들어가지 않는 것처럼 보이기 때문에 듣는 일은 쉽게 느껴진다. 하지만 경청은 어렵게 느껴진다. 보통 사람들은 대략 1분당 150단어의 속도로 말을 뱉어내지만, 뇌는 분당 400단어를 처리할 수 있다. 이 차이는 의사소통을 지루함, 건

표 9.3 효과적인 경청을 위한 개방형 질문 유형

질문형태		사 례
유도형 질문	좀 더 구체적인 질문을 할 수 있도록 일반적인 정보를 유도한다.	• 그룹 내에서 당신의 역할에 대해 어떻게 생각합니까? • 이 프로젝트의 목표는 무엇이라고 생각합니까?
상세형 질문	자세한 설명을 요구하거나 이해를 돕는 질문을 한다.	• 그것에 대해 좀 더 자세히 얘기해 주시겠습니까? • 결과는 어땠습니까? • 개선할 수 있는 부분은 무엇입니까?
확인형 질문	말한 내용을 좀 더 명확히 이해할 수 있는 질문을 한다.	• "급하다"는 건 무엇을 의미하죠? • 다음 주 초까지 끝내야 한다고 말씀하셨는데, 그렇다면 날짜와 시간을 정할 수 있습니까?
추가형 질문	새로운 정보를 추가적으로 얻는다.	• 다른 내용은 없습니까? • 이런 조치에 대해 어떤 대응방안이 있을 수 있다고 생각합니까?

성, 오해로 이끈다. 며칠 후에는 수신자가 기억할 수 있는 메시지의 비율은 25% 또는 그 이하로 줄어들게 된다. 또한 읽기와 쓰기에 집중된 우리나라의 기존의 교육방식은 사람들로 하여금 경청을 힘들게 느끼게 하였다. 사실 보통 사람들은 즉각적 듣기를 통해 메시지를 받고 그것의 반만 기억해 낼 수 있다.

효과적인 경청을 하기 위해서는 첫째로, 표현에 앞서 진실성 있게 대화에 임해야 한다. 둘째, 경청하고 있음을 표현해야 한다. 귀로만 경청하는 것이 아니라 눈, 입, 손짓 등 다양한 비언어적인 요소를 사용하여 상대방의 말에 귀를 기울이고 있음을 표현해야 한다. 또한 상대방의 말에 반응하고, 확인하고, 나아가 질문을 통해 내용을 정확히 이해하고 상대방이 좀 더 말을 많이 하도록 하여야 한다.

독창적인 아이디어의 의사소통 사례

아웃도어 브랜드 '파타고니아'가 퇴사율이 낮은 이유

미국의 아웃도어 브랜드 파타고니아는 환경보호에 앞장서는 사회적 기업이다. 파타고니아는 새 제품을 팔기 위해 마케팅을 벌이기보다 중고제품 거래를 독려하며 캠페인을 벌일 정도로 환경보호에 대한 철학이 뚜렷하다. 이러한 철학에 공감하는 많은 소비자들의 사랑을 받으며 미국 아웃도어 브랜드 중 2위 자리에 오른 파타고니아는 낮은 이직률로도 유명하다.

파타고니아의 이직률이 낮은 이유 중 첫 번째는 당연하게도 직원들의 근무만족도가 높기 때문이다. 창업자 이본 쉬나드는 전문 산악인 출신으로서 서핑을 취미로 즐기기로 유명하다. 쉬나드의 철학대로 파타고니아의 캘리포니아 본사에서는 언제든지 파도가 좋은 날이면 직원들이 서핑을 하러 나가고 눈이 오면 스키를 타러 간다고 한다. 실제로 파타고니아의 채용기준 중 하나는 '야외활동을 많이 하는가'이기도 하다.

또 사내 유치원을 운영하고 육아휴직을 적극적으로 지원한다. 파타고니아에서는 경력단절이라는 단어를 찾아볼 수 없을 정도다. 뿐만 아니라 고위직 임원 중 절반이 여성으로 이뤄져 있다. 이외에도 정년이 없어 직원이 희망하면 언제까지든 일할 수 있는 만큼 일할 수 있다는 점도 특징이다. 연장자에 대한 배려와 존중은 파타고니아 기업문화의 한 요소를 구성하고 있다.

파타고니아는 이직을 희망하는 직원에게 퇴사 인터뷰를 하는 것으로도 유명한데, 퇴사 인터뷰라고 해서 무엇이 불만이냐며 추궁하는 상사는 없다. 대신 입사했을 당시의 이야기를 먼저 한다. 파타고니아에 입사하려고 했던 이유나 파타고니아에서 얻고자 했던 것은 무엇인지 등에 대해 묻고 이야기를 나누다보면 어느새 입사 당시의 초심을 되찾게 되는 것이다. 끝내 퇴사를 결정한다 하더라도 좋은 기억을 가진 채 이직을 하게 된다.

파타고니아의 환경보호에 대한 철학은 일하는 직원들에게도 큰 영향을 주고 있다. 이는 단순히 직원 복지가 좋은 것 이상으로 직원들의 애사심을 자극하는 요소다. 직원들은 창업자의 신념과 회사가 추구하는 가치에 대해 공감하며 실천한다. 직원들의 환경보호에 대한 신념을 지지하는 의미로 환경단체 활동을 지원하기도 한다. <지식비타민, 2019. 5. 20.>

2 의사결정

2.1 의사결정이란 무엇인가?

의사결정이란 실행가능한 대안들 중에서 논리적 대안을 선택하는 과정이다. 좋은 의사결정을 하려 할 때 개인은 각 대안의 긍정적인 면과 부정적인 면을 비교하고, 모든 다른 대안들을 고려해 봐야 한다. 효과적인 의사결정을 위해 각 대안의 결과를 예측할 수 있어야 할 뿐만 아니라 모든 사안에 근거하여 특정한 상황에서 최선의 선택이 어떠한 것인지를 결정해야만 한다.

의사결정 상황에서 인간의 행동은 몇 가지 관점에서 활성화되고 있는 연구의 주제가 되고 있다. 심리학적인 관점에서 개개인이 가지고 있고 추구하는 가치에 대한 필요성과 선호의 상황 안에서 개별 의사결정들은 검토되어져야 한다. 인지적 관점에서 의사결정과정은 환경과 상호작용하는 계속적인 통합과정으로서 고려되어져야 한다. 규범적인 관점에서 개별 의사결정은 합리성의 논리와 그것이 이끄는 선택에 관련된다.

현명하고 숙련된 결정을 만드는 능력은 성공하고 만족할 만한 삶을 위해 필수적이다. 개인들, 그룹들 또는 팀들은 매일 의사결정을 한다. 몇 가지 결정은 매우 중요해서 많은 사람들에게 영향을 끼치는 반면 다른 결정들은 사소하고 한 사람 또는 소수에게만 영향을 끼친다. 데이터에 근거한 의사결정과정은 좋은 결정들로 이끈다. 경영에서 주된 관심사는 의사결정을 이해하고 개선시키는 것이다.

경영의사결정에는 두 가지 접근법이 있다. 첫째는 경제 또는 통계에서 끌어낸 일정한 양식에 따른 논리에 근거를 둔 규범적 의사결정 규정으로 실행과 향상에 관련된다. 두 번째는 어떻게 사람들이 실제로 판단과 결정을 하고 선택하는가를 설명하는 것이다. 의사결정은 대개 문제를 조각으로 쪼개고 그 조각들을 나눠서 처리하고, 마지막 결정을 위해 그것들을 다시 결합시킴으로써 향상되어질 수 있다.

다양한 업무에서 경영의사결정 환경은 의사결정자의 경험, 신념, 그리고 지각에 의한 측면과 의사결정 지원 수단 및 기법이라는 또 다른 면을 보여준다. 중요한 결정에서 모든 관련된 정보들은 받아들여지고, 사용되어질 수 있다. 우리는 이 장에서 의사결정과정, 모형들, 그리고 종류들에 대해서 논의할 것이다. 그리고 다른 상황들에서 어떻게 의사결정을 할 수 있는지에 관해 설명할 것이다. 경영에서 90%의 활동은 의사결정이라고 피터 드러커가 말한 것처럼, 경영의사결정은 중대한 역할을 한다.

2.2 의사결정과정과 단계

의사결정은 대안들을 생산하고 평가하며 그 대안들 중에서 좋은 대안을 선택하는 과정이다. 그것은 항상 최고의 선택을 위해 노력하는 최선인가? 아마도 아닐 것이며, 완벽한 해결을 위한 실행은 의사결정자들을 아무것도 할 수 없게 만들 수 있다. 그들은 완벽한 결정을 만들지 못함이 너무 두려워서 새로운 결정을 하지 않는다. 의사결정과 행동을 하는 것보다 데이터와 정보 수집이 더 중요할 때, 때로는 결정하고 실패 위험을 감수하고 나서 그 실패로부터 배우는 것이 더 낫다. 결국, “결정이 완벽하게”가 아니라 “실행이 완벽하게”이다.

전문적인 관리자들은 그들의 회사의 수익기록과 직원들의 복지 그리고 조직과 나라의 경제상태가 반영된 전반적인 의사결정의 결과를 미리 알고 있다. 의사결정에 성공하기 위해 관리자들은 전문적인 결정을 할 수 있어야만 한다. 조직은 실패를 원하지 않는다. 그들은 의사결정을 잘할 수 있는 능력이 있는 개인들을 원한다. 관리자들이 100% 옳아야 한다고 의미하는 것은 아니다. 누구

그림 9.4 의사결정과정

도 완벽할 수는 없다. 성공한 관리자들은 덜 성공한 관리자들보다 더 높은 성공률을 가지고 있다고 제안하는 것이다.

의사결정과정은 [그림 9.4]에 요약된 것과 같이 일반적으로 5가지로 구분된다.

1) 문제 또는 기회의 확인

Harold Leavitt에 의하면, 경영자는 문제해결과 차후 의사결정, 실행, 그리고 예지력과 기업가적인 재능을 가지고 있어야 한다. 어떤 사람들은 의사결정을 단지 문제 해결로만 보는데, 대체로 문제들은 기회로서 다루어져야 한다. 의사결정과정의 첫 번째 단계는 문제보다는 의사결정의 기회를 더 잘 알아보는 것이다. 결국 문제들은 그 자체가 증거가 될 수 있기 때문이다. 종종 문제와 기회 사이의 구별은 확실하지 않다. 문제정의에서 문제 그 자체뿐만 아니라 근본적인 원인들을 생각해 보는 것이 아주 중요하다. 문제의 원인은 그 문제가 고쳐지기 전에 밝혀져야 한다. 관리자들은 문제 또는 기회 둘 중 하나의 의사결정요구에 마주친다. 문제는 조직성과가 목표보다 적을 때 발생한다. 기회는 관리자들이 현재의 명시된 목표를 초과할 가능성이 있을 때를 아는 것이다.

문제와 기회의 인식은 의사결정 순서에서 그 첫 번째 단계이고, 경영적 주의를 받을 만한 이슈에 관해 그 내부와 외부 환경의 감시를 요구한다. 관리자들은 조직이 만족할 만하게 그 목적을 향해 진행하고 있는가를 확인하기 위해 그들 주변의 환경을 살핀다. 몇 가지 정보는 문제가 너무 심각하게 되기 전에 주기적인 재정기록, 과업수행 기록, 그리고 문제들을 발견하게 고안된 다른 정보로 나타난다. 관리자들은 또한 비정형적인 자료들을 이용한다. 그들은 다른 관리자들과 상의하고, 어떻게 일이 진행되는지에 대한 의견을 얻고, 어떤 문제들이 논의되어지고 또는 어떤 기회들을 잡을 것인지에 대한 자문을 구한다.

2) 대안 설정

문제는 대개 어떤 방법으로도 해결되어질 수 있다. 결정자들이 결정해야만 하는 선택은 대체가능하다. 선택한 오직 하나의 대안은 고려되어진 대안들 중에서 최고라고 판단된 하나이다. 하지만 의사결정을 하는 시점에 그 문제가 풀릴 수 있는 모든 실현가능한 방법들을 고려하는 것이 중요하다. 일단 그 문제 또는 기회를 알고 분석하였다면, 결정자들은 그 결정을 실행하기 시작한다. 그 다음 단계는 가능한 대체 해결책들을 만들어내는 것이다. 한 연구는 대안에 대한 조사를 제한하는 것은 조직 의사결정 실패의 기본적인 원인이라는 것을 알아냈다. 일단 문제 또는 기회에 관리자가 관심을 가졌다면 대안들은 결정될 수 있다.

진단은 관리자들이 분석하는 의사결정 상황과 관련된 근본적인 인과관계 요인에 관련되는 의사결정과정의 단계이다. 관리자들은 만약 문제의 원인을 보다 주의 깊게 파악하지 않은 상태에서 어떤 대안을 만든다면 그것으로 인해 실수를 하게 된다.

여러 가능한 대안들 중에서 최선의 방법을 선택하는 능력은 성공한 관리자와 덜 성공한 관리자를 구분 짓는다. 관리자들은 전반적인 상황을 고려하여 가장 성공가능성이 높은 대안을 선택해야 한다. 이 단계는 쉽게 들리지만 관리자들에게는 가장 어려운 부분이다. 잘못된 결정을 내릴 수 있다는 두려움은 관리자로 하여금 결정을 전혀 내리지 못하게 하기도 한다. 의사결정에 불굴의 의지를 가지고 있고 좋은 대안을 선택하기 위해 많은 시간을 할애하는 관리자에게 상대적으로 높은 급여가 지급되는 것은 놀랄 일이 아니다.

3) 대안 평가

대개 이점과 단점은 모든 대안에서 발견되어질 수 있다. 하나의 대안은 분명히 우월하지만, 그것은 또한 몇 가지 단점들을 가지고 있을 것이다. 새로운 콜라 생산 대안은 예전의 콜라를 좋아하는 미국사람들에게 콜라로부터 멀어지게 하는 위험을 가져왔다. 특정한 대안에 대해 찬성하는지 반대하는지에 대한 논의들을 현실적으로 평가하는 것은 관리자들에게 필수적이다.

가끔 어떤 아이디어는 처음에는 좋게 들리지만, 그 대안들의 찬성과 반대의견을 듣고 충분한 시간을 내어 알아보아야 그 의사결정이 성공할 수 있다. 대안 평가의 방법들은 많이 있다. 그 중 한 방법은 각 대안의 찬성과 반대를 일일이 열거하는 것이다. 그 과정에서 찬성과 반대의 수적인 측면에 초점을 맞추기보다는 각 대안과 관련된 항목들의 전반적인 중요성을 고려하는 것이 더 필요하다. 또 다른 방법은 각 대안들과 관련한 기대되는 결과물들을 비교해 보는 것이다.

4) 최적대안 선택과 이행

의사결정의 선택은 몇 가지 실현가능한 가정 아래에서 선택된 가장 좋은 선택이다. 최선의 대안은 전반적인 조직의 가치와 목표에 가장 잘 적합하고 조직 내 자원을 활용하여 요구되는 결과물을 달성하는 것이다. 대안에 대한 선택은 관리자가 그들의 성격요인에 따라서 또는 그들이 얼마나 위험과 불확실성을 수용하느냐에 달려 있다.

이 단계에서는 경영적, 관리적, 그리고 선택된 대안이 실행되는 것을 입증하기 위한 의사결정자의 설득과 경영능력의 이행과 관련되어진다. 이것은 전략적 이행과 유사하다. 선택된 대안의 궁극적인 성공은 그것이 행동으로 전환되는지에 달려 있다.

5) 결정한 대안의 평가

어떤 의사결정과정도 경영의 현실 환경에 노출되기 전까지 완벽할 수는 없다. 그 문제는 어떤 결정이 그 문제를 해결하였고 문제를 기회로 어떻게 이용하였는지에 대한 객관적인 평가가 요구된다. 결정의 실행이 의사결정과정을 완료하지는 않는다.

의사결정의 평가단계에서 결정자는 의사결정이 얼마나 잘 수행되는지, 그 의사결정이 목표 달성에 효과적인지에 관한 정보를 수집한다. 피드백은 의사결정이 계속적이고 지속적으로 수행될 수 있기 때문에 중요하다. 피드백은 의사결정자에게 새로운 의사결정 사이클을 예측할 수 있는 정보를 제공한다.

2.3 의사결정 모형

의사결정에는 합리성과 제한된 합리성이라는 두 가지 기본 모형이 있다. 합리적 모형에서는 결정자는 체계적인 절차에 따라 문제해결을 위한 모든 대안을 탐색하고, 일정한 기준에 의해 평가하여 선택된 가능성 있는 최고의 대안을 선택하려 한다.

제한된 합리성 모형에서 결정자는 대안들 중에서 최소한의 기준을 충족하는 만족할 만한 수준에서 최종안을 선택한다. 더 나은 의사결정을 하기 위해서 현대 의사결정의 연구에서는 최고의 결정을 하는 관리자들이 합리적인 의사결정 모델에 의존하여 과도하게 분석하거나 전적으로 자신의 직감에 의존하여 의사결정과정을 지나치게 단순화시키지 말아야 한다고 제시한다. 대신 많은 관리자들은 인지적인 의사결정이라고 불리는 개념을 사용한다. 인지의사결정은 현재 상황을 즉시 발전시키기 위한 환경적인 맥락 안에서 사용기억을 통합하기 때문에 합리적인 의사결정보다 더 빨리 결정에 이르게 한다.

의사결정에 관련된 관리자들은 대개 합리적, 고전적, 관리적, 정치적 모형 중 하나를 의사결정과정에 사용한다. 모형의 선택은 관리자의 개인 선호도에 따라 다르다. 그 결정이 정형화되었는가 또는 비정형화되었는가, 그리고 의사결정과 관련하여 위험, 불확실성, 그리고 문제의 모호성의 정도에 따라서 다른 의사결정 모형이 사용된다. 경영의사결정은 대개 정형화된 또는 비정형화된 문제 중 하나로 범주화된다. 정형화된 의사결정은 반복적이고 구조화된 조직문제에 대한 의사결정방법이다. 비정형화된 의사결정은 조직 차원에서 중요하다. 비정형화된 의사결정은 전략적 계획과 관련되어 있다. 불확실성이 크면, 의사결정 자체가 복잡한 과정을 거치게 된다.

1) 합리적 모형

합리적 모형은 인간을 경제적 합리인이라는 가정에 바탕을 둔다. 이 모형은 관리자들이 현명하고 조직의 경제적인 이득에 알맞은 의사결정을 할 것이라고 예상한다. 이 모형은 의사결정과정을 '어떻게 의사결정자들이 결정을 해야 하는지'를 정의하는 것으로 간주한다. 일반적으로 효과적인 의사결정은 합리적 의사결정 모형을 의미한다. 합리성의 의미는 목표를 달성하는 데 있어 대안의 평가나 분석이 가능한 능력이나 정보가 있는 것을 의미한다.

언제 사람은 합리적으로 생각하고 결정하는가? 사람들이 합리적으로 행동하거나 결정하는 것은 목표에 비추어 적합한 행동을 시도하기 위함이다. 그들은 기존의 상황과 그들의 한계 아래에서 목적 달성을 할 수 있는 대안에 대한 명확한 이해가 있어야 한다. 또한 모든 정보와 추구하는 목표에 비추어 대안을 분석하고 평가할 수 있는 능력이 있어야 한다. 하지만 합리적 모형은 실제 조직에서 사용하기에는 현실성과 실용성이 결여되어 있다.

정형화된 의사결정과 비정형화된 의사결정에는 차이점이 있다. 정형화된 의사결정은 조직 내의 일상적인 문제이거나 구조적인 문제에 적용된다. 이러한 유형의 의사결정은 일상적이고 반복적인 업무의 형태이다. 그것은 기본적으로 이전의 만들어진 기준을 바탕으로 의사결정이 행해진다. 이러한 의사결정은 선례에 의한 의사결정으로 볼 수 있다.

2) 제한된 합리성 모형

사람들은 복잡한 문제들을 합리적으로 해결하는 데 한계와 장벽을 가진다. 관리자들은 복잡한 의사결정에 대한 그들이 만족하는 모든 정보를 처리할 수 있는 시간과 능력을 가지고 있지 않다.

- 만족감 : 대개 의사결정자는 최소한의 의사결정기준에 만족하는 첫 번째 해결대안을 선택한다. 관리자는 보다 나은 해결방안이 있더라도 경제적 이익을 극대화할 하나의 해결방안을 확인하기 위해 모든 대안을 추구하는 것보다는 그 문제를 해결해 줄 수 있는 가장 적절한 첫 번째 대안을 선택할 것이다.
- 제한된 합리성 : 관리자들은 제한된 합리성을 해결해야만 한다. 다시 말해 만약 관리자들이 완벽하게 합리적인 의사결정을 하기 위해 노력할지라도 정보, 시간, 불확실성의 제한요인이 합리성을 제한시킨다. 현실적으로 관리자들이 완벽하게 합리적일 수 없기 때문이다. 그들은 그런 환경들 하에서 최적의 해결방안에 이르기 위한 욕구에 노출되기도 한다.

3) 관리적 모형

관리적 모형에서는 관리자가 실제로 의사결정이 어려운 상황에서 어떻게 의사결정을 하는지를 설명한다. 예를 들어, 비정형화된 의사결정, 불확실성, 과제의 모호성이 높은 경우에 많은 의사결정들이 질적인 측면에서 충분히 정형화되어질 수 없다.

관리자들이 합리적으로 의사결정을 하려 할지라도 경제적으로 합리적 의사결정을 하는 것은 불가능하다. 비정형화된 의사결정은 체계적이지 않고 원인이 규명되지 않은 상황에서 사용되어진다. 실제로 전략적 의사결정은 보편적으로 비정형화된 의사결정이다. 다수의 의사결정은 완전히 정형화되거나 비정형화되거나 비정형화되지 않는, 즉 두 가지 속성을 모두 갖는 의사결정이다. 의사결정 목표는 관리자들 간에 갈등과 의견의 불일치를 이루게 한다. 관리자들은 조직 내에 존재하는 문제와 기회들을 인식하지 못하는 경우가 있다. 의사결정과정에 항상 합리적인 과정이 사용되는 것은 아니며, 합리적으로 결정하는 과정에서도 그들은 현실적으로 조직의 관점에서 복잡한 문제들을 간단한 관점으로 국한시킨다. 대안에 대한 관리자들의 조사는 사람과 정보, 그 외의 다른 요인들에 의해 제한된다. 관리자들은 최고의 선택보다 최적의 선택을 하게 된다. 이 관리모형은 이론적인 이상향에 따라 관리자들의 의사결정을 하는 것보다 복잡한 상황에서 실제로 어떻게 의사결정을 하는지를 설명한다. 이 모형은 합리적 의사결정과정을 추구할 수 있기에는 부족한 환경의 제약과 인간에 대해 인정한다.

- **직관** : 관리적 의사결정의 또 다른 점은 직관이다. 직관은 논리적인 과정이나 명백한 추론 없이 과거의 경험에 바탕을 둔 의사결정 상황에서의 빠른 판단을 말한다. 직관에 의한 의사결정은 임의적이고 비논리적이다. 관리자들은 오랜 실무와 현장 경험을 바탕으로 문제를 빠르게 감지하여 빠른 문제해결을 하기 때문이다.

4) 정치적 모형

정치적 모형은 대부분의 관리자들과 결정자들이 행하는 현실 상황과 아주 흡사하다. 의사결정은 복잡하고 많은 사람들이 관련되며, 정보는 모호하고, 문제와 그에 해결에 대해 경영자들 간의 충돌이나 의견 불일치가 생긴다. 정치적 의사결정 모형에는 4가지 기본 추정사항들이 있다. 조직은 다양한 관심과 목표, 가치를 가지고 있는 그룹으로 만들어진다. 정보는 모호하고 완벽하지 않다. 관리자들은 시간, 원천, 또한 문제의 모든 면을 확인하고 모든 정보에 대해 처리할 수 있는 정신적 능력을 가지고 있지는 않다. 관리자들은 목표를 결정하는 것과 대안들을 논의하는 데 상반된 토론을 한다. 의사결정은 토론 구성원들 간의 토론과 협상의 결과이다.

2.4 집단의사결정

문제가 존재할 때 당신은 누가 그 문제를 해결하는 데 참여해야 하는지를 결정해야 한다. 보통 그 문제에 관련된 주요 구성원들이 참여해야 한다. 그러나 현재 경영의 추세는 그 문제와 관련된 더욱 많은 사람들이 참여를 선호한다. 일부 사람들은 의사결정에 참여하기를 원하고 다른 일부는 원하지 않는다. 집단의사결정은 종종 서로 의견을 나누는 과정이다. 예를 들어, 다른 부서 관리자 그룹 간의 회의는 서로 간의 의견을 일치시키는 기본적인 과정이다. 그 그룹은 아마 의사결정이나 의사결정과 연관된 업무에 서로 개입될 것이다.

1) 집단의사결정의 잠재적 이점

집단은 대개 복잡한 문제해결에서 그 집단에서 뛰어난 단 한 사람보다 더 나은 역할을 한다. 특히 비정형화된 의사결정과 위험하거나 확실하지 않은 상황에서 현명한 선택을 할 수 있게 한다.

① 더 많은 정보와 대안, 창의성, 그리고 혁신

조직은 개개인들보다 더 많은 정보를 가지고 있다. 그래서 대안탐색에 있어서도 더 창의적이고 혁신적인 대안이 고려될 수 있다. 의사결정에의 참여는 사람들로 하여금 제시된 대안들을 이해하고 왜 선택된 대안이 최고의 대안인지 이해하게 한다.

② 의사결정과정에 많은 수의 참여

연구자들은 의사결정에 관련된 사람들이 결정이 실행되는 의사소통을 증가시키고 있는 것을 보여준다.

③ 향상된 사기와 동기부여

문제해결과 의사결정에의 참여는 의사결정과 관련된 사람들에게 보상과 개인적인 만족감을 주고 있다.

④ 훌륭한 교육훈련기회

의사결정에의 참여는 사람들에게 집단 프로세스 기술을 향상시켜 조직에서의 업무 훈련에 도움을 준다.

2) 조직 의사결정의 잠재적 약점

① 시간을 허비하고 의사결정을 더 늦춘다.

② 만족화

③ 지배와 목표변이 : 조직구성원 또는 그 하위집단은 그 그룹의 의사결정을 지배한다. 결정권을 가지고 있는 개인이나 그 집단의 하부조직이 최고의 해결책을 찾으려는 원래의 목표를 추구하기보다 그와 어긋나는 특정한 대안을 받아들이려거나 의사결정을 지배할 목적으로 할 때 목표의 대체가 발생한다.

④ 적합성 및 집단사고 : 조직구성원들은 그들이 구성원들 간 갈등을 원하지 않거나 비판적인 질문이 받아들여지지 않으리라는 두려움 때문에 의사결정에 따라야 할지도 모른다는 압력을 느끼게 된다.

집단의사결정에서 창의적인 의사결정을 위해 대안이 되는 해결책을 만드는 데는 다음과 같은 5가지 기법이 있다.

브레인스토밍(Brainstorming)

브레인스토밍(Brainstorming)은 1941년 미국의 광고업자 Allex F. Osborn에 의해 창안된 회의방식의 하나로 몇 사람이 모여 어떤 주제나 문제에 대해 다양한 많은 의견이나 아이디어를 내도록 하는 기법이다.

- **기본원칙 4가지**

① 좋고 나쁘다는 비판은 절대로 금한다.

② 틀에 얽매이지 않은 자유분방한 사고를 환영한다.

③ 질(質)보다는 양(量)을 추구한다.

④ 타인의 아이디어에 편승하여 발전시킨다.

그림 9.5 브레인스토밍 진행흐름

주제 · 문제의 설명 → 의견 · 아이디어 메모 → 의견 · 아이디어 발표/기재 → 토론/수정 · 보완 · 삭제

그림 9.6 브레인스토밍 진행절차

진행순서	진행요령
1단계 각자 의견이나 아이디어를 기재한다.	▪ 팀원들은 제시된 안건에 대해 각자 조용히 그리고 혼자서 생각해 보고 자신의 의견(아이디어)을 백지에 기재한다. ▪ 타인의 영향을 배제하기 위해 토의(대화)를 금지한다. ▪ 원인분석을 행한 경우에는 그 중 중요한 원인을 중심으로 그 해결방안("무엇을 할 것인가"의 what)을 가능한 많이 기재한다.
2단계 의견 · 아이디어를 제출하고 기록, 정리한다.	▪ 팀원들은 자신의 의견이나 아이디어를 기재한 종이를 제출하고, 리더나 서기는 팀원 모두가 잘 볼 수 있도록 칠판이나 차트에 기록, 정리한다. ▪ 기록, 정리하는 중에도 그 의견이나 해결방안에 대한 토의는 계속 금지한다. ▪ 종이에 기재한 해결방안을 그대로 적는 것을 원칙으로 한다. 단, 내용이 너무 긴 것은 요약하고 모호한 것은 명료하게 조정한다. ▪ 의견이나 해결방안 중 동일하거나 유사한 것은 중복해서 기재하지 않는다.

3단계 의견·아이디어를 발표하고 기재한다. → 순차발표 → 자유발언	▪ 리더의 요청에 따라 한 사람씩 돌아가면서 한 가지씩만 발표하도록 한다. ▪ 발표는 누구부터 해도 상관없다. ▪ 리더는 팀원들에게 편승발언을 할 수 있음과 편승발언을 해도 발언순서는 바뀌지 않음을 알린다. ▪ 리더나 서기도 자기 차례가 되면 발표한다. ▪ 리더나 서기는 팀원의 발표내용을 칠판이나 차트에 가급적 그대로 기대한다. 단, 내용이 너무 긴 것은 요약하고 모호한 것은 명료하게 조정한다. ▪ 아이디어가 떠오르지 않거나 준비가 덜 된 사람은 'pass'라고 말하고 다음 사람이 발표한다. ▪ 리더는 최소한 2번은 돌려 발표시키고 3번째 이후 'pass'가 절반 이상이 되면 자유발언을 허용한다. ▪ 자유발언 시에는 한 사람이 몇 개씩 발언해도 좋다.
4단계 제시된 의견·아이디어에 대해 토론한다.	▪ 의견이나 아이디어가 더 이상 나오지 않으면 토론을 시작한다. ▪ 제시된 의견이나 아이디어가 다루고 있는 문제나 주제에 적합한 것인가에 초점을 맞추어 수정·보완하거나 삭제하게 한다. ▪ 의견이나 아이디어 중 유사하거나 표현만 다른 것은 팀원의 동의를 얻어 하나의 표현으로 묶는다.

브레인라이팅(Brainwriting)

브레인라이팅(Brainwriting)은 짧은 기간 동안 많은 아이디어를 창출하기 위해 사용되는 팀 접근법이다. 이것은 브레인스토밍의 여러 특징들을 결합한 것이다. 브레인스토밍에 비해서 브레인라이팅은 상대적으로 적지만 충분히 성숙된 아이디어를 내놓는 경향이 있다는 것이다.

- **브레인스토밍보다 브레인라이팅이 유리할 때**

① 깊이 생각해서 나온 아이디어를 얻는 것이 중요할 때

– 깊이 생각을 써본다는 것 자체가 사람들로 하여금 깊이 생각하고 좀 더 완벽하고 분명하게 표현하도록 한다.

② 직전의 브레인스토밍 회의가 한두 사람에 의해 독점되었을 때

– 브레인라이팅은 아이디어에 대해 생각하고 쓸 기회를 모두에게 동등하게 제공하기 때문에 집단적 합의에 대한 압력을 실질적으로 제거시킨다.

③ 팀이 너무 사교적으로 되는 경향이 있을 때

– 브레인라이팅은 팀으로 하여금 초점을 가질 수 있도록 강한 과제지향적

태도를 제공한다.

④ 팀 내에 심한 갈등이 있거나, 주제가 매우 논쟁적일 때

- 갈등이 어떤 팀에 유익할 수 있다 해도 리더에 의해 주의 깊게 다루어지지 않으면 안 된다.
- 브레인라이팅은 브레인스토밍이 다루기 쉽지 않을 긴장되고 매우 부담스러운 상황에서 성공적일 수 있다.

그림 9.7 브레인라이팅 진행흐름

주제 명기 → 각자 아이디어 쓰고 돌려보기 → 다른 사람의 아이디어 검토 → 작성된 시트 취합 개시 → 아이디어 평가

그림 9.8 브레인라이팅 진행절차

진행순서	진행요령
1단계 주제를 명기한다.	▪ 리더가 플립차트에 주제를 적는다. 그리고 나서 - 팀원들에게 따라야 할 가이드라인에 대해서 동의하는지 확인한다. - 브레인라이팅 할 주제를 확인한다. - 브레인라이팅의 목표를 확인한다. - 따라야 할 절차를 확인한다.
2단계 팀원들 각자 자신의 생각을 시트에 적는다.	▪ 팀원들은 테이블에 둘러앉아 자신의 생각을 시트에 적는다. ▪ 작성한 시트는 다른 사람과 바꿔볼 수 있도록 테이블의 중앙에 놓는다.
3단계 다른 사람들의 아이디어를 검토한다.	▪ 다른 사람들의 아이디어를 검토한 뒤, 참가자들은 그 아이디어들에 의존하거나, 아니면 완전히 새로운 접근법을 만들어내도록 한다. 이를 바탕으로, 5단계에서 평가하게 될 아이디어들에 대해서 합의한다.
4단계 시트를 취합해서 벽에 붙이고 평가회의를 시작한다.	▪ 게시된 아이디어들이 결정되면 시트를 모두 취합한다. ▪ 시트들을 벽에 붙이고, 각각의 시트에 쓰여진 것에 대해 합의를 도출하기 위한 회의를 시작한다.

5단계
아이디어들을 평가한다.

- 우선순위결정기법(Paired Comparison, Point Scoring System, Ranking Technique, Weighted Voting)을 사용해서 아이디어들을 평가한다.

명목집단법(NGT법)

명목집단법(nominal group technique)은 줄여서 NGT법이라고도 하는데, 이것은 주어진 안건에 대한 팀원 각자의 의견을 있는 그대로 모아 종합 정리할 때까지는 팀원들 간에 서로 대화나 토론을 하지 못하게 하는 것을 특색으로 하는 집단의사결정 기법의 하나이다.

이 기법은 각 팀원들이 다른 팀원의 영향력을 받지 않고 독립적으로 자신의 의견을 제시할 수 있도록 함으로써 집단의사결정의 최대 단점인 집단사고(groupthink)의 폐해를 방지하려는 데 그 중점 목적을 두고 있다.

그림 9.9 명목집단법 진행흐름

의견 · 아이디어 기재 → 의견 · 아이디어 제출 및 전체 의견 정리 → 의견 · 아이디어에 대한 집단토의 → 최선책 투표 및 결정

그림 9.10 명목집단법 진행절차

진행순서	진행요령
1단계 각자 의견이나 아이디어를 기재한다.	▪ 팀원들은 제시된 안건에 대해 각자 조용히 그리고 혼자서 생각해 보고 자신의 의견(아이디어)을 백지에 기재한다. ▪ 타인의 영향을 배제하기 위해 토의(대화)를 금지한다. ▪ 원인분석을 행한 경우에는 그 중 중요한 원인을 중심으로 그 해결방안("무엇을 할 것인가"의 what)을 가능한 많이 기재한다.
2단계 의견 · 아이디어를 제출하고 기록, 정리한다.	▪ 팀원들은 자신의 의견이나 아이디어를 기재한 종이를 제출하고, 리더나 서기는 팀원 모두가 잘 볼 수 있도록 칠판이나 차트에 기록, 정리한다. ▪ 기록, 정리하는 중에도 그 의견이나 해결방안에 대한 토의는 계속 금지한다.

- 종이에 기재한 해결방안을 그대로 적는 것을 원칙으로 한다. 단, 내용이 너무 긴 것은 요약하고 모호한 것은 명료하게 조정한다.
- 의견이나 해결방안 중 동일하거나 유사한 것은 중복해서 기재하지 않는다.

3단계
의견 · 아이디어에 대해 토의한다.

- 정리된 의견이나 해결방안에 대해 하나하나 간략하게 그 구체적 의미, 실현가능성, 효과성 등을 팀원 모두가 검토한다.
- 검토 시 팀원이 자기가 제시한 의견이나 해결방안을 설명하는 것을 원칙적으로 금지한다. Groupthink를 가능한 한 막아보자는 취지이다. 다만, 검토과정에서 자연스럽게 자신의 의견이나 해결방안을 부연설명하는 것은 무방하다.
- 검토결과 원래의 방안이 수정 · 보완되거나 삭제될 수도 있다.

4단계
최선책을 투표로 결정한다.

- 팀원 각자는 최선의 해결방안이라고 생각되는 것을 종이에 기재하여 제출한다. (보통 3~5개)
- 최선책의 선정기준으로는 자원소요, 복잡성, 실행시작 시간, 달성가능성, 결과측정 등을 고려한다. 그 구체적 내용을 보면
  (1) 자원소요 : 인적 · 물적자원이 많이 소요되는가? → 소요자원이 적을수록 최선책
  (2) 복잡성 : 해결방안의 실행이 복잡다단한가? → 단순간편할수록 최선책
  (3) 실행시간 : 실행에 옮기는 데 시간이 많이 걸리는가? → 실행시간이 짧을수록 최선책(예 : 1월 이내 〉 3월 이내 〉 6월 이내)
  (4) 달성가능성 : 달성가능성이 높은가? → 가능성이 높을수록 최선책
  (5) 결과측정 : 실행결과의 측정이 가능한가? → 가능할수록 최선책
- 리더는 해결방안별로 득표수를 집계하여 다수표를 얻은 것부터 일정순위(보통 3위~5위)까지 최선책으로 결정한다.

마인드 맵(Mind Map)

- **개념**

–1971년 영국의 심리학자 Tony Buzan이 창안

–어떠한 주제에 대하여 사람이 기억하거나 생각하는 모든 것을 지도를 그려나가듯 표현함으로써 두뇌의 기능을 최대한 발휘하게 하는 기법이다.

–이 기법은 기본적으로 핵심단어(keyword)와 그림(image), 그리고 색깔(color)의 3가지를 사용하여 좌뇌와 우뇌의 기능을 유기적으로 연결, 통합적으로 활용함으로써 두뇌기능의 효율성을 극대화하자는 데 그 목적이 있다. (<참조>인간의 뇌세포 수 : 1,000,000,000,000 → 무려 1兆個)

- **좌뇌의 기능** : 논리적 · 이성적 기능/언어구사력, 계산능력, 분석력, 판단력 등

- **우뇌의 기능** : 직관적 · 감성적 기능/상상력, 종합력, 형태인식력, 감정조절 능력, 색상 · 리듬 인식력 등
- **본 기법의 활용이 유용한 경우**

a. 정보를 정리 및 관리할 때
b. 창의적인 아이디어를 내고자 할 때
c. 문제를 해결하고자 할 때
d. 계획을 수립할 때
e. 선택이나 의사결정을 할 때
f. 기억해야 할 내용을 정리할 때
g. 어떤 주제를 중심으로 글을 쓰고자 할 때
h. 논리적 사고를 전개할 때
i. 보고 · 강의 · 설명 등 전달할 내용을 정리할 때

델파이기법(Delphi method)

집단의 의견들을 조정 · 통합하거나 개선시키기 위한 방법으로 중요문제에 대하여 설문지를 우송하여 표본 개인들에게 일련의 질문을 하는 것이다. 이론적으로는 합리적인 의사결정은 최적의 의사결정을 이끈다고 한다. 하지만, 실제로 우리는 현실적인 제약과 공통된 의사결정 실수, 위험한 상황으로 인해 충분히 합리적인 의사결정을 하기는 어렵다는 것을 알고 있다. 그래서 관리자들은 의사결정 규정과 다양한 변수 실험, 의사결정 소프트웨어를 사용함으로써 의사결정과정에 흔히 생기게 되는 실수를 피하려는 더 나은 결정을 한다.

왜 많은 회사들은 집단과 조직을 의사결정에 이용하는가? 왜냐하면, 의사결정이 만들어질 때, 일반적으로 개인이 하게 되는 의사결정보다 많은 사람들 속에서 제대로 된 결정이 이루어진다면 그 결정은 훨씬 좋을 수 있기 때문이다.

2.5 윤리적 의사결정

관리자가 내린 의사결정이 문제를 제대로 해결할 수 없는 경우가 있다. 왜냐하면 의사결정과정에서 윤리적인 문제를 무시하기 때문이다. 관리기능을 수

행하는 경우, 높은 윤리기준을 유지하고 서로 얽힌 이해관계자의 접근방식으로서 윤리지침을 따라야 한다. 해고처럼 모든 이해관계자에게 이익을 제공하지 않는 비호의적인 의사결정을 할 때조차도 윤리적이어야 한다. 예를 들어, 사전 통지를 함으로써 일자리를 잃은 사람들이 회사 내에서나 다른 곳에서 새로운 일을 찾을 수 있게 도울 수 있다.

많은 상황에서 단순히 옳고 그른 답은 아마 없을 것이다. 그러나 자신에게 물어볼 수 있는 윤리적으로 옳은 의사결정을 도와주는 몇 가지 질문들이 있다. 먼저 자신에게 물어보라, "그 행동이 야기하는 법적 제한 또는 위반사항이 있는가?" 만약 그렇다면 다른 방법을 취하고, 만약 그게 아니라면 두 번째로 "그것이 내 회사의 윤리규정을 위반하는가?"라고 물어라. 만약 또다시 문제가 발견된다면 다른 경로를 찾아봐야 한다. 세 번째로 "이것이 내 자신의 윤리적 철학 원칙에 부합하는가?"를 묻고 대답이 "예"라면 아직도 두 가지 중요한 시험을 더 통과해야 한다.

- **직관(느낌) 테스트** : "나에게는 어떤가?"라고 이제 물어봐야 한다. 이것은 특정 의사결정의 안정도를 검사할 수 있게 한다. 많은 사람들이 문제에 대해 결정한 후에 그 의사결정이 심리적으로 불편하여 잠을 설치거나 식욕까지 감퇴되는 모습을 보이기도 한다.
- **신문 전면 페이지 테스트** : 최종 테스트는 "신문 전면 페이지"라고 하는데 이는 요구된 질문은 다름이 아니라 비판적이고 객관적인 리포터가 어떻게 당신의 결정을 신문 전면의 기사거리화하느냐는 것이다.
- **의사결정자의 역할** : Mintzberg에 따르면, 관리자가 정보를 교환하고 얻는 시간 그 자체로서 끝이 아니다. 관리자들에게 내・외부의 사람들과 이야기하고 정보를 얻고 그에 대해 이야기를 하는 시간은 정말 유용하다. 왜냐하면 이러한 과정은 그들로 하여금 좋은 의사결정을 할 수 있게 도와주기 때문이다. Mintzberg에 따르면 관리자는 네 개의 하위역할(기업가, 협상가, 조정자, 자원분배자)에 종사한다고 한다.

2.6 위기상황하에서의 의사결정

관리자들이 계획을 아무리 잘 수립한다고 해도 많은 경우 위기상황이 발생한다. 이러한 위기상황에서의 의사결정은 더욱 중대하고 급박하며, 평소보다 위험성이 크다. 예를 들어, 금요일까지 시급한 주문을 처리해야 하는데 목요일 오후에 장비 하나가 고장이 났다고 가정해 보자. 효과적인 관리자들은 이런 위기상황에서도 두려워하지 않는다. 오히려 그들은 자신들의 능력을 보여주는 기회로 삼는다. 위기상황에 대한 성공적 대처는 관리자들에게 수년에 걸쳐 쌓은 성공적 임무만큼 큰 존경심을 얻을 수 있게 할지 모른다. 하지만 위기상황에서 몇 가지 사항들은 주의할 필요가 있다.

첫째, 일부 관리자들은 비정상적인 일은 일어나지 않을 것처럼 평소처럼 일을 수행한다. 그들은 문제가 발생되는 것을 좋아하지 않을 것이다.

둘째, 일부 관리자들은 위기에 과민하게 반응한다. 그들은 문제를 해결되는데 필요한 조치보다 더 과도한 행동을 취한다. 한 명의 종업원으로도 충분한 일에 종업원 모두를 붙여 초과근무를 시키는 것이 그 한 사례일 것이다.

셋째, 관리자들은 가끔 위기상황에 대한 의사결정을 다른 일반적인 의사결정들처럼 다룬다. 하지만 이런 형태의 의사결정은 중요성이나 급박성, 위험성에서 전혀 다르다. 관리자들은 평소 그들이 기울이는 노력보다 훨씬 더 많은 힘을 기울여야 한다.

- **IT와 의사결정** : 21세기의 이상적인 관리자들은 의사결정을 하는 데 사실과 정보와 지식을 사용한다.
  의사결정은 단순한 직감보다는 완전한 정보에 기반을 두어야 한다. 그러나 대안들을 도출할 때, 많은 관리자들의 질문은 "얼마나 많은 정보와 대안이 필요한가? 그리고 어디서 그것들을 얻을 것인가"이다. 간단한 대답은 없다. 일반적으로 더 중요한 의사결정일수록 더 많은 정보와 대안이 필요하다. 그러나 만약 당신이 너무 많은 정보나 대안들을 얻게 되면, 그 의사결정은 복잡하게 되고, 최고의 대안은 선택되지 못할 것이다. 특히, 기술과 통신, 컴퓨터들은 문제해결과 의사결정에 많은 잠재적인 도움을 준다. 아이디어를 제공하는 컴퓨터 소프트웨어는 개개인들에게 대안이 되는 해결을 더 창조적으로 만들 수 있게 도움을 준다.

2.7 의사결정 규정

의사결정은 우리의 활동들 대부분에 계속적으로 관련이 되기 때문에 정말로 무수히 많은 규정들이 있다. 그래서 문제는 우리의 기본적인 활동들과 좋은 분석에 바탕을 두고 가장 중요한 것들로 구분되는 것이다.

의사결정 규정들

가장 믿을 만한 의사결정 선택과정은 과학적인 방법으로 파악될 수 있으며, 이는 또한 창조적인 문제해결과 의사결정의 대안이 되는 방법이다. 의사결정에서 가장 최고의 연구모형 방식은 여러 정신적 활동 단계와 3가지 지원적 원칙들로 구성된 과학적인 방법이다. 잘 훈련된 의사결정자는 다음과 같은 복잡한 의사결정과정을 사용한다.

A. 직관
B. 의사결정의 짧은 공식
C. 창조적인 의사결정에의 복잡한 방법을 위한 완전한 모형 공식
D. 의사결정의 특성에 대한 구체적인 개별적 "과학성"

의사결정이론들은 종종 의사결정에 대해 학제적인 면에서 접근된다.

- **합리적인 의사결정** : "합리적인" 사람들은 이런 이론을 토대로 그들에게 최대의 이득을 줄 수 있는 최적의 의사결정을 한다.
- **대가** : 의사결정에 종종 대가가 치러진다. 우리가 원하는 것을 얻기 위해 우리는 우리가 원하는 것들 중 하나 또는 여러 개를 희생해야 한다.
- **편견** : 가끔 관리자들은 계획된 일에 대한 결과에 대해 과도하게 낙관적이다. 우리들은 사람들과 우리들을 만족시켜 줄 만한 사람들과 행동을 선택해야 한다.
- **행동의사결정심리** : 우리는 모두 개인적인 특성과 성격, 그리고 우리의 의

사결정에 영향을 끼치는 생각의 방식이 다르다.

- **변화에 대한 저항** : 대개의 경우 사람들은 급격한 변화를 거부한다.

좋은 관리를 위한 의사결정의 원칙들

① **규정(Act)에 대한 이해**

② **관련된 고려사항들** : 의사결정자들은 만들 수 있는 결정과 관련된 모든 문제를 고려할 의무가 있으며 관련사항은 의사결정권자에게 의존되어져야 하는 요인이다. 의사결정자는 명시적으로 규정에 규정된 사항, 또는 범위 및 목적에 의해 만들어질 수 있는 요인들도 고려해야 할 의무가 있다. 의사결정은 가장 가능성 있는 증거에 의해 근거되고 뒷받침되어져야 한다. 임원회는 규정으로 의사결정에 사용할 수 있는 최신의 정확한 정보를 고려해야 한다는 의무를 나타낼 수 있다.

③ **적절하고 진실하며 현실적인 고려사항** : 의사결정자는 합리적으로 행동하고 적절하고 진실하며 현실적인 고려사항을 의사결정에 두어야 한다. 의사결정에 사용된 수집된 자료들과 증거들은 결정된 사항에 도전하는 다른 의사결정이 있을 시에 이것들을 반영해야 한다.

의사결정 사례연구

'이팀장의 고민'

12월 중순, A Brand팀의 이팀장은 A팀원으로부터 휴가신청서를 받았다. A팀원은 12월 마지막 주 동안 방학을 맞은 아이들과 여행을 갈 계획으로 1주일간의 연차휴가를 신청한 것이다. 그런데 이팀장은 그날 팀 회의를 진행하면서 올해 부과된 개인연차를 모두 쓰지 못한 직원들 중 다수가 12월 중에 휴가를 쓰고 싶어함을 파악하게 되었다.

회사는 워라밸(work & life balance)을 중시하여 개인의 휴가 사용을 장려하고 있으며, 이에 따라 개인별 연차는 1월부터 12월까지 모두 소진하도록 적극 권장하고, 연말까지의 미사용 휴가에 대해서는 일정부분 이상 현금으로 보상하지 않음을 원칙으로 하고 있다. 따라서 연중에 휴가를 사용하지 못했던 직원들 다수가 12월 마지막 주에 휴가사용을 신청하는 일이 매년 반복되고 있다.

구 분	내 용
1. 무슨 결정을 내려야 하는가?	예 : 직원의 요청을 승인 또는 거부한다.
2. 언제 결정을 해야 하는가?	
3. 누가 결정을 하는가?	
4. 결정에 앞서 누구와 협의해야 하는가?	
5. 결정을 승인 또는 부결할 사람은 누구인가?	
6. 결정에 대해 누구에게 알려야 하는가?	

당신의 의사결정 유형(Style)은?

• 아래의 진단을 통해 본인의 의사결정 스타일을 분석해 봅시다.
〈본인의 평상시 태도를 가장 잘 나타내는 답을 고르시오.〉

1. 일은 할 때 추구하는 것은?
   a. 실질적인 결과　　b. 문제에 대한 최상의 답
   c. 새로운 아이디어나 접근방식　　d. 편안한 근무조건

2. 문제에 봉착했을 때 어떠한 태도를 취하는가?
   a. 과거에 유효했던 방식을 사용한다.　　b. 문제를 주의 깊게 분석한다.
   c. 창의적인 해결방식을 찾아내고자 한다.　　d. 느낌에 의존한다.

3. 계획 수립시 주안점을 두는 부분은?
   a. 현재 봉착한 문제　　b. 목표 달성
   c. 미래의 목표　　d. 커리어 개발

4. 주로 이용하는 정보는?
   a. 구체적인 사실　　b. 완벽하고 정확한 데이터
   c. 다양한 방안을 포괄하는 광범위한 정보　　d. 제한적이고 이해가 쉬운 데이터

5. 무슨 일을 해야 하는지 확실하지 않을 경우 어떠한 태도를 취하는가?
   a. 직관에 의존한다.　　b. 사실을 찾아본다.
   c. 타협안을 도출하려 한다.　　d. 기다렸다가 나중에 결정한다.

6. 함께 일하는 동료들은 어떠한가?
   a. 야심만만하고 활동적이다.　　b. 자신감이 강하다.
   c. 개방적이다.　　d. 믿을 만하고 예의 바르다.

7. 나의 의사결정은 어떠한가?

a. 직접적이고 현실적이다.
b. 고차원적이거나 체계적이다.
c. 광범위하고 융통성이 있다.
d. 타인의 요구를 잘 반영한다.

• 진단결과

a(지시적)	b(분석적)	c(개념적)	d(수동적)

• 의사결정자의 스타일

지시적 －간단하고 분명한 대안 선택 －신속한 의사결정 －너무 많은 대안 배제	분석적 －복잡한 문제 선호 －대안에 대한 주의 깊은 분석 －문제해결 자체를 즐김 －기꺼이 획기적인 방법을 이용
개념적 －사회적 관계 중시 －인간적이고 예술적 접근 －창의적인 방법으로 문제해결 －새로운 아이디어 선호	행동적 －조직중심적 관점 －이타적 관점 －수용적 태도 －합의 중시

요약

대다수 의사결정이론들은 비교적 단순하고 이해하기도 쉬운 반면에, 학계에서는 매우 복잡한 의사결정이론을 논의하는 의사결정의 "과학성"을 발전시켜 왔다. 유효한 관련 정보가 없다면 올바른 의사결정을 내리기란 어렵다. 정보는 의사결정과정에서 각 단계와 활동에 필요하다. 수동으로 정보처리를 하는 동안 의사결정은 점점 더 어려워진다. 의사결정은 단순한 것에서부터 복잡한 것까지 매우 다양하다. 복잡한 결정은 보조결정들과의 상호작용의 연속으로 구성된다. 일반적인 의사결정과정은 특정한 업무를 필요로 한다. 특정 업무의 자동화는 시간을 절약할 수 있고 일관적으로 증가시키고 보다 나은 의사결정이 이루어질 수 있도록 한다. 따라서 우리가 자동화할 수 있는 더 많은 업무는 더 나은 의사결정을 하게 할 수 있다. 여기 논리적인 질문이 있다. 관리자의 일이 완전히 자동화되는 것이 가능할까? 보통 중간관리자의 업무는 자동화할 수 있는 가능성이 높은 직업이라고 알려져 있다. 중간관리자들은 매우 일상적인 결정을 내리고 이러한 결정들은 완전하게 자동화되어질 수 있다.

수준이 낮은 관리자들은 의사결정을 하는 데 많은 시간을 할애하지 않는다. 대신, 그들은 감독하고, 훈련하며 비관리자들에게 동기를 부여한다. 일정과 같은 그들의 일상적인 결정들 중 몇 가지는 자동화되어질 수 있다. 행동적인 측면을 포함한 다른 결정들은 자동화되어질 수 없다. 비록 완전하게 의사결정을 자동화할 수 있더라도, 우리는 그들의 일을 자동화시킬 수는 없다. 또한 결정을 하는 데 있어서 간접적으로 영향을 끼치는 결정과 협동기술과 다른 정보기술들은 관리자들에게 성공적인 도움을 줄 수 있다. 현명하고 경험된 의사결정을 할 수 있는 능력은 성공적이고 만족한 삶을 사는 데 필수적이다. 당신 회사의 비즈니스 모델을 변화시키는 데 알맞은 시기는 언제인가? 당신은 자신과 가족들을 위해 새로운 일을 찾아 전국 각지로 이동하는가? 어떤 시점에서 당신은 지금 당신의 집을 팔아야 하는가? 부동산시장이 올라갈 때까지 기다려야 하는가? 문제가 단순하거나 복잡하거나 개인적이거나 대중적이거나 간에 의사결정은 당신의 삶에 필수적인 부분이다. 의사결정이 당신의 삶에 좋은 영향을 끼치거나 나쁜 영향을 끼칠 뿐만 아니라 그것들은 당신과 당신의 가족, 그리고 조직에도 영향을 끼친다. 하지만 좋은 의사결정을 하고 끔찍한 의사결정을 피하는 것이 행동을 바꾸는 기회는 아니다. 그것은 습득하고 연마해서 완벽해지는 기술이다. 비판적인 의사결정을 숙지하는 것은 가정, 일터, 또는 당신의 조직에서의 삶을 향상시키는 열쇠가 된다. 현명한 의사결정의 필수 구성요소를 이해할 때, 과거에 아마 일어났거나 미래에 일어날 수 있는 실수들을 점검할 수 있다. 그리고 의사결정에 영향을 끼치는 심리적, 사회적, 감성적인 요소들을 알 때, 당신은 훨씬 나은 의사결정을 내릴 수 있는 완전한 결정을 할 수 있다.

정리 및 토의과제

1. 조직에서 효과적인 의사소통의 중요성을 설명하시오.
2. 조직 의사소통에서 발생하는 소음(noise)을 실제 사례를 들어 설명하시오.
3. 실제 조직에서 사용되는 비언어적 의사소통을 찾아보시오.
4. 상향적 의사소통과 하향적 의사소통의 특성을 비교하시오.
5. 비공식적 의사소통에 대한 연구와 관심의 필요성을 설명하시오.
6. 효과적인 경청의 필요성을 사례를 들어 설명하시오.
7. 실제 조직에서 제한된 합리성 모형이 사용되는 이유를 설명하시오.
8. 조직이 위기상황에 처했을 때 주로 사용되는 의사결정 모형을 설명하시오.

Chapter **10**

성장과 쇠퇴의 관리

사례연구

〉〉〉 시장과 산업의 판 바꾸는 유니콘 기업

콘보이(Convoy): 불황을 넘어선 수익 모델의 창출

미국에서는 아마존 등 전자상거래(EC)산업의 발전으로 인해 물류의 중추적 역할을 담당하는 트럭 운전기사의 수요가 증가하고 있다. 미국은 특히 국토가 넓은 만큼 더욱 트럭의 역할이 중요하다. 그런데 미국 트럭 운송업계는 현재 심각한 인력난에 빠져 있다. 노동조건이 열악하고 업무 자체가 힘들다 보니 이직률이 90%가 넘어 노동력 확보가 어려워진 것이다. 게다가 트럭 운전기사의 고령화까지 진행되고 있다. 이런 상황이다 보니 미국의 경기가 회복조를 보이고 있음에도 불구하고 트럭 운전기사 확보의 어려움 때문에 물류비용이 증가하고 소비자들 역시 제때에 제품을 배달받지 못하는 상황이 이어지고 있다. 실제로 한 조사기관은 현재 약 6만 명의 트럭 운전기사가 부족하다는 분석을 내놓았다.

그렇다면 왜 젊은 세대는 트럭 운전기사라는 직업을 회피하고 있는 것일까? 그 이유는 앞서 말한 노동환경의 열악함을 들 수 있다. 현재 미국 연방 운송국은 규제를 강화해 운송업체들이 트럭에 적재하는 화물을 줄이도록 하고 있다. 예전에는 한 번에 운송했던 물량을 여러 번에 나누어서 실어 나를 수밖에 없고, 그렇게 운송횟수가 늘어나다 보니 급여 수준은 나아지지 않는 상황에서 업무 부담만 가중되었다. 게다가 기존 트럭 운전기사들의 고령화에 따른 인력부족으로 적은 수가 더 많은 업무를 감당할 수밖에 없는 상황이다. 결국 악순환이 반복되며 트럭 운전기사들의 노동환경은 점점 더 열악해지고 있다.

엄밀히 말하면 트럭 운전기사의 근로환경이 예전부터 그렇게 좋았던 것은 아니다. 하지만 1980년대에는 규제완화로 인해 중소 트럭 운송회사가 설립되면서 많은 트럭 운전기사들이 일자리를 얻었다. 비록 박봉에 가족과 보내는 시간도 적었지만 미국의 경기가 나름 유지되고 있었기 때문에 물류 운송 수요가 꽤 있어서 힘들어도 안정적인 일자리라는 이미지가 정착되었다. 덕분에 기업들도 꾸준한 노동력의 확보가 가능했다.

그런데 2008년 금융위기와 유가 상승으로 인해 비용 부담에 직면한 중소회사들이 도산하기 시작했다. 여기에 EC산업의 성장으로 물류 운송량은 증가하는데 운송량의 행정규제가 강화되면서 트럭 운전기사들의 근로환경은 더욱 열악해졌다. 이러한 상황은 개선되기는커녕 날이 갈수록 오히려 악화됐다. 유통기업 간의 배송 서비스 향상을 둘러싼 경쟁 격화로 당일 배송이 당연한 것처럼 정착되면서 트럭 운전기사들의 부담은 더 증가했다. 그 결과 트럭 운전기사들의 확보가 곤란한 상황은 심화되고, 물류 운송의 흐름은 언제 끊길지 모르는 시한폭탄과 같은 문제로 자리 잡게 되었다.

이런 가운데 얼마 전 문제를 해결할 수 있는 새로운 비즈니스 모델로 트럭 운송시장에 구세주처럼 뛰어든 유니콘 기업이 있다. 바로 트럭 운송업계의 우버로 불리는 '콘보이(Convoy)'이다. 콘보이는 미국 시애틀에 본사를 둔 회사로 트럭을 필요로 하는 기업과 트럭 운송회사를 연결해 주는 소프트웨어 서비스를 제공하는 스타트업이다.

업계의 당면 과제 해결하는 비즈니스 모델

콘보이의 공동 경영자인 댄 루이스는 아마존의 물류부문에서 일하다 트럭업계가 당면한 문제를 해결하고자 시장에 뛰어들었다. 콘보이는 제품을 운송하기 위해 트럭을 필요로 하는 기업들에게 신뢰할 수 있는 운송업체 정보와 함께 자신들의 제품 혹은 화물이 어디에 있는지 추적할 수 있는 서비스를 제공한다. 또한 트럭 운송업체들은 트럭이 필요한 기업들의 물량과 배송지에 관한 정보를 콘보이를 통해 파악한 후 자신들의 운송 스케줄에 맞추어 기업들의 의뢰를 받아들인다. 운송업체로서는 배달 목적지와 시기에 맞추어 짐을 가득 싣고 배송할 수 있기 때문에 효율적으로 트럭을 활용할 수 있다.

실제로 트럭 운송업체들이 오랫동안 가지고 있던 고민은 짐을 어떻게 가능한 많이 싣고 운송할 수 있을까 하는 점이었다. 적재공간을 텅텅 비워 둔 채 장거리 운송을 할 경우 비효율적인 것은 물론이고, 상대적으로 수익이 줄어들었기 때문이다. 그러나 콘보이가 서비스를 제공하기 전까지 이러한 미스매치를 해결하려는 시도는 없었다.

댄 루이스는 바로 이 비효율성을 당연한 것으로, 아니 해결할 수 없는 것으로 생각하는 것을 문제로 보았다. 아마존의 물류부문에서 일했을 당시 미국 전역에서 트럭의 적재가능한 공간 중 항상 30~40%는 비어 있는 상태라는 점을 파악했고, 이를 해결하고자 콘보이를 설립한 것이다. 운송업체가 가장 선호하는 서비스는 콘보이가 자체 개발한 프로그램을 바탕으로 여러 기업들이 의뢰한 화물을 가장 신속하게 배달할 수 있는 노선을 운전기사들에게 제안하는 것이다. 이것은 운전기사들의 경험치로 판단하기 어려운 부분이고, 특히 신참 운전기사들에게는 중요한 길잡이 역할을 한다. 이렇게 운송 동선이 효율적으로 관리되다 보니 운송업체로서는 연료 소비가 4분의 1로 줄어들어 비용을 줄이는 효과를 보고 있다. 현재 콘보이에는 빌게이츠를 필두로 저명한 투자자들이 모여들고 있다.

본래 트럭 운송사업은 불황에 가장 민감하게 영향을 받는다. 경기가 좋지 않으면 당장 배송할 물건이 적어지고 트럭의 공간을 비워 둔 채 기름을 소모해가며 물건을 운송해야 하기 때문에 비용 부담이 크다. 콘보이의 비즈니스 모델은 그동안 화물 운송업체들이 불황 속에서 감내해 왔던 이러한 비용부담을 수익으로 전환할 수 있는 길을 열어주었다. 즉, 운송업체들은 더 이상 운전기사들을 혹사시키면서 소득 없는 장거리 운전을 할 필요가 없게 되었고, 불황의 시기에도 배송량을 조절하면서 위기를 극복할 방안을 고민할 수 있는 여유를 가지게 되었다.

게다가 한 걸음 더 나아가 콘보이의 비즈니스 모델은 트럭 운전기사로 하여금 효율적으로 장거리 운송을 하는 안정적인 근무환경을 구축할 수 있는 토대를 제공했다. 실제로 이러한 근무환경의 개선은 향후 트럭 운전기사의 부족이라는 인력확보 문제에도 긍정적인 영향을 끼칠 것으로 기대된다. 결국 콘보이는 트럭 운송의 구조적 문제를 해결하며 불황 속에서도 업계가 위기에 직면하는 것을 예방하는 길을 제시함으로써 불황을 초월할 수 있는 유니콘 기업의 대표격으로 주목받고 있다.

팔란티어 테크놀로지스 : 가장 미국스러운 유니콘

불황에서 가장 확실하게 수익을 창출하면서 성장할 수 있는 방법은 무엇일까? 그것은 다른 기업들과 차별화된 비즈니스 모델, 그리고 경쟁자들이 따라올 수 없는 독보적인 서비스를 제공하는 것이다. 흔히 골목상권을 보더라도 떡볶이 집이 수없이 많지만, 경쟁자들과 차별화된 맛을 가진 가게만은 항상 문전성시를 이룬다. 호황이든 불황이든 관계없이 말이다. 다만 그런 지위를 차지하기가 쉽지 않기 때문에 대다수의 기업들은 도전조차 해보지 않고 포기하곤 한다. 그야말로 무모한 도전이라고 느끼고 포기하는 것이다.

하지만 유니콘 기업들은 다르다. 비록 그 성공의 길이 코끼리가 바늘구멍에 들어가는 것만큼 힘들다고 하더라도 그들은 불황이든 호황이든 가치 있다고 판단한 비즈니스 모델에는 과감히 도전한다. 그리고 그들의 도전이 성공하면 무모하다고 생각되던 그 도전은 불가능한 것이 아니라, 누구나 할 수 있을 것 같은 비즈니스 모델로 바뀌게 된다. 실제로 유니콘 기업들 중에는 차별화된 비즈니스 모델에 대한 도전과 실패를 무한반복하며 자기만의 길을 걸어온 기업이 적지 않다.

그 중에서도 고객이 찾아올 수밖에 없는 독보적인 서비스를 제공함으로써 성공을 이룬 기업이 있다. 바로 팔란티어 테크놀로지스(Palantir Technologies Inc.)이다. 팔란티어는 사실 미국에서 수수께끼의 회사로 불린다. 증권가에서도 저 회사는 뭘 하고 있는지 모르겠다는 말이 떠돌 정도로 비밀스러운 회사였다. 그러다 최근에 벤처캐피털의 투자와 고객의 증가로 인해 그 실체가 조금씩 알려지게 되었다. 팔란티어는 하버드대와 스탠포드대 로스쿨을 졸업한 후 독일 괴테대학에서 프랑크푸르트 학파의 저명한 철학자 위르겐 하버마스의 가르침 아래 철학박사 학위를 받은 알렉스 카프와 페이팔의 창업자인 피터 틸이 2004년 창업한 회사이다.

팔란티어가 어떤 회사인지 단적으로 말하면 빅데이터 분석기업이라고 할 수 있다. 그런데 특이한 것이 바로 주요 고객층이다. CIA, NSA, FBI 등 정부기관이 주요 고객 리스트에 이름을 올리고 있다. 도대체 어떤 서비스를 제공하기에 CIA와 같은 정보기관이 중요 고객으로 이름을 올리고 있는 것일까? 팔란티어는 '고담(GOTHAM)'이라는 데이터 통합 분석 소프트웨어를 활용해 고객이 원하는 결과물을 제공하는 서비스를 주로 하고 있다. 기업이나 정부기관 내에 흩어져 있는 다양한 정보들을 고담을 활용해 목적에 따라 수집하고 분석해 궁극적으로는 기업의 수익 및 비용절감 효과를 만들어 내는 것이다.

팔란티어는 기업 혹은 정부기관이 모은 설문조사 결과, 엑셀 표, 이메일, 채팅 내역, 홈페이지 열람 기록, 신용카드 내역 등 데이터화할 수 있는 모든 것을 필요에 따라 수집하고, 이를 고객이 원하는 목적에 따라 분석한다. 그리고 데이터의 상관성을 가미해 고객이 원하는 답을 제시하는 것이다. 게다가 팔란티어가 결과를 얻어 내기까지 소요되는 시간은 다른 회사와는 비교할 수 없을 정도로 짧다. 유명한 결과물의 하나로 회자되고 있는 것이 오사마 빈 라덴의 은거지를 찾아내는 데 고담이 결정적 역할을 수행한 것이다. 이처럼 팔란티어는 다른 기업들이 흉내낼 수 없는 수준의 결과물을 고객에게 제공하는 것으로 자신만의 기업가치를 극대화하고 있다.

넘볼 수 없는 차별화로 고수익 창출

그렇다면 팔란티어가 독자적인 빅데이터 분석 서비스를 제공함으로써 올리는 수익 규모는 어느 정도일까? 물론 이 부분도 아직 세상에 정확하게 드러나지 않았지만, 조사회사의 분석에 따르면 고객에 따라 다른 비용체계를 구성하고 있다는 점은 분명하다. 매출규모가 큰 대기업이나 군사기관, 정부기관 등 예산규모가 큰 곳에는 그야말로 수억 달러 단위의 높은 가격을 측정해 서비스를 제공하고 있다. 예를 들어, 매출 1조 규모의 회사가 마케팅 예산 배분을 최적화함으로써 연간 1,000억 달러의 예산을 800억 달러로 감소하는 성과를 올렸으며, 동시에 매출부문의 영업이익으로 300억 달러를 올려 총계 500억 달러의 이익을 냈다고 가정하자. 그러면 팔란티어는 그 중 20%에 해당하는 100억 달러를 수익으로 가져간다.

이러한 성과 보수 모델은 소위 최대 수익과 최대 서비스라는 자사와 고객이 모두 만족하는 윈윈 모델이다. 물론 일부에서는 비용 청구가 다소 과도하다는 비판도 있지만, 지속적으로 수익이 향상되고 있는 점을 보면, 팔란티어가 고객의 니즈를 충분히 만족시키고 있다는 점은 부인할 수 없다. 실제로 2015년에 올린 수익만 해도 18억 달러는 넘을 것이라는 분석이 정설이다. 그래서인지 팔란티어의 고객수도 점점 늘어나 지금은 코카콜라, 아메리칸 익스프레스, 나스닥 등 글로벌 기업들도 주요 고객으로 이름이 올라가 있다.

팔란티어의 성장원인을 꼽으라면 두 말할 것도 없이 차별화된 서비스의 질이다. 다른 기업들이 모방하려고 해도 쉽게 모방할 수 없는 무형의 가치가 불황 속에서도 고객을 확대해 나가는 원동력으로 작용한 것이다. 그런데 여기서 한 가지 생각해 볼 점이 있다. 기업들은 남들과 다른 서비스 혹은 가치를 반드시 팔란티어처럼 자사에서 힘들게 개발할 필요가 있는가 하는 점이다. 물론 그런 필요는 없다. 팔란티어와 같은 유니콘 기업을 발굴하고 찾아내 인수한다든지 투자를 통해 협력관계를 구축하면 되는 것이다. 페이팔의 창업자이던 피터 틸이 알렉스 카프의 가능성을 보고 서로 협력하는 관계를 구축한 것처럼 말이다.

독보적인 기술 혹은 서비스라는 것은 과거에는 장인의 손에 의해서 전승되었지만, 지금은 가치를 발견하고 그 가치에 투자하는 용기를 가진 사람들이 가질 수 있는 것이다. 따라서 기업들은 자신들이 추진하고 있는 주력 산업 안에 구속되지 않고, 열린 관점으로 가능성을 가진 스타트업 혹은 유니콘 기업을 찾아 나서야 한다. 그것이 가까운 미래에 닥칠 불황에 대비하는 한 가지 방법이자 미래를 만들어 가는 길일 것이다.

소파이 : 불황 극복의 키맨 양성 위한 금융사업

불황기에 정부는 항상 젊은이들에게 창업을 통해 도전하라고 한다. 그리고 그렇게 젊은이들이 만든 스타트업이 새로운 비즈니스의 기회를 확대해 줄 것으로 기대한다. 하지만 대학을 졸업하는 젊은 층이 자신의 모든 것을 걸고 창업을 하기란 쉽지 않다. 비싼 대학등록금 때문에 학자금대출을 받은 학생들이 증가한 데다, 이들은 창업보다는 어떻게든 안정된 직장을 잡아 빨리 빚을 청산하기를 바라기 때문이다. 이러한 사정은 비단 한국에 국한된 일이 아니다. 미국에서도 많은 대학생들이 학비 부담 때문에 학자금대출을 받아 학교를 다니고 있고, 상당수가 빚을 안은 채 대학을 졸업해 사회생활을 시작하는 단계부터 심각한 재정적 부담을 안고 있다.

미국의 사립대학 학비는 한국에 비해 평균 1,000만 원 정도 비싸기 때문에 더욱 부담이 크다. 게다가 2008년 불황 속에서 고용이 감소하자 학자금대출을 받은 많은 졸업생들은 빚이 있지만, 직업은 없어 대출금을 갚지 못해 생계의 위협을 받는 상황에까지 놓였다. 이러한 문제가 사회적으로 이슈가 되는 가운데, 스탠포드대 대학원 동창 4명은 2011년 불황의 여파로 경제적 어려움에 처해 있던 학생들을 위해 저금리의 학생 대출 시스템 '소파이(SoFi)'를 만들었다. 소파이는 '소셜 파이낸스'의 약자로 학비를 빌리고 싶은 학생과 후배들을 위해 돈을 빌려줄 졸업생을 연결해 주는 개인 간 대출 플랫폼이다. 최근까지 총 1억 378달러(약 1,520억 원)의 자금을 조달했다.

소파이가 주목을 받는 이유는 단순히 학자금대출이 어려운 학생들에게 저금리로 융자를 가능하게 한 사회공헌적 성격이 강한 비즈니스 모델이기 때문만이 아니다. 소파이는 학자금대출은 물론이고 다양한 금융서비스를 제공함에 있어서 기존의 은행들과는 다른 독특한 방식을 채택했다. 소파이를 통해 대출 혹은 투자를 하는 측(졸업생)은 이자를 받음으로써 일정한 수익을 얻을 수 있고, 대출을 받는 학생들은 정부기관이나 민간으로부터 대출을 받는 것보다 낮은 금리로 학자금을 빌릴 수 있다. 즉, 재학생과 졸업생이라는 관계를 바탕으로 채무불이행의 리스크가 낮은 학생과 졸업생을 연결해 안정적인 대출과 이자수익의 구조를 만들어 냈다. 실제로 이러한 특수관계에 기반을 둔 대출 시스템은 안정적으로 작용했고, 소파이의 자산 또한 점차 증대되었다. 그리고 이러한 성공을 바탕으로 소파이는 학자금대출뿐 아니라 주택담보대출과 가계대출에까지 진출했다.

사람의 속성과 관계에 주목한 대출 모델

소파이의 기세는 미국 내 은행을 위협할 정도로 성장했다. 2015년 10월 포브스 기사에 따르면 소파이는 미국의 대형 은행인 뱅크 오브 아메리카를 위협하는 존재로까지 성장하고 있다. 그 성공요인은 무엇일까?

첫째, 시장의 세분화와 낮은 금리를 들 수 있다. 일반적으로 규제가 많은 시중은행에 비해 소파이는 규제가 상대적으로 적어서 전략적으로 더 유연하게 대처할 수 있었다. 소파이는 서비스를 제공함에 있어서 스탠포드대와 하버드대 등 명문대 학생들의 미래 가능성에 기대를 걸었다. 또한 대출금을 빌려주는 졸업생들 중에는 고소득자가 많아서 대출금을 확보하기 용이한 이점도 있었다. 즉, 명문대 재학생과 졸업생이라는 한정적인 관계만을 대상으로 해서 금융 서비스의 토대를 마련하는 데 성공했다. 또한 졸업생이 재학생을 응원하는 형태로 운영하다 보니 낮은 금리로 운영할 수 있었다.

둘째, 고품질의 사용자 환경을 들 수 있다. 시중은행에서 돈을 빌리기 위해서는 심사에 상당한 시간이 소요된다. 하지만 소파이는 단 2분 만에 대출심사가 완료된다. 이러한 편의 때문에도 사용자들은 시중은행보다 소파이를 더 선호하고 있다.

셋째, 변화에 대한 유연성과 신속한 대처능력을 들 수 있다. 스타트업답게 소파이는 시장의 변화에 빠르게 대응하고 있다. 비록 학생 대출로 사업을 시작했지만, 투자자를 부유하고 성공한 졸업생으로 한정하다 보니 대출상품에 대한 신용도가 높아졌고, 이것은 소프트 뱅크와 같은 해외 대기업의 출자를 이끌어냈다. 그러면서 재학생과 졸업생이라는 특수관계를 바탕으로 한 핀테크 서비스로의 전환 계기를 만들었다.

하지만 소파이의 성공은 단순히 재학생과 졸업생이라는 관계를 바탕으로 형성되었다는 것 외에 보다 더 본질적인 의미가 내재되어 있다. 바로 불황을 이겨내기 위해서는 우수한 인적자원의 확보가 절실하고, 그러기 위해서는 교육기회의 바탕이 되는 학자금 대출을 보다 용이하게 하는 것이 필요하다는 문제의식에 기반을 둔 비즈니스 모델을 만들었다는 점이다.

불황일수록 참신하고 의욕이 넘치는 인재의 확보가 더욱 중요하다. 이러한 인재들이야말로 새로운 도전을 견인하는 주체이며, 동시에 불황을 극복하기 위해 능동적으로 행동하는 존재이기 때문이다. 결국 소파이는 금융위기 이후 학자금대출에 대한 학생들의 부담감이 절정에 달하고 동시에 기업에서는 위기 극복을 위한 새로운 인재의 수급이 절실하던 때에 기존의 대출 서비스와는 다른, 사람의 속성과 관계에 주목한 비즈니스 모델로 불황 속에서 기업을 성장으로 이끄는 인재 확보의 토대를 마련했다.

<Chief Executive, KMAC, 2019. 2.>

1970년대 후반부터 1980년대 초에 걸쳐 Chrysler사는 쇠퇴하고 있는 조직의 교과서적인 사례가 되었다. 이는 조직이 단순히 지속적인 성장뿐만 아니라 다양한 원인으로 인해 조직쇠퇴에 직면하게 된다는 것을 보여준다. 즉, 조직은 이러한 조직쇠퇴 문제를 적절하게 관리하고 대응함으로써 안정적 생존과 성장을 유지할 수 있으나, 그렇지 못할 경우에는 조직쇠퇴의 문제가 심각해져 결국은 시장에서 퇴출되는 단계에 이르게 된다. 반면 사례에서 제시된 유니콘 기업들은 최근의 성장세를 보여주는 대표적인 기업들이다. 어떤 사업아이템으로, 어떻게 성장하고 있으며, 이들 기업이 사용하고 있는 전략은 어떤 것인지를 통해서 성장하는 기업들의 모습을 알아볼 수 있다.

본 장에서는 조직의 성장과 쇠퇴에 대한 일반적인 관점들에 대한 논의를 바탕으로 조직의 성장과 쇠퇴에 대한 모형을 살펴본다. 또한 위의 사례에서 나타난 것과 같이 조직쇠퇴에 대해 조직쇠퇴의 개념, 유형, 연구 관점 및 다양한 원인들에 대해서 살펴본다.

1 조직의 성장과 쇠퇴에 대한 다양한 관점

미국을 중심으로 1940년대 중반부터 1970년대 사이에 연구된 조직학은 많은 조직들이 비교적 중단 없이 순탄한 성장을 경험하였던 기간이었다. 따라서 조직이론의 문헌들의 상당수는 성장지향적이며, 성장과 사업의 확장과 관련된 문제와 전략에 초점을 맞추고 있다. 그러나 계속되는 성장을 경험했던 많은 조직들은 1990년대를 지나면서 외부적으로는 국제경제의 불안정, 환율변동, 국제금융자본의 이동, 산업구조 변화 등으로 인한 경제적 변화, 전쟁 등과 같은 갑작스런 국제정치변동 등의 환경적 요인과, 내부적으로는 조직의 거대화와 관료제화에 따른 경로의존성, 비효율성, 도덕적 해이 등 다양한 원인으로 인해 조직쇠퇴를 경험하게 되었다. 이러한 경험을 통해 조직은 조직성장이란 단지 조직이 경험하는 '성장-쇠퇴 사이클(growth-decline cycle)'의 일면에 지나지 않는다는 사실을 깨닫게 되었으며, 지금까지 주된 관심의 대상이 되었던 조직성장뿐만 아니라 조직쇠퇴 문제에 대해서도 적극적인 파악과 대응 노력을 하게 되었다.

본 장에서는 이러한 시각을 바탕으로 우선 조직학과 실제 기업조직 경영에서 존재하는 성장 중심의 다양한 관련 관점들을 살펴보고, 조직의 성장과 쇠퇴와 관련한 이론적 논의를 한다.

1.1 성장지향적 조직관

미국을 중심으로 발달한 전통적인 조직학의 가치관은 성장지향적이며 낙관적이다. 이 같은 조직에 대한 성장지향적이고 낙관적 가치관은 조직관리자들과 연구자들의 생각에 구석구석 침투되어 있다. 이들이 조직의 목표를 성장으로 설정하고 있는 것은 조직에 대한 이러한 조직관을 반영하고 있다. 그래서 성장은 내일의 조직을 오늘보다 더 좋게 만들기 위한 대표적인 방법으로 인식된다.

1.2 큰 것이 더 좋은 것이다

성장지향적 조직관의 강한 추진력 중의 하나는 "큰 것이 더 좋은 것이다(bigger is better)"라는 생각이다. 큰 자동차와 큰 집이 더 바람직한 것과 마찬가지로 대규모 조직이 더 바람직하다고 여겨진다. 그리고 대규모는 조직에 적용될 때 역시 경제적 면에서 정당화될 수 있었다. 다시 말해서 성장이 바람직스러웠던 것은 규모가 증대됨에 따라 규모의 경제성이 실현되었기 때문이었다.

기업조직의 성장률이 계속해서 주식가치의 기본적인 결정요인이 되고 있다는 점에서 "보다 더 큰 것이 더 좋은 것이다"라는 가치관은 아직까지 주식시장을 지배하고 있다. 그리고 복합적인 판매성장률이 매년 20% 이상을 나타내 보이고 있는 주식은 Wall Street의 가장 많은 관심과 사랑을 받고 있다. 이 같은 주식들은 주가수익률이 30~40%를 상회하기에 이른다. 그러나 성장이 둔화되면 주식가격은 급강하로 곤두박질치게 된다고 생각한다.

이러한 사실들이 발생하고 있는 이유는 과연 무엇일까? 그 답은 성장이 그 조직의 미래의 적합성을 나타내는 지표의 역할을 한다고 생각하기 때문이다. 그 조직의 미래에 대한 낙관적인 견해가 그 조직의 특수 환경으로부터의 지속적이고 증대된 지원의 정도에 영향을 미치게 되기 때문에, 관리자들은 성장을 추구하는 데 동기부여된다.

1.3 성장은 존속의 가능성을 증대시킨다

조직의 효과성을 논의할 때, 우리는 그 조직의 탁월한 지위가 그 조직의 존속·발전으로 이어진다는 것을 인정하였다. 만약 그 조직이 시장에서 생존하거나 존속하지 못한다면, 여타의 문제들은 모두 순전히 비실용적인 것들이 되고 만다. 이같이 성장은 조직존속의 가능성을 증대시켜 주기 때문에, 대부분의 조직관리자와 연구자들은 조직성장을 바람직한 것으로 여기게 된다.

대규모 조직들은 소규모 조직들처럼 경영활동의 무대에서 사라지는 것이 허용되지 않는다. Lockheed사가 재정상의 곤란에 빠지게 되면 미국정부로부터 지원을 받게 된다. 만약 Lockheed사가 파산을 하게 되면, Lockheed사의 생산시설 등이 소재하고 있는 캘리포니아주, 조지아주 등에 비참한 결과를 초래하게 될 것이고, 이 지역 출신의 정치인들은 연방정부로 하여금 Lockheed사를 구출해 내도록 강력한 압력을 가할 것이기 때문이다. 이와 마찬가지로 Chrysler사는 규모가 크다는 사실 하나만으로도 존속·발전을 위한 경쟁에서 강력한 위치에 있는 사회의 구성요소이다. 그러나 우리의 지역사회에 있는 약국이나 세탁소들은 그 같은 유형의 지원을 이끌어낼 수 없다. 이와 똑같은 논리가 병원이나 대학 및 정부기관 등에도 적용된다. 경제적 위기에 직면했을 때 미국의 매사추세츠주 당국은 매사추세츠 대학교(University of Massachusetts)보다 프래밍햄 주립대학(Framingham State College)을 폐교하려고 하였다. 전자의 대학은 학생수 1만 8,000명에 교수의 수는 1,000명 이상이었으나, 후자의 대학은 불과 2,500명의 학생과 120명의 교수가 있었기 때문이었다.

조직의 성장은 조직을 사회의 대규모 구성요소가 되게 하여 사회에 많은 영향력을 행사하도록 함으로써 존속·발전의 유리한 입장에 놓이게 하는 것 이외에도, 성장은 불확실성의 영향을 완충시켜 줄 수 있는 많은 자원을 가지고 있음으로써 존속·발전을 촉진시킨다. 물론 대규모 조직도 오류를 범할 수 있다. 그러나 대규모 조직은 그 같은 잘못을 처리할 수 있는 준비가 이미 갖추어져 있다. 예를 들어, GM사는 Avanti Motors사보다 오류에 대한 여유가 더 크다. GM사에서 1억 달러의 손실은 하나의 가벼운 고민거리에 불과하지만 Avanti Motors사의 경우에는 큰 재해가 될 것이다. 조직의 성장이 저지되고 있는 경우 소규모 조직보다 대규모 조직의 많은 자원이 그 같은 저지작용에 대한 완충역할을 해주고 있다. 성장하고 있는 대규모 조직은 안정 기조 위에 있는 소규모 조직보다 쉽게 긴축할 수 있는 여유자원을 가지고 있기 때문이다. 그래서 성장하고 있는 조직은 예산을 10% 감축해야 할 경우 쉽게 감량경영을 할 수 있기 때문에 존속이나 발전에 하등의 위협을 겪지 않는다. 그러나 침체되고 있는 조직의 경우는 비용을 최소한도로 줄이는 뼈아픈 감량을 하여야 한다. 전자의 경우가 미용수술에 지나지 않는다면, 후자의 경우는 생명을 건 위험한 수술이라고 할 수 있다.

1.4 성장은 효과성과 동의어가 되고 있다

조직성공의 기준은 무엇인가? 만약 조직이 계속해서 규모가 증대되고 있다면, 그것이 곧 효과적으로 관리되고 있다는 것을 말해주는 것으로 인식되는 것이 보통이다.

기업의 경영자들은 “판매고가 현저하게 상승하고 있다”고 과시하고 병원의 관리자들은 차트를 보이면서 종전보다 치료환자 수가 증가하고 있다고 자랑하며, 대학의 학장들이나 총장들은 등록학생 수가 증가하고 있다고 자랑한다. 어떤 경영대학의 학장이 말하기를 “우리는 지금 잘해나가고 있다. 왜냐하면 우리 경영대학의 등록생 수가 4년 동안 연달아 15%씩 증가하고 있기 때문이다”라고 한다. 이 같은 사례들은 모든 조직들이 조직의 성장을 조직효과와 동의어로 사용하고 있다는 사실을 잘 설명해 준다. 만약 조직이 의존하고 있는 특수환경 내에 있는 사람들이 성과와 효과성을 동일시한다면, 그들로부터 계속적인 지원을 얻어내기 위해 관리자들은 분명히 성장의 가치를 높이 평가하게 될 경향성을 갖게 된다.

이처럼 성장과 효과성이 일치되고 있는 현상은 시스템 개념에 분명히 나타나 있다. 이 같은 맥락에서 보면 조직은 살아 있는 유기체와 흡사한 것이다. 환경으로부터 투입물을 획득하고 산출물을 환경에다 방출함으로써 스스로를 유지해 가는 유기체와 유사하다는 말이다. 그래서 시스템적 접근법에서는 성장을 지지하고 촉진하여야 한다고 생각한다. 또한 성장을 조직이 건전한 상태에 있다는 증거라고 생각하고 있다. 확장이란 – 시스템적 관점과 일치되는 것이지만 – 조직이 존속·발전하게 될 가능성을 증대시키는 것으로 생각하고 있다.

1.5 성장은 권력 내지 힘이다

위에서 논의한 바와 같이 조직성장은 규모의 경제와 일치되는 것이고, 조직의 효과성을 위한 특수환경에 대응할 수 있으며, 존속·발전의 가능성을 증대시킨다는 주장들은 모두 성장 일변도의 생각을 갖고 있는 사람들의 성장 지지를 위한 경제적·합리적인 설명이다. 이러한 조직성장에 대한 조직관은 정치적인 관점에서도 존재한다.

조직성장은 거의 언제나 조직의 최고관리자의 사적 이익과 일치되고 있다. 성장이 그 조직이나 최고경영자 자신의 위신과 권력과 직무안정을 가져다주기 때문이다. 성장은 확실히 최고경영자에게 보상을 가져다준다는 것은 단지 사적 이익이 실현된다는 것 이상의 것을 의미한다. 실증연구에 따르면 이익률은 일반적으로 기업조직이 중간 정도의 규모에 이를 때까지 계속 증가하다가 그 이후에는 이익률이 안정적이거나 혹은 쇠퇴하게 된다. 책의 앞장에서 논의한 바와 같이 조직규모가 반드시 경제성을 창출하지는 않으며, 특히 대규모 조직의 경우에는 더욱더 그렇다. 조직이 대규모 조직이 되면 그 조정에서 오는 비용이 규모의 경제성에서 오는 편익을 능가할 수도 있기 때문이다. 그러나 이 같은 사실을 권력-통제의 관점에서 보면 최고경영자의 사적 이익과 관련되는 것으로 생각할 수 있다. 최고경영자의 급여수준은 조직의 규모와 상관성이 있고 실제로 조직의 규모는 이윤폭의 지표로서보다는 최고경영자의 급여수준의 지표로서 더 좋은 구실을 하고 있다. 성장은 환경 내의 다른 조직들이나 집단들보다 더 많은 영향력을 조직에 제공해 준다. 그래서 규모가 더 큰 조직들은 공급업체들이나, 노조, 대형 고객업체들, 정부 등에 대하여 보다 많은 영향력을 가지게 된다.

이 같은 점들을 미루어 보아 우리는 다음과 같은 분명한 결론에 도달하게 된다. 조직의 성장은 우연히 발생한 것이 아니라 조직관리자의 의식적인 결정의 결과이며 의식적인 결정의 소산이다. 그리고 이러한 결정은 전형적으로 조직에 대하여 경제적인 편익을 제공해주고 있을 뿐만 아니라, 조직의 최고 의사결정자에게 정치적인 이익을 제공한다. 따라서 성장지향적 조직관을 바탕으로 많은 조직관리자와 연구자들이 조직성장을 지속적으로 지향하고, 조직의 역량을 집중하도록 계속해서 고무하고 있다.

1.6 조직쇠퇴에 관한 최근의 관심

"총부리가 머리에 와 닿지 않으면"이라는 문구는 성장지향적 조직관의 문제점을 단적으로 보여준다. 전통적으로 조직관리자들은 조직쇠퇴의 원인, 특성 및 중요성 등에 대해 이해하려는 노력과 관심을 보이지 않았다.

예를 들어, 미국의 철도수송업체들의 경영자들은 수십 년 동안 조직의 쇠퇴를 경험하고 있으면서도 그 같은 조직쇠퇴의 문제들을 하나의 특별한 사례로만 취급하였다. 또한 1973년 10월 석유수출국기구(OPEC)가 원유가를 배럴당 2.25달러에서 11달러로 인상하기로 한 데서 비롯된 원유가격의 엄청난 인상은 연속적인 사건으로 이어져서 결국에 가서는 Ford Motor사나 Chrysler사 등과 같은 자동차회사들의 위축을 가져오기에 이르렀다. 그리고 일본의 철강업체들의 저렴한 노동비와 보다 현대적인 생산장비 때문에 미국의 철강업체들은 축소를 거듭했다. 그리고 핵가족이나 무자녀결혼이 점차로 일반화됨에 따라 학교의 등록학생 수가 심한 감소현상을 보이게 되었고, 이에 따라서 북미 전역에 걸쳐 많은 교육구청의 위축을 가져왔다. 그리고 캘리포니아, 매사추세츠, 미시건 및 그 밖의 주에서 있었던 납세자들의 반발 등은 정부 서비스업무의 심각한 축소를 가져왔고, 레이건(Reagan) 대통령의 정부규제의 축소에 관한 강령선언도 연방관료제 조직에 똑같은 축소현상을 초래하였다.

이들 사례들은 쇠퇴하고 있는 조직의 문제점들에 대한 보다 명확한 이해와 연구의 필요성이 높아지고 있다는 것을 잘 설명해주고 있다. 지금까지 조직에게 성장은 주된 관심의 대상이었다. 그러나 모든 조직은 계속적인 성장만을 이룰 수는 없다는 점에서 조직쇠퇴는 관심과 연구의 대상이 되고 있다. 특히 지난 30년간의 성장을 촉진시켰던 조건들이 이제는 더 이상 존재하지 않으며, 조직의 쇠퇴를 관리한다는 것은 성장기에 관리자가 수행하였던 것을 단지 반대로 하는 것이 아니라는 것을 말해주고 있는 연구문헌들이 계속 증가하고 있다는 점을 근거로 조직이론 연구에서 조직의 성장에 대한 연구 시각은 쇠퇴주기에 있는 조직의 분석연구도 동시에 이루어져야 한다는 주장이 제기된다.

2 조직의 성장과 쇠퇴

2.1 조직수명주기

조직의 성장과 쇠퇴에 대한 조직학의 이론적 논의는 조직수명주기(organizational life cycle)를 중심으로 이루어진다. 조직수명주기에 대한 설명을 통해 우리는 조직이 성장, 성숙, 쇠퇴하는 동안에 거치는 조직의 예측가능한 특성을 파악할 수 있다. 지금까지 조직학에서 제시된 조직수명주기 모형은 다양한 논의가 있어 왔으며, 본서에서는 Quinn과 Cameron의 모형을 중심으로 설명한다.

조직수명주기는 [그림 10.1]과 같이 창업 단계, 집단공동체 단계, 공식화 단계, 정교화 단계 등 4단계로 나타난다. 이러한 조직수명주기에서 조직은 일반적으로 각 단계별로 연속적으로 성장한다고 알려져 있으나, 최근 정보통신분야를 비롯한 첨단기술의 지속적인 발달로 인해 개별 조직의 특성에 따라 특정 단계가 짧게 나타나거나 무시되는 경우도 있다. 조직수명주기 모형에 따른 각 단

그림 10.1 조직수명주기

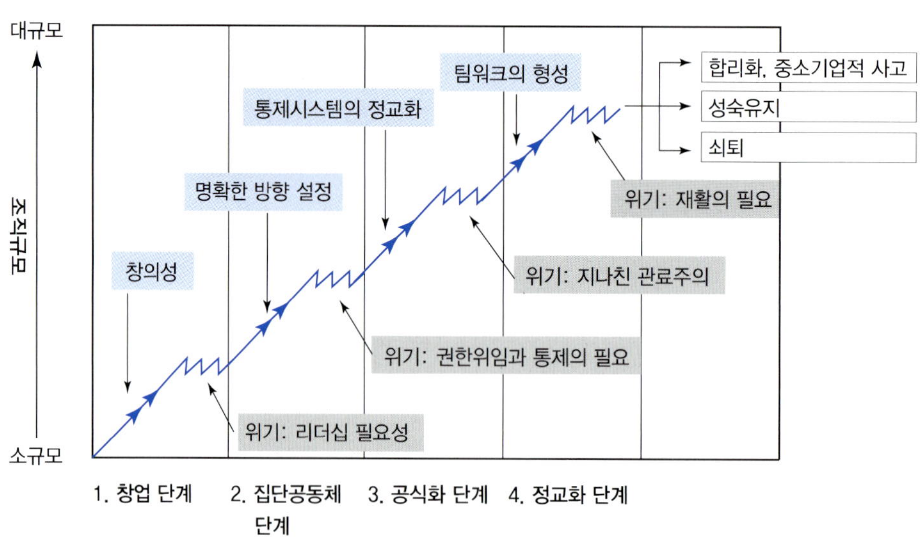

출처 : R. L. Daft, *Understanding the Theory and Design of Organizations*, 10th Edition(Cengage Learning, 2010).

계별 특성을 좀 더 구체적으로 살펴보면 다음과 같다.

1) 창업 단계

조직수명주기의 첫 번째 단계인 창업 단계란 조직이 창업되거나 신설되어 창의력을 바탕으로 시장에서의 생존을 추구하고 성장하는 단계이다. 창업 단계에 대한 사례는 유니콘 기업인 콘보이, 팔란티어 테크놀로지스, 소파이 등의 창업주처럼 초기에 사업의 정착을 도모하는 단계이다.

이 단계에서 나타나는 조직구조는 조직의 창업자 또는 설립자가 경영자 및 실제 업무를 수행하는 형태로서, 비공식적 조직구조 또는 1인 체계의 특성을 보인다. 조직전략 수립 등의 조직운영 역시 계획과 공식적 시스템에 의한 것이 아닌 1인 경영주의 개인적 역량과 창의력에 의존하게 되는 경우가 많다. 또한 조직구성원에 대한 통제와 보상은 공식화되지 않으며, 일반적으로 경영주의 개인적 감독과 결정에 의존하게 된다. 창업 단계에 있는 조직은 단일 품목의 제품 또는 서비스에 조직의 모든 역량과 창의력을 집중하게 되는 경우가 많으며, 이를 바탕으로 한 시장에서의 존속과 이윤창출이 조직의 최대 목표이다. 최고경영자의 관리스타일은 개인주의적 또는 기업가적 형태를 갖게 된다.

초기 창업 단계의 조직은 일반적으로 조직구성원이 경영주 1인 또는 소수로서 전형적인 소규모 조직의 특성으로 인해 강한 리더십을 필요로 하지 않는다. 그러나 일정한 시간이 흐르면서 조직이 성장함에 따라 조직구성원이 늘어나게 되며, 이들에 대한 관리의 문제가 발생하게 된다. 조직구성원의 수가 늘어나면서 발생하는 이러한 관리문제에 대해 리더는 초기에는 개인의 역량 확대를 통해 대처하려고 하나 이는 근본적인 해결책이 될 수 없다. 따라서 리더는 보다 적절한 관리기법과 규범의 도입 등과 같은 조직의 체계화를 추진하게 되며, 이는 조직성장의 다음 단계인 집단공동체 단계로의 변화 필요성을 발생시킨다.

2) 집단공동체 단계

두 번째 단계인 집단공동체 단계는 초기의 창업 단계에서 성장한 단계로 조직의 공식화와 전문화가 이루어지며, 조직의 설립자나 전문경영인이 강력한 리더십을 갖게 되는 단계이다. 집단공동체 단계의 조직구조는 일반적으로 비공식적인 경우가 많으나, 조직이 점차 성장하면서 부서구분, 직무할당, 과업세분화, 권한체계 등 공식적 절차 수립 등의 공식화가 시작된다. 이 단계에서의 조직의 운영과 목표는 명확한 방향설정을 통한 조직의 성장이 핵심이 되며, 실제 Chrysler사나 Ford사의 1970년대 성장과 같이 많은 조직들이 집단공동체 단계에서 급속한 성장을 경험하게 되는 경우가 많다. 집단공동체 단계에서 제품과 서비스는 단일제품에서 벗어나게 되며, 보상은 창업 단계의 경영주 개인의 판단에서 벗어나 조직구성원 개인을 대상으로 성공에 대한 공헌을 기준으로 이루어진다. 최고경영자의 관리스타일은 규모가 커진 조직의 통제와 명확한 방향설정을 위해 일반적으로 강한 카리스마적 관리스타일이 나타난다.

집단공동체 단계에서 조직은 급속한 규모의 성장과 일정 수준의 공식화를 경험하게 된다. 이를 통해 조직의 계층은 보다 세분화되기 시작하며 중간관리자들은 보다 구체적이고 명확한 재량권을 확보하려고 노력하게 된다. 반면 이러한 과정 속에서 최고경영자 또는 리더는 계속해서 조직 전체에 대한 직접적이고 강력한 통제력을 유지하려고 시도하나 결국에는 이러한 노력에 한계가 있음을 깨닫게 된다. 따라서 이들은 서서히 조직의 의사결정에 대한 권한을 중간관리자에게 위임하기 위한 필요에 직면하게 되며, 이를 위한 구체적인 조직의 공식체계 정립을 시도함으로써 다음 단계인 공식화 단계로의 전환의 필요성을 느끼게 된다.

3) 공식화 단계

세 번째 단계인 공식화 단계는 대규모 조직에서 나타나는 가장 전형적인 형태로 조직의 공식적인 제도와 규칙, 절차, 통제시스템이 구축되어 운영되는 단계를 의미한다. 공식화 단계의 사례는 일반적으로 조직학에서 연구되는 대기업, 대학, 병원, 정부기관 등이 해당된다. MS, 3M, GE, Oracle 등의 사례에서는 1980년대 중반 이후 성장한 조직을 운영하기 위해 전문기능별로 세분화된 부서를 중심으로 업무를 배분하고 관련 인력을 채용하였으며, 공식적으로 문서화된 정책 및 규정을 제정하고, 각 부서의 관리와 감독을 위해 관리자들의 계층을 보다 세분화하고 제한된 범위에서의 권한위임과 책임을 부여했던 과정이라고 설명할 수 있다.

공식화 단계에서 나타나는 조직구조는 공식적 절차, 분업화, 전문화 등이 강조되는 피라미드 형태의 관료제 조직이 전형적이다. 이러한 관료제 조직에서는 조직 전체의 운영전략과 계획을 수립하고 관리하는 최고경영층과 권한위임을 통한 일상적인 조직의 운영을 담당하는 중간관리층의 기능이 구분된다. 또한 늘어난 부서 간의 기능 조정과 의사소통을 위한 조정 부서와 내부구성원을 지원하기 위한 지원부서가 형성된다. 이 단계에서 제품과 서비스는 다양화되어 제품라인 또는 서비스라인을 형성하게 되며, 조직의 보상과 통제 시스템은 공식화되어 부서나 팀을 중심으로 이루어진다. 공식화 단계에서 조직의 핵심 목표는 1차적으로는 대규모로 성장한 조직의 내·외부적 안정성의 유지와 시장의 규모와 영향력의 확대이다. 또한 최고경영자 관리스타일은 통제 시스템에 기반한 위임이 중심을 이루며, 최고경영자나 리더는 조직의 비전 및 전략 수립 등 보다 거시적인 기능을 수행하게 된다.

일반적으로 공식화 단계에 들어선 대규모 조직은 지나치게 복잡해진 조직구조와 업무의 세분화, 조정조직과 지원조직과의 갈등 등 관료제화로 인한 문제에 직면하게 된다. 지나친 관료제화에 따른 문제에는 조직의 경직성과 환경변화 적응력 저하, 구성원의 비인간화와 소외, 목표와 수단의 전치현상, 불필요한 관리비용의 증대, 무사안일주의 발생, 형식주의, 구성원에 대한 높은 스트레스 등이 있다. 이와 같이 대규모 조직의 관료제화 문제에 대한 적절한 대응은 조직이 안정적 성장 또는 조직쇠퇴라는 갈림길에 서게 되는 것과 같다.

4) 정교화 단계

네 번째 단계인 정교화 단계는 전단계인 공식화 단계에서 나타난 지나친 관료제화의 문제점을 해결하기 위해 팀제, 사업부제, 매트릭스 조직, 태스크포스 조직 등과 같이 다양한 조직 재설계 노력을 통해 조직의 활력을 불어넣음으로써 조직의 지속적인 안정과 성장을 유지하고 조직쇠퇴를 방지하고자 하는 단계이다. 일반적으로 정교화 단계는 관료제화의 문제가 나타나는 대규모 조직에만 적용되는 것으로 인식되어 왔으나, 최근 많은 조직들이 초기 또는 소규모 조직 단계에서부터 적극적으로 활용하기 시작하였다.

정교화 단계에서 조직구조는 관료제 내에서의 팀제, 임시조직 또는 독립된 소규모 내부 기업조직 등 기존의 피라미드 형태의 관료제 조직의 문제를 해소하기 위한 다양한 형태가 나타난다. 제품과 서비스는 공식화 단계에서 과대하게 팽창하였던 것에서 벗어나 조직은 시장과 소비자들의 수요에 탄력적으로 대응하기 위해 다품종 소량생산, 새로운 제품 및 서비스 시장으로의 전환 등 매우 적극적인 노력을 하게 된다. 이 단계에서 보상과 통제 시스템은 관료제의 균일하게 적용되던 방식에서 탈피하여 제품과 부서의 목적에 맞게 포괄적이고 차별적으로 이루어지게 된다. 또한 조직의 핵심 목표는 양적인 성장보다는 조직의 명성 유지 또는 획득, 완전한 조직으로의 전환 등이며, 최고경영자의 관리스타일은 관료제화에 따른 문제 타파가 핵심이 되며, 팀제 등 조직의 유연성을 확보하기 위한 다양한 노력과 접근을 하게 된다.

정교화 단계에 들어선 조직은 비대화된 조직규모와 관료제화의 문제로 인해 기존의 조직구조와 내부역량으로 문제를 해결하기 힘든 경우가 많다. 따라서 이 단계에서 많은 조직은 조직재설계, 전사적자원관리(ERP), 구조조정, 리엔지니어링, 총체적 품질관리(TQM) 등과 같은 조직개발 또는 조직변화를 위한 전담부서의 설치 또는 외부 전문 컨설턴트의 활용 등을 통한 적극적인 재활 노

표 10.1 조직수명주기 단계별 조직의 특성

구분	창업 단계	집단공동체 단계	공식화 단계	정교화 단계
	비관료적	준관료적	관료적	초관료적
구조	비공식적, 1인 체제	대체로 비공식적, 부분적 절차	공식적 절차, 분업화, 전문가 영입	관료제 내의 팀운영, 소규모 기업식 사고
제품 또는 서비스	단일 제품 또는 서비스	소수의 주요 제품 또는 서비스	제품라인 또는 서비스 라인	복수의 제품라인 또는 서비스 라인
보상과 통제 시스템	개인적, 온정적	개인적, 성공에 대한 공헌	비개인적, 공식화된 시스템	포괄적, 제품과 부서의 목적에 맞춤
혁신의 주체	창업주	종업원과 관리자	독립적 혁신집단	제도화된 R&D
목표	생존	성장	내부 안정, 시장 확대	명성, 완전한 조직
최고경영자 관리스타일	개인주의적, 기업가적	카리스마적, 방향 제시	통제에 기반한 위임	팀 접근적, 관료화 타파

출처 : R. L. Daft, *Understanding the Theory and Design of Organizations*, 10th Edition(Cengage Learning, 2010).

력을 하게 된다.

지금까지의 조직수명주기 모형에 대한 논의를 관료제 정도, 조직구조, 제품 또는 서비스, 보상과 통제 시스템, 혁신의 주체, 목표 변화, 최고경영자 관리스타일 등을 중심으로 관련 특성을 정리하면 앞의 <표 10.1>과 같다.

2.2 조직쇠퇴의 단계

조직쇠퇴의 개념, 유형, 이론적 관점, 원인 등과 같은 구체적인 이론적 논의에 앞서 조직의 성장주기의 관점에서 조직성과와 연계한 조직쇠퇴의 단계를 살펴봄으로써 이해를 돕고자 한다.

조직쇠퇴의 단계는 [그림 10.2]와 같이 무지 단계, 무대응 단계, 오류행동 단계, 위기 단계, 해체 단계 등 5단계로 구성된다. 이러한 조직쇠퇴 단계 모형은 조직이 지속적으로 성공적인 조직성과를 내고, 이를 위한 적절한 조직적 대응

그림 10.2 조직쇠퇴의 단계

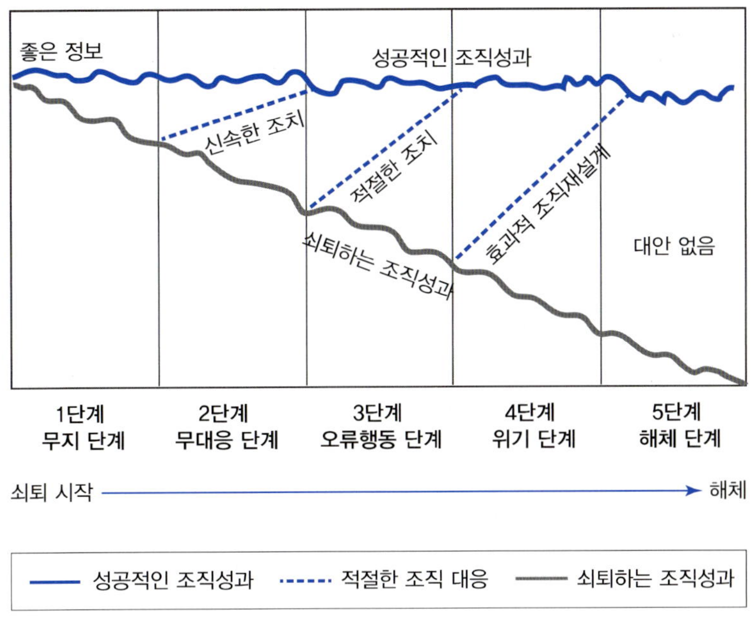

출처 : R. L. Daft, *Understanding the Theory and Design of Organizations,* 10th Edition(Cengage Learning, 2010).

을 하지 못할 경우 조직은 쇠퇴하게 된다는 것을 설명한다. 또한 이는 대부분의 조직들이 처음에는 조직쇠퇴가 마치 일상적인 안정 상태 또는 성장곡선의 정도에서 벗어난 것에 불과한 것으로 인식하여 장기적으로 조직쇠퇴에 직면하게 된다는 것을 보여준다.

1) 무지 단계

조직쇠퇴의 첫 번째 단계인 무지 단계는 조직의 성과나 생존을 위협하는 조직 내·외부의 환경변화와 성과 저하에 둔감하게 반응하는 것으로 조직쇠퇴 그 자체가 무시되고 부정되는 단계이다. 이 단계에서 조직의 최고경영자를 포함한 조직구성원은 조직의 쇠퇴와 관련한 현상이나 신호를 무시하는 경향이 있다. 이러한 무지 단계를 예방하기 위한 노력으로는 조직의 상태를 파악할 수 있는 다양한 지표들을 적절하게 구축하고 지속적으로 관리하는 것이다.

2) 무대응 단계

두 번째 단계인 무대응 단계는 급속히 나빠지고 있는 조직성과와 쇠퇴 신호에도 불구하고 적절한 조치를 취하는 않는 것으로, 조직쇠퇴의 사실들이 명백히 드러나고 있는데도 그것이 마치 일시적인 위기상태인 것처럼 반응하는 단계이다. 이 단계에서 최고경영자나 리더는 문제를 외부적 요인으로 귀인하거나 무시하게 된다. 이러한 무대응 단계를 벗어나기 위한 방법으로는 적절한 조직상태에 대한 진단과 적절한 대응, 의사결정 방식의 수정 등 신속한 조치를 취하는 것이다.

3) 오류행동 단계

세 번째 단계인 오류행동 단계는 이미 심각해진 조직의 성과와 다양한 내·외부 문제에 뒤늦게 대응하는 것으로 문제 상황으로부터 즉각적으로 벗어나기 위한 다양한 조치를 취하게 되는 단계를 의미한다. 이 단계에서 최고경영자나 리더는 조직의 문제를 심각한 것으로 인식하고, 인원감축, 원가절감, 구조조정 등의 즉각적이고 다양한 대응을 하게 된다. 그러나 이러한 대응은 단기적으로는 조직의 문제를 해결할 수 있는 것으로 비춰지나, 내부 조직구성원들에게 불안감과 동기부여 저하를 조성하고, 이직을 높이는 부정적 결과를 초래하는 경우가 많다. 따라서 오류 단계에서의 적절한 조치는 조직의 가치, 목표 및 전략 등 제반 요소를 재점검하고, 이를 조직구성원들과 충분히 협의하고 공유함으로써 조직 내부의 불확실성과 불안정성을 낮추는 것이 핵심이다.

4) 위기 단계

네 번째 단계인 위기 단계는 조직쇠퇴 문제가 이미 심각한 수준에 이른 상태로 조직 전체가 적절한 대응을 하지 못하고 혼란을 겪는 상태를 의미한다. 이 단계의 조직은 내부적으로는 조직구성원들의 불안, 동요 및 이직이 발생하며, 외부적으로는 조직의 시장 경쟁력이 급격하게 저하된다. 이러한 위기 단계를 벗어나기 위한 유일한 조치는 전면적인 조직재설계 또는 재조직이다. 또한 조직의 최고경영자 교체, 전략시장의 조정, 조직구조 및 조직문화의 급진적 변화 등이 요구된다.

5) 해체 단계

마지막 단계인 해체 단계는 이미 조직쇠퇴 문제가 해결 불가능한 상태에 접어들어 조직의 실질적인 기능과 역할을 상실하거나 시장에서 퇴출되는 등 목표달성을 위한 행위를 더 이상 하지 못하는 상태를 의미한다. 이 단계에서의 조직쇠퇴를 해결할 수 있는 대안은 실질적으로는 존재하지 않으며, 조직이 취할 수 있는 유일한 노력은 내부구성원들이 안정적으로 전직하는 것을 지원하거나 직장 상실로 인한 충격을 줄여주는 것이다.

3 조직쇠퇴의 개념, 유형, 관점 및 원인

3.1 조직쇠퇴의 개념과 유형

조직쇠퇴(organizational decline)는 실제 모든 조직에서 빈번하게 발생하고 있다. 또한 조직쇠퇴에 대한 연구는 다양한 관점에 의해서 이루어지고 있으며, 개별 사례를 통한 연구에서 정의하는 조직쇠퇴의 개념은 매우 다양하다.

일반적으로 조직의 관점에서 조직쇠퇴의 개념은 적용범위 및 특성과 관련하여 <표 10.2>와 같이 쇠퇴형과 소멸형으로 구분할 수 있다. 쇠퇴형이란 조직구성원이나 조직이 요구되거나 바람직한 성과와 목표를 달성하지 못하는 상태를 의미한다. 소멸형이란 조직의 환경적응 실패나 지속적 성과악화로 인하여 조직이 기능과 역할을 상실하거나 퇴출되는 등 목표 달성을 위한 행위를 더 이상 하지 못하는 상태를 의미한다.

조직쇠퇴의 개념에 대한 구체적인 내용들은 다음과 같다. 첫째, 쇠퇴형에는 조직곤란, 조직축소 및 구조조정 등의 개념이 포함된다. 조직곤란은 조직의 수명주기 또는 연령과 상관없이 조직의 바람직한 성과를 내지 못하는 상태를 의미한다. 조직축소와 구조조정은 조직의 효율성, 생산성 및 경쟁력 저하로 인한 조직의 재정 및 인력 규모, 기능, 역할, 목표 등이 감소되는 것을 의미한다.

둘째, 소멸형에는 조직사멸, 조직사망, 조직해체, 파산/부도 등의 개념이 포함된다. 조직사멸과 조직사망은 조직이 환경에 대한 적응의 실패나 지속적인 성과악화로 인하여 조직의 기능 및 역할의 상실 등 조직이 목표 달성을 위한 행위를 더 이상 할 수 없는 상태를 의미한다. 조직해체란 현재의 조직구조, 자

표 10.2 조직쇠퇴의 유형

쇠퇴형	소멸형
조직곤란(organizational distress) 조직축소(organizational retrenchment) 구조조정(downsizing)	조직사멸(organizational mortality) 조직사망(organizational death) 조직해체(organizational dissolution) 파산/부도(bankruptcy)

원흐름 및 구성원들의 충성심 등을 유지하는 조직의 일상적 행위가 중단되어 조직이 없어진 상태를 의미한다. 또한 파산/부도는 재정적 · 회계적 관점에서 논의되는 개념으로 조직이 조직 활동과 운영을 위한 재정자원 확보나 유지에 실패해 조직이 퇴출되는 것을 의미한다.

이러한 조직쇠퇴의 다양한 개념적 논의를 바탕으로 정의된 조직쇠퇴란 '조직 내 · 외부의 다양한 원인으로 인하여 조직구성원 또는 조직이 요구되거나 바람직한 성과를 달성하지 못하는 상태'이다.

3.2 조직쇠퇴의 연구 관점

조직쇠퇴의 연구 관점은 [그림 10.3]과 같이 조직생태론, 조직행동론 및 자원의존론 등 세 가지 관점에서 이론적으로 접근할 수 있다.

1) 조직생태론

조직을 둘러싼 환경의 변화에 초점을 둔 생태론적 관점은 환경변화 대응실패, 조직연령 및 조직규모 등과 같은 외부적 원인을 적절하게 설명할 수 있는

그림 10.3 조직쇠퇴의 연구 관점과 일반적 원인

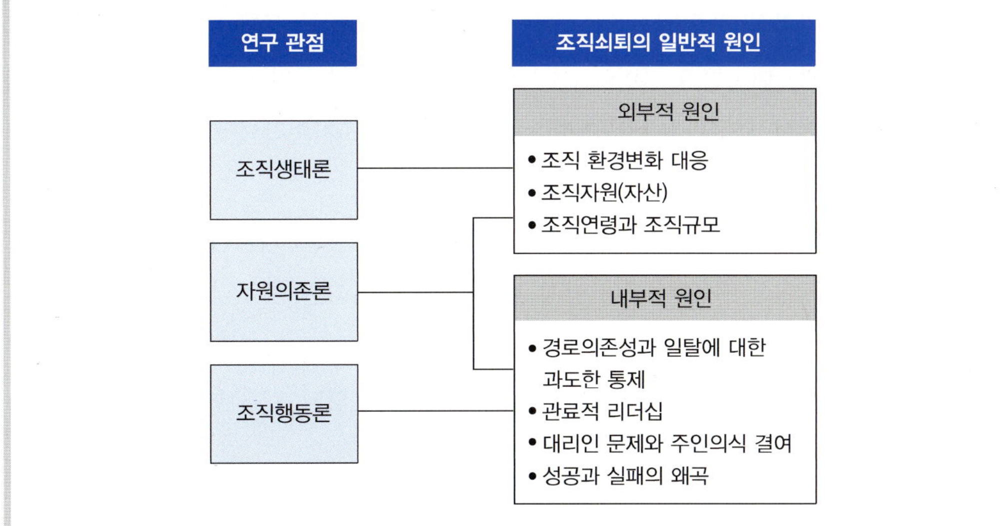

출처 : 김동철 · 김대건(2012).

거시적 관점이다. 조직생태론 관점은 조직쇠퇴를 설명하는 대표적인 연구 관점으로, 조직군 생태학과 조직진화론 등의 이론들을 포함하고 있다. 조직군 생태학은 생물학의 한 분야인 생태학을 조직에 응용한 이론으로 조직의 생성과 소멸 과정에 초점을 두고, 환경에 따른 조직(군)의 생존 및 소멸 이유를 설명한다. 조직진화론은 장기적인 조직 진화에 대한 논의로서 조직(군)의 성장과 소멸에 대한 기초를 제공하였다.

이 관점은 조직은 조직을 둘러싼 환경 속에 존재하기 때문에 조직쇠퇴는 내부적 원인보다 외부적 원인에 의해 더 많은 영향을 받는다는 것을 강조한다. 즉, 조직쇠퇴가 조직환경과 같은 외부적 원인에 대한 낮은 통제력이나 통제력의 상실로 인하여 발생한다고 본다. 그러므로 조직생태론적 관점의 핵심은 조직과 환경 간의 상호작용 메커니즘과 조직의 성장, 운영 및 쇠퇴에 대한 이해의 틀을 제공하고 있다고 볼 수 있다.

조직생태론 관점에서 강조하는 외부적 원인은 조직환경과의 상호작용을 중심으로 개체군 밀도, 수명주기, 조직연령 및 조직규모 등과 관련이 있다.

2) 조직행동론

조직구성원과 조직의 낮은 수준의 성과와 효과성으로 인한 조직쇠퇴에 초점을 두고 있는 조직행동론적 관점은 경로의존성, 일탈에 대한 과도한 통제, 관료적 리더십, 주인의식 결여 및 성공과 실패의 왜곡 등과 같은 내부적 원인을 설명하는 미시적 관점이다. 이 관점에 따르면 조직쇠퇴는 조직구성원과 조직이 그 안에서 요구되는 바람직한 성과와 효과성을 지속적으로 발휘하지 못할 때 발생하기 쉽다.

조직쇠퇴의 내부적 원인은 경로의존성, 집단사고, 리더의 의사결정 행태 및 환경에 대한 대응, 성공의 함정, 위협에 대한 확고한 대응, 상징적 정보의 활용과 기존 전략의 유지, 종신고용, 집권화 및 공식화 등과 관련이 있다. 또한 대리인 문제와 주인의식 결여 역시 이 관점에서 논의되는 내부적 원인이라 할 수 있다.

3) 자원의존론

조직의 경쟁우위와 목표 달성을 위한 안정적인 자원 유지와 획득을 강조하는 자원의존론 관점은 조직자산(자원)의 부족 등 내부적·외부적 원인 모두에 대한 논의를 포함한다. 자원의존론 관점의 조직쇠퇴는 조직이 조직운영을 위한 충분한 자원과 협력을 더 이상 유지·획득하지 못할 때 발생한다고 본다. 조직자원은 조직의 경쟁우위와 성과 달성에서 핵심적 요인으로, 목표 달성을 위한 전략을 수행하고 환경변화에 대응할 수 있는 여건을 제공해 주며, 전략수행을 통해 성과가 도출될 때까지 필요한 완충재(buffering)로서 기능한다.

외부적 원인에는 조직이 환경변화와 충격을 감당할 수 있는 경제적·사회적·인적 자원의 유지와 획득의 실패 등이 있고, 내부적 원인에는 역할과 전략수행의 학습에 대한 과도한 자원의 소모, 이해관계자 집단과의 상호작용 채널 및 안정성 부족 등이 있다.

3.3 조직쇠퇴의 일반적 원인

본서는 조직쇠퇴에 대한 보다 구체적인 논의를 위해 [그림 10.3]에서 보는 바와 같이 조직쇠퇴의 일반적 원인을 외부적 원인과 내부적 원인으로 구분하였다. 그러나 이러한 조직쇠퇴의 원인들은 조직쇠퇴에 영향을 미치는 단절적·개별적 원인이 아니라 상호 연계되어 있는 원인들이라 할 수 있다. 그 구체적인 내용은 다음과 같다.

1) 외부적 원인

조직쇠퇴의 외부적 원인에는 조직환경변화 대응, 조직자원(자산), 조직연령과 조직규모 등이 있다. 첫째, 조직은 환경변화에 적절하게 대응하지 못할 경우 조직쇠퇴에 직면한다. 이는 일반적으로 조직환경의 복잡성과 불규칙성으로 인하여 쉽게 예측할 수 없는 우발적이고 사소한 사건들에 의해서 발생하는 점진적 환경변화에 적절하게 대응하지 못함으로써 발생한다. 또한 환율변동, 국제금융자본의 이동, 산업구조 변화 등으로 인한 경제적 변화, 갑작스런 외국의 정치 변동 등 정치적 변화 및 경쟁조직(군)의 기술 진보 등과 같은 빠른 기술적 변화에 대응할 수 있는 자원이 부족하거나 대응전략이 없는 경우 조직쇠퇴에 직면한다.

둘째, 조직이 조직활동에 소요되는 충분한 조직자원(자산)을 확보하지 못할 경우 조직쇠퇴가 나타난다. 조직쇠퇴와 관련된 조직자산은 조직의 생산활동에 필요한 자산뿐만 아니라, 전략수행을 통해 성과가 도출될 때까지 소요되는 자원을 포함한다.

셋째, 조직수명주기의 관점에서 조직의 조직연령과 조직규모 또한 조직쇠퇴의 원인이 된다. 먼저 조직연령 관점에서의 조직쇠퇴는 조직연령이 많은 조직에 비해 조직 여유자원의 부족, 재무적 자원에 대한 낮은 접근가능성 등과 같은 청년기의 불리함을 갖고 있는 상대적으로 조직연령이 적은 조직에서 더 많이 발생한다. 왜냐하면 상대적으로 조직연령이 많은 조직은 내부 프로세스의 안정성, 이해관계집단과의 관계 신뢰성, 조직 여유자원 확보 및 재무적 자원에 대한 높은 접근가능성 등을 확보할 수 있기 때문이다. 반면 상대적으로 연령이 적은 조직일수록 환경변화에 대해 적극적으로 대응하려 하며 조직유지를 위한 일정한 초기재원을 확보하고 있기 때문에 조직쇠퇴를 경험할 확률이 낮으며, 조직연령이 많은 조직일수록 변화에 대한 거부 및 환경적 위협이나 기회에 대한 느린 반응으로 인해 조직쇠퇴의 확률이 높다는 관점도 있다.

조직규모 관점의 조직쇠퇴는 대규모 조직에 비해 소규모에 따른 불리함이 자주 발생하는 소규모 조직에서 자주 발생한다. 그 이유는 소규모 조직이 불확실한 환경으로 인한 충격이나 위기상황을 극복할 수 있는 자원 확보 등이 대규모 조직에 비해 상대적으로 불리하기 때문이다. 그러나 대규모 조직은 관료제화로 인해 환경변화에 대한 반응속도 및 적응체계의 유연성 저하, 의견조율과 갈등해소 등 내부의 다양한 조정활동과 조직 · 인사관리를 위한 추가적인 자원의 소모 등과 같은 '대규모 조직의 불리함'도 병존한다고 할 수 있다.

2) 내부적 원인

조직쇠퇴의 내부적 원인에는 경로의존성과 일탈에 대한 과도한 통제, 관료적 리더십, 대리인 문제와 주인의식 결여, 성공과 실패의 왜곡 등이 있다. 첫째,

내부적 원인 중 가장 핵심적인 논의는 경로의존성과 조직의 일탈에 대한 과도한 통제이다. 조직구성원이나 리더가 기존 의사결정 방식을 고집하거나 새로운 대안의 모색을 거부하는 경로의존성은 조직환경변화에 대한 적절한 대응과 조직변화를 통한 성장에 부정적인 영향을 미친다는 점에서 조직쇠퇴의 원인이 된다. 특히 기존에 성공을 경험했거나 조직연령이 많거나 조직규모가 큰 조직일수록 경로의존성이 강해지는 경향을 보인다. 조직의 일탈은 조직구성원이나 조직 자체가 조직의 문제해결을 위한 다양하고 새로운 시도일 수 있다. 이러한 조직의 일탈에 대한 과도한 통제는 조직의 환경변화에 대한 대응능력 향상과 높은 성과를 달성하거나 잠재능력을 최대한 발휘하는 것을 방해하여 조직쇠퇴를 야기할 수 있다.

둘째, 리더가 자신의 입장만을 고집하고 조직구성원들의 의견을 무시하는 등 권위적·수직적인 의사결정 행태인 관료적 리더십 또한 조직쇠퇴의 주요한 원인이다. 관료적 리더십은 수직적·기계적 의사결정 프로세스의 형성, 전략적 의사결정 속도의 둔화, 조직 내 기능(부서) 간 통합 수준의 저하, 효과적인 정보수집체계의 손상 및 대안 선택에 대한 조직구성원의 합의 실패 등의 문제를 발생시킨다. 이러한 문제로 인해 조직은 환경변화에 따른 전략변화의 유연성이 낮아지고, 조직에 대한 외부적 위기에 부적절한 대응을 하게 되며, 결국에는 조직쇠퇴에 직면하게 되는 것이다.

셋째, 대리인 문제와 주인의식 결여로 인하여 조직쇠퇴가 발생될 수 있다. 계약을 통해 위임된 의사결정 권한을 가진 대리인은 정보의 비대칭성과 감시의 불완전성으로 인하여 도덕적 해이, 역선택의 문제 및 책임회피 등과 같은 조직실패를 야기할 수 있는 다양한 문제들을 발생시킨다. 즉, 대리인의 부적절한 의사결정, 나태, 부정, 횡령, 사적 이익의 추구, 법규나 규정의 위반 등과 같은 대리인의 부정적 일탈 행위 또는 전략적 행동으로 인하여 조직쇠퇴가 발생한다. 또한 대리인 문제는 낮은 조직성과나 비효율성 등의 문제를 발생시킴으로써 조직쇠퇴의 원인이 되는 주인의식의 결여를 초래할 수도 있다.

넷째, 성공과 실패의 왜곡 역시 조직쇠퇴의 원인이다. 오랫동안 성공을 경험한 조직과 조직구성원은 조직의 성공이 일상적인 것으로 믿는 경향이 있고, 이러한 경향은 조직성공이 지속적으로 유지될 것이라는 지나친 자신감과 오만을 가져온다. 즉, 높은 성과를 보이거나 성공한 상태에 있는 조직이나 조직구성원은 현재의 상태를 유지하는 데 집중하며, 반대로 새로운 변화나 발전의 필요성을 무시하여 조직쇠퇴에 직면하게 된다. 반면 실패를 경험한 조직구성원은 직무에 대한 자기효능감과 동기부여의 저하문제로 지속적이거나 반복적인 실패를 경험한다. 이러한 실패가 극단적으로 지속되는 경우 조직구성원들은 계속해서 실패할 것이라는 실패에 대한 암묵적이고 왜곡된 신념을 갖게 된다.

최근에는 조직의 실패도 적절하게 관리될 경우 조직성과 개선에 기여할 수 있다는 적극적 관점을 강조한 연구가 있으며, 실패의 수용과 실패로부터의 학습 등을 적극적으로 논의한 연구들이 많이 이루어지고 있다.

4 조직쇠퇴에 대한 관리적 대응

본 장에서는 지금까지 조직의 성장과 쇠퇴에 대한 다양한 관점을 바탕으로 조직의 성장과 쇠퇴에 대한 이론적 논의로서 조직수명주기와 조직쇠퇴의 단계, 조직쇠퇴의 개념, 유형, 관점 및 원인 등에 대한 검토를 하였다.

일반적으로 조직관리에서 쇠퇴기보다는 성장기에 조직을 관리하는 것이 훨씬 용이하다. 그러나 조직의 쇠퇴를 알리는 현상이 나타나고 또 실제로 조직이 쇠퇴하고 있을 때, 관리자들은 조직쇠퇴로 인한 결과에 대처하기 위하여 준비를 갖추지 않으면 안 된다. 따라서 다음에서는 실제 조직에서 조직쇠퇴 문제가 발생하고 있을 때, 이에 대한 관리적 대응 측면에서 조직관리상의 잠재적인 문제점들에 대하여 고찰해 보기로 하자.

4.1 갈등의 증가

관리자는 조직의 쇠퇴기간에 자신의 갈등관리기술을 실제로 시험해 볼 기회를 갖게 된다. 앞에서도 지적한 바와 같이 조직의 성장기에는 여유가 만들어져 그것이 갈등을 야기하는 세력들을 무마시키는 윤활유 같은 작용을 한다. 관리자들은 이 같은 조직여유를 조직 내의 잠재적인 갈등의 이해관계집단을 매수하기 위한 자원으로 사용한다. 이 경우 모든 사람에게 자원을 확충시켜 줌으로써 갈등은 쉽사리 해결되고 만다. 그러나 쇠퇴국면에서는 제한된 자원에 대한 갈등이 증대된다. 분배할 만한 조직여유가 그만큼 줄어들게 되기 때문이다.

조직쇠퇴와 관련한 갈등은 항상 역기능을 수반하는 부정적인 요소는 아니다. 만약 조직쇠퇴 상황에서 조직 내 갈등이 적절하게 관리만 된다면 오히려 조직쇠퇴를 지연시키거나 해소시킬 수 있는 기제로 작용할 수 있다. 갈등에서 벗어나기 위해서는 많은 변화가 실현되는데 그 같은 변화는 조직을 재활시킬 수가 있다. 새로운 활동영역의 선택, 신제품이나 서비스의 창출, 원가절감의 조치 등은 위축되고 있는 조직을 보다 능률적이고 활기차게 만들 수 있다.

4.2 정치활동의 증가

조직여유가 적다는 말은 이기적인 집단에 의한 정치활동이 더 증가된다는 말로 해석될 수 있다. 쇠퇴기 동안의 조직구조상의 변화는 규모, 기술, 환경 등과 같은 합리적인 결정요인들에 의해 결정되기보다는 어느 연합이 조직통제를 위한 권력투쟁에서 이기느냐에 의해 결정되기 쉽다. 만약 관리자들이 변화하고 있는 의사결정 기준에 적응할 수 없게 되면, 정치적으로 순진한 관리자들은 그들의 직무가 수행하기 곤란한 것이라는 사실을 알게 된다. 생명을 건 투쟁 상황에서는 표준적인 규칙은 무시된다. 의사결정을 위한 중대한 데이터가 다양한 연합체들에 의해 왜곡되고, 또 그 같은 데이터는 그들 집단의 이익을 추구하기 위해 그들에게 유리하게 해석된다. 예를 들어, 이 같은 사실은 Chrysler사가 연방정부의 지불보증을 얻기 위한 로비활동에서 이익계획을 사용하였을 때 명백히 드러났다. Chrysler사는 계속해서 극도로 희망적이고 신뢰할 만한 이익계획을 제시하였으며, 그 같은 이익계획은 전적으로 잘못된 것이라는 사실이 곧 입증되었다. 어떤 한 연구자는 이 같은 이익계획에 관하여 1980년도 후반에 Chrysler사의 수석 부사장에게 의문을 제기하였다. 그 연구자가 Chrysler사가 융자금을 반제할 수 있는 능력이 있다는 것을 입증하기 위해 정부당국에 제출한

이익계획이 극도로 지나치게 낙관적인 것이라고 지적하였을 때, 분명히 과장된 부분이 있는데도 불구하고 그 수석 부사장은 큰 소리로 말하기를 "당신은 정말로 그 같은 자료의 내용을 진지하게 받아들이지 않았단 말이요?"라고 하였다.

4.3 변화에 대한 저항의 증가

조직은 성장기에 있어서보다 쇠퇴기에 환경의 변화에 대하여 보다 서서히 대응한다. 스스로를 보호하기 위한 노력으로 지배적인 연합은 현재 상태와 그의 통제력을 유지하기 위해 열심히 투쟁한다. 변화과정에 있어서 해동단계는 극히 어려워진다. 변화에 대한 저항은 앞에서 논의한 쇠퇴의 제 단계와 상관성이 있는 것같이 보인다. 쇠퇴기의 초기에는 개인들은 어려움을 뚫고 나아가는 식의 행동패턴을 따른다. 이러한 단계는 이미 오래 전에 제정되어 확립된 절차를 따르려는 강렬한 노력으로 특징지어질 수 있다. 이 같은 노력은 쇠퇴를 지연시키는 결과를 나타내지만, 그 같은 쇠퇴가 장기적인 다양한 쇠퇴조짐으로 나타나고 있는 것이 사실이라면, 그러한 노력은 기껏해야 불가피한 쇠퇴를 잠시 지연시킬 수 있을 뿐이다. 그래서 쇠퇴기의 초기는 변화에 대한 고도의 저항기간이다. 그러나 쇠퇴가 일시적이 아니라는 사실이 명백해짐에 따라 변화에 대한 저항은 감소된다.

어느 한 연구자가 지적한 바에 의하면 쇠퇴국면의 초기에 변화에 저항하는 주된 세력은 성장으로부터 가장 혜택을 받았던 기득이권을 가진 사람들이다. 그들의 권력기반이 도전을 받기 때문에, 그들은 성장과 관련된 정책을 계속해서 밀고 나아가려고 한다. 비록 그 같은 노력이 더 이상 의미가 없는 것이기는 하지만 말이다. 그 연구자는 이러한 결과가 성장을 능동적으로 추구하였던 미국의 몇 개 지역의 도시에서 나타나고 있음을 명백히 증명해 보이고 있는데, 그 같은 연구의 대상이 되었던 도시들은 1970년대의 Phoenix, Houston, Orlando 및 San Diago 등의 도시들이었다. 이 같은 도시들은 새로운 산업과 성장의 선결조건들을 위해 서로 경쟁하고 있었는데, 그들은 광고활동을 통하여 그들 도시의 낮은 범죄율, 낮은 조세율, 풍부한 노동력, 풍부한 자연자원 및 그 밖에 호의적인 특징 등을 선전하고 있었다. 이러한 도시들의 성장지향성은 성장에 기득이권을 가진 정치적인 사람들에게 - 부동산 개발업자들, 지역 내의 사업가들, 교육계의 지도자들에게 - 매력적인 것이었다. 그리하여 이들은 지역공동자원에서 자신들의 몫을 증대시키기 위해 도시의 규모를 확대시키려는 운동을 강화하기 위해 노력하였다. 예를 들어, 도시의 성장은 고용을 증대시킨다고 주장하고 나섰다. 그러나 이와는 반대로 급성장하고 있는 대도시는 서서히 성장하고 있는 대도시에서 보다 더 높은 실업률을 나타내 보이고 있었다. 성장옹호자들은 성장을 계속 추구하게 되는데, 이는 그 같은 성장이 그들의 이익을 성장에서 오는 비경제성이 성장에서 오는 편익을 가릴 때까지 지원해 주기 때문이다. 만약 이러한 도시들이 그들의 정책을 변경하게 된다면, 즉 인구를 현재수준으로 안정시키려고 한다면 성장옹호자들을 그들의 권력위치에서 끌어내리는 것이 필요하고, 그들 대신에 상이한 일련의 기득이권을 가진 새로운 리더들로 대치시키는 것이 필요하다.

4.4 이직률의 증가

조직의 쇠퇴와 함께 나타나는 주요 잠재적인 문제점은 유능하고 가치 있는 종업원들을 계속 조직에 남아 있도록 하는 문제이다. 조직이 쇠퇴단계에 들어갈 때 조직을 떠나는 최초의 사람들 중에는 숙련 기술자, 전문직 종사자, 재능 있는 관리직원 등과 같은 가장 이동성이 높은 사람들이다. 물론 이러한 사람들은 조직이 잃어서는 안 될 조직의 전형적인 자산들이다.

조직성장의 시기가 끝났다는 사실이 명백해질 때 관리자들은 특히 갑자기 비약하려는 경향이 있다. 그러나 조직의 쇠퇴기에는 승진의 기회가 크게 감소되고 책임의 증가가 크게 둔화된다. 상향지향적으로 이동성이 높은 경영자들은 자기들의 재능이 보다 더 활용될 수 있는 조직을 찾게 된다. 이 같은 사실은 최고관리자에게 다음과 같은 사실을 시사해주고 있다. 즉, 최고경영자는 장기적인 쇠퇴를 예방하고, 느리게 진행되고 있는 쇠퇴가 가속화되어 급진적인 하강국면으로 떨어지는 것을 방지하려면 야망에 찬 조직구성원들에게 유인을 제공해야 한다.

4.5 종업원의 동기유발 및 사기의 감퇴

종업원의 동기유발과 사기의 정도는 조직이 위축되고 있을 때와 조직이 성장을 구가하고 있을 때가 각기 다르다. 성장국면에 있을 때는 승진의 기회가 늘어나고 동태적인 조직활동과 관련된 자극에 의해 종업원들이 동기화된다. 그러나 쇠퇴기에는 일시해고, 직무의 재할당(종전에는 다른 사람들에 의해 수행되었던 과업들을 흡수시켜 직무를 재할당), 그리고 이와 비슷한 스트레스를 유발시키는 변화 등이 나타난다. 다음 달에도 아니면 내년에도 계속해서 이 직장에서 일하게 될 것인가에 대한 고도의 불확실성이 있는 곳에서 종업원들이 계속 동기화된다는 것은 기대하기 매우 어려운 일이다. 그러므로 조직이 장기적인 쇠퇴를 겪고 있을 때, 관리자들은 침체와 불안 및 스트레스 등의 특성을 나타내고 있는 조직풍토를 개선하기 위해 자신들의 역할을 효과적으로 수행해야 할 도전을 받게 된다.

요약

조직이론의 연구는 조직의 라이프사이클의 성장 측면과 쇠퇴 측면 모두를 연구대상으로 해야 한다. 그러나 지금까지 많은 조직연구 문헌들은 성장 일변도의 편견을 가지고 있다. 이러한 현상은 조직의 성장이 존속의 가능성을 증대시키고, 조직효과성과 같은 의미로 사용될 수 있으며, 곧 권력을 나타낸다는 성장지향적 조직관에 기인한 것이다. 최근 이러한 성장에 편향된 조직관에서 탈피하여 조직의 쇠퇴에 대한 관심이 높아지고 있으며, 조직쇠퇴에 대한 명확한 개념적 정의와 원인 분석을 통해 조직의 지속적인 성장을 추구하려는 시도가 증가하고 있다.

이러한 조직의 성장과 쇠퇴에 대한 논의는 조직수명주기에 대한 설명에서 시작된다. 조직수명주기(organizational life cycle)에 대한 이론적 논의를 통해 우리는 조직의 성장, 성숙, 쇠퇴하는 동안에 거치는 조직의 예측가능한 특성을 파악할 수 있다. 조직수명주기는 조직의 규모에 따라 창업 단계, 집단공동체 단계, 공식화 단계, 정교화 단계로 구분하여 각 단계별 조직의 특성과 위기 요소를 설명하였다.

모든 조직은 항상 성장만 할 수 없으며, 일부 조직은 필연적으로 조직쇠퇴를 경험하거나 이를 통해 소멸하기도 한다. 일반적으로 조직쇠퇴(organizational decline)란 '조직

내 · 외부의 다양한 원인으로 인하여 조직구성원 또는 조직에 요구되거나 바람직한 성과를 달성하지 못하는 상태'로 정의된다. 조직쇠퇴는 조직곤란, 조직축소 및 구조조정 등과 같이 조직이 요구하는 성과를 달성하지 못하여 축소되는 의미를 뜻하는 쇠퇴형과 조직사멸, 조직사망, 조직해체, 파산/부도 등과 같이 조직의 환경적응 실패나 지속적인 성과악화로 인해 조직이 기능과 역할을 상실하거나 시장에서 퇴출되는 소멸형으로 구분할 수 있다. 조직쇠퇴의 일반적 원인에는 조직환경변화 대응, 조직자원(자산), 조직연령과 조직규모 등의 외부적 원인과 경로의존성과 일탈에 대한 과도한 통제, 관료적 리더십, 대리인 문제와 주인의식 결여, 성공과 실패의 왜곡 등의 내부적 원인이 있다.

정리 및 토의과제

1. 성장지향적 조직관은 무엇이며, 왜 강한 영향력을 행사하는가?
2. 조직의 성장이 조직의 존속가능성을 증대시키는 이유를 실제 사례를 들어 설명하시오.
3. 조직수명주기의 각 단계별 특성과 위기대응방안에 대해 설명하시오.
4. 콘보이(Convoy) 사례에 나타난 일련의 사건들을 조직수명주기의 각 단계에 따라 구분하고, 콘보이에게 가장 필요한 위기대응방안을 제시하시오.
5. 조직쇠퇴를 정의해 보시오.
6. 조직쇠퇴의 단계를 실제 기업 사례를 들어 설명하시오.
7. 유니콘 기업의 사례가 조직성장 유형 중 어디에 해당하는지 설명하시오.
8. 조직쇠퇴의 연구 관점별 특성은 무엇인가?
9. 경로의존성이 조직쇠퇴에 영향을 미치는 이유는 무엇인가?
10. Chrysler사 사례에 나타난 조직쇠퇴의 외부적 · 내부적 원인에는 어떤 것이 있는가?

제 4 부

거시조직이론

Chapter 11

조직변화와 개발

사례연구

이석구 스타벅스코리아 대표

사이렌오더와 드라이브 스루(drive thru) 화상주문 시스템, 둘의 공통점이 뭘까? 한국 스타벅스에서 처음 개발해 해외매장으로 전파한 서비스라는 점이다. 미국 본사 관계자가 한국을 방문할 때마다 스타벅스코리아의 독창적인 아이디어에 놀란다고 한다. 대표적인 사례가 2014년 5월 도입한 사이렌오더다. 스마트폰 앱으로 매장 방문 전 음료를 미리 주문하고 결제하는 시스템이다. 점심시간처럼 바쁜 때에 오랜 시간 줄을 설 필요가 없다. 스벅 마니아들은 '합법적인 새치기'라며 재치 있는 별칭을 만들어줬다. 스타벅스코리아는 한 걸음 더 나아가 '음성인식'이 가능하도록 업그레이드했다. 국내에서 사이렌오더 누적 이용횟수는 5,000만 건을 넘어섰다. 보통 글로벌 기업에서는 본사에서 제품과 서비스를 개발한 뒤 지사로 전파하기 마련이다. 그러나 사이렌오더는 미국 본사에서 이를 받아들여 캐나다, 홍콩 등에서 활용 중이다.

드라이브 스루 화상주문 시스템 역시 한국에서 처음 시작했다. 스타벅스는 직원과 고객이 직접 얼굴을 맞대고 대화하는 문화를 중시한다. 이 때문에 커피전문점에서 흔히 볼 수 있는 진동벨이 없다. 스타벅스코리아는 드라이브 스루 서비스를 내놓으며 42인치 대형 스크린을 통해 고객과 직원이 화상으로 마주볼 수 있도록 했다. 스타벅스 철학을 살리는 동시에 정을 나누는 한국 정서를 담아내기 위해서였다. 여기서 그치지 않고 차량번호를 등록하면 자동으로 고객을 인식하는 시스템으로 발전시켰다. 스타벅스 결제카드와 연동시켜 지갑을 열 필요 없이 메뉴를 받아 출차하면 끝. 이 서비스는 전 세계 스타벅스 최초이자 국내 커피업계에서도 최초의 서비스로 기록을 남기게 됐다. 스타벅스코리아가 '에지(edge)' 있는 서비스를 잇따라 내놓을 수 있는 것은 이석구 스타벅스코리아 대표(69)의 공이라는 데 이견이 없다. 2007년 전까지만 해도 스타벅스코리아는 국내시장 공략에 실패하며 대표이사가 3명이나 바뀌었다. 돌파구를 찾지 못하던 스타벅스에 구원투수로 나선 인물이 이 대표다. 1975년 삼성물산에 입사한 그는 신세계백화점, 이마트, 조선호텔 등에서 경험을 쌓은 서비스 업종 베테랑이다.

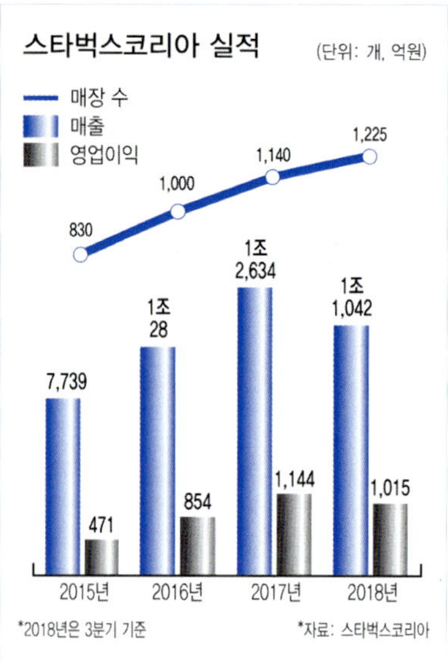

그의 부임 이후 스타벅스코리아는 180도 바뀌었다. 단 한 차례도 실적이 꺾인 적 없이 2016년 '매출 1조 클럽'으로 직행했다. 커피시장 포화론이 무성하지만, 이 대표는 지난해 1조 2,634억 원 매출을 내며 전년 대비 26% 성장시켰다. 영업이익은 34% 늘어난 1,144억 원이었다. 2018년에도 무난한 성장을 이어갔다. 업계에서는 도저히 스타벅스의 약점을 찾기가 힘들다고 혀를 내두를 정도다. 이런 성과를 토대로 이 대표는 12연임에 성공했다. 1949년생으로 내년이면 만 70세다. 신세계그룹 계열사 대표 가운데 가장 고령이며 유통업계에서도 최장수 CEO 반열에 오른다. 이번에 신세계 온라인 신설법인 대표에 선임된 최우정 사장과는 무려 17세 차이다. 범삼성가인 신세계도 '사장 정년 60세' 룰을 적용해왔다. 이 대표의 성과가 보통 뛰어난 게 아니었다는 점을 보여주는 단면이다. 호실적을 이끈 이 대표의 '남다른' 경영은 한두 가지가 아니다. 차별화 키워드는 사람, IT, 현지화 세 가지다.

첫째, 이 대표는 내부 고객, 즉 임직원 관리에 공을 들였다. 연령과 성별, 학력을 불문하고 정규직으로만 채용하는 게 첫 번째 원칙이다. 전국 1,200여 개 직영 매장에서 일하는 1만 4,000명 모두 정규직이다. 정규직과 계약직으로 나누지 않고 동료의식을 강화하겠다는 게 이 대표의 생각이다. 여성이 차별당하지 않는 기업으로도 알려졌다. 전체

관리자 중 여성이 80%가 넘을 뿐 아니라 채용, 인사, 성과평가, 급여, 복지에서 성에 따른 차이는 없다. 이 대표는 2014년 출산과 육아로 퇴직한 전직 스타벅스 여성 관리자를 정규직 시간선택제 부점장으로 재입사시키는 '리턴맘 프로그램'을 도입했다. 리턴맘 바리스타는 주 5일, 하루 4시간씩 근무하는 정규직 시간선택제 관리자다. 정규직으로 복리혜택을 누릴 뿐 아니라 본인이 원하면 하루 8시간씩 전일제 근무로 전환할 수 있도록 설계했다. 적극적인 장애인 채용도 호평받는 대목이다. 이 대표는 '장애인이 서비스직에 부적합하다'는 사회적 편견을 깨고 2007년 장애인을 채용했다. 2012년부터는 한국장애인고용공단과 손잡고 장애인 바리스타 양성을 위한 직업훈련을 진행 중이다. 장애인 채용 공로를 인정받아 2012년부터 2016년까지 4년 연속 고용창출 우수기업으로 대통령 표창을 수상하기도 했다.

또한 그는 효율적이고 평등한 조직문화도 만들었다. 스타벅스코리아 본사에서는 스탠딩 테이블에서 회의를 하는 장면을 흔히 마주한다. 의자를 없애 회의시간을 단축하고, 집중도를 높였다. 하나의 테이블에서 타인과 함께 공간을 누리는 스타벅스 매장문화를 사무실에도 그대로 옮겨온 셈이다. 호칭에서도 평등한 동료의식이 고스란히 드러난다. 스타벅스 임직원은 직급을 부르지 않고 '테드', '윌리엄' 등 영문 별칭을 부른다. 한글이라면 어색하겠지만 영문을 사용하며 자연스럽게 이름을 부르는 문화가 안착했다는 설명이다. 직급 역시 파트너로 동일하다. 이 대표는 취임 이후 매주 1회 이상 현장방문 스케줄을 지켜왔다. 현장에서 칭찬으로 직원 사기를 높여야 한다는 게 그의 철학이기 때문이다. 또한 고객 만족과 불만 사항을 가장 잘 아는 현장 직원을 통해 고객 목소리를 들으려 하는 의도가 배어 있다.

둘째, 아날로그 커피에 IT를 확실하게 접목한 것은 이 대표가 스타벅스코리아를 성공시킨 비결로 꼽힌다. 이 대표가 전 세계에서 처음으로 도입한 서비스는 사이렌오더와 드라이브 스루뿐 아니다. 2009년 업계 최초로 선불식 충전카드인 스타벅스 카드를 내놨다. 2011년 모바일 사이트 결제 서비스를 열어 지갑에 카드를 넣고 다니지 않아도 편리하게 주문·결제하는 시스템을 만들었다. 모바일 앱을 통해 나만의 음료를 저장하는 독특한 서비스도 호평받았다. 지금은 흔히 볼 수 있는 라벨 자동출력 시스템도 이 대표가 처음 고안한 서비스다. 2012년 스타벅스가 이 서비스를 출시하기 전 바리스타들은 음료 주문내역을 직접 컵에 적었다. 고객 요청대로 모두 적어야 해 번거롭고 서비스 시간이 길어졌다. 이 대표는 이 같은 불편함을 파악해 주문대에서 입력하면 바로 라벨이 출력되는 시스템을 만들었다.

바리스타 모바일 교육 시스템인 '스타벅스 아카데미', 바리스타가 주문정보를 일목요연하게 볼 수 있는 '디스플레이 시스템', QR코드를 활용한 재고관리 시스템 역시 이 대표가 전 세계 최초로 내놓은 서비스다. 이 대표는 IT 강국인 한국의 특성을 잘 살려 한국만의 선진 서비스를 만들고 싶었다며 한국에서 처음 시작하는 IT기술을 미국 등에서 채택하는 사례가 늘고 있어 기쁘게 생각한다고 말했다.

마지막으로 '한국형 스타벅스 모델' 개발은 글로벌 본사에서도 인정한 이 대표의 공로다. 이 대표는 글로벌 본사 메뉴를 그대로 따라 하지 않았다. 국내 쌀로 만든 라이스칩을 시작으로 배, 사과, 옥수수, 감자 등 우리 농산물을 사용한 상품을 내놨다. 특히 라이스칩은 2007년 출시 이후 8년간 150만 개가 팔린 베스트셀러로 이름을 올렸다. 또 하나의 대표적인 사례가 '문경 오미자 피지오'이다. 2016년 선보인 이 제품은 2달 만에 50만 잔이 팔렸다. 스타벅스 스파클링 기술로 한국의 맛을 담아내 좋은 점수를 받았다. 이 밖에 '제주 유기녹차', '그린티 라테', '유자 쉐이크 티 피지오' 등 지금까지 70여 종의 한국형 메뉴를 선보였다. 또한 인테리어와 제품에서 한국만의 디자인을 담아내는 것으로도 유명하다. 전 세계 75개국 중 디자인팀이 있는 나라는 한국과 미국밖에 없다. 본사인 미국을 제외하면 한국이 유일한 셈이다. 스타벅스코리아는 해마다 300종 제품 중 80%를 직접 디자인한다. 연말마다 화제를 모으는 스타벅스 플래너도 한국의 독자적인 서비스로 인기가 높다. <매경이코노미, 1988호(2018. 12. 19.~12. 25.)>

스타벅스코리아가 선택한 변화는 과연 적절했는가? 또 변화는 잘 이해된 것인가? 이처럼 변화에 대한 적응은 오늘날 모든 조직들이 당면하고 있는 가장 주요한 과제 중 하나가 되었다. 기업은 물론 정부기관, 병원, 군대, 교육기관 등 모든 조직들이 동태적이고 복잡하며 상호의존적인 환경변화에 노출되고 있다. 이 같은 불확실한 환경변화를 관리해야 하는 것은 조직의 성과를 높이기 위해 수행해야 할 관리자들의 공통된 책임이며 과제이다.

변화가 갖는 민감성과 중요성에 대한 인식은 전혀 놀라울 것이 없는 당연한 사실로 받아들여지고 있다. 변화는 이제 조직의 전략, 기술, 환경, 개방성(adhocracy) 등 모든 영역에 일상적인 영향을 미치고 있다. 급속한 변화에 대응하기 위한 전략은 기본적으로 안정된 환경에 대처하기 위한 전략보다는 조직구조에 대해 별도의 변화를 요구한다. 특별한 기술은 일상적인 기술보다 더 많은 변화를 수반하며, 차별적인 특별한 기술 유형은 효과를 내기 위해 보다 유연한 조직구조를 필요로 한다.

이와 같이 급속하게 변화하는 환경에 처해 있는 조직들은 그들의 조직구조를 설계하는 데 있어 유연성을 추구한다. 이러한 상황변화와 가장 잘 양립될 수 있는 조직모델이 개방문화인데, 상황의 변화는 항상 유연성과 혁신성 및 신속한 반응을 요구하기 때문이다. 급격한 변화를 겪고 있는 조직들은 개방적 조직구조를 가질 때 혹은 적어도 개방적 조직구조의 기본적인 특성을 갖추고 있을 때 가장 효과적이다.

본 장에서는 변화를 촉진시키기 위해 관리자가 능동적으로 취할 수 있는 행동이 어떤 것인가를 우선 살펴보기로 하겠다. 즉, "변화관리"의 의미를 정의한 다음, 변화에 대한 저항과 관련된 연구결과들을 제시해 보겠다. 그리고 조직의 변화모델을 소개하고 이어서 변화모델의 여러 단계에 대하여 자세한 설명을 더하기로 하겠다. 그리고 '변화불가피론'의 입장에 대한 반론을 제기함으로써 본 장을 끝맺기로 한다. 달구지를 끌 때 말을 먼저 끌어야지 수레를 먼저 끌어서는 안 되는 것처럼 조직 내의 변화에 대한 전통적인 입장을 공격하는 주장을 논술하기 전에 먼저 그 같은 전통적인 견해를 제시해 볼 필요가 있는 것이다.

1 변화관리란 무엇인가

1.1 계획된 변화

변화는 단지 일어날 수 있고 혹은 계획될 수도 있다. 그래서 우리는 관리될 수 있는 변화를 '계획된 변화(planned change)'라고 부른다. 계획된 변화의 목적은 조직을 환경의 변화에 맞추어 나가게 하고 조직을 생존력 있게 유지하려는 데 있다. 예를 들어, 현재의 제품이나 서비스가 제품수명주기의 쇠퇴기에 도달되어 판매율이 떨어지고 있고, 경쟁업자들이 새로운 제품이나 서비스를 생산해내고 있다거나, 조직에 영향을 미치는 정부규제나 조세정책이 변화되었다거나, 중요한 자원의 공급업체가 파산을 하였다거나, 혹은 노조결성이 안 된 종업원들이 노조를 결성하기로 결의하고 나서는 경우와 같이 조직이 변화에 당면하게 되면, 해당 조직은 변화에 대응하거나 아니면 불가피하게 성과의 저하를 감수하여야 한다. 그럼에도 불구하고, 계속해서 현실을 직시하지 못하는 조직은 결국 파산하여 경영활동의 무대에서 완전히 사라지고 마는 것이다.

삼미그룹과 한보그룹 등은 수천 억의 자산을 가진 회사들로서 IMF 경제위기 이전에는 크게 번성하였던 우리나라의 대표적 기업들이었다. 그러나 그들은 변화하는 환경에 적절히 대응하지 못하였기 때문에 1990년대 말에 이르러서는 영원히 문을 닫지 않으면 안 되었던 것이다. 지금도 다수의 소규모 금융기관, 주택건설업체, 항공운수회사, 경쟁력 없는 많은 지방대학들에게 그와 같은 운명이 닥쳐올지 모른다. 조직은 환경과 상호작용하는 개방시스템이며 환경은 지속적으로 변화하기 때문에, 조직은 이에 대응하기 위한 계획된 변화를 촉진하기 위하여 내부적인 메커니즘을 구축하여야 한다.

1.2 조직구조상의 변화

관리자가 만드는 변화에는 다양한 형태가 있다. 변화의 형태는 변화의 목표에 따라 달라질 수 있기 때문이다. 우선 개인수준에서 보면 관리자들은 종업원의 행동에 영향을 미치려고 시도한다. 훈련, 사회화, 상담 등은 변화의 표적이 개인일 때 조직이 활용하는 변화전략의 실례들이다. 이와 유사하게 변화의 목적이 집단행동을 변화시키는 데 있다면 관리자들은 감수성훈련, 설문 피드백, 업무 프로세스 자문 등의 방법을 활용한다. 이 같은 개인과 집단 수준의 변화는 조직행동론의 교과과정에서 전형적으로 조직개발론(organizational development)이란 주제로 연구되고 있다. 본 장에서는 조직구조상의 변화에 초점을 맞추어 조직구조의 시스템에 영향을 미치는 기법들에 대하여 알아보자. 이는 곧 권한양식의 변화, 정보에의 접근, 보상의 배분, 기술 등의 변화를 주로 파악해 보자는 의미일 것이다. 물론 여기에서 행동변화에 대한 고려를 의도적으로 회피한다고 해서 그 중요성이 결코 줄어들 수는 없다. 관리자들은 변화를 유발하기 위해서 조직구조의 변화기법과 함께 행동변화기법도 활용할 수 있어야 하고 또 활용하여야 한다. 이러한 노력들이 함께 이루어졌을 때, 변화를 관리하기 위한 완전한 실행도구가 되는 것이다.

미국 MIT의 경제학 교수인 레스터 서로(Lester Thurow)는 "모든 것을 변화시켜라. 변화만이 지식기반사회에서 번영하는 유일한 게임의 원리다"라고 지적한다. 또 몇 년 전 IBM BCS는 전 세계 456명의 CEO를 대상으로 향후 2~3년간 가장 중요하게 생각하는 경영 화두를 조사했다. 응답자의 대다수는 '변화에 대한 대응'과 '매출 증대'를 꼽았다. 이는 현재 기업경영의 최대 화두가 '변화'와 '성장'임을 보여준다. 그렇다면 기업은 변화에 대한 대응과 성장을 동시에 이루기 위해 어떻게 해야 할까?

무엇보다 조직구조를 단순화해야 한다. 대부분의 국내 기업은 복잡하고 중복된 내부 구조를 갖고 있다. 이런 복잡한 기업체계는 고비용구조를 부르게 마련이다. 내부 프로세스를 최대한 간소화하고 변화에 신속하고 유연하게 대응할 수 있는 변동구조를 갖춰야 한다. 내부정돈 없이 변화에 대처할 수 없기 때문이다.

또 중요한 것이 핵심역량에 집중 투자하는 일이다. 기업 내부역량 중에서 경쟁사 대비 강점을 갖춘 핵심역량을 파악하고, 이를 집중적으로 강화해야 한다. 경쟁사와의 차별성 없는 제품과 서비스로는 경쟁에서 도태되기 쉽다. 핵심역량에 집중해 성공한 기업들을 보면 핵심역량이 아닌 부문에 대해서는 부문별 전문기업에 아웃소싱하고 있다는 것을 알 수 있다.

1.3 조직의 저항

조직은 원천적으로 보수성을 가지고 있다. 따라서 조직은 변화에 대해 적극적으로 저항하게 된다. 말하자면, 정부기관들은 자신들의 업무상 필요성이 계속 요구되는지의 여부에 상관없이 지금껏 해온 일을 그대로 계속하려고 한다. 또 조직화된 종교단체들은 종교적 맥락을 고수한다는 이유만으로 자기들의 입장을 좀처럼 바꾸려고 하지 않는다. 그러므로 교회의 교리를 한 번 바꾼다는 것은 끈질긴 노력과 인내를 필요로 한다. 교육기관들 역시 교조주의에 대한 도전이라고 판단할 경우, 변화에 대해 극단적인 저항을 나타낸다. 그래서 대부분의 학교시스템에서는 30여 년 전과 똑같은 교육방법을 그대로 고수하고 있다. 전자학습기와 컴퓨터의 등장으로 인해 교실의 혁명이 일어나고 교사의 역할이 극적으로 변화될 것이라던 예측은 결코 실현되지 않고 있다. 또한 미국의 철도산업, 철강산업, 자동차산업의 경우를 통해서도 새로운 형태의 경쟁, 국외의 낮은 인건비, 소비자 취향의 변화, 석유가의 급격한 인상 등 외부로부터 도입된 변화에 저항하였던 기업들에게서 실례를 찾을 수 있다.

조직이 이처럼 변화에 저항하는 이유는 무엇일까? 변화에 대한 저항에 영향을 미치는 요인들은 다양하다. 그러나 대부분의 설명은 조직을 구성하고 있는 사람들로부터 구할 수 있다. 일반적으로 사람들은 자신의 이익에 해가 될 수 있는 현실적인 혹은 상상적인 위협에 대응하기 위해 자기중심적 방법으로 변화에 저항하기 때문이다.

어떠한 변화도 구성원이나 집단의 권력, 위상 및 안정에 위협이 될 수 있다. 위협이 크면 클수록 저항도 그만큼 커진다. 사람들이 변화에 어느 정도로 저항할지를 예상하기 위한 한 가지 방법은 구성원이 현재의 위치에 오르기 위해 얼마나 많은 투자를 하였는가를 가늠해 보면 알 수 있다. 사람은 현재의 위치에 오기까지 투자한 정도만큼 변화에 대한 위협도 크게 생각한다. 예를 들어, 나이 많은 사람들이 젊은 사람들보다 변화에 대하여 더 저항하는 이유는 무엇인가? 그것은 바로 나이 많은 사람들은 일반적으로 현재의 시스템에 더 많은 투자를 하고 있어서, 변화에 적응함으로써 잃게 되는 것도 더 많기 때문이다. 만약 어떤 사람이 우체국의 우편물 분류계원으로서 20여 년 동안의 근무를 하였다면,

자동우편물 분류기의 도입에 대하여 고등학교를 나와 최근에 들어와서 6개월간 근무를 하고 있는 젊은 직원보다 훨씬 더 강렬하게 저항할 것이다. 반면, 젊은 직원은 우편물 분류계원으로서의 기술개발에 상대적으로 적은 시간과 노력만을 투자하였으므로 우편물 분류의 수동시스템에 거의 기득권을 가지고 있지 않기 때문에 자동화에 대한 저항도 적은 것이다.

저항을 유발하는 위협이 꼭 실질적인 위협만은 아니다. 만약 관리자가 회계부서에 대해 새로운 컴퓨터시스템이 도입되어도 스태프의 수 및 회계기능의 중요성이 전혀 감소되지 않는다고 안심을 시켰다고 하자. 이 경우 관리자의 말이 틀림없는 정확한 것일지라도 지각된 위협의 결과로서 저항은 여전히 일어날 수 있다. 정보의 부족으로 인한 오해, 부정확한 정보, 관리자의 말에 대한 신뢰의 결여, 동일한 데이터에 대한 상이한 측정 등이 모두가 종업원의 저항을 불러오기 때문이다.

한편, 이와 같은 저항의 요인이 관리직이 아닌 종업원들에게만 적용될 뿐이라고 생각하는 것은 잘못이다. 관리자들도 하위 종업원들 못지않게 자기들의 개인적 이익을 챙기는 데 많은 관심을 가지고 있다. 그러므로 많은 변화노력이 오히려 관리자들에 의해 방해받게 되는 경우가 많다. 왜냐하면 변화의 노력을 방해하는 이들 관리자는 변화로 인한 혼란이 자신이 맡고 있는 단위부서나 자기들의 경력경로에 부정적인 결과를 초래할 것이라고 지각하기 때문이다.

변화에 대한 전통적인 시각은 '조직은 변화할 수 있고 반드시 변화하게 되어 있다'는 것이다. 본 절의 목적 중 하나는 변화의 노력을 방해하는 압력요인들이 있다는 것을 밝히는 것이다. 이 같은 변화노력에 대한 반대세력에는 변화로 인해 그들의 개인적 이익이 위협을 받게 되는 조직구성원들이 포함된다. 또한 시스템 내의 통제 및 표준화 역시 변화를 더 힘들게 만드는 요인이다. 즉, 업무수행 활동의 방법에 관한 절차 및 규정이 더 명확히 확립되어 있으면 있을수록 그 같은 시스템에 변화를 도입하기란 그만큼 더 어려워지는 것이다. 이와 관련하여, 다음 절에서는 변화를 촉진시키는 데 도움이 될 수 있는 여러 가지 다양한 메커니즘에 대하여 논의해 보기로 한다.

2 조직변화 모델

[그림 11.1]은 조직변화를 위한 모델을 나타내고 있다. 이 모델은 일련의 몇 가지 단계로 구분된다. 계획된 변화는 특정한 몇몇 압력요인들에 의해 주도되는데, 이 같은 압력요인들은 변화담당자로부터 영향을 받는다. 변화를 부추기는 압력요인들에 따라 변화담당자의 역할에 대한 지각이 달라지고, 그 결과에 따라 변화담당자는 개입전략을 선택하게 된다.

그리고 변화의 실행부분은 두 가지로 나누어진다. 즉, 변화를 위해 ① 무슨 일을 변화시킬 것인가, 그리고 ② 어떻게 할 것인가로 구분되는 것이다. 다시 말해서 변화과정과 실행방법으로의 구분을 의미한다. 그런데 이와 같은 변화과정에는 3단계의 국면이 있다. 즉, 현상의 해동, 변화, 재동결을 통한 변화내용의 제도화 등 세 가지 단계를 거치게 된다.

실행방법은 변화작업을 실행하기 위해 변화담당자가 선택하여 사용하는 변화과정상의 방법을 가리키는 말이다. 이 같은 변화의 실천이 성공을 거두게 되면 조직의 성과가 향상된다고 보는 것이다. 물론 변화는 진공상태에서 일어나는 것은 아니다. 조직의 어떤 한 영역에서 변화는 또 다른 변화를 위한 새로운

그림 11.1 계획된 조직변화의 모델

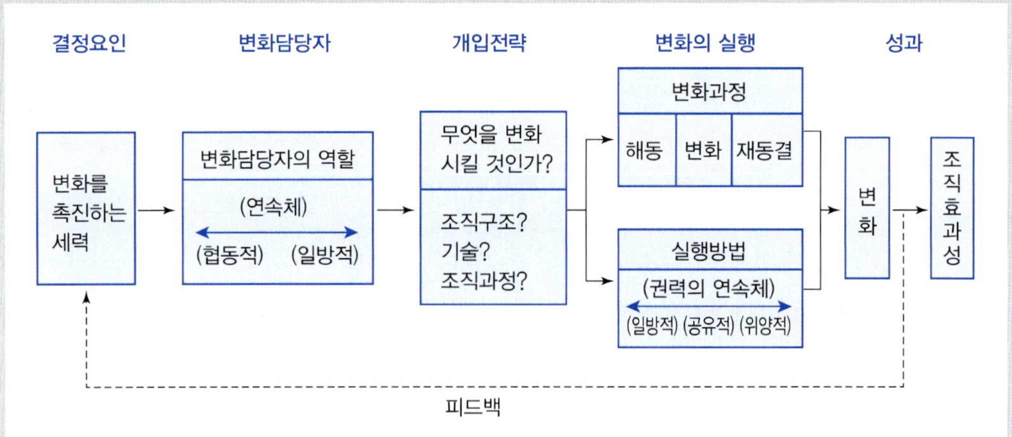

출처 : Adapted from Larry E. Short, "Planned Organization Change," *MSU Business Topics* (Autumn, 1973), p.56.

변화의 세력을 주도하게 된다. [그림 11.1]의 피드백 순환고리(feedback loop)는 이 같은 변화모델이 동태적이라는 것과 변화의 필요성은 불가피하며 계속적이라는 것을 의미한다.

2.1 변화 필요성의 결정요인

변화가 필요하다는 것을 조직은 어떻게 파악하는 것일까? 그것은 관리자가 잡으려고 하는 기회를 파악하는 작업과도 같다. 그러나 변화의 필요성은 예상되는 문제가 발생하거나 혹은 문제에 반응하거나 대응하는 것보다 더 빈번하게 생겨난다. 이 같은 변화를 통한 기회와 문제점은 조직의 내부나 외부 어느 한쪽에 존재하기도 하고 조직의 내부와 외부 양쪽에 존재하기도 한다.

실제로, 조직구조상의 변화를 유도하는 요인들은 셀 수 없을 정도로 많다. 이들 요인들을 몇 개의 부류로 범주화해 보면, 변화의 필요성이 어디에서나 생길 수 있다는 것을 명백히 설명해 준다. 그러나 보다 의미 있는 접근은 <표 11.1>에서 보듯이 조직의 구조적 변화를 요구하는 변화발생의 분명한 원인들을 다음과 같이 구분해 내는 것이다.

① **조직 목적의 변화** : 조직의 목적이나 임무가 바뀌면 조직구조도 따라서 재설계된다. 예를 들어, 조직이 선도적 전략(innovator strategy)에서 추종적 전략(follower strategy)으로 전략목표를 바꾸게 되면, 조직구조 또한 유기적인 조직구조에서 보다 기계적인 조직구조로 변하게 된다. 기계적 조직구조에서는 기술의 표준화와 역할경계에 대한 감시기능을 강화할

표 11.1 조직구조변화를 요구하는 주요 원인들

변화 필요성의 잠재적 결정 요인		
조직 목적의 변화	노동조합의 결성	사기저하 문제
새로운 설비의 도입	소비자보호단체의 압력	이직률의 증가
노동력의 희소성	인수합병과 통합	돌발적 위기상황의 발생
정보처리시스템의 도입	원자재 가격과 수급 변화	내부 임원 대상자의 부족
정부규제의 개편	경쟁업체의 활동	수익성 하락

필요성이 커진다.

② **새로운 설비의 도입** : 새로운 설비가 도입되어 사람들이 수행하던 활동을 대신하게 되면, 조직은 노동집약적 체제에서 기술집약적 체제로 변화하게 된다. 이 같은 변화가 발생하면 전문화는 표준화에 의해 대체된다. 1970년대 중반, 미국의 주요 자동차회사들이 조립작업공정에 많은 수의 로봇을 배치하기 시작하였을 때 이러한 기술적 변화는 조직구조의 변화를 가져왔던 것이다. 예를 들어, 동일한 산출량을 생산하는 데 필요한 감독자의 수는 줄어들었고, 많은 활동들이 기계장치에 의해 수행되었기 때문이다.

③ **노동력의 희소성** : 조직이 의존하고 있는 핵심 기술인력이 희소할 때, 조직구조상의 변화가 자주 발생한다. 최근에 세법전문가, 시스템분석가 등이 부족해짐에 따라, 관리자들은 어쩔 수 없이 자신들의 조직을 유기적 조직구조로 재편하게 되었다. 노동시장에서 필요인력을 구하기 어렵게 되면, 이러한 인력들의 의사결정에 대한 발언권이 커지게 되고, 지시적인 감독이 줄어들며 이들의 행동을 통제하기 위한 규칙이나 규정도 감소하게 된다. 다시 말해, 조직구조상의 복잡성, 공식화 및 집권화가 모두 변화하게 되는 것이다.

④ **전사적 정보처리시스템의 도입** : 조직에 정보처리시스템이 새로이 도입되면, 전형적으로 조직구조의 집권화가 변화하게 된다. 전사적 정보처리시스템은 최고경영자로 하여금 권한을 분권화하도록 하고, 그러면서도 동시에 통제력을 유지할 수 있게 한다.

⑤ **정부규제의 개편** : 조직구조상의 변화에 대한 또 하나의 자극제는 정부규제의 변화이다. 이에 대한 적합한 실례가 남녀고용평등법의 제정이다. 이 법은 헌법의 평등이념에 따라 고용에서 남녀의 평등한 기회 및 대우를 보장하는 한편, 모성을 보호하고 직업능력을 개발하여 근로여성의 지위향상과 복지증진에 기여함을 목적으로 제정되었다. 그 결과 남녀고용평등법에서 규정한 사무를 처리할 수 있는 부서가 조직구조상에 새롭게 등장하게 된 것이다.

⑥ **노동조합의 결성** : 새로운 노조의 결성은 분명히 조직구조상의 변화를 요

구한다. 특히 지리적으로 전국에 걸쳐 공장이나 지역사무소가 분산되어 있는 조직의 종업원들이 노조를 결성하게 되면 노사관계 활동이 집권화되는 결과를 초래한다. 결국 각 공장이나 사무소의 노사관계 문제와 전사적인 단체교섭을 효과적으로 조정하기 위한 조직구조의 변경이 필요하게 될 것이다.

⑦ **소비자보호단체의 압력** : 조직화된 소비자단체들의 영향력 행사가 증대됨에 따라, 소비자집단의 압력에 보다 적절히 대응하기 위해 기업들은 조직구조를 변경하고 있다. 대고객관계를 처리하는 부서를 새로 만들기도 하고 기존의 부서를 확장하기도 한다. 그리고 품질관리기능을 담당하고 있는 직원들의 권한을 강화시키기도 한다.

⑧ **인수합병과 통합** : 회사 간의 합병이 이루어지거나 타 회사를 흡수통합할 경우, 반드시 재조직화가 발생한다. 중복되는 기능들이 반드시 제거되어야 하고 조정활동을 위한 새로운 직위가 만들어져야 하기 때문이다. 규모가 커짐에 따라 조직구조상에 나타나는 여러 가지 결과는 회사가 다른 회사와 합병되거나 흡수통합을 통해 조직이 성장할 경우에 기대되는 변화이다.

⑨ **원자재의 가격과 수급상의 급속한 변화** : 투입자원의 유입에 불안정성이 생길 경우, 불안정의 영향을 줄이기 위해 조직구조상의 변화가 요구된다. 예를 들어, 대규모 건설업체에서 철강가격의 변동폭이 확대되면 한두 사람의 직원을 관련부서에 추가로 배치하여 가격변동의 패턴을 예측토록 하고 구매시기를 결정하여 상부에 보고하도록 하며, 어느 정도의 재고량을 유지해야 하는가를 신속히 제안하도록 하고 있다. 이러한 형태의 환경변화는 당장 구매담당부서의 구조적 변화를 가져오게 한다. 그래서 구매담당직원의 수를 늘리고 구매담당부장을 부사장 직위로 격상시킴으로써 구매부서의 중요성을 강화시키기도 한다.

⑩ **경쟁업체의 활동** : 전통적으로 도시지역에서 높은 시장점유율을 유지해온 H사는 최근에 다른 신규업체의 강력한 경쟁에 직면하게 되었다. 그래서 H사는 비도시지역 시장침투에 역점을 둔 새로운 시장전략을 채택하게 되었다. 그러나 이 같은 변화는 판매원들의 유지비를 급격히 증가시키는

결과를 초래하였고, 종전과 같은 수준의 판매고를 올리기 위해선 더 많은 판매사원들이 필요하게 되었다. 결과적으로 판매사원들의 도로교통비에 대한 추가적 지원 등으로 인하여 종전에 판매직원들을 도시지역에 집중시켰을 때보다 약 40%나 상승된 비용이 지출되었다. 그래서 H사는 판매직원을 줄이기로 하고 지역대리점 직원들로 하여금 고객들을 방문토록 하였다. 그리하여 이들 대리점 직원들에게 지불된 판매수수료총액은 판매사원을 유지하는 데 드는 비용의 절반 이하에 머무르고 있었다. 이와 같은 사례에서 볼 수 있듯이, 경쟁업체의 활동은 기업의 전략뿐만 아니라 조직구조상의 변화를 유도하게 된다.

⑪ **구성원의 사기저하** : 사기의 문제를 해결하기 위한 한 가지 방법으로 조직구조상의 변화가 요구되는 사례들은 특히 전문직들을 관리하는 경우에 가장 명백히 드러난다. 이들 전문직들은 일반적으로 공식화의 정도가 낮고 수평적 분화의 정도가 낮으며 상당한 의사결정의 재량권이 주어진 직무를 더 선호하는 특징을 나타낸다. 그래서 많은 관리자들은 이들 전문직들의 저하된 사기를 끌어올리기 위해 보다 유기적인 구조로 조직구조를 변화시키는 방법을 선택하거나 또는 '직무특성 모형'에 따라 직무를 재설계하여 이들의 사기를 개선하려고 노력한다. 즉, 구성원의 사기저하 문제를 해결하기 위한 방안으로 조직구조의 재설계를 시도하였던 어느 회사에서는 종업원의 고충사항을 중재하는 고충조사관(ombudsman)이라는 새로운 직위를 만들기도 하며, 또 어떤 조직에서는 '직무충실화'를 도입하기도 한다.

⑫ **이직률의 증가** : 이직률의 상승도 조직구조상의 변화를 초래할 수 있다. 만약 유능한 종업원들이 계속 조직을 떠나고 그 자리를 대체할 인력을 찾기 어렵게 된다면, 관리자들은 그 해결책을 찾기 위해 조직구조에 눈을 돌리게 된다. 그리고 직무에 대한 재설계와 보상시스템의 변경도 필요하게 될 것이다. 이직의 원인이 낮은 임금수준에서 비롯되기도 하기 때문이다. 따라서 업적 중심의 보상체계가 효과적인 해결책으로 판명되기도 한다.

⑬ **내 · 외부로부터의 돌발적 위기상황** : 일시적인 위기는 전형적으로 임시적

인 구조상의 변화로 대처될 수 있다. 위기상황에서 관리자들은 집권화하려는 경향을 보이며, 복잡한 구조가 단순한 구조로 변화되는 경향을 나타낸다.

⑭ **내부 중역승진 대상자의 부족** : 기업의 조직구조가 미래의 중역승진 후보자의 적절한 공급을 가로막고 있다는 것을 깨닫게 되면, 조직구조상의 변화가 시급함을 지각하게 된다. 사업부제 혹은 부문별 구조 등의 조직구조는 미래의 중역을 교육시키는 좋은 훈련장을 제공해 준다. 최고경영진에 오를 만한 능력을 갖춘 내부인재가 부족한 조직은 조직구조를 재설계하여 조직 내부에 '또 하나의 작은 회사'를 만듦으로써 미래의 핵심경영진을 자체적으로 양성해 가게 된다. 우리나라의 경우 IMF경제위기 이후에 경영혁신을 위한 구조조정의 방법으로 많은 기업들이 사용하고 있는 조기퇴직, 명예퇴직 및 다운사이징의 결과로 젊은 인력들이 조기에 조직을 떠나는 현상이 급격히 확산됨에 따라 유능한 내부 최고경영진 후보자에 대한 공급상의 비효율성을 걱정하지 않을 수 없게 되었다.

⑮ **수익성의 하락** : 회사의 이윤이 저하되기 시작하면, 관리자들은 흔히 조직구조를 바꿈으로써 이러한 문제를 해결하려고 한다. 직원들을 교체하여 배치하거나 기업 내부의 성과창출이 취약한 부분을 강화하기 위해 조직구조 자체를 변화시키기도 한다. 전형적으로 단위부서들이 추가되기도 하고 혹은 감축되기도 한다. 그리고 권한관계를 새롭게 규정해 보기도 하며, 의사결정 패턴을 완전히 바꿔보기도 한다. 예를 들어, 컴퓨터 제조업체인 Burroughs Corp.사는 1980년대 초에 재정적 어려움에 처했을 때, 최고경영자인 회장은 광범위한 전사적 재조직화를 실시하여 마케팅부서와 제품개발부서의 운영을 분권화하였다. 이러한 재조직화의 결과로 4백명이 넘는 유능한 경영자들의 절반 이상이 조기퇴직을 하였고 1/4에 가까운 직원들이 사직하였거나 비자발적 이직을 경험하였던 것이다.

일반적으로 대다수 사람들은 전략, 규모, 기술, 환경, 권력상의 변화가 조직구조 변화의 원천이라고만 생각해 왔다. 그러나 이상에 열거된 변화의 필요성을 결정하는 요인들을 살펴보면, 그 범주가 광범위하고 포괄적이라는 점을 알 수 있다. 이처럼 조직구조의 변화를 가져오는 원인은 매우 다양하다.

2.2 변화담당자

구조상의 변화는 누가 만드는 것일까? 그것은 바로 변화담당자들이다. 그러면 변화담당자들은 누구인가? 그들은 조직의 실세이며 또 최고의사결정자를 대신하거나 혹은 그들에게 제약을 가할 수 있는 사람들이다. 그러나 때로는 변화에 대한 조언을 듣고 변화를 감독하거나 혹은 변화를 직접 주도하기 위해 최고의사결정자들이 불러들인 외부의 경영자문자들도 변화담당자가 될 수 있다.

[그림 11.1]은 변화담당자의 역할을 변화를 촉진하는 세력, 즉 변화의 압력과 개입전략의 선택 사이에 존재하는 중재자 내지는 조정자로 설명하고 있다. 그 변화담당자가 누구이고 어떤 관심을 나타내는지는 변화를 실행하는 데 있어 매우 중요하다. 그리고 개입전략의 선택에서 다른 종업원들이 해야 할 역할을 변화담당자가 결정한다는 점에서도 변화담당자는 매우 중요한 존재이다.

조직효과성과 권력통제의 관점을 논의할 때에도 지적한 바와 같이 조직 내에서의 의사결정에는 가치자유(value free)의 원칙이 적용되지 않는다. 그래서 모든 변화담당자의 행동에는 자기 자신의 사적이익이 수반된다. 어떤 관리자가 특정한 상황에 대하여 변화의 필요성이 있다고 판단한 것을 다른 관리자는 그 같은 상황을 별다를 것이 없는 평범한 상황으로 보기도 한다. 또 경우에 따라 어떤 기능부서의 직원들은 최고경영자의 자리에 자신들과 같은 기능분야 출신을 앉히기 위해 적극적인 정치운동을 벌이고 있는 것을 종종 목격하게 된다. 만약 그러한 활동이 성공하게 되면 그들은 대개 자신들에 대한 특별한 혜택이나 대우를 기대할 것이다. 기능적 배경이 같은 최고경영자는 그 기능과 관련된 문제에 대해 더 이해력이 빠르고 수용성도 클 것이라고 기대하기 때문이다. 실제로도 그러한 경영자는 조직효과성을 판단하는 데 있어서 자신이 친숙한 기능적 활동의 공헌을 더 인정할 가능성이 높다. 조직의 효과성이 누군가에 의해서 평가되는 한, 변화담당자의 배경과 관심은 '변화의 필요성이 있는 상황이 무엇인가'를 지각하는 데 있어 절대적으로 중요한 결정요인이 된다.

그리고 변화담당자는 그가 맡게 될 이러한 역할을 선택할 수 있는 직위에 있는 사람이다. 따라서 변화담당자는 자신의 역할을 절대적인 권한을 가지고 의사결정을 내리며 실천할 책임을 가진 우두머리의 역할로 볼 수도 있고, 또는 자기의 역할을 문제해결을 위한 의사결정에서 다른 종업원들과의 협력을 추구하는 파트너의 역할로 볼 수도 있다.

2.3 개입전략

개입전략(intervention strategies)이란 용어는 무엇을 변화시킬 것인가를 설명하는 데 사용되는 개념이다. 개입전략은 일반적으로 다음과 같은 4가지 범주 중 어느 하나에 속한다. 즉, 인간행동, 조직구조, 기술 및 업무절차가 바로 그것이다. 단, 본서의 초점은 행동보다는 조직구조에 있으므로 인간의 행동을 변화시키는 문제는 논외로 하고 나머지 3가지 문제를 간략하게 서술하기로 한다.

① **조직구조의 변화** : 구체적으로 조직구조의 변화에는 권한분배, 보상의 배분, 명령사슬의 변경, 공식화의 정도, 지위, 부서 및 사업부의 추가 및 축소에 영향을 미치는 변화 등이 포함될 수 있다. GE사에서 부문별 조직구조를 도입하였던 것은 또 하나의 수직계층을 추가함으로써 최고경영자의 관리의 폭(span of control)을 감소시키는 재조직화를 시도하였던 좋은 사례이다. 이를 통해 일상적인 운영활동에 최고관리자의 개입이 축소되었고, 성장을 위한 유연성이 보다 증대되었으며, 회사의 최고경영자 직위에 오를 수 있는 후보자들의 훈련을 위해 더 많은 기회가 주어질 수 있게 된다.

② **기술변화** : 기술변화에는 종업원들이 활용하는 장비의 변형, 종업원들 사이의 작업활동상의 상호의존성의 변화, 그리고 사회기술상의 변화 등이 포함된다. 예를 들어, 미국 중서부지방에 소재한 어느 초급대학의 경영학 교수들은 경영학원론, 마케팅, 재무관리 및 회계학 등 경영학전공의 모든 입문과정을 종래의 강의방식에서 자기의 학습속도에 맞춰 학습할 수 있는 비디오카세트 학습 모듈로 변경하기로 결정하였다. 이들 경영학 기초과정의 각 과목은 학생들이 카세트테이프를 41시간 청취하면서 카세트테이프에 맞추어 제작한 교재를 공부하도록 하고 있었다. 교수들은 그 같은 과목들을 설계하고 테이프를 제작하고 거기에 따른 교재를 집필

하고 일대일의 개인지도를 하게 되었다. 그리하여 교수들은 보다 상급수준의 과목을 준비·교수하는 데 보다 많은 시간을 할애할 수 있었다. 이 같은 기술적 차원의 변화로 인해 신임교수의 수요가 극적으로 감소되었고, 신임교수는 상급수준의 과목을 교수할 수 있도록 더 전문성을 가져야 한다는 식의 채용조건의 변경을 가져왔으며, 학생들이 동일과목을 각기 다른 교수에게서 강의를 듣게 되는 데서 오는 교수내용의 차이를 제거할 수 있게 되었으며, 결과적으로 학과장은 더 많은 수의 교수들을 효과적으로 관리할 수 있게 되었다.

③ **업무절차의 변화** : 마지막 변화전략은 의사결정과정이나 의사소통패턴 등과 같은 조직 업무절차의 변화이다. 예를 들어, 변화담당자가 기존의 기계적인 관료제 조직구조에 태스크포스팀 구조를 도입하여 기능별로 나누어진 단위부서 간의 정보전달의 질을 개선하려고 시도하거나, 또는 각 단위부서의 책임자로 하여금 중요한 의사결정에 참여토록 하려면 변화담당자는 조직의 의사결정과정을 변화시켜야 할 것이다.

2.4 변화의 실행과정

다시금 [그림 11.1]을 참고해 보자. 일단 변화를 주도하는 압력요인이 존재하고 누가 변화담당자의 역할을 맡아 무엇을 변경할 것인지에 대한 구체적인 개입전략이 결정되면, 다음으로 우리는 그 같은 변화를 어떻게 실행에 옮길 것인가를 고려해야 한다. 먼저 변화과정상의 제 단계를 살펴보고 난 후, 변화실행에서의 권력분배에 대하여 논의해 보기로 하자.

변화의 3단계 과정 : 성공적인 변화의 실행을 위해서는 다음과 같은 3단계의 변화과정이 수행되어야 한다. 현상의 해동, 새로운 상태로의 변화, 변화된 상태를 영속화하기 위한 재동결이 그것이다. 이 같은 3단계의 변화과정이 의미하는 것은 단순한 변화의 도입만으로는 변화 전의 상태가 확실히 제거되고, 또 그 변화가 오래 지속된다는 것을 보장할 수 없다는 의미이다.

발전설비를 생산하는 K사는 영남지역을 담당하는 마케팅부서들을 재조직

그림 11.2 변화의 실행

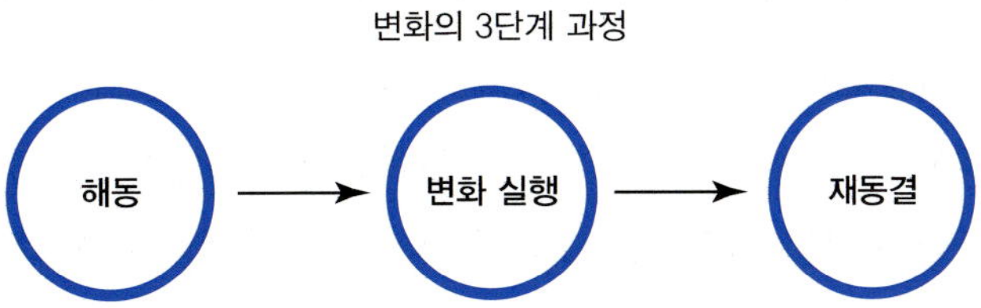

화하기로 결정하였다. 이 회사는 영남지역에 3개의 지역사무소를 운영하고 있었는데, 이들 3개의 사무소를 통합하여 창원에 단일지역사무소를 두기로 결정하였던 것이다. 이 같은 재조직화 과정에는 100명이 훨씬 넘는 직원들의 전근, 중복되는 관리직위의 제거, 새로운 명령계층의 제도화 등 수반되는 여러 문제가 대두되었다. 추측할 수 있겠지만 이 같은 대규모의 이동 및 변화가 뒤따르는 결정의 비밀을 유지하는 것은 참으로 힘든 일이다. 그리하여 공식발표 몇 개월 전에 이미 계획안에 대한 소문이 널리 알려지게 되었다. 의사결정 자체는 일방적으로 본사의 최고경영진에 의해 결정되었다. 결과적으로 그 같은 결정으로 인해 영향을 받게 될 구성원들은 의사결정의 과정에서 전혀 참여할 기회가 주어지지 않았다. 특히 나머지 2개 지역사무소에 근무하고 있는 사람들은 이사문제, 자녀들의 전학문제, 업무의 재배치문제 등 그 같은 결정이나 변화로 생길 수 있는 여러 가지 일들에 대해 저항적이었으며, 그들의 마지막 선택은 회사를 그만두는 일뿐이었다. 조직변화에 대한 이 같은 실질적 사례는 해동－변화－재동결의 모델을 설명하고 이해하는 데 적절히 사용될 수 있을 것이다.

현상 혹은 현재상태(the status quo)란 ‘균형상태 혹은 현상유지상태(an equilibrium state)’라고 정의할 수 있다. 개인의 저항적 압력과 집단의 동조성을 극복하고 이 같은 균형상태 혹은 현상유지상태에서 벗어나기 위해서는 해동(unfreezing)이 필요하다. 이 같은 해동작업은 다음과 같은 3가지 방법으로 성취될 수 있다. 첫째는 추진력(driving forces), 즉 행동을 현상유지상태에서 벗어나도록 하는 추진력을 증가시키는 방법이다. 둘째로 억제력(restraining forces), 즉 현상유지의 상태에서 벗어나지 못하도록 하는 억제력을 감소시키는 방법이다. 세 번째 대안은 위의 두 가지 접근방법을 통합하는 방법이다.

K사의 재조직화 사례에서 최고경영진은 지역사무실의 통합에 따른 직원들의 저항을 예측할 수 있었다. 그 같은 저항문제를 해결하기 위해 경영진은 긍정적 유인을 제공함으로써 직원들로 하여금 변화를 보다 쉽게 수용하도록 고무할 수 있었다. 예를 들어, 전근을 수락하는 직원들에게는 급여인상이 제의될 수 있었고, 형편에 맞추어 자유롭게 이사를 하고 그 비용을 회사의 부담으로 할 수도 있었다. 그리고 이동한 직원들이 창원지역에서 새 집을 구입할 수 있도록 낮은 이율의 주택자금을 제공할 수도 있었다. 물론 경영진은 억제력을 제거하는 방법으로 현상유지상태의 수용자세를 해동시킬 수도 있을 것이다. 종업원들을 개별적으로 상담하여 종업원 각자의 관심사와 불안요인들을 경청하여 분명하게 해결해 줄 수도 있었을 것이다. 그리고 그들이 가지고 있는 미래에 대한 불안감이 현실적이지 않은 것이라면, 경영진은 직원들에게 불안해하거나 걱정할 것이 전혀 없다는 사실을 확실히 설명하고 가시적인 입증자료를 제시함으로써 억제력의 비합리성을 분명히 해야 할 것이다. 만약 저항이 극단적일 경우에 해동활동이 진척을 보이려면 경영진은 저항을 감소시키려는 노력과 동시에 대안의 매력(추진력의 매력)을 강화시키도록 노력해야 한다.

일단 해동작업이 완성되고 나면, 실질적인 변화가 실행되어야 한다. 바로 이 단계에서 변화담당자는 하나 혹은 그 이상의 개입전략을 시도하게 된다. 그러나 실제로는 '해동'과 '변화' 간에 명확한 선을 그어 구별하기란 불가능하다. 현상유지상태를 해동하기 위한 많은 노력들 자체가 스스로 변화를 도입하고 있는 것이기 때문이다. 따라서 저항을 관리하기 위해 '변화담당자'가 사용하는 전략과 전술들이 해동 및 변화과정에서 작용하게 된다. 저항문제에 대처하기 위해 관리자들이나 변화담당자들이 사용할 수 있는 여섯 가지 핵심 전략들을 살펴보면 다음과 같다.

① **교육과 의사소통** : 의사소통을 통해 종업원들이 변화의 논리성을 이해하게 함으로써 변화에 대한 저항을 감소시킬 수 있다. 이 같은 전략은 기본적으로 저항의 원천이 잘못된 정보와 부적절한 의사소통에 있다고 가정을 둔다. 만약 저항자들이 전반적이면서 충분한 사실들을 파악하여 오해의 소지가 제거된다면 불합리한 저항은 사라진다는 것이다. 이러한 접근은 일대일 면담, 사무상의 메모, 집단 프레젠테이션 및 보고서 등을 적극

활용한다면 상당부분 달성될 수 있다. 저항의 원천이 분명히 부적절한 의사소통에 근거하고, 관리자와 종업원의 관계가 상호신뢰와 믿음의 기반 위에 서 있다면 이 같은 전략은 틀림없이 그 효과를 발휘할 것이다. 그러나 이 같은 상황적 조건이 아니라면, 이러한 전략은 성공을 거두기 힘들 것이다. 더욱이 이 같은 전략은 그 장점에 비하여 많은 시간과 노력이 소요된다는 점을 고려해야 한다. 특히, 많은 사람들에게 영향을 미치게 될 변화인 경우에는 더욱 한계를 갖는다.

② **참여유도** : 자신들이 참가하여 이루어진 변화에 대한 결정은 그 수용성이 높게 나타난다. 따라서 변화를 실행하기 전에 반대 입장의 구성원들을 변화에 대한 의사결정과정에 참여시킬 필요가 있다. 만약 이들 구성원이 의사결정을 위한 전문적 지식을 가지고 있다고 가정하면, 그들의 참가는 저항을 감소시킬 수 있을 뿐만 아니라, 그들의 협조도 얻을 수 있고 변화 결정의 질도 높일 수 있게 될 것이다. 그러나 이 같은 장점에 대비된 단점도 충분히 고려해야 한다. 즉, 적절치 못한 해결책이 도출될 가능성이 잔존하며, 많은 시간이 소요될 것이다.

③ **촉진 및 지원** : 변화담당자들은 저항을 줄이기 위해 광범위한 지원적 활동을 제공할 수 있다. 즉, 종업원들이 변화에 대한 두려움을 느끼고 불안감이 고조될 때 상담 및 심리치료, 새로운 기술훈련, 단기간의 유급휴가 등을 통해 변화에 대한 이들의 적응을 촉진시킬 수 있다. 한편, 이 같은 전략의 단점은 다른 전략들과 마찬가지로 시간소요가 크다는 것이다. 뿐만 아니라 비용부담이 크고 이 같은 전략의 실천이 성공을 보장하는 것도 아니라는 점이다.

④ **협상** : 변화담당자가 변화에 대한 잠재적 저항에 대처하기 위한 또 다른 방법은 저항을 줄이기 위해 서로 필요로 하는 것을 교환하는 것이다. 예를 들어, 저항이 몇몇 소수의 실권자들의 손에 집중되어 있다면 그들의 개인적 욕구를 충족시킬 수 있는 구체적인 보상패키지를 가지고 협상을 진행할 수 있을 것이다.

위에서 거론된 K사의 재조직화 사례에서 전근 및 직무변경에서 오는 저항을 줄이기 위해 몇몇 핵심 중간관리자들에게 다음과 같은 협상안을 제시할 수 있을 것이다. 즉, 그들이 새로운 직책을 수행하는 데 더 많은 스태프를 배치해주고, 신임지에서 새 주거지를 탐색하는 처음 6개월간의 가족생계비를 회사에서 지원하여 지급한다는 등의 보상패키지를 제시함으로써 협상을 유리하게 끌고나갈 수 있을 것이다. 변화에 대한 저항을 감소시키기 위한 전략으로서의 협상은 그 저항이 강력한 원천에서 비롯되었을 경우 요긴한 전략이다. 그러나 이 같은 협상전략은 높은 비용이 소요될 가능성이 높고, 더욱이 변화담당자가 저항을 무마하기 위해 몇몇 저항자들과 협상을 하였다고 해도 또 다른 저항실세들에 의해 악용될 소지가 상존한다.

⑤ **조작 및 호선**(manipulation and co-optation) : 조작은 영향력 행사의 시도를 전환시키는 것을 의미한다. 변화를 보다 매력적으로 보이도록 하기 위해 사실을 왜곡시킨다든지, 불리한 정보의 유포를 유보시킨다든지, 변화를 수용하도록 유도하기 위해 허위소문을 만들어낸다든지 하는 것은 모두 조작의 실례들이다. 공장의 종업원들이 전사적인 임금의 하향조정을 수용하지 않을 경우, 회사의 관리자들은 그 제조공장을 폐쇄하겠다고 위협을 하게 된다. 물론 그 같은 위협은 실제로 사실이 아니지만, 관리자들은 변화를 수용하도록 하기 위해 그 같은 조작을 하려고 한다. 반면에 호선(co-optation)은 조작과 참가가 혼합된 형태의 전략이다. 호선은 저항집단의 리더들에게 변화결정과정의 핵심적인 역할을 부여함으로써 저항집단의 리더들을 매수하는 행위이다. 호선된 참여자들의 조언은 보다 좋은 의사결정을 위한 것이 아니라 단지 그들의 승인을 이끌어내기 위한 것이다. 조작과 호선은 모두 비교적 비용이 적게 들고 반대편의 지원을 얻어내기 손쉬운 방법이다. 그러나 만약 조작이나 호선의 대상자들이 속임을 당하고 있다거나 이용당하고 있다는 것을 알게 되면 이 같은 책략은 도리어 더욱 나쁜 결과를 초래한다. 그리고 그 같은 책략이 밝혀지면 변화담당자의 신뢰는 곤두박질하게 된다.

⑥ **강제 혹은 위압** : 변화에 대한 저항을 감소시키기 위한 마지막 방법은 강제 내지는 위압, 즉 저항자들에게 직접적인 위협과 폭력을 행사하는 것이다. 예를 들어, 앞에서 언급한 K사의 사례에서 전사적인 임금 하향조

정에 따르지 않으면 특정 지역 제조공장을 폐쇄하기로 결정하였다면, 그것이 곧 강제 내지 위압이 될 수 있다. 그 밖의 강제 혹은 위압의 사례에는 근무지 이동의 위협, 승진의 탈락, 부정적인 업적평가, 추천거부 등이 포함된다. 강제 혹은 위압의 장점과 단점은 조작과 호선의 장단점과 유사하다.

변화가 실행되고 그것이 진정한 성공으로 이어지려면, 변화를 통해 만들어진 새로운 상황은 재동결되어 시간이 경과되어도 계속해서 지속될 수 있어야 한다. 이 같은 마지막 단계가 주도면밀하게 수행되지 않으면, 그 같은 변화는 곧 사라지고 종업원들은 이전의 현상유지상태로 되돌아가려는 경향이 표출될 것이다. 재동결의 목적은 추진력과 억제력을 균형화시킴으로써 그 새로운 변화된 상황을 안정화시키는 것이다.

그렇다면 과연 재동결은 어떻게 수행될 수 있는가? 기본적으로 재동결은 체계적인 과정을 통해 일시적인 압력요인을 영구적인 압력요인으로 바꿀 것을 요구한다. 그것은 곧 추진력과 억제력을 공식화하는 것을 의미한다. 예를 들면, 영구적인 임금의 상향조정이나 혹은 종업원들에 관한 신뢰와 신임의 분위기를 높이기 위해 출퇴근시간 기록제도를 영구히 없애버리는 조치 등이 포함될 수 있다. 그리고 변화에 의해 영향을 받게 될 사람들의 행동을 규제하게 될 공식적인 규칙이나 규정을 개정하여 변화된 새로운 상황을 강화하는 것도 재동결의 한 형태이다. 물론 시간이 경과함에 따라 새로운 현상유지상태, 즉 균형 상태를 계속 유지하기 위해 집단 자체의 규범이 정립되어간다. 그러나 이 같은 시기에 이르기까지 변화담당자는 보다 공식적인 메커니즘에 의존하지 않으면 안 될 것이다.

그러면 변화된 상태가 영구화되는 정도를 결정하는 주요한 요인들은 무엇인지 확인할 필요가 있으며, 그것은 다음과 같이 요약될 수 있다.

첫째로 '보상배분시스템'이 결정적인 요인이다. 예를 들어, 시간이 지남에 따라 보상이 기대에 못 미치면, 변화된 새로운 상태는 지속되기 어려워질 것이다.

둘째로 변화된 새로운 상태가 계속해서 유지되기 위해서는 후원자의 지원이 필요하다. 이 같은 후원자는 전형적으로 관리계층의 높은 지위에 있는 사람이며 그는 변화된 상태에 대한 합법성을 부여하게 된다. 연구결과에 의하면 후원이 변화 프로젝트로부터 철회되고 나면, 과거의 균형 상태로 되돌아가려는 강한 압력이 나타난다는 것이다.

셋째로 사람들은 변화의 결과로서 그들에게 기대되는 것이 무엇인지를 알고 있을 필요가 있다. 그러므로 그 같은 기대에 관한 적절한 정보를 전달하지 못하는 것은 재동결의 강도를 감소시키는 결과를 초래한다.

넷째로 집단압력이 또 하나의 중요한 요인이다. 종업원들은 자기가 속한 집단의 다른 구성원들이 그 같은 변화를 수용하거나 찬성한다는 것을 알게 되면, 그들은 그 같은 변화를 당연시 생각한다.

다섯째로 변화에 대한 몰입은 변화에 대한 보다 강력한 수용과 변화의 영속화를 가져온다. 앞에서도 지적한 바와 같이 만약 종업원들이 변화결정과정에 참가하게 되면, 그 같은 변화가 성공을 거둘 수 있도록 살피는 데 전념하게 된다. 만약 그 변화가 조직의 단일부서에서 실행되면 변화는 그만큼 영속화될 가능성이 적어진다. 따라서 변화의 노력이 보다 확산될수록 그만큼 더 많은 단위부서가 영향을 받게 되고, 그 같은 노력은 보다 큰 합법성을 지니게 될 것이다.

이 같은 요인들은 우리에게 다음과 같은 사실을 상기시킨다. 즉, 조직은 하나의 시스템이란 것이다. 그리고 계획된 변화가 가장 성공적으로 유지되려면 그 시스템 내의 모든 하위시스템(모든 부서들)이 그 같은 변화노력을 지원해야 한다는 사실이다. 더욱이 성공적인 변화를 위해서는 시스템의 세심한 균형이 요구된다. 3개의 지역사무소를 단일 사무소로 통합하려는 변화는 분명히 광범위한 반사효과를 수반하게 될 것이다. 그러나 그 변화가 작은 변화일지라도 그 영향력은 널리 파급될 수도 있다. 다른 부서와 종업원들이 변화에 따른 위협을 받게 되기 때문이다. 그래서 모든 변화는 그 변화의 규모와는 상관없이 그 같은 변화가 실천되는 영역의 외부에도 영향을 미치게 된다. 변화는 진공상태에서 일어나지는 않는다. 따라서 단위부서 A내에서의 조직구조상의 변형은 단위부서 A내의 다른 구조변인들에 대하여 영향을 미치게 되는 것은 물론, 단위부서 B와 C 등의 구조변인들에 대하여도 영향을 미친다. 이와 같은 시스템적 관점은 변화담당자들이 어떠한 개입을 시도하든, 그 결과로 인한 변화는 그 변화가 주도되고 있는 영역을 넘어서 훨씬 더 광범한 영역에까지 영향을 미치게 된다는 사실을 유념하는 것이 매우 필요하다는 사실을 말해준다.

2.5 권력의 분배

다시금 [그림 11.1]에서 보는 바와 같이, 위에서 논의한 실행단계의 변화과정과 병행하여 실시되어야 할 것은 변화과정에서의 영향력을 그 변화의 영향을 받게 될 사람들과 어느 정도로 공유할 것인가에 대해 결정하는 일이다. 앞서 설명한 K사의 재조직화 사례에서는 최고경영자가 일방적인 권한행사를 통해 조직구조상의 변화를 실행하였다. 그러나 변화의 실현은 여러 가지 다양한 권력배분의 활용을 통해서 완성될 수 있다. Greiner는 배분된 권력활용의 3가지 범주를 설정하고, 그에 따른 7가지의 접근방법을 제시하고 있다.

1) 일방적 권력

① **명령 내지는 공포에 의한 접근(decree approach)** : 높은 공식적 권한을 가진 사람이 일방적으로 선포 내지는 공포를 하고 그 내용이 낮은 직위의 사람들에게 전달되도록 하는 방법이다.

② **교체에 의한 접근(replacement approach)** : 하나 혹은 그 이상의 핵심적인 직위에 있는 사람들을 다른 사람으로 교체하는 방법이다.

③ **구조적 변경에 의한 접근(structural approach)** : 작업관계에 새로운 활력을 불어넣기 위해 관리자가 역할구조를 변경하든지 하위자들 간의 필요한 관계를 변경하는 방법이다.

2) 공유적 권력

① **집단결정에 의한 접근(group decision approach)** : 다른 사람들에 의해 창안된 대안들을 선택・실행하는 것에서 집단성원들이 참여한다. 이 경우 강조되는 것은 특정한 실행방향에 대한 집단적인 합의를 얻는 데 있다.

② **집단적 문제해결에 의한 접근(group problem-solving approach)** : 단지 사전에 확인된 일련의 대안들 중에서 어느 하나를 선택하는 것이 아니라 참가자들이 문제점을 찾아 해결하도록 허용함으로써 참가자들에게 보다 많은 자유재량의 선택권이 제공된다.

3) 위양적 권력

① **데이터의 토의에 의한 접근(data discussion approach)** : 조직 내부나 혹은 조직 외부에서 발탁된 변화담당자에 의해 관련된 데이터, 즉 사례에 관한 자료, 실증조사자료 및 데이터보고서 등이 제시되면 조직성원들이 자체적으로 그 같은 데이터를 분석하도록 고무하는 방법이다.

② **감수성 훈련에 의한 접근(sensitivity training approach)** : 개인행동이나 집단행동의 저변에 작용하는 변화요인에 적절히 반응할 수 있도록 구성원들을 훈련시키는 방법이다. 이 훈련의 필요성은 작업패턴이나 작업관계에 있어서의 변화는 대인관계의 변화를 동반한다고 가정하기 때문이다.

변화가 실행되는 방법의 선택은 권력의 연속체상에서 어느 기점을 선택하느냐에 따라 달라진다. 연속체의 한쪽 극단을 택하게 되면 일방적 접근법이 되고 권력이 최고경영자의 손에 집중되게 된다. 그리고 무엇을 어떻게 변화시켜야 할 것인가에 대한 결정은 최고경영자의 몫이다. 그리고 권력의 연속체상의 다른 쪽 극단을 택하면 위양적 접근이 되고 변화되어야 할 문제의 확인 및 변화방법의 선택권 및 통제권이 구성원들에게 주어진다. 그리고 권력의 연속체상의 중간을 택하면 공유적 권력의 접근이 이루어지고, 이 같은 중간지점 선택의 의미는 최고경영자가 권한을 보유하면서 구성원들의 참여를 통한 결정을 허용하는 경우이다.

2.6 변화의 성과

[그림 11.1]의 모델은 변화가 실행되어 조직효과성에 미치는 영향을 그 정점으로 하고 있다. 그 같은 영향이 긍정적이냐 부정적이냐 혹은 임시적이냐 영구적이냐의 여부는 선행하는 제 단계에 달려 있다. 성과와는 상관없이 이 모델은 동태적 특성을 가지고 있다. 변화의 필요성은 지속적인 것이기 때문에 피드백 순환고리의 필요성도 계속된다. 따라서 성공적인 변화담당자는 의자에 편히 앉아 자신의 성취를 만끽하고만 있을 시간이 없다. 새로운 변화압력이 이미 작

용하여 또 다른 변화가 필요하게 된다. 앞서 제시한 계획된 조직변화의 모델은 결코 쉬지 않고 각 단계가 계속해서 순환하는 과정이다.

3 조직구조의 차원들과 변화

조직들은 유사한 목적과 환경을 가질 수 있으나 그들은 변화를 이끌어내는 비율에서 중요한 차이가 있다. 여러 선행연구결과들에 의하면, 조직구조를 진단해 보면 그 조직들이 자체적으로 어떻게 변화될 것인가에 대한 통찰력을 갖게 된다는 것이다.

Hage와 Aiken은 자신들이 새로운 서비스나 제품의 추가라고 정의한 '계획에 의한 변화(program change)'에 대해 연구하였다. 그들 연구결과의 대부분은 후생복지기관에 관한 연구를 통해 얻어졌지만, 연구대상 조직들은 매우 다양하였다. 그들의 연구는 특히 조직구조 변인들과 계획에 의한 변화의 비율 간의 관계에 초점을 맞추었다. Hage와 Aiken의 연구결과는 변화와 조직구조 변인들과의 관계 예측에서 중심적 근거가 되고 있다. 또한 Bonoma와 Zaltman도 조직구조와 변화의 관계를 연구하였다. 그들은 비록 실증적으로 검증되지는 않지만 다양한 아이디어를 제시하였는데, 그 같은 아이디어들은 선행연구들의 연구결과와도 일치한다.

3.1 조직구조의 복잡성과 변화

Hage와 Aiken의 연구에 의하면 조직구조의 복잡성이 크면 클수록 계획에 의한 변화율(rate of program change)이 그만큼 더 커진다는 것이다. 왜냐하면 조직구조의 복잡성이 증대되면 조정의 문제와 분화된 전문영역의 전문가들 사이에 갈등적 문제가 많아지기 때문이다. 또한 각 전문기능 분야의 전문가들은 자신들의 영역에서의 전문성의 진보에 뒤처지지 않으려 하고, 이러한 진보된 전문기술을 자신들이 속한 부서에서도 실행하기를 원하기 때문이다. 이 같은 요인들 모두는 변화를 위한 더 큰 추진력으로 이어진다. Bonoma와 Zaltman도 Hage와 Aiken의 견해와 의견을 같이하고 있다. 그리고 그들은 다음과 같은 가정을 제시한다.

① 상대적으로 복잡하지 않은 부서 및 단위부서들이 조직의사결정에 가담하고 있으면, 변화와 관련된 위험이나 불확실성은 그만큼 작아진다. 만약 변화노력이 성공을 거두지 못할 경우, 참여한 단위부서들의 복잡성이 클 경우에는 잘못된 책임이 분산되기 때문이다. 이외에도 이 경우에 다른 전문가들로부터 다양한 의견의 수렴이 이루어지기 때문에 모든 사람이 의사결정의 질에 대하여 신뢰를 하게 된다.

② 조직구조의 복잡성이 크면 클수록 변화를 수용함으로써 받게 될 실제적이고 잠재적인 가치를 여러 집단에 전달해야 하는 변화담당자의 노력이 그만큼 더 요구된다. 조직구조의 복잡성이 클수록, 조직 내의 가치관, 경험 및 욕구에 있어서의 잠재적인 편차가 그만큼 더 크기 때문이다. 또 만약 해동이 일어나도록 하게 하려면 활발한 의사소통을 통해서 잠재적인 저항집단의 다양한 욕구에 효과적으로 대응해야 하기 때문이다. 이와 반대로 낮은 복잡성은 구성원들 간의 동질성이 더 크다는 것을 의미하기 때문에 변화담당자의 의사소통은 보다 획일적인 것이 될 수 있다.

③ 조직의 여러 분야에 영향을 미치게 될 가능성이 있는 변화는 '복잡성이 큰 조직'에 의해 채택될 가능성이 그만큼 적고, 조직의 보다 적은 분야에 영향을 미치게 될 변화보다 장기간의 의사결정과정을 필요로 한다. 복잡성의 정도가 높다는 것은 전형적으로 보다 많은 집단들이 변화에 의해 영향을 받게 된다는 것을 의미하기 때문에 역효과가 나타나게 될 가능성이 그만큼 더 커진다. 이 같은 역효과는 조직 내의 많은 저항의 원천을 증가시킨다.

④ 상대적인 유익을 상이한 많은 하위집단들에게 제공하는 변화는 단일집단에 유익이 돌아가는 변화보다 수용성이 커질 가능성이 높다. 또한 특정한 변화가 광범위한 구성원들을 만족시킬수록 그 같은 변화에 대한 지지는 그만큼 더 커진다.

⑤ 조직 내의 여러 부서나 집단에 보다 더 분할되어 독립적으로 적용될 수 있는 변화전략은 그만큼 더 실행될 가능성이 높다. 변화전략의 분할성은 한 집단으로 하여금 다른 하위집단들과의 협동이 없이도 변화를 실행할 수 있게 해주기 때문이다.

⑥ 조직의 복잡성이 클수록 변화전략이 채택되기 위해서는 변화전략의 변형 가능성이 그만큼 높아진다. 또한 그 변화가 서로 다른 욕구와 환경에 적응될 수 있는 적용가능성이 클수록 그 변화는 지속적으로 채택될 가능성이 그만큼 더 높아진다.

3.2 조직구조의 공식화와 변화

Hage와 Aiken은 공식화와 변화의 경향성 간에는 역의 상관관계가 있다는 것을 밝혀냈다. 즉, 공식화의 정도가 높을수록 계획에 의한 변화율이 그만큼 낮아진다는 것이다. 물론 이 같은 사실은 우리가 생각할 수 있는 예상과 전적으로 일치한다. 규칙이나 규정의 수가 많을수록 조직 내에는 경직성과 비유연성이 그만큼 증대하게 된다. 그래서 공식화의 수준이 높을 경우, 업무활동의 새로운 수행방식의 출현을 억제하게 된다. 더욱이 높은 공식화는 조직의 안정화를 추구하는 나머지 현상유지를 보다 강화하게 된다. 그렇게 되면 조직은 안정성과 예측가능성이 확보되겠지만, 변화의 압력에 대한 세밀한 대응력은 그만큼 약화되는 것이다.

Bonoma와 Zaltman은 높은 공식화는 변화의 시작을 가로막는다는 데 의견을 같이하며, 몇 가지 깊이 있는 통찰적 시각을 추가로 제시하고 있다.

① 보다 공식화된 조직은 돌연적 변화를 관리하기 위한 메커니즘을 가지고 있을 가능성이 더 크다. 돌연적 변화란 활용가능한 대안들과는 유의한 차이를 보이는 변화이다. 그 같은 차이가 클수록 변화는 그만큼 더 돌연적인 것이 된다. 만약 그 변화가 조직의 공식적인 규정에 의해 합법화될 수 없다면, 의사결정자들은 이러한 돌연적 변화를 결코 반영하거나 받아들이려 하지 않을 것이다. 변화에 대한 노력이 실패할 경우, 규칙 및 절차에 규정된 책임을 함께 져야 하기 때문이다.

② 공식화 수준이 높은 조직은 '쉽게 전환될 수 있고 분할될 수 있는 변화전략'을 가장 선호한다. 변화전략의 전환가능성은 실행된 변화의 결과로 인해 폐지되거나 변경된 규칙을 재제정할 수 있게 하기 때문이다. 그리고 분할가능성은 변화를 조직의 일부에만 한정시킴으로써 조직은 규칙이나 규정의 대부분을 손대지 않고 그대로 보존할 수 있기 때문이다.

③ 변화의 노력이 보다 높은 정도의 몰입을 요구할수록 그리고 조직이 그만큼 더 공식화될수록, 의사결정기간이 그만큼 더 길어지며, 완전한 채택의 가능성은 그만큼 더 줄어든다. 높은 공식화는 결국 많은 장애요인들을 만들어낼 수 있다. 만약 어떤 변화가 채택되려면 그 같은 장애요인들이 제거되어야 하고 그 같은 제거과정은 많은 시간이 소요된다.

④ 변화와 조직의 규칙 및 규정이 서로 잘 양립할 수 있으면, 그 변화의 채택가능성은 그만큼 더 높아진다. 변화가 근본적인 변화를 요구하지 않을 경우, 저항은 매우 낮게 나타나기 때문이다.

3.3 조직구조의 집중화와 변화

Hage와 Aiken은 조직구조의 집중화는 계획에 의한 변화(program change)와 역의 상관관계가 있다고 주장하였다. 권력-통제의 관점과 마찬가지로 권력자들은 그들의 사적 이익을 보호하기 위해 변화를 반대한다. 구조상의 변화는 권력의 재분배를 초래하기 때문이다.

Bonoma와 Zaltman도 이 같은 결론에 의견을 같이하며, 다음과 같은 두 가지의 아이디어를 추가하고 있다.

① 변화가 강력하고 광범위한 몰입을 필요로 할 경우, 그 같은 변화는 분권화된 의사결정을 할 때 더욱 효과적이고 성공적이 된다. 이 같은 주장은 앞에서 '참여'의 문제를 논의할 때 언급하였던 내용과 일치되고 있다. 구성원들의 참여가 늘어나면 폭넓은 층의 구성원들이 의사결정에 의견을 제공하게 되고, 이러한 과정은 변화에 대한 그들의 '몰입'을 확대시켜 준다.

② 집중화 수준이 높은 조직구조가 보다 더 유의하고 능률적인 결과를 낼수

록, 전환 및 분할가능성은 그만큼 줄어들고 변화의 영향은 그만큼 넓어진다. 조직계층이 낮은 단위부서들은 특히 조직 내의 다른 집단에 영향을 미칠 수 있는 변화에 대해 일방적인 결정을 내리길 꺼려하며, 그 같은 변화가 실행되거나 또는 중단될 경우 조직 전체에 혼란이 야기될 수 있는 결정을 일방적으로 내리려고 하지 않는다.

4 변화와 안정 간의 논쟁

본 장의 서두에서 우리는 조직을 설명하면서 조직은 보수적이며 변화에 저항하는 강한 경향성을 가지고 있다고 하였다. 또한 계획된 조직변화에 관해 실무적인 측면보다는 이론적 측면에 훨씬 더 많은 관심을 여러 교재에서 기울이고 있다. 조직변화에 관한 이론과 실무 간에 차이가 나타나는 이유는 '권력-통제' 관계의 관점에 의해 쉽게 설명될 수 있다. 기본적으로 가장 중요한 이유는 다음과 같다.

원론적인 입장에서 조직 내의 실세들은 먼저 변화를 시도할 이유가 거의 없다. 현행의 조직구조가 그들의 영향력을 유지해주고, 현재의 조직구조상에서 그들의 이익을 계속해서 추구해 갈 수 있기 때문이다. 그리고 조직의 효과성은 그 효과성을 평가하는 사람들에 의해 규정되고 있기 때문에 교과서에서 말하는 합리적 가정, 즉 조직구조의 변화는 높은 업적을 확보하기 위해 실행된다는 가정은 결국 하나의 수사에 지나지 않는 것이다.

실제로 일어나고 있는 조직구조상의 변화는 계획된 것도 아니며, 기술적 능률과 환경의 요구에 대응하기 위한 것도 아니다. 변화는 단지 조직에 이해관계를 가지고 있는 내부적·외부적 집단에 의한 집요한 요구에 대한 반응일 가능성이 많다. 즉, 변화는 사전에 예정되는 것이 아니라 반응적으로 발생하는 것이다.

실제로, 계획된 변화는 전형적으로 변화의 ① 과정이 선행하며, ② 계획은 그 같은 변화를 합법화하고 합리화하기 위해 사후에 이루어진다. 즉, 의미부여는 행동(실행)에 귀인되지만, 대개는 행동이 일어나고 난 뒤에 그 같은 의미가 부여되는 것이다. 그래서 변화가 강력한 이해집단들의 요구에 대한 대응으로서 이루어지기는 하지만, 조직성과를 높이기 위한 목표와 일치되는 것이라고 합리화시키는 식으로 보다 합법적인 형태로 포장되어 선전된다.

권력-통제의 입장은 조직변화의 실무에 중요한 통찰을 제공한다. 권력-통제의 관점은 조직 내에는 오히려 안정을 추구하는 압력이 원천적으로 크다는 것을 인정하기 때문이다. 조직의 동태적 성질을 주장한 나머지 조직의 계속적인 변화의 필요성을 강조하는 사람들은 조직의 목표나 효과성의 측정치에 관하여 현실과 동떨어진 가정을 만들고 있다. 물론 변화는 실제로 일어나고 있지만, 그 변화가 계획된 것이든 아니면 우연한 것이든 간에 이론적으로 예측되는 만큼 널리 행해지지는 않은 것이다. 변화를 위한 압력이 주도적인 연합세력의 외부로부터 오기도 하는데 이들 연합세력의 구성원들이 그 같은 압력을 저지할 수 없게 되면 변화가 실행되는 수가 있다. 그러나 그 같은 변화는 주도적인 연합세력이 결코 원하는 바가 아니며, 그런 경우가 일어난다면 결국 그들은 영향력을 빼앗길 수 있다. 요컨대, 외부적 압력에 대한 반응으로 변화가 실행될 때에는 그것이 계획적이고 성과향상이라는 조직목표와의 일치를 표방하고 있는지를 생각해야 한다.

5 조직개발의 개념

5.1 조직개발의 기본개념

조직개발(organizational development: OD)은 행동과학적 지식을 사용하여 구성원들의 행동이나 작업관계에 영향을 미치는 요인들을 변화시켜 조직의 유효성을 향상시키기 위한 장기적이고 계획적인 변화노력이며 과정이다. 조직개발은 조직을 하나의 시스템으로 보고 변화의 초점을 조직 전체에 맞춘다. 조직의 하위 부서별로 조직개발 활동이 전개되는 경우도 있지만, 조직개발의 궁극적 목적은 조직 전체를 변화시키는 데 있다. 즉, 조직개발은 보다 장기적이고 포괄적인 변화로서 전체 조직의 기능과 성과를 향상시키고, 조직구성원의 만족도를 높이려는 노력이다.

이러한 정의를 토대로 조직개발의 요소를 구체적으로 요약해 보면, 첫째 구성원들 간의 집단적 협력을 통해 상승효과를 이끌어냄으로써 조직체 전체의 효율성과 성과를 높이는 것이다. 효율성을 개선하기 위한 접근방법은 조직구조 개선, 직무설계, 공유가치와 조직문화 개발, 의사결정능력 개발 등이 적극적으로 활용될 수 있다.

둘째, 종합적인 전략과 체계적인 계획을 실행하는 것이다. 이를 위해서는 변화담당자의 적극적 개입이 필요하다.

셋째, 심리학, 사회학, 인류학 등 행동과학의 활용을 통해 조직 내 개인의 가치를 중시하고 증대시키는 것이다.

끝으로, 장기적이고 지속적인 개발과정을 통해 조직체 전체의 효율성을 높이는 것을 목적으로 한다. 이를 통한 개선된 행동과 시스템은 더욱 높은 수준의 성과를 얻기 위해 강화되고 정착되어야 한다.

조직개발은 조직을 하나의 시스템으로 보고 변화의 초점을 조직 전체에 맞춘다. 조직개발이 다른 조직변화와 구별되는 특징은 인본주의적 가치를 많이 추구한다는 점이다. 조직개발에서는 행동과학적 지식이나 기법을 많이 사용하여 개인적인 성장이나 욕구충족이 가능하도록 노력하고 인간의 능력과 잠재력을 향상시키며, 조직의 구조와 문화적 요소들이 개인과 집단의 행동에 중요한 영향을 미친다는 점을 강조하고 있다. 나아가 종업원들이 지속적으로 자기변화를 이룰 수 있도록 조직을 바람직한 방향으로 변화시킨다.

조직개발의 특성

① 조직의 효율성을 높이기 위한 변화 및 성과지향성
② 행동과학을 적용하는 실천적인 학제간 학문성
③ 인간의 가치를 중시하는 인본주의 가치지향성

5.2 조직개발과 환경변화의 관계

조직개발이 필요한 근본적인 이유는 조직을 둘러싼 환경적 변화에 대한 적응능력을 갖추기 위한 것이다. 변화란 기회와 위협이라는 양면성을 내포하고 있다. 따라서 조직에 영향을 미칠 수 있는 외부환경 변화는 물론, 내부환경의 변화를 이해하고 이러한 변화흐름에 맞추어 조직을 개발하는 것은 조직의 적응력을 높이고 이를 통해 성과를 창출하는 기본조건이 되었다.

예를 들어, 산유국들이 집결된 중동지역의 정치·사회적 혼란으로 인한 생산량이 줄어들고 이로 인해 유가가 상승하면, 이는 기업의 원자재 구입비용의 폭등을 초래하는 중요한 원인이 될 것이다. 이러한 일련의 변화는 결국 개별기업의 경영활동에 부정적인 영향을 미치는 경제적 환경변화로서 이해될 수 있다.

또한 기업 내부환경의 변화는 장기계획과 자원배분과 같은 장기적 전략수행에 필요한 세부적 변화로서 조직개발의 기본방향을 결정짓는 경영전략에 영향을 미친다. 수립된 경영전략에 따라 기업의 조직구조가 영향을 받게 되고, 이로 인해 조직구성원들의 상호관계 및 그들에 대한 보상과 인센티브, 그리고 의사소통과 의사결정과정에 영향을 미칠 뿐만 아니라 결국 전반적인 조직의 관리시스템에 영향을 미치게 된다. 조직구조의 변화는 경영과정과 경영행동에도 직·간접적인 영향을 미치게 되는 것이다.

따라서 조직개발의 근본적인 기본 대상은 경영과정과 경영행동이라 할 수 있으며, 이는 구체적으로 구성원의 가치관과 관리기법이나 관리기술에 대한 조직개발을 의미한다. 조직개발의 구체적인 필요성을 가치관과 관리기법·관리기술로 구분하여 설명하면 다음과 같다.

① **가치관**
- 조직체가 추구하는 전략목적에 대한 구성원들의 몰입을 강화하기 위해 조직개발이 필요함.
- 조직구성원 모두의 공유된 가치의 정착을 위해 조직개발이 필요함.

② **관리기법과 관리기술** : 과업수행에 필요한 지식과 구체적 기술에 변화가 발생함에 따라 조직개발이 필요함. 예) MBO, 참여관리 등

5.3 조직개발의 적용과 실행

1) 조직개발 개념의 적용상의 두 개념

조직개발을 실제로 적용하는 데 사용될 수 있는 기본적인 접근방식은 문제해결에 이론적 측면을 강조하는 시스템과정이론과 실무적 측면을 강조하는 프로그램 절차 개념으로 크게 구분할 수 있다. 각 접근 개념의 의미를 정의하면 다음과 같다.

① **시스템과정이론** : 환경과 조직의 관계에 역점을 두어 구성원들이 조직체 내외 환경변화에 적응할 수 있도록 그들의 가치관과 태도 및 행동방식 등 기본적 자질을 개발하는 접근

② **프로그램 절차 개념** : 조직체의 성과를 향상시키기 위한 각종 구조적 개선 및 선진 경영기법의 적용을 성공적으로 이끌기 위한 구성원들의 행동개발에 역점을 둔 접근

2) 조직개발을 통한 행동변화 단계

구성원들의 행동을 개발하는 과정은 변화의 필요성 인식, 해빙, 변화의 주입, 재동결의 4단계로 구분할 수 있다.

우선, 변화의 필요성 인식이 되면, 기존의 고정된 관념과 행동양식에서 벗어나려고 의식하게 되는 해빙단계를 거쳐, 새로운 변화를 주입함으로써 좋은 결과에 대해 확신하고 자아실현을 지각하게 되며, 변화된 결과를 반복함으로써 영구적인 행동양식으로 정착시키는 재동결 단계를 밟게 된다.

그림 11.3 조직개발을 통한 행동변화 단계

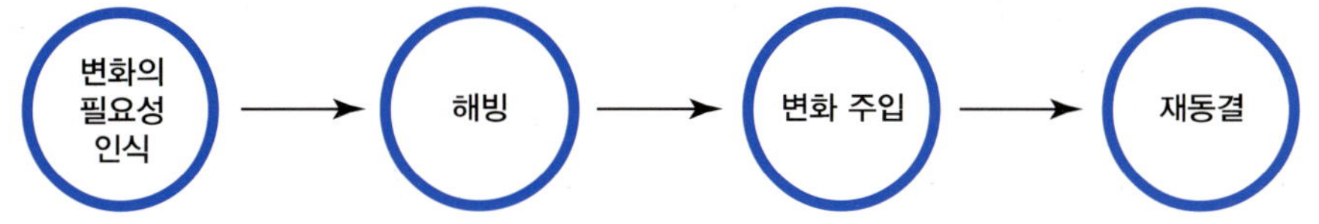

3) 조직개발의 기본전제

조직개발이 작동할 수 있는 기본전제는 개인수준, 집단수준, 조직수준으로 나누어 이해할 수 있다.

① 개인수준

- 개인은 적절한 환경과 여건이 주어진다면 자신의 성장을 위해 노력한다.(Y이론)
- 개인은 조직목적에 기여할 능력이 있고 기여하고 싶어 한다.

② 집단수준

- 집단은 개인의 중요한 준거집단으로서 개인의 직무만족과 능력향상에 영향을 준다.
- 개인은 집단에 소속되기를 원하고 다른 구성원과의 협력적인 상호관계를 맺길 원한다.
- 공식리더의 역할보다는 집단구성원들의 비공식적인 역할이 효율적인 집단성과에 중요한 요인이다.

③ 조직수준

- 집단 간의 중복 및 연결 관계는 집단문화 형성에 있어서 상호 영향을 준다.
- 조직개발은 조직 내 모든 집단에서 만족할 수 있는 상생가능성을 갖는다.
- 조직체의 목적과 방침 및 제도, 기술, 직무와 같은 구조적 요소는 구성원의 행동 형성에 영향을 주는 동시에 구성원의 행동도 구조적 요소에 영향을 준다.

6 조직개발의 과정

6.1 조직개발의 실행단계

조직개발은 조직진단으로부터 출발한다. 조직진단은 적절한 행동방향을 정확하게 지적하고 올바른 변화목표를 설정하며 상황을 평가하기 위한 자료를 수집·분석하는 단계이다. 조직진단이 이루어지고 나면 조직개발은 행동개입 단계에 들어간다. 이 단계에서 변화목표가 다양한 구체적인 활동을 통해 추구된다. 조직개발의 마지막 단계는 강화이다. 강화단계에서는 변화를 감지하여 그것을 평가하고 이에 대한 보상을 통해 만들어진 변화를 강화하게 된다. 여기에서 변화의 재동결이 일어난다. 그리고 나면 또다시 진단-개입-강화 사이클의 반복이 이루어진다.

조직개발은 조직구성원들을 보다 더 능동적인 개인으로 변화시키려고 하는 과정이다. 더 나아가 조직개발은 장기적인 조직효과성을 위한 조직적인 조치들에 대해 구성원들이 확신을 가지게 하려는 것이다. 따라서 조직개발 성공 여부는 조직개발의 행동연구에 달려 있다. 이런 점에서 대다수 조직개발 모형은 자료에 기초한 의견형성과 행동계획을 강조한다. 실제로 조직개발 실무자들은 조직의 여러 측면에 대한 자료를 수집하고, 수집된 자료를 구성원들의 행동계획 수립을 위해 피드백하며, 계획된 행동이 취해진 이후에 더 구체적인 자료를 수집하고 의견을 형성함으로써 결과를 평가하는 체계적인 과정으로서 액션 리서치(action research)에 주목한다. 이는 문제해결과 조직평가를 위해 실제자료를 기초로 하여 진행되는 접근법이며, 협력을 필요로 하는 접근법이다.

액션 리서치가 조직개발에 사용되면 조직효과성을 증대시킬 수 있는 행동방향을 구체화하는 데 도움을 준다. 전형적인 행동연구의 순서는 어떤 개인의 성과차이를 감지하고, 그 성과차이를 내는 문제점과 기회를 체계적으로 분석함으로써 시작된다. 이 과정은 자료수집, 자료 피드백, 행동계획의 단계를 통해 지속된다. 이 같은 과정은 행동이 취해지고 결과가 평가될 때까지 계속된다. 평가 및 재평가 단계는 또 다른 성과차이를 낳을 수도 그렇지 않을 수도 있다.

만약 성과차이가 생긴다면, 액션 리서치 사이클은 새롭게 시작된다.

자료수집은 액션 리서치 과정에서 주된 구성요소가 된다. 자료수집에는 설문, 인터뷰, 관찰, 그리고 2차 자료의 수집 등과 같은 많은 방법들이 사용된다. 이들 방법은 각각 장점과 단점을 가지고 있다. 따라서 관리자나 조직개발 실무자들은 현재의 상황에 가장 적합한 자료수집방법을 선택하기 위해 신중을 기해야 한다.

예를 들어, 인터뷰와 설문은 조직개발을 목적으로 하는 액션 리서치를 위한 자료를 수집하는 데 공통적으로 사용되는 방법이다. 이러한 자료수집 수단 자체가 조직개발 활동이 되기도 한다. 이 외에도 공식적인 종업원 태도 및 욕구 조사가 많이 활용된다. 여기에 사용되는 설문조사 도구들은 신뢰성과 타당성이 검증되어 있다.

6.2 조직개발 개입과정

조직개발 담당자의 기본적인 책임은 필요한 조직진단을 수행하고 건설적인 변화계획을 개발 · 실행하기 위해 계획된 활동에 클라이언트 시스템(client system)의 일원으로서 개입하는 것이다. 액션 리서치, 자료수집 및 조직진단 등은 조직개발 담당자들의 선택과 조직개발 개입을 통해 함께 이루어진다. 그리고 이러한 것들은 자체의 문제해결 능력을 개발하기 위해 계획적인 변화를 촉진하고 클라이언트 시스템에 도움을 주기 위해 컨설턴트나 관리자들에 의해 촉진되는 활동이다. 주요한 조직개발 개입들은 다음과 같이 조직, 집단, 그리고 개인행동 수준으로 범주화될 수 있다.

1) 조직수준의 개입

효과적인 조직은 주요한 성과목표를 달성함과 동시에 조직구성원들의 직장생활의 질을 유지해 가는 조직이다. 조직 전체 수준에 적용될 수 있는 조직개발 개입방법들은 다음과 같다.

설문조사 피드백(survey feedback)은 가장 많이 쓰이는 개입방법이다. 이 방법은 조직구성원 전체를 대상으로 하는 설문조사나 표본조사를 통해 자료를 수집한다. 그리고 수집된 자료는 구성원들에게 피드백된다. 이어 구성원들은 자료를 해석하고 이에 바탕을 둔 행동계획(action plans)을 개발하기 위한 협력과정에 참여한다.

그 다음으로 대면미팅의 방법이 있다. 이 방법은 조직이 어떻게 개선될 수 있을 것인지를 신속하게 결정하는 데 도움을 주고 상황개선을 위한 초기 대응을 하기 위해 설계된다. 이 개입에는 최고경영층과 조직구성원 대표들의 일일회의가 포함된다. 일일회의에서는 컨설턴트가 참여자들에게 자신들이 느끼기에 상황개선에 사용될 수 있는 방법이 무엇인가에 대해 각자가 리스트를 작성하도록 요청한다. 그 후 일련의 소집단 작업회의와 그 회의결과의 공유를 통해 이러한 아이디어들은 최고경영층이 직접적인 실행을 뒷받침하는 시험적인 행동으로 세밀히 나누어진다.

이와 함께 조직개입을 위한 방법으로는 조직구조의 재설계가 자주 활용된다. 조직구조의 재설계는 성과향상을 위해 조직이나 주요 하위시스템의 구조를 재구축하는 것이다. 수평조직은 공식적인 조직구조 밖으로 종업원 대표들을 끌어내어 주기적인 소집단 문제해결 회의에 참여케 함으로써 창의적인 문제해결이 가능해지도록 하기 위해 설계된다. 이러한 수평구조는 본질적으로 일시적이며, 오로지 공식구조의 활동들을 보완할 목적으로만 존재한다.

2) 집단수준의 개입

집단수준에서의 조직개발 개입은 집단효과성을 개선하기 위해 설계된다. 이 수준에서의 주요 개입들은 팀 구축, 과정자문(process consultation), 그리고 집단간 팀 구축(intergroup team building) 등이다.

팀 구축은 기본적으로 집단이 어떻게 기능하는지, 그리고 어떻게 하면 효과적으로 기능할 수 있는지를 검토하는 데 도움을 주기 위한 일련의 활동들에 컨설턴트나 관리자들이 집단의 구성원으로 개입하는 것이다. 팀 구축은 종종 휴양지 같은 곳에서 이루어진다. 여기서 집단구성원들은 의견형성, 분석, 계획과정을 위해 협력하면서 2~3일을 보낸다.

과정자문은 조직개발 담당자에 의해 이루어지는 구조화된 활동이며, 집단의 기능을 개선하려는 목적을 가지고 있다. 과정자문은 팀 구축보다는 더 구체적인 초점을 가지고 있다. 즉, 집단구성원들이 함께 작업하는 과정에 초점을 두고 있다. 과정자문은 규범, 응집력, 의사결정 방법, 의사소통, 갈등, 그리고 과업 및 유지활동 등에 대해 집단이 보다 효과적으로 움직이도록 하여 도움을 주려는 데 관심을 두고 있다.

집단 간 팀 구축은 특별한 형태의 팀 구축이다. 이는 둘 이상의 집단들의 작업관계를 개선하는 데 도움을 주고, 그 결과로서 집단효과성을 증진시키려는 목적으로 설계된다. 여기서 조직개발 담당자는 각 집단이 다른 집단을 어떻게 지각하는지, 그리고 다른 집단에 의해 어떻게 지각되는지에 대한 인식을 높이는 활동들에 집단이나 집단대표들이 참여한다. 이렇게 하여 얻은 집단 간의 이해를 바탕으로 하여, 협력적인 문제해결 노력을 통하여 집단 간의 협력을 개선하고 조직의 중요한 구성요소로서 집단 상호 간의 지원을 촉진시켜 나간다.

3) 개인수준의 개입

개인의 업무수행 성적과 직무만족은 조직 내 개인별 효과성의 향상과 관련된 중요한 관심사항이다. 개인수준에서의 조직개발 개입은 개인적인 이슈에서부터 구체적인 직무와 경력문제에 이르기까지 광범위하게 이루어진다. 개인수준의 조직개발 개입에는 다음과 같은 것들이 있다.

① 감수성 훈련은 개인들의 자아인식과 타인들을 향한 자신들의 감수성을 증가시키고자 하는 것이다. 이 훈련에서는 T-집단(피훈련집단)으로 불리는 소집단에서 많은 사람들(통상 서로 잘 모르는 사람들)이 전문 훈련담당자와 함께 활동하도록 짜여진다. 여기서 T-집단 참여자들은 서로 간에 느낌과 관심을 공유하고 타인의 느낌과 관심에 귀 기울이도록 훈련받는다. 이 훈련과정에서는 자신들의 감정을 솔직하게 표현함과 동시에 타인들의 표현에 반응할 수 있는 기회를 가지게 되므로, 경우에 따라 다소 갈등적이 될 수도 있다. 따라서 이 훈련은 전문적인 지식과 경험을 갖춘 집단훈련담당자의 지도하에 실행되어야 한다.

② 역할협상(role negotiation)은 개인들의 상호 직무수행관계에서 서로 간에 주고받을 것이 무엇인가를 분명하게 하기 위한 하나의 수단이다. 시간이 진행됨에 따라 역할도 바뀌고 사람도 바뀌기 때문에, 역할협상은 조직 내 개인들 사이의 과업이해를 유지할 수 있는 중요한 방법이 될 수 있다.

이러한 형태의 이해는 함께 일하는 사람들이 그들의 직무를 원활하게 수행하기 위해서는 서로가 필요하다는 것을 분명하게 해줌으로써 쉽게 얻어질 수 있다.

③ 직무재설계는 직무담당자의 욕구 및 심리상태와 직무의 내용을 적합시키기 위한 조정과정이다. 대표적인 예는 Hackman과 Oldham의 직무충실화를 통한 진단적 접근이다. 이 접근은 다음과 같은 과정으로 이루어져 있다 : ㉠ 직무나 직무군의 핵심특성을 분석하고, ㉡ 이들 직무를 수행하는 종업원들의 욕구와 능력을 파악하며, ㉢ 개인들의 선호에 적합시키기 위해 직무를 충실화하거나 단순화하여 핵심직무특성을 조정한다.

요약

변화관리는 계획된 변화의 실행을 의미한다. 조직은 기본적으로 보수적이고 변화에 저항한다. 변화를 실행하려는 어떤 노력에서도 이 같은 기본적 저항을 인식하여야 한다. 광범위한 다양한 압력요인들이 변화를 촉구한다. 변화담당자는 구조상의 변화를 실행하는 사람이다. 변화담당자는 조직구조상의 개입전략, 기술상의 개입전략, 업무절차상의 개입전략을 선택하게 된다. 변화의 실행, 즉 변화과정은 현상유지 상태를 해동하고, 새로운 상태로 변화시키며, 새로운 변화상태가 영속화되도록 재동결하는 과정을 필요로 한다. 또한 변화의 실행은 기존의 권력이 변화과정에 어떻게 분배되어야 할 것인가에 대한 의사결정을 필요로 한다.

연구결과에 의하면 복잡성이 높고, 공식화 정도가 낮으며, 분권화의 특성을 가진 조직에서 변화의 발생가능성은 더욱 높다. 한편, 계획된 변화에 대한 조직이론가들의 많은 관심에도 불구하고, 실제 조직현장에서는 조직구조상의 변화가 빈번하게 일어나지는 않으며, 조직구조상의 변화가 일어나더라도 그 같은 변화는 계획적인 것도 아니고, 기술적인 능률을 촉진시키거나 환경의 요구에 대응하기 위한 것도 아닌 경우가 대부분이라는 사실도 이해할 필요가 있다.

조직개발은 행동과학적 지식을 사용하여 구성원들의 행동이나 작업관계에 영향을 미치는 요인들을 변화시켜 조직의 유효성을 향상시키기 위한 장기적이고 계획적인 변화 노력이며 과정이다. 조직개발은 조직을 하나의 시스템으로 보고 변화의 초점을 조직 전체에 맞춘다. 조직개발이 다른 조직변화와 구별되는 특징은 인본주의적 가치를 많이 추구한다는 점이다. 조직개발에서는 행동과학적 지식이나 기법을 많이 사용하여 개인적인 성장이나 욕구충족이 가능하도록 노력하고 인간의 능력과 잠재력을 향상시키며, 조직의 구조와 문화적 요소들이 개인과 집단의 행동에 영향을 미친다는 점을 강조하고 있다. 나아가 종업원들이 지속적으로 자기변화를 이룰 수 있도록 조직을 바람직한 방향으로 변화시킨다.

정리 및 토의과제

1. 조직 내의 변화에 대한 전통적인 견해(관점)는 무엇인가?
2. '변화관리'란 무엇을 의미하는가?
3. 조직들이 변화에 저항하는 이유는 무엇인가?
4. 변화의 다섯 가지 결정요인들을 설명해 보시오.
5. '개입전략'의 세 가지 유형을 설명해 보시오.
6. '해동'에 있어서 추진력과 억제력을 대비해 보시오.
7. '변화의 재동결'이 왜 필요한가?
8. 변화에 대한 저항의 관점에서 다음 조직들을 비교해 보시오.
   a. 현대자동차 b. 이랜드 c. KORAIL
   d. 한국전력 e. KT f. 국민은행
   g. 삼성증권 h. LG화학
9. 변화에 대한 저항을 다루는 여러 가지 전략을 개관해 보시오.
10. 조직들이 안정성에 대하여 갖고 있는 고유한 편견의 이유는 무엇인가?
11. 조직개발이란 어떻게 정의될 수 있는가?
12. 조직개발의 3가지 기본요소와 3가지 특성은 무엇인가?
13. 조직개발의 필요성을 환경변화와의 관련성을 고려하여 설명해 보시오.
14. 조직개발 개념의 적용상의 2가지 개념을 설명해 보시오.
15. 행동변화의 단계는 무엇인가?
16. 조직개발의 기본전제를 개인수준, 집단수준, 조직수준으로 구분하여 제시해 보시오.
17. 조직개발의 개입과정을 조직수준, 집단수준, 개입행동수준으로 나누어 설명해 보시오.

Chapter 12

조직문화

사례연구

우리가 남이가 vs. 남일까 vs. 남이다

기성세대는 늘 확신에 차 "우리가 남이가"를 외쳤다. "우리가 남이가?" 하고 한 명이 선창하면 나머지 사람이 "아니다, 아니다" 할 때 뭔가 뜨거운 게 가슴에서 솟아오르고는 했다. "이게 술인가?" 하면 "아니다, 아니다, 정이다" 하며 말 그대로 술잔에 정을 담았다. 사적인 정이 돈독할수록 일도 잘된다는 게 586세대 이상의 보편적 정서다. 40대의 낀 세대인 X세대의 정서는 복합적이다. "우리는 남이 아니다"라는 말에 50%의 동의만 한다. '우리는 남일까?' 마음속으로 의문을 갖지만 차마 겉으로 대놓고 의문을 표하지 못해 시늉이라도 구호를 복창했다.

반면 신세대들은 "우리는 남이다!"라고 대놓고 말한다. 이들은 사적인 관심에 대해 "노땡큐(no thank)"라고 말하며 야멸차게 거리를 둔다. 끈끈한 관심을 표하면 관심을 꺼달라고 깐깐하게 요청한다. 조직생활은 조직생활일 뿐, 사적인 생활과 구분하고 싶다고 주장한다. '공과 사를 구별하라.' 예전에 조직에서 귀에 딱지가 앉도록 강조한 이유는 그만큼 구별하기가 쉽지 않았기 때문이다. 요즘 신세대에게는 이 말을 구태여 강조할 필요가 없다. 이미 칼같이 '공과 사를 구별'하고 있기 때문이다. 과유불급, 둘 다 지나친 것은 같지만 기성세대가 지나치게 구분 안 한 게 문제였다면, 이들은 지나치게 구별하는 데서 문제라는 것이 차이다. '사적 관심으로 관계의 다리를 놓아라.' 기성세대가 조직생활에서 마르고 닳도록 들은 이야기다. 직장동료 간 친한 사이를 가리킬 때 "그 집 숟가락 수까지 다 안다"는 관용적 표현을 쓰는 것이 그 방증이다.

모 건설회사 CEO는 임원 리더십 평가를 할 때 직원의 관혼상제를 사전에 미리 파악하지 못하는 부서장은 부서장 자격이 없다고까지 공언하며 인사고과에 반영할 정도였다. 전통 조직문화에서 직장 상사는 공적인 지식뿐 아니라 사적인 지혜에서도 다양한 정보를 전수해주는 멘토 역할을 자임했다. 집들이, 자녀 돌잔치, 부모의 환갑과 진갑, 초상까지 생애주기를 함께하며 챙겨준 사람들은 다름 아닌 직장 상사였다. 물론 직장 상사의 과장 섞인 인생 경험담을 100% 곧이곧대로 듣다 부작용 나는 경우도 적지 않았다. 예컨대, 갓 결혼한 직원에게 해주는 인생 조언이 그 대표적 예였다. "신혼 초반에 주도권을 잡아야지, 놓치면 평생 고생한다"고 호기롭게 소리치며 술을 한바탕 거나하게 먹여 늦게 귀가를 하도록 사주하는 등등이다.

기성세대에게 공과 사는 이처럼 뫼비우스의 띠처럼 얽혀 있었다. 여러 가지 자연스러운 사적 접촉과 관찰을 통해 말뿐 아니라 그 사람의 살아가는 모습 등을 보며 인간적인 이해를 할 수 있었다. 긍정적으로든 부정적으로든. 이렇게 사적으로 엉킨 정은 유사시에 힘을 발휘했다. 상사로서 힘든 지시를 할 때 윤활유로 작용했다. "힘들지만 어쩌겠냐, 너 아니면 내가 누구한테 말하겠냐, 좀 애써줘야지"라는 얘기는 직장 상사가 어려운 부탁을 할 때 쓰는 전가의 보도 멘트였다. 전통적 기성세대는 일이 꼬이면 관계로 푸는 것이 가능했다. 상대의 신상을 속속들이 알고 일상을 오롯이 파악하고 있던 덕분이다.

"퇴근 후 술 한잔?" 하면서 '딱 한잔'이 '또 한잔'으로 이어지며 결국은 포장마차 아주머니의 퇴근시간(?)을 늦추고 통사정해 새벽까지 이어지는 경우도 적지 않았다. 상사를 치받아 생긴 갈등, 부하 직원을 심하게 야단친 갈등이 소주 한잔에 녹는 경우도 비일비재했다. 첨예한 갈등이 "추웅~성" 한마디에 묻혀버리고는 했다. 요즘은 그야말로 언감생심이다. 그야말로 '그때를 아십니까?'이다.

일한 기간과 상관없이 서로 신상도 일상도 알기 어렵다. 일은 일이고 일을 관계로 풀기는 어렵다. 사적인 관심을 표하는 것부터가 난항이다. 586 베이비부머 세대들로서는 아예 신세대 직원과 대화할 엄두조차 내기 힘들다. 모 대기업에서는 '임원과의 점심식사'를 만들었다 유야무야 폐지했다. 임원들 요구가 아니라 직원들 요청이 쇄도해서다. 불편하게 신경 쓰며 스테이크를 먹느니 편의점 혼밥일 망정 컵라면이 더 속 편하다는 이유였다. 가정에서 식구가 같이 밥을 먹기 힘든 것과 마찬가지로 'company(com+pany: 함께 빵을 나눠 먹는 사이란 뜻에서 유래)'도 그 의미를 잃어버렸다. 저녁 회식은커녕 신세대는 점심시간도 자기계발을 한다며 함께 먹지 않으려는 경우가 다반사다.

X세대 리더들이 술 타임 대신 소통을 위해 활용하는 것이 점심 티타임이다. 이들은 과거 전통세대의 호기로운 일장 연설 무용담 대신 관심을 표하는 질문을 하는 것으로 나름 탈꼰대적 태도를 보이려 애쓴다. 이때 심금까지는 아니더라도 마음을 열고 이야기하고 싶어 한다. 모 IT기업의 점심시간 후 티타임에 생긴 일이다. 40대 중반 L부장이 30대 초반 K대리에게 "자네는 결혼 안 해? 새해에는 좋은 사람 만나야지?" 하고 덕담

겸 질문을 던진 것이다. K대리는 "결혼할 생각이 없습니다. 저는 고양이랑 살 거예요"라고 답했다. L부장은 무심코 "아, 사람이 사람이랑 살아야지. 고양이랑 살면 쓰나?" 반문했다.

여기서 갑분싸(갑자기 분위기가 싸해진 것)를 넘어 전투 모드로 바뀌었다. 잠자는 사자의 코털을 건드린 것 같은 분위기가 됐다. 경계경보를 넘어 공습경보. 또래 신세대 직원들이 한번에 L부장에게 속사포처럼 반박을 해댔다. "우리에게 이런 세태를 물려준 게 누구냐. 우리는 결혼을 안 하는 게 아니라 못 하는 것이다. 지금의 40대 이상은 시대를 잘 만나서 적은 노력으로 큰 성취를 거뒀지만, 지금 우린 그렇지 않다. 혼자 살기도 버거운데 어떻게 결혼해서 살 수 있겠느냐" "나이 들면 결혼해야 한다는 것도 집단주의 산물이다" 등등 벌떼공격을 퍼부은 것이다. L부장은 결혼 운운 한마디로 졸지에 개념 없는 꼰대상사가 돼버렸다.

자신의 세대 같으면 상사의 배우자 만난 이야기, 연애담, 이성을 만나 결혼으로 골인하는 법 등 덕담으로 훈훈하게 마무리됐을 이야기가 이처럼 날카롭고 뾰족한 파국을 맺은 게 L부장은 도무지 이해가 되지 않았다. 이후 그는 직원들과 무슨 이야기를 나눌지 고민이다. 사적인 자리에서 공장(사무실) 이야기를 하는 것도 내키지 않고, 그렇다고 사적인 이야기를 하면 무엇이 어떻게 신세대 직원들의 심기(?)를 건드릴지 종잡을 수 없어서다. 입을 다물고 있을 수만도 없고…. L부장의 '티타임에 생긴 일' 사건에 대해 당신은 어떤 느낌이 드는가? 하고 세대별로 반응을 물어봤다. 모두 분노를 표한 것은 공통적인데 이유가 달랐다. 50대 이상 리더급은 "이런 버릇없는… 따끔하게 야단쳐야지" 했다. 40대는 "되도록이면 어울리지 않는 게 상책이다. 되도록 말을 섞지 말라. 책잡히면 본전도 못 찾는다"며 고개를 저었다. 반면 20대 신세대 직원들은 "L부장이 사과를 해야 한다. 왜 공적인 데서 사적인 간섭을 하느냐"는 등으로 갈렸다. 한마디로 리더들은 포용력을 발휘하고 싶은데, 직원들은 오지랖으로 받아들인다는 이야기다. 오지랖과 포용력, 그 한 끗 차이가 애매하다.

사적 대화를 나누려면 어떻게 해야 할까. 먼저 라이프사이클보다 라이프스타일을 이야기하라. 알고 보면 세대 차이는 토픽 문제다. 리더 본인의 관심 주제, 직원의 사적인 삶에 대한 호기심은 피하는 게 좋다. 예전에는 직책만으로도 '들어주는 시늉'이라도 했지만 요즘이야 어디 그런가. 인생의 진도 이야기, 관혼상제, 부모, 결혼 이야기 등 라이프사이클은 기성세대에게는 메인 토픽이고 관심거리지만 밀레세대에게는 번외다. 오히려 피하고 싶은 이슈다. 차라리 본인의 취미, 트렌드 등 라이프스타일 이야기를 하는 것에 훨씬 매력을 느낀다.

둘째, 화두는 던지되 정보를 요청하라. 신세대 직원들이 먼저 다가가 대화를 청하는 리더를 보면 화두는 던지되 대화는 상대가 주도하도록 청하는 상사다. 진정으로 호기심을 표할 때 그들은 말문을 연다. 조언이나 훈계를 하기보다 들어보라. "딸 같아서 그러는데…" "가족 같아서 하는 이야기인데…" 이들은 가족으로부터 듣는 조언도 이미 차고 넘친다. 또 충고나 조언을 하지 마라. 신세대가 질색인 것은 답정너, 기승전 교훈이다. 웬만한 전문지식이나 한마디 훈계, 설교는 별로 효용성이 없다. 차라리 답을 구하라. 요즘 뜨는 곳, 영화, 트렌드 등 이들이 잘 알 만한 것, 흥미로워할 것에 대해 정보를 요청해보라. "내가 ○○하려고 하는데 요즘 재미있는 것 뭐가 있나?" 하는 식으로 구체적 정보를 요청할 때 그들은 비로소 신나게 말문을 열 것이다.

<매경이코노미, 1992호(2019. 1. 16.~2019. 1. 22.)>

위의 사례는 현재 우리 사회의 세대 간에 발생하는 조직문화에 대한 인식의 차이를 보여주고 있다. 일사불란했던 과거의 조직문화와는 달리 기성세대와 신세대 간에 라이프스타일의 차이에 따른 조직생활에 대한 인식의 차이가 조직문화의 전반에 그대로 흡수되어 자기중심적인 생활에 젖다 보니 각자의 가치관에 부합하는 조직생활을 영위하고 있다고 본다. 4차 산업혁명과 지식정보화 시대를 맞이하여 많은 조직들이 엄청난 변화의 소용돌이에 휩싸이고 있다. 모든 조직구성원들은 생산성 향상을 위해 헌신적인 노력을 기울이고 있으며, 과거지향적인 단기적 효율성 중심의 관리관행들이 품질, 혁신, 그리고 가치 중심으로 대체되고 있다. 경영자들은 지속적으로 생존할 수 있는 조직을 구축할 필요성을 인식하기 시작하였다.

특히 이들은 조직의 성과향상에서 인적자원이 얼마나 중요한지를 새삼 느끼고 있다. 경영자들은 과거에는 통제자로서의 역할을 수행하였으나, 이제는 조력자, 협력자, 안내자, 그리고 코치와 같은 역할을 수행하고 있다. 이와 같은 전반적인 조직변화는 결과적으로는 조직문화를 변화시키게 된다. 조직문화를 변화시키는 데 사용되는 중요한 조직행동 메커니즘 가운데 하나가 앞장에서 논의된 조직개발인 것이다.

1 조직문화의 개념

조직문화를 흔히 제5의 경영자원이라고 한다. 사람, 돈, 물자 등 기존의 3요소에 정보와 함께 조직문화가 현대 경영의 요체로 받아들여지고 있는 것이다. 조직문화는 조직 내에서 개발되어 조직구성원들의 행동의 지침(guide)이 되는 공유된 행위, 가치, 그리고 신념체계이다. 이 체계가 기업조직에 있게 되면 바로 기업문화가 된다. 두 사람의 성격이 똑같을 수 없듯이 두 개의 조직문화 역시 동일할 수 없다. 특히 주목할 점은 많은 경영학자들이나 경영컨설턴트들의 연구 및 분석결과에 따르면 조직문화의 차이가 조직의 성과와 조직구성원들의 직장생활의 질에 유의한 영향을 미친다는 사실이다.

1.1 조직문화의 기능

집단적인 경험을 통해 조직구성원들은 조직생존에서 가장 중요한 두 가지 문제를 해결한다. 하나는 외부적응의 문제이다. 즉, 조직이 어떤 일을 수행해야 하며, 이 일이 어떻게 수행될 수 있는가 하는 것이며, 다른 하나는 내부통합의 문제이다. 즉, 조직구성원들이 조직생활에 관련된 일상적인 문제들을 어떻게 해결할 것인가 하는 문제이다.

1) 외부적응

외부적응은 목표 달성과 외부관리와 관련된 문제이다. 여기서의 주요 이슈는 수행되어야 할 과업, 목표 달성을 위한 방법, 그리고 성공과 실패에 대처하는 방법 등이다. 공유된 경험을 통하여 조직구성원들은 자신들의 일상적인 업무활동을 수행하는 데 지침이 될 수 있는 공통의 관점이나 시각을 개발한다. 그리고 조직구성원들은 주주 등 기업의 주요한 이해관계자들에게 공지한 조직의 사명 이외에 조직의 실질적인 사명이 무엇인지를 알아야 한다. 업무를 수행하는 과정에서 조직구성원들은 일상적인 상호작용을 하면서 조직사명에 어떻게 기여해야 할 것인지를 자연스럽게 터득하게 된다. 이렇게 개발된 공통의 관점은 인적자원의 중요성을 강조하는 것일 수도 있고, 조직구성원으로서의 종업원의 역할을 강조하는 것일 수도 있으며, 비용절감을 강조하는 것일 수도 있다.

조직에서 각각의 개인들이나 집단들은 다음과 같은 경향을 나타낸다. ① 더 중요한 외부 요인과 덜 중요한 외부 요인을 분리하며, ② 그들의 성과측정 방법을 개발하며, ③ 목표가 왜 항상 달성되지 않는지에 대한 이유를 설명하며, ④ 기업의 경영 상태를 외부 투자자들에게 보고할 적절한 방법을 결정하고, ⑤ 언제 실패를 인정할 것인지를 집단적으로 결정하는 것이다.

2) 내부통합

또한 기업문화는 내부통합문제에 대한 해답을 제공해 준다. 내부통합은 집단 정체성을 확립하게 하며, 일과 삶을 균형화할 수 있는 방법을 발견하게 해준다. 내부통합의 과정은 정체성을 확립하는 것에서부터 시작된다. 즉, 조직 내의 여러 하위집단과 하위문화는 조직에 대한 나름대로의 정의를 개발한다. 조직구성원들은 대화와 상호작용을 통해 자신들의 세계에 특징적인 의미를 부여하기 시작한다. 조직구성원들은 자신들의 세계를 기회나 위협으로 가득 찬 신축적인 것으로 볼 수도 있고, 고정된 것으로 볼 수도 있다. 실질적인 혁신과정은 집단구성원들이 다음과 같은 신념을 가지고 있을 때 이루어질 수 있다. 즉, '우리들을 둘러싸고 있는 세상의 중요한 부분들을 우리 스스로가 변화시킬 수 있으며, 나아가 우리에게 있어서 위협은 곧 변화를 위한 기회'라는 것이다.

조직구성원들이 함께 일한다는 것은 다음 세 가지의 중요한 측면들을 내포한다. 즉, ① 누가 구성원이고 누가 구성원이 아닌지를 결정하고, ② 수용가능한 행동과 수용 불가능한 행동에 대한 비공식적인 이해를 개발하며, ③ 우리편과 적을 구분하는 것이다. 예를 들어, 전사적 품질관리는 조직 내 하위집단 구성원들이 그들의 직속상사를 한 식구로 생각할 때 효과적일 수 있다. 이러한 상황에서 하위집단 구성원들은 직속상사에게 자신들의 의견을 아주 친근하게 표현하게 된다.

조직구성원들이 효과적으로 협력하도록 하기 위해서는 집단의사결정을 통해 권력, 지위, 그리고 권한을 배분하는 것이 중요하다. 또한 모든 구성원들이 특정 행동에 대한 보상규정에 동의할 수 있도록 해야 한다. 나아가 각각의 집단들은 어떻게 하면 상호 간에 효과적으로 의사소통할 것인지를 구상하고, 수용될 수 있는 친밀성에 대한 지침을 개발해야 할 것이다. 내부통합의 이러한 측면들은 어렵지만 매우 중요하다. 효과적인 팀 행동이 이루어지기 위해서는 개인들마다 서로 선호하는 사람이 있다는 것을 인식해야 한다. 여기에서 친밀성은 필수불가결한 것이다. 경영자들은 모든 종업원들에게 조직이란 일만 하는 곳이 아니라는 점을 명심시킬 필요가 있다.

1.2 기업문화의 구성요소

기업문화에 대한 이해는 기업문화가 어떤 요소로 이루어졌고, 어떤 의미를 가지고 있는가를 살펴봄으로써 더욱 증진시킬 수 있는데, 여기에는 여러 학자들의 견해 차이가 존재한다. 본서에서는 대표적인 연구라 할 수 있는 Peters와 Waterman의 '기업문화의 7S 구성요소' 개념과 의식체계를 중심으로 하는 Schein의 '의식수준상의 구성요소'를 중심으로 다루고자 한다.

1) 기업문화의 7S 요소

기업문화의 7S 개념은 기업문화를 이해하는 데 가장 실질적인 도움을 주는 개념이다. 이 개념은 일본기업과 미국 우수기업의 기업문화 연구를 통해 제시되었는데, 기업문화를 구성하고 있는 일곱 가지의 중요요소들이 모두 S자로 시작되기 때문에 '기업문화의 7S'로 불리어진다.

① 공유가치(Shared Value)

기업문화의 첫째 구성요소는 기업체의 구성원들 모두가 공동으로 소유하고 있는 가치관과 이념, 그리고 전통가치와 기업의 기본목적 등 기업체의 공유된 가치이다.

② 전략(Strategy)

기업문화의 둘째 구성요소는 기업체의 장기방향과 기본성격을 결정하는 경

그림 12.1 기업문화의 7S 구조

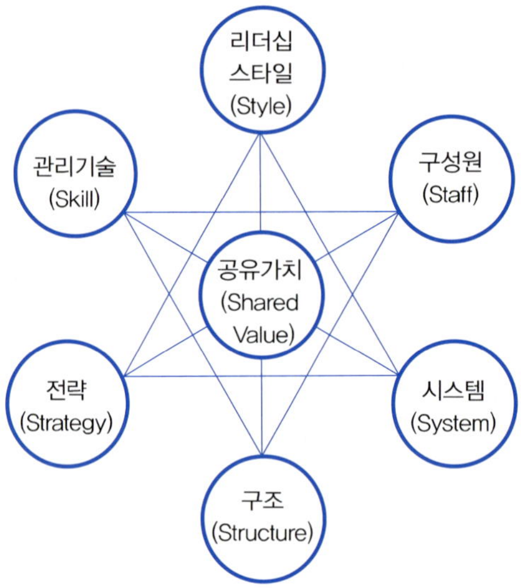

출처 : 이학종(2005) 재구성.

영전략으로서 기업체의 장기적인 목적과 계획, 그리고 이를 달성하기 위한 장기적인 자원배분 패턴을 포함한다.

③ 구조(Structure)

구조는 기업체의 전략을 수행하는 필요한 틀로서 조직구조와 직무설계, 그리고 권한관계와 방침 등 구성원들의 역할과 그들 간의 상호관계를 지배하는 공식 요소들을 포함한다. 따라서 구조는 관리시스템과 더불어 구성원들의 일상 업무수행과 행동에 많은 영향을 준다.

④ 시스템(System)

기업문화를 구성하는 또 하나의 중요한 요소는 기업경영의 의사결정과 일상운영에 틀이 되는 관리제도와 절차 등 각종 시스템이다. 따라서 시스템은 기업체의 기본 가치와 일관성 있고 장기적인 전략목적 달성에 적합한 보상제도와 인센티브, 경영정보와 의사결정시스템, 경영계획과 목표설정시스템, 결과측정과 조정·통제 등 경영 각 분야의 관리제도와 절차를 포함한다.

⑤ 구성원(Staff)

구성원은 기업문화의 구성요소로서 기업체의 인력구성과 구성원들의 능력, 전문성, 가치관과 신념, 욕구와 동기, 지각과 태도, 그리고 그들의 행동패턴 등을 의미한다.

⑥ 기술(Skill)

기술은 기업문화를 형성하고 있는 중요 요소로서 각종 기계·장치와 컴퓨터 등 생산 및 정보처리 분야의 물리적 하드웨어는 물론, 이를 사용하는 소프트웨어를 포함한다. 뿐만 아니라 구성원들에 대한 동기부여와 행동 강화, 갈등관리와 변화관리, 목표관리와 예산관리 등 기업경영에 적용되는 관리기술과 기법도 포함한다.

⑦ 스타일(Style)

기업문화의 마지막 구성요소는 구성원들을 이끌어나가는 전반적인 조직관리 스타일로서 구성원들의 행동 조성은 물론, 그들 간의 상호관계와 조직분위기에 직접적인 영향을 주는 중요 요소이다. 기업체의 개방적·참여적·온정적·유기적 성격 등은 일상 경영에 적용되는 관리 및 리더십 스타일로부터 많은 영향을 받으면서 형성된다.

이상과 같이 조직의 문화는 공유가치, 전략, 구조, 시스템, 구성원, 관리기술, 관리 스타일 등으로 구성된다. 이들 일곱 가지 요소들은 상호 밀접하게 연결되고 상호 의존적인 관계 아래 전체적으로 기업체의 독특한 특성을 나타내면서 기업문화를 형성하는데, 이러한 특성에는 기업문화가 기업의 핵심가치 형성과 경영혁신의 관점에서 변화의 대상이 된다는 것을 전제하고 있다.

바람직한 기업문화의 개발은 이들 요소를 올바른 방향으로 개발함으로써 이루어질 수 있다. 이들 요소 간의 밀접한 상호 연결성과 상호 의존관계 때문에 기업문화에 대한 전체적인 관점 없이 어느 한 요소의 개별적인 분석은 매우 어려운 것이 사실이다. 따라서 전체적인 기업문화 관점에서 이들 일곱 가지 요소가 이해되어야 한다.

2) 의식수준상의 구성요소

Schein은 기업문화의 구성요소를 의식수준상의 계층으로 구분하였다. 이러한 구분은 기업문화의 구성요소를 기업구성원과 전체 기업의 행동에 영향을 주는 의식체계를 중심으로 설명하는 것으로 ① 인공적 창작물(기술, 예술, 보고 들을 수 있는 전형적인 행동양식), ② 가치관(물리적 환경하에 옳고 그름을 가려낼 수 있는 것, 구성원 간의 합의에 의해서 옳고 그름이 결정되는 것), ③ 기본 가정(환경과의 관계에 대한 가정, 시간 및 공간의 본질에 대한 가정, 인간 본성에 대한 믿음, 인간활동의 본질에 대한 믿음, 인간관계의 본질에 대한 믿음) 등 세 가지 단계이다.

의식수준상의 기업문화를 기업 구성원과 기업체 전체의 행동에서 나타나는 거시적인 개념에서 보면 가시적 수준과 인식적 수준, 그리고 잠재적 수준 등 세 가지 수준에서의 의식체계가 적용되고 있는데, 이들 세 가지의 의식수준과 이에 관련된 요소들의 상호관계를 설명하면 다음과 같다.

① 인공적 창작물(Artifacts and Creations)

기업문화를 인식할 수 있는 첫째 수준은 표면적으로 나타나고 눈으로 볼 수

그림 12.2 의식수준상의 기업문화 수준

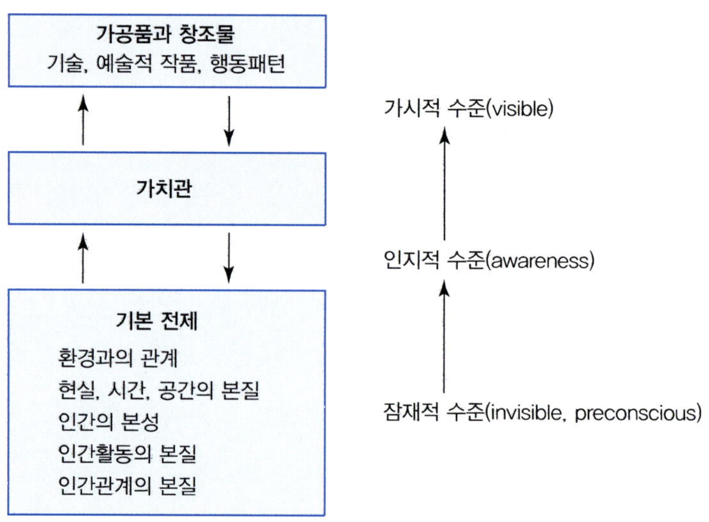

출처 : Edgar H. Schein, "Coming to a New Awareness of Organizational Culture," *Sloan Management Review* (Winter, 1984), p.4.

있는 물질적·상징적, 그리고 행동적 인공창조물이다. 기업체의 제품과 기술, 기구와 도구, 방침과 규율, 서류와 문서, 전통과 일화, 의례·의식, 그리고 구성원들의 인상과 이미지 등으로, 이들은 기업의 외적 문화특성을 형성하는 데 직접적이고 결정적인 요소로 작용한다.

② 가치관(Values)

두 번째는 인식적 수준에서의 가치관이다. 가치는 기업체의 구성원들이 소중히 여기며, 일반적으로 인식하고 있는 행동의 지침으로서 가시적 수준의 인공적 창조물을 지배하는 요소이다. 여기에는 개인에 대한 존중, 창의성에 대한 중요성, 개방적 의사소통, 참여와 합의에 대한 중요성 등이 포함한다.

③ 기본 가정(Basic Assumptions)

세 번째 수준은 잠재적 수준에서의 기본 가정이다. 이것은 가치와 밀접히 연관된 개념으로서 일반적으로 조직구성원들이 인식하고 있지 않는 전의식적(preconscious) 가치라고도 할 수 있다. 기본 가정은 조직구성원들이 너무나 자연스럽게 받아들이는 것이기 때문에 구성원들 사이에 아무런 논의를 필요로 하지 않으며, 이것이 기본 가정과 가치관과의 차이점이다.

2 조직문화의 유형

개인은 자기 생애 중 성인기의 대부분을 조직에서 보낸다. 이런 점에서 사람들은 기업조직의 구성원이 되기에 앞서 기업의 문화를 우선적으로 알아볼 필요가 있다. 기업문화에 관해서는 짧은 기간에도 불구하고 많은 연구가 진행되었으며, 특히 초기 연구에서 기업문화의 유형에 대해 다양한 견해들이 있었다. 기업문화에 대한 유형 연구는 크게 두 가지로 나누어 볼 수 있다.

Deal과 Kennedy, 그리고 Harrison과 Handy, Ernest 등은 기업에 미치는 내외부의 환경과 성과를 가지고 유형구분을 하였으며, Wallach, Hampden-Turner

등은 가치와 동기 같은 내재적 요인을 중심으로 유형 연구를 하였다.

기업문화의 유형을 구분하는 중요한 이유 중의 하나는 조직이 가지고 있는 어떤 특징적 요소, 즉 기업의 공유된 가치가 환경 및 기업 내 다른 부문과 얼마나 적합한지에 따라 조직의 성과에 커다란 영향을 미칠 수 있기 때문이다. 즉, 기업문화는 기업이 부딪히는 대내외의 환경에 대응하기 위해서 무엇이 요구되는가를 구체화하고 이를 기업구성원이 어떤 일정한 패턴으로 공유하는가에 대한 행동기준이 되기 때문에 조직문화의 유형을 구분할 필요성이 있는 것이다.

2.1 환경 및 권한에 따른 연구 유형

Deal과 Kennedy는 기업이 속한 사회문화와 산업환경을 기업문화 형성에 있어 가장 중요한 영향요소로 보았다. 그러한 기업-환경 속에서 기업은 조직의 성과 달성을 위하여 적절한 의사결정을 하며, 그 과정에서 기업문화가 형성된다는 것이다. 기업-환경과의 상호관계에서 기업체가 성과 달성을 위해 얼마나 모험적인 활동을 전개하고, 그 결과를 얼마나 빨리 피드백을 받느냐의 두 가지 기준을 가지고 분류한 Deal과 Kennedy의 연구는 기업문화를 모험형, 근면형, 투자형, 관료형 등 네 가지 유형으로 구분한다. [그림 12.3]은 Deal과 Kennedy

그림 12.3 Deal과 Kennedy의 기업문화 유형

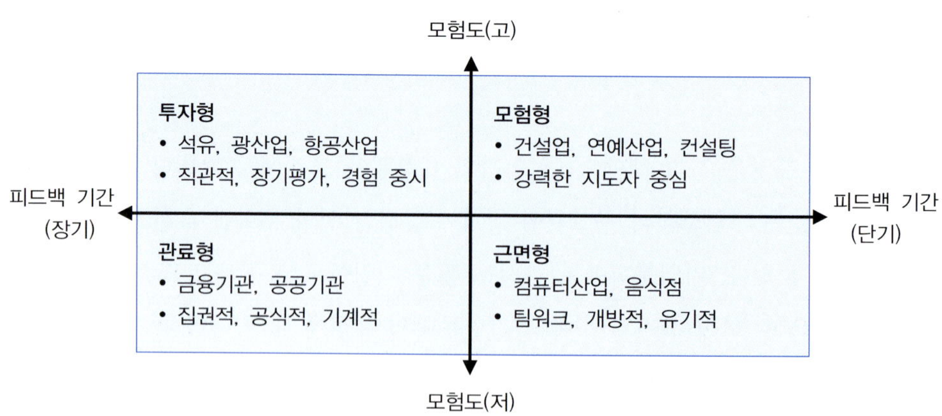

출처 : Terrence E. Deal and Allen A. Kennedy, *Corporate Culture: the Rites and Rituals of Corporate Life* (Addison-Wesley Publishing Co., 1982), pp.107~127.

그림 12.4 Harrison의 기업문화 유형

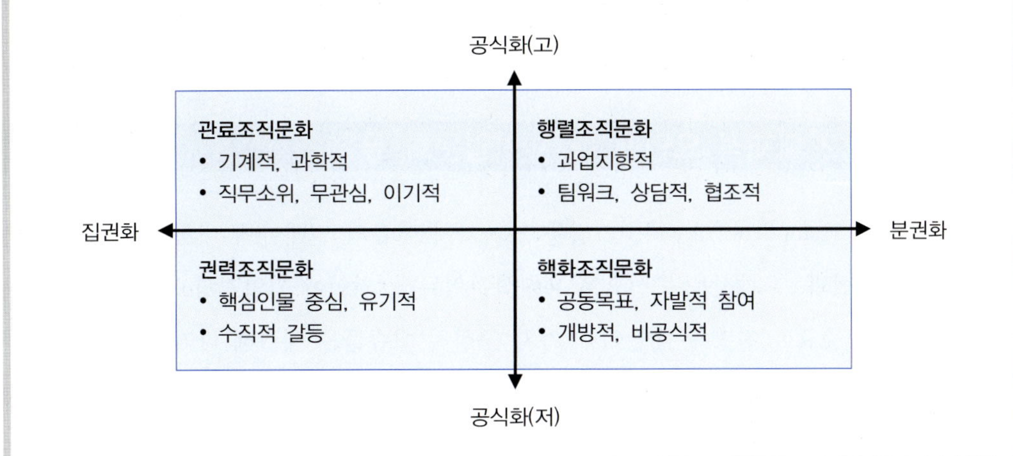

출처 : Roger Harrison, "Understanding Your Organization's Character," *Harvard' Business Review*(1972), May-June, pp.119～128.

의 네 가지 기업문화유형을 도표로 구성한 것이다.

Harrison은 기업의 공식화 정도와 집권화 정도를 기준으로 하여 기업문화를 네 개의 유형으로 구분하였다. 공식화란 조직체 내에서 구성원들의 행동과 상호 간의 관계가 직무나 역할의 명세 또는 업무수행상의 규율·규정이나 절차에 의하여 지배되는 정도를 의미하며, 집권화는 조직체 내의 의사결정이 상위계층에 집중되어 있는 정도를 뜻하는 것이다. 공식화와 집권화를 중심으로 기업문화를 분류하면, [그림 12.4]에서 보는 바와 같이 공식화와 집권화가 모두 강한 관료조직문화와 공식화와 집권화가 모두 약한 핵화조직문화를 양극으로 하고 있으며, 그 중간에 권력조직문화와 행렬조직문화가 있다는 것이다.

이러한 Harrison의 연구에 대해 Handy는 기업문화란 정확하게 정의 내릴 수 있는 것이 아니라 다만 인식할 수 있는 것이기 때문에 그 어떤 형태이든지 그 자체가 좋고 나쁜 것이 아니라 그 환경에 합당한 것인가 아닌가가 중요한 것이라고 하며, Harrison의 유형을 바탕으로 문화유형을 ① 클럽문화, ② 역할문화, ③ 과업문화, ④ 실존문화로 구분지었다.

Ernest는 기업이 효과적인 계획을 세우기 위해서 외부환경, 즉 시장, 기술, 천연자원, 인구, 정치, 경제와 내부환경, 즉 기업문화가 잘 부합되어야 한다고 하며, 한 기업의 문화는 시장 지향성, 종업원 지향성, 문제해결 지향성, 기술혁신

지향성, 봉사·품질 지향성 등 다섯 가지 요소가 어느 방향으로 나타나느냐에 따라 결정된다고 하였다.

2.2 내재적 요인에 따른 기업문화 유형

Hampden-Turner는 기업문화를 가치 이슈의 딜레마에 대처해 나가는 접근방법과 그 과정을 중심으로 유형화하였는데, 기업이 기업경영 과정에서 당면하는 중요한 전략적 대안이나 가치 중심적 이슈들을 해결해 나가는 과정에서 형성된다는 점을 기조로 한다. 기업의 성장 또는 안정, 장기성과 또는 단기성과, 품질향상 또는 원가절감, 외부환경 적응 또는 내부 활동의 통합, 개혁·변화 또는 전통의 보존 등이 흔히 기업체가 당면하는 전략적 대안 또는 가치 중심적 이슈들로서 이들은 각기 상호배반적인 대안의 성격을 띠고 있는 동시에 기업체가 원하는 바람직한 결과의 성격도 지니고 있다고 보는 것이다.

이들은 가치 중심적 이슈에 대한 기업체의 접근방법을 일방적 가치추구와 시너지적 가치추구로 분류하고, 그 결과로 형성되는 기업문화를 각각 갈등·악순환형과 조화·활성화형으로 분류하고 있다.

Wallach는 개인에게 개성이 있듯이 기업에는 기업문화가 있으며, 개인의 동기유발과 그가 속해 있는 기업의 문화가 적절하게 조화되어야 하며, 이러한 개

그림 12.5 Hampden-Turner의 기업문화 유형

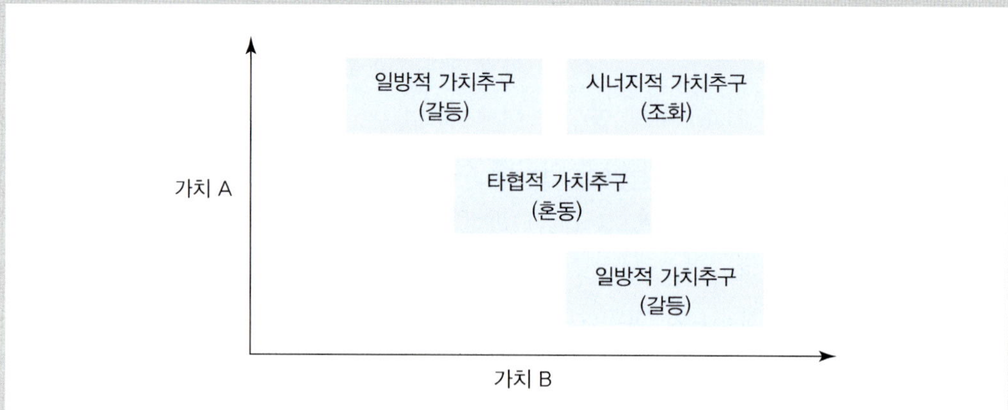

출처 : Charles Hampden-Turner, *Creating Corporate Culture: From Discord to Harmony* (Addison-Wesley Publishing Co., 1992), pp.16~24.

인의 동기유발을 성취감, 친화감, 권력욕 등 세 가지로 들고, 여기에 기업문화의 유형으로 혁신적(innovative), 후원적(supportive), 관료적(bureaucratic) 문화로 구분하여 대응시켰다.

3 하위문화와 반문화

조직문화 내에 존재하는 특이한 하위문화를 이해하는 것은 중요하다. 하위문화는 조직의 지배적인 가치 및 이념과 불일치한 특이한 가치패턴과 이념을 가진 개인들로 구성된 집단의 문화이다. 조직에서 높은 과업성과를 달성하는 집단, 작업팀 그리고 특정 프로젝트 집단에서 강한 하위문화가 자주 발견되는 것은 매우 흥미로운 일이다. 그리고 그 같은 문화는 특정 과업 달성에서 그 집단성원들의 협력을 가능하게 해주기도 한다.

반면에 반문화(反文化)는 현존하고 있는 문화에 반하는 가치패턴 및 신념을 담고 있는 문화이다. 인수합병(M&A)은 반문화를 유발할 가능성이 매우 높다. 피인수기업의 종업원들과 관리자들이 가지고 있는 가치 및 신념은 인수기업의 가치 및 신념과 불일치하는 경우가 많기 때문에 기업문화의 충돌이 일어나게 된다. 예를 들어, Coca Cola사가 Columbia Picture사를 인수하여 하나의 Coca Cola 가족으로 문화적 통합을 이룩하려 하였으나, 기업 간의 문화적 차이를 줄이지 못하고 결국 Coke사는 Columbia Picture사를 Sony에 팔아버리고 말았다.

3.1 하위문화의 도입

모든 대규모 조직들은 사회의 여러 분야에서 구성원들을 채용함으로써 잠재적인 하위집단문화들을 도입하고 있다. 여기에서의 어려움은 과연 이들 하위집단들이 전체 조직문화에 적합한지의 여부이다.

극단적으로 최고경영층은 조직문화에 적합한 하위집단들만 수용하려고 할 수 있으며, 나아가 기존 문화의 경계 내에서만 활동하려 할 수도 있다. 그러나 이러한 접근에는 근본적인 세 가지의 문제점들이 존재한다.

첫째, 특정 종교 및 소수민족 집단 출신의 사람들로 이루어진 하위집단들은 반문화를 형성할 가능성이 있으며, 기업의 성과향상보다는 자신들의 사회·경제적 지위향상을 위해 더 열중할 수 있다.

둘째, 기업은 광범위한 문화변화에 대처하는 것이 매우 어렵다는 것을 발견하게 된다. 예를 들어, 미국에서 여성, 소수민족, 그리고 장애자 등에 대한 대우가 지난 20년 사이에 크게 변화되었다. 구태의연한 관행과 편견을 가진 기업들은 유능한 핵심인재를 빼앗기게 되었으며, 대인 간 갈등의 증가와 함께 의사소통에 있어서 심각한 문제에 봉착하게 되었다.

셋째, 특정한 하위집단문화의 구성원만을 수용한 기업들은 국제경영에 상당한 한계가 있음을 발견하게 되었다는 점이다.

3.2 문화적 다양성의 촉진

관리자들은 자연적으로 발생하는 모든 하위문화와 반문화를 제거하기 위해 노력한다. 그러나 1990년대에 접어들면서 기업들은 Taylor Cox가 제시한 다문화조직을 개발하기 위해 노력하고 있다. 다문화조직은 다양성을 강조하지만 사회적인 배경에 기초하고 있는 하위문화가 조직의 한 부분으로 자리 잡는 것을 체계적으로 봉쇄하고자 한다. Cox가 미국에서만 있을 수 있는 독특한 문화적 문제에 초점을 맞추었기 때문에, 다문화조직에 대한 그의 제안은 동질성이 높은 국민으로 구성되어 있는 다른 국가들의 조직에는 적응되지 않을 수 있다. Cox는 다문화조직을 개발하기 위한 5단계 프로그램을 제시하였다.

첫째, 조직은 다양성에 뿌리를 둔 사회화를 달성하기 위해 다원적 문화를 개발해야 한다. 이러한 목적을 달성하기 위해 자생적인 집단의 구성원들은 지식과 정보를 증가시키고, 상동적 태도(streotyping)를 제거하기 위해 서로서로 교육할 필요가 있다.

둘째, 기업은 조직의 구조를 완전하게 통합하여 자생적인 집단과 어떤 직무 사이에 직접적인 관계가 없도록 해야 한다.

셋째, 기업은 장벽을 제거하고 참여를 촉진하여 비공식 네트워크를 통합해야 한다.

넷째, 조직은 자생적인 집단의 정체성과 기업의 정체성 간의 연계를 단절시켜야 한다. 다시 말해서, 기업은 특정 집단, 즉 나이 젊은 구성원, 나이 많은 구성원, 남자, 여자 등을 선호해서는 안 된다.

다섯째, 조직은 대인 간의 갈등을 제거하는 데 최선의 노력을 기울여야 한다.

물론 Cox의 프로그램을 완전하게 실행하는 것과 관련된 핵심적인 문제는 거대한 문화로부터 기업을 분리시키며, 나아가 기업의 목표 달성과 관련된 사회에 기반한 집단을 제거시키는 것이다. 세대집단의 이슈는 하나의 본보기를 제공해 준다. Cox의 주장이 실행되기 위해서는 20대 구성원이 상위 경영층에 부분적으로 포함되어야 할 필요가 있다. 그러나 대부분의 기업들은 경험에 의한 판단을 원하고 또 필요로 하고 있다.

4 조직문화의 분석수준

[그림 12.6]은 조직 내 문화를 분석하기 위한 중요한 세 가지 수준을 나타내고 있다. 즉, 관찰가능한 문화, 공유가치, 그리고 공통의 가정 등이 그것이다. 이들은 계층적으로 표현되어 있다. 조직문화는 깊숙이 내재되어 있을수록 그 실체를 찾아내는 데 더 많은 어려움이 뒤따른다.

첫 번째 수준은 관찰가능한 문화, 즉 구성원들의 행동방식을 말한다. 이는 집단이 새로운 구성원들을 개발하고 가르치는 방식이다. 관찰가능한 문화는 성공적인 작업집단의 역사를 구성하는 독특한 일화 또는 의례 등을 포함하고 있다.

두 번째의 분석 수준은 공유가치이다. 공유가치는 개인들을 함께 묶어주는 데서 매우 중요한 역할을 할 수 있고, 나아가 구성원들에게 강력한 동기 메커니즘을 제공해 준다. 많은 경영컨설턴트들은 조직이 지배적이고 응집성 있는 공

그림 12.6 문화분석의 수준

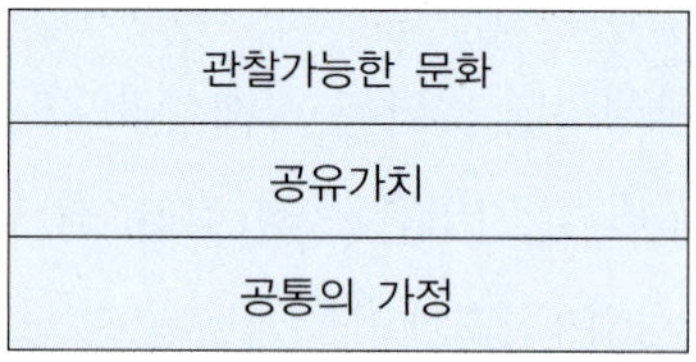

유가치를 개발할 것을 제안하고 있다. 문화분석에서 공유라는 말의 의미는 집단 전체가 공유하고 있다는 뜻이다. 모든 구성원들이 공유가치에 동의하지 않을 수 있다. 그러나 모든 구성원들은 공유가치에 노출되어 있으며, 또한 공유가치가 중요하다는 것을 인식하고 있다.

문화분석에서 가장 깊숙한 곳에 자리하고 있는 것은 공통의 가정, 즉 기업 구성원 전체가 공통의 경험을 통해 공유하고 있고 또 그것을 당연한 것으로 받아들이고 있는 진실이다. 비록 이러한 공통의 가정을 구분해 내는 것이 매우 어렵기는 하지만, 공통의 가정 내지는 진실을 구분해 내는 것은 문화가 조직생활의 모든 측면에 침투되어 있다는 사실을 설명하는 데 도움을 준다.

4.1 조직문화의 관찰가능한 측면

조직문화의 중요한 부분들은 조직구성원들의 집단적인 경험으로부터 나타난다. 조직문화의 이러한 측면들은 그 조직문화를 특유하게 하는 데 도움을 주며, 나아가 조직에 경쟁우위를 제공해 준다. 이러한 측면의 일부는 일상적인 생활에서 직접적으로 관찰될 수 있다. 그러나 다른 측면들은 직접적으로 관찰되기보다는 발견된다. 예를 들어, 조직구성원들에게 조직의 역사에 있어서의 중요 사건들이 어떤 것이었는지를 물어봄으로써 그것을 발견할 수 있게 된다. 그리고 우리는 구체적인 사건들의 기록을 통해 조직문화의 독특한 측면들을 알 수 있게 된다. 종업원들의 행동을 관찰하거나 일화를 들어서 조직문화를 이해할 수도 있고, 조직구성원들에게 조직의 현상을 해석하게 함으로써 조직문화를 이해할 수도 있다.

1) 일화, 의례, 의식, 그리고 상징

조직은 승자, 패자, 성공, 그리고 실패 등의 일화로 가득 차 있다. 가장 중요한 일화 가운데 하나는 조직의 설립에 관한 것이다. 설립 일화는 통상 창업기업가－통상 창업기업가의 비전이 기업의 전반적인 경영의 지침이 되고 있음－의 영웅적인 결단이나 영향 및 교훈을 포함하고 있다. 설립 일화는 미화되어 있어서 모험담과 같은 전설(어떤 영웅적인 정취에 대한 설명)이 되는 경우가 많다. 이러한 전설은 신입 성원들에게 현실적인 조직의 사명, 조직의 관리방침, 그리고 개인과 조직 간의 적합을 달성할 수 있는 방법 등을 설명해 주는 데 사용되므로 매우 중요하다. 설립 일화가 엄밀한 정확성을 가지는 경우는 드물고, 종종 설립자의 부정적인 측면들의 일부를 감싸주는 역할을 한다.

만약 여러분들이 직장경험을 가지고 있다면 다음과 같은 질문들과 관련된 일화를 들어보았을 것이다. 보스가 구성원들의 실수에 대해 어떻게 반응할 것인가? 많은 조직구성원들이 하위층에서 상위층으로 승진할 수 있을 것인가? 무엇이 나를 해고하게 할 것인가? 이러한 것들은 많은 조직에서 공통적인 일화의 주제가 되고 있다. 통상적인 일화는 다른 사람에 비해 누가 더 침착한가, 직무가 안전한가, 그리고 일들이 실질적으로 어떻게 통제되는가 등에 관해 가치 있고 숨겨져 있는 정보를 제공해 준다. 기본적으로 일화는 조직구성원들이 세상을 어떻게 바라보는가, 그리고 조직구성원들이 서로 어떻게 상호작용하는가를 제시하기도 한다.

조직문화에서 가장 분명하게 드러나는 측면은 의례와 의식이다. 의례는 조직구성원들의 행동과 이해에 영향을 미치기 위해 특정 시점에서 이루어지는 표준화되고 반복되는 활동이다. 의식은 의례체계에 속한다. 예를 들어, 일본에서는 근로자들과 관리자들이 집단체조와 사가(社歌)를 부른 이후에 일과를 시작한다. 개별적으로 체조와 사가는 의례가 된다. 그리고 그것이 합쳐지면서 의식의 일부분을 형성한다.

의례와 의식은 조직 내의 어느 특정 집단에 특이한 것일 수도 있다. 하위문화는 종종 그 부서가 사용하고 있는 기술유형, 수행되는 특정 기능, 그리고 부서 내 특정 전문가집단 등으로부터 발생한다. 하위문화의 경계는 그들만이 사용하는 특이한 언어에 의해 잘 유지된다. 그리고 하위문화의 언어, 의례, 그리고 의식 등은 은어의 형태로 나타난다. 어떤 경우에서는 특정 언어가 기업 외부로 빠져나가 거대 사회로 유입되기도 한다. 이러한 예는 컴퓨터 산업에서 나온 많은 은어들이 그것을 잘 설명해주고 있다.

기업문화의 또 다른 관찰가능한 측면은 조직에서 찾아볼 수 있는 상징이다. 문화적 상징은 문화적 의미를 전달하는 데 사용되는 어떤 대상, 행위, 그리고 사건이다. 좋은 본보기로는 UPS(미국소포배달서비스社)와 '연방특급우편 배달원'들이 입고 있는 근무복이다. 비록 이와 같은 많은 상징들이 가시적이지만, 이러한 상징들의 중요성과 의미는 비가시적이다.

2) 문화적 규율과 역할

조직문화는 조직 내의 다양한 유형의 행동들이 언제 어디에 적절한지, 그리고 사회 시스템 내에서 개별 구성원들이 어디에 위치하고 있는지를 밝혀준다. 이와 같은 문화적 규율과 역할은 조직의 규범적인 통제의 일부분이 되며, 조직의 일상적인 생활로부터 나타난다. 예를 들어, 상위 경영층의 지시・명령의 시기, 표현, 그리고 의시소통 방법 등은 조직마다 상이하다. 회의가 토론의 장이 되고 있는 조직에서는 관리자들이 의사일정을 설정한 후 다른 사람들이 새로운 아이디어를 제시하고 대안을 비판적으로 검토하게 되며, 나아가 전적인 참여가 이루어지도록 한다. 그러나 다른 조직에서는 이에 대한 규범이나 규율이 전혀 다르다. 관리자들은 고정된 기대를 가지고 회의장에 간다. 그리고 어떤 새로운 아이디어나 비판적인 검토와 같은 것들은 회의가 시작되기 전에 비공식적으로 미리 배제된다.

3) 관찰가능한 문화로부터 공유의미의 발전

외부관찰자로서 여러분들은 텔레비전을 통해 NASA 종업원들이 우주선을 위해 보조추진 로켓의 탱크를 채우는 것을 볼 수 있다. 만약 여러분들이 이 종업원들에게 무슨 일을 하느냐고 직접 물어본다면 그 대답을 듣고는 놀랄 것이다. 이들은 보조추진 로켓의 탱크를 채우는 것이 아니라, 우주 탐사의 주요한 부분을 돕고 있다고 생각한다. 구성원들 사이의 상호작용을 통해, 그리고 다른 조직구성원들로부터의 상호작용을 통해 종업원들은 거대한 공유의미(혹은 광범위한 목적의 의미)를 그들의 과업에 주입한다. 이 같은 의미에서 보면 조직문화는 '상호작용 과정에서 조직구성원들에 의해 창조되고 학습되는 공유된 의미와 지각의 집합'인 것이다. 이러한 공유의미의 집합은 공유가치를 동반한다.

4.2 공유가치와 조직문화

조직의 문화를 더 완전하게 기술하기 위해서는 조직문화의 관찰가능한 측면을 넘어 더 깊숙한 부분들을 살펴볼 필요가 있다. 많은 연구자들과 관리자들에 의하면 공유된 공통가치가 조직문화의 중심에 있다고 한다. 공유가치는 일상적인 활동들을 효과적이고 중요한 활동으로 변화시키고, 기업을 사회의 중요가치에 접합시키는 데 도움을 줄 뿐만 아니라 경쟁우위를 위한 독특한 기반을 제공하기도 한다.

조직에서 한 개인이 수행할 일은 적절한 방법으로 신입 종업원에게 교육된다. 그리고 중요한 가치가 일상적인 문제의 해결에 어떻게 적용되는가를 가르친다. 가치와 행위를 연계함으로써 조직은 개인의 가장 강하고 깊은 영역의 일부를 개발한다. 개인이 수행하는 과업에는 의미와 가치가 동시에 주어진다. 즉, 개인이 하는 일에는 실행가능한 것과 동시에 올바르고 정당하며, 나아가 중요하다는 의미와 가치가 부여된다.

성공적인 조직들은 공통의 문화적 특성을 공유한다. 강한 문화를 가지고 있는 조직은 넓고 깊은 공유가치 체계를 가지고 있다. 특이한 공유가치는 강한 기업정체성을 제공해 줄 수 있으며, 집단적인 헌신성을 증가시킬 수 있고, 안정적인 사회체계를 제공해 줄 수 있다. 특이한 공유가치는 또한 공식적이고 관료적인 통제의 필요성을 줄여주기도 한다. 그러나 강한 문화는 상반되는 효과를 가져올 수 있다. 강한 문화와 가치체계는 조직과 조직환경에 대한 독특한 관점을 강화할 수 있기 때문에 조직의 변화를 매우 어렵게 만들 수 있다. 예를 들어, GM은 강한 문화를 가지고 있다. 그러나 GM은 역동적이고 경쟁적인 환경에 적응하기 위한 조직변신을 이루는 데 상당한 어려움에 직면하였던 경험을 가지고 있다.

효과적 관리 포인트 : 강한 기업문화의 요소

- 기업이 무엇을 위해 있는가(종종 슬로건에 내포되어 있음)에 대한 이해가 널리 공유되고 있음.
- 개인들은 규율, 정책, 절차, 그리고 직무수행시의 의무 등에 대한 높은 관심을 가짐.
- 회사의 경영철학이나 관심사를 실현하는 영웅적 행동을 인정해주고 있음.
- 의례와 의식이 단체의식과 공통의 정체성 개발에 매우 중요하다는 신념
- 비공식적인 규율과 기대에 대한 종업원들과 관리자들의 이해감각이 뛰어나 자신들에 대한 기대가 무엇인지를 잘 알고 있음.
- 종업원들과 관리자들의 행동은 물론, 정보와 아이디어의 공유가 중요하다는 것에 대한 확고한 신념

4.3 공통가정과 조직문화

많은 기업들을 살펴보면, 우리는 기업에 거의 모든 종업원들에게 알려져 있는 공통의 이해를 발견할 수 있다. “우리는 다르다.” “우리는 점점 발전하고 있다.” “우리는 잠재적인 재능을 가지고 있다.” 또한 최고경영자들은 종종 다음과 같은 공통가정을 공유하고 있다. “우리는 우수한 관리자들이다.” “우리는 능력있는 경영자들이다.” “우리는 실천적 혁신자들이다.” 많은 기업들에 있어서 최고경영층에 의해 광범위한 공통의 가정은 그 이상으로 발전된다. 이 같은 기업은 잘 개발된 경영이념을 가질 수 있게 된다.

1) 경영철학(이념)

경영철학은 핵심적인 목표관련 이슈를 핵심적인 협력과 관련된 이슈에 연계시키며, 기업의 일반적인 업무관리 방법을 제시해 준다. 잘 개발된 경영철학은 다음과 같은 이유 때문에 매우 중요하다. ① 경영철학은 모든 기업구성원들이 일반적으로 이해할 수 있는 경계를 설정한다. ② 경영철학은 새롭고 진기한 상황에 대한 일관된 접근방법을 제공해 준다. ③ 경영철학은 종업원들에게 조직의 성공경로를 확산시켜 줌으로써 종업원들의 협력적인 행동을 이끌어내는 데 도움을 준다. 경영철학의 요소들은 기업의 계획, 사업이념 또는 목표 속에

공식적으로 기록되어 있다. 그러나 공식적으로 기록되지는 않았으나 잘 이해되는 근본원리들이 실제적으로는 잘 개발된 경영철학 내지는 경영이념의 기반을 형성하고 있는 것으로 알려지고 있다.

2) 조직신화

많은 기업에 있어서 경영철학은 일련의 조직신화의 지원을 받는다. 조직신화는 증명되지 않았고, 공표되지 않았으면서 무비판적으로 수용되고 있는 신념이다. 원자력발전소의 안정성에 관한 연구에서 최고경영층은 안정성과 효율성 사이의 상쇄관계(trade-off)의 존재에 대해 자신들이 어떻게 생각하는지에 대한 질문을 받았다. 이에 대한 대답은 분명하였다. 안전한 발전소는 효율적인 발전소이다. 그러나 이들 최고경영층의 대부분은 안정성과 효율성 사이에 어떠한 관계도 없다는 것을 보여주는 자료를 보았다. 상쇄관계가 존재한다는 것을 인정하는 것은 효율성과 안전성 사이의 선택의 문제에 직면하게 된다. 효율성과 안전성 가운데 어느 하나를 믿게 하기 위해서는 다른 하나를 조장해야 한다.

일부의 사람들은 이러한 조직신화를 조롱하여 합리적이고 엄격한 분석이 신화를 대신해야 한다고 주장하고 있다. 그러나 개별 기업들은 일련의 조직신화를 필요로 한다. 신화는 관리자들로 하여금 불가능한 문제를 관리가능한 것으로 새롭게 정의하게 해주기 때문이다. 신화는 실험정신과 창의성을 촉진시키며, 나아가 관리자들의 통제를 용이하게 해주기도 한다.

3) 공통가정의 국가적 근원

기업조직이 기반을 두고 있는 거대한 사회문화의 공통가정은 종종 추적이 가능하다. 예를 들어, 집단성과를 강조하는 Sony와 개별 엔지니어들의 우수성을 강조하는 Zenith의 차이는 집단행동을 강조하는 일본문화의 특성과 개인주의를 강조하는 미국문화에 의해 설명될 수 있다. 국가문화의 가치는 중요한 조직구성원들의 기대와 일반적으로 수용되고 있는 문제해결 방식에 스며들어 있을 수 있다. 다양한 국가문화에 접하게 될 때, 관리자들은 국가문화의 차이에 민감해야 한다. 그래야만 관리자들의 행동이 그 국가문화에 내재해 있는 공통가정을 어기지 않게 된다. 어떤 경우에는 기업문화가 이전되기도 한다. 예를 들어, 영국에 본사를 두고 있는 천연향수 제조 및 판매기업인 Body Shop International PLC는 소비자를 유혹하기 위해 자사의 색다른 문화를 미국시장에 이전하였다.

비록 관리자들이 선의의 의도를 가지고 있다 하더라도 국가문화에 내재해 있는 공통가정을 어기는 부적절한 행동은 기업의 성과에 중대한 영향을 미칠 수 있으며, 나아가 조직구성원들을 소원하게 할 수도 있다. GE가 새로 설립된 프랑스 지사에서 미국 관리자들이 사기고양을 위해 프랑스 종업원들에게 "하나를 향해 가라"라는 GE의 슬로건이 새겨진 화려한 T셔츠를 입게 하였다. 프랑스 종업원들은 T셔츠에 분개하였다. 한 종업원은 다음과 같이 자신의 불만을 터트렸다. "유니폼 착용을 강요하는 것을 보니 히틀러가 되살아 온 것 같다."

5 조직문화의 관리

우수한 업적을 달성할 수 있는 조직 기반의 구축에서 조직문화는 구조와 전략만큼이나 중요하게 다루어져야 한다. 우수한 관리자는 현재 존재하고 있는 강한 문화를 강화하고 지원할 수 있어야 한다. 우수한 관리자는 또한 그들이 없는 상황에서도 발달한 문화를 구축하는 데 도움을 줄 수 있어야 한다.

조직문화의 관리전략에서 두 가지의 전략이 조직행동 문헌에서 주목을 끌고 있다. 하나는 관리자들이 관찰가능한 문화, 공유가치, 그리고 공통가정 등을 직접적으로 수정하는 것이고, 다른 하나는 문화의 특정 요소를 수정하기 위해 조직개발 기법을 사용하는 것이다.

5.1 구축, 강화, 그리고 직접적인 문화변화

관리자들은 언어, 일화, 의례, 의식, 그리고 무용담 등과 같은 문화의 가시적인 측면들을 수정할 수 있다. 이들은 공유되고 있는 일화로부터 발생한 교훈을 변화시킬 수 있으며, 나아가 개별 종업원들이 자신들과 동일한 관점을 가지게 할 수도 있다. 이러한 직위상의 권한 때문에 최고경영층은 상황을 새로운 방식으로 해석할 수 있으며, 또한 중요사건에 담겨져 있는 의미를 조정할 수도 있다. 나아가 이들은 새로운 의례와 의식을 만들어낼 수도 있다. 이러한 일들은 상당한 시간과 에너지를 필요로 함에도 불구하고, 장기적으로는 기업의 성과에 역행할 수도 있다. 따라서 이 전략을 실행하기 위해서는 최고경영층이 문화와 문화변화를 위한 공감대와 분위기를 먼저 유도해야 한다.

두 번째 단계는 외부적응과 내부통합에 관한 중요한 문제들에 대한 해답을 제공해 줄 수 있는 문화를 조성하는 것이다. 기업문화와 재무성과 사이의 관계에 관한 최근의 연구들에 의하면 종업원들이 외부 환경에 적응하는 데 도움을 주는 것이 매우 중요한 것으로 밝혀지고 있다. 그러나 이들 연구들은 이것만으로는 불충분하다고 지적하고 있다. 장기적인 경제성과를 달성하기 위해서는 주요주주나 고객만을 강조해서는 안 된다는 것이다. 오히려 관리자들은 세 가지 이슈를 동시다발적으로 강조해야 한다는 것이다. 고객, 주주 및 종업원에 대한 강조가 그것이다. 물론, 고객, 주주, 그리고 종업원에 대한 그러한 강조는 비용을 수반한다. 큰 사무실과 수백만 달러의 봉급은 물론, 경영층을 위한 전용 비행기, 식당, 그리고 골프장 등을 필요로 한다.

그러나 때때로 관리자들은 공유가치를 구축하기보다는 주요 변화를 명령함으로써 조직에 활기를 불어넣으려고 한다. 이러한 경우 표면적인 변화는 일어날지 모르지만 좀 더 자세히 관찰해 보면 전체 부서가 변화에 저항하고 있고, 많은 핵심 종업원들이 새로운 방식들을 학습하려 하지 않는다는 것을 알 수 있다. 이러한 반응은 책임있는 관리자들이 이러한 공유가치의 변화에 무감각하다는 것을 지적하고 있는 것이다. 이는 관리자들이 그러한 변화가 조직구성원들의 중요 가치에 반대되는지, 역사적으로 중요한 기업가정신을 거부하는 것인지, 그리고 기업 외부의 국가문화에서 중요시되는 공통가정과 불일치하는지를 분석하지 않은 결과이다.

공유가치를 재구축하는 것이 관리자들에게 큰 도전이 아닐 수 없고, 기업에서 급진적인 행동을 하지 않고 공통가정을 재구축할 수 있는 관리자는 거의 없다. GM의 Roger Smith는 이러한 도전을 인식하고 '새턴(Saturn)' 자동차를 생산하기 위해 새로운 사업부를 설립하였던 것이다.

5.2 조직개발을 통한 기업문화의 관리

조직문화를 생동감 있고 경쟁력 있게 유지하기 위해 조직은 복잡한 경영환경에서 문제와 기회에 능동적으로 대처하도록 지속적인 자기평가와 계획적인 변화를 이루어가야만 한다. 이것이 기업문화 관리를 위한 두 번째의 전략이다. 조직개발은 조직의 전체적인 효과성을 향상시키기 위한 계획적인 변화에 대한 포괄적인 접근이다. 공식적으로 정의하면, 조직개발은 외부환경 변화에 적응하기 위한 조직의 능력을 향상시키고 내부적인 문제해결 능력을 증진시키기 위한 장기적인 노력에 행동과학의 지식을 적용하는 것이다.

조직개발은 모든 유형, 모든 규모, 그리고 여러 가지 환경에 처해 있는 조직에서 성과향상을 위해 사용된다. 이는 높은 생산성을 달성하고 유지하려는 데 관심을 가지고 있는 관리자들이 거리낌 없이 대할 수 있는 일련의 도구를 포함하고 있다. 조직개발은 포괄적인 동시에 과학적인 기반을 가지고 있기 때문에, 외부 경영컨설턴트들이나 내부 전문 스태프들의 도움을 통해 실행된다. 그러나 조직개발의 기본적인 개념은 모든 관리자들에 의해 활용될 수 있어야 하고, 또한 사용되어야 한다.

요약

조직문화는 조직 내에서 개발되어 조직구성원들의 행동의 지침이 되는 공유된 행위, 가치, 그리고 신념체계이다. 이 체계가 기업조직에 있게 되면 바로 기업문화가 된다. 두 사람의 성격이 똑같을 수 없듯이 두 개의 조직문화 역시 동일할 수 없다. 특히 주목할 점은 조직문화의 차이가 조직의 성과와 조직구성원들의 직장생활의 질에 유의한 영향을 미친다는 사실이다.

기업문화에 대한 유형 연구는 크게 두 가지로 나누어 볼 수 있다. Deal과 Kennedy, 그리고 Harrison과 Handy, Ernest 등은 기업에 미치는 내・외부의 환경과 성과를 가지고 유형구분을 하였으며, Wallach, Hampden-Turner 등은 가치와 동기 같은 내재적 요인을 중심으로 유형연구를 하였다. 기업문화의 유형을 구분하는 중요한 이유 중의 하나는 조직이 가지고 있는 어떤 특징적 요소, 즉 기업의 공유된 가치가 환경 및 기업 내 다른 부문과 얼마나 적합한지에 따라 조직의 성과에 커다란 영향을 미칠 수 있기 때문이다. 즉, 기업문화는 기업이 부딪치는 대내・외의 환경에 대응하기 위해서 무엇이 요구되고 있는가를 구체화하고, 이를 기업 구성원이 어떤 일정한 패턴으로 공유하는가에 대한 행동기준이 되기 때문에 조직문화의 유형을 구분할 필요성이 강조되는 것이다.

한편, 조직문화는 구조와 전략만큼이나 중요하게 다루어져야 한다. 우수한 관리자는 현재 존재하고 있는 강한 문화를 강화하고 지원할 수 있어야 한다. 우수한 관리자는 또한 그들이 없는 상황에서도 발달한 문화를 구축하는 데 도움을 줄 수 있어야 한다. 기업문화의 관리전략에서 두 가지의 전략이 조직행동 문헌에서 주목을 끌고 있다. 하나는 관리자들이 관찰가능한 문화, 공유가치, 그리고 공통가정 등을 직접적으로 수정하는 것이고, 다른 하나는 문화의 특정 요소를 수정하기 위해 조직개발 기법을 사용하는 것이다.

정리 및 토의과제

1. 조직문화를 정의하고, 조직문화의 2가지 핵심기능을 설명하라.
2. Peters와 Waterman이 주장한 조직문화의 구성요소를 설명하는 7S모형을 설명하라.
3. 의식체계를 중심으로 하는 Schein의 “의식수준상의 구성요소”는 구체적으로 무엇인가?

4. Deal과 Kennedy의 기업문화 유형을 설명하라.

5. Harrison의 기업문화 유형을 설명하라.

6. Hampden-Turner의 기업문화 유형을 설명하라.

7. 강한 조직문화를 구축한 아래의 기업들에 대하여 조사하여 비교해 보자.

a. 3M	b. 도요타 자동차	c. 구글
d. HP	e. 삼성전자	f. LG전자
g. 유한킴벌리	h. GE	i. POSCO

8. 하위문화와 반문화의 의미는 무엇인가?

9. 조직문화의 3가지 분석수준을 제시하고 각각의 의미를 설명하라.

10. 경쟁력 있는 경영철학이 필요한 혹은 중요한 이유는 무엇인가?

11. 조직문화를 관리하기 위한 2가지 관리전략은 무엇인가?

Chapter 13

지식경영

사례연구

‘생태계 플랫폼 거버넌스’ 구축하자

2025년 한국은 1천만 노인인구 시대가 될 것으로 전망된다. 전체 노인인구가 총인구의 20% 이상이 되는 1천만 노인인구 시대에는 패러다임의 대전환이 필요하며, 이는 사회 전반적인 펀더멘탈의 변화여야 한다. 돌봄경제 활성화를 위한 돌봄경제 패러다임 전환의 필요성과 이를 위한 구체적인 논의로서 고령화 이슈와 연결해 대안을 제시하고자 한다.

국제노동기구(ILO)에 따르면 전 세계적으로 아동 및 노인 등의 돌봄 수요 증가에 따른 일자리 수는 2015년 2억 600만 개에서 2030년 최대 4억 7,500만 개로 2.3배 증가할 것으로 예상했다. 국제노동조합연맹(ITUC) 또한 미국, 일본, 독일 등 선진 7개국과 브라질, 중국 등 신흥 6개국에서 GDP 2%를 돌봄경제에 투자할 경우, 신규 일자리가 약 6,400만 개 창출될 것으로 전망했다. 이런 맥락에서 정부가 2019년 2월 제2차 사회보장 기본계획(2019～2023)에서 돌봄경제 활성화를 통한 사회서비스 분야 일자리 창출과 돌봄 수요에 대한 질 높은 서비스 제공을 꾀하고자 하는 계획은 최근의 국가전략 및 연구동향과 방향성을 같이하고 있다. 국가의 전반적인 책임 강화, 사회적 대화, 성인지와 인권 기반의 접근, 보편성·타당성·형평성 등의 돌봄정책을 변화시키고 지원하는 원칙에 대해서도 균형감을 갖고 실천해나가야 할 것이다.

돌봄경제, ‘사람 중심 케어’와 ‘자립’의 관점에서 바라봐야

고령화의 급속한 진전은 필연적으로 돌봄 수요 급증 문제를 동반한다. 이는 돌봄이 필요한 노인에게는 상응하는 케어가 제공돼야 하지만 가능한 한 본인이 자신을 잘 관리해 개인적으로도 자율성과 삶의 질을 유지하며, 국가 재정적으로도 서비스 질을 높이면서 지속가능성을 유지하는 전략적 접근이 중요함을 의미한다. 돌봄경제의 일자리 창출의 양적 효과는 근본적으로 4차 산업혁명에 따른 미래 고용구조 변화와 맞닿아 있다. 자동화·로봇화로 제조업 등 분야의 인력이 대체될 것으로 예상되는 가운데, 돌봄·사회복지·헬스케어 등 돌봄경제 분야는 자동화로 대체되기 힘든 분야이며 오히려 인력 수요가 높아질 전망이다. 돌봄 분야 일자리의 양적 확장과 더불어 질적 개선도 고려할 부분이다. 이에 첨단·융합 돌봄기술은 기존 돌봄산업이 지닌 저임금·노동집약적 문제를 효과적으로 보완할 가능성이 크다. 예를 들어, ICT기기는 방문 사회복지사의 돌봄서비스 내용 기록을 표준화·정보화해서 업무의 피로도를 줄이고 직무역량을 강화할 수 있다. 또한 돌봄로봇 등의 돌봄보조기술은 요양보호사 등 돌봄인력의 업무를 보조함으로써 신체적 부담 감소와 직무만족도 향상에 기여할 수 있다.

1천만 노인인구시대는 다음과 같은 사회 전반적인 펀더멘탈 변화를 요구한다. 첫째, 돌봄경제를 바라보는 핵심가치는 '사람 중심의 케어(person-centered care)', 수발 또는 케어를 넘어선 '자립(independent living)', '자기결정적 삶(self-determined living)'의 관점이 중요하다. 수발 또는 케어를 넘어선 자활·자립의 개념으로 노인의 삶을 인식해야 한다. 이러한 관점에서 노인과 관련된 정책 및 서비스는 노인의 자율성(autonomy)과 자기결정권(self-determination)을 존중하는 사람 중심 케어의 가치를 갖고 노인의 자립적 생활 유지 및 삶의 질 제고에 노력해야 한다. 고령화사회를 경험한 선발 국가들도 고령자의 다양한 신체·심리적 욕구 충족의 필요성을 강조하고 있다. 커뮤니티케어로 지역사회를 중심으로 한 돌봄서비스를 제공하자는 정부의 이번 정책은 수요자 개개인의 선호도에 따라 맞춤화된 돌봄서비스 수혜가 가능한 '사람 중심 돌봄'을 실현하는 노력일 것이다.

둘째, 돌봄경제를 위한 생태계를 구축하는 것이 매우 중요하다. 국가의 돌봄이 필요한 취약계층에 대한 국가 책임은 더욱 강화돼야 하겠지만, 국가뿐만 아니라 지역사회와 기업, 그리고 최종 이용자로서 당사자인 노인과 가족이 참여하는 전반적인 범위의 생태계 구축이 매우 중요하다. 노인이 자립적 생활을 할 수 있도록 자기관리를 위한 다양한 분야의 서비스와 제품 개발 또한 돌봄경제의 중요한 분야로 발전돼야 할 것이다.

돌봄기술과의 발전적 연계 필요

셋째, 돌봄기술과의 발전적 연계가 필요하다. 무엇보다 돌봄서비스 분야에 헌신하는 종사자의 처우개선과 향후 발생할 수 있는 종사인력의 부족 문제 등 새로운 미충족 수요에 선제적으로 대응하기 위한 접근이 중요하다. 이는 기존의 서비스 분야에서는 서비스 질을 제고하고, 미충족 수요에 해당하는 분야에서는 기술-서비스 간 연계를 통한 새로운 서비스 충족과 이를 위한 새로운 일자리가 창출되면서 돌봄경제를 활성화할 것으로 기대된다. 돌봄기술은 인간의 자율성을 지배하는 것이 아니라, 인간의 삶에 기여할 수 있는 생태계 관점에서 접근하는 것이 전제돼야 한다. 노인 돌봄기술은 노인들의 외로움 극복과 일상생활을 돕는 감성지원 및 일상생활능력(ADL) 지원 기술, 치매 예방 목적의 인지재활 기술, 인지·언어·심리치료 로봇 메로(Mero), 만성질환의 건강관리 및 이상을 감지하는 모니터링 기술로 구분된다. 노인 돌봄기술은 파워 휠체어, 커뮤니케이션 장치, 워커 등 사용하기 어렵지 않은 기술이면서도 실생활에서 도움을 줄 수 있는 장치가 선호되는 경향이 있다. 이에 따라 노인 돌봄기술은 최첨단기술 개발뿐만 아니라 낮은 수준의 기술이라도 노인의 삶에 꼭 필요하고 기여할 수 있는 개발과 이용이 전반적으로 이뤄져야 할 것이다.

넷째, 제품 중심(goods-dominant logic)과 제품 서비스화(servitization)의 단계를 거쳐 서비스 중심(service-dominant logic) 단계로서 제조업과 서비스업의 융합된 형태인 통합서비스를 제공하는 추세다. 제품과 서비스의 통합적인 제공은 발전된 과학기술에 의해 개별 맞춤형 제품·서비스를 연계함으로써 지속가능한 서비스모델을 제공할 것이다.

다섯째, 고령자의 기술 활용도를 높이도록 전 주기적 관리가 돼야 한다. 돌봄기술이 노인들에게 잘, 그리고 지속적으로 이용돼 그들의 삶의 질을 높이는 데 도움이 될 수 있도록 할 필요가 있다. 돌봄로봇 등 돌봄기술의 활용과 관련 돌봄서비스의 필요성이 함께 증가하면서 (가칭)헬스네비게이터 등 오프라인에서 도움을 줄 수 있는 새로운 일자리도 창출될 것으로 예상된다.

돌봄경제의 안정적인 정착과 공고화를 위한 거버넌스로 국가, 지역사회, 기업, 돌봄종사자, 노인·가족을 포함한 '생태계 플랫폼(ecosystem platform) 거버넌스' 구축을 제안한다. 플랫폼에서 형성된 네트워크를 통해 돌봄서비스 이해관계자 간 활발한 소통과 공공·민간 부문 간 적정 역할분담과 협력을 도모할 수 있다. 특히 실생활을 기반으로 한 정책 및 연구개발에서 공적 급여 등의 제도로 연결된 전 주기적 생산자와 이용자 간 쌍방향 소통은 돌봄경제를 활성화할 뿐만 아니라 돌봄서비스 질 제고로 국민의 삶에 기여하는 정책으로 발전할 것이다. 또한 지속가능한 좋은 일자리로 서비스 제공자와 돌봄기술 개발자 등 관련 종사자의 직업적 자긍심에도 기여할 것으로 기대된다.

<나라경제, KDI, 2019. 4.>

세계 어느 나라보다도 빠른 우리나라의 노령화사회 도래는 사회·경제 전반에 엄청난 변화를 예고하고 있다. 실버산업의 발전에 따른 신규 일자리의 창출뿐만 아니라 산

업의 패러다임도 변화를 예고하고 있다. 이러한 사회경제 전반에 대한 변화는 새로운 지식의 탄생을 예고하고 있고, 이를 바탕으로 새로운 산업의 탄생과 경제의 활성화를 추구하고 있다.

이러한 시대적 변화를 반영한 지식경영은 기업의 지식관련 경영활동의 효과성을 극대화하고, 지적자산으로부터 최대의 부가가치를 창출하기 위해 지식을 창출·갱신·적용하는 일련의 체계적이고 명시적이며 의도적인 활동 혹은 조직적 차원에서의 지식은 물론 조직구성원의 개별적 지식을 체계적으로 발굴해 기업 내부에 축적·공유하고, 이 지식을 기업의 경쟁력 제고를 위해 활용하는 경영활동이라고 정의될 수 있다. 다시 말해 사실·경험·관찰 등의 자료들이 축적되면, 이 중 의미 있는 자료들을 취사선택해 정보를 만들고, 가치 있는 정보들이 축적돼 지식의 체계를 이루고, 이를 경영에 활용하는 지혜의 단계로 발전해 나간다.

1 지식경영의 개념적 이해

1.1 기업활동과 지식의 관계

최근 기업을 둘러싼 환경이 복잡화되고 다변화되어 감에 따라, 기업들은 기존의 고비용·저효율 구조를 탈피하여 비약적인 생산성 향상과 자원활용의 유효성을 실현하기 위해 종래와는 다른 많은 새로운 경영방식의 도입을 모색하고 있다. 이러한 여러 노력들 중의 하나가 기업 내에 존재하는 수많은 지식이나 노하우를 통합하고, 그것이 기업의 중요한 자산으로서 유효하게 활용될 수 있도록 하는 구조, 이른바 '지식경영시스템'을 구축하는 것이다.

일상적인 기업활동에서는 수요자 및 이해관계자들로부터의 다양한 요청 및 클레임, 업무 노하우, 신상품·서비스의 아이디어 등 다양한 정보가 생성되고 있다. 이러한 정보가 기업의 성과와 생산성을 높이기 위한 수단으로 사용되기 위해서는 생성된 정보가 축적되고 체계적으로 정리되어 기업지식으로 활용되어져야 한다. 이같이 기업의 지식이 활용되기까지는 포착(capture), 정리(packaging), 승화(sublimate), 보급(disseminate)이라고 하는 4개의 공정단계를 거치게 된다. 기업지식은 이러한 일련의 사이클을 통해 기업의 비전이나 업무프로세스, 개인의 평가제도에 이르는 비즈니스의 다양한 측면에서 활용되어 결과적으로 새로운 상품개발이나 업무의 고도화, 조직 및 개인의 레벨업을 가져온다.

이 같은 관점에서 기업 내에서 생성되는 지식이 끊임없이 진화될 수 있도록

그림 13.1 지식자원의 의미

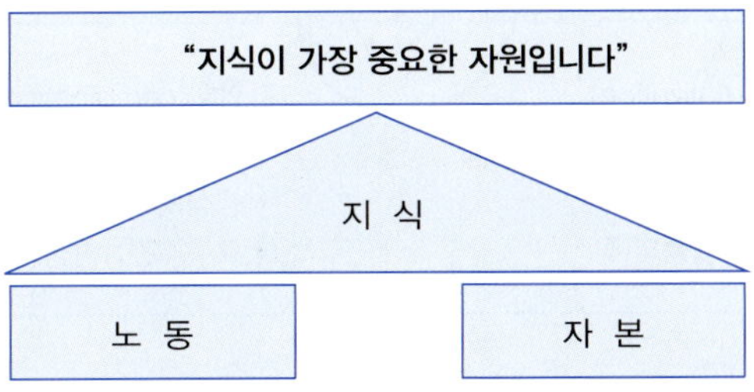

해주고 그것이 최대한 활용될 수 있도록 하는 구조인 '지식경영시스템'은 필수 불가결한 것이다.

1.2 지식창조의 메커니즘

Nonaka 교수와 Konno 교수는 지식의 창조란 암묵지(tacit knowledge, 개별적 경험을 통해 습득한 개인의 주관적 지식)와 형식지(explicit knowledge, 집단에서 통용되는 객관적 지식)의 상호교환과 순환 프로세스를 통한 질적 · 양적 발전이라고 하였다. 나아가 암묵지와 형식지의 상호작용은 본질적으로 사회적인 프로세스이며, 개개인의 지식은 이 같은 사회적 프로세스를 통해 창조됨과 동시에 집단의 지식으로 공유되면서 새로운 지식형성의 모태가 된다고 설명하고 있다.

특히 그들은 조직에서 지식을 획득, 공유, 표현, 결합, 전달하는 지식창조의 메커니즘이 바로 지식변환(knowledge conversion)의 4가지 프로세스로서 ① 사회화(socialization), ② 외부화(externalization), ③ 종합화(combination), ④ 내면화(internalization)라고 하였는데, 이러한 4가지 프로세스는 상호작용을 통해 계속 반복되거나 한 차원 높은 지식으로 상승하는 '나선형 지식창조의 과정'을 이룬다고 하였다.

그림 13.2 나선형 지식창조의 과정

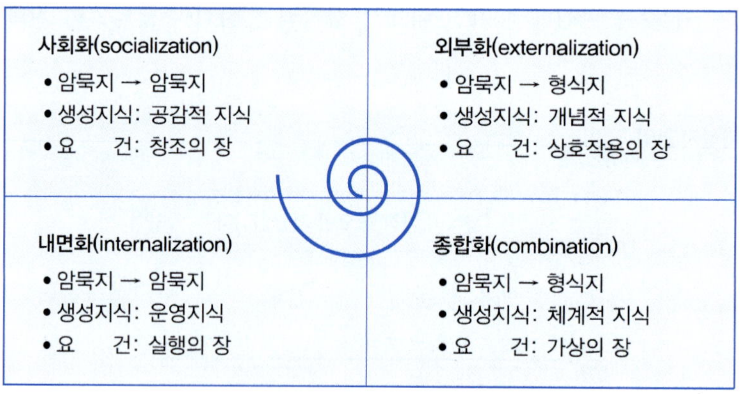

출처 : 정영호, "지식과 조직: 지식시장과 지식공동체 관점", 「지식경영연구」(2000), 제1권 제1호, p.59.

이 같은 나선형 지식창조의 과정을 마쓰시타전기가 1985년 가정용 자동 제빵기를 개발하는 과정에서 개발자가 직접 오사카의 인터내셔널호텔에서 1년 동안 빵을 굽는 법을 배운(사회화) 다음, 이를 다른 팀원들에게 전달(외부화)하고, 해당 집단은 이를 표준화 등의 방법을 통해 제품에 적용시킴(종합화)으로써 그들의 지식기반을 강화(내면화)하였던 사례를 통해 설명될 수 있다. 즉, 가정용 제빵기 설계과정에서 개발된 우수한 품질에 관한 새로운 내면화 프로세스는 마쓰시타전기의 다른 직원들에게 공식적으로 전달되었고, 그들은 새로운 통찰력을 주방기기, 오디오, 비디오 기기, 보터 등 다른 새로운 제품생산에 농능한 품질표준을 설정하는 데 사용함으로써 마쓰시타전기의 지식기반은 더욱 확대되었던 것이다.

1.3 지식경영의 의미와 지식의 생성

지식경영은 '기업의 지식관련 경영활동의 효과성을 극대화하고, 지적자산으로부터 최대의 부가가치를 창출하기 위해 지식을 창출 · 갱신 · 적용하는 일련의 체계적이고 명시적이며 의도적인 활동' 혹은 '조직적 차원에서의 지식은 물론 조직구성원의 개별적 지식을 체계적으로 발굴해 기업 내부에 축적 · 공유하

그림 13.3 지식생성 과정

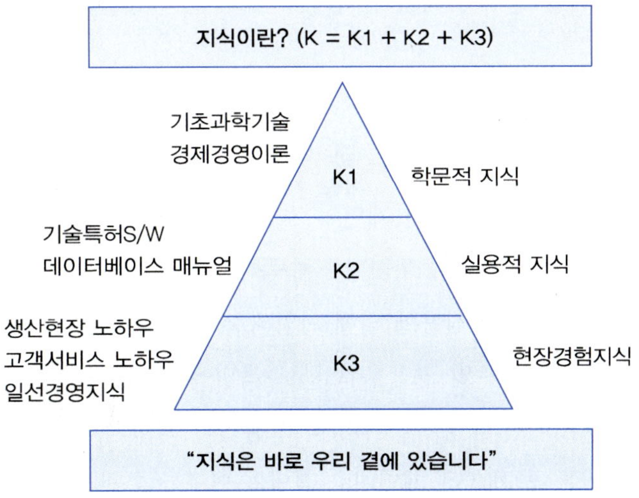

고, 이 지식을 기업의 경쟁력 제고를 위해 활용하는 경영활동'이라고 정의될 수 있다. 다시 말해 사실 · 경험 · 관찰 등의 자료들이 축적되면, 이 중 의미 있는 자료들을 취사선택해 정보를 만들고, 가치 있는 정보들이 축적돼 지식의 체계를 이루고, 이를 경영에 활용하는 지혜의 단계로 발전해 나간다.

이렇게 활용된 지혜는 다시 자료로 축적되고, 축적된 자료는 똑같은 과정을 거쳐 지혜로 활용되는 과정을 되풀이하면서 기업의 경쟁력을 높이는 귀중한 자원이 된다. 즉, 어떤 경험이나 업무를 통해 획득한 무형의 자료나 정보가 유형의 자본이 되어 기업의 경쟁력을 높이는 데 원천적인 가치를 제공하고 기업의 소중한 자원으로 활용되는 것이다. 이와 같이 무형의 지식을 유형의 자원으로 활용하기까지는 수많은 시간과 노력이 요구된다.

2 지식의 변환

Nonaka와 Takeuchi에 따르면 지식창조는 존재론(개인, 집단, 조직)과 인식론 차원(명시적, 묵시적)의 상호작용에 의해서 이루어진다. 인식론 차원에서는 명시적 지식과 묵시적 지식의 상호작용을 통해서 새로운 지식이 창조되고 확장된다. 이러한 명시적 지식과 묵시적 지식 간의 상호작용을 지식의 변환이라고 한다.

기업의 지식이 창조되고 축적되는 과정은 개인 · 집단 · 조직 · 조직 간에 지식이 상호작용하여 증폭되는 과정이다. 즉, 개인이 가지고 있는 암묵지를 형식지로 전환하며 동시에 각 개인이 가진 암묵지를 사회화과정에 의해 전수받고, 또한 데이터베이스화된 형식지를 습득하여 이를 재조합함으로써 개인 · 집단 · 조직 · 조직 간 상호작용에 의해 기업의 지적자산이 증대되는 것이다. 기업조직의 지식축적 과정 및 경쟁우위 확보 측면에서 이들의 관계를 보면, 기업조직 차원에서는 권한과 능력을 함양하고 품질과 작업의 질을 높이며 학습을 위한 여유를 만든다. 개인은 개인대로 질의와 연구를 촉진시키고 지속적인 학습기회를 창출한다. 팀조직은 개인 간의 협력과 이익을 공유하게 한다. 여기서 팀조직이 지식경영에서 차지하는 중요성을 찾을 수 있다. 즉, 팀은 개인과 조직이 만나는 중복부문이며 개인과 팀, 그리고 조직이 경영자원들과 에너지의 결합을 통하여 지식을 기반으로 하는 학습조직을 창출한다.

지식의 변환과 관련하여 지식의 본질에 대한 접근은 결과지식과 과정지식이라는 두 측면으로 대별되어 두 가지 이론, 즉 인지주의 관점과 구성주의 관점에서 다루어져 왔다. 인지주의 관점은 주로 컴퓨터 과학, 시스템 이론, 심리학 및 신경과학 등에 의해 발전된 것으로, 지식이 외부세계의 표상이라고 보는 것이다. 따라서 지식은 인식자 모두에게 보편적・명시적인 것이며 형식화되거나 저장될 수 있고 쉽게 전달될 수 있다. 이런 관점은 지식의 형식지나 결과지식의 개념에 대응된다. 한편 구성주의 관점은 신경생물학, 인지과학 및 철학에 근거를 두고 있으며 지식이 새로운 구성과 창조과정임을 강조하고 있다. 이 관점에 따르면 모든 행위는 앎의 과정이며, '모든 앎의 과정은 곧 행위'라는 사실이 실증적 연구를 통해 입증되었다. 여기에서 지식은 모든 인식자에게 있어서 보편적인 것이 아니고 매우 개인적인 것이어서 명시적 지식과 암묵적 지식이 동시에 존재할 수 있다. 암묵적 지식은 표현하기 어렵고 다른 사람과 공유되기도 힘들기 때문에 구성원의 관점에서는 암묵적 존재나 실천과 분리될 수 없는 과정지식을 중요하게 생각하고 있다.

지식경영은 이러한 과정지식과 결과지식을 중요내용으로 다루고 있다. 지식의 창조는 주로 암묵지의 역할을 중요시하고 있으며, 지식공유(활용과 관리)는 형식지를 중시한다. 또한 양자는 그 본질상 집단적 성격과 개별적 성격을 동시에 갖고 있다. 일반적으로 동양적 관점은 지식의 창조를, 서양적 관점은 공유 및 활용을 더 중요시한다고 주장되고 있다.

3 지식경영 연구의 발전과정

지식경영에 관한 연구는 1986년 UN의 ILO 후원으로 진행된 스위스 컨퍼런스 개최 이후 본격적으로 진행되어 왔다. 최근까지 진행되고 있는 지식경영에 관한 연구들을 개념적 관점, 과정적 관점, 기술적 관점, 조직적 관점, 관리적 관점, 그리고 실행방안의 관점 등 6가지 차원으로 분류하였다. 개념적 관점은 지식과 지식경영에 관한 개념정리의 체계화에 초점을 두고 있다. 과정적 관점은 지식의 창출 혹은 획득, 공유, 활용, 그리고 새로운 지식의 창출 등과 관련된 지식경영의 단계를 다루고 있다. 기술적 관점은 지식경영을 효율적으로 공유하고 배분하기 위한 정보기술의 역할을 강조하고 있다. 조직적 관점은 지식경영 담당인력의 필요성 강조와 지식경영을 위한 조직구조, 지식경영 담당부서의 역할과 책임, 그리고 조직문화와 내용에 초점을 두고 있다. 관리적 관점은 지적자본의 가치 계산과 평가, 보상과 동기부여 등의 지식근로자의 관리체계에 관하여 다루고 있다. 마지막으로 실행방안의 관점은 성공적인 지식경영을 위한 성공요인과 지식경영 전략 등에 관하여 다루고 있다.

김효근, 최인영 및 강소라는 지식경영의 발전과정을 중심으로 기존의 지식경영 연구를 개관하였다. 이들은 일반경영, 전략경영, 경영정보 및 인사 · 조직 분야의 15개 학술지에 게재된 168편의 지식경영 관련 논문들을 분석하여 지식경영 발전과정을 세 단계로 구분하였다. 첫 단계는 1983년부터 1990년 사이의 현상관찰기로서, 이 시기에는 주로 지식 개념을 경영활동에 활용하고자 하는 연구들이 등장하였다. 둘째 단계는 1991년부터 1995년 사이의 연구모임기로서, 주로 지식 및 지식경영에 대한 개념이 체계적으로 정립된 시기이다. 셋째 단계는 1996년부터 현 시점까지의 연구성장기로서, 주로 구체적 사례연구나 실증연구들이 등장한 시기이다.

이들은 또한 지식경영에 관한 연구를 내용별로 기존의 지식연구들을 정리하였다. 지식경영의 개념과 경쟁우위의 연계성에 관한 연구, 지식경영 방법론에 관한 연구, 지식관리시스템 실현의 기술적 설계에 관한 연구 및 지적자산의 평가에 관한 연구로 요약하였다. 지식경영의 개념과 지식과 경쟁우위의 연계성에 관련된 연구들은 Nonaka의 연구가 대표적으로 지식 및 지식경영의 개념연구들과 이를 경쟁우위 획득과 유지에 어떻게 이용할 것인가에 초점을 두고 있다. 지식경영 방법론에 관한 연구들은 Grant의 연구를 대표적으로 들 수 있는데, 여기에서는 기업에서 지식경영을 도입할 때 어떠한 과정과 유형으로 도입해야 하는 등의 방향설정을 주로 다루고 있다. 지식관리시스템 실현의 기술적 설계에 관한 연구들은 Vian과 Johasen의 연구를 예로 들 수 있는데, 주로 지식경영을 기업에 적용하기 위한 도구로서 지식관리시스템을 다루고 있다. 마지막으로 지적자산에 대한 평가연구들은 Winter의 연구를 대표적으로 들 수 있는데, 주로 지식 경영성과 측정에 대하여 다루고 있다.

김인수는 지식경영의 활동영역을 통합적으로 정리하면서 지식유형, 지식경영과정, 그리고 분석수준으로 차원을 나누고 지식경영을 혁신이론, 학습이론, 지식창조이론, 조직능력이론, 그리고 지적자본이론 등과 연계시킬 수 있음을 지적하고 있다. 그에 따르면, 혁신이론에서는 주로 조직에서의 지식 획득, 창조, 공유, 관리 및 활용 등 측면에서 지식경영과 밀접한 관련성이 있음을 보여주고 있다. 학습이론은 학습과 지식창조를 통해 혁신이 이루어지기 때문에 조직 내 개인과 조직의 지식 획득, 창출, 확산, 공유 및 활용에 이르는 광범위한 영역에서 일어나는 학습과정에 관한 이론들을 제시함으로써 지식경영이론 개발에 많은 시사점을 주고 있다. 지식창조이론은 조직 내의 개인과 조직의 지식 획득, 창조, 확산, 공유 및 활용에 이르기까지 광범위한 영역에서 암묵지와 형식지 간의 변환을 통한 지식창출이론을 제시하고 있다. 조직능력이론은 학습이론과 깊은 관계를 지니고 있으며, 기술지식뿐만 아니라 여러 가지 관련분야에 대한 지식을 창조하고 통합하여 조직의 능력을 축적하는 과정을 설명하고 있다. 기술이전 및 네트워크이론은 기업이 외부로부터 효과적으로 지식을 획득하고, 외부기업과 공동으로 지식을 창조하고 활용하는 데 유용성을 주는 이론이다. 정보기술시스템은 여러 기업들이 지식경영을 위한 정보통신 기반 구축을 통한 지식관리시스템 발전에 기여하고 있다. 조직이론 및 인적자원관리이론은 조직분야에서 지식창조와 공유를 진작시키는 조직의 형태의 규명과 환경변화에 따른 정보처리와 지식활용에 적절한 조직특성을 규명하는 데 기여하고 있으며, 인적자원관리이론은 지식소유자에 대한 평가, 경력관리 및 인센티브 시스템 개발과 조직원의 성과평가에 있어서 지식경영 참여도를 포함시키는 문제 등을 다루고 있다. 끝으로 지적자본이론은 조직 내 인적자본, 고객자본, 조직적 자본, 혁신자본 및 과정자본 등의 지식자본을 측정하기 위한 시스템을 구축하는 데 초점을 두고 있다.

한편, 최재윤, 조연주 및 엄남이는 지식경영의 진화과정을 3단계로 나누어 지식창조(1세대), 지식관리(2세대) 및 지식가치(3세대)로 개념화하였다. 지식창조 단계를 통해서는 다양한 지식이 조직체에 생성 및 축적된다. 지식이 빈곤한 이 단계에서는 지식관리보다는 새로운 지식의 창조에 주력하게 된다. 지식이 상당량 축적되면 새로운 지식창조 못지않게 지식관리가 중시되는 지식관리(2세대) 단계로 이행된다. 이 단계에서는 지식관리가 지식창조에 비해 더 중시된다. 왜냐하면 이미 존속하거나 입수가능한 기존 지식 간의 다양한 결합, 재사용에 의해서도 새로운 지식창조가 가능해지는 단계로 이행되었기 때문이다. 따라서 이 단계에서는 새로운 지식의 원천적인 창조활동보다는 앞선 지식창조단계에서 축적된 기존 지식의 재결합 및 활용을 통한 새로운 지식창조가 강조된다. 그러므로 이 단계에서는 지식관리가 중심활동이 된다. 이 과정이 성숙기에 도달하면 지식이 진정한 가치, 철학에 대한 인식론적 관점에서의 평가와 유용성이 검증되게 되며, 지식의 적용 및 응용영역이 기업체 차원에서 공동체, 지역사회 그리고 국가로 확장하게 되는 것이다.

4 지식경영 연구의 새로운 관점

20세기 초반 철학분야에서 인식론과 지식론 중심으로 관심을 받기 시작한 지식은 20세기 말에 접어들면서 경영학을 포함한 여러 분야의 관심사항으로 급속히 부상되었다. 특히 경제학이나 경영학분야에서 활발히 진행되고 있는 지식경영 연구들은 지식이 기업의 경쟁적 우위를 가져오는 핵심자원임을 강조하고 있다. 국가적인 측면에서도 지식은 세계화와 정보통신기술의 발달 등으로 인하여 무한경쟁시대에서 가장 중요한 경쟁요소로 받아들여지고 있다. 따라서 기업이든 국가든 혹은 집단이든 개인이든 지식을 효과적으로 관리하지 않고서는 발전은커녕 생존조차 어려운 상황으로 진전되고 있는 것이 사실이다. 이러한 시각에서 지식을 조직이 관리하여야 할 가장 중요한 전략적 자원으로 보고, 이를 효과적으로 관리하여야 한다고 보는 관점이 지식기반관점이다.

이 관점에 따르면 조직은 지식의 창조와 창조된 지식의 공유를 통한 지식활용을 위해 조직화된 시스템이다. Tsoukas는 조직을 하나의 지식시스템으로 보고 있으며, Hargadon은 기업을 지식브로커로까지 보고 있다. 총체적인 관점에서 볼 때 지식경영은 지식창출과 공유 활동에 대한 유지(예를 들어, 보상 및 훈련개발)로부터 조직의 하부구조, 나아가 핵심역량으로부터 공유문화의 구축에 이르는 인적자원관리 전반에 영향을 미치며 조직사업의 전략적 수행을 위한 새로운 방법의 규명을 모색하는 것이다.

이와 같이 지식경영에 대한 기존연구들을 종합해 보면, 기업조직의 핵심 경쟁우위로서 지식을 강조하고 있다. 또한 이러한 지식의 효과적인 관리, 즉 지식경영을 통해 지식역량을 구축하고 기업의 성과향상을 가져왔음을 뒷받침하고 있다. 이러한 지식경영 연구에 자원기반이론과 제도화이론은 새로운 많은 시사점을 제공한다.

4.1 자원기반이론

지식경영은 학계의 이론적 발전과 조직현장에서의 실무적 발전을 배경으로 수행되고 있는데, 이론적 발달의 주요 흐름 중 하나가 바로 자원기반관점이다. 이 관점은 기업을 자원의 광범한 세트로 보아야 한다는 Penrose의 아이디어에 자극을 받아 Wernerfelt가 처음 제안하였다. 그가 말하는 자원은 특정 기업의 강점과 약점으로 간주되는 것으로서, 예컨대 상표명, 자생의 기술에 대한 지식, 숙련된 인적자원의 고용, 통상계약, 기계, 효율적 업무수행 절차 그리고 자본 등을 포함할 수 있다. 기업에서 생산과 자원은 동전의 양면과 같은데 이 중 자원측면에서 기업을 이해하고 분석하는 것이 유용하다고 보는 것이다. 1994년 그의 논문은 미국 전략경영학회로부터 *Strategic Management Journal*에 게재된 최우수논문으로 선정되었고, 이것이 자원기반관점을 확산시키는 데 촉매역할을 하였다.

Barner는 자원기반관점을 더욱 체계화하였고, 이로 인해 이 관점은 전략경영분야에 많은 영향을 미치게 되었다. 한편 Priem과 Butler는 Barner의 자원기반관점이 아직 정립된 이론으로 보기에는 부족한 점이 많음을 비판하였다. 예를 들어, 자원기반관점은 여전히 이론적 구조를 충분히 갖추고 있지 못하기 때문에 보다 엄격히 공식화되고 인과를 나타내는 'how'라는 질문에 대답할 수 있어야 하고 시간적 구성요소를 포함해야 한다고 주장하였다.

자원기반관점에 따르면 조직의 지속적인 경쟁우위의 핵심원천은 해당 조직이 보유하고 있는 자원과 이의 전략적 관리이다. 그런 의미에서 기업은 특이한 자원과 능력의 독특한 꾸러미로 인식되어야 하며, 경쟁전략수행에서 주요 과업은 바로 자원과 능력을 최적화함으로써 기업가치를 극대화하고 기업이 필요로 하는 미래의 기반을 발전시키는 것이다. 그런데 기업이 경쟁우위를 가지고 이를 유지할 수 있는 것은 자원과 핵심역량을 경쟁자가 쉽게 모방할 수 없기 때문이다. 또한 그것을 가능하게 하는 자원과 그 자원을 활용하는 체화된 메커니즘을 갖고 있기 때문이다.

최근에는 지식자원의 변화가 기업경쟁력의 변화에 영향을 미친다는 의미에서 기업이 보유하고 있는 자원 중 특히 지식자원의 중요성이 강조되고 있다. 또한 기업의 내부자원과 진화론적 관점을 포괄한 역동적 능력 관점에서 기업의 특유능력 차원에서 역량과 자원의 결합이 어떻게 개발 · 전개되며 시간의 흐름에 따라 이들이 어떻게 진전되는지도 연구되고 있다. 이때 기업의 역동적 능력이란 기업의 핵심역량으로서 이 역량의 결과로 기업의 전반적 능력이 생성된다.

경쟁우위 원천에 대한 새로운 관점에서 보면, 신제품 연구개발의 성공요인에 대한 기존 연구들은 자원으로서 지식에 대한 인식과 지식의 획득과 활용과정이라는 인식이 부족하였다. 신제품이나 새로운 기술에 대한 연구개발과정에서의 의사결정에는 다양한 시장지식과 기술지식이 필요하고 이러한 지식을 공유화고 학습을 통해 새로운 지식을 창조하는 과정이 기업조직의 효율성과 효과성에 영향을 미치게 된다. 이러한 측면에서 보면, 연구개발에 있어서 기업의 역량은 고객과 경쟁자에 대한 지식을 수용 및 공유하고 이를 기술적인 지식과 결합하는 것이다. 기업은 연구개발과정에서 필요한 기술지식정보와 시장지식정보를 획득하여 기업 내 지식과 결합함으로써 새로운 지식이 창조되고 제품형태로 구체화한다. 이러한 연구개발과정에서는 개인이 효율적으로 보유하기 힘든 집합적 지식이 요구되기 때문에 집단을 형성하는 것이 일반적이다. 연구개발집단은 구성원들의 상호작용을 통하여 필요한 과업지식을 획득·활용하는 연구개발 수단이 된다.

그러므로 연구개발의 수단으로서 연구개발집단의 중요성에 대한 인식과 이러한 집단의 효율화에 대한 기존 연구가 많이 이루어져 왔다. 그러나 연구개발집단이 형성된다 하더라도 집합적인 지식이 형성된 것은 아니다. 필요한 집합적인 지식을 획득하고 활용하는 능력을 통하여 지식이 창조되고 연구개발집단 내에 체화되는 것이다. 연구개발과정은 기업이 가지고 있는 핵심역량이 결집되어 나타나는 과정으로 인식될 수 있다. 또한 이 과정에서 기업의 핵심역량은 고객과 경쟁자에 대한 지식을 창조하고 시장지식에서 인지된 사업기회를 기술적 지식과 결합하는 과정을 효율적이고 효과적으로 수행할 수 있는 종합적·총체적 능력을 의미한다. 다시 말해 연구개발과정은 기업이 기존에 가지고 있는 지식과 개발의 과정에서 새로이 획득되는 지식을 결합하여 새로운 지식의 창조를 통하여 발생된다. 연구개발과정에서 발휘되는 집단의 종합적 능력을 지식역량이라고 할 수 있다. 따라서 연구개발집단이 보유하고 있는 지식의 양과 수준, 그리고 지식활용과정으로서 역량인 지식역량에 따라 연구개발의 경쟁우위가 발생하게 된다.

4.2 제도화이론

조직의 여러 행동, 절차 및 구조 등은 조직 자체의 능률증진과 목적 달성을 위한 노력의 결과이다. 그러나 어떤 행동, 절차 및 구조 등은 조직 자체의 합목적적 효율증대보다는 조직외적인 사회적 규범이나 문화적 기대에 부응하기 위하여 제도화된 것들이다. 이 제도화된 조직의 행동이나 현상들은 조직구성원들이나 이해관계자들에 의해 당연히 받아들여지는 현실로 인지되어, 그 자체가 의미를 부여하고 여타 행동이나 현상들을 유도하는 규칙같은 역할을 수행한다. 제도화이론은 Selznick에 의해 처음 주장되었는데, 그에 따르면 조직은 눈앞의 단기목적 달성에서 나아가 영속적으로 생존·성장하기 위해 제도화하며 조직 자체가 하나의 제도이다. 만약 조직을 단순히 목적 달성을 위한 실체로만 여긴다면, 목적을 보다 효율적으로 달성할 수 있는 새로운 조직이 등장하면 그 조직은 사라지게 마련이다. 그러나 조직을 제도로 본다면 반드시 그럴 필요가 없게 된다. 따라서 그는 조직이 생존하고 계속적으로 성장하기 위해서는 과업의 합리적인 수행과 단기적인 목적추구보다 한 단계 더 나아가 제도화된 환경이 요구하는 양식, 실무 및 활동 등을 채택하여야만 한다고 주장하고 있다.

제도화이론은 Meyer와 Rowan에 의해 더욱 체계화되었는데, 그들은 Selznick이 조직 자체를 하나의 제도로 보는 것과는 달리 제도화를 조직에서 일어나는 하나의 행동양태 내지는 과정적 현상으로 보았다. 그리하여 그들은 제도화를 사회적 과정, 의무, 혹은 실체가 사회적 사고와 행위를 함에 있어 규칙과 같은 지위를 지니게 되는 제 과정으로 정의하면서, 제도화된 경영관행이나 조직구조는 특정 조직에 대해 구속력을 행사하며 정당성을 부여하는 고도로 합리화된 신화로서의 기능을 수행한다고 보았다.

이 합리화된 신화는 사회가 근대화됨에 따라 합리적 제도화요소가 만연해지고 사회적 조직과 교환네트워크가 복잡해짐에 따라 더욱 정교화되어 가는 경향을 띠게 되는 것이다. 이렇게 정교화된 제도적 신화는 조직효율성의 증대에 대한 요구와 더불어 조직에 대한 동조를 불러일으킨다. 제도적 신화에 대한 조직의 동조는 다시 공식구조에 반영되고, 이 공식구조상에 반영된 제도적 신화는 다음과 같은 두 가지 속성들을 지닌다. 우선 그것은 다양한 사회적 목적들을 기술적 목적들로 규명짓고, 이 기술적인 목적들을 합리적으로 추구하기 위한 적절한 수단을 주체화시키는 합리화된 비인간적 규정이다. 다음으로 그것은 극히 제도화되어 있으므로 조직 자체나 조직에 대한 개별 참여자들의 재량을 상당한 정도로 벗어나게 되고, 따라서 작업수행의 결과에 미치는 영향에 대한 평가와 별 관계없이 정당한 것으로 당연히 받아들여지게 된다.

공식구조가 지닌 많은 요소들은 고도로 제도화되어 있고 신화로서의 기능을 수행하는 바, 전문직업들, 프로그램 및 기술 등이 이에 속한다. 예컨대 여러 전문직업들은 직업상의 성과에 대한 직접적인 검열뿐만 아니라 면허, 공인, 교육상의 사회규칙에 의해 통제되므로 효율성에 대한 계산을 넘어서 법적으로 의무적인 경우가 허다하다. 또한 기업의 적절한 기능은 생산, 판매 광고 혹은 회계로, 대학의 기능은 강의와 연구로, 병원의 기능은 수술, 투약 및 조산 등으로 정의되듯이 조직의 많은 프로그램들은 사회에서 제도화시켜 미리 정해놓은 공식들인 셈이다. 마지막으로 생산, 회계, 인사선발, 그리고 자료처리를 위한 기술적 절차들 역시 효율성의 유지라는 문제와는 별로 관계없이 그러한 기술들을 도입한 조직을 보다 합리적이고 현대적인 것처럼 보이게 만듦은 물론이거니와 이 기술들의 제도화는 조직의 책임성을 제고시켜 주는 역할까지 하게 된다.

따라서 조직은 자신의 행동이나 구조를 제도화된 신화에 동조시킴으로써 외부환경으로부터 정당성을 부여받을 뿐만 아니라 필요자원도 확보하게 된다. 제도화된 신화에 대한 조직의 동조는 또한 조직구조 하부단위 상호 간의 관계나 활동으로부터의 일탈을 유발시키고, 조직 내부참가자들과 외부이해관계자들 상호 간에 신뢰와 성실을 의례적인 것으로 만들며, 행동이나 성과에 대한 검사와 평가를 극소화하도록 유도한다. 이 같은 여러 현상들은 결국 조직에 대한 정당성 및 자원의 획득과 결부되어 조직의 장기적인 생존을 가능하게 한다.

요컨대, 조직의 생존과 발전은 조직 내적으로 요구되는 능률의 유지 및 합리성의 증진뿐만 아니라, 외적으로 요구되는 이해관계자들의 기대를 충족시키고 사회의 규범을 제도화시킴으로써 가능하다. 그런데 만약 이 내적 요구와 외적 사회규범 및 기대가 상충되는 경우 조직은 장기적 생존을 위해 내적 요구보다 사회규범 및 기대를 충족시키려 한다. 그리하여 조직들은 외부 이해관계자들이 신화처럼 요구하는 규범이나 기대를 받아들여 이를 제도화한다. 제도화된 사회적 규범이나 기대는 조직구조, 규칙, 경영관행 그리고 기술도입 등의 형태로 반영된다. 이렇게 반영된 사회규범이나 기대 등의 신화는 많은 경우 조직 내적으로 볼 때는 비합리적이며 비효율적이지만, 하나의 그럴듯한 외야(facade)을 만들어주기 때문에 사회로부터 좋은 이미지를 형성하고 마치 합리적인 것처럼 보이게 한다. 따라서 제도화된 신화적 사회규범이나 기대는 조직의 장기적 생존과 관점에서는 오히려 효과적이다.

일부 연구자들은 조직혁신에 관한 연구에서 제도화이론을 상징적 제도론으로 부르고 있는데, 상징적 제도론에 따르면 조직혁신은 조직의 상징적 위상을 유지·제고시키고 그 조직이 속한 커뮤니티로부터의 수용성을 증대시키는 수단이다. 혁신의 주된 목적은 경제적 이익보다는 사회적 수용이며, 조직은 혁신을 제도화하고 그것을 통해 조직이 속한 커뮤니티의 규범을 따르고 커뮤니티의 한 구성원임을 상징적으로 과시할 수 있다. 따라서 이 이론에 입각한 연구자들은 혁신의 상징적 효과나 제도화의 분석에 초점을 맞추게 된다. 조직은 경제적으로 이익이 되지 않거나 기술적으로 비능률적인 혁신일지라도 이를 도모하거나 그러한 혁신을 채택하고 있으며, 경제적으로 이익이 되지 않거나 기술적으로 비능률적인 혁신을 쉽게 버리지 못하는 경우가 많다.

5 지식경영과 타 경영기법과의 관련성

우리나라는 물론이고 영국과 인도에서까지 적극적으로 도입되어 지금도 효과를 발휘하고 있는 일본적 생산시스템을 대표하는 품질관리(QC)나 전사적 품질관리(TQC)는 제조공정을 중심으로 한 방식이며, 통계적 기법을 구사하여 3무(무지, 무익, 무의미)를 제거함으로써 작업장의 환경을 개선시킬 수 있는 아이디어를 결집시키고자 하는 방법이었다. 그러나 이미 시장은 “물건만 좋게 만들면 얼마든지 팔 수 있다”고 하는 ‘소품종 대량생산방식 지향적인 사고’보다도 “고객이 원하고 좋아하는 것을 만들어야 한다”는 ‘다품종 소량생산 지향적인 사고’를 요구하고 있다. 나아가 점차 더욱 격심해져 가는 국제적 경쟁환경 속에서 경영전체의 품질 향상, 비용 삭감, 기업활동의 각 업무에 소요되는 사이클 시간의 단축을 겨냥한 경영품질의 향상에 대한 요구가 더욱 거세지고 있다.

경영품질의 향상을 위해서는 고객과 시장을 이해해야 하고, 환경변화에 대한 리더십이 발휘되어야 하며, 고객만족을 지향한 경영전략과 전략의 실행에 필요한 인재의 개발과 학습조직의 구축 및 전략을 구체화한 프로세스의 편성과 관리가 이루어져야 한다. 그러나 무엇보다 중요한 것은 이상의 모든 노력과 관련된 정보의 수집, 분석, 공유, 활용 등의 '지식'이 최대한 활용되고 있는가 하는 관점으로부터 철저하게 실행되어져야만 한다. 물론 경영품질의 향상을 위한 경영이론은 수도 없이 많다. 작업효율을 지향하는 과학적 관리법, 조직을 유기적 활동시스템으로 생각하는 관리과정론, 기타 인간관계론, 동기유발이나 리더십을 고려한 행동과학론, 매슬로우의 욕구 5단계설에서 중시하고 있는 자기실현 등은 지금도 많은 각광을 받고 있다.

그러나 이 같은 이론들이 현재와 같은 격심한 환경변화 속에서 기업실적을 비약적으로 향상시켜줄 수 있다고 생각하기는 어렵다. 지식경영은 개인의 경험과 지식 및 지혜를 결집하여 습득함으로써 기업의 최적 업무프로세스를 구축하려 한다는 측면에서 다른 경영이론들과는 차이가 있다. 이러한 점에서 지식경영은 경영관리의 대상을 기계의 개량이나 사람을 움직이는 것으로부터 인간의 의식 속에 있는 지식에 초점을 맞추고 있으며, 지식을 공유함으로써 생산성을 향상시키고자 한다. 일반적으로 개인이 가지고 있는 지식의 80%가 조직의 지식으로 전환되지 않고 있다고 하는 점에 비추어볼 때 지식공유의 효과는 매우 크다고 하겠다.

6 지식경영의 효과

영국의 *Knowledge Management Journal*은 143개 업체를 대상으로 시행한 설문조사를 통해 지식경영의 효과로 다음과 같은 5가지 효과를 제시하였다.

① 의사결정에 효과가 있다(전체의 89%).
② 고객에 대한 대응이 개선된다(84%).
③ 종업원과 업무의 효율성이 개선된다(82%).
④ 이노베이션이 향상된다(73%).
⑤ 제품과 서비스의 질을 개선시킬 수 있다(73%).

이외에도 전체 응답자의 2/3는 비용 삭감, 변화와 적응에의 유연성 증진, 새로운 제품이나 서비스의 빠른 투입, 매출 증진, 업무 프로세스의 시간단축 등이 가능할 것이라고 응답하였다.

이와 같은 조사결과에서도 알 수 있듯이 지식경영의 효과나 목표는 경쟁사 혹은 타 업체보다 먼저 고객의 지식, 사내의 지식, 모범사례인 타 기업의 지식, 전문가의 지식 등을 도입·활용함으로써 업무를 원천적으로 개혁하는 것이다. 또한 경영관리의 최종 목표는 고객의 만족도를 향상시키는 것이다. 고객은 물건이나 서비스를 사는 것이 아니라 물건이나 서비스의 본질, 이른바 고객이 인정하는 가치에 돈을 지불하는 것이다. 즉, 이는 고객가치의 창조를 위한 지식이전의 프로세스가 기업활동의 본질이라는 것이다.

① 고객의 니즈라고 하는 지식을 어떻게 파악하여 기업 프로세스에 반영할 것인가?
② 상품·서비스에 대한 니즈라고 하는 지식을 어떻게 상품화할 것인가?
③ 정보기술이라고 하는 지식을 경영의 어느 국면에서 사용할 것인가?
④ 경쟁정보(신제품 개발, 출점, 공장진출, 가격, 판매방법, 신서비스 등과 같은 정보)라고 하는 지식을 어떻게 수집할 것인가?
⑤ 실행하려는 의지나 만족도 등의 사원 지식을 어떻게 끌어낼 것인가?

이와 같은 지식을 생성·이전·공유·활용하는 것에 초점을 둔 경영구조가 지식경영이다. 지식경영의 도입을 통해 개개인의 지식을 활용할 수 있기 때문에 사원들은 보다 많은 공헌을 할 수 있게 된다. 또 경험을 공유할 수 있기 때문에 사원의 능력을 비약적으로 향상시켜 업무의 품질이 향상되며, 나아가 지식의 공유가 개인의 관심이나 감동을 불러 사원들의 자주성이나 하고자 하는 의식을 끌어낼 수 있게 될 것이다.

또한 오늘날과 같이 기업을 사회적 구성요소로 여기는 상황하에서는 사회가 요구하는 지식에 관한 기업의 사회적 책임이 확대되고 있다고 하겠다. 예를 들어, 비록 영리를 목적으로 한 기업이라고 하더라도 고객만족뿐만 아니라 환경대책이나 기업시민으로서의 문화활동 지원과 자선활동 등 지식을 균형 있게 관리하는 것도 지식경영을 성공적으로 이끌 수 있는 열쇠라고 할 수 있다.

요약

지식경영의 확립에는 커다란 투자가 필요하다. 그럼에도 불구하고 끊임없이 지식경영의 확충을 도모하고 기업지식 창조의 메커니즘을 지속적으로 추구하는 것은 지식경영의 사이클을 기업활동의 일부로 운용함으로써 항상 새로운 지식을 생성하는 기업문화를 의식적으로 만들어 내는 것이 경쟁사에 대해 새로운 경쟁력의 원천을 확보하는 것이라는 인식이 상존하기 때문이다.

지식의 창조란 암묵지와 형식지의 상호교환과 순환 프로세스를 통한 질적 · 양적 발전을 의미한다. 나아가 암묵지와 형식지의 상호작용은 본질적으로 사회적인 프로세스이며, 개개인의 지식은 이러한 사회적 프로세스를 통해 창조됨과 동시에 집단의 지식으로 공유되면서 새로운 지식형성의 모태가 되는 것이다.

조직에서 지식을 획득, 공유, 표현, 결합, 전달하는 지식창조의 메커니즘은 지식변환(knowledge conversion)의 4가지 프로세스이다. 지식변환의 프로세스는 ① 사회화(socialization), ② 외부화(externalization), ③ 종합화(combination), ④ 내면화(internalization)로 구성되는데, 이러한 4가지 프로세스는 상호작용을 통해 계속 반복되거나 한 차원 높은 지식으로 상승하는 나선형 지식창조의 과정을 이룬다.

한편, 최근 들어 기업이든 국가든, 혹은 개인이든 집단이든 지식을 효과적으로 관리하지 않고서는 발전은커녕 생존조차 어려운 상황으로 진전되고 있다. 이러한 시각에서 지식을 조직이 관리하여야 할 가장 중요한 전략적 자원으로 보고, 이를 효과적으로 관리하여야 한다고 보는 관점이 지식기반관점(knowledge-based view)이다. 지식경영에 대한 기존 연구들을 종합해 보면, 기업조직의 핵심 경쟁우위 요소로서 지식을 강조하고 있다. 이러한 지식의 효과적인 관리를 통해 지식역량을 구축하고 기업의 성과향상을 가져오기 위한 지식경영 연구의 새로운 관점이 자원기반이론과 제도화이론이다.

정리 및 토의과제

1. 기업경영에서 지식이 중요한 이유를 설명하시오.
2. 나선형 지식창조과정을 실제 사례를 들어 설명하시오.
3. 지식경영을 도입한 우리나라 기업 사례를 찾아보고, 그 성과를 제시하시오.

4. 지식경영 연구의 다양한 관점을 설명하시오.

5. 지식경영이 다른 기업경영 전략에 미치는 영향은 무엇인가?

6. 조직의 주요한 자원으로서 지식이 갖는 의미는 무엇인지 설명하시오.

7. Selznick의 제도화이론을 설명하시오.

참고문헌

김남현(1988), 경영조직론, 서울: 경문사.

김남현(2001), 신경영학원론, 서울: 경문사.

김동철 · 김대건(2012), "공공조직실패의 개념화를 위한 이론적 논의와 과제", 국가정책연구, 26(4).

김석회(1986), 조직관리론, 서울: 무역경영사.

김인수(2000), 거시조직이론, 서울: 무역경영사.

김인수(2007), 거시조직이론, 개정4판, 서울: 무역경영사.

김효근 · 최인영 · 강소라(2000), "지식경영 연구의 개관 및 향후 연구과제", 지식경영연구(1권 1호), 한국지식경영학회.

류태모(1993), "조직의 권력유형, 구조형태 및 유효성에 관한 실증연구", 계명대학교 대학원 박사학위논문.

민진(2012), 조직관리론, 제4판, 서울: 도서출판 대영문화사.

박경원 · 김희선(2002), 조직이론강의, 서울: 대영문화사.

박재린(1998), 현대조직론의 이해, 서울: 무역경영사.

송경수(1995), "권력과 조직구성원의 정치적 행위에 관한 탐색적 연구", 지산대학논문집(제13집).

신유근(1986), 조직론, 서울: 다산출판사.

안문석(1990), "지방정부의 정책정보체계 설계방향", 한국행정학보(24권 1호).

안영진(2011), 변화와 혁신, 서울: 박영사.

오석홍(1984), 조직이론, 서울: 박영사.

오석홍(2011), 조직이론, 제7판, 서울: 박영사.

윤대혁(2012), 글로벌시대의 경영조직론, 서울: 도서출판 탑북스.

이창원 · 최창현(1997), 새 조직론, 서울: 도서출판 대영문화사.

이창원 · 최창현 · 최천근(2006), 새 조직론, 전정3판, 서울: 도서출판 대영문화사.

이학종(1984), 조직행동: 이론과 사례연구, 서울: 세경사.

이학종(2005), 한국기업의 문화적 특성과 새 기업문화 개발, 서울: 박영사.

임창희(2010), 조직론, 서울: 학현사.

정우일(2006), 공공조직론: 공 · 사조직의 비교, 서울: 박영사.

최재윤 · 조연주 · 엄남이(1999), "지식관리와 지식창조를 위한 통합전략 모형 창출에 관한 탐색적 연구 －한국통신 연구개발본부를 중심으로－", 지식경영연구(1권), 한국지식경영학회.

최만기 · 김영복(2012), 조직설계, 서울: 탑북스.

최종태(1985), 현대조직론, 서울: 경세원.

추헌(1986), 최신 경영조직론, 서울: 박영사.

홍용기(2000), 조직론, 서울: 형설출판사.

田尾雅夫(1983), "公私組織における比較文化論", 組織科學(vol.17, no.3).

Agarwal, R., R. Echambadi and M. B. Sarkar(2002), "The Conditioning Effect of Time on Firm Survival: A Life Cycle Approach," *Academy of Management Journal*, 45.

Aldrich, H. E.(1972), "Technology and Organization Structure: A Reexamination of the Findings of the Aston Group," *Administrative Science Quarterly*, Vol.17.

Argyris, C.(1972), *The Applicability of Organizational Sociology* (London: Cambridge University Press).

Astley, W. R. and A. Van de Ven(1983), "Central Perspectives and Debates in Organization Theory," *Administrative Science Quarterly*, Vol.28.

Barker III, V. L. and I. M. Duhaime(1997), "Strategic Change in the Turnaround Process: Theory and Empirical Evidence," *Strategic Management Journal*, 18.

Barnard, C. I.(1938), *Functions of the Executive* (Cambridge, MA, Harvard University Press).

Barron, D. N., E. West and M. T. Hannan(1994), "A Time to Grow and a Time to Die: Growth and Mortality of Credit Unions in New York City 1914," *American Journal of Sociology*, 100.

Blau, P. M. and R. A. Schoenherr(1971), *The Structure of Organizations* (New York: Basic Books).

Blau, P. M.(April, 1970), "A Formal Theory Of Differentiation in Organizations," *American Sociological Review*.

Bruderl, J. and R. Schussler(1990), "Organizational Mortality: The Liabilities of Newness and Adolescence," *Administrative Science Quarterly*, 36.

Burns, T. and G. Stalker(1961), *The Management of Innovation* (London, Tavistock).

Burns, T.(1961), "Micropolitixs: Mechanic of Institutional Change," *Administrative Science Quarterly*, Vol.6.

Burton, R. M. and B. Obel(1995), *Design Models for Hierarchical Organizations: Computation, Information, and Decentralization* (Norwell, Massachusetts, KluwerAcademic Publishers).

Cameron, K. A., R. I. Sutton and A. D. Whetten(1988), *Readings in Organizational Decline: Frameworks, Research, and Prescriptions* (Cambridge, MA, Ballinger).

Campbell, J. P.(1981), "On the Nature of Organizational Effectiveness," in P. S. Goodman, J. M. Pennings, and Associates, eds., *New Perspectives on Organizational Effectiveness* (San Francisco, Jossey-Bass).

Cannon, M. D. and A. C. Edmondson(2001), "Confronting Failure: Antecedents and Consequences of Shared Beliefs about Failure in Organizational Work Groups," *Journal of Organizational Behavior*, 22.

Chandler, A. D.(1962), *Strategy and Structure: Chapters in the History of the Industrial Enterprise* (Cambridge, Mass.: MIT Press).

Child, J. and R. Mansfield(1972), "Technology, Size, and Organization Structure," *Sociology*, September.

Child, J.(1972), "Organization Structure, Environment, and Performance: The Role of Strategic Choice," *Sociology*, Vol.6.

Child, J.(1973), "Predicting and Understanding Organization Structure," *Administrative Science Quarterly*, Vol.18.

Daft, R. L.(2010), *Understanding the Theory and Design of Organizations*, 10th Edition (Cengage Learning).

Daft, R. L.(1992), *Organization Theory and Design*, 4th ed. (St. Paul, MN.: West Publishing Co.).

Dahl, R. A.(1957), "The Concept of Power," *Behavioral Science*, Vol.2.

Deal, T. E. and A. A. Kennedy(1982), *Corporate Culture: the Rites and Rituals of Corporate Life* (Addison-Wesley Publishing Co.).

DeVaughn, M. L. and M. M. Leary(2010), "Antecedents of Failure for Newly Chartered Banks in the U.S. Banking Industry," *Group & Organization Management*, 35(5).

Emerson, R. M.(1962), "Power Dependence Relations," *American Sociological Review*, Vol.27.

Ephraim Yuchtman, E. and S. E. Seashore(1967), "A Systems Resource Approach to Organizational Effectiveness," *American Sociological Review*, December.

Etzioni, A.(1964), *Modern Organizations* (Englewood Cliffs, N.J., Prentice-Hall), 8.

Evan, W. M.(1976), "Organizational Theory and Organizational Effectiveness: An Exploratory Analysis," in S. L. Spray(Eds.), *Organizational Effectiveness: Theory, Research, Utilization* (Kent, Ohio, Kent State University Press).

Fayol, H.(1949), *General and Industrial Management*, translated by Constance Stores (London, Sir Issac Pitman & Ltd.).

Ford, J. D.(1980), "The Occurrence of Structural Hysteresis in Declining Organizations," *Academy of Management Review*.

Freeman, J. H., G. R. Carroll and M. T. Hannan(1983), "The Liability of Newness: Age Dependence in Organizational Death Rates," *American Sociological Review*, 48.

Freeman, S. J. and K. S. Cameron(1993), "Organizational Downsizing: A Convergence and Reorientation Framework," *Organization Science*, 4(1).

French, J. R. P. and B. H. Raven(1959), "The Bases of Social Power," ed. D. Cartwright, *Studies in Social Power* (Ann Arbor: University of Michigan Press).

Goodman, P. S. and J. M. Pennings(1977), "Perspectives and Issues: An Introduction," in P. S. Goodman, J. M. Pennings and Associates, eds., *New Perspectives on Organizational Effectiveness* (San Francisco, Jossey-Bass), 2.

Goodman, P. S., Max Bazerman, and Edward Conlon(1980), "Institutionalization of Planned Organizational Change," in Barry M. Staw and Larry L. Cummings, eds., *Research in Organizational Behavior*, Vol.2(Greenwich, Conn.: JAI Press).

Greiner, Larry E.(1967), "Patterns of Organizational Change," *Harvard Business Review.*

Gupata, N.(1980), "Some Alternative Definition of Size," *Academy of Management Journal*, December.

Hall, J. L.(2003), "Columbia and Challenger: Organizational Failure at NASA," *Space Policy*, 19.

Hall, R. H.(1991), *Organizations: Structures, Processes, and Outcomes* (Englewood Cliffs, New Jersey: Prentice Hall).

Hall, R.(1972), "Reply to Weldon," *Administrative Science Quarterly*, Vol.17.

Hall, R.(1991), *Organizations: Structures, Processes & Outcomes*, 5th ed. (Englewood Cliffs, New Jersey: Prentice Hall).

Hampden-Turner, C.(1992), *Creating Corporate Culture: From Discord to Harmony* (Addison-Wesley Publishing Co.).

Hannan, M. and J. Freeman(1977), "The Population Ecology of Organizations," *American Journal of Sociology*, Vol.82, No.5.

Hannan, M. T. and J. Freeman(1989), *Organizational Ecology* (Boston: Harvard University Press).

Harris, P. R.(1979), *Managing Cultural Differences* (Houston, Texas: Gulf Publishing Co.).

Harrison, R.(1972), "Understanding Your Organization's Character," *Harvard' Business Review*, May-June.

Heiman, T., W. G. Scott and P. Cornor(1978), *Managing The Modern Organizations* (Boston: Houghton Mifflin).

Hellriegell, D. and J. W. Slocum(1974), "Organizational Climate; Measures, Research and Contingencies," *Academy of Management Journal*, Vol.17.

Hughes, P., M. Hughes and R. E. Morgan(2010), "Why Do Product-Market Strategies Fail? A Sociostructural Examination Under Conditions of Adherence," *Group & Organization Management*, 35(5).

Jones, G. R.(1993), *Organizational Theory: Text and Cases*, 2nd. (Reading, MA.: Addison-Wesley Publishing Company).

Katz, D. and R. L. Kahn(1978), *The Social Psychology of Organizations*, 2nd. (New York: John Wiley).

Katz, D. and R. Kahn(1966), *The Social Psychology of Organizations* (New York: John Wiley).

Kaufman, H.(1964), "Organization Theory and Political Theory," *The American Political Science Review*, Vol.58.

Khandwalla, P. N.(1974), "Mass Output Orientation of Operations Technology and Organizational Structure," *Administrative Science Quarterly*, Vol.19.

Kimberly, J. R.(1979), "Issues in the Creation of Organizations: Initiation, Innovation, and Institutionalization," *Academy of Management Journal*, September.

Kimberly, J.(1976), "Organizational Size and the Structuralist Perspective: A Review, Critique, and Proposal," *Administrative Science Quarterly*, Vol.21.

Knight, K.(1967), "Matrix Organization: A Review," *Journal of Management Studies*, May.

Kotter, J. P. and L. A. Schlesinger(1979), "Choosing Strategies for Change," *Harvard Business Review*.

Lawless, D. J.(1979), *Organizational Behavior* (Englewood Cliffs, New Jersey: Prentice Hall).

Lawrence, P. R. and W. J. Lorsch(1967), *Organization and Environment: Managing Differentiation and Integration* (Cambridge: Harvard University Press).

Leavitt, H., W. Dill and H. Eyring(1973), *The Organizational World* (New York: Harcourt Brace Jovanovich).

Levine, C. H.(1979), "More on Cutback Management: Hard Questions for Hard Times," *Public Administration Review*.

Lewin, Kurt(1951), *Field Theory in Social Science* (New York: Harper & Row).

March, J. G.(1962), "The Business Firm as a Political Coalition," *The Journal of Politics*, Vol.24.

Martindell, J.(1962), *The Scientific Appraisal of Management* (New York, Harper & Row).

Mayes, B. T. and R. W. Allen(1977), "Toward A Definition Of Organizational Politics," *Academy of Management Review*, Vol.2.

Mayhew, B. H., R. L. Levinger, J. M. McPherson and T. F. James(1972), "System Size and Structural Differentiation in Formal Organizations: A Baseline Generator for Two Major Theoretical Propositions," *American Sociological Review*, October.

Mayo, E.(1945), *The Social Problems of an Industrial Civilization* (New Hampshire, Ayer).

Mellahi, K. and A. Wilkinson(2004), "Organizational Failure: A Critique of Recent Research and a Proposed Integrative Framework," *International Journal of Management Reviews*, 5/6(1).

Mellahi, K. and A. Wilkinson(2005), "Organizational Failure: Introduction to the Special Issue," *Long Range Planning*, 38.

Mellahi, K. and A. Wilkinson(2010), "Managing and Coping with Organizational Failure: Introduction to the Special Issue," *Group & Organization Management*, 35(5).

Menon, A., S. G. Bharadwaj, P. T. Adidam and S. W. Edison(1999), "Antecedents and

Consequences of Marketing Strategy Making: A Model and a Test," *Journal of Marketing*, 63.

Meyer, M. W.(August, 1972), "Size and the Structure of Organizations: A Causal Analysis," *American Sociological Review*.

Michels, R.(1962), *Political Parties* (New York: Thomas Y. Crowell).

Michson, D. J., R. C. Minings, C. A. Lee, R. E. Schneck and J. M. Pennings(1971), "A Strategic Contingencies Theory of Intraorganizational Power," *Administration Science Quarterly*, Vol.16.

Middleton, C.(1967), "How to Set up a Project Organization," *Harvard Business Review*, Vol.45.

Miles, R. A.(1990), *Macro Organizational Behavior* (Santa Monica: Goodyear Publishing Co.).

Mintzberg, H.(1979), *The Structuring of Organizations* (Englewood Cliffs, New Jersey: Prentice Hall).

Mintzberg, H.(1983), *Power in and around Organizations* (Englewood Cliffs, Mew Jersey: Prentice Hall).

Mintzberg, H.(1988), *The Structuring of Organizations* (Englewood Cliffs, New Jersey: Prentice Hall).

Mitchell, T. R.(1982), *People in Organizations* (New York: McGraw-Hill Co.).

Nahavandi, A. and A. R. Malekzadeh(1999), *Organizational Behavior: The Person-Organization Fit* (Englewood Cliffs, New Jersey: Prentice Hall).

Palumbo, D. J.(1969), "Power and Role Specificity in Organization Theory," *Public Administration Review*, Vol.29.

Perrow, C.(1967), "A Framework for the Comparative Analysis of Organizations," *American Sociological Review*, Vol.32.

Peterson, T. and K. W. Koput(1991), "Density Dependence in Organizational Mortality: Legitimacy of Unobserved Heterogeneity," *American Sociological Review*, 56.

Pfeffer, J. and G. Salancik(1978), *The External Control of Organizations: A Resource Dependence Perspective* (New York, Harper & Row).

Pfeffer, J.(1976), "Usefulness of the Concept," in P. S. Goodman, J. M. Pennings and Associates, eds., *New Perspectives on Organizational Effectiveness*, p.139; and H. Kaufman, *Are Government Organizations Immortal?* (D.C., Brookings Institution).

Pfeffer, J.(1978), *Organizational Design* (Arlington Heights, III: AHM Publishing).

Pfeffer, J.(1981), *Power in Organizations* (Marshfield, MA.: Pitman.)

Pugh, D. and C. Hinings(1969), "An Empirical Taxonomy of Structure of Work Organization," *Administrative Science Quarterly*, Vol.14.

Quinn, R. E. and K. Cameron(1979), "Organizational Life Cycles and the Criteria of

Effectiveness," Working paper, SUNY-Albany.

Quinn, R. E. and K. Cameron(1983), "Organizational Life Cycles and Shifting Criteria of Effectiveness: Some Preliminary Evidence," *Management Science*, 29.

Quinn, R. E. and J. Rohrbaugh(1979), "A Competing Value Approach to Organizational Effectiveness," Working paper, SUNY-Albany.

Ranft, L. A. and M. H. O'Neill(2001), "Board Composition and High-flying Founders: Hintsof Trouble to Come?," *Academy of Management Executive*, 15.

Reed, M. L.(1992), *The Sociology of Organizations Themes, Perspectives and Prospects* (Harvester Wheatsheaf).

Robbins, S. P.(1990), *Organization Theory: Structure, Design, and Applications* (Englewood Cliffs, New Jersey: Prentice-Hall).

Robbins, S. P.(1994), *Organization Theory: The Structure and Design of Organizations* (Englewood Cliffs, New Jersey: Prentice Hall).

Rohrbaugh, J.(1980), "The Monitoring of Organizational Effectiveness: Application of a Competing-Values Methodology in the Employment Service," paper presented at the Fortieth Annual Meeting of the Academy of Management, Detroit.

Rushing, W.(1966), "Organizational Rules and Surveillance: Prepositions in Comparative Organizational Analysis," *Administrative Science Quarterly*, Vol.10.

Russel, B.(1962), *Power* (London: Allen & Unwin).

Schein, E. H.(1984), "Coming to a New Awareness of Organizational Culture," *Sloan Management Review*, Winter.

Scott, W. G.(1974), "Organization Theory: A Reassessment," *Academy of Management Journal*.

Scott, W. G.(1976), "The Management of Decline," The Conference Board Record, June.

Scott, W. R.(1992), *Organizations: Rational, Natural, and Open System* (Englewood Cliffs, New Jersey, Prentice-Hall).

Seashore, S. E. and E. Yuchtman(1967), "Factorial Analysis of Organizational Performance," *Administrative Science Quarterly*, December.

Selznick, P.(1949), *TVA and the Grass Roots* (Berkely, CA, University of California Press).

Senge, P. M.(1990), *The Fifth Discipline The Art & Practice of the Learning Organization* (New York, Currency Doubleday).

Sharfitz, J. M., J. S. Ott and Y. S. Jang(2005), *Classics of Organization Theory* (Thomson Wadsworth).

Sheppard, J. P.(1995), "A Resource Dependence Approach to Organizational Failure," *Social Science Research*, 24.

Snow, C. C. and R. E. Miles(1984), "Fit Fail and the Hall of Fame," *California Management Review*, Vol.24.

Taylor, F. W.(1911), *The Principle of Scientific Management* (New York, Harper).

Thompson, J. D.(1967), *Organizations in Action* (New York, McGraw-Hill).

Thornhill, S. and R. Amit(2003), "Learning about Failure: Bankruptcy, Firm age, and the Resource-based View," *Organization Science*, 14(5).

Tushman, M. L.(1977), "A Political to Organizations: A Review and Rationale," *Academy of Management Review*, Vol.2.

Urwick, L.(1950), "The Manager's Span of Control," *Harvard Business Review*, Vol.34.

Vrendenburg, D. J. and J. G. Maurel(1984), "A Process Framework of Organizational Politics," *Human Relation*, Vol.37.

Warriner, C. K.(1965), "The Problem of Organizational Purpose," *The Sociological Quarterly*, Spring, 140.

Weber, M.(1947), *The Theory of Social and Economic Organization*, trans. by A. M. Henderson and T. Parsons (New York: The Free Press).

Weick, K.(1969), *The Social Psychology of Organizing* (Reading, Mass, Addision-Wesley), 8.

Weick, K.(1979), *The Social Psychology of Organizing*, 2nd Edition (MA, Addison-Wesley).

Weitzel, W. and E. Johnson(1989), "Decline in Organizations: A Literature Integration and Extension," *Administrative Science Quarterly*, 34.

Whetten, D. A.(1980), "Organizational Decline: A Neglected Topic in Organizational Science," *Academy of Management Review*, October.

Wholey, D. R., J. B. Christianson and S. M. Sanchez(1992), "Organization Size and Failure among Health Maintenance Organizations," *American Sociological Review*, 57.

Williamson, O. E.(1975), *Markets and Hierarchies: Analysis and Antitrust Implications* (New York, Free Press).

Woodward, J.(1965), *Industrial Organization: Theory and Practice* (London: Oxford University Press).

Yukl, G. A.(1981), *Leadership in Organizations* (Englewood Cliffs, New Jersey: Prentice Hall).

색인(INDEX)_ 용어

[ㄱ]

[ㅇ]

[ㅈ]

_ 인명(단체)

저자 소개

송경수
계명대학교 대학원(경영학박사)
부산가톨릭대학교 유통경영학과 교수
부산지방노동위원회 공익위원(조정담당)
대한경영정보학회 회장 역임
(사)한국인적자원관리학회 편집위원장/부회장/회장 역임
기술보증기금 비상임이사 역임

김정원
Oklahoma State University 대학원(경영학박사)
강원대학교 경영학과 교수
한국윤리경영학회 회장 역임(12대)
한국경영학회 부회장 역임
한국경영학회 경영학연구 편집장(인사조직 AE) 역임
한국인사 · 조직학회 부회장 역임

류태모
계명대학교 대학원(경영학박사)
부경대학교 경영학부 교수
부경대학교 경영대학장/대학원장 역임
(사)한국인적자원관리학회 부회장/회장 역임
(사)한국인사 · 조직학회 부회장 역임

김동철
강원대학교 대학원(행정학박사)
강원대학교 사회과학대학 행정학과 강사
강원발전연구원 연구원 역임

장석인
독일 Universitat Trier(경영학박사)
공주대학교 경영학과 교수
(사)한국인적자원관리학회 부회장
한국인적자원개발학회 부회장 겸 2020년 차기 회장
한국산업개발연구원 선임연구위원 역임
가톨릭대학교 경영학과 교수 역임

차윤석
서울대학교 대학원(경영학박사)
동아대학교 경영학과 교수
(사)한국인적자원관리학회 편집위원장
공인노무사 2차시험 출제위원
포스코경영연구소 인적자원연구실 연구원 역임
Merck KGaA 인사총괄담당 역임
LG Display 인사기획팀장 역임

저자협의
인지생략

경영조직론

2019년 8월 20일 인쇄
2019년 8월 27일 발행

저 자 송경수 · 김정원 · 류태모 · 김동철 · 장석인 · 차윤석

발행인 김광범
발행처 도서출판 시대가치
주 소 서울특별시 마포구 토정로 222, 422-1호(한국출판콘텐츠센터)
전 화 02)3152-2620
팩 스 02)6442-2621
등 록 2017년 3월 23일 제2018-000088호
이메일 timepub2017@gmail.com

정 가 28,000원 ISBN 979-11-89607-21-0 93320

이 도서의 국립중앙도서관 출판예정도서목록(CIP)은 서지정보유통지원시스템 홈페이지(http://seoji.nl.go.kr)와 국가자료종합목록 구축시스템(http://kolis-net.nl.go.kr)에서 이용하실 수 있습니다. (CIP제어번호 : CIP2019031412)